경제학 수험서

고범석경제학아카데미

고범석 경제학
거시경제편

본교재 대비시험

공기업(공사·공단)
코트라, 무역협회, aT
7급·9급공무원, 세무·회계사
경제자격증, TESAT, TEST

- 최신 기출 키워드를 반영한 경제시험 필수 경제이론, 경제모형, 주제 정리
- 객관식, 약술, 논술 시험을 모두 대비할 수 있는 단원점검문제(객관식, 약술, 논술 문제) 수록
- 다양한 경제학 시험을 준비할 수 있도록 원론, 미시, 거시, 화폐금융, 국제경제 범위를 모두 수록

공기업(일반공기업,금융공기업,코트라), 7·9급공무원, 세무·회계사, 경제자격증 통합대비 수험서

동영상 강의
고범석 경제학아카데미
www.koeconomics.com

경제학 학습질문
네이버카페 : 고범석 경제학카페
https://cafe.naver.com/kocpta

고범석

이력

· 고려대학교 경제학과 및 동대학원 졸업
· (현) 고범석 경제학아카데미 대표강사
  공기업(경제학통합/단일전공, 경제논술), 7,9급공무원 회계사, 경제자격증(공인노무사 감정평가사,보험계리사), TESAT, TEST
· (현) 이화여대 공기업 취업 특강 강사
· (전) 유비온 TESAT 경제 전임강사
· (전) 종로국가정보학원 경제학 전임강사
· (전) 공기업단기 경제 전임강사
· (전) 금융단기 매경테스트 및 한경테셋 전임강사
· (전) 우리경영아카데미 공인회계사 및 세무사 강의 경제 전임강사

저서

· 고범석경제학 국제경제편 (2022.03)
· 고범석경제학 거시경제편 (2022.03)
· 고범석경제학 미시경제편 (2022.01)
· 고범석경제학 경제논술편 (개정 7판) (2021.04)
· 고범석경제학 경제학 기초입문편 (초판) (2020.11)
· 고범석 코트라,무역협회aT 경제논술 제6판 (2017)
· 고범석 심화경제학 (2017)
· 고범석 테마경제학
· 고범석 공기업통합경제학
· 고범석 이것이기출이다.

지 은 이 고범석
발 행 일 초판 1쇄 발행 2022년 3월 2일
발 행 처 오스틴북스
발 행 인 김은영

기 획 양범석
편 집 디 자 인 김하나
주 소 경기도 고양시 일산동구 백석동 1351번지
대 표 전 화 070-4123-5716

동 영 상 강 의 www.koeconomics.com
교 재 관 련 문 의 070-4123-5716
I S B N 979-11-88426-35-5
도 서 정 가 40,000원

저 작 권 자 오스틴북스

고범석통합경제학

거시경제편

경제학 취업 | 자격증 수험 전문서

일반공기업 | 금융공기업 | 7급/9급 공무원 | 세무회계사 | 경제 자격증

고범석 경제학

거시경제편

미시경제편 거시경제편 화폐금융론 국제경제편

경제학 객관식, 약술, 전공논술, 시사논술 시험을 모두 준비할 수 있는 경제학 수험서

경제학 객관식, 약술, 전공논술, 시사논술 시험 대비 이론

기초부터 심화까지 | 미시, 거시, 화폐금융, 국제경제까지

다양한 경제학 시험에서 필수 수강해야 하는 필수과목을 포함하여 경제학 시험으로 응시할 수 있는
경제학 시험 종류를 최대화하여 경제학 1과목으로 다양한 시험 응시를 목표로 하였습니다.

객관식, 약술, 논술 경제학 모든 시험 종류에 완벽 대비 !

최신 경제학 시험의 모든 기출 유형을 분석 수록하여 경제학 시험을 예측하고 분석한 이론
객관식, 약술, 시사논술 시험으로 출제된 공기업, 공무원, 세무-회계, 자격증 기출 키워드를 중심으로 내용 정리

코트라, 일반공기업, 금융공기업, 세무-회계사, 자격증 통합경제학

공기업(공사, 공단) 행정직(사무직), 7급/9급 공무원, 세무-회계사, 경제 자격증 대비로 비전공자는 경제학을
전공자 수준으로, 경제학 전공자는 시험의 유형에 맞는 응용력을 끌어올려 다양한 시험을 응시할 수 있도록 지원

한 과목 다 직렬 학습전략

미시경제학 | 거시경제학 | 화폐금융론 | 국제경제학
객관식, 약술, 전공 논술, 시사논술 시험 범위의
공기업, 공무원, 경제 자격증, 세무/회계사
시험을 한번에 대비

경제학 입문자부터 전공자의 시험 대비
기본부터 수강생의 눈높이에 맞는 학습을 제공
빠르게 합격하기 위한 합격 전략 제공
경제학 수험 학습서로서의 완벽한 커리큘럼

정답 외우기식의 교재 구성에서 벗어나
단원별 학습 수준을 정확하게 파악할 수 있도록
문제와 해설, 정답을 분리하여 수록하였으며
약술과 논술시험에도 대비할 수 있도록
경제학 수험서 최초로 약술 논술 점검 문제까지 수록

STEP 01 기본 완성

∴ 기출문제 기반의 개념과 이론 총정리
∴ 경제 비전공자를 위한 학습 커리큘럼
∴ 경제 전공자를 위한 학습방향 설명

STEP 02 실력 완성

∴ 소-중 단원별 객관식 점검
∴ 대 단원별 약술, 논술 맞춤 문제 제공
∴ 경제모형 그래프 점검

STEP 03 득점 완성

∴ 실전과 같은 형태의 모의고사 문제와 해설
∴ 다회 풀이가 가능한 문제 풀이 이력 기록
∴ 논술 목차 구성과 쓰기 전략

STEP 04 만점 완성

∴ 오답노트를 정리하여 틀린 문제를 점검
∴ 객관식 문제의 해설과 정답은 뒤편 페이지
∴ 논술 문제는 반복 작성
∴ 틀린 문제 이력을 확인하여 만점에 도전

경제학 시험의 종류와 공부 전략

경제학 시험범위

시험 대상	경제학 시험범위	대상 기업 내상 자격시험
공기업(상경 통합 시험)	경제학원론, 미시, 거시, 국제경제학	공무원연금공단, 한국환경공단, 발전공기업 건강보험심사평가원, 서민금융진흥원, 예금보험공사 등
공기업(경제 선택 시험)	미시, 거시, 화폐금융, 국제경제학 계량경제학	주택금융공사, 신용보증기금, 주택도시보증공사 한국관광공사, 한국농어촌공사, 기술보증기금 등
공기업(경제 논술 시험)	미시, 거시, 국제경제(국제통상)	코트라, 무역협회, aT(농수산식품유통공사) 논술 포함 기업: 예탁결제원,신용보증기금, 한국소비자원 등
세무사, 회계사	재정학, 미시, 거시	세무사, 회계사
경제학 레벨 인증시험	경제학원론, 미시, 거시, 화폐금융론 국제경제학	한경 TESAT, 매경 TEST
공무원시험	경제학원론, 미시, 거시	7급, 9급 공무원
경제관련 자격증	경제학원론	보험계리사, 감정평가사, 공인노무사 등

공기업 채용절차

■ 일반적인 공기업 채용절차

01	02	03 10~60배수	04 4~6배수
시험공고 >	원서접수 >	서류전형 >	1차 필기시험(전공) >

05 3~4배수	06 2~3배수	07 1.5~2배수	08
2차 필기(NCS, 인적성) >	면접(영어, 실무능력) >	면접(임원) >	채용

※ 취업 대상 기업의 채용절차 및 전형방법을 확인하여 수험전략을 기획하여야 한다.

※ 주요 전략과목과 시기별 공부 방법을 정리하여 투자시간에 비해 낮은 점수(가산점 등)를 취득하는 것을 버리고 높은 점수를 받을 수 있는 과목에 집중해야 한다.

※ NCS, 면접 등은 준비해야 할 시기를 정하여 주요 전략과목의 점수를 높이는데 방해가 되어서는 안 된다.

경제 시험 유형 분석

공기업(공사, 공단) 채용 시험은 크게 사무직(행정직)과 전문직(기술직 포함)으로 구분된다.
사무직(행정직)은 주로 경제, 경영의 상경직과 행정법, 법학의 법정직으로 구분하여 채용한다. 사무직(행정직) 채용은 경제를 단일 선택으로 하는 공공기관과 경제, 경영을 통합으로 시험을 치르는 상경 통합 시험으로 채용하는 공공기관으로 구분된다.
여기서 단일 선택은 경제논술 단일 과목과 객관식, 약술, 논술 혼합으로 치르는 시험으로 또 한 번 구분된다. 본 교재는 객관식부터 경제논술까지 경제학 시험의 모든 유형을 대비할 수 있도록 구성하였다.
공무원 시험에서는 7급, 9급 시험에 경제학 시험이 미시, 거시, 국제경제 등의 과목이 포함되며, 자격증 시험에는 경제학원론이 주로 출제된다.

▣ **경제, 경영 과목을 상경통합** 수준으로 치르는 공기업(공사, 공단), 경제자격증, TESAT, TEST 시험

- **시험유형** : 객관식 문제 위주로 출제
- **문제 수** : 객관식 25문제 ~ 80문제 수준
  통합으로 주로 경영 과목과 혼합으로 치뤄지며 출제 문제 수가 적어 심도 있는 문제보다 이론 위주의 개념을 확인하는 수준으로 출제된다. 법학, 행정학, 회계원리 등 상경 법정 통합 시험으로 치르는 기업도 있다.
- **준비기간** : 4개월 ~ 6개월 이상(비전공자 기준, 경제전공자 2개월)
- **대상시험** : 공기업 : 한국환경공단, 공무원연금공단, 강원랜드, 수도권매립지공사, 국민연금공단, 중소기업진흥공단, 한국공항공사, 발전계열 공기업(한국서부발전, 중부발전, 동서발전, 남부발전 등), 인천국제공항공사 등.
  경제자격증 : 보험계리사, 감정평가사, 공인노무사 등.
  TESAT, TEST 경제레벨시험
- **출제유형** : 객관식

▣ 경제과목을 **선택과목으로 1과목**으로 치르는 공기업 | 7급, 9급공무원, 세무회계 시험

- **시험유형** : 객관식, 약술형, 논술형 혼합 문제로 출제
- **문제 수** : 객관식 25문제 ~ 80문제, 약술 5~10문제, 논술 1~2문제
  경제학 과목을 선택 과목으로 선택하여 시험을 치는 공기업
- **준비기간** : 6개월 ~ 12개월 이상(비전공자 기준, 경제 전공자 2~3개월)
- **대상시험** : **한국수자원공사, 한국관광공사, 주택금융공사, 한국주택도시보증공사**, 한국수출입은행, 한국투자공사
  신용보증기금, 기술보증기금, 인천국제공항공사, 중소벤처기업진흥공단, **한국농어촌공사, 소상공인시장진흥공단,**
  한국소비자원, 예탁결제원, 한국자산관리공사 | 7급/9급 공무원시험, 세무/회계사 시험 등
- **출제유형** : 객관식, 단답형, 약술, 논술을 단일 또는 혼합 유형으로 출제

▣ 경제과목 중 **시사논술 시험**을 치르는 기업

- **시험유형** : 경제 시사 논술형을 주요 과목으로 출제, 당해년도 이슈가 된 국내 경제, 국제 경제 시사 주제 중심
- **문제 수** : **시사논술 1문제 ~ 5문제 수준**
  경제학 과목을 선택 과목으로 선택하여 시험을 치는 공기업
- **준비기간** : **6개월 ~ 12개월** 이상(비전공자 기준, 경제 전공자 2~3개월)
- **대상시험** : **대한무역투자진흥공사 (KOTRA), 무역협회(KITA), 한국농수산식품유통공사(aT) 등**
- **출제유형** : 경제시사논술

경제학 공부 방법

■ 경제학 시험 대비 공부 방법

01		02		03		04	
기출문제 수집	>	문제 분석 및 교재 선택	>	출제 유형 및 범위 선택	>	주요 출제 범위 선정	>
05		**06**		**07**		**08**	
주요 출제 범위 이론 공부	>	객관식 적응 문제 풀이	>	약술, 논술 문제 풀이	>	틀린 문제 반복 정리	

이 책의 구성

■ 미시경제편, 거시경제편, 국제경제편

- 미시경제, 거시경제(화폐금융론 포함), 국제경제편 총 3편의 교재로 구성
- 기본이론부터 단일 전공시험을 대비하기 위한 심화이론까지 수록
- 공기업, 공무원 등 직렬 시험의 범위를 벗어나는 학문적 분야는 과감하게 삭제하여 콤팩트한 공부 범위를 제시

■ 객관식, 약술, 논술 문제 풀이

- **객관식 점검 문제**
  해설과 정답을 문제지 뒷면에 배치하여 문제 풀이의 정확성을 높이고 아는 문제인 것처럼 착각하지 않도록 구성
  문제풀이 이력을 기록할 수 있도록 하여 틀린 문제, 모르는 문제, 맞은 문제로 구분하고 다회 이용이 가능함
  객관식 문제 파트의 틀린 문제, 모르는 문제를 쉽게 찾아 정리할 수 있어 시험 직전 점수 향상에 최적화
- **약술, 논술 문제 점검**
  대단원 점검 문제로는 기출문제를 기반으로 한 약술, 논술 기출문제를 제공하여 단일 전공 시험 유형에도 적응
  경제 시사논술 시험을 대비하기 위한 논술 문제도 수록

Contents

이 책의 차례

PART 02 미시경제적 기초

Contents

PART 04 총수요 및 총공급이론

PART 05 실업과 인플레이션

PART 07 경기변동 및 경제성장이론

PART 01

PART GUIDE

- 거시경제학을 공부하는 데 있어 중요한 기초개념들을 먼저 살펴본다.
- 국내총생산(GDP)과 GDP와 관련 있는 여러 개념들을 확인해 본다.
- 거시경제변수 중에서 가장 중요한 국민소득이 결정되는 원리를 고전학파 모형과 케인즈 모형으로 구분한다.
- 고전학파모형은 경제의 공급 측면을 중시하고 케인즈모형은 수요측면을 중시하므로 두 모형은 정반대의 관점을 가지고 있다.
- 즉, 고전학파 모형은 경제의 공급 측면이 실질 GDP를 결정한다고 보는 반면 케인즈모형은 수요 측면이 실질 GDP를 결정한다고 본다.

국민소득 결정이론

CHAPTER 01

국민경제의 순환과 국민소득

단원 학습 목표

- 거시경제학은 국민경제 전체적인 현상을 연구 대상으로 하며 국민소득 · 물가 · 이자율 · 인플레이션 · 실업 · 국제수지 등과 같은 거시변수들의 변화와 이들 간의 상호 관계 그리고 거시변수에 영향을 미치는 각종 경제정책 등이 주요 연구 대상이다.
- 생산 및 소득 그리고 지출 사이에 계속적인 순환이 이루어질 수 있다는 경제의 순환 현상을 살펴보고 거시경제학의 집계 변수 가운데서 가장 중요한 변수인 국내총생산과 이에 연관되는 각종 생산 및 소득의 개념들을 공부해 본다.

□△○

1절 국민경제의 총수요와 총공급

01 거시경제이론의 기본 개념

1 국민소득

① 한 나라 전체의 경제적 복지수준은 그 나라 국민의 소득과 밀접한 관련을 갖는다.

② 한 나라 국민의 총체적 소득은 일반적으로 국내총생산(gross domestic product ; *GDP*)이라는 변수로 대표되고 있다.

③ 국내총생산의 장기적 추세를 경제성장이라고 하고 단기적 동향을 경기변동이라고 한다.

2 인플레이션

① 인플레이션(inflation)이란 물가가 지속적으로 상승하는 현상을 말한다.
물가란 모든 상품 가격의 평균적인 수준을 의미한다.

② 물가가 지속적으로 하락하는 현상을 디플레이션(deflation)이라고 한다.

3 국제수지

① 국제수지(balance of payment)란 한 나라에 들어오고 나가는 외화의 흐름을 함께 모아 정리해 놓은 것으로 일정 기간 동안 한 나라의 거주자와 비거주자 간에 발생한 경제적 거래에 따른 수입과 지급의 차이를 의미한다.

② 국내로 들어오는 돈보다 나가는 돈이 더 많은 경우를 국제수지 적자(defit)라고 하고 그 나라로 들어오는 돈이 더 많은 경우를 국제수지 흑자(surplus)라고 한다.

4 환율

① 환율이란 한 나라의 화폐가 다른 나라의 화폐로 교환되는 비율로 환율이 변화하면 수출품과 수입품의 상대가격을 변화시켜 국제무역에 영향을 준다.

② 예를 들어 환율이 1달러당 1,000원에서 1,200원으로 변화하면 가격이 1만 달러인 미국산 자동차의 원화가격이 1,000만 원에서 1,200만 원으로 상승해 우리나라는 미국산 자동차의 수입을 줄이게 된다.

02 국민경제의 총수요와 총공급

1 총수요와 총공급

① 거시경제이론은 개별 시장이 아니라 국민경제 전체에 대해 관심을 갖는다는 점에서 미시경제이론과 차이를 보인다.
즉, 거시경제이론에서는 국민경제 전체의 생산수준과 물가의 동향에 관심의 초점을 맞춘다.

② 총수요란 개별 상품에 대한 수요가 아니라 국민경제 전체에서 생산되는 상품들에 대한 수요를 나타내며 총공급은 국민경제 전체에서 생산되는 상품들의 공급을 뜻한다.
구체적인 개념은 다음과 같다.

총수요	국민경제 전체에 걸쳐 가계, 기업, 정부, 해외부문의 그 나라 최종생산물에 대한 수요를 모두 합계한 것이다. 따라서 총수요는 가계의 민간 소비수요, 기업 및 정부의 투자 수요, 정부(소비) 지출 수요, 외국의 순수출 수요의 합계이다. → 총수요 = 소비 + 투자 + 정부지출 + 순수출 → 총수요 = $C+I+G+NX$ C : consumption expenditure I : investment expenditure G : government expenditure NX : net export / export - import
총공급	일정 기간 동안 한 나라에서 생산된 재화와 서비스의 시장가치를 더한 것을 총공급이라고 한다.

2 총수요곡선과 총공급곡선

① 총수요곡선은 각 물가수준에서 국민경제 전체로 보아 얼마나 많은 상품이 수요 되는지를 나타내는 한편, 총공급곡선은 얼마나 많은 상품이 공급되는지를 나타낸다.

② 개별상품시장의 균형과 마찬가지로 국민경제에서의 균형도 총수요곡선과 총공급곡선이 교차되는 점에서 달성된다.

③ 총수요곡선과 총공급곡선이 교차되는 점에서의 국민소득과 물가가 균형국민소득과 균형물가가 된다.

3 경기 침체와 경기 과열

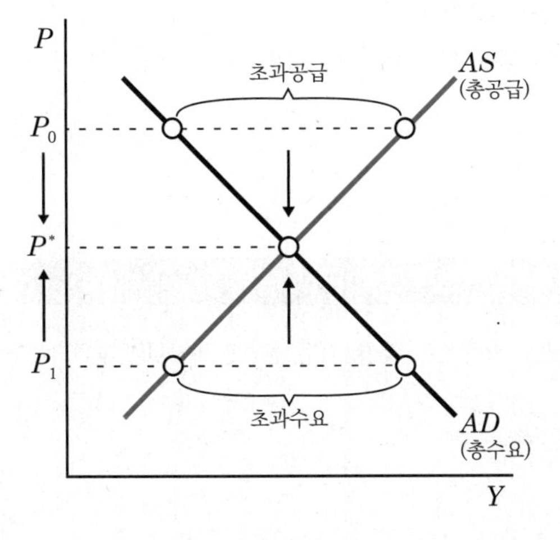

① 그림의 수평축은 국민경제 전체에서 생산되는 상품들의 양을 뜻하고 있어 국내총생산 또는 국민소득(Y)에 해당하며 수직축은 현실의 개별 상품 가격이 아니라 전반적인 가격수준인 물가(P)를 대표하고 있다.

② 경기 침체의 경우 P^*보다 높은 P_0의 물가수준에서 총공급이 총수요를 초과해 판매되지 않은 상품이 재고로 쌓이게 된다. 이렇게 초과공급이 일어나 재고가 쌓이기 시작하면 기업은 이를 처분하기 위해 가격을 낮추는 동시에 생산량을 줄여나간다.

③ 경기 과열의 경우 P^*보다 낮은 P_1의 물가수준에서 초과수요가 발생해 재고가 점차 줄어드는 현상이 나타난다. 이때 기업들이 상품의 가격을 올리는 동시에 생산량을 늘리게 된다.

④ 이처럼 물가가 균형수준(P^*)에서 벗어난 경우에는 기업들이 생산량을 줄이거나 늘려 국민소득이 변화하게 되는데 이는 국민경제가 경기 과열 또는 경기 침체와 같은 불균형 상태에 있다는 것을 뜻한다.

03 국민소득 3면 등가의 법칙

1 의의

① *GDP*는 일정 기간 동안 생산된 최종재의 시장가치의 합이므로 생산 측면에서 측정된 것이다.

② 생산된 것은 생산에 참여한 생산요소의 소득으로 분배가 되므로 분배 측면으로 측정할 수 있다.

③ 또한 생산요소 공급자의 입장에서는 분배된 소득을 가지고 생산된 재화와 서비스를 구입할 수 있으므로 지출 측면으로 측정할 수도 있다.

2 삼면등가의 법칙

1. 개념

① 국민소득을 측정할 때 생산 측면과 분배 측면과 지출 측면으로 측정할 때 일치한다는 것이다.

국내총생산(*GDP*) = 국내총소득(*GDI*) = 국내총지출(*GDE*)

② 즉, 국내총생산은 만들어서(생산), 사용하고(지출), 나누어 갖는(분배) 양이 모두 같게 된다.

2. 국내총생산(*GDP*)

① 국내총생산은 최종재의 시장가치의 합으로 측정할 수도 있고 부가가치와 고정자본소모(감가상각)의 합으로 측정할 수도 있다.

국내총생산 = 최종재의 시장가치의 합 = 부가가치 + 고정자본 소모(감가상각)

② 부가가치(value - added)는 생산자가 생산과정에서 새로 창출한 가치로서 다음과 같은 관계식이 성립된다.

→ 부가가치 = 최종재 - 고정자본 소모

③ 고정자본소모란 공장, 기계설비 등 고정자본(시설)이 생산 활동 과정에서 마모되어 자산 가치가 감소하는 것을 말한다.

개념정리 국내순생산(Net Domestic Product ; *NDP*)

• 국내순생산은 국내총생산에서 고정자본소모(감가상각)을 차감하여 계산한다. 따라서 모든 생산단계에서의 부가가치를 국민경제 전체에 걸쳐 합산하여 측정할 수 있다.

3. 국내총소득(*GDI*))

① 국내총소득은 다시금 소비와 저축과 조세로 나누어질 수 있기 때문에 다음과 같은 식으로도 표현할 수 있다.

→ *GDI* = 소비지출(*C*) + 저축(*S*) + 조세(*T*)

② 최종생산물이 판매되면 생산과정에 참여한 생산요소 소유자들은 임금 · 이자 · 지대 · 이윤 등의 요소소득을 받기 때문에 다음과 같은 식으로 표현할 수도 있다.

GDI = 임금 + 이자 + 지대 + 이윤 + 순간접세 + 고정자본 소모

GDI = 피용자보수 + 영업잉여 + 순간접세 + 고정자본 소모

③ 현실에서 각 요소소득을 정확히 분류하기가 어렵기 때문에 요소소득을 피용자보수와 영업잉여로 분류한다.
④ 피용자 보수는 가계가 기업에 노동을 제공한 대가로 받는 임금을 말하고 영업잉여는 기업이 생산 활동에 참여한 대가로 지대 · 이자 · 이윤 등이 혼합되어 포함되어 있다.
⑤ 순간접세는 간접세에서 정부의 대기업 보조금을 차감한 것이다.

개념정리 | 순간접세

• 정부가 간접세를 부과하면 시장가격이 오르고 보조금을 지급하면 시장가격이 하락하기 때문에 간접세는 더하고 보조금은 차감해야 한다.

4. 국내총지출(*GDE*)

① 국내총지출은 경제주체에 따라 소비지출, 투자지출, 정부지출, 순수출로 구분된다.
② 소비지출(consumption)은 소비자들이 재화와 서비스에 대하여 지출한 것을 말한다.
③ 투자지출(investment)이란 일반적으로 자본재의 구입을 말하며 기업의 투자지출과 정부의 투자지출이 포함된다.
투자지출은 설비투자, 재고투자, 건설투자로 분류되는데 다른 재화의 생산에 투입되는 재화인 기계나 공장 설비 등의 구입을 '설비투자' 가계의 신축 주택 구입에 대한 지출은 '건설투자' 기업이 자신으로부터 생산물을 사들인 것을 '재고투자'라고 한다.

→ 주식, 채권 등의 구입은 투자지출에 포함되지 않음

→ 설비투자와 건설투자를 합하여 '고정투자'라고 함

④ 정부지출(government purchase)이란 정부가 재화와 서비스를 구입하는 것을 말한다.
이전지출이란 정부가 대가 없이 지출한 것으로 실업연금 및 저소득층에 대한 보조 등이 있다.
이전지출은 정부가 재화와 서비스를 구입한 것이 아니므로 '재정지출'에는 포함되지만 정부지출로 분류되지는 않는다.
⑤ 순수출(net export)이란 수출에서 수입을 차감한 금액이다.
수입을 차감하는 이유는 소비지출과 투자지출 그리고 정부지출에 수입재 구입이 포함되어 있기 때문이다.

3 국민소득 방정식

국민소득이 결정되는 변수를 보여주는 방정식으로 삼면등가의 법칙을 이용하여 다음과 같이 계산된다.

$$GDP = \text{소비지출}(C) + \text{투자지출}(I) + \text{정부지출}(G) + \text{순수출}(NX)$$

심화학습 소득의 처분측면에서 파악한 GDP와 지출측면에서 파악한 GDP

- 생산을 통해 얻어진 국민소득은 각 생산요소의 공급자에게 분배되고 그 소득은 다시 여러 가지 방식으로 처분된다.
- 만약 정부와 외국 부문을 고려하지 않는다면 소득 가운데 일부는 소비(C)되고 나머지는 저축(S)된다.
- 정부와 외국 부문을 고려하면 소득 가운데 일부는 조세(T)로 정부에 귀속되고 가계의 소비에는 국산품뿐만 아니라 수입품에 대한 소비도 포함된다.
- 따라서 국민소득을 소득의 처분측면에 파악한 GDP 또는 국민소득은 $Y = C + S + T$이다.

- 생산 활동은 생산물에 대한 수요를 기반으로 이루어진다. 정부와 외국 부문을 고려하지 않는다면 생산물에 대한 수요는 소비지출(C)과 투자지출(I)로 구성된다.
- 정부와 외국 부문을 고려하면 국내생산물에 대한 수요 요인으로 정부지출(G) 및 순수출($NX = X - M$)이 추가된다.
- 기업이 총수요에 맞추어서 생산 활동을 수행한다면 총수요가 증가할 경우 생산이 증가하고 이에 따라 국민소득이 증가할 것이다. 이러한 의미에서 총수요는 국민소득을 창출한다고 말할 수 있다. 따라서 국민소득을 소득창출 또는 지출(Expenditure)측면에서 파악한 GDP는 $E = C + I + G + X - M$이다.

심화학습 누출과 주입

① 누출(leakage)이란 가계의 소득 중 재화나 서비스를 구입하지 않는 것으로 저축, 조세, 수입이 이에 해당한다. 즉, 국민소득의 흐름에서 빠져나가는 것으로 국민소득의 감소를 가져다주는 것이 해당한다.

② 주입(injection)이란 국민소득 순환과정에서 재화나 서비스를 구입하는 것으로 투자, 정부지출, 수출이 이에 해당한다. 즉, 국민소득의 흐름으로 새로이 들어오는 것으로 국민소득의 흐름을 증가시켜주는 것이 해당한다.

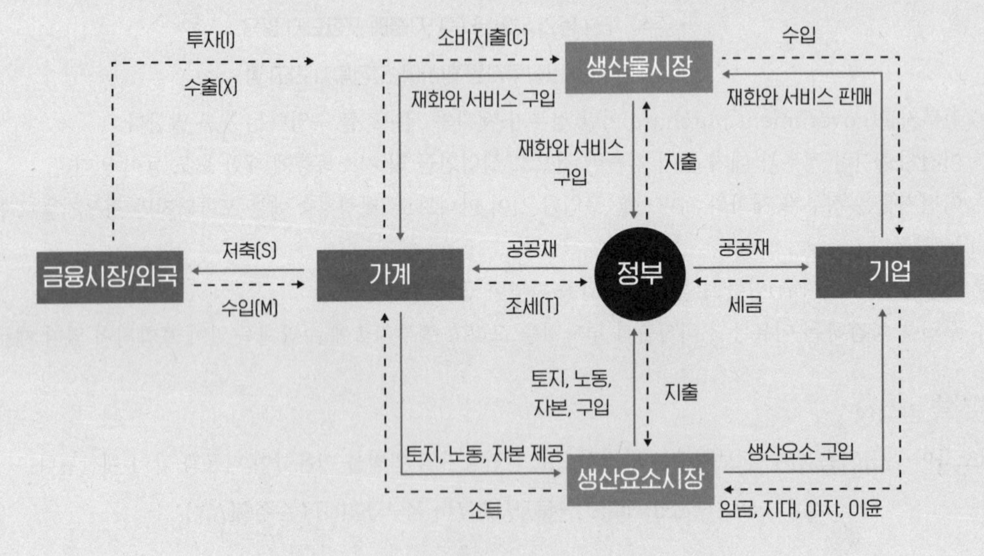

□△○

2절 국내총생산(Gross Domestic Product)

01 배경

① 1990년대 들어 국가 간의 자본 및 노동의 이동과 기술이전들이 활발해지면서 요소소득의 규모가 커짐으로써 국민총생산(*GNP*)과 국내총생산(*GDP*)간의 괴리가 확대되었다.

② 1994년부터 생산의 중심 지표를 *GNP*(국민총생산)에서 *GDP*(국내총생산)로 바꾸고 소득지표로서 *GNP* 대신에 *GNI*(국민총소득)를 사용하고 있다.

02 개념

① 국내총생산이란 일정 기간 동안 한나라 안에서 생산된 모든 최종생산물의 시장가치를 말한다.

② 한 나라의 국가경제는 일정 기간 동안에 여러 가지 재화와 서비스를 생산한다. 생산된 각 품목이 판매되든 안되든 간에 상관없이 모든 품목에 대하여 시장가격을 매길 수 있으므로 최종생산물의 총량을 화폐단위로 측정할 수 있다.

03 설명

1 '일정 기간 동안'

① 유량(flow) 개념으로서 일반적으로 1년을 기준으로 측정된다.

→ 일정 시점에서 본 저량(stock)의 개념과는 구분해야 함

② 한국은행에서 3개월, 6개월, 1년 단위로 측정한다.

2 '한 국가 안에서'

① 외국인이 국내에서 생산한 것은 포함되지만 내국인이 해외에서 생산한 것은 포함되지 않는다(속지주의 개념).

→ 속지주의란 영역을 기준으로 법을 적용하는 주의

② 영토의 개념을 기준으로 내국인이든 외국인이든 그 영토 내에서 생산된 것은 모두 *GDP*에 포함된다.

3 '생산된'

당해 연도 생산과 관련 있어야 하므로 부동산 투자, 주식거래, 골동품 판매 수입, 중고차 거래 등은 포함되지 않는다.

4 '최종생산물'

① 중간 생산물은 포함되지 않으며 최종생산물은 부가가치의 합과 일치한다.
중간생산물은 생산 과정에 쓰이는 것으로서 이미 최종생산물의 가치 속에 포함되어 있기 때문에 중간생산물을 포함시키면 중복 계산되는 문제가 발생한다.

② 중간생산물이란 다른 생산물을 생산하는 데 사용되는 원재료나 반제품을 말한다.
예를 들어 자동차 생산에 철강이 사용된다면 철강은 중간재이고 자동차는 최종생산물이 된다.

개념정리 생산액, 중간재, 부가가치

생산 및 유통단계	생산액	중간재	부가가치
밀(농부)	300원	0원	300원
밀가루(제분소)	500원	200원	200원
빵(제과점)	700원	200원	200원
합계	1,500원	400원	700원

- 농부가 밀을 생산해서 300원을 받고 제분소에 팔고 제분소는 밀가루를 생산해서 500원을 받고 제과점에 팔았다고 하자.
- 제과점은 빵을 제조해 최종적으로 소비자에게 700원에 판매하였다.
- 빵은 최종재이고 밀과 밀가루는 중간재이다.
- GDP는 최종재인 빵의 생산액 700원으로 계산되거나 부가가치의 합인 700원으로 측정될 수도 있다.
- 부가가치(value added)란 생산자가 생산과정에서 새로 창출한 가치를 말하며 생산액에서 원재료에 소요된 금액과 기계설비의 감가상각을 공제한 액수이다.

→ 부가가치 = 총생산액 - 중간재구입비 - 감가상각

- 농부가 원재료와 기계 (농기구 등)를 사용하지 않았다면 농부의 부가가치는 300원 - 0원 = 300원이다.
- 제분소가 밀가루를 생산해서 500원을 받고 제과점에 팔았다면 중간재인 밀에 대하여 지불한 300원을 500원에서 차감한 200원이 제분소가 창출한 부가가치가 된다.
- 제과점이 빵을 생산해서 소비자에게 700원을 받고 팔았다면 중간재인 밀가루에 대하여 지불한 500원을 700원에서 차감한 200원이 제과점이 창출한 부가가치가 된다. 또한 중간재구입비를 포함하지 않기 때문에 총생산액은 부가가치와 감가상가의 합이다.
- 따라서 최종생산물의 가격은 각 단계에서 창출한 부가가치의 총액과 각 단계에서의 감가상각액의 합계와 같다.

개념정리 재고

① 재고는 팔리지 않았지만 최종생산물로 간주된다. 기업이 재고를 증가시킬 경우에 이는 기업에 대한 지출로 취급되고 마치 최종 판매된 것처럼 *GDP*에 포함시킨다.
즉, 재고투자로 *GDP*에 포함된다.

② 기존의 재고가 판매되면 *GDP*의 변화를 유발하지 않는다. 왜냐하면 재고 판매 시 기업의 투자는 감소하고 다른 항목이 증가하기 때문이다.

5 '시장가치'

① 원칙적으로 시장에서 거래된 것만 포함된다.
예를 들어 주부의 가사노동은 시장에서 거래되지 않으므로 국내총생산에 포함되지 않으나 가사도우미의 가사 노동은 국내총생산에 포함된다.

② 원칙적으로 시장에서 거래된 것만 포함되나 해당 기준이 일관성 있게 적용되지는 않는다.

③ 시장가치는 당해 연도의 시장가격으로 잡느냐 아니면 기준연도의 시장가격으로 잡느냐에 따라 금액이 달라질 수 있다.

04 추계가치

1 의의

① 대부분의 생산물은 시장가격으로 평가되어 국내총생산에 포함되지만 생산물 중에는 시장에서 거래되지 않기 때문에 시장가격으로 평가할 수 없는 것들이 있다.

② 이와 같은 생산물들은 국내총생산에 포함시키기 위해서는 이들의 가치를 추정해야 하는데 이와 같이 추정된 생산물의 가치를 추계가치(imputed value)라고 한다.

2 자가 소유 주택의 서비스

① 월세 주택에 사는 사람들은 주택이 제공하는 주거서비스에 대한 대가로 집주인에게 월세를 지급하므로 월세지급액만큼이 주거서비스의 생산으로서 국내총생산에 포함이 된다.

② 그러나 자신이 소유하고 있는 주택에 거주하는 사람들은 주거서비스를 제공받고 있음에도 불구하고 월세를 지급하지 않는다.

③ 따라서 모든 주택이 제공하는 주거서비스를 국내총생산에 포함시키기 위해서는 이와 같은 자가 소유 주택이 제공하는 서비스의 가치를 추계하여 계산해야 한다. 이를 귀속임대료라고 한다.

개념정리 귀속임대료

- 국민경제계산은 실제로 이루어지는 경제적 거래를 기본 개념으로 하여 짜여 있는데, 귀속임대료는 자기 소유인 부동산(유형·무형자산)의 이용에 대하여 스스로 임대료를 지급하는 것처럼 간주하여 산출된다. 귀속임대료의 평가는 시장에서 실제로 성립하고 있는 평균 가격에 준하여 이루어진다.

3 공공서비스

① 공무원이나 군인은 행정과 국방 등 다양한 서비스를 제공하지만 이러한 서비스는 시장에서 거래가 되지 않는다.

② 따라서 공무원이나 군인의 서비스 생산량을 추산하기 위해서는 시장가격 대신 이들 서비스를 생산하는 데에 들어간 비용이 이용되는데 이를 요소비용에 의한 추계라고 한다.

③ 즉, 행정서비스를 제공하기 위해 투입된 공무원의 급여와 각종 설비의 임대료가 이 요소비용에 포함될 것이다.

4 자가소비 농산물

농가에서 자신이 소비하기 위해 생산하는 자가소비용 농산물도 시장에서 거래되지 않지만 국내총생산에 포함된다.

05 기타 총생산 및 총소득지표

1 국민총처분가능소득(Gross National Disposable Income ; *GNDI*)

① 국민총처분가능소득은 국민경제 전체가 소비나 저축으로 자유로이 처분할 수 있는 소득으로 국민총소득에 국외수취경상이전을 더하고 국외지급경상이전을 차감한 것이다.

② 국외수취경상이전은 송금 · 기부금과 같이 생산 활동과 무관하게 외국으로부터 받은 소득이고 국외지급경상이전은 생산 활동과 무관하게 외국으로 지급하는 소득을 말한다.

$GNDI$ = GNI + 국외순수취경상이전(국외수취경상이전 - 국외지급경상이전)

= 총소비 + 총저축

2 국민처분가능소득(National Disposable Income ; *NDI*)

국민처분가능소득은 국민총처분가능소득에서 고정자본소모를 차감한 것이다.

NDI = $GNDI$ - 고정자본 소모

= 총소비 + 총저축 - 고정자본 소모

3 국민순소득(National Net Income ; *NNI*)

국민순소득이란 국민총소득에서 고정자본소모를 차감한 것을 말한다.

NNI = GNI - 고정자본 소모

4 국민소득(National Income ; *NI*)

국민소득이란 생산 활동에 참여하고 받은 순수한 국민소득을 알아보기 위한 개념으로 국민순소득에서 국민이 정부에 낸 간접세를 빼고 기업이 정부로부터 받은 보조금을 더한 것을 말한다.

NI = NNI - 간접세 + 정부의 기업보조금

= 피용자 보수 + 영업잉여

5 개인본원소득(Personal Primary Income ; *PPI*)

① 개인본원소득이란 생산 활동과 관련하여 개인 또는 가계부문이 받은 소득을 말한다.

② 국민소득의 영업잉여 중 가계부문의 기업 및 재산소득만 개인본원소득에 포함된다.

PPI = NI - 법인세 - 사회보장 부담금 - 사내유보 이윤 - 정부의 재산소득

6 개인처분가능소득(Personal Disposable Income ; *PDI*)

개인처분가능소득이란 개인 또는 가계부문이 실제로 받고 마음대로 처분할 수 있는 소득을 말한다.

PDI = PPI + 순이전 소득

= 민간 소비지출 + 가계저축

06 *GDP*의 평가

1 유용성

① *GDP*를 통해 국가들 사이의 경제력이나 소득수준을 비교할 수 있다.
즉, *GDP*는 국민소득지표로 사용되는데 생산액은 생산에 참여한 국민들의 소득이 되기 때문이다.

② 또한 국민 개개인의 평균적인 생활수준을 나타내는데 1인당 *GDP*나 1인당 *GNI*를 사용할 수 있다.
즉, *GDP*는 국민후생지표로도 사용되는데 국민후생은 물질적 풍요와 밀접한 관련이 있으며 물질적 풍요는 *GDP*로 측정할 수 있기 때문이다.

2 한계

1. 일관성의 결여

주부의 가사노동은 *GDP*에 포함되지 않으나 똑같은 일이 가정부 또는 청소부 등에 의하여 이루어지면 *GDP*에 포함된다.

2. 여가를 고려하지 않음

여가활동은 삶의 질을 높이므로 *GDP*에 포함해야 하나 시장가치로 측정하기 어렵기 때문에 *GDP*에 포함되지 않는다.

3. 부작용은 도외시

① 한 도시의 범죄율이 높아지게 되면 CCTV(특정 수신자를 대상으로 하는 화상을 전송하는 텔레비전 전송 시스템) 설치가 늘어나게 되고 이는 *GDP*의 증가를 가져다줄 수 있다.

② 즉, 물질적 생산만을 계산하고 부작용은 도외시하고 있어 *GDP*는 충분한 복지지표라고 볼 수 없다.

4. 지하경제 반영 못함

사채, 마약 및 탈세 등의 지하경제(undergroud economy)의 규모도 측정해야 하나 시장가치로 측정하기 어렵기 때문에 *GDP* 계산에 반영되지 못한다.

*GDP*에 포함되는 항목	*GDP*에 포함되지 않는 항목
가사도우미의 가사노동	주부의 가사노동
최종생산물	중간생산물
농부의 자가소비 농산물	주가변동, 부동산 가격변동
회사채에 대한 이자	국공채 이자
거래수수료	골동품 거래
귀속임대료	지하경제

07 국민총생산(Gross National Product, GNP)

1 정의

한 나라 국민이 국내 또는 해외에서 일정 기간 동안 새롭게 생산한 최종 생산물의 시장가치의 합을 말한다.

2 GNP와 GDP의 관계

① 국민총생산은 다음과 같다.

$GNP = GDP +$ 국외순수취요소소득 (국외수취요소소득 - 국외지급요소소득)

② 폐쇄경제인 경우 국외순수취요소소득이 0이므로 국민총생산과 국내총생산은 같아진다.

③ 개방경제인 경우 국외순수취요소소득이 0보다 크면 국민총생산이 국내총생산보다 크다.

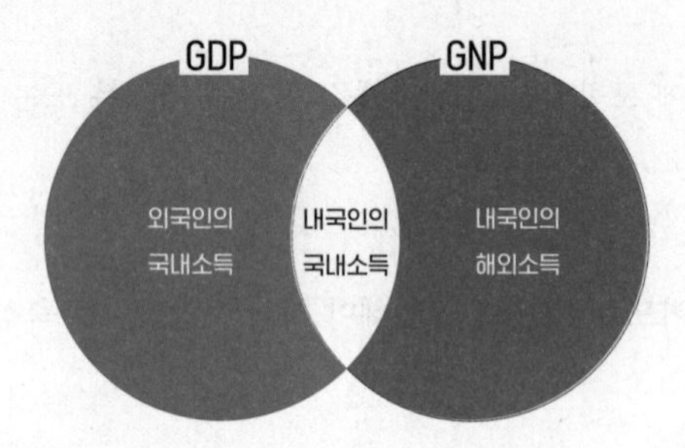

3 국민순생산(NNP : Net National Product)

① 국민순생산은 국민총생산에서 자본의 감가상각, 즉 일정 기간 동안 공장 · 생산설비 · 건축물 등에서 발생하는 감가상각을 차감하여 구해진다.

$NNP = GNP -$ 감가상각

② 국민소득계정에서 감가상각은 고정자본소모라 하는데, 이러한 소모는 최종생산물을 생산하는데 쓰인 비용과 같은 것이므로 고정자본소모를 제외하면 순생산물의 가치가 얻어진다.

08 경제후생지표(measure of economic welfare, MEW)

1 의의

국내총생산(GDP)이 복지의 지표로서 갖는 결함을 완화하기 위해 미국의 노드하우스(W.D.Nordhaus)와 토빈(J. Tobin)이 제안한 개념이다.

2 개념

경제후생지표는 GDP에 가정주부의 서비스와 여가의 가치를 더하고 공해비용을 뺀 것이다.

$MEW = GDP +$ 가정주부의 서비스 + 여가의 가치 - 공해비용

3 한계

① 경제후생지표는 국내총생산보다 경제복지를 나타내는데 더 나은 지표이다.

② 그러나 객관적인 측정이 쉽지 않다.

□△○

3절 다양한 국내총생산

01 실질 GDP와 명목 GDP

1 개요

① GDP는 일정 기간 동안에 국내에서 생산된 모든 최종생산물의 시장가치이므로 재화와 서비스의 생산이 증가하거나 가격이 상승하여 시장가치가 증가하면 GDP가 증가한다.

② 이 중에서 재화와 서비스의 생산 증가효과만 고려한 것이 실질 GDP이다.

③ 생산효과에 가격효과까지 포함한 것이 명목 GDP이다.

2 명목 GDP

1. 개념

① 명목 GDP는 당해 연도의 생산물에 당해연도 가격(경상가격)을 곱하여 계산하므로 물가의 영향을 받는다.

$$\text{명목 } GDP = P_t \times Q_t$$

[P_t : 당해연도 물가, Q_t : 당해연도 생산량]

당해연도 물가 P_t가 상승하면 명목 GDP는 증가한다.

② 금년에 생산된 모든 재화의 가치를 금년도의 물가로 환산한 것으로 2022년의 명목 GDP는 2022년에 생산된 재화를 2022년도의 물가로 환산한 것이다.

③ 명목 GDP가 상승할 때 당해 연도의 생산물이 증가해서 증가하고 있는지, 당해연도 가격 즉 당해연도 물가가 상승해서 증가하고 있는지 알 수가 없다.

2. 명목 GDP의 유용성

① 명목 GDP는 동일한 시점에서 각국의 경제력을 비교하는 데 유용하게 사용될 수 있다.

② 당해연도의 경제활동 규모와 산업구조 변동 등을 분석하는 데 사용된다.

3 실질 GDP

1. 개념

① 서로 다른 연도 간에 재화의 생산이 실제로 얼마나 더 많이 증가했는지 알기 위해서는 동일한 연도의 물가를 사용하여야 한다.

② 즉, 2022년에 생산된 재화와 2021년에 생산된 재화를 모두 2021년도의 물가로 계산한다면 2022년 1년 동안에 재화가 얼마나 더 생산되었는지 잘 알 수 있다.

③ 이처럼 특정 연도를 기준 연도로 정해 놓고 그 해의 물가로 계산한 각 연도의 GDP를 실질 GDP라 한다.

④ 실질 GDP는 당해연도의 생산물에 기준연도가격(불변가격)을 곱하여 계산하므로 물가의 영향을 받지 않는다.

$$\text{실질 } GDP = P_0 \times Q_t$$

[P_0 : 기준연도 물가, Q_t : 당해연도 생산량]

⑤ 당해연도 생산물 Q_t이 증가할 때 당해연도 실질 GDP가 증가하나 당해연도 물가 P_t가 상승하더라도 실질 GDP는 영향을 받지 않는다.

2. 실질 GDP의 유용성

① 국민경제가 장기적으로 어떻게 변동하는지 혹은 경제성장률은 얼마인지를 분석하는 데 사용된다.

② 실질 국내총생산은 기준연도의 가격을 기초로 하여 구해지기 때문에 생산량의 변화 추이만 반영하게 된다. 따라서 경제의 전반적 생산 활동의 수준을 나타내는 지표이다.

4 사례

연도	사과 가격	사과 생산량	배 가격	배 생산량
2021	100원	5개	200원	10개
2022	200원	7개	500원	15개

1. 명목 GDP

(1) 2021년도

(사과 1개당 가격 100원 × 사과 5개) + (배 1개당 가격 200원 × 배 10개) = 2,500원

(2) 2022년도

(사과 1개당 가격 200원 × 사과 7개) + (배 1개당 가격 500원 × 배 15개) = 8,900원

2. 실질 GDP

(1) 2021년도

(사과 1개당 가격 100원 × 사과 5개) + (배 1개당 가격 200원 × 배 10개) = 2,500원

(2) 2022년도

(사과 1개당 가격 100원 × 사과 7개) + (배 1개당 가격 200원 × 배 15개) = 3,700원

3. 경제성장률

$$2022\text{년 경제성장률} = \frac{1{,}200}{2{,}500} \times 100 = 48\%$$

5 GDP 디플레이터

① GDP 디플레이터는 명목 GDP를 실질 GDP로 나눈 값으로 일종의 물가지수(파셰지수)이다.

→ 파셰지수는 비교연도의 상품묶음을 가중치로 사용하는 지수이다.

즉, 매년 다른 가중치(당해년도의 상품거래량)을 적용해 가격의 평균적인 동향을 파악하는 방식으로 구한 물가지수이다.

$$GDP\ deplator = \frac{\text{명목 } GDP}{\text{실질 } GDP} \times 100$$

물가지수란 어떤 기준연도의 물가수준을 100으로 표시하고 이와 비교하고자 하는 비교연도 물가의 상대적 변화를 하나의 수치로 나타낸 것이다.

② 당해년도 물가가 상승하면 명목 GDP의 값은 증가하지만 실질 GDP의 값은 변하지 않는다.

③ 따라서 당해연도 물가가 상승하면 GDP 디플레이터의 값도 상승한다.

④ 기준연도에는 명목 GDP와 실질 GDP가 동일한 값을 갖기 때문에(명목 GDP = 실질 GDP) 물가지수는 100의 값을 갖는다.

⑤ 2022년의 물가수준이 120이라면 이는 2022년도의 물가수준이 기준연도(예컨대 2015년)에 비하여 평균 20% 상승하였다는 것을 나타낸다.

02 잠재 *GDP*와 실제 *GDP*

1 실제 *GDP*

실제 *GDP*는 한 나라 안에서 실제로 생산된 모든 최종 생산물의 시장가치를 말한다.

2 잠재(potential) *GDP*

① 잠재 *GDP*는 한 나라에 존재하는 모든 생산요소를 정상적으로 사용한 경우 달성 가능한 모든 최종재의 시장가치를 말한다.
즉, 한 국민경제에 존재하는 모든 생산자원이 정상적으로 생산과정에 투입될 때 얻을 수 있는 국민소득의 수준을 말한다.

② 잠재 *GDP*는 그 경제가 생산할 수 있는 최대한의 생산량은 아니다.
예를 들어 노동자가 평일에 8시간을 근무하는 것이 정상이라면 평일 8시간 근무할 때의 생산량이 잠재 *GDP*이고 정상적인 근로시간을 초과하여 일할 경우 실제로 생산된 생산량은 잠재 *GDP*보다 일시적으로 더 커질 수 있다.

② 잠재 *GDP*를 완전고용 국민소득, 자연산출량이라고도 한다.

3 *GDP* 갭

1. 개념

① *GDP* 갭(gap)은 잠재 *GDP*와 실제 *GDP*의 차이를 말한다.
GDP 갭은 국내총생산의 실제움직임과 장기추세 사이의 차이를 뜻하며 산출 갭(output gap)이라고도 한다.

GDP 갭 = 잠재 *GDP* - 실제 *GDP*

② *GDP* 갭은 실제 *GDP* - 잠재 *GDP*로 정의되기도 한다.

2. *GDP* 갭 > 0인 경우

① 잠재 *GDP*가 실제 *GDP*보다 크면 *GDP* 갭의 값이 0보다 커진다.

→ *GDP* 갭 > 0

② 생산요소가 정상적으로 고용되지 못하고 있으므로 실업이 존재하는 경기 침체상태이다.
즉, 경제는 불황기(recession)에 있다고 말한다.

③ 한 경제가 최대한 생산할 수 있는 수준 이하에서 조업하고 있으므로 실업을 낮추고 생산을 증가시킬 여지가 있게 된다. 즉, 경기 침체 시 총수요 증대정책을 사용할 필요가 있다.

3. *GDP* 갭 < 0인 경우

① 실제 *GDP*가 잠재 *GDP*보다 크면 *GDP* 갭의 값이 0보다 작아진다.

→ *GDP* 갭 < 0

② 생산요소가 과잉 고용되고 있는 경기 과열상태이다. 즉, 경제는 호황기(boom)에 있다고 말한다.

③ 이와 같은 상황이 지속되면, 즉 경제가 정상적으로 생산 가능한 수준을 넘어 생산하려고 하면 원자재 가격 및 임금, 임대료 등이 상승하여 인플레이션이 가속화될 수 있다.
따라서 경기 과열 시 총수요 억제 정책을 사용할 필요가 있다.

□△○

4절 국민총소득(*GNI*)

01 국민총소득의 성격

국민총소득은 생산 활동을 통해서 획득한 소득의 실질 구매력을 나타내는 지표이다.

02 개념

① 한 나라의 국민이 생산 활동에 참여한 대가로 받는 소득의 합계로서 해외거주자가 받은 소득(국외수취요소소득)은 포함되고 국내총생산(*GDP*) 중에서 외국인에게 지급한 소득(국외지급요소소득)은 제외된다.

실질국민총소득(*GNI*)

= 실질 *GDP* + 실질국외순수취요소소득(국외수취요소소득–국외지급요소소득)+교역조건 변화에 따른 실질무역손익

② 외국과의 거래가 활발한 개방경제에서는 수출 및 수입상품의 가격 변화, 즉 교역조건 변화로 인해 실질생산은 기존과 동일하더라도 실질소득은 달라질 수 있다.

03 교역조건

① 교역조건이란 $\frac{\text{수출재 가격}}{\text{수입재 가격}}$으로 수출재 1단위와 교환되는 수입재 수량을 의미한다.

$$\rightarrow \text{교역조건} = \frac{P_X}{P_M} \times 100$$

[P_X ; 수출재 가격, P_M ; 수입재 가격]

② 어떤 나라가 2021년에 반도체를 20만 개 생산해 개당 10달러의 가격에 전량 수출하고 톤당 50달러의 가격으로 쌀 4만 톤을 수입했다고 하자.

2022년에 반도체 수출 가격이 5달러로 떨어진 반면 쌀의 수입가격은 50달러에서 변화하지 않았다면 반도체 20만 개를 수출한 대금으로 수입할 수 있는 쌀이 2만 톤으로 줄어들게 된다.

③ 즉, 환율이 상승하면 수출재 외환표시 가격이 하락하므로 교역조건은 악화된다. 왜냐하면 수출재 1단위와 교환되는 수입재 수량이 감소하기 때문이다.

→ 환율과 교역조건은 역관계

④ 수출재 생산량에 아무 변화가 없어 국내총생산이 전혀 변화하지 않아도 교역조건이 변화함에 따라 그 나라 국민의 실질구매력이 줄어드는 결과가 나타난다.

04 사례

① 2021년에 자동차 1대를 1만 달러에 팔아 원유 400배럴(배럴당 25달러)을 수입하였고 2022년에는 자동차 2대를 생산하였는데 자동차의 가격은 그대로이며 원유 가격은 50달러로 상승하였다고 하자.

② 자동차 수출은 두 배로 늘었지만 수출대금 2만 달러로 수입할 수 있는 원유는 여전히 400배럴에 불과하다.

③ 생산 활동은 확대되었지만 그로부터 획득한 소득의 실질적인 구매력에는 변함이 없다.
교역조건은 50% 악화되었으므로 실질적인 무역손실이 발생한 것이다.

④ 원유의 가격이 그대로 배럴당 25달러라면 원유 400배럴을 1만 달러에 수입할 수 있었는데 1만 달러를 더 지불한 셈이므로 교역조건 변화에 따른 실질적인 무역손실은 1만 달러이다.

⑤ 이와 같이 교역조건이 불리해지면 일정한 양의 상품을 수출하여 수입할 수 있는 양이 감소하므로 국민이 소비하거나 투자할 수 있는 재원이 줄어드는 효과가 있다.

단원의 핵심 내용을 정리해 보세요.

01 국민소득 삼면등가원칙(三面等價原則)에서 삼면은?

① 생산 · 소비 · 저축
② 생산 · 분배 · 지출
③ 생산 · 소비 · 투자
④ 생산 · 수출 · 수입

풀이 날짜			
채점 결과			

02 일정 기간 동안 한 나라에서 내 · 외국인 모두가 생산한 최종 재화와 용역의 합계는?

① GNP
② GDP
③ NNP
④ NI

풀이 날짜			
채점 결과			

03 국내총생산(GDP)에 관한 다음 설명 중 적절하지 않은 것은?

① 외국기업이 국내에서 생산한 것도 포함된다.
② 국민경제의 전체적인 생산수준을 나타낸다.
③ 자가소비를 위해 생산된 재화는 포함되지 않는다.
④ 각 생산단계에서의 중간 투입물도 포함된다.

풀이 날짜			
채점 결과			

04 다음 중 GDP에 들어가지 않는 것은? (기업은행)

① 아파트의 가격 상승
② 회사채 이자
③ 기업의 자동차 구입
④ 동사무소에서 복사용지 구입

풀이 날짜			
채점 결과			

해설

정답

01 • 국민소득을 측정할 때 생산측면과 분배측면과 지출측면으로 측정할 때 일치한다는 것이다. ②
• 즉, 국내총생산은 만들어서(생산), 사용하고(지출), 나누어 갖는(분배) 양이 모두 같게 된다.

02 ① 국민총생산(*GNP* : Gross National Product): 한 나라 국민이 국내 또는 해외에서 일정 기간 동안 새롭게 생산한 최종 생산물의 시장가치의 합을 말한다. ②
② 국내총생산(*GDP* : Gross Domestic Product) : 일정 기간 동안 한나라 안에서 생산된 모든 최종생산물의 시장가치를 말한다.
③ 국민순생산(*NNP* : Net National Product) : 국민총생산에서 자본의 감가상각, 즉 일정 기간 동안 공장·생산설비·건축물 등에서 발생하는 감가상각을 차감하여 구해진다.
④ 국민소득(*NI* : National Income) : 생산요소의 소유자들이 생산 활동에 참여한 대가로 받는 임금, 지대, 이자, 이윤 등을 합한 요소소득을 말한다.

03 • 국내총생산은 일정 기간 동안에 국내에서 생산된 최종생산물로 평가된다. ④
• '국내에서 생산된'은 내국민, 외국인을 구별하지 않고 국내에서 생산된 재화와 서비스의 가치만이 국내총생산에 포함된다는 의미이다.
• 자가소비를 위해 생산된 재화는 시장에서 거래되지 않기 때문에 국내총생산에 포함되지 않는다.
• *GDP*는 기업 간에 거래되는 중간생산물은 포함하지 않고 가계나 기업 등 최종사용자에게 구매되어 재판매되지 않는 생산물만을 포함한다는 뜻이다.

04 • 국내총생산은 당해 연도의 생산 활동과 관련 있어야 하므로 아파트의 가격 상승이나 부동산 구입, 주식 구입 등은 포함되지 않는다. ①
• 회사채를 구입하면 자금이 회사로 흘러들어가 생산 활동에 사용되므로 회사채에 대한 이자는 생산 활동에 대한 대가로 볼 수 있다.

05 GNP와 GDP의 차이가 없는 경제에서는?

풀이 날짜			
채점 결과			

① 감가상각 현상이 나타나지 않는다.
② 외국인의 국내투자와 내국인의 해외투자가 없다.
③ 모든 기업이 초과이윤을 획득하지 못한다.
④ 정부재정이 균형된다.

06 다음에서 말하는 이것은 무엇인가? (2019년 국민은행)

풀이 날짜			
채점 결과			

이것은 자본 · 노동 등 생산요소를 최대한 투입해 물가 상승을 유발하지 않고 달성할 수 있는 성장 역량을 의미한다. 한 국가의 경제 기초체력이 어느 정도인지, 이대로 가면 어떻게 될 것인지를 가늠케 해주는 중요한 장기 지표다.
한은은 이것이 급락한 요인을 세 가지로 설명했다. 서비스업 발전 미흡, 높은 규제수준으로 인한 생산성 하락, 경제 불확실성에 따른 자본축적 부진이다.

① 국내총생산
② 잠재성장률
③ 실질성장률
④ 물가 상승률
⑤ 생산증가율

해설

정답

05 • GNP는 한 나라 국민이 국내 또는 해외에서 일정 기간 동안 새롭게 생산한 최종 생산물의 시장가치의 합을 말한다. ②

→ $GNP = GDP$ + 국외순수취요소소득 (국외수취요소소득 - 국외지급요소소득)

• 외국인의 국내투자와 내국인의 해외투자가 없다면 국외수취요소소득과 국외지급요소소득 모두 0이므로 GNP와 GDP는 동일한 값을 갖게 된다.

06 • 잠재 GDP는 한 나라에 존재하는 모든 생산요소를 정상적으로 사용한 경우 달성 가능한 모든 최종재의 시장가치를 말한다. ②

• 잠재성장률이란 한 나라의 경제가 보유하고 있는 자본, 노동력, 자원 등 모든 생산요소를 사용해서 물가 상승을 유발하지 않으면서도 최대한 이룰 수 있는 경제성장률 전망치를 말한다. 있는 자원을 최대한 활용해서 최고의 노력을 했을 때 얻을 수 있는 최대의 성장치라고 할 수 있다.

• 잠재성장률은 잠재 GDP의 변화율을 말한다.

01 국내총생산의 계산과 관련된 다음 설명 중 옳지 않은 것은?

① 국내총생산을 계산하기 위해, 생산된 최종생산물의 가격을 모두 합하는 방법을 사용할 수 있다.
② 자동차 제조기업에서 자동차 재고가 증가하였을 경우 이는 국내총생산의 계산에 포함되지 않는다.
③ 생산단계별로 발생한 부가가치를 모두 합산함으로써 국내총생산을 계산할 수 있다.
④ 가구점에서 만든 가구의 부가가치는 국내총생산에 포함되지만 개인이 자신이 사용할 목적으로 손수 만든 가구는 국내총생산의 계산에 포함되지 않는다.
⑤ 외국인이 소유한 서울의 한 빌딩으로부터의 임대 소득은 한국의 국내총생산의 계산에 포함된다.

풀이 날짜			
채점 결과			

02 다음의 국내총생산(GDP)에 관한 기술 중 옳지 않은 것은?

① GDP에는 가시적인 물건(음식, 의복, 자동차 등)은 물론 보이지 않는 서비스(이발, 청소 등)도 포함된다.
② GDP에는 그 해에 생산된 재화와 서비스만 포함되며 과거에 생산된 물건의 거래는 포함되지 않는다.
③ GDP는 한 경제에서 생산되어 시장에서 판매된 모든 품목(합법 또는 불법적으로 생산된)을 포함하는 포괄적인 지표이다.
④ GDP는 한 국가의 영토 내에서 일어난 생산 활동의 가치를 측정하기 때문에 현대자동차가 미국에 공장을 소유하고 있을 경우, 그 공장에서 생산된 재화의 가치는 우리나라의 GDP에 포함되지 않는다.
⑤ 그 해에 생산된 중간재가 생산된 해에 사용되지 않고 장래의 판매나 생산을 위해 보관되는 경우에는 최종재로 간주되어 GDP에 포함된다.

풀이 날짜			
채점 결과			

03 다음 항목 중 국민소득 계산에 포함될 수 없는 것은?

① 기업의 연구개발투자
② 파출부의 임금
③ 은행예금에 대한 이자
④ 주식투자로부터의 매매차익
⑤ 추석보너스

풀이 날짜			
채점 결과			

04 다음 중 GDP에 포함되는 것은?

① 소년, 소녀 가장들에게 지급되는 정부의 생계보조비
② 국민연금수령액
③ 단원 김홍도의 그림 구입비
④ 부동산 매매차액
⑤ 회사채에 대한 이자

풀이 날짜			
채점 결과			

해설

정답

01

• 중간 생산물은 포함되지 않으며 최종생산물은 부가가치의 합과 일치한다.
• 자동차 재고의 증가는 재고투자 항목으로 국내총생산의 계산에 포함된다.
• 올해 자동차가 생산되었으나 판매되지 않은 경우 재고가 증가하게 되는데, 증가한 재고도 올해 생산된 것이므로 *GDP*에 포함된다. 지출 측면에서 보면 재고 증가분은 투자(재고투자)로 집계된다.

②

02

• 국내총생산이란 일정 기간 동안 한나라 안에서 생산된 모든 최종생산물의 시장가치를 말한다.
• 최종생산물에는 재화와 서비스 모두 포함되며 중간 생산물은 포함되지 않는다.
• *GDP*는 시장에서 거래되는 것만 포함되므로 불법적으로 생산된 것은 포함되지 않는다.
⑤ 그 해에 생산된 중간재가 생산된 해에 사용되면 '중간재'이지만 사용되지 않으면 '최종재'이다.

③

03

• 주식거래의 매매차익은 생산 활동의 결과가 아니라 가치 변동에 불과하기 때문에 국내총생산에 포함되지 않는다.
• 은행예금에 대한 이자소득은 요소소득으로 국민소득 계산에 포함되나, 단순한 상대가격의 변화에 따른 매매차익은 국민소득 계산에 포함되지 않는다.
• 추석 보너스는 기업의 생산 활동에 대한 대가로 근로자에게 지급되는 것이므로 국민소득 또는 *GDP*에 포함된다.

④

04

①, ② 정부지출(government purchase)이란 정부가 재화와 서비스를 구입하는 것을 말한다.
이전지출이란 정부가 대가 없이 지출한 것으로 실업 연금 및 저소득층에 대한 보조 등이 있다.
정부의 생계보조비나 국민연금 지급액은 이전지출이므로 *GDP*에 포함되지 않는다.
③ 골동품의 구입은 *GDP*에 포함되지 않는다.
④ 부동산 매매 차액은 생산 활동과 무관하기 때문에 *GDP*에 포함되지 않는다.
⑤ 회사채를 구입하면 자금이 회사로 흘러들어가 생산 활동에 사용되므로 회사채에 대한 이자는 생산 활동에 대한 대가로 볼 수 있다.

⑤

05 GDP(국내총생산)의 계상 항목에 해당되는 것은?

풀이 날짜			
채점 결과			

① 자가 소비된 농산물 중 가치측정이 불가능한 것
② 골동품 매매
③ 물가변동에 따른 평가차익
④ 가정부의 서비스
⑤ 중고품거래

06 다음의 경제활동 중 특정연도의 GDP 계산에 포함되는 것은?

풀이 날짜			
채점 결과			

ⓐ 어떤 회사원의 로또 당첨
ⓑ 국내 자동차 회사의 공장 신설
ⓒ 학생의 교과서 구입
ⓓ 증권투자자의 특정 회사 주식 매입
ⓔ 국내 진출 외국기업의 제품 생산
ⓕ 외국 진출 국내 기업의 주택 건설
ⓖ 상인들의 밀수품 거래
ⓗ 그 해 생산되었으나 판매되지 않은 컴퓨터의 가치

① ⓐ, ⓑ, ⓔ, ⓗ
② ⓑ, ⓒ, ⓔ, ⓗ
③ ⓑ, ⓓ, ⓕ, ⓖ
④ ⓑ, ⓒ, ⓕ, ⓗ
⑤ ⓑ, ⓒ, ⓓ, ⓔ

07 국민소득계정에서 투자에 포함되지 않는 것은?

풀이 날짜			
채점 결과			

① 상품 재고의 증가
② 기업의 새 기계 구입
③ 기존의 다른 기업 인수
④ 기업의 새 컴퓨터 구입
⑤ 신축주택에 대한 소비자 지출

08 다음 중 GDP계정에서 총투자에 포함되지 않는 것은?

풀이 날짜			
채점 결과			

① 재고의 증가
② 새로운 공장건물의 건설
③ 포항제철의 주식 지분 구입
④ 기업의 새로운 기계의 구입
⑤ 가계의 새로운 주택의 구입

05 ④

① 자가소비된 농산물은 농민이 생산한 것을 전제로 하므로 *GDP*에 포함될 수 있으나 가치 측정이 불가능하므로 *GDP*에 포함될 수 없다.

②, ⑤ 당해 연도 생산과 관련 있어야 하므로 부동산 투자, 주식거래, 골동품 판매 수입, 중고차 거래 등은 포함되지 않는다.

③ 물가 변동에 따른 평가차익은 생산 활동과 무관하므로 *GDP*에 포함되지 않는다. 즉, 주가 상승, 부동산가격 상승 등은 *GDP*에 포함되지 않는다.

④ *GDP*는 시장에서 거래되는 가격으로 평가하므로 가정부의 서비스는 *GDP*에 포함되나 주부의 가사노동은 제외된다.

06 ②

• 국내총생산이란 일정 기간 동안 한나라 안에서 생산된 모든 최종생산물의 시장가치를 말한다.

• *GDP*는 생산된 재화와 서비스만 포함되며 지하경제나 불법으로 거래되는 것은 포함되지 않는다.

ⓐ 어떤 회사원의 로또 당첨 - 생산 활동과 무관하므로 *GDP*에 포함되지 않는다.

ⓓ 증권투자자의 특정 회사 주식 매입 - 생산 활동과 무관하며 소유권의 이전에 불과하므로 *GDP*에 포함되지 않는다.

ⓖ 상인들의 밀수품 거래 - 사채, 마약 및 탈세 등의 지하경제(undergroud economy)의 규모도 측정해야 하나 시장가치로 측정하기 어렵기 때문에 *GDP* 계산에 반영되지 못한다.

07 ③

• 국민소득계정에 포함되는 투자는 실물 자산의 증가만을 의미한다. 단순한 소유권의 이전은 경제 전체적으로 아무런 변화를 가져오지 않기 때문에 포함되지 않는다.

• 투자지출은 설비투자, 재고투자, 건설투자로 분류되는데 다른 재화의 생산에 투입되는 재화인 기계나 공장 설비 등의 구입을 '설비투자' 가계의 신축 주택 구입에 대한 지출은 '건설투자' 기업이 자신으로부터 생산물을 사들인 것을 '재고투자'라고 한다.

08 ③

• 투자지출은 설비투자, 재고투자, 건설투자로 분류되는데 다른 재화의 생산에 투입되는 재화인 기계나 공장 설비 등의 구입을 '설비투자' 가계의 신축 주택 구입에 대한 지출은 '건설투자' 기업이 자신으로부터 생산물을 사들인 것을 '재고투자'라고 한다.

• 주식, 채권 등의 구입은 투자지출에 포함되지 않는다.

09 한국타이어는 타이어 4개를 생산하여 20만 원에 판매하였고 하만카돈사는 카스테레오를 1대 생산하여 30만 원에 판매하였다. 현대자동차는 이들을 구입하여 자동차를 생산한 다음 1,000만 원에 판매하였고 이 중 100만 원은 임금으로 지급하였다면 GDP로 계산되는 금액은?

풀이 날짜			
채점 결과			

① 850만 원
② 950만 원
③ 1,000만 원
④ 1,050만 원
⑤ 1,150만 원

10 어떤 소비자가 2021년 12월 31일에 새 차를 구입할 계획으로 판매점을 방문하였다. 이 차의 판매가격은 1,200만 원이며, 이의 공장도가격(판매점의 인수가격)은 1,000만 원이라 하자. 이 소비자가 차를 사지 않는 경우에도 그 돈을 다른 곳에 지출하지 않고 또한 다른 사람도 당해 연도에 그 차를 구입하지 않는다고 가정하면 이 소비자가 그 차를 구입하지 않는 경우와 비교하여 구입하는 경우 2021년의 국내총생산은?

풀이 날짜			
채점 결과			

① 1,200만 원 증가하게 된다.
② 1,200만 원 감소하게 된다.
③ 200만 원 증가하게 된다.
④ 200만 원 감소하게 된다.
⑤ 변화하지 않는다.

11 국내총생산이 국내경제활동수준을 나타내는 지표로서 국민총생산보다 더 유용하게 사용되고 있다. 국내총생산과 관련된 다음 기술 중 옳은 것은?

풀이 날짜			
채점 결과			

ⓐ 국내총생산은 일정 기간 동안 국내에서 생산된 산업별 부가가치 생산액에 감가상각을 합한 것이다.
ⓑ 국내총생산은 국민총생산에다 국외순수취요소소득을 합한 것이다.
ⓒ 국내총생산은 일정 기간 동안 국내에서 생산된 최종생산물의 합계액을 말한다.

① ⓐ, ⓑ
② ⓐ, ⓒ
③ ⓑ, ⓒ
④ ⓐ, ⓑ, ⓒ
⑤ ⓒ

해설

정답

09
- 타이어와 카스테레오는 중간재이므로 *GDP* 계산에 포함되지 않는다.
- 임금 100만 원은 삼면등가의 법칙에서 요소소득에 속한다.
- 따라서 *GDP*로 계산되는 금액은 최종재 판매금액 1,000만 원이 된다.

③

10
- 자동차를 구입하지 않는 경우는 생산한 가치로만 측정되지만 구입을 하는 경우에는 판매가격으로 측정된다.
- 생산가격은 1,000만 원이고 판매가격은 1,200만 원이므로 구입하면 2021년의 *GDP*는 200만 원 증가하게 된다.

③

11
- 국내총생산이란 일정 기간 동안 한나라 안에서 생산된 모든 최종생산물의 시장가치를 말한다.
- 부가가치(value added)란 생산자가 생산과정에서 새로 창출한 가치를 말하며 생산액에서 원재료에 소요된 금액과 기계설비의 감가상각을 공제한 액수이다.

  → 부가가치 = 총 생산액 - 중간재 구입비 - 감가상각
- 국내총생산에는 중간재 구입비를 포함하지 않기 때문에 총 생산액은 부가가치와 감가상각의 합이다.
- 따라서 최종생산물의 가격은 각 단계에서 창출한 부가가치의 총액과 각 단계에서의 감가상각액의 합계와 같다.
- 국민총생산은 국내총생산에다 국외순수취요소소득을 합한 것이다.

②

12 외국인 대학 교수가 국내 대학에서 강의를 하고 500만 원을 강의료로 받아서 한국인 집주인에게 200만 원을 지불하는 경우 한국의 국내총생산과 국민총소득에 각각 어떤 영향을 미치는가?

풀이 날짜			
채점 결과			

	국내총생산	국민총소득
①	700만 원 증가	700만 원 증가
②	700만 원 증가	200만 원 증가
③	700만 원 증가	200만 원 증가
④	300만 원 증가	300만 원 증가
⑤	200만 원 증가	200만 원 증가

13 우리나라 기업이 베트남에 진출해 우리나라 직원과 베트남 직원을 고용했다. 이에 올바른 내용을 고르시오. 단, *GDP*는 국내총생산, *GNP*는 국민총생산이다. (2019년 NH 농협은행)

풀이 날짜			
채점 결과			

① 베트남의 *GDP*가 낮아진다.
② 우리나라의 *GDP*가 높아진다.
③ 우리나라와 베트남의 *GNP*가 높아진다.
④ 우리나라의 *GNP*는 높아지지만 베트남의 *GNP*는 낮아진다.

14 다음 기술 중 옳은 것은?

풀이 날짜			
채점 결과			

① 기존의 주식(증권)을 인수하는 것은 경제학에서 말하는 투자가 아니다.
② 경제후생지표(MEW)를 실질적으로 추계할 수 있다면 그 값은 *GDP*보다 크게 마련이다.
③ 해외 이민이 증가하면 국민 가처분소득이 증가한다.
④ 국제수지 흑자가 큰 폭으로 계속되면 실질 *GDP*가 명목 *GDP*보다 빠른 속도로 증가한다.
⑤ 우리나라의 경우 물가지수를 작성할 때 라스파이레스지수를 사용하는데 이는 라스파이레스 지수가 파셰지수보다 물가변동을 더 정확하게 표시해 주기 때문이다.

15 다음 중 *GDP*에 대한 설명으로 가장 옳은 것은?

풀이 날짜			
채점 결과			

① 부동산 값이 올라가면 *GDP*도 올라간다.
② 한 나라 국민의 삶의 질을 잘 나타내어 준다.
③ 생활수준을 국제 비교하는 데 아주 유용하다.
④ 시산화 정도가 낮은 후진국의 경우 아주 낮게 평가되는 경향이 있다.
⑤ 국부를 가장 잘 나타내어 준다.

해설

정답

12 • 외국인 대학교수가 국내에서 강의 서비스를 제공하고 500만 원을 강의료로 받은 것은 국내총생산(*GDP*)에 포함되고 또한 한국인 집주인이 주택 서비스를 제공한 대가로 외국인 대학교수에게 받은 월세 200만 원도 국내총생산(*GDP*)에 포함된다.
• 따라서 국내총생산은 500만 원 + 200만 원 = 700만 원이다.
• 국민총소득은 국내인의 소득만 포함되기 때문에 한국인 집주인이 받은 월세 200만 원만 포함된다.

②

13 • 우리나라 기업이 베트남에 진출하였으므로 베트남의 *GDP*가 증가한다.
• 우리나라 직원을 고용하면 한국의 *GNP*가 증가하고 베트남 직원을 고용하면 베트남의 *GNP*가 증가한다.

③

14 ① 기존의 주식을 인수하면 소유권의 이전만 발생하며 생산 활동과 무관하므로 투자와 상관이 없다.
② 경제후생지표는 *GDP* - 공해 비용 + 여가이므로 일반적으로 *GDP*보다 작다.
공해가 발생하면 공해 비용 증가로 경제후생지표는 감소하고 공해방지시설로 *GDP*는 증가한다.
③ 해외 이민이 증가하면 국내 인구의 감소로 국민 가처분소득이 하락한다.
④ 국제수지 흑자가 큰 폭으로 증가하면 달러가 유입되고 통화량 증가로 물가가 상승한다.
물가가 상승하면 명목 *GDP*가 실질 *GDP*보다 빠른 속도로 증가한다.
⑤ 라스파이레스 지수나 파셰지수 모두 물가 변동을 부정확하게 표시한다. 라스파이레스 지수는 물가를 과대평가하고 파셰지수는 물가를 과소평가한다.

①

15 ① 부동산가격의 변화는 *GDP*에 영향을 주지 않는다.
②, ③ *GDP*보다 1인당 *GDP* 또는 1인당 국민소득이 한 나라 국민의 삶의 질을 잘 나타내어 준다.
따라서 *GDP*는 생활수준을 국제적으로 비교하는데 유용하지 않다.
④ 시산화란 시장가치로 계산하는 것을 말한다.
후진국의 경우 시장 거래보다 가내수공업 비중이 크므로 시산화가 낮다. 시장에서 거래되지 않는 재화를 생산하면 시산화가 낮기 때문에 *GDP*가 낮게 측정될 수밖에 없다.
⑤ 국부를 집계할 경우에는 국내에 있는 외국인 자산을 넣지 않고 외국에 있는 내국인 및 국가의 자산을 포함시키게 된다. 즉, 국부는 한 나라의 국민이 해외자산을 구입하는 것도 포함하므로 *GDP*로 정확히 측정할 수 없다.

④

16 다음 중 올바른 설명은?

풀이 날짜			
채점 결과			

① 잠재 GDP는 한 경제가 보유하고 있는 자본, 노동 등 생산요소를 하나도 빠짐없이 이용하였을 때 생산할 수 있는 최대의 생산량이다.
② 잠재 GDP와 실제 GDP를 비교하여 경기의 과열 또는 침체 여부를 판단할 수 있다.
③ 총수요진작정책을 통해서 단기적으로 잠재 GDP를 확충시킬 수 있다.
④ 경기변동에 따라 잠재 GDP도 민감하게 변동한다.
⑤ 위 모두 사실이 아니다.

17 다음과 같이 X재와 Y재의 두 가지 재화만을 생산하는 국민경제에서 비교연도의 GDP 디플레이터는 기준연도에 비하여 어떻게 변하였는가? (2019년 신한은행)

풀이 날짜			
채점 결과			

	기준연도		비교연도	
재화	수량	시장가격	수량	시장가격
X	3	10	4	20
Y	3	30	2	10

① 20% 상승
② 10% 상승
③ 20% 하락
④ 10% 하락
⑤ 변동 없음

18 2020년과 2021년 사이에 GDP 디플레이터(defaltor)가 100에서 150으로 변동하였고, 실질 GDP는 20% 증가하였다. 같은 기간 중 명목 GDP는 얼마나 증가했는가?

풀이 날짜			
채점 결과			

① 30%
② 50%
③ 60%
④ 70%
⑤ 80%

19 2020년과 2021년 사이에 명목 GDP가 200조 원에서 450조 원으로 증가하고 GDP 디플레이터는 100에서 150으로 상승하였다면 이 기간 동안의 경제성장률은 얼마인가?

풀이 날짜			
채점 결과			

① 250%
② 150%
③ 125%
④ 50%
⑤ 25%

해설

정답

16 ① 잠재 GDP는 한 경제가 보유하고 있는 생산요소를 정상적으로 이용하였을 때 생산할 수 있는 생산량으로 한 나라 경제의 생산능력을 의미한다. 즉, 최대 생산량을 의미하지 않는다. ②

② GDP 갭(gap)은 잠재 GDP와 실제 GDP의 차이를 말한다.
GDP 갭(gap)으로 경기 침체 또는 경기 과열을 판단할 수 있다.

③ 총수요진작정책은 실제 GDP를 증가시킬 수 있으나 잠재 GDP를 변화시킬 수 없다.
잠재 GDP는 한 나라에 존재하는 모든 생산요소를 정상적으로 사용한 경우 달성 가능한 모든 최종재의 시장가치를 말하므로 노동량이나 자본량 등이 증가해야 잠재 GDP를 확충시킬 수 있다.

④ 경기변동에 따라 민감하게 변동하는 것은 실제 GDP이다.

17 ⑤
- 기준연도에는 명목 GDP와 실질 GDP가 항상 같기 때문에 GDP 디플레이터는 100이다.
- 비교년도의 명목 GDP는 $(20 \times 4 + 10 \times 2 = 100)$이고, 실질 GDP 또한 $(10 \times 4 + 30 \times 2 = 100)$이기 때문에 비교년도의 GDP 디플레이터도 100이 된다.
- 따라서 비교년도의 GDP 디플레이터는 기준년도에 비하여 변동이 없다.

18 ⑤
- GDP 디플레이터 = $\frac{명목\ GDP}{실질\ GDP} \times 100$이다.
- 2020년에 명목 GDP와 실질 GDP 모두 100이라고 하자.
- 2021년의 GDP 디플레이터가 150이고 실질 GDP가 120이므로

  $$\frac{명목\ GDP}{120} \times 100 = 150$$

  $$\rightarrow 명목\ GDP = \frac{150 \times 120}{100} = 180$$

  명목 GDP는 180이다.
- 명목 GDP가 100에서 180이 되므로 80%가 증가하였다.

19 ④
- GDP 디플레이터는 기준년도 2020년에는 100이므로 명목 GDP와 실질 GDP 모두 200조 원이 된다.
- 2021년의 GDP 디플레이터는 150이므로 GDP 디플레이터 = $\frac{450조}{실질\ GDP} \times 100 = 150$으로 계산된다.
- 따라서 실질 GDP는

  실질 $GDP = \frac{450조 \times 100}{150} = \frac{900조}{3} = 300$조로 계산된다.
- 실질 GDP가 200조에서 300조로 증가하였기 때문에 경제성장률은

  경제성장률 = $\frac{300조 - 200조}{200조} \times 100 = \frac{100조}{200조} \times 100 = 50\%$가 된다.

MEMO 그래프를 그려보세요.

CHAPTER 02

고전학파 모형

단원 학습 목표

- 실질 GDP의 결정에 관한 모형으로는 고전학파 모형과 케인즈의 모형이 있다.
- 고전학파 모형은 경제의 공급 측면이 실질 GDP를 결정한다고 보는 반면, 케인즈의 모형은 수요 측면이 실질 GDP를 결정한다고 본다.
- 고전학파 모형에 의하면 실질국민소득은 경제 내에 존재하는 노동의 공급, 자본량, 생산기술 등 공급 측면만에 의하여 결정된다.
- 고전학파 모형은 통화주의, 새고전학파로 맥이 이어진다.
- 고전학파는 정부의 역할을 국방과 치안, 법치에 국한시킨다. 따라서 최소한의 정부가 최상의 정부라고 주장한다.

□△○

1절 경제학파

01 고전학파(The Classical School)

1 시기

1. 18세기 후반 ~ 19세기 전반, 영국
2. 산업자본주의 옹호
3. 중상주의(상업자본주의) 비판

2 주요 인물

- A. Smith :
  『도덕감정론』(1759), 『국부론』(1776), '보이지 않는 손'
  즉, 시장가격기구 강조
- D. Ricardo :
  『정지경제학 및 조세의 원리』(1817), 차액지대설, 비교우위무역이론
- T. R. Malthus:
  『인구론』(1798), 수확체감의 법칙, 임금생존비설, "인구의 기하급수적 증가와 식량의 산술급수적 증가,"
  과소소비설 → Keynes의 유효수요원리에 영향
- J. S. Mill :
  『정치경제학원리』(1848), 임금기금설, 무역이론에서의 상호수요곡선
  즉, 오퍼(offer)곡선 제시

3 주요 내용

1. 자유방임주의(laissez faire)

   (1) '보이지 않는 손'

   ① 개인의 합리적 행동원리: 사리 추구
   ② 사리 추구는 경쟁을 통해서 사익과 공익을 모두 증진시킴
   ③ 공익증진은 개인의 희생 대신에 개인의 이익(사익) 증진을 바탕으로 이루어짐

   (2) 정부의 간섭 · 개입 반대

2. 노동가치설(labor theory of value)

   상품 가치의 원천은 그 상품에 투여한 노동에 의해 결정

3. Say의 법칙(Say's law)

   '생산(공급)은 스스로 수요를 창출한다'
   → 완전고용 달성, 실업과 공황 부인

4. 이윤 옹호

   자본가의 이윤 획득 옹호

4 주요 학자

- A. Smith
- D. Ricardo
- J. S. Mill
- J. B. Say
- L. Walras
- A. Marshall
- A. C. Pigou

5 기본 가정

① 가격변수들의 신축성

② 노동시장의 수요 · 공급 : 실질임금의 함수

③ 노동의 완전고용 → 잠재 *GDP* 산출

④ 세이의 법칙 성립

⑤ 화폐수량설

02 한계효용학파

1 시기

1870년대 출현

2 주요 학자

1. L. Walras(프랑스) : 『사회적인 부의 이론과 정치경제론』 (1874)

   → Lausanne 학파 (V. Pareto : 후생경제학, 파레토효율성, 무차별곡선)

2. C. Menger(오스트리아) : 『국민경제학원론』 (1871)

   → Austria 학파 → Vienna 학파

3. W. S. Jevons(영국) : 『정치경제론』 (1871)

   → Cambridge 학파 (A. Marshall : 신고전학파의 창설자, 탄력성, 수요 및 공급이론, 외부효과, 현금잔고수량설 등 / A. C. Pigou : 후생경제학)

3 주요 내용

1. ① 효용 및 수요 측면 강조 ↔ 고전학파는 비용 및 공급 측면 강조

   ② 효용가치설 : 가치의 원천은 효용 ↔ 노동가치설: 고전학파는 가치의 원천은 노동

   ③ D. Ricardo의 차액지대설에 나타났던 '한계'개념을 강조

2. ① 자유방임주의와 자본주의 옹호 ↔ 사회주의에 대항

   ② 자연조화설 : 각 경제주체가 자신의 이익을 위해 경제행위를 하면 사회 전체의 후생이 극대가 되며, 경제주체 간, 계급 간 이해대립이 없어진다는 것.

   예 L. Walras의 일반균형분석

03 케인즈학파의 주요 학자와 기본 가정

1 주요 학자

- J. M. Keynes
- A. Hansen
- J. R. Hicks
- P. A. Samuelson
- J. Tobin

2 기본 가정

① 가격변수들의 경직성

② 잉여생산능력의 존재

③ 노동시장 수요 - 실질임금의 함수

공급 - 명목임금의 함수(Keynes) → 화폐환상

예상실질임금의 함수(Keynes학파)

04 통화주의학파의 주요 학자와 기본 가정

1 주요 학자

- M. Friedman
- K. Brunner
- A. Meltzer
- D. Laidler
- P. Cagan

2 기본 가정

① 장기적으로 가격변수 신축성

② 시장가격기구의 효율성 신뢰

05 공급 중시 경제학의 의의

1 주요 학자

- A. Laffer
- M. Feldstein
- M. Boskin

2 이론의 배경

① 1970년대 이후의 스태그플레이션을 해결하는 데 총수요관리정책이 한계를 드러냄.

② 1970년대 중반 이후 미국경제의 생산성 저하 :
공급 측면을 중시하는 공급경제학, 레이거노믹스(Reaganomics) 출현

3 기본 요소

① 총공급곡선을 우측 이동시키는 정책 중시

② 시장가격기구 활성화

③ 작은 정부 주장, 개입주의 반대

06 새 고전학파와 새 케인스학파

1 두 학파의 비교

새 고전학파	새 케인즈(Keynes)학파
① 합리적 기대학파 = 새 고전학파 ② 합리적 기대가설을 처음 거시경제학이론에 도입한 새 고전학파를 합리적 기대학파라고 한다. ③ 가격변수의 신축성 ④ 시장 청산 ⑤ 정책무력성 명제	① 합리적 기대가설을 수용하는 Keynes학파 ② 합리적 기대가설을 전통적인 Keynes학파의 이론에 수용한 학파를 새 Keynes학파라고 한다. ③ 가격변수의 경직성 ④ 시장 청산 안 됨 ⑤ 단기적으로 정책은 유효

2 새 고전학파의 주요학자와 기본 가정

1. 주요 학자

- R. Lucas, Jr.
- T. Sargent
- N. Wallace
- R. Barro

2. 기본 가정

① 시장 청산 - 불균형은 가격조정으로 균형을 이룸

② 합리적 행동(효용 및 이윤극대화) → 미시경제학 기초

③ 불확실성 · 정보의 불완전성 → 완전예견 불가능

④ 합리적 기대가설 수용

심화학습 **새 고전학파와 신 고전학파의 비교**

1. 신 고전학파(The Neo-classical School)
   ① 한계효용학파로부터 시작한 학파
   ② 현대 미시경제학의 기초가 됨
      예 신 고전학파 생산함수, 한계효용, 한계생산물, 솔로우(Solow)의 성장모형

2. 신 고전학파 종합(The Neo-classical Synthesis)
   ① 고전학파와 Keynes학파의 종합인데, 균형분석을 중시한다는 점에서 '고전학파'라는 이름을 붙임
   ② 현대 거시경제학의 기초가 됨
      예 $IS-LM$분석, $AD-AS$분석

3. 새 고전학파(The New Classical School)
   ① 합리적 기대학파라고도 불리는, 최근의 거시경제학의 한 부류
   ② 새 고전학파 거시경제학 (The New Classical Macroeconomics)이라고도 한다.
      예 정책무력성의 명제

3 새 케인즈학파의 주요 학자와 기본 가정

1. 주요 학자
   - S. Fischer
   - J. Taylor
   - R. Gordon
   - J. Yellen
   - O. Blanchard

2. 기본 가정
   ① 가격의 경직성 - 시장 청산 실패 가능
   ② 합리적 행동(효용 및 이윤극대화) → 미시경제학적 기초
   ③ 불확실성 · 정보의 불완전성 → 완전예견 불가능
   ④ 합리적 기대가설 수용

고전학파 계통 고전학파 - 통화주의학파 - 새 고전학파	케인즈 계통 케인즈 - 케인즈학파 - 새 케인즈학파
• 임금 및 가격의 신축성 • 가격변수 조정(가격 조정) • 시장가격기구의 안정성 • 시장기능의 자율 조정 → 정부 개입 반대 • 정부 실패 강조 • 인플레이션 중시 • 공급 강조	• 임금 및 가격의 경직성 • 수량변수 조정(수량 조정) • 시장가격기구의 불안정성 • 시장기능 보완 필요 → 정부 개입 옹호 • 시장 실패 강조 • 실업 중시 • 수요 강조

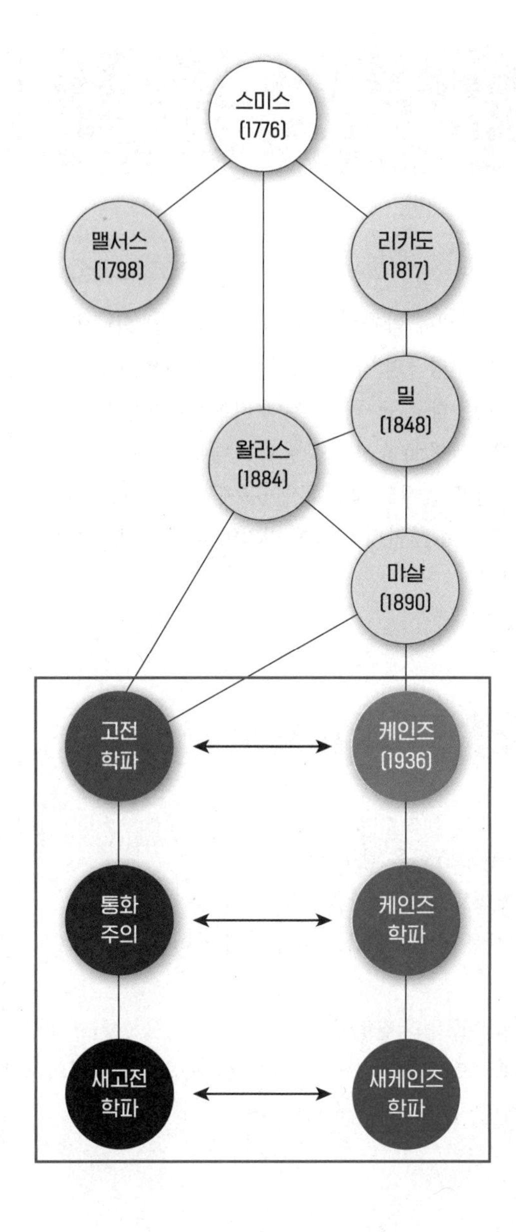
스미스
(1776)
맬서스
(1798)
리카도
(1817)
밀
(1848)
왈라스
(1884)
마샬
(1890)
고전
학파
케인즈
(1936)
통화
주의
케인즈
학파
새고전
학파
새케인즈
학파

2절 고전학파의 국민소득결정이론

01 의의

① 케인즈(J. M. Keynes)는 1936년에 발간된 저서 '고용. 이자 및 화폐의 일반이론'에서 아담 스미스, 리카도, 밀, 마샬, 피구 등 중상주의 이후의 영국의 경제학자들을 고전학파(classical school)라고 불렀다.

② 고전학파는 정부가 경제에 개입하고 규제하는 것에 비판적이다.
왜냐하면 정부가 경제에 개입하면 효율성이 상실되기 때문이다.

③ 정부가 인위적인 개입과 규제를 없애고 자유시장기구에 맡기면 '보이지 않는 손(invisible hand)', 즉 시장기구의 자율적인 조정 능력에 의하여 개인의 이익이 커지며 이러한 개인의 이익은 국가의 이익과도 조화를 이루게 된다고 고전학파는 주장한다.

02 기본 가정

1 세이의 법칙

① 고전학파는 세이의 법칙(Say's law)을 강조한다.
세이의 법칙이란 공급은 스스로 수요를 창출한다는 의미를 갖고 있다.

② 공급 또는 생산이 되면 생산물 가치만큼 소득이 창출되고 이 소득이 수요로 나타나 일반적인 과잉생산 없이 수요될 수 있다고 본다.
즉, 세이의 법칙에 의하면 국민소득의 결정에 공급 측면만 영향을 미치고 수요 측면은 전혀 영향을 미치지 못한다.

③ 1930년대의 대공황을 전반적인 과잉생산이라고 해석한 케인즈는 세이의 법칙을 부정하고 수요 측면이 국민소득의 결정에 주도적인 역할을 한다고 주장하였다.

2 가격변수의 신축성

① 모든 생산물의 가격과 생산요소의 가격 등이 완전신축적이다.

② 물가 · 명목임금 · 명목이자율 등이 완전신축적이면 노동시장이나 금융시장의 불균형이 빠르게 조정된다.

③ 각 시장에서 초과수요 혹은 초과공급이 발생하면 가격변수가 자유롭게 변하여 균형으로 복귀하게 된다.

3 노동시장에 대한 가정

① 노동에 대한 수요와 공급은 모두 실질임금의 함수이며 노동시장은 완전경쟁시장이다.
실질임금은 명목임금을 물가수준으로 나눈 값으로 실질임금도 신축적이다.

② 노동시장에서의 수요와 공급의 불일치는 신축적인 명목임금 또는 실질임금에 의하여 매우 신속하게 조정된다.

3절 고전학파의 총공급과 총수요

01 총공급

① 자본량은 단기적으로 고정되어 있고 노동량만 변한다면 GDP를 생산하는 생산함수는 다음과 같다.

$$Y = f(L, \overline{K})$$

즉, 단기적으로 총생산 Y는 노동량 L에 달려 있다.

② 노동에 대한 수요와 공급은 실질임금(w)에 의존하고 실질임금이 신축적으로 변한다면 노동에 대한 수요와 공급은 일치한다.

③ 노동시장에서의 수요와 공급에 의해 균형임금(w^*)과 균형고용량(L^*)이 결정되면 경제 전체의 총생산량(Y^*)이 결정된다.

④ 노동시장의 균형고용량(L^*)은 균형임금수준에서 일할 의사가 있는 사람들이 모두 고용되었으므로 완전고용량이 되고 모든 생산요소가 완전고용되어 산출되는 GDP(Y^*)를 완전고용 GDP 또는 잠재 GDP라고 한다.

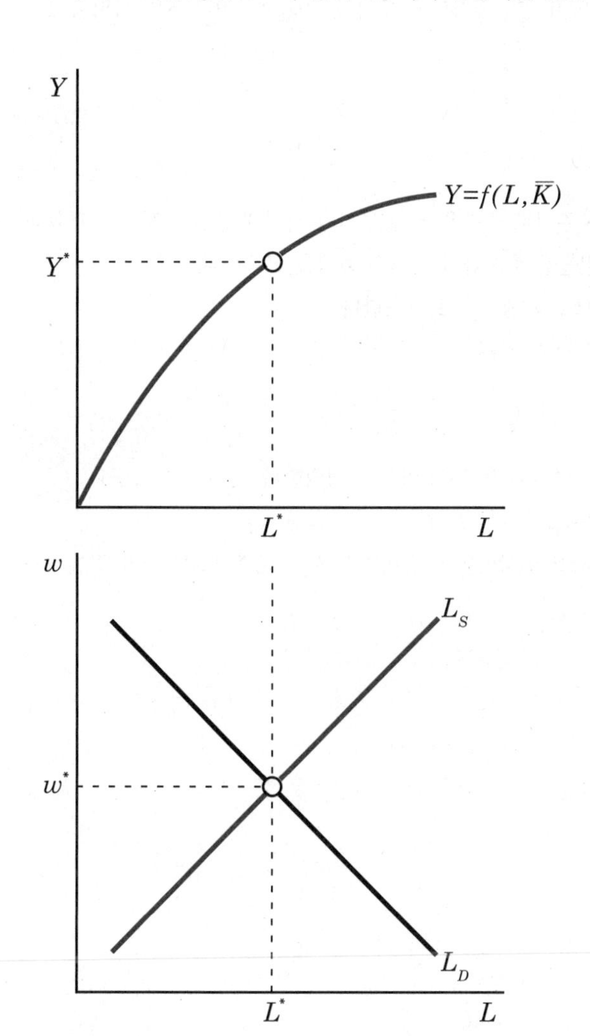

02 총수요

1 소비

① 소비지출이란 최종생산물에 대한 가계의 소비지출로 지출측면의 GDP에서 가장 큰 비중을 차지한다.

② 소비재는 가전제품 · 가구 등과 같은 내구재(durable goods), 식품 · 의류와 같은 비내구재(nondurable goods), 교통 · 오락과 같은 서비스 등으로 분류된다.

③ 소비를 결정하는 요인으로 이자율(r)이 중요하다.

④ 내구재의 소비에는 큰 금액이 지출되므로 할부금융을 이용하는 경우가 많고 이러한 경우에 이자율의 상승은 소비를 위축시키는 요인으로 작용한다.

⑤ 따라서 이자율의 상승은 소비를 감소시킨다.

$$\rightarrow C = C(r)$$

2 투자

① 투자란 새로운 기계를 구입하거나 새 공장, 새 아파트를 구입하는 것을 말한다.

② 일반적으로 투자를 결정하는 가장 중요한 변수는 이자율이다.

③ 이자율은 투자의 비용을 측정하는 변수이므로 이자율이 증가하면 투자가 감소하고 이자율이 하락하면 투자수요가 증가한다.

$$\rightarrow I = I(r)$$

3 정부지출

① 정부는 재화와 서비스를 수요하는 또 하나의 큰 주체로 국방을 위해 무기와 시설재 등을 구입하며 교육을 위해 학교를 짓고 도로와 공원 등을 만들며 이러한 일들을 추진하기 위해 노동력을 고용한다.

② 정부지출의 규모는 정치적 과정을 거쳐 결정되므로 외생변수로 가정한다.

$$\rightarrow G = G_0$$

4 총수요

① 총수요는 폐쇄경제를 가정하면 소비(C), 투자(I), 정부지출(G)의 합으로 정의한다.

$$\rightarrow \text{총수요} = C + I + G$$

② 이자율이 하락하면 소비와 투자가 증가하고 이자율이 상승하면 소비와 투자가 감소하므로 경제 전체의 총수요는 이자율의 감소함수가 된다.

03 거시경제의 균형

① 거시경제의 균형은 총공급과 총수요가 일치하는 것이므로 다음 식이 충족되어야 한다.

$$\rightarrow Y = C + I + G$$

② 고전학파 모형에서 좌변의 총공급은 생산요소와 생산함수에 의해 완전고용소득 수준 Y_f로 고정된다.

③ 완전고용소득 수준에서 저축과 투자가 일치하면 총공급과 총수요가 같아지는 데 그 이유는 다음과 같다.

$$Y = C + I + G$$
$$\rightarrow Y - C - G = I$$
$$\rightarrow (Y - T - C) + (T - G) = I$$
$$\rightarrow \text{민간저축}(S_P) + \text{정부저축}(S_G) = \text{투자}(I)$$
$$\rightarrow \text{국내총저축}(S_N) = \text{투자}(I)$$

④ 완전고용수준에서의 저축과 투자가 일치하면 총수요와 총공급이 일치하므로 투자와 저축이 같아지게 될 것인가를 분석해야 하며 이는 대부 자금 시장을 통해 확인할 수 있다.

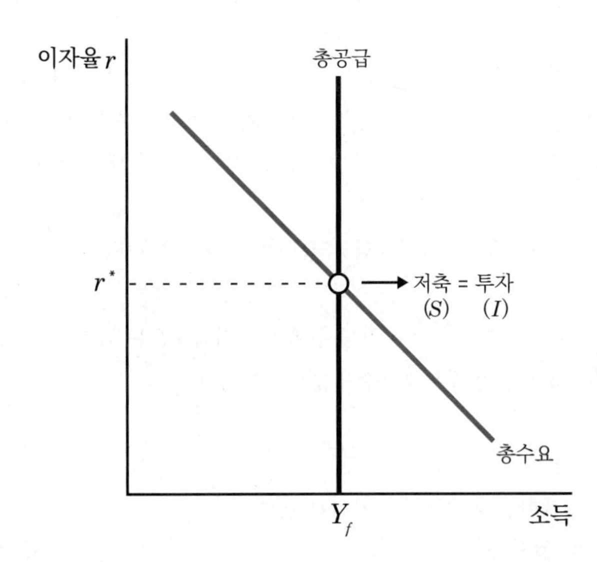

□△○

4절 대부자금시장과 세이의 법칙

01 대부자금시장(lonable fund market)

1 개념

① 대부자금시장이란 자금을 빌려주고 빌리는 시장으로 저축자와 차입자 간에 대부자금의 수요와 공급에 의하여 이자율이 결정된다.

즉, 자금의 공급원인 저축은 은행의 양도성예금시장, 주식시장, 채권시장 등을 통해 자금의 수요라고 할 수 있는 투자로 연결된다.

② 대부자금의 공급은 저축에 의해 결정된다.

대부자금의 공급은 가계부문에 의해 주로 결정되는 민간저축과 정부의 재정흑자 또는 적자에 의해서 결정되는 정부저축의 합으로 결정된다.

③ 가계소비자들은 일반적으로 자동차나 가구와 같은 내구재를 구입하는 경우 차입 또는 소비자금융을 이용한다.

따라서 실질이자율(r)의 상승은 금융비용의 상승을 의미하므로 내구재 소비가 감소하고 저축이 증가할 것이다. 또한 이자율이 상승할수록 현재 소비의 기회비용이 증가하는 반면 저축에 대한 이자소득이 증가하기 때문에 소비는 감소하고 저축은 증가할 것이다.

④ 이런 이유로 저축은 이자율의 증가함수이고 저축곡선 또는 대부자금 공급곡선은 우상향 한다.

⑤ 대부자금의 수요는 투자에 의해 결정된다.

실질이자율(r)이 상승하면 투자자금의 차입비용도 증가하므로 투자를 위한 대부자금수요는 감소할 것이다.

따라서 투자는 이자율의 감소함수이므로 투자곡선 또는 대부자금수요곡선은 우하향 한다.

2 가정

① 수출 또는 수입 등의 국제 경제 거래의 자유가 제한된 폐쇄경제로 가정하자.

② 폐쇄경제로 가정하면 국민소득 계정은 다음과 같다.

$$\rightarrow Y = C + I + G$$

(Y : 국민소득, C : 소비, I : 투자, G : 정부지출)

3 설명

① 대부자금의 공급은 저축에 의해 결정되는 데 저축은 민간저축(S_P)과 정부저축(S_G)의 합으로 이루어진다.

② 민간저축은 $S_P = Y - T - C$이며, 정부저축은 $S_G = T - G$이다.

민간저축과 정부저축의 합을 국내총저축(S_N)이라고 한다.

(Y : 국민소득, T : 조세, C : 소비, G : 정부지출)

③ 저축은 실질이자율의 증가함수이므로 저축곡선 또는 대부자금공급곡선은 우상향 한다.

④ 투자는 기업의 투자와 관련 있으므로 실질이자율의 감소함수이며 투자곡선 또는 대부자금 수요곡선은 우하향 한다.

⑤ 균형실질 이자율은 저축곡선과 투자곡선이 만나는 점에서 결정된다.

$$\rightarrow S_N(r) = I(r)$$

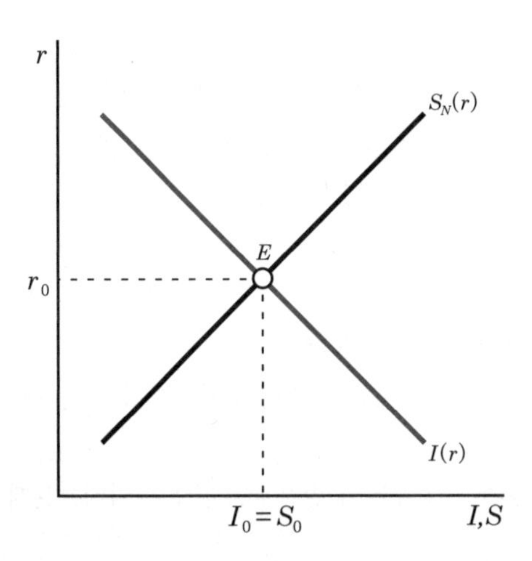

심화학습 **대부자금의 공급**

1. 민간저축(private saving)

① 실질이자율(r)이 상승하면 현재소비의 기회비용이 증가하기 때문에 가계는 현재소비를 줄이고 저축을 늘린다.

② 따라서 민간저축은 실질이자율의 증가함수이며 민간저축곡선은 우상향의 형태를 갖는다.

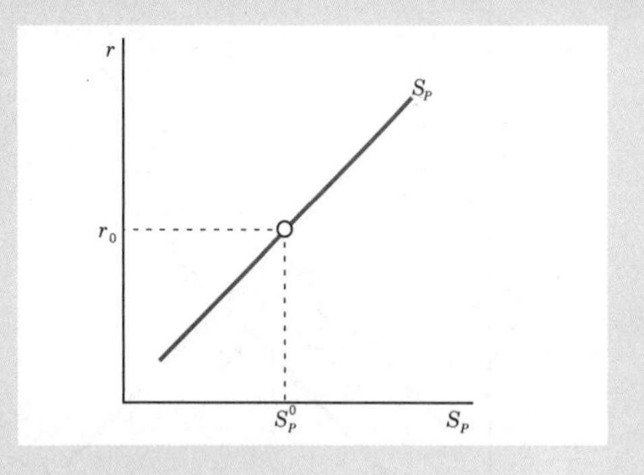

2. 정부저축(government saving)

① 정부는 조세수입(T)이 정부지출(G)보다 크면 한국은행에 저축을 하게 되므로 정부저축(S_G)은 $S_G=T-G$로 나타낸다.

② 정부저축은 정부정책과 관련되어 있으므로 실질이자율의 영향을 받지 않는다.

③ 따라서 정부저축곡선은 수직선의 형태를 갖는다.

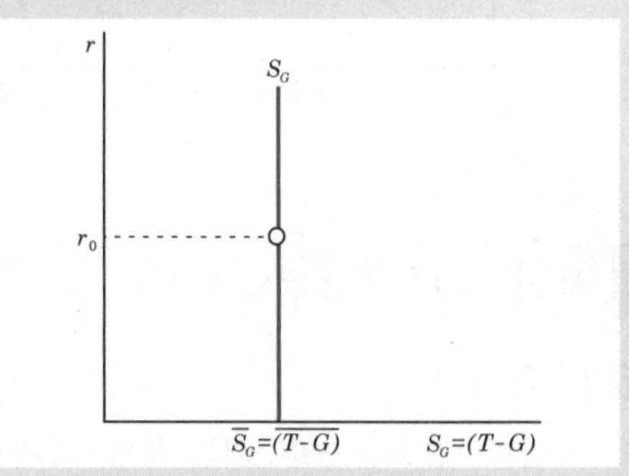

3. 국내총저축(national saving)

① 국내총저축은 민간저축과 정부저축의 합이므로 국내총저축곡선은 민간저축곡선과 정부저축곡선의 수평합으로 도출된다.

② 따라서 국내총저축곡선은 우상향의 형태를 갖는다.

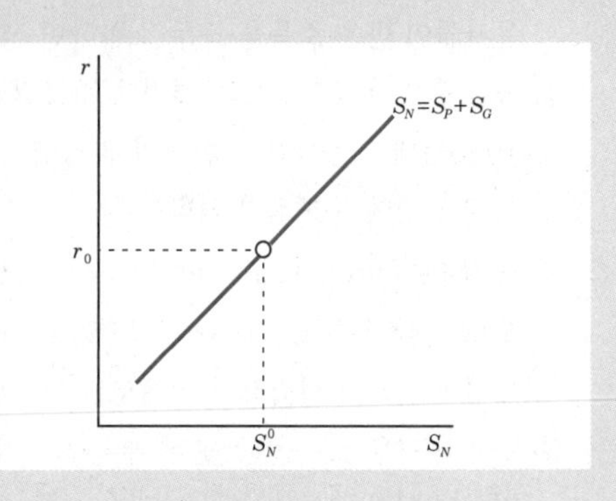

4 대부자금 모형에서 재정정책의 효과

① 정부지출의 증가로 확대재정정책이 실시되면 정부저축이 감소하여 국내총저축곡선이 좌측 이동한다.

② 대부자금의 공급은 균형점을 a에서 b로 이동시키므로 균형이자율 상승을 가져온다.

③ 실질이자율 상승은 민간저축의 증가를 가져와 민간저축 증가분만큼 민간소비 감소를 유발한다.

④ 실질이자율 상승은 민간투자의 감소를 가져오며 민간소비 감소분과 민간투자 감소분의 합이 정부지출의 증가분의 크기와 같게 된다.

→ 정부지출의 증가 = 민간소비 감소 + 민간투자 감소

⑤ 따라서 고전학파의 대부자금모형에서는 확대재정정책 실시는 민간소비 감소와 민간투자 감소를 가져오기 때문에 정부지출 증가의 효과는 전혀 없게 된다.

⑥ 이와 같이 확대재정정책이 실질이자율 상승을 가져오고 이는 민간투자와 민간소비 감소를 가져오는데 이를 구축효과(crowding - effect)라고 부른다.

⑦ 즉, 확대재정정책은 총지출($C+I+G+X-M$)의 변화를 전혀 가져오지 못하고 총지출의 구성요소의 비중 변화만 유발한다.

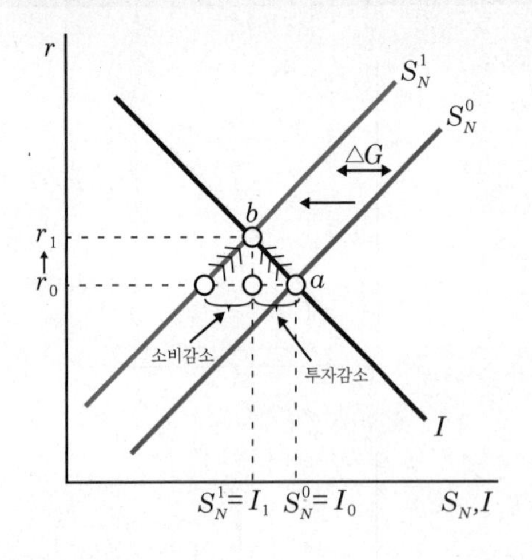

02 세이의 법칙과 대부자금시장

1 세이의 법칙

① 공급이 수요를 창출한다는 법칙으로 경제전반에 걸쳐서 과잉생산은 있을 수 없다는 학설이다.
재화 및 서비스의 생산자들이 요소소유자들에게 지불한 총액은 재화 및 서비스의 생산액과 동일하므로 요소소유자들이 받은 소득을 모두 소비하면 생산된 모든 재화와 서비스를 구매하기에 충분하다는 것이다.

② 공급 측면이 국민소득의 결정에 주도적인 역할을 한다는 고전학파의 대표적인 명제이다.

③ 1930년대 대공황은 전반적인 과잉생산이라고 해석한 케인스는 '세이의 법칙'을 부정하고 수요 측면이 국민소득의 결정에 주도적인 역할을 한다는 명제를 제시하였다.

④ 총지출(Aggregate Expenditure ; AE)은 소비지출(C), 투자지출(I), 정부소비지출(G), 순수출($X-M$)의 합으로 나타낼 수 있는데 폐쇄경제라고 가정해보자($X-M=0$).

⑤ 세이의 법칙이 성립하기 위해서는 생산된 재화가 가계 이외에 기업과 정부에게 모두 판매되어야 한다.

⑥ 가계의 경우 소득 중 누출된 부분(S ; 저축, T ; 조세)은 판매되지 않으므로 누출된 부분만큼 기업과 정부가 구입하면 된다.

⑦ 실질이자율 상승은 민간투자의 감소를 가져오며 민간소비 감소분과 민간투자 감소분의 합이 정부지출의 증가분의 크기와 같게 된다.

⑧ 따라서 누출과 주입인 투자지출(I), 정부소비지출(G)이 일치해야 한다.

$$\rightarrow S+T=I+G$$

2 대부자금시장의 균형

① 대부자금 시장의 균형상태에서 대부자금의 공급과 수요가 일치한다.

$$S_P+S_G=I$$
$$\rightarrow S_P+(T-G)=I$$
$$\rightarrow S_P+T=I+G$$

② 대부자금 시장에서 경제전체의 총저축과 총투자가 일치하면 누출과 주입이 일치하므로 생산물 시장의 균형이 발생한다.

③ 즉, 금융시장과 생산물시장의 동시균형이 달성된다.

5절 고전학파 모형의 평가

1 공급의 중요성

① 고전학파 모형은 총생산의 공급이 수요를 따르지 못하는 경제에 적합한 모형으로 이러한 경제에 필요한 것은 공급능력을 증대시키는 일이다.

② 공급능력을 증대시키기 위해서는 투자가 커져야 하고 투자가 커지기 위해서는 저축이 늘어나야 한다.
따라서 저축은 사회의 미덕이다.
즉, 저축은 미덕이다.

2 소비와 투자의 결정변수

고전학파 모형에서는 소비와 투자가 이자율의 감소함수라고 본다.
케인즈의 단순모형에서는 소비가 소득의 증가함수이며 투자수요도 이자율의 감소함수가 아닌 독립투자로 본다.

3 이자율의 결정

① 고전학파에 의하면 이자율은 생산물시장에서 결정된다. 왜냐하면 총공급과 총수요가 일치할 때 균형이자율이 결정되기 때문이다.

② 케인즈는 이자율이 화폐적인 현상으로서 화폐에 대한 수요와 공급에 의해 결정된다고 본다.

단원 점검 기초 문제

01 고전학파 경제모형에 관한 설명 중 적절하지 않은 것은?

풀이 날짜			
채점 결과			

① 대부자금의 공급(저축)과 대부자금의 수요(투자)가 일치하도록 이자율이 조정된다.
② 정부지출의 증가는 민간의 투자지출을 감소시킨다.
③ GDP 대비 정부지출의 비율과 이자율은 반대로 움직인다.
④ 소득세가 감소하면 이자율이 상승한다.
⑤ 화폐의 장기중립성이 성립한다.

02 국민소득이 감소하는 경우 대부자금설의 예측 중 옳은 것은?

풀이 날짜			
채점 결과			

① 총저축에는 변화가 없기 때문에 이자율에도 변화가 없다.
② 총저축은 증가하고 이자율은 올라간다.
③ 총저축은 증가하고 이자율은 내려간다.
④ 총저축은 감소하고 이자율은 내려간다.
⑤ 총저축은 감소하고 이자율은 올라간다.

해설

정답

01 ① 대부자금시장에서는 대부자금의 공급인 저축과 대부자금의 수요인 투자가 일치할 때 균형이자율이 결정된다. ③

② 정부지출이 증가하면 정부저축이 감소한다. 정부저축이 감소하면 대부자금 공급곡선이 좌측으로 이동하므로 이자율이 상승한다. 이자율이 상승하면 소비와 투자 모두 감소하고 이를 '구축효과'라고 한다.

③ GDP 대비 정부지출의 비중이 커지면 이자율이 상승한다.
따라서 GDP 대비 정부지출의 비율과 이자율은 같은 방향으로 움직인다.

④ 소득세가 감소하면 정부저축이 감소하고 대부자금의 공급곡선이 좌측으로 이동한다.
따라서 이자율이 상승한다.

⑤ 화폐의 중립성이란 통화량의 변화가 물가수준만을 비례적으로 변화시키고 실질변수는 전혀 변화가 없는 경우를 말한다. 즉, 통화량이 변화할 때 실질변수는 전혀 변화가 없고 명목변수만을 변화시키는 것을 말한다. 케인즈 이전의 고전학파 경제학자들은 실물변수와 명목변수는 따로 나누어 분석할 수 있다는 이분법을 주장하였다.

02 • 국민소득이 감소하면 민간저축의 감소로 총저축이 감소한다. ⑤

• 총저축은 민간저축과 정부저축의 합이다.
• 총저축이 감소하면 대부자금의 공급곡선은 좌측으로 이동하고 이자율은 상승한다.
• 이자율이 상승하면 민간저축 증가, 투자 감소가 발생한다.

01 대부자금(loanable fund)시장에서 대부자금 수요는 실질이자율의 감소함수이고 대부자금 공급은 실질이자율의 증가함수라고 하자. 다음 중 정부저축이 증가할 때 나타나는 효과에 대한 설명으로 올바른 것은? (2021년 7급 군무원)

풀이 날짜			
채점 결과			

① 실질이자율이 상승한다.
② 민간저축이 감소한다.
③ 대부자금 수요곡선이 좌측으로 이동한다.
④ 정부저축 증가분만큼 국민저축이 증가한다.

02 대부자금(loanable fund)의 공급이 실질이자율의 증가함수이고 대부자금의 수요는 실질이자율의 감소함수인 대부자금시장모형에서 재정흑자 증가의 결과로 가장 옳지 않은 것은?

풀이 날짜			
채점 결과			

① 실질이자율이 하락한다.
② 민간저축이 감소한다.
③ 민간투자가 증가한다.
④ 재정흑자의 증가분만큼 국민저축이 증가한다.
⑤ 정부저축이 증가한다.

03 다음과 같은 고전학파 모형에서 정부가 조세를 100억 원 증가시켰을 때, 그 결과가 옳게 짝지어진 것은? (2018년 공인회계사)

풀이 날짜			
채점 결과			

$$Y = C + I + G \qquad C = 100 + 0.7(Y - T)$$
$$I = 1000 - 50r \qquad Y = 5000$$

(단, Y, C, I, G, T, r은 각각 국민소득, 소비, 투자, 정부지출, 조세, 이자율을 의미한다.)

	공공저축의 변화	개인저축의 변화	투자의 변화
①	100억 원 증가	30억 원 감소	70억 원 증가
②	100억 원 증가	70억 원 감소	30억 원 증가
③	70억 원 증가	30억 원 감소	70억 원 증가
④	70억 원 증가	70억 원 감소	30억 원 감소
⑤	70억 원 증가	30억 원 감소	70억 원 감소

04 어떤 경제의 국내저축(S), 투자(I), 그리고 순자본유입(KI)이 다음과 같다고 한다. 아래 조건에서 대부자금시장의 균형이자율(r)은 얼마인가? (2015년 공인노무사)

풀이 날짜			
채점 결과			

$$S = 1{,}400 + 2{,}000r$$
$$I = 1{,}800 - 4{,}000r$$
$$KI = -200 + 6{,}000r$$

① 2.0%
② 4.25%
③ 5.0%
④ 6.5%
⑤ 8.25%

해설

정답

01 • 정부저축이 증가하면 대부자금 공급곡선이 우측으로 이동한다. ②

• 대부자금의 공급이 증가하면 실질이자율은 하락하고 실질이자율이 하락함에 따라 민간저축 감소, 투자 증가가 발생한다.

• 국민저축은 정부저축과 민간저축의 합이므로 민간저축이 감소하면 정부저축 증가분보다 국민저축의 증가분이 적다.

02 ①, ②, ③, ⑤ 재정흑자가 발생하면 정부저축($T-G$)이 증가하므로 대부자금 공급곡선이 우측 이동한다. ④

대부자금 공급곡선이 우측 이동하면 실질이자율은 하락하고 민간저축 감소와 민간투자 증가를 가져온다.

④ 재정흑자 증가폭만큼 정부저축의 증가를 가져오나 이자율 하락으로 민간저축은 감소한다.

국민저축은 민간저축과 정부저축의 합이므로 재정흑자의 증가분이 국민저축의 증가분보다 크다.

03 • 정부지출(G)이 일정한 상태에서 조세가 100억 원 증가하면 정부저축인 공공저축 $T-G$는 100억 원 증가한다. ①

• 조세가 100억 원 증가하면 민간의 가처분소득($Y-T$)은 100억 원 만큼 감소한다.

• 한계소비성향이 0.7이므로 한계저축성향은 0.3이며 가처분소득이 100억 원 감소할 때 민간소비는 100 × 0.7 = 70억 원 감소하고 민간저축은 100 × 0.3 = 30억 원 감소한다.

• 민간소비가 70억 원 감소하므로 민간투자는 70억 원 증가한다.

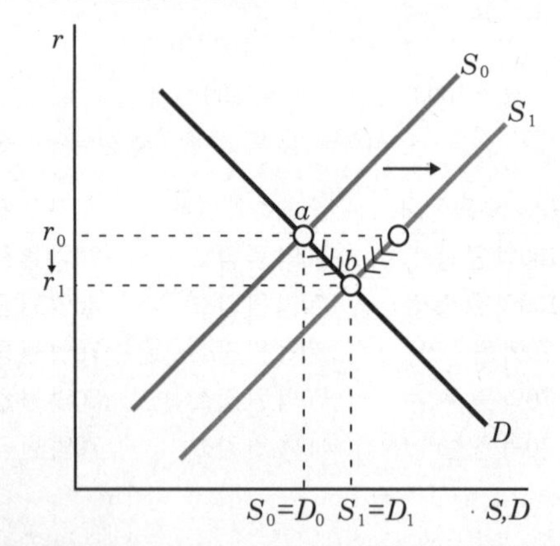

04 • 대부자금 시장에서 대부자금의 공급은 국내저축과 순자본유입의 합이다. ③

• 따라서 대부자금의 공급곡선의 함수식은 $S+KI=1{,}200+8{,}000r$이다.

• 대부자금시장에서 대부자금의 수요는 투자이므로 $I=1{,}800-4{,}000r$로 나타낼 수 있다.

• 대부자금의 공급과 수요가 일치할 때 균형이자율이 결정되므로

$S+KI=I$

$\rightarrow 1{,}200+8{,}000r=1{,}800-4{,}000r$

$\rightarrow 12{,}000r=600$

$\rightarrow r=\dfrac{1}{20}=5\%$

MEMO 그래프를 그려보세요.

CHAPTER 03

케인즈의 단순모형

단원 학습 목표

- 물가가 일정한 수준으로 주어졌다고 가정하고 국민경제의 움직임을 분석하고자 한다.
- 케인즈의 단순모형은 고전학파와 달리 수요 측면이 실질 GDP를 결정한다고 본다.
- 즉, 케인즈의 단순모형에 의하면 실질국민소득은 경제주체들이 생산물을 얼마나 수요하는가 하는 수요 측면만에 의하여 결정된다.
- 생산물 수요를 증대시키기 위해서는 공공사업을 일으켜 정부지출을 증대시키고 조세를 감면해 주는 등 적극적인 재정정책이 필요하다고 케인즈는 '일반이론'을 통해 주장하였다.
- 케인즈 모형은 케인즈 학파, 새 케인즈 학파로 맥이 이어진다.

1절 케인즈의 국민소득결정이론

01 의의

① 케인즈의 단순모형이라고 하는 것은 모형이 화폐 부문을 포함하지 않고 실물부문만을 분석하며, 그것도 노동시장이나 외국 부문 등을 고려하지 않고 생산물 시장만을 분석하기 때문이다.

② 분석의 결과가 제한적일 수밖에 없으나 이 모형은 균형국민소득의 결정과정을 이해하는 데 매우 유용하게 이용될 수 있다.

02 가정

① 경제에 잉여생산능력이 존재한다.

즉, 언제든지 생산이 가능한 상태로 수요 부족으로 생산이 이루어지지 못하는 경우를 말한다.

→ 수요가 증가하면 생산설비를 활용하여 생산이 늘 수 있기 때문에 수요가 공급을 창조

즉, 세이의 법칙을 부정하고 있음

② 충분한 잉여생산능력 보유로 수요가 증가하더라도 물가는 변하지 않는다.

③ 소비는 처분 가능 소득의 함수이며 한계소비성향은 0과 1사이의 값을 갖는다.

④ 단기적으로 가격변수는 경직적이다.

⑤ 투자 지출, 정부지출, 순수출은 모두 외생변수이다.

개념정리 외생변수(exogenous variables)와 내생변수(endogenous variables)

- 외생변수란 경제 모형을 만들 때 경제모형 외부에서 결정되는 변수로 주로 정책변수와 관련이 있다.
- 내생변수란 경제 모형을 만들 때 경제모형 내부에서 결정되는 변수이며 주로 외생변수의 값에 의해 내생변수가 결정된다.

03 모형

1 총수요(aggregate demand) 또는 총지출(aggregate expenditure)

① 총수요란 경제 전체의 재화와 서비스에 대한 지출액을 말한다.

② 총수요는 가계의 소비지출(C), 기업의 투자지출(I), 정부지출(G), 그리고 순수출($X-M$)의 합으로 구성된다.

③ 물가가 변하지 않으므로 총수요를 총지출로 정의할 수 있다.

→ 물가수준이 고정되어 있을 때의 총수요를 총지출이라고 한다.

③ 가계와 기업만 존재한다면 총지출은 소비지출과 투자지출의 합으로 나타낼 수 있다.

2 소비지출

1. 소비함수

① 일정 기간 동안의 소비는 현재의 가처분소득에 의하여 결정된다.

$$C = a + bYd$$

〔C : 소비, a : 기초소비, b : 한계소비성향, Yd : 가처분소득〕

② 한계소비성향(MPC)은 소비의 증가분(ΔC)을 처분가능소득의 증가분(ΔY_d)으로 나눈 값으로$\left(MPC = \dfrac{\Delta C}{\Delta Y_d}\right)$ 0과 1사이라고 가정한다.

개념정리 | 한계소비성향(Marginal Propensity to Consume ; MPC)

① 한계소비성향(MPC)은 소비의 증가분을 가처분소득의 증가분으로 나눈 값이다.

$$\rightarrow MPC = \frac{\Delta C}{\Delta Y_d}$$

② 처분가능소득이 100원, 소비는 50원이라고 하자.
처분가능소득이 200원으로 증가하고 소비가 75원이라면 처분가능소득의 증가분은 100원, 소비의 증가분은 25원이다.

③ 따라서 한계소비성향은 $MPC = \dfrac{\Delta C}{\Delta Y_d} = \dfrac{25}{100} = 0.25$가 된다.

개념정리 | 한계저축성향

① 한계저축성향은 저축의 증가분(ΔS)을 처분가능소득의 증가분(ΔY_d)으로 나눈 값이다.

$$\rightarrow MPS = \frac{\Delta S}{\Delta Y_d}$$

② 처분가능소득이 100원, 소비는 50원이라면 저축은 50원이 된다.
처분가능소득이 200원으로 증가하고 소비가 75원이라면 저축은 125원이므로 처분가능소득의 증가분은 100원, 저축의 증가분은 75원이다.

③ 따라서 한계저축성향은 $MPS = \dfrac{\Delta S}{\Delta Y_d} = \dfrac{75}{100} = 0.75$가 된다.

④ 처분가능소득(Y_d) = 소비(C) + 저축(S)에서 처분가능소득의 변화가 발생하면 다음과 같다.

$$\rightarrow \Delta Y_d = \Delta C + \Delta S$$

⑤ 양변을 처분가능소득의 변화분(ΔY_d)로 나누면 다음과 같다.

$$1 = \frac{\Delta C}{\Delta Y_d} + \frac{\Delta S}{\Delta Y_d}$$

$$\rightarrow MPC + MPS = 1$$

⑥ 따라서 한계소비성향과 한계저축성향의 합은 1이다.

③ 소비함수의 소비축 절편은 a이고 기울기는 한계소비성향 b로 일정하기 때문에 소비함수는 아래와 같이 그려진다.

④ e점에서는 처분가능소득(Y_d^0)과 소비(C)의 크기가 같기 때문에 저축이 0이다.
e점을 수지분기점(break-even point)이라고 한다.

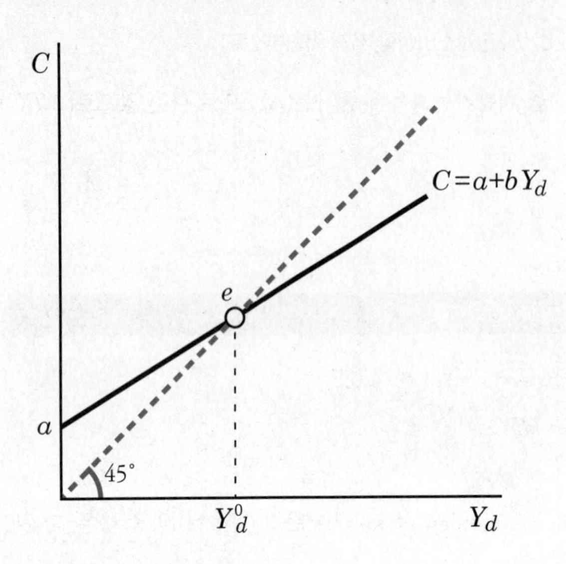

2. 저축함수

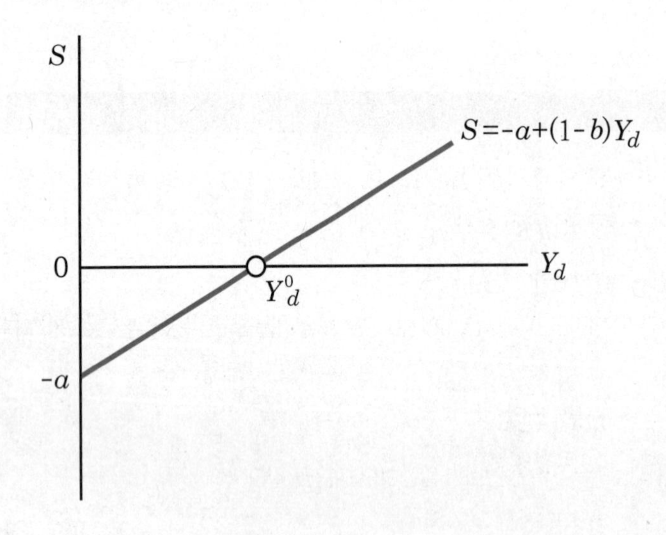

① 가계의 처분가능소득(Y_d)은 소비(C)와 저축(S)의 합이므로 저축함수는 다음과 같이 도출된다.

$$Y_d = C + S$$
$$\rightarrow S = Y_d - C$$
$$\rightarrow S = Y_d - (a + bY_d)$$
$$\rightarrow S = -a + (1-b)Y_d$$

〔a : 기초소비, b : 한계소비성향, $1-b$: 한계저축성향, Y_d : 처분가능소득〕

② 따라서 저축은 처분가능소득의 증가함수이며 한계저축성향은 0과 1사이의 값을 갖는다.

③ 처분가능소득 Y_d^0가 수지분기점이라면 저축(S)은 0이 되어야 한다.

3 투자지출

① 투자는 독립투자와 유발투자로 나눌 수 있다.

② 독립투자란 이자율, 국민소득 등 시장의 상황과 무관한 투자이고 유발투자란 소득변화 혹은 소비변화에 의해 결정되는 투자를 말한다.

③ 여기서는 투자가 소득과는 무관하게 결정되는 독립투자를 가정한다.

$$\rightarrow I = I_0$$

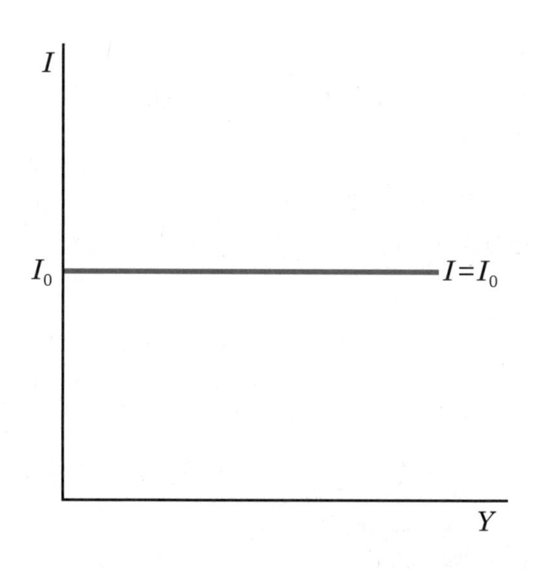

심화학습 유발투자

1. 개념

유발투자란 소득의 변화에 의해 유발된 투자를 말한다.

2. 설명

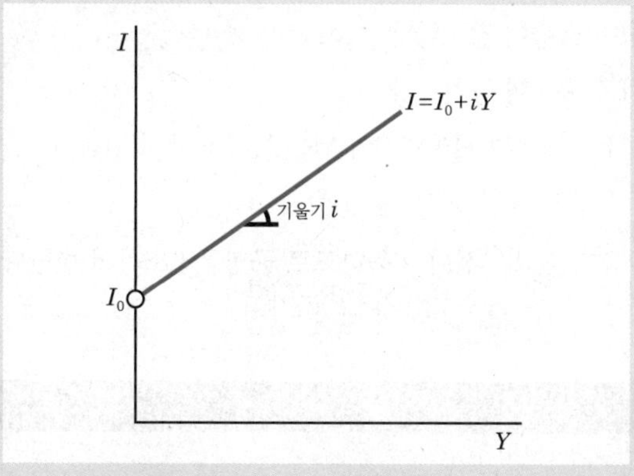

① 독립투자와 유발투자가 모두 존재하는 경우의 투자함수식은 다음과 같다.

$$I = I_0 + iY \ (i : \text{유발투자 계수}, Y : \text{국민소득})$$

② I_0는 독립투자이고 iY는 유발투자를 의미한다.

③ $\frac{\Delta I}{\Delta Y} = i$이므로 소득 증가 시 투자 증가폭이 더 커지면 유발투자 계수인 i가 증가하게 된다.

04 균형국민소득의 결정

1 총지출(AE)과 총공급에 의한 균형국민소득의 결정

1. 총지출

① 가계와 기업만 존재하는 경우 총지출은 소비지출과 투자지출의 합으로 다음과 같이 나타낼 수 있다.

$$AE = C + I = (a + I_0) + bY_d$$

(a : 기초소비, I_0 : 독립투자, Y_d : 처분가능소득)

② $a + I_0$는 총지출선의 세로축 절편 값이고 총지출선의 기울기는 한계소비성향(b)과 일치한다.

2. 총공급

① 수요가 있으면 공급은 즉각적으로 이루어지므로 45°선이 총공급곡선이 된다.

② 수평선에 표시된 총공급(Y)은 이등변 삼각형의 성질에 의하여 45°선상에 나타나게 된다.

3. 균형국민소득

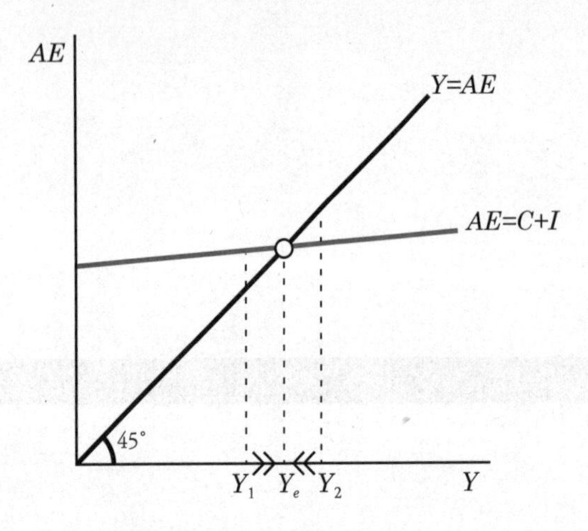

① 45°선과 총지출(AE)선이 만나는 점에서 균형국민소득이 결정된다.

② $Y = Y_2$이면 $Y_2 > C + I$이므로 재고가 증가하면서 산출량이 감소한다.

③ $Y = Y_1$이면 $Y_1 < C + I$이므로 재고가 감소하면서 산출량이 증가한다.

④ 실제국민소득의 변동은 총공급과 총지출이 일치하여 재고의 변동이 0이 되는 Y_e 수준에서 멈춘다.

→ Y_e를 균형국민소득이라 한다.

⑤ 소비지출, 정부지출, 투자지출, 순수출이 변하면 총지출(AE)선이 이동하므로 균형국민소득이 변한다.

심화학습 | 정부와 외국이 존재하는 경우의 총지출

① 정부와 외국이 존재하는 경우 총지출(AE)은 다음과 같다.

$$\begin{aligned} AE &= C + I + G + (X - M) \\ &= a + bY_d + I_0 + G_0 + (X_0 - M_0) \\ &= (a + I_0 + G_0 + X_0 - M_0) + bY_d \end{aligned}$$

② 정부와 외국이 존재하면 총지출(AE)선이 상방 이동하고 균형국민소득이 이전보다 증가한다.

③ 정부의 정부지출이 존재하면 균형국민소득이 Y_0에서 Y_1으로 증가하고 외국의 순수출이 존재하면 균형국민소득은 Y_2까지 증가한다.

즉, 정부와 외국이 존재한다면 정부지출, 순수출에 의해 총지출이 증가하게 되고 균형국민소득도 증가한다.

④ 따라서 케인즈 모형에서 균형국민소득은 총지출에 의해 결정된다.

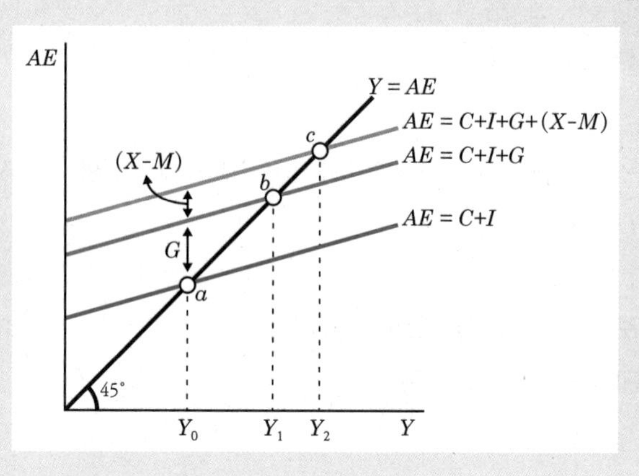

05 저축과 투자에 의한 균형국민소득의 결정

1 균형국민소득의 결정

① 총지출(AE)과 총공급(Y)이 일치할 때 균형국민소득이 달성된다.

② 가계와 기업만 존재한다면 총지출(AE)은 소비지출(C)과 투자지출(I)의 합으로 나타낼 수 있다.

$$\rightarrow AE = C + I$$

③ 삼면등가의 법칙에서 가계와 기업만 존재할 때 분배국민소득은 $Y = C + S$이다.

④ 따라서 다음과 같은 식을 도출할 수 있다.

$$AE = C + I = Y = C + S$$
$$\rightarrow I = S$$

⑤ 그러므로 투자와 저축이 일치할 때 균형국민소득이 달성된다.

2 설명

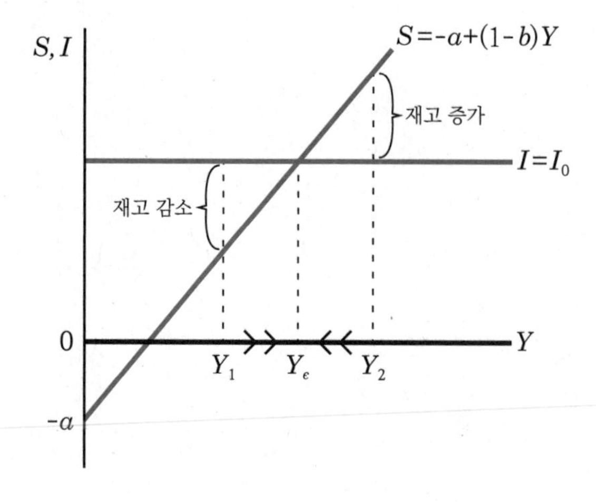

① 저축이 투자보다 크다면($S > I$) 재고가 증가할 것이다. 즉, 예상된 판매량은 완전히 실현되지 못하고 의도하지 않았던 재고의 증가가 발생한다. 이때 기업은 생산을 줄이게 되므로 실제국민소득(Y_2)은 감소한다.

② 투자가 저축보다 크다면($I > S$) 재고가 감소할 것이다. 즉, 실제 판매량은 예상된 양을 능가하며 의도하지 않았던 재고의 감소가 나타난다. 이때 기업은 생산을 증가시키므로 실제국민소득(Y_1)은 증가한다.

③ 실제국민소득이 Y_e일 때는 S와 I가 일치하므로 실제국민소득수준은 더 이상 변화하지 않는다.

2절 인플레이션 갭과 디플레이션 갭

01 개념

1 디플레이션 갭(deflation gap)

① 디플레이션 갭이란 완전고용상태의 국민소득수준, 즉 잠재적 $GDP(Y_f)$ 수준에서 총수요가 총공급에 미치지 못할 때 존재한다.

② 또는 아래와 같이 정의하기도 한다.

디플레이션 갭 = 잠재 $GDP(Y_f)$ 수준만큼의 유효수요 - 실제의 유효수요
= 잠재 $GDP(Y_f)$수준에서의 유효수요 부족분

2 인플레이션 갭(inflation gap)

① 인플레이션 갭이란 완전고용상태의 국민소득수준, 즉 잠재적 $GDP(Y_f)$ 수준에서 총수요가 총공급을 초과할 때 존재한다.

② 또는 아래와 같이 정의하기도 한다.

인플레이션 갭 = 실제의 유효수요 - 잠재 $GDP(Y_f)$ 수준만큼의 유효수요
= 잠재 $GDP(Y_f)$수준에서의 유효수요 초과분

02 설명

1 디플레이션 갭(deflation gap)

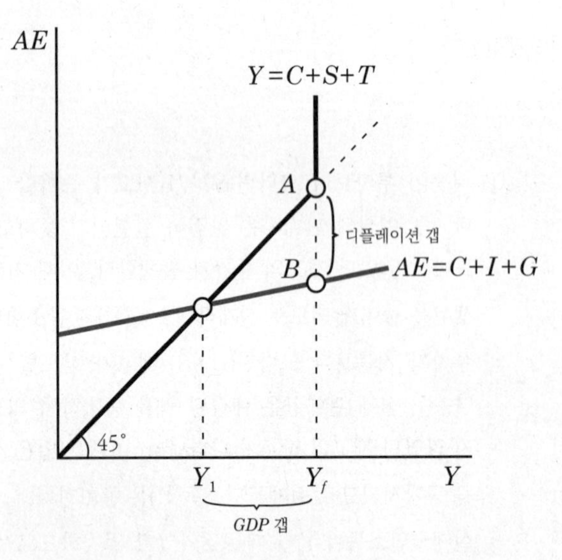

① 총공급 Y는 소득의 처분면에서 파악한 GDP로 정확하게 45도선과 일치한다. 저축의 잔여적 성격 때문에 $Y = C + S + T$의 관계가 성립한다. 그러나 총공급은 한 경제가 최대한 공급할 수 있는 수준인 잠재 GDP 수준인 Y_f를 초과할 수 없다. 따라서 총공급은 이 점에서 수직으로 꺾인 형태를 갖는다.

반면 총수요 또는 총지출인 AE곡선은 45도선보다 완만하다. 왜냐하면 소비함수의 기울기가 1보다 작기 때문이다.

② 잠재 GDP 또는 완전고용국민소득(Y_f)에서 총공급($C + S + T$)이 총수요(AE)를 AB만큼 초과하고 있다.

③ 균형국민소득은 Y_1이므로 완전고용국민소득(Y_f)에 도달하기 위해서는 총수요를 AB만큼 증가시킬 필요가 있다. 즉, 총수요곡선 또는 총지출곡선(AE)이 AB만큼 상방 이동해야 완전고용국민소득에 도달할 수 있다.

④ 이때 AB만큼의 총수요 부족분을 디플레이션 갭이라고 한다.

⑤ 디플레이션 갭이 존재하면 잠재 GDP 또는 완전고용국민소득(Y_f)이 균형국민소득(Y_1)보다 크다.

2 인플레이션 갭(inflation gap)

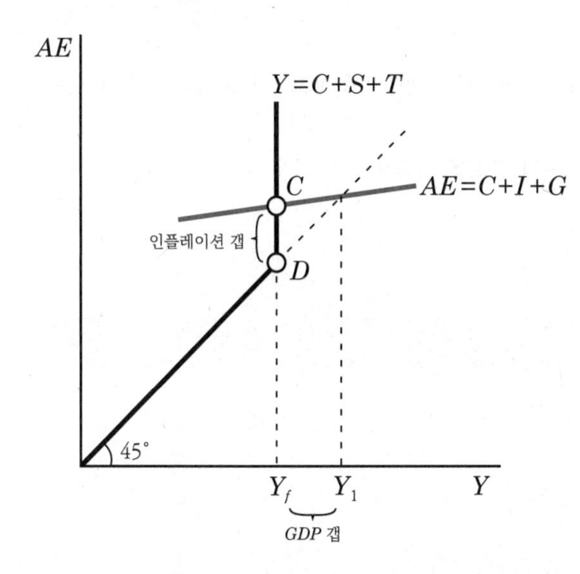

① 총수요 또는 총지출이 AE이면 잠재 GDP 또는 완전고용국민소득(Y_f)에서 총수요(AE)가 총공급($C + S + T$)을 CD만큼 초과하고 있다.

② 균형국민소득은 Y_1이므로 완전고용국민소득에 도달하기 위해서는 총수요를 CD만큼 감소해야 한다. 즉, 총수요곡선 또는 총지출곡선(AE)이 CD만큼 하방 이동해야 완전고용국민소득에 도달할 수 있다.

③ 이때 CD만큼의 총수요 초과분을 인플레이션 갭이라고 한다.

④ 인플레이션 갭이 존재하면 잠재 GDP 또는 완전고용국민소득(Y_f)보다 균형국민소득(Y_1)이 크다.

03 인플레이션 갭과 디플레이션 갭의 효과

① 디플레이션 갭이 존재하면 일반적으로 실업이 유발된다. 왜냐하면 경제의 가용자원이 모두 이용되고 있지 못하기 때문이다.

② 인플레이션 갭이 존재하는 상황에서는 인플레이션이 발생하기 쉽다. 왜냐하면 완전고용수준을 능가하게 되면 결국 생산물 가격이 상승할 수밖에 없기 때문이다.

04 케인즈의 주장

① 디플레이션 갭의 경우 잠재 $GDP(Y_f)$가 균형국민소득(Y_1)보다 크므로 비자발적 실업이 존재한다.

② 따라서 균형국민소득 Y_1은 불완전고용 균형국민소득이며 이 경우가 현실적이라고 케인즈는 주장한다.

3절 저축의 역설(절약의 역설, 소비가 미덕)

01 케인즈의 견해

① 저축된 자금 모두가 투자로 전환된다는 세이의 법칙에 대해 케인즈는 부정적인 태도를 취하였다.

② 왜냐하면 저축은 소득 가운데 소비로 지출되고 남은 부분이기 때문에 소비주체에 의해 결정되고, 투자는 생산주체인 기업이 장래에 대한 예상과 이자율 등을 검토하여 결정하기 때문이다.

③ 즉, 저축과 투자의 주체와 동기가 다르므로 저축(S)의 증가가 곧 투자(I)의 증가로 연결되는 것은 아니다.

02 개념

① 모든 개인이 저축을 증대시키려는 행위가 결과적으로 저축은 증대시키지 못하고 국민소득만 감소시키는 것을 말한다.

② 즉, 개인적으로 근검절약하고자 하는 노력이 국민소득의 감소를 통하여 국민경제 전체적으로는 저축을 전혀 증가시키지 못하는 것이다.

03 설명

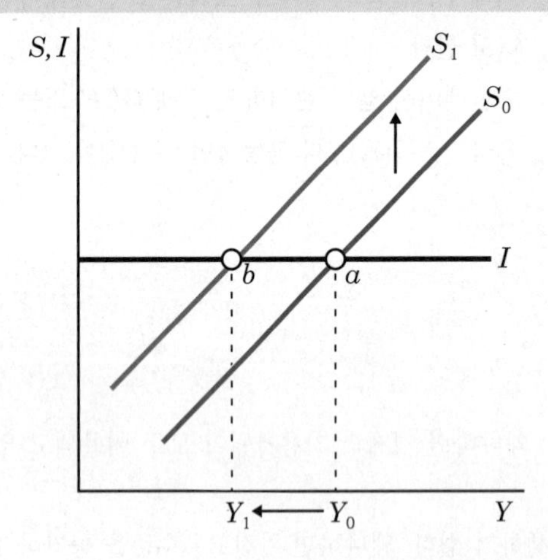

① 투자(I)는 소득과 무관하게 결정되므로 수평선이며 저축(S)은 소득(Y) 증가 시 증가하므로 우상향하는 형태이다.

② 투자와 저축이 만날 때($S=I$) 균형 국민소득(Y_0)이 결정된다.

③ 저축이 증가하면 저축곡선이 상방 이동한다($S_0 \rightarrow S_1$).

④ 따라서 저축 증가는 국민소득의 감소를 유발한다($Y_0 \rightarrow Y_1$).

⑤ 총저축은 변하지 않는다($\overline{aY_0} = \overline{bY_1}$). 총저축은 변하지 않고 국민소득은 감소하므로 평균저축$\left(\frac{\text{총저축}}{\text{국민소득}}\right)$은 증가한다.

04 의미

① 절약의 역설은 저축이 증가하더라도 투자로 연결되지 않는 경우에 성립한다.

② 절약의 역설은 투자기회가 부족한 선진국의 경우에만 성립하는 것이며 개발도상국에서와 같이 투자할 곳이 많지만 투자재원이 모자라 투자가 이루어지지 않는 경우에는 저축은 미덕이다.

③ 즉, 장기적인 관점에서 보면 저축이 이루어져야 자본축적이 이루어지고, 자본축적이 이루어져야 경제의 순조로운 성장이 가능하므로 저축은 미덕이다.

심화학습 유발투자가 존재하는 경우 절약의 역설

1. 유발투자의 개념

유발투자란 소득의 변화에 의해 유발된 투자를 말한다.

2. 설명

① 독립투자와 유발투자가 모두 존재하는 경우의 투자함수식은 다음과 같다.

$I = I_0 + iY$

(i : 유발투자 계수, Y : 국민소득)

② I_0는 독립투자이고 iY는 유발투자를 의미한다.

③ $\frac{\Delta I}{\Delta Y} = i$이므로 소득 증가 시 투자 증가폭이 더 커지면 유발투자 계수인 i가 증가하게 된다.

④ 그림에서 유발투자곡선의 기울기는 i이며 기울기가 클수록 유발투자 효과가 크다.

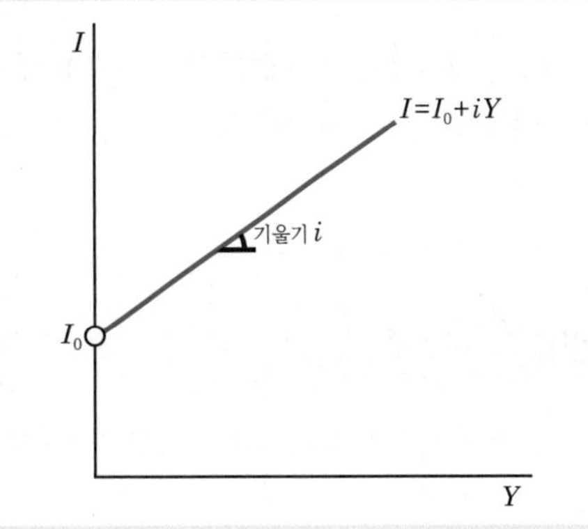

3. 유발투자가 존재할 때의 저축의 역설

① 독립투자만 존재하는 경우 독립투자곡선은 수평선의 형태를 갖는다.

② 저축이 증가하면 저축곡선이 S_0에서 S_1으로 이동하므로 균형이 a점에서 b점으로 이동한다.

③ 독립투자와 유발투자 모두 존재하는 경우 투자곡선은 우상향의 형태를 갖는다.

④ 저축이 증가하면 저축곡선이 S_0에서 S_1로 이동하므로 균형이 a점에서 c점으로 이동한다.

⑤ 따라서 유발투자가 존재하는 경우 국민소득의 감소폭이 더 크며 총저축도 감소한다($\overline{aY_0} \rightarrow \overline{cY_2}$).

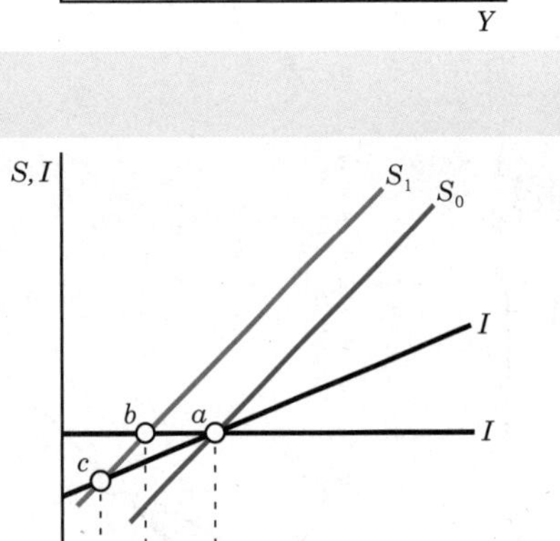

4절 승수효과(multiplier effect)

01 개념

① 독립지출이 증가하면 국민소득은 독립지출의 증가분만큼만 증가하는 것이 아니라 그 이상 몇 배로 증가할 수 있다.

② 승수효과(multiplier effect)란 독립지출의 변화에 따라 균형국민소득이 얼마나 변화하는지를 나타내는 척도를 말한다.

$$승수 = \frac{균형국민소득\ 증가분}{독립지출\ 증가분}$$

02 가정

① 생산능력이 충분하여 물가가 고정되어 있다.

② 한계소비성향이 일정하다.

03 의미

승수효과는 시간이 무한대로 수렴할 때 총 효과를 더한 것이다.

04 설명

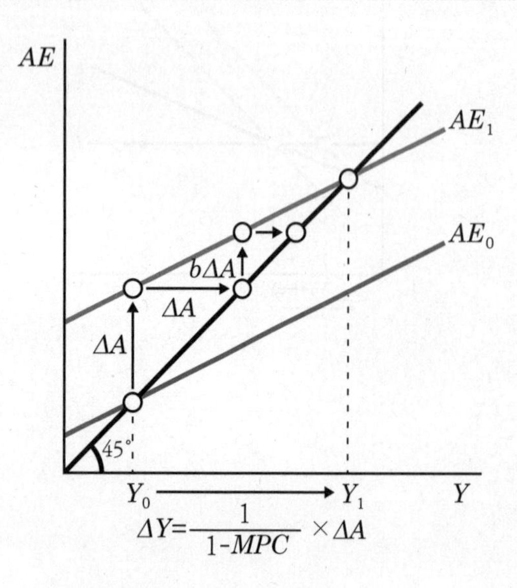

① 독립지출이 ΔA만큼 증가하였다고 하자.

② 독립지출이 ΔA만큼 증가하면 총지출곡선이 AE_0에서 AE_1으로 상방이동하면서 국민소득도 ΔA만큼 증가한다.

③ 국민소득이 ΔA만큼 증가하면 소비지출은 $b\Delta A$만큼 증가한다.[b : 한계소비성향]

④ 이때 국민소득의 증가분을 모두 더하면 다음과 같다.

$$\Delta Y = \Delta A + b\Delta A + b^2\Delta A + \cdots\cdots$$
$$\Delta Y = (1 + b + b^2 + b^3 + \cdots\cdots)\Delta A$$
$$\Delta Y = \frac{1}{1-b}\Delta A$$

⑤ 국민소득은 독립지출의 증가분(ΔA)에 $\frac{1}{1-b}$를 곱한 것만큼 증가하게 된다.

⑥ $\frac{1}{1-b}$를 승수라고 한다.

05 정액세만 존재할 때($T = T_0$)

① 국내총생산과 총지출이 일치할 때($Y = AE$) 균형국민소득이 결정된다.

② 소비는 처분가능소득의 함수이고, 투자는 독립투자, 정부지출은 외생변수, 조세는 정액세라고 한다면 경제모형은 다음과 같다.

$$Y = AE$$
$$AE = C + I + G$$
$$C = a + bY_d$$
$$Y_d = Y - T$$
$$T = T_0$$
$$I = I_0$$
$$G = G_0$$

③ 균형국민소득은 다음과 같이 계산된다.

$$Y = a + b(Y - T_0) + I_0 + G_0$$
$$Y = \frac{1}{1-b}(a - bT_0 + I_0 + G_0)$$

④ 승수는 독립지출이 변할 때 균형국민소득의 변화분을 나타내므로 미분을 통해 구할 수 있다.

⑤ 따라서 각각의 승수를 구하면 다음과 같다.

정부지출승수	$\frac{1}{1-b}$ (b : 한계소비성향)
투자승수	$\frac{1}{1-b}$
조세승수	$-\frac{b}{1-b}$

⑥ 경기부양을 위해 확대 재정 정책을 실시할 수 있는데 확대 재정 정책에는 정부지출 증가와 조세 감면이 있다. 조세감면의 경우 가처분소득이 증가하지만 가처분 소득 중 일부분은 저축으로 연결된다.

⑦ 따라서 정부지출승수가 조세승수보다 크다.

06 정액세와 비례세가 동시에 존재할 때

① 정액세와 비례세가 동시에 존재할 때의 경제모형은 다음과 같다.

$$Y = AE$$
$$AE = C + I + G$$
$$C = a + bY_d$$
$$Y_d = Y - T$$
$$T = T_0 + tY$$
$$I = I_0$$
$$G = G_0$$

② 균형국민소득은 다음과 같이 계산된다.

$$Y = a + b(Y - T_0 - tY) + I_0 + G_0$$

$$Y = \frac{1}{1 - b(1-t)}(a - bT_0 + I_0 + G_0)$$

③ 따라서 각각의 승수를 구하면 다음과 같다.

정부지출승수	$\frac{1}{1-b(1-t)}$
투자승수	$\frac{1}{1-b(1-t)}$
조세승수	$\frac{-b}{1-b(1-t)}$

07 균형재정승수

1 개념

① 균형재정승수란 정부지출과 조세가 동액만큼 증가할 때의 승수를 말한다.

② 조세수입만큼 정부지출을 하면 정부의 재정은 균형이 되기 때문에 균형재정승수라고 한다.

2 의미(단, 정액세일 때 $T = T_0$)

① 조세가 A원 증가하면 국민소득은 $-\frac{b}{1-b}\Delta A$만큼 감소한다.

② 정부지출이 A원 증가하면 국민소득은 $\frac{1}{1-b}\Delta A$ 증가한다.

③ 따라서 국민소득 증가액은 다음과 같다.

$$\Delta Y = \frac{1}{1-b}\Delta A + \left(-\frac{b}{1-b}\right)\Delta A$$

$$\rightarrow \Delta Y = \left(\frac{1-b}{1-b}\right)\Delta A$$

$$\rightarrow \Delta Y = \Delta A$$

④ 정액세일 때 균형재정승수는 1이다.

⑤ 균형재정승수가 1이 되는 이유는 정부지출승수가 조세승수보다 크기 때문이다.

심화학습	정액세와 비례세가 동시에 존재할 때의 균형재정승수

• 정부지출승수는 $\frac{1}{1-b(1-t)}$이고 조세승수는 $\frac{-b}{1-b(1-t)}$이므로 균형재정승수는 다음과 같다.

→ 균형재정승수 = 정부지출승수 + 조세승수 = $\frac{1-b}{1-b(1-t)}<1$

08 외국이 존재하는 경우

① 외국이 존재하는 경우 경제모형은 다음과 같다.

$$Y=AE$$
$$AE=C+I+G+X-M$$
$$C=a+bY_d$$
$$Y_d=Y-T$$
$$T=T_0+tY$$
$$I=I_0$$
$$G=G_0$$
$$X=X_0$$
$$M=M_0+mY\left(\text{한계수입성향 } m=\frac{\Delta M}{\Delta Y}\right)$$

② 균형국민소득은 다음과 같이 계산된다.

$$Y=a+b(Y-T_0-tY)+I_0+G_0+X_0-M_0-mY$$
$$Y=\frac{1}{1-b(1-t)+m}(a-bT_0+I_0+G_0+X_0-M_0)$$

③ 따라서 각각의 승수를 구하면 다음과 같다.

승수	
정부지출승수	$\frac{1}{1-b(1-t)+m}$
투자승수	$\frac{1}{1-b(1-t)+m}$
조세승수	$\frac{-b}{1-b(1-t)+m}$

09 유발투자가 존재하는 경우

① 유발투자란 소득의 변화에 의해 유발된 투자를 말하므로 유발투자와 독립투자가 동시에 존재하는 경우 투자함수식은 다음과 같다.

$$I = I_0 + iY \text{ (}i\text{ : 유발투자 계수, }Y\text{ : 국민소득)}$$

② 따라서 경제모형은 다음과 같다.

$$\begin{aligned} &Y = AE \\ &AE = C + I + G + X - M \\ &C = a + bY_d \\ &Y_d = Y - T \\ &T = T_0 + tY \\ &I = I_0 + iY \\ &G = G_0 \\ &X = X_0 \\ &M = M_0 + mY \end{aligned}$$

③ 균형국민소득은 다음과 같이 계산된다.

$$Y = a + b(Y - T_0 - tY) + I_0 + iY + G_0 + X_0 - M_0 - mY$$

$$Y = \frac{1}{1 - b(1-t) + m - i}(a - bT_0 + I_0 + G_0 + X_0 - M_0)$$

④ 따라서 각각의 승수를 구하면 다음과 같다.

구분	승수
정부지출승수	$\frac{1}{1-b(1-t)+m-i}$
투자승수	$\frac{1}{1-b(1-t)+m-i}$
조세승수	$\frac{-b}{1-b(1-t)+m-i}$

10 이전지출승수

1 이전지출(transfer payments)의 개념

① 정부의 이전지출은 정부가 생산 활동과 무관한 사람에게 반대급부 없이 지급하는 것으로 실업수당, 저소득층에게 최저생계비 지급 등이 해당된다.

② 일반적으로 이전지출이 증가하면 정부지출에 영향을 주지 않으나 가계의 가처분소득을 증가시켜 소비지출 증가에 영향을 줄 수 있다.

2 거시경제모형

① 폐쇄경제이고 정액세만 존재할 때의 경제모형은 다음과 같다.

$$Y = AE$$
$$AE = C + I + G$$
$$C = a + bY_d$$
$$Y_d = Y - T + TP \ (TP: \text{이전지출})$$
$$T = T_0$$
$$TP = TP_0,\ I = I_0,\ G = G_0$$

② 균형국민소득은 다음과 같다.

$$Y = C + I + G$$
$$= a + b(Y - T_0 - TP_0) + I_0 + G_0$$
$$Y = \frac{1}{1-b}(a - bT_0 + bTP_0 + I_0 + G_0)$$

③ 따라서 각각의 승수를 구하면 다음과 같다.

정부지출승수	$\frac{1}{1-b}$
투자승수	$\frac{b}{1-b}$
조세승수	$\frac{-b}{1-b}$
이전지출승수	$\frac{b}{1-b}$

3 설명

① 조세를 T원 증가시키면 가계의 처분가능소득은 T원 감소하고, 이전지출을 T원 증가시키면 가계의 처분가능소득은 T원 증가한다.

② 따라서 조세승수와 이전지출승수는 절댓값은 같고 부호만 서로 반대인 값을 갖게 된다.

11 승수모형의 한계

① 한계소비성향이 안정적이지 않다면 승수효과를 확정적으로 표시할 수 없다.
즉, 한계소비성향의 값이 일정해야 승수효과를 안정적으로 구할 수 있다.

② 공급 측에 장애가 있다면 승수효과는 발생하지 않을 수 있다.
예를 들어 아파트 건설이라는 투자가 증가할 때 아파트 건설을 위한 자재 공급이 원활하지 않다면 고용효과와 소득증가효과가 충분히 발생하지 않을 수 있다.

③ 기업의 행태에 의해 승수효과가 제약될 수 있다.
즉, 독립지출 증가 시 기업이 의도된 재고 감소로 대응한다면 승수효과가 발생하지 않을 수 있다.

④ 승수효과는 경제 분석 시 간단명료하게 경제의 움직임을 보여준다는 장점을 갖고 있지만 복잡한 경제 현실에 적용될 때에는 여러 가지 한계도 존재한다.

5절 케인즈 모형의 평가

01 유효수요

① 케인즈 모형은 생산설비와 공급능력은 충분한데 유효수요가 부족한 경제에 적합한 모형으로 이러한 경제에서 필요한 것은 유효수요를 증가시키는 일이다.

② 유효수요는 소비수요, 투자수요, 정부지출수요, 순수출 수요의 합이므로 유효수요를 증가시키기 위해서는 소비, 투자수요, 정부지출, 순수출의 확대를 통하여 이루어진다. 따라서 소비는 사회의 미덕이 된다.

③ 케인즈 모형에서는 저축이 투자로 연결된다는 보장이 없기 때문에 저축은 소득의 흐름에서 빠져나가는 누출이고 유효수요와 실질국민소득을 감소시키는 사회의 악덕이 된다.

02 정부 정책

- 정부의 정책은 유효수요를 적절히 관리하는 데 초점을 두어야 한다.
- 즉, 경기과열 시 유효수요를 감소시켜야 하고 경기침체 시 유효수요를 증가시키는 정부 정책이 필요하다.

03 케인즈 모형의 발전

① 수요 측면을 중요시하는 케인즈 모형은 케인즈 학파 모형으로 발전한다.

② 케인즈 학파 모형은 물가나 임금 같은 가격변수가 고정되어 있다고 가정하며 이는 가격변수들이 완전 신축적이라고 가정하는 고전학파 모형과 비교된다.

③ 현재 거시경제학계는 물가나 임금이 고정되어 있는 기간을 단기, 완전 신축적인 기간을 장기라고 정의하여 단기에는 케인즈 모형처럼 총수요가 국민소득을 결정하고, 장기에는 고전학파 모형처럼 총공급이 국민소득을 결정한다고 종합하는 입장을 갖고 있다.

01 다음의 경제모형에서 균형국민소득은 얼마인가?

풀이 날짜			
채점 결과			

$C = 30 + 0.75Y_d$

$(Y_d = Y - T)$

$I = 120,\ G = 150,\ T = 0.2Y,\ X = 100,\ M = 0.1Y$

(Y : 국민소득, C : 소비, Y_d : 가처분소득, I : 투자, G : 정부지출, T : 조세, X : 수출, M : 수입)

① 500
② 600
③ 700
④ 800
⑤ 900

02 폐쇄경제모형에서 소비함수가 $C = 200 + 0.8(Y - T)$로 주어졌고, 투자지출은 100, 정부지출은 120, 조세는 100인 경우 균형국민소득은 얼마인가?

풀이 날짜			
채점 결과			

① 1,220
② 1,300
③ 1,600
④ 1,700
⑤ 1,800

03 경은이의 가처분소득이 월 30만 원에서 38만 원으로 증가함에 따라 저축이 5만 원에서 7만 원으로 증가하였다면 경은이의 한계소비성향은?

풀이 날짜			
채점 결과			

① 0.25
② 0.65
③ 0.75
④ 0.80
⑤ 0.90

04 절약의 역설을 잘못 설명한 것은?

풀이 날짜			
채점 결과			

① 저축증대는 투자를 증가시켜 GDP 증가를 가져온다는 말이다.
② 소비가 미덕이라는 말과 같은 뜻이다.
③ 일본 경제 상황을 설명하는 논리로 이용할 수 있다.
④ 불황기에 저축은 불경기를 심화시킨다.
⑤ 케인지언에 의하여 강조되었다.

해설

정답

01 • $Y = C + I + G + X - M$이면 균형국민소득 Y를 구할 수 있다. ④

$Y = 30 + 0.75(Y - 0.2Y) + 120 + 150 + 100 - 0.1Y$

$\rightarrow 0.5Y = 400$

$\rightarrow Y = 800$

• 따라서 균형국민소득은 800이다.

02 • $Y = C + I + G$를 만족하면 균형국민소득 Y를 구할 수 있다. ④

$Y = C + I + G$

$= 200 + 0.8(Y - 100) + 100 + 120$

$= 340 + 0.8Y$

$\rightarrow 0.2Y = 340$

$\rightarrow Y = \frac{340}{0.2} = 1{,}700$

• 따라서 균형국민소득은 1,700이다.

03 • 한계소비성향(MPC)은 소비의 증가분을 가처분소득의 증가분으로 나눈 값이다. ③

$\rightarrow MPC = \frac{\Delta C}{\Delta Y_d}$

• 한계소비성향과 한계저축성향의 합이 1이므로 한계저축성향의 값을 알면 한계소비성향을 구할 수 있다.

• 한계저축성향은 저축의 증가분(ΔS)을 처분가능소득의 증가분(ΔY_d)으로 나눈 값이다.

$\rightarrow MPS = \frac{\Delta S}{\Delta Y_d} = \frac{2\text{만 원}}{8\text{만 원}} = 0.25$이다.

• 한계저축성향이 0.25이므로 한계소비성향은 1-0.25 = 0.75이다.

04 • 절약의 역설이란 모든 개인이 저축을 증대시키려는 행위가 결과적으로 저축은 증대시키지 못하고 국민소득만 감소시키는 것을 말한다. ①

• 즉, 개인적으로 근검절약하고자 하는 노력이 국민소득의 감소를 통하여 국민경제 전체적으로는 저축을 전혀 증가시키지 못하는 것이다.

• 일본 정부는 1999년 일인당 2만 엔의 상품권을 성인들에게 모두 지급했다. 상품권을 통해 국민의 소비를 늘리려는 심산이었다. 그런데도 저축에 익숙한 일본 국민들은 소비를 하지 않아 일본 경기를 계속 침체시킨 주요 원인이 됐다.

05 케인스의 투자승수 효과는 언제 발생하는가?

① 인플레이션 아래서 발생한다.
② 독점적 경쟁 아래서 발생한다.
③ 과소고용균형 아래서 발생한다.
④ 완전고용균형 아래서 발생한다.

풀이 날짜			
채점 결과			

06 어느 경제의 한계저축성향이 0.2이며 투자가 100억 원 증가하였다. 소득은 얼마가 증가하겠는가?

① 20억 원
② 100억 원
③ 200억 원
④ 500억 원
⑤ 600억 원

풀이 날짜			
채점 결과			

07 민간경제모형에서 한계저축성향(MPS)이 $\frac{1}{3}$일 때 독립투자가 20억 원 증가하면 균형국민소득은 얼마나 증가하겠는가?

① 20억 원 증가한다.
② 40억 원 증가한다.
③ 30억 원 증가한다.
④ 6.7억 원 증가한다.
⑤ 60억 원 증가한다.

풀이 날짜			
채점 결과			

08 가계와 기업만이 존재하는 케인즈 모형에서 한계소비성향은 0.8이라고 하자. 이 때 독립투자가 10억 원 증가한다면 균형국민소득은 얼마나 증가하겠는가? (단, 유발투자는 없다.)

① 2억 원
② 8억 원
③ 10억 원
④ 12. 5억 원
⑤ 50억 원

풀이 날짜			
채점 결과			

해설

정답

05 ③

- 승수효과란 투자지출 · 정부지출 등과 같은 변수가 증가할 때 그 증가분의 배수만큼 국민소득이 증가하는 효과를 말한다.
- 승수이론의 가정 중 하나는 잉여생산능력이 존재해야 한다는 것이다.
- 공급 측면에 장애가 있다면 승수효과는 발생하지 않을 수 있다.

06 ④

- 투자승수는 $\frac{1}{1-\text{한계소비성향}}$ 또는 $\frac{1}{\text{한계저축성향}}$이므로 $\frac{1}{0.2}=5$이다.
- 따라서 투자가 100억 증가하면 균형국민소득은 100억 × 5 = 500억 원 증가한다.

07 ⑤

- 투자승수 = $\frac{1}{1-\text{한계소비성향}}=\frac{1}{\text{한계저축성향}}=3$이다.
- 따라서 독립투자가 20억 증가하면 균형국민소득은 3×20억 = 60억 증가한다.

08 ⑤

- 한계소비성향이 0.8일 때 투자승수는 $\frac{1}{1-\text{한계소비성향}}=\frac{1}{1-0.8}=\frac{1}{0.2}=5$이다.
- 투자승수의 값이 5일 때 독립투자가 10억 원 증가하면 균형국민소득은 10억 원 × 5 = 50억 원 증가한다.

09 민간부문으로만 구성된 거시경제의 단순모형에서 소비지출은 $C=10+0.8Y$, 투자지출은 $I=20$으로 주어졌다고 한다. 균형국민소득과 투자승수를 올바르게 짝지은 것은?

① 150, 0.2
② 150, 5
③ 120, 5
④ 120, 0.2
⑤ 120, 0.8

풀이 날짜			
채점 결과			

10 케인즈 단순모형에서 현재의 균형국민소득이 200이며, 완전고용 국민소득이 450이라고 한다. 한계소비성향이 0.8이라면, 완전고용에 도달하기 위해 정부지출을 얼마나 늘려야 하는가?

① 10
② 20
③ 30
④ 40
⑤ 50

풀이 날짜			
채점 결과			

09 • 민간부문만 존재하는 경우 균형국민소득은 $Y = C + I$에서 달성된다. ②

$Y = C + I$

$\rightarrow Y = 10 + 0.8Y + 20$

$\rightarrow 0.2Y = 30$

$\rightarrow Y = 150$

• 따라서 균형국민소득 Y는 150이다.

• 투자승수는 $\frac{1}{1-\text{한계소비성향}} = \frac{1}{1-0.8} = \frac{1}{0.2} = 5$이다.

10 • 정부지출승수는 $\frac{1}{1-\text{한계소비성향}} = \frac{1}{1-0.8} = \frac{1}{0.2} = 5$이다. ⑤

• 완전고용 국민소득 450보다 균형국민소득 200이 250만큼 소득이 부족하다.

• 정부지출승수가 5일 때 소득이 250 증가하기 위해서는 정부지출이 50만큼 증가하여야 한다.

• 왜냐하면 소득의 증가분은 정부지출승수와 정부지출의 증가분의 곱이기 때문이다.

$\rightarrow \Delta Y = \text{정부지출승수} \times \Delta G$

$\rightarrow 250 = 5 \times \Delta G$

01 아래 그림은 케인즈 단순모형에서 국민소득의 결정을 나타내고 있다. 어떤 기간 중의 국민 소득이 Y_1에서 결정되었다면 균형국민소득(Y^*)을 달성하는 과정에서 어떤 현상이 일어나겠는가? (C : 소비, I : 투자, Y : 국민소득)

풀이 날짜			
채점 결과			

총수요
C+I
45°
Y^* Y_1 Y

① 의도하였던 것보다 재고투자가 증가하였기 때문에 재고투자가 감소한다.
② 의도하였던 것보다 재고투자가 감소하였기 때문에 재고투자가 증가한다.
③ 의도하였던 것보다 설비투자가 증가하였기 때문에 설비투자가 감소한다.
④ 의도하였던 것보다 설비투자가 감소하였기 때문에 설비투자가 증가한다.
⑤ 균형국민소득 달성 과정에서 투자의 변화는 발생하지 않는다.

02 저축함수가 $S=-40+0.2Y^D$로 주어져 있다면 다음 설명 중 옳지 않은 것은?

풀이 날짜			
채점 결과			

① 가처분소득에 대한 한계소비성향은 0.8이다.
② 가처분소득이 증가하면 평균소비성향은 하락한다.
③ 파국점(수지분기점)에서의 평균소비성향은 1이고, 평균저축성향은 0이다.
④ 가처분소득이 증가하더라도 한계저축성향은 변화하지 않는다.
⑤ 가처분소득의 크기에 상관없이 평균저축성향이 한계저축성향보다 항상 크다.

해설

정답

01 • 국민소득 Y_1에서는 생산이 총지출보다 크기 때문에 의도한 것보다 재고투자가 크다. ①

• 따라서 재고투자가 감소하면서 균형국민소득 Y^*에서 균형을 이룬다.

02 ⑤

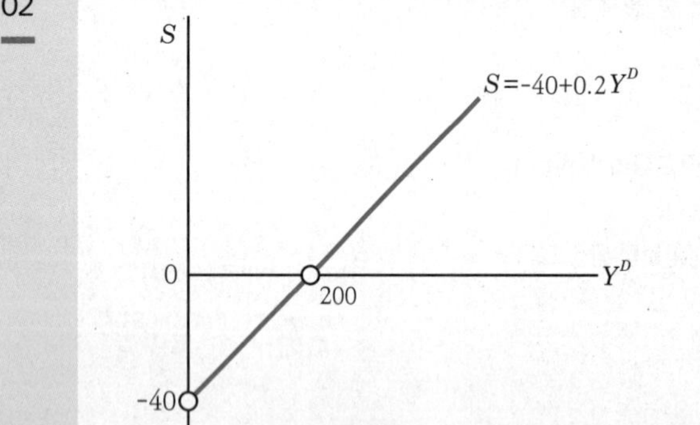

• 한계저축성향이 0.2이므로 한계소비성향은 0.8이다.
• 소비함수가 세로축을 통과하기 때문에 가처분소득이 증가하면 평균소비성향은 하락한다.
• 수지분기점이란 저축이 0이 되는 것을 말하기 때문에 평균저축성향은 0이다.
• 저축함수가 가로축을 통과하기 때문에 한계저축성향이 항상 평균저축성향보다 크다.

03 다음의 설명 중 국민소득결정이론에 비추어 가장 적합한 것은?

풀이 날짜			
채점 결과			

① 투자승수는 평균저축성향이 클수록 작다.
② 정부가 제1기에 G원만큼 정부지출을 증가시키면 제n기($n = \infty$)에 증가하는 소득은 0원이다.
③ 단기에서 저축이 증가하면 국민소득이 증가한다.
④ 투자는 소비보다 안정적인 변수이다.
⑤ 케인즈 모형에서 저축을 결정하는 주된 요인은 이자율이다.

04 '절약의 역설(paradox of thrift)'에 의하면 저축이 증가할수록 소득이 감소한다. 그러나 우리나라에서는 저축을 미덕으로 생각할 뿐 아니라 정부는 성장을 높이기 위해 저축을 열심히 해야 한다고 국민적 저축캠페인을 전개하고 있다. 다음 설명 중 옳은 것은?

풀이 날짜			
채점 결과			

① '절약의 역설'은 투자가 고정되어 있다고 가정한데서 얻어지는 결론이다.
② 균형재정 하에서 '절약의 역설'은 성립하지 않는다.
③ '절약의 역설'은 케인즈의 절대소득가설 하에서만 성립한다.
④ '절약의 역설'은 미국과 같이 경제 내에서 해외부문이 국민경제에서 차지하는 비중이 아주 작은 나라에서는 성립하지만 우리 경제와 같이 해외부문이 국민경제에서 차지하는 비중이 클 경우에는 성립하지 않는다.
⑤ '절약의 역설'은 미국과 같이 성숙된 경제에서는 물론, 한국과 같은 성장경제에서도 성립한다.

05 A국의 수출과 수입은 균형을 이루고 있으며, 수출은 외생적으로 결정된다. 한계소비성향이 0.8이고, 한계수입성향이 0.1이다. 정부지출이 10만큼 증가하면 A국의 상품수지와 소득수준은? (단, $T = 0.25Y$)

풀이 날짜			
채점 결과			

① 소득은 20만큼 증가하고, 2만큼의 상품수지 적자가 발생한다.
② 소득은 20만큼 감소하고, 2만큼의 상품수지 흑자가 발생한다.
③ 소득은 25만큼 증가하고, 25만큼의 상품수지 적자가 발생한다.
④ 소득은 10만큼 증가하고, 1만큼의 상품수지 적자가 발생한다.
⑤ 소득은 10만큼 증가하고, 상품수지는 변함이 없다.

03 ① 투자승수는 $\frac{1}{1-\text{한계소비성향}}=\frac{1}{\text{한계저축성향}}$이므로 한계저축성향이 클수록 작다. ②

② 정부가 1기에 G원만큼 정부지출을 증가시킬 때 국민소득의 증가분을 모두 더하면 다음과 같다.
(b : 한계소비성향, G : 정부지출)
$\Delta Y=\Delta G+b\Delta G+b^2\Delta G+\cdots\cdots$
제n기에는 증가하는 소득 ΔY는 0이 되면서 승수효과가 멈추게 된다.

③ 단기에는 저축이 증가하면 소비가 감소하기 때문에 국민소득이 감소한다.

④ 경기에 민감한 것은 투자이기 때문에 투자보다 소비가 안정적인 변수이다.

⑤ 케인즈 모형에서 저축을 결정하는 주된 요인은 소득이다.
고전학파 모형에서는 저축을 결정하는 요인은 이자율이다.
이자율이 상승할수록 현재소비의 기회비용이 증가하는 반면 저축에 대한 이자소득이 증가하기 때문에 소비는 감소하고 저축은 증가한다.

04 ① 투자는 소득과 무관한 독립투자라면 저축이 증가할 때 국민소득은 감소하고 저축은 증대시키지 못한다. ①

⑤ 절약의 역설은 성숙된 경제인 선진국에서는 성립될 가능성이 있지만 성장경제인 개발도상국에서는 성립될 가능성이 낮다.

②, ③, ④는 상관이 없다.

05 • 개방경제이고 비례세인 경우 정부지출승수는 다음과 같다. ①

$$\rightarrow \frac{1}{1-\text{한계소비성향}(1-\text{조세율})+\text{한계수입성향}}$$

$$=\frac{1}{1-0.8(1-0.25)+0.1}=2$$

• 정부지출승수가 2이므로 정부지출이 10만큼 증가하면 국민소득은 $10\times 2=20$만큼 증가한다.

• 수출과 수입이 균형을 이루고 있는 상태에서 소득이 20만큼 증가하면 수입은
한계수입성향 × 소득의 변화분 $=0.1\times 20=2$만큼 증가하고 수출은 변하지 않는다.

• 따라서 수입이 수출보다 2만큼 크기 때문에 2만큼의 상품수지 적자가 발생한다.

06 어느 경제의 거시경제상태가 다음과 같은 모형으로 나타날 수 있다고 가정하자. 균형상태에서 재정수지와 상품수지는?

$C = 18 + 0.8Y_D$	$T = 10 + 0.25Y$
$I = 10$	$X = 20$
$G = 30$	$M = 10 + 0.10Y$

풀이 날짜 / 채점 결과

	재정수지	상품수지
①	흑자	흑자
②	흑자	적자
③	적자	흑자
④	적자	적자
⑤	흑자	균형

07 케인즈의 단순모형에 의하면 비례세가 없을 경우 정부지출의 승수효과는 한계저축성향의 역수로 나타난다. 그러나 현실적으로 정부지출의 승수효과는 그보다 훨씬 작게 나타나는 경우가 일반적이다. 그 이유로써 가장 타당한 것은?

풀이 날짜 / 채점 결과

① 불완전고용이 존재하기 때문이다.
② 정부지출의 증가는 이자율의 상승을 초래하기 때문이다.
③ 정액세가 존재하기 때문이다.
④ 유동성 함정이 존재하기 때문이다.
⑤ 정부지출의 증가는 물가의 하락을 초래하기 때문이다.

08 현재의 소득수준이 400조 원이다. 완전고용상태에 해당되는 소득은 500조 원이다. 조세는 소득과 상관없이 일정하게 부과된다고 할 때, 완전고용수준에 도달하기 위해서는 조세를 얼마나 감면시켜주어야 하나? (단, 한계저축성향은 0.2라 하자.)

풀이 날짜 / 채점 결과

① 16조 원
② 20조 원
③ 25조 원
④ 30조 원
⑤ 35조 원

06 • 균형국민소득을 구하면 다음과 같다. ②

$Y = 18 + 0.8(Y - 10 - 0.25Y) + 10 + 30 + 20 - 10 - 0.1Y$

$\rightarrow 0.5Y = 60$

$\rightarrow Y = 120$

균형국민소득 120을 조세함수식에 대입하면 조세수입은 $T = 10 + 0.25 \times 120 = 40$이다.

• 정부지출이 30이고 조세수입이 40이므로 재정수지는
조세수입 − 정부지출 $= 40 - 30 = 10$만큼 흑자이다.

• 균형국민소득 120을 수입함수식에 대입하면 수입 $M = 10 + 0.1 \times 120 = 22$이다.

• 수출은 20이고 수입은 22이므로 2만큼 상품수지(수출 − 수입 $= 20 - 22$)적자가 발생한다.

07 • 정부지출의 증가는 이자율의 상승을 가져와 투자지출을 위축시키는 구축효과가 발생한다. ②

• 일반적으로 정부는 재원조달을 위하여 국채를 발행한다. 국채를 발행하면 국채가격이 하락하고 이자율은 상승한다. 이자율이 상승하면 투자가 감소하는데 이를 '구축효과'라고 한다.

08 • 한계저축성향이 0.2이므로 한계소비성향은 $1 - 0.2 = 0.8$이다. ③

• 조세감면 시 조세승수를 구하면 $\dfrac{\text{한계소비성향}}{1 - \text{한계소비성향}} = \dfrac{0.8}{0.2} = 4$이다.

• 현재의 소득수준 400조 원이 완전고용 국민소득 500조 원보다 100조 원만큼 적기 때문에 국민소득을 100조 원만큼 증가시켜야 한다.

• 따라서 조세를 25조 원을 감면시켜야 한다. 왜냐하면 국민소득의 변화분 = 조세승수 × 조세감면액이기 때문이다.

→ 100조 원 = 4 × 조세감면액

→ 조세감면액 = 25조 원

09 다음 케인즈 단순모형을 보고 물음에 답하여라.

풀이 날짜			
채점 결과			

$Y = C + I + G$

소　비 : $C = 81 + 0.9(Y - T)$

투　자 : $I = 50$　　정부지출 : $G = 72$　　조　세 : $T = 72$

만약 정부가 세금을 10만 원 더 징수하여 정부지출에 충당한다면 균형국민소득은 얼마나 증가하겠는가?

① 0.9　② 8
③ 9　④ 10
⑤ 100

10 한계소비성향이 0.75이고 한계조세성향(소득세율)은 0.2이며, 투자는 독립투자뿐인 3부문 경제를 생각해 보자. 정부가 정액세를 100만큼 증가시키는 동시에 정부지출도 100만큼 증가시켰다면 균형국민소득은 어떻게 변화 하는가?

풀이 날짜			
채점 결과			

① 100만큼 감소한다.
② 불변이다.
③ 증가하되 100보다 적게 증가한다.
④ 100만큼 증가한다.
⑤ 증가하되 100보다 많이 증가한다

※ 어떤 국가의 국민소득결정모형이다. 다음에 답하라. (11 ~ 12)

$Y = C + I + G$

$C = 160 + 0.8Y_d$　$(Y_d = \text{가처분소득})$

$I = 200$　　$T = G = 200$

11 국민소득이 10% 증가하기 위해서는 정부지출을 얼마만큼 증가시켜야 할까?

풀이 날짜			
채점 결과			

① 40　② 60
③ 80　④ 100
⑤ 200

12 위 모형에서 가계부문에 대하여 실업보조금 100을 지급할 경우 균형국민소득은 얼마인가?

풀이 날짜			
채점 결과			

① 2,000　② 2,100
③ 2,200　④ 2,400
⑤ 2,500

09 • 조세는 정액세이므로 균형재정승수는 1이다. ④

• 정부가 세금을 10만 원 더 징수하여 정부지출에 10만 원만큼 충당하면 균형국민소득은 10만 원 × 1 = 10만 원만큼 증가한다.

10 • 정액세와 비례세가 동시에 존재할 때 정부지출승수는 $\frac{1}{1-b(1-t)}$이고 조세승수는 $\frac{-b}{1-b(1-t)}$이다. ③

• 따라서 균형재정승수는 다음과 같다.

→ 균형재정승수 = 정부지출승수 + 조세승수 $= \frac{1-b}{1-b(1-t)} < 1$

• 즉, 균형재정승수는 1보다 작다.

• 따라서 정부가 정액세를 100만큼 증가시키고 정부지출도 100만큼 증가시킨다면 균형국민소득은 $100 \times \frac{1-b}{1-b(1-t)}$만큼 증가한다.

• 균형재정승수 $\frac{1-b}{1-b(1-t)}$가 1보다 작기 때문에 균형국민소득은 100보다 적게 증가한다.

11 • 정부지출승수는 $\frac{1}{1-\text{한계소비성향}} = \frac{1}{1-0.8} = \frac{1}{0.2} = 5$이다. ①

• 균형국민소득은

$Y = C + I + G = 160 + 0.8(Y - 200) + 200 + 200$

$\rightarrow 0.2Y = 400$

$\rightarrow Y = 2000$

• 현재 균형국민소득은 2000이므로 국민소득이 10%인 200만큼 증가하기 위해서는 정부지출을 40만큼 증가시켜야 한다.

• 왜냐하면 국민소득의 변화분 = 정부지출승수 × 정부지출의 변화분이기 때문이다 (200 = 5 × 정부지출의 변화분 → 정부지출의 변화분 = 40)

12 • 정부가 가계에 대하여 실업보조금을 지급하면 이전지출효과가 발생한다. ④

• 이전지출승수는 $\frac{\text{한계소비성향}}{1-\text{한계소비성향}} = \frac{0.8}{1-0.8} = \frac{0.8}{0.2} = 4$이다.

• 이전지출승수가 4이므로 실업보조금 100을 지급하면 균형국민소득은 $4 \times 100 = 400$만큼 증가한다.

• 현재 균형국민소득은 2000이므로 이전지출로 새로운 균형국민소득은 2400이다.

13 한계소비성향이 0.8, 조세율이 0.2, 한계수입성향이 0.14일 때 기업의 투자가 10조 원 증가할 경우 국민소득의 증가액은?

① 10조 원
② 20조 원
③ 30조 원
④ 40조 원
⑤ 50조 원

풀이 날짜			
채점 결과			

13 • 개방경제이고 비례세가 존재할 때 투자승수는 다음과 같다. ②

투자승수

$$= \frac{1}{1 - 한계소비성향(1 - 조세율) + 한계수입성향}$$

$$= \frac{1}{1 - 0.8(1 - 0.2) + 0.14} = 2$$

• 투자승수가 2이므로 기업의 투자가 10조 원 증가하면 국민소득은 10조 원 × 2 = 20조 원 증가한다.

MEMO 그래프를 그려보세요.

PART 01 국민소득결정이론

01 객관식 점검 문제

PART 출제경향

- 국내총생산의 개념을 통해 국내총생산에 포함되는지 여부와 기초 계산문제를 점검해야 한다.
- 또한 명목 GDP와 실질 GDP를 활용한 GDP 디플레이터 계산문제와 잠재 GDP와 실제 GDP의 차이를 확인해야 한다.
- 고전학파의 대부 자금시장을 통해 재정정책의 효과를 정확히 분석해야 하며 케인즈의 승수이론 계산문제는 빈출되는 내용이니 정확하게 정리하자.

02 논술 및 약술 점검 문제

PART 출제경향

- 국내총생산과 국민총소득과의 관계를 물어볼 수도 있으며 재정정책의 효과 없음을 구축효과라는 개념을 통해 설명해야 하므로 대부 자금시장에서 어떻게 표현되는지 다시 확인해야 한다.
- 고전학파와 케인즈의 균형국민소득 결정원리가 상이하므로 이에 대한 정리 또한 필요하다.
- 여러 가지 승수모형을 통해 국민소득에 미치는 변동을 케인즈의 관점에서 정리해야 한다.

문제 01

잠재성장률이 하락하고 있다.
잠재성장률이 하락하고 있는 이유와 해결책을 제시하시오.

해설

1 서론

① 2008년 글로벌 금융위기 이후 우리 경제는 다른 나라보다 빨리 회복했지만 경제 활력은 전반적으로 떨어지는 모습을 보이고 있다. 기업 투자가 부진하고 고용의 질(質)적 개선이 미흡한 가운데 수출과 내수, 대기업과 중소기업, 가계와 기업 등 부문 간 불균형이 확대됐다.

② 이런 가운데 OECD(경제협력개발기구)가 우리나라 잠재성장률을 2030년대에 1%까지 낮아질 것이라고 전망해, 최근 경기 부진이 우리 경제의 성장잠재력 저하를 반영하는 게 아닌지에 대한 우려가 확산되고 있다.

2 현재 상황 - 가파르게 하락하고 있는 잠재성장률

① 우리나라 잠재성장률은 금융 연구원 추정 결과 외환위기 이전에는 생산인구가 지속적으로 증가하고 설비투자가 늘어난 데 힘입어, 7%대의 높은 수준을 유지한 것으로 나타났다. 그러나 외환위기를 계기로 2000년대 들어 잠재성장률이 크게 떨어진 것으로 분석됐다. 2000년대 전반에는 평균 5.2%, 2000년대 후반에는 글로벌 금융위기의 영향으로 3.4%까지 하락한 것으로 나왔다.

② 외국의 경우 미국, 영국 등 주요 선진국들도 1990년대 후반 이후 잠재성장률이 지속적으로 떨어졌다. 문제는 우리 경제가 과거 성장기의 선진국보다 잠재성장률 하락 속도가 빠르다는 것이다. 이는 우리나라의 경우 대외개방이 확대되고 경제구조가 급격히 변화하는 과정에서 정부와 민간이 발 빠르게 대응하지 못했기 때문으로 풀이된다.

3 노동공급 둔화, 설비투자 위축, 서비스산업의 저생산성이 잠재성장률 하락 3대 요인

1. 노동 공급 둔화

저출산, 고령화 등으로 생산가능인구(15~64세)의 증가세가 급격히 둔화하는 가운데 경제활동참가율도 외환위기 직전보다 낮은 수준을 유지하고 있다.

2. 설비투자 위축

외환위기 이후 설비투자 증가율이 떨어졌는데, 투자가 부진해지면 GDP를 확대하기 힘들고 투자가 활발한 종전에 비해 잠재성장률 하락 요인이 된다. 1970년부터 1998년까지 설비투자 증가율은 연평균 14.5%이었으나 외환위기 이후에는 연평균 6.5%로 위기 이전의 절반에도 미치지 못하고 있다.

3. 서비스산업 낮은 생산성

제조업에 이어 서비스산업이 발달하고 있으나, 서비스업 생산성이 제조업 노동생산성의 46.8% 수준에 불과한 점도 잠재성장률을 떨어뜨리는 요인으로 작용했다.

4 한국 성장 잠재력 향상 방안

① 성장잠재력을 높이려면 과거의 노동력 중심 성장 모델에서 벗어나, 기술 개발을 통한 고부가가치 산업을 키우고 생산성 주도형 성장 모델로 바꿔야 한다. 이를 위해 기술 개발 및 차세대 성장 동력 육성에 대한 투자를 늘리고 혁신형 중소·벤처 기업에 대한 지원을 확대하는 등 연구개발 투자를 확대해야 한다. 또한 핵심 주력산업인 정보기술 산업 이외에 미래를 책임질 새 산업을 발굴해야 한다.

② 자본 투입을 늘리기 위한 투자 활성화 정책도 필요하다. 투자를 막는 규제를 정비하고, 외국인 투자 활성화를 위해 선진적인 노사 관행을 정착시키는 등 투자환경 인프라를 개선해야 한다.

③ 그리고 고령자와 고학력 여성의 경제활동 참여 기회를 확대해야 한다. 이공계 인력 육성, 산학협력 강화, 외국 전문 인력 도입 등 산업수요에 부합하는 인력 양성에도 중점을 둬야 할 것이다.

④ 또한 적극적인 개방정책과 해외 진출을 통해 잠재성장률을 높이는 것도 필요하다. 일자리 창출형 복지, 사회통합 등도 성장잠재력을 강화시킬 수 있다.

⑤ 다만 잠재성장률을 높이는 과정에서 정책목표 간 상충될 소지가 있음에 주의해야 한다. 예를 들어 생산성이 떨어지는 기업을 구조조정하는 과정에서 대규모 실업이 발생할 수 있기 때문에 정책목표 간의 우선순위에 대한 사회적 합의를 바탕으로 정책을 추진해야 한다.

문제 01

국내총생산의 문제점을 서술하시오.

해설

- 국내총생산은 여가와 공해 등을 고려하지 못한다. 따라서 공해 발생으로 공해방지시설이 생산되면 오히려 국내총생산은 증가할 수 있다.
- 또한 국내총생산은 시장에서 거래되는 것만 측정할 수 있으므로 지하경제규모를 제대로 반영하지 못한다.
- 국내총생산은 추계방식이므로 정확한 측정이 불가능하다.

문제 02

2012 산업은행

민간부문만 존재하는 케인즈의 단순모형과 정부부문을 도입했을 때 투자승수를 비교하시오. (단, 정액세만 존재)

해설

- 케인즈의 단순모형의 경우 투자승수는 다음과 같다.

$$\text{투자승수} = \frac{1}{1-c} \quad (c : \text{한계소비성향})$$

- 정부부문이 존재하는 경우 정액세를 고려한다면 투자승수는 다음과 같다.

$$\text{투자승수} = \frac{1}{1-c(1-t)} \quad (c : \text{한계소비성향},\ t : \text{한계조세율})$$

- 따라서 정부부문이 존재하는 경우의 투자승수가 더 작아진다.
  그 이유는 조세는 누출(leakage)에 해당하기 때문이다.

PART 02

PART GUIDE

- 소비는 국내총생산에 대한 수요 또는 지출의 네 가지 구성요소 중에서 가장 큰 비중을 차지한다.
- 소비가 가지는 특징은 소득의 변동에 비해 소비의 변동이 작다는 것인데 이를 '소비의 평준화'라고 한다.
- 케인즈의 소비 이론을 통해 소비와 저축의 결정요인에 대해 먼저 알아보고 두 가지의 대표적인 현대소비 이론인 평생소득가설과 항상소득가설에 대해 공부해 본다.
- 투자는 기계나 공장과 같은 내구적 생산요소인 자본을 유지하거나 증가시키기 위해서 사용되는 생산물의 양으로 총수요에서 차지하는 비중은 작지만 변동성이 매우 심하다.
- 변동성이 매우 심하므로 총수요변동과 경기변동에 있어서 중요한 역할을 한다.
- 투자 이론에서는 설비투자, 재고투자 등이 어떠한 요인에 의해서 결정되는지를 알아본다.

미시경제적 기초

CHAPTER 04

소비함수이론

단원 학습 목표

- 거시경제학 이면에 있는 미시경제적 현상을 살펴본다.
- 미시경제학은 경제주체들의 합리적 선택과 최적화 문제를 다루는 데 거시경제학도 미시경제적 기초 위에 성립되어 있다.
- 케인즈의 총수요이론에서 소비함수는 매우 중요한 역할을 한다. 케인즈의 소비함수는 현재의 소비가 현재의 소득에 의존한다는 특징을 가지는데 초기에는 현실을 적절하게 설명하는 듯 보였다.
- 그러나 그 후 케인즈의 소비함수로 설명하기 어려운 현상들이 나타나기 시작하였고 케인즈의 소비함수의 문제점을 극복하기 위해서 미시적인 기초를 더욱 보강해야 한다는 주장들이 제기되었다.
- 이러한 주장을 한 사람들은 현재뿐 아니라 미래를 함께 고려하여 소비행위를 결정하는 피셔(I. Fisher)의 기간 간 선택이론을 그 기반으로 하였다. 즉, 현재소비는 현재 소득뿐 아니라 미래의 소득에도 의존한다는 것이다.

□△○

1절 소비함수이론의 개요

01 의의

① 소비함수론은 소비와 소비에 영향을 미치는 변수(주로 소득)들 간의 관계를 분석하는 이론이다.

② 소비는 총지출(AE)의 구성항목($AE = C + I + G$) 중 가장 큰 비중을 차지하고 있어 균형국민소득 및 고용량의 결정에 있어서 매우 중요한 역할을 한다.

즉, 소비는 GDP의 3분의 2정도를 차지하므로 소비의 변동은 경기변동을 결정하는 기본적인 요소이다.

③ 소비는 총지출에서 차지하는 비중이 크기는 하나 투자나 정부지출보다는 매우 안정적인 추세를 보인다.

02 한계소비성향과 한계저축성향

1 한계소비성향(Marginal Propensity to Consume ; MPC)

한계소비성향(MPC)은 소비의 증가분을 가처분소득의 증가분으로 나눈 값으로 케인즈에 의하면 0과 1사이라고 가정한다.

$$\rightarrow MPC = \frac{\Delta C}{\Delta Y_d}$$

$$0 < MPC < 1$$

2 한계저축성향(Marginal Propensity to Save ; MPS)

한계저축성향(MPS)은 저축의 변화분을 소득의 변화분으로 나눈 값이다.

$$\rightarrow MPS = \frac{\Delta S}{\Delta Y_d}$$

3 한계소비성향과 한계저축성향과의 관계

① 가처분소득은 소비와 저축의 합이므로 ($Y_d = C + S$)에서 가처분소득이 변하면 소비와 저축도 변한다.

$$\rightarrow \Delta Y_d = \Delta C + \Delta S$$

② 양변을 가처분소득의 변화분(ΔY_d)으로 나누면 다음과 같다.

$$1 = \frac{\Delta C}{\Delta Y_d} + \frac{\Delta S}{\Delta Y_d}$$

$$\rightarrow 1 = MPC + MPS$$

③ 한계소비성향과 한계저축성향의 합이 1이므로 한계소비성향이 증가하면 한계저축성향이 감소한다. 또는 한계소비성향이 감소하면 한계저축성향이 증가한다.

④ 한계소비성향과 한계저축성향의 값은 모두 0과 1사이의 값을 갖는다.

03 평균소비성향과 평균저축성향

1 평균소비성향(Average Propensity to Consume ; APC)

가처분소득 중에서 소비가 차지하는 비중을 말한다.

$$\rightarrow APC = \frac{C}{Y_d}$$

2 평균저축성향(Average Propensity to Save ; APS)

가처분소득 중에서 저축이 차지하는 비중을 말한다.

$$\rightarrow APS = \frac{S}{Y_d}$$

3 평균소비성향과 평균저축성향과의 관계

① $Y_d = C + S$에서 양변을 Y_d로 나누면 다음과 같다.

$$1 = \frac{C}{Y_d} + \frac{S}{Y_d}$$

$$\rightarrow 1 = APC + APS$$

② 평균소비성향과 평균저축성향의 합이 1이므로 평균소비성향이 증가하면 평균저축성향이 감소한다. 또는 평균소비성향이 감소하면 평균저축성향이 증가한다.

③ 평균소비성향과 평균저축성향은 모두 0과 1 사이의 값을 갖는다.

04 소비지출의 종류

1 내구재(durable goods)

내구재는 내구성을 가지고 있어 여러 기간에 걸쳐 소비될 수 있는 재화로 자동차나 전자제품 등이 이에 속한다.

2 비내구재(nondurable goods)

비내구재는 단기간에 소비가 이루어지며 음식료, 의류 등이 포함된다.

3 서비스(service)

서비스는 내구재나 비내구재와 달리 형태를 가지지 않으며 미용실에서 이발을 하거나 병원에서 치료를 받는 행위 등이 이에 속한다.

05 소비의 특징

1 경기순행성

① 다양한 소비지출이 총생산과 매우 비슷한 방향으로 움직이는 경기순행성을 갖고 있다.

② 소비지출이 총생산에서 차지하는 비중이 대략 60~70%인데 총생산의 변동을 이해하기 위하여 소비지출의 변화를 이해하는 것이 매우 중요하다.

2 다양한 변동성

① 서비스와 비내구재의 소비지출은 변동성이 낮은데 반해 내구재에 대한 소비지출의 변동성은 매우 높다.

② 서비스는 즉각적으로 소비되며 비내구재도 비교적 단기간에 소비되는 반면 내구재는 오랜 기간에 걸쳐 소비된다.

3 소비의 평준화(consumption smoothing)

① 소비의 평준화란 소비의 변동성이 소득의 변동에 비해 작다는 것을 말한다.

② 이러한 소비의 특징은 비교적 최근에 와서 많은 사람들에게 관심의 대상이 되었다.

2절 절대소득가설

01 개요

1 케인즈의 견해

① 케인즈는 총수요구성 항목 가운데 가장 중요한 것은 소비수요와 투자수요라고 생각했다.

② 그런데 이 소비와 투자를 결정하는 요인이 서로 다르기 때문에 소비수요에 대해 독립적인 연구가 필요하다고 주장했다.

2 고전학파의 견해

① 고전학파는 국민소득은 완전 고용산출량 또는 잠재 $GDP(Y_f)$에서 고정되어 있고, 저축은 실질이자율(r)의 증가함수라고 주장한다.

$$\rightarrow Y_f = C + S(r)$$

$$\left(\text{단}, \frac{\Delta S}{\Delta r} > 0\right)$$

② 다른 조건이 일정할 때 실질이자율이 상승하면 저축이 증가하므로 소비는 감소한다.

③ 따라서 고전학파에 따르면 소비는 실질이자율의 감소함수이다.

$$C = C(r)$$

$$\left(\text{단}, \frac{\Delta C}{\Delta r} < 0\right)$$

02 가정

1 소비의 독립성

- 개인의 소비는 타인의 소비행위와는 독립적이다.
- 즉, 개인의 소비가 다른 사람의 소비와 무관하다는 소비의 독립성을 전제로 한다.

2 소비의 가역성

- 소비지출이 소득수준에 따라 자유롭게 변화한다.
- 즉, 케인즈는 소득이 증가할 때의 소비 증가분이 소득이 감소할 때의 소비감소분과 같다는 소비의 가역성을 전제로 한다.

03 개념

① 일정 기간 동안의 소비는 현재의 가처분소득에 의하여 결정된다.

$$C = a + bYd$$

(a : 기초소비, b : 한계소비성향, Yd : 가처분소득)

② 한계소비성향(MPC)은 소비의 증가분(ΔC)을 처분가능소득의 증가분(ΔY_d)으로 나눈 값으로 $\left(MPC = \frac{\Delta C}{\Delta Y_d}\right)$ 0과 1 사이라고 가정한다($0 < MPC < 1$).

③ 한계소비성향이 0과 1 사이의 값을 갖기 때문에 소득이 증가하면 소비가 증가하나 증가된 소득의 일부만 소비된다.

④ 기초소비 a는 0보다 큰 값을 갖는다.

04 내용

① 절대소득가설에 따르면 가처분소득이 0일 때 기초소비 a의 값을 갖는다. 따라서 소비함수의 소비축은 기초소비 a를 통과하며 기울기는 한계소비성향 b가 된다.

② 소득이 증가할수록 원점을 통과하는 직선의 기울기로 측정되는 평균소비성향(APC)이 감소한다.

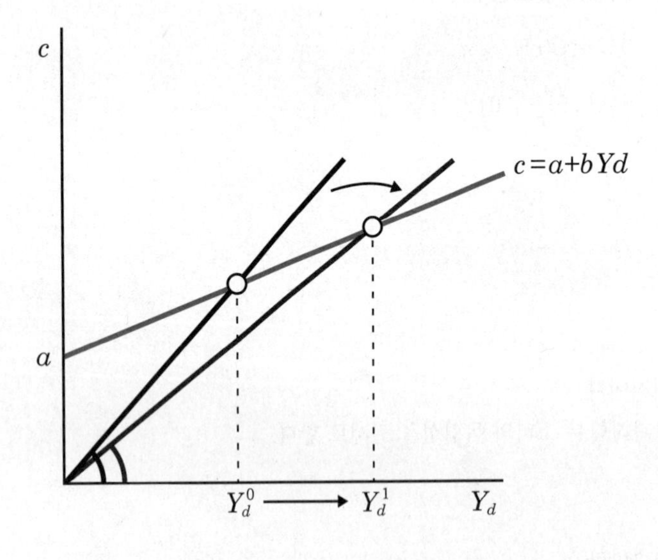

즉, 처분가능소득이 Y_d^0에서 Y_d^1으로 증가할수록 평균소비성향(APC)은 감소한다.

③ 소비함수곡선이 소비축을 통과하므로 평균소비성향은 항상 한계소비성향보다 크다.

$$\rightarrow APC > MPC$$

④ 한계소비성향(MPC)은 소비함수곡선의 기울기로서 0과 1사이의 일정한 값을 갖는다.

⑤ 위의 그림에서 고소득자(Y_d^1)가 저소득자(Y_d^0)보다 평균소비성향(APC)이 낮다.

즉, 고소득자가 저소득자보다 평균저축성향이 높다는 것을 알 수 있다.

05 결론

① 소비함수에 대한 케인즈의 이론을 절대소득가설이라고 한다.
왜냐하면 케인즈의 소비함수에서는 실질소득의 절대적인 크기만 문제가 되며 과거의 소득이나 타인의 소득은 현재소비에 아무런 영향도 주지 않기 때문이다.

② 소득이 증가함에 따라 평균소비성향이 감소할 것이라는 예측은 자본주의의 미래에 대해 다소 불안한 예측을 불러일으키기도 했다.
경제가 발전하고 소득이 증가함에 따라 저축률이 상승하기 때문에 경제는 상대적으로 부진한 소비로 인해 장기 침체에 빠질 위험성을 갖게 되기 때문이다.

③ 케인즈의 소비함수에 따르면 소비가 가처분소득에 의존하므로 재량적인 재정 정책은 매우 효과적이다.
왜냐하면 재정 정책의 수단인 조세의 변동은 소비에 직접적인 영향을 주기 때문이다.

세율 인하
→ 가처분 소득 증가
→ 소비 증가
→ 총수요 증가
→ 산출량 증가

④ 절대소득가설은 단기에 있어서 소득과 소비와의 관계를 잘 설명해주고 있으나 장기시계열 분석이 가능하지 않다.

⑤ 미래예상소득이 현재 소비에 미치는 역할을 고려하지 않는다.

⑥ 경제주체의 자산 또는 부가 현재소비에 미치는 영향을 고려하지 않는다.

3절 쿠츠네츠의 실증분석

01 소비함수 논쟁

① 제2차 세계대전 중에는 정부의 군비 지출 규모가 컸기 때문에 유효수요가 높은 수준을 유지하였다.

② 경제학자들은 전쟁 종료 후에 정부의 군비 지출이 대폭 감소하면 민간의 가처분소득을 감소시키고 결국 소비를 위축시켜 불황이 닥칠 것으로 예측하였다.
즉, 케인즈의 절대소득가설을 따르는 많은 경제학자들은 전쟁이 끝나고 정부의 전쟁 물자 구입이 중단되면 경제는 불황에 빠져들 것이라고 예측하였다.

③ 그러나 전쟁이 끝난 후, 오히려 인플레이션이 발생하였다. 이렇게 예측이 빗나간 것은 전쟁 중 발행된 정부 국채가 소비에 미치는 영향을 예상하지 못했기 때문이었다.

④ 이에 따라 소비함수에 대한 본격적인 연구가 시작되었다.

02 쿠츠네츠의 실증분석

1 개요

① 쿠츠네츠(S. Kuznets)가 미국의 실제 자료를 이용하여 소비에 관해 분석하였다.

② 쿠츠네츠는 1869년부터 1929년까지의 자료를 바탕으로 소비가 소득에 차지하는 비중, 즉 평균소비성향이 안정적이라는 사실을 발견했다.

2 실증분석 결과

1. 횡단면분석

① 횡단면 분석이란 동일 시점에서 상이한 경제주체를 대상으로 한다.

② 부유층일수록 저축성향이 높기 때문에 부유층의 평균소비성향(APC)은 낮고 저소득층의 평균소비성향(APC)은 높다.

③ 따라서 평균소비성향이 한계소비성향보다 크다($APC > MPC$).

2. 시계열 분석

(1) 개념

상이한 시점에서의 동일한 경제주체를 대상으로 한다.

(2) 장단기 구별기준

① 소득의 변화가 경제주체의 자산규모 변화에 비례적으로 연결되면 장기이다.

② 실제소득의 변화 추이와 항상소득의 변화 추이가 일치하게 될 때 장기이다.

(3) 단기시계열 분석

① 특정 주체의 소득이 증가하면 평균소비성향(APC)이 하락한다.
즉, 호황기에는 평균소비성향(APC)이 낮고, 불황기에는 평균소비성향(APC)이 높다.

② 따라서 평균소비성향이 한계소비성향보다 크다($APC > MPC$).

(4) 장기시계열 분석

① 소득 변화에도 불구하고 평균소비성향(APC)이 일정하다.
즉, 시간의 흐름을 따라 소비의 장기적인 추세를 관찰하면 장기에 걸친 평균소비성향은 하락하지 않는다.

② 따라서 평균소비성향과 한계소비성향이 일치한다($APC = MPC$).

03 의미

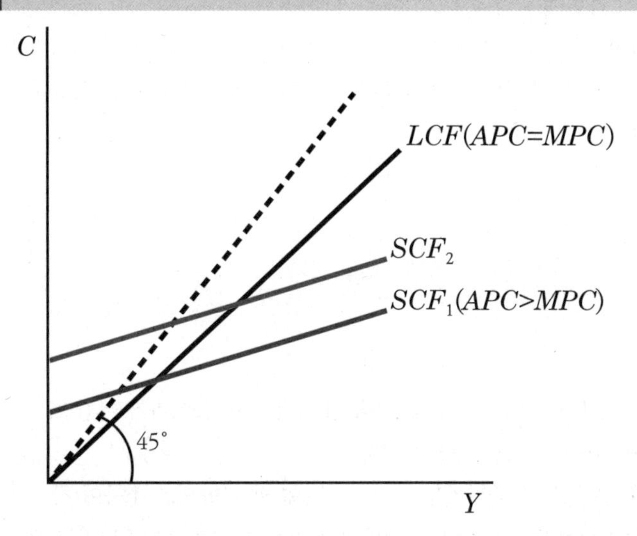

① 단기에 있어서 평균소비성향이 한계소비성향보다 크다는 것은($APC > MPC$) 단기소비함수(Short-run Consumption Function ; SCF)가 소비축을 통과하는 직선의 형태임을 의미한다.

② 장기에는 평균소비성향과 한계소비성향이 일치하기 때문에($APC = MPC$) 장기소비함수(Long-run Consumption Function ; LCF)는 원점을 통과하는 직선의 형태이다.

③ 시간이 변함에 따라 단기소비함수가 상방으로($SCF_1 \rightarrow SCF_2$) 이동한다.

04 쿠츠네츠의 실증분석 결과와 절대소득가설

① 쿠츠네츠의 발견 가운데 가계 자료 및 단기 시계열 자료상에서 소득이 증가할수록 평균소비성향(APC)이 감소한다는($APC > MPC$) 것은 케인즈의 소비이론과 부합한다.
장기 시계열 자료에서 평균소비성향(APC)이 일정하다는($APC = MPC$) 결과는 케인즈의 소비이론과 배치되는 것이었다.

② 케인즈의 절대적 소득가설은 단기 실증분석은 잘 설명하나 장기 실증분석은 설명을 못하므로 케인즈의 소비함수를 단기소비함수라고 부른다.

③ 당시 가계 자료나 단기 시계열자료를 통해 케인즈의 소비이론이 광범위하게 받아들여졌으나 쿠츠네츠와 같이 장기 자료를 사용하는 경우에는 왜 다른 결과가 나오는지는 수수께끼였으므로 이를 '쿠츠네츠의 수수께끼'라고도 한다.

④ 이와 같은 현상을 설명하기 위해 여러 가지 소비이론들이 전개되었다.

4절 상대소득가설

01 개요

① 소비함수의 정형화된 사실에 관하여 처음 설명을 시도한 사람은 듀젠베리(J.S. Duesenberry)이다.

② 듀젠베리의 상대소득가설은 소비의 심리적 측면에 바탕을 두고 있다.

즉, 듀젠베리는 케인즈의 절대소득가설이 한 사람의 소비가 자신의 과거 소비 및 다른 사람들의 소비와 독립적으로 이루어진다고 암묵적으로 가정함으로써 사람들의 소비가 심리적으로 과거의 소비 및 다른 사람들의 소비에 의존한다는 사실을 무시한다고 보았다.

02 가정

1 소비의 비가역성

① 소비는 습관성이 있으므로 일단 소비가 증가하면 소득이 감소하더라도 소비를 다시 줄이기가 어렵다.

② 이러한 소비의 비가역성 때문에 톱니효과(rachet effect)가 발생한다.

일단 소득이 증대되어 소비가 늘어난 사람은 소득이 줄더라도 과거 소비수준의 영향으로 소득이 감소한 만큼 충분히 소비를 줄이지 못하므로 결국 평균소비성향은 커진다. 듀젠베리는 이를 가리켜 톱니효과라고 불렀다.

2 소비의 상호의존성

① 특정 개인의 소비는 자신의 소득뿐만 아니라 동류집단의 소비행위의 영향을 받는다.

② 소비의 상호의존성 때문에 전시효과(demonstration effect)가 발생한다.

듀젠베리는 어떤 개인 또는 가계의 소비행위는 타인 혹은 다른 가계의 소비와 서로 영향을 주고받으며 결정된다고 주장한다. 이것은 소비행위에 외부성이 존재한다는 뜻으로 듀젠베리는 이를 소비의 전시효과라고 불렀다.

03 상대소득

① 상대소득이란 현재까지의 최고가처분소득$\left(Y_d^*\right)$과 현재의 가처분소득$\left(Y_d^t\right)$과의 비율을 의미한다.

② 사람들은 현재의 절대소득뿐만 아니라 현재까지의 최고 소득을 고려하여 소비와 저축을 결정한다.

$$C = C\left(\frac{Y_d^t}{Y_d^*}\right)$$

04 횡단면 분석

1 소비의 전시효과(demonstration effect)

1. 상대소득가설의 소비함수

① 개인의 소비는 자신의 소득뿐 아니라 타인의 소비에 의해 결정된다.

$$C_i = \alpha Y_i + \beta K_i$$

[$\alpha, \beta > 0$, Y_i : i번째 소비자의 소득, K_i : i를 제외한 타인의 소비의 가중평균치]

② 평균소비성향(APC)은 $\frac{C_i}{Y_i} = \alpha + \beta \frac{K_i}{Y_i}$이다.

③ 단기에는 타인의 소비 K_i가 일정하므로 i번째 소비자의 소득 Y_i이 상승할 때 평균소비성향$\left(\frac{C_i}{Y_i}\right)$은 감소한다.

④ 이는 평균소비성향이 한계소비성향보다 크다는 횡단면 분석과 일치한다.

2. 그림

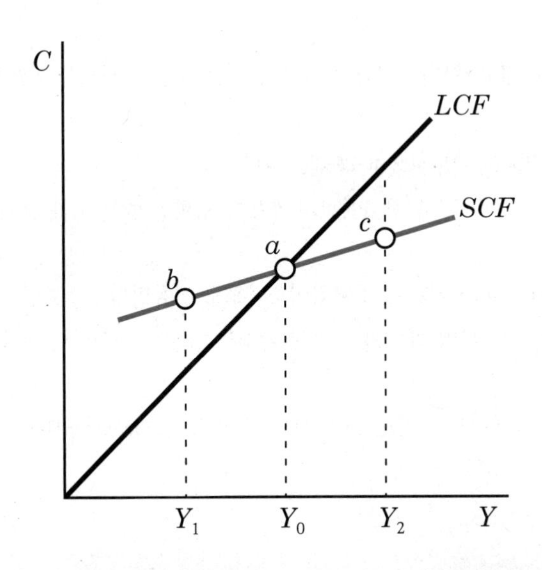

① 동류집단의 평균소득이 Y_0이고 자신의 소득이 Y_1일 때 동류집단과 비슷한 소비 수준을 유지하려고 하므로 소비점은 단기소비함수(SCF)상의 b점이 된다.

② 자신의 소득이 Y_2이면 자기보다 가난한 사람을 더 많이 보게 되어 소득수준에 비해 소비를 적게 하며 소비점은 단기소비함수(SCF)상의 c점이 된다.

③ 따라서 평균소비성향이 한계소비성향보다 크고 단기소비함수는 소비축을 통과한다.

2 톱니효과(ratchet effect)

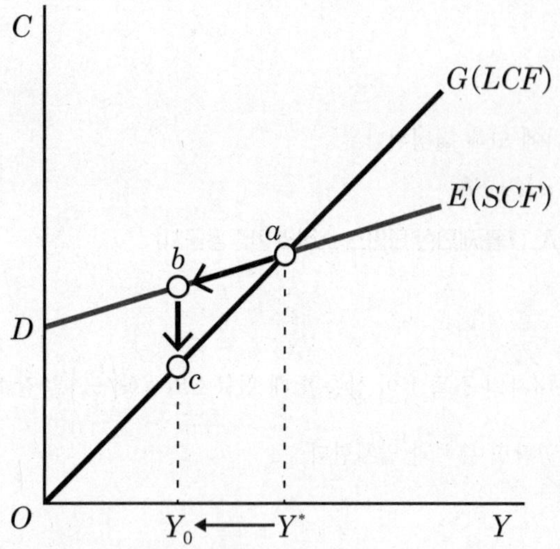

C, $G(LCF)$, $E(SCF)$, a, b, D, c, O, $Y_0 \longleftarrow Y^*$, Y

① 장기소비함수(LCF)는 원점을 통과하는 OG로 나타내고, 단기소비함수(SCF)는 소비축을 통과하는 $\overline{DE}$로 그려진다.

② 점 a에서 경기 불황으로 소득(Y)이 감소하면 소비수준은 $\overline{DE}$선을 따라 감소한다.
왜냐하면 소비의 비가역성 때문에 소비가 과거의 최고 소득, 즉 점 a에서의 소득에 영향을 받아 쉽게 줄어들지 않기 때문이다.

③ 장기적으로 Y_0의 소득 수준이 지속되면 최고 소득이 변하기 때문에 소비점이 c점으로 이동한다.

④ 경기가 회복되면 소비가 $\overline{DE}$선을 따라 이루어지다가 소득이 과거의 최고 소득수준 a를 초과하면 다시 장기소비곡선 OG를 따라 소비가 증가한다.

⑤ 따라서 단기소비함수는 소비축을 통과하는 직선의 형태이므로 평균소비성향은 한계소비성향보다 크다.

05 시계열 분석

1 수식

듀젠베리(J.S. Duesenberry)는 시계열자료에서 평균소비성향이 현재 소득 Y_t와 과거의 최고 소득 $\hat{Y}$과의 비율에 의존한다고 보았다. 평균소비성향은 다음과 같다.

$$\frac{C_t}{Y_t} = a - b\frac{Y_t}{\hat{Y}}$$

〔단, $a > 0$, $b > 0$〕

2 단기시계열 분석

① 단기적으로 과거의 최고 소득 $\hat{Y}$이 일정하기 때문에 현재 소득 Y_t가 커질수록 평균소비성향이 감소한다.

② 따라서 단기에는 평균소비성향이 한계소비성향보다 크다.

3 장기시계열 분석

① 소득 증가에 따라 과거 최고 소득도 증가하게 되는데 장기적으로 과거 최고소득$(\hat{Y})$ 증가율이 소득(Y_t) 증가율과 같다면 $\frac{Y_t}{\hat{Y}}$은 상숫값을 갖는다. 즉, 장기적으로 경제가 성장하면 현재 소득이 최고 소득이 되기 때문에 $\left(Y_t = \hat{Y}\right)$ 소비는 일정한 값을 갖게 된다.

$$\rightarrow C = C\left(\frac{Y_t}{\hat{Y}}\right)\text{가 일정}$$

② 따라서 평균소비성향$\left(\frac{C_t}{Y_t}\right)$은 일정한 값을 갖게 되어 평균소비성향과 한계소비성향은 같다.

06 시사점과 한계

1 시사점

상대소득가설에 따르면 정부의 재정 정책효과는 불확실하다.

왜냐하면 정부의 조세정책으로 타인의 소비수준과 과거의 최고 소득수준까지 조절할 수는 없기 때문이다.

2 소비의 상호의존성

1. 비합리적인 소비자

① 전시효과와 톱니효과에 따르면 어떤 개인의 소비가 타인의 소비에 영향을 받으며 소득이 감소하더라도 소비가 쉽게 감소하지 않는다.

② 이러한 개인은 합리적인 소비자가 아닌 비합리적인 소비자라고 볼 수 있다.

2. 소비함수가 비대칭적

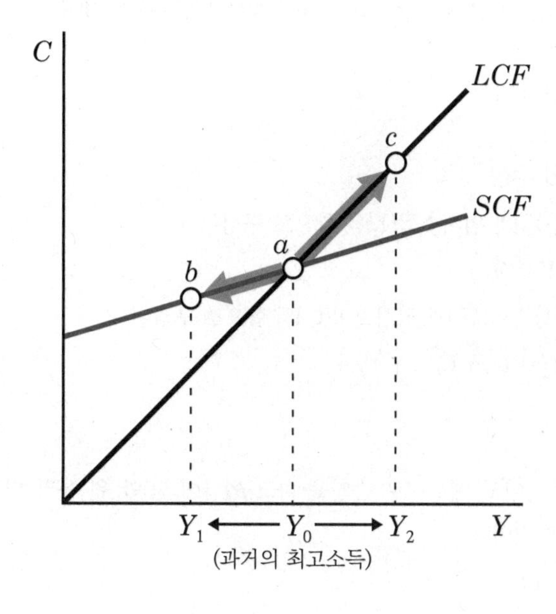

① 현재의 가처분소득이 과거의 최고 소득보다 적을 경우 톱니효과가 발생한다고 보는 반면, 현재의 가처분소득이 과거의 최고 소득보다 커지면 톱니효과가 발생하지 않는다.

② 소득이 Y_0에서 Y_1으로 감소하면 비가역성으로 인하여 단기소비함수곡선(SCF)을 따라 소비점이 a에서 b로 이동한다.

③ 소득이 과거의 최고소득보다 증가한 경우$(Y_0 \rightarrow Y_2)$ 장기소비함수곡선(LCF)을 따라서 소비점이 a에서 c로 이동한다.

③ 따라서 소득이 증가할 때 장기소비함수곡선(LCF)을 따라 소비가 증가하고 소득이 감소할 때는 단기소비함수곡선(SCF)을 따라 소비가 감소하는 것을 '소비함수의 비대칭성'이라고 한다.

□△○

5절 항상소득가설

01 개요

① 밀턴 프리드만(M. Friedman)은 소득을 항상소득과 임시소득으로 구분하여 장 · 단기 소비함수를 설명한다.

② 항상소득가설은 개별가계의 소비행위를 경험적으로 관찰하여 발전시킨 소비이론이다.

③ 현재 소득의 움직임과는 관계없이 안정적인 소비를 하고 있다는 데 주목하고 있다.

02 기본 개념

1 항상소득(permanent income ; Y_P)

① 항상소득은 소비자가 자신의 인적자산과 금융자산으로 매기마다 발생하리라고 예상하는 평균수입을 의미한다. 즉, 능력, 교육수준, 일에 대한 경험, 연령, 성격, 직종, 성별, 지역 및 비인적 부 등 소비자의 항구적인 특성에 의해 결정되는 것을 항상소득이라고 한다.

② 항상소득은 미래 총소득의 현재가치의 일정 부분(α)에 해당한다.

$$Y_P = \alpha \times (\text{미래총소득의현재가치}) = \alpha \sum_{t=0}^{n} \frac{Y^t}{(1+r)^t}$$

2 임시소득(temporary income ; Y_t)

① 실제로 측정된 소득이 항상 소득과 일치되지 못하는 차액을 말한다.
즉, 경기변동, 측정오차, 날씨, 질병 등과 같은 확률적이면서도 일시적인 요인 때문에 변동하는 것을 임시소득이라고 한다.

② 확률적 오차와 같은 것이며 기댓값은 0으로 간주한다.

3 측정된 소득(실제소득)과 측정된 소비(실제소비)의 구성

① 측정된 소득(measured income ; Y)은 항상소득(Y_P)과 임시소득(Y_t)의 합으로 구성된다.

$$\rightarrow Y = Y_P + Y_t$$

② 측정된 소비(measured consumption : C)는 항상소비(C_P)와 임시소비(C_t)의 합으로 구성된다.

$$\rightarrow C = C_P + C_t$$

4 사례

연말에 보너스로 500만 원을 받았다면 이는 임시소득이고 예상대로 승진을 하고 월급이 50만 원 올라 연봉이 500만 원 증가하게 되었다면 이는 항상소득이 증가한 것이다.

03 가정

① 항상소비는 항상소득의 일정비율(k)이다.

$$\rightarrow C_P = kY_P$$

항상소득가설에 의하면 소비는 기본적으로 항상소득과 일정한 비례관계에 있다. 프리드먼은 소비가 임시소득보다는 항상소득과 일정한 비례관계에 있다고 보았다.

② 임시소득과 임시소비 사이에는 상관관계가 없다. 즉 임시소득(Y_t)의 한계소비성향은 0이다.

③ 항상소득과 임시소비 사이에는 상관관계가 없다.

$$\rightarrow COV(Y_P, C_t) = 0$$

④ 임시소득과 항상소비 사이에는 상관관계가 없다.

$$\rightarrow COV(Y_t, C_P) = 0$$

개념정리 공분산(Covariance)

- 공분산이란 결합 확률 분포를 이루는 두 확률변수가 변화하는 양상을 측정하는 척도로 보통 $COV(X, Y)$로 표시된다.
- 2개의 변수 중 하나의 값이 상승하는 경향을 보일 때 다른 값도 상승하는 선형 상관성이 있다면 양수의 공분산을 가진다.
- 2개의 변수 중 하나의 값이 상승하는 경향을 보일 때 다른 값이 하강하는 선형 상관성을 보인다면 공분산의 값은 음수가 된다.

04 시계열 분석

1 단기 소비함수

① 항상소비(C_P)나 항상소득(Y_P)은 한 사람의 소득 및 소비흐름에서 일정한 값을 가지며 항상소비나 항상소득의 기댓값은 다음과 같다.

$$E(C_P) = C_P$$
$$E(Y_P) = Y_P$$

② 실제소비의 기댓값은 항상소비와 같다.

$$\rightarrow E(C) = E(C_P + C_t)$$
$$= E(C_P) + E(C_t)$$
$$= C_P$$
$$= kY_P$$

왜냐하면 $E(C_P) = C_P$, $E(C_t) = 0$이기 때문이다.

③ 실제소득(Y)은 임시소득(Y_t)과 항상소득(Y_P)의 합이므로 소비(C)는 다음과 같이 나타낼 수 있다.

$$\rightarrow C = kY_P = k(Y - Y_t)$$

④ 따라서 평균소비성향(APC)은 다음과 같다.

$$APC = \frac{C}{Y} = k\left(1 - \frac{Y_t}{Y}\right)$$

⑤ 경기가 호황이면 임시소득(Y_t)이 상승하므로 평균소비성향(APC)은 하락한다.

또한 경기가 불황이면 임시소득(Y_t)이 감소하여 평균소비성향(APC)은 상승한다.

⑥ 따라서 단기적으로 소득이 증가할 때 평균소비성향(APC)은 감소하고 평균소비성향은 한계소비성향보다 크다.

⑦ 또한 k가 일정하더라도 실제소득에 포함되어 있는 항상소득의 비중이 클수록 즉, k가 클수록 평균소비성향(APC)도 커진다.

2 장기 소비함수

① 장기에는 임시소득(Y_t)의 평균이 0이므로 소비함수는 다음과 같다.

$$\rightarrow C = kY$$

② 평균소비성향은 k로 일정하므로 $\left(APC = \frac{C}{Y} = k\right)$로 장기 소비함수는 원점을 통과하는 직선이 되고 평균소비성향과 한계소비성향은 동일한 값을 갖는다.

3 그림

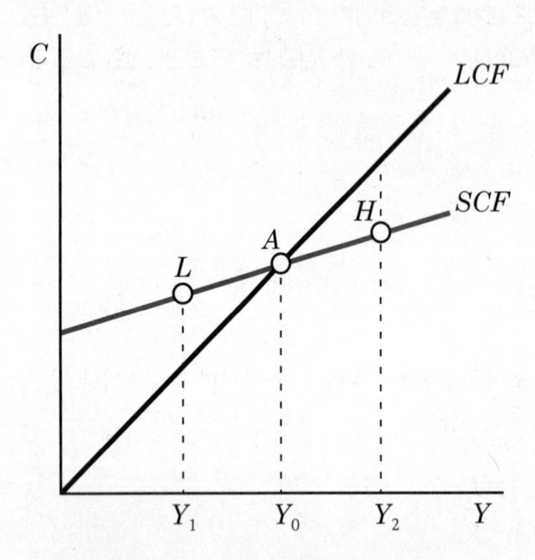

① 장기 소비함수곡선(LCF)은 원점을 통과하는 직선의 형태이고 단기 소비함수곡선(SCF)은 소비축을 통과하는 직선의 형태이다.

② 단기 소비함수곡선은 소비축을 통과하므로 호황기(고소득층)에는 평균소비성향(APC)이 낮고 불황기(저소득층)에는 평균소비성향(APC)은 높다.

05 시사점 및 한계

1 항상소득

① 밀턴 프리드먼의 통화주의학파는 미래소득을 예측하는데 적응적 기대를 기반으로 하였기 때문에 단기적으로 소득이 증가하더라도 소비자들은 항상소득을 서서히 조정한다.

② 각종 정책의 시행은 경제주체의 미래에 대한 예상자체에 영향을 줄 수 있어야 소비의 변화를 유도할 수 있다.

③ 케인즈가 주장한 단기재정 정책은 임시소득을 변화시킬 뿐이므로 효과가 무력하다.
즉, 임시소득의 변동은 소비에 영향을 미치지 못하거나 영향을 미친다고 하여도 그 크기가 작고 일시적이다.

2 한계

실제소득을 항상소득과 임시소득으로 구분하는 것이 쉽지 않다.

심화학습 | 항상소득가설과 조세정책

1. 일시적인 세율 인하의 경우
   ① 정부가 일시적으로 세율을 인하하면 임시소득이 증가하므로 소득이 Y_0에서 Y_1으로 증가한다.
   ② 임시소득의 증가는 단기소비함수곡선(SCF)을 따라 소비점이 a점에서 c점으로 이동하며 소비는 cb만큼 소폭 증가한다.
   ③ 즉, 임시소득의 증가는 소비보다 저축을 더 증가시키므로 총수요에 큰 영향을 주지 않는다.

2. 영구적인 세율 인하의 경우
   ① 정부가 영구적으로 세율을 인하하면 항상소득이 증가하므로 소득이 Y_0에서 Y_1으로 증가한다.
   ② 항상소득의 증가는 장기소비함수곡선(LCF)을 따라 소비점이 a점에서 d점으로 이동하며 소비는 db만큼 대폭 증가한다.
   ③ 즉, 항상소득의 증가는 저축보다 소비를 더 증가시키므로 총수요에 큰 영향을 준다.

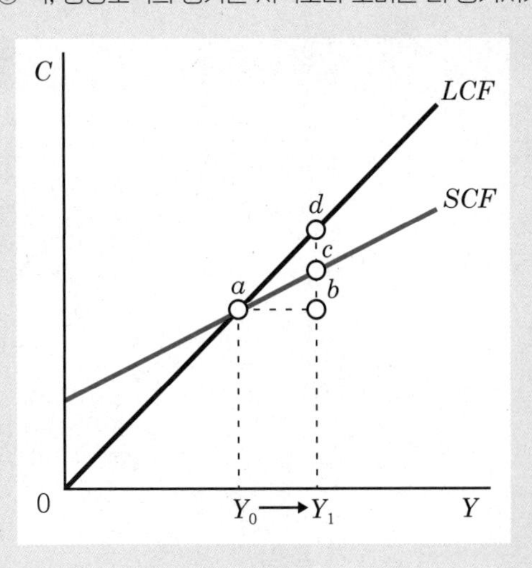

6절 평생소득가설 또는 생애주기가설

01 개요

① 1985년 노벨경제학상을 수상한 프랑코 모딜리아니(F. Modigliani)는 1950~60년대에 걸쳐 리처드 브름버그(R. Brumberg) 및 알버트 안도(A. Ando)와 함께 쓴 논문에서 피셔의 시점 간 선택이론을 이용하여 소비함수론을 전개하였다.

② 생애주기가설이라고 부르는 모딜리아니 모형의 핵심은 소비자가 태어나서 교육받고 노동시장에 나가 소득을 벌어 저축하고 은퇴한 후 연금이나 저축으로 생활하기까지 소득과 소비의 평생 흐름에 규칙성이 존재한다는 데 있다.

③ 저축의 동기가 소비에 어떤 영향을 미치는지를 중요시 하는 소비이론이다.

④ 각 개인이 일생의 어느 단계에 있느냐에 따라서 소득과 소비행태가 다르다는 점을 이용하여 장 · 단기 소비함수를 설명한다.

02 가정

① 소득은 노동소득과 자산소득으로 구분된다.

② 평생 소득 제약조건으로 평생소비가 평생소득의 범위 내에서 이루어진다.

③ 소비는 미래소득흐름의 현재가치의 함수이다.

03 소득과 소비의 흐름

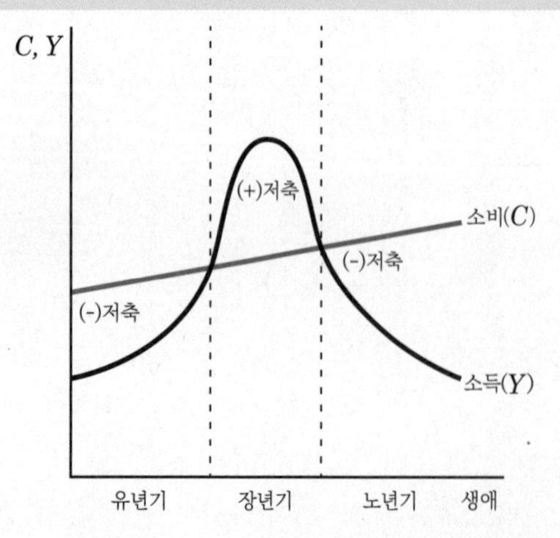

① 소득(Y)은 유년기와 노년기에 매우 낮고, 장년기에는 매우 높다. 즉, 소득의 흐름은 확정적으로 주어져 있고, 흐름의 패턴도 알고 있다.

② 유년기와 노년기에는 소비가 소득보다 크므로 (−)의 저축이 발생하고, 장년기에는 소득이 소비보다 크기 때문에 (+)의 저축이 발생한다.

04 횡단면 분석

① 소득이 높은 장년층은 저축성향이 상대적으로 높으므로 평균소비성향은 낮다.

② 소득이 낮은 유년 및 노년층은 저축성향이 매우 낮으므로 평균소비성향이 높다.

③ 이는 평균소비성향이 한계소비성향보다 크다는 횡단면 분석결과와 일치한다.

05 시계열 분석

1 소비함수

① 현재의 자산을 A, 앞으로 일할 기간을 N, 매기의 소득을 Y, 남은 생존기간을 T라고 하면 전 생애에 걸친 소득은 모두 $A+NY$이다.

② 또한 평생에 걸쳐 똑같은 양의 소비를 하고 이자율이 0이라면 대표 소비자의 소비함수는 다음과 같다.

$$C=\frac{A+NY}{T}=\frac{1}{T}A+\frac{N}{T}Y$$

③ 예를 들어 어느 소비자가 앞으로 50년 더 생존하고($T=50$), 그 가운데 30년 동안 일할 것으로 예상된다면 ($N=30$), 소비함수는 $C=0.02A+0.6Y$와 같다.

④ 생존기간의 역수인 $\frac{1}{T}$은 자산소득의 한계소비성향이며, 생존기간 가운데 일하는 시간이 차지하는 비중인 $\frac{N}{T}$은 소득의 한계소비성향이다.

⑤ 따라서 소비는 다음과 같이 자산과 소득에 의존한다.

$$C=\alpha A+\beta Y$$

$$\rightarrow \text{평균소비성향}(APC)=\frac{C}{Y}=\alpha\frac{A}{Y}+\beta$$

〔α : 자산소득의 한계소비성향, A : 자산소득, β : 노동소득의 한계소비성향, Y : 노동소득〕

2 단기소비함수

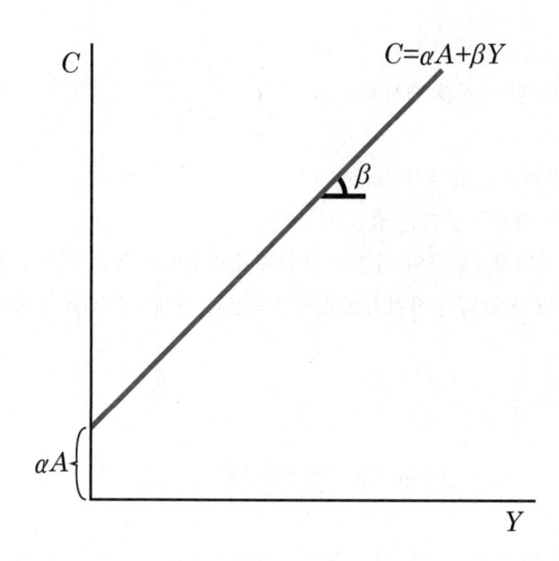

① 단기에는 자산소득이 A로 고정되어 있다.

② 케인즈의 절대소득가설의 경우 종축의 절편이 임의의 상수인 기초소비로 가정된 거에 반해 평생소득가설은 절편의 크기가 자산(A)의 크기에 의존한다.

③ 소득(Y)이 증가하면 평균소비성향(APC)이 감소한다. 왜냐하면 평균소비성향이 $APC=\frac{C}{Y}=\alpha\frac{A}{Y}+\beta$이기 때문이다.

④ 또는 호황기와 같이 일시적으로 소득이 증가하는 경우에는 미래를 대비한 저축의 증가로 말미암아 평균소비성향이 하락한다.

3 장기소비함수

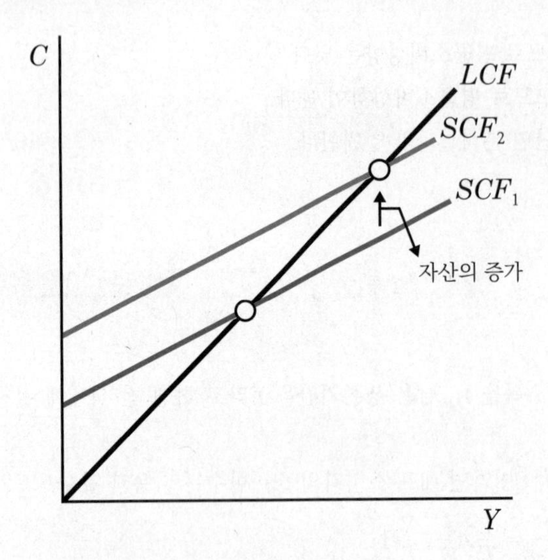

① 장기적으로는 자산(A)의 크기가 소득(Y)에 비례한다. 즉, 소득(Y)의 변화가 자산(A)의 변화로 연결되므로 r로 상수가 된다.

② 평균소비성향(APC)이 상수이므로$\left(APC = \dfrac{A}{Y} = \alpha r + \beta\right)$ 평균소비성향(APC)은 일정한 값을 갖고 평균소비성향과 한계소비성향은 동일한 값을 갖는다.

③ 장기적으로 자산 또는 부(wealth)가 증가하면 단기소비함수곡선(SCF) 자체가 상방 이동하므로 원점을 지나는 직선인 장기소비함수곡선(LCF)을 얻을 수 있다.

06 평가

1 특징 및 시사점

① 소비함수에 자산을 설명변수로 포함시켜야만 하는 명확한 근거를 제시하고 있다.

② 항상소득의 모호성을 극복하고 있다.

③ 단기적인 조세정책은 평생소득에 큰 영향을 미치지 못하므로 효과가 미약하다.

④ 생애주기 가설은 한 경제의 인구분포 형태가 저축률에 영향을 준다는 점을 시사한다.
예를 들어 경제활동인구에 비해 노년층을 포함한 비경제활동인구의 비중이 클수록 소비성향이 높고 저축률은 낮아질 것이다. 고령화 사회로 진입하면 저축률이 하락하게 되어 장기적으로 자본축적과 경제성장에 부정적인 영향을 준다.

2 문제점

① 평생소득가설에서는 개인이 사망하기 전에 축적한 부를 모두 사용한다고 가정하고 있지만 현실에서는 사망시점에 상당한 부가 남아 있는 사람들이 많다.
그 이유로는 예방적 저축(Precautionary saving)을 들 수 있는 데, 이는 불확실성에 대비하여 소비를 줄이고 저축을 늘리는 것을 말한다.

② 또한 경제주체가 노년기에 자손들로부터의 존경을 유지하기 위해 저축을 모두 소비하지 않고 상당한 부를 보유하는 전략적 유산(strategic bequest)을 그 이유로 들고 있다.

07 항상소득가설과의 비교

1 유사점

① 평생소득가설 및 프리드만의 가설은 모두 시점 간 소비자 선택모형에서 출발하여 소비가 소득흐름의 현재가치의 함수라는 점에 착안했다.

② 프리드만의 임시소득(Y_t)이 양(+)인 경우는 평생소득가설의 중년층 소득에 해당된다.

③ 평생소득가설의 생애평균소득은 프리드만의 항상소득에 대응된다.

2 차이점

① 프리드만의 항상소득가설은 불확실한 소비를 가정하고 있다.

② 반면 평생소득가설은 앞으로의 소득흐름이 확정되어 있고, 생애주기에 따라 일정한 패턴을 갖는다는 가정에 기반하고 있다.

7절 유동성 제약

01 의의

① 완전한 자본시장을 가정하는 경우 소득의 현재가치가 동일하면 소득을 획득하는 시점이 언제인가는 중요하지 않다.

② '완전자본시장'을 가정한다는 것은 자금을 미래로부터 차입하거나 또는 미래로 이전시키는데 아무런 어려움이 없다는 것을 의미한다.

③ 그러나 현실에서는 완전자본시장이 존재하지 않는다.

02 유동성 제약(liquidity constraint)의 개념

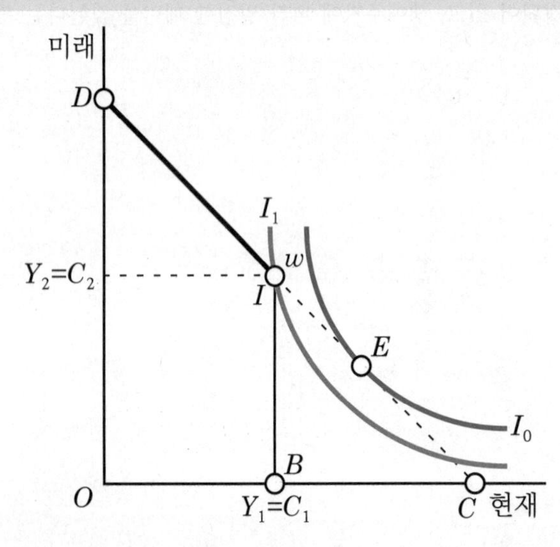

① 유동성 제약이란 현재의 소비지출(C_1)은 현재의 소득수준(Y_1) 내에서만 이루어져야 한다는 것을 말한다.

$$\rightarrow Y_1 \geq C_1$$

예를 들어 외국으로 유학을 가려는 대학생들이 유학비용을 은행대출로 조달하기가 쉽지 않다.

이와 같은 제약을 유동성 제약(liquidity constraint) 또는 차입제약(borrowing constraint)이라고 한다.

② 유동성 제약이 존재하면 IBC영역은 예산집합에서 제외되며 사각형 $ODIB$의 부분만 선택 가능해진다.

③ 따라서 차입자의 경우 효용극대화점 E로부터 초기부존점 w로 최적소비점이 변화한다.

④ ID영역에서 최적소비점을 선택했던 저축자의 경우에는 유동성 제약에도 불구하고 아무런 영향을 받지 않는다.

⑤ 차입제약에 있다면 부존점(w)에 소비할 수밖에 없어 현재 소득과 현재소비가 일치하고($Y_1 = C_1$) 차입자의 효용은 감소한다($I_0 \rightarrow I_1$).

03 케인즈의 비판

① 시점 간 소비자 선택모형에 따르면 현재 소득이 늘어나도 시점 간 소비수준을 일정하게 유지하려는 소비의 평준화(consumption smoothing) 행태를 보이게 된다.

② 현재 소득과 미래소득의 차이가 발생하는 경우에 소비자는 대부나 차입을 통해 두 기간의 소비에 큰 차이가 발생하지 않도록 조절하려는 성향을 갖는다. 이와 같이 소비자가 다기간 소비의 선택 시 매기간 비슷한 규모로 소비하려는 성향을 소비의 평준화라고 한다.

③ 유동성 제약에 처한 소비자는 현재 소득의 변화에 대해 민감하게 반응한다. 이는 소비의 합리성을 부정하는 것이라기보다 유동성 제약에 처하여 평생소득에 따라 소비를 평준화하는 것이 불가능하기 때문이다.

④ 경제 내에 유동성 제약에 처한 소비자의 수가 많다면 경제 전체의 소비는 현재 소득의 변화에 민감한 반응을 보일 것이다.

⑤ 현재 소득 변동에 대하여 소비의 과잉반응 현상을 나타내는 것을 과잉민감성현상(excess sensitivity of consumption)이라고 한다.

04 시사점

① 차입자가 많은 국가에서 유동성 제약에 처하게 되면 차선의 소비점은 초기부존점(w)이 되고 결국 저축액은 0이 될 것이다.

② 또한 일본의 저축률이 높은 이유를 일본에서 은행에서 은행차입이 어렵다는 이유를 들어 설명할 수 있다.

8절 불확실성과 소비함수

01 개요

① 1970년대 후반 이후 합리적 기대이론이 발전함에 따라 미래가 불확실한 상황에서 소비가 어떤 형태를 보일 것인지에 관한 연구가 본격화되었다.

② 미국의 경제학자 홀(R. Hall)은 다기간 선택모형을 토대로 소비함수 무용론을 주장하여 큰 반향을 불러일으켰다.

③ 랜덤워크 가설에 따르면 정보가 불확실한 상황에서 소비자가 합리적 기대를 갖고 시점 간 소비 선택을 하는 경우 현재 소비 이외의 다른 어떤 변수도 미래 소비를 예측하는 데 도움이 되지 않는다는 것이다.
즉, 항상소득가설에 합리적 기대를 도입하면 소비의 변화를 예측할 수 없다는 것이다.

④ 스키너(J. Skinner)와 젤디스(S. Zeldes) 등은 소비가 단순히 랜덤워크를 따르기보다는 미래의 예상치 못한 소득 변화에 대비하여 현재 소비 · 저축이 추가로 조정된다는 예비적 저축 가설을 제시하였다.

개념정리 합리적 기대

• 불확실한 상황에서 개별경제주체가 이용 가능한 모든 정보를 사용해 미래에 대한 예측을 하는 것을 말한다.

02 랜덤워크 가설(Random walk)

1. 의의

① 항상소득가설은 미래소득을 예측하는데 적응적 기대를 기반으로 하였기 때문에 소득이 증가하더라도 소비자들은 항상소득을 서서히 조정해가게 된다.

② 사람들이 합리적으로 항상소득을 예상할 경우에는 소비는 외부 충격에 의하여 불확실하게 변하게 되지만 소비는 평균적으로 안정되게 나타난다.

2. 가정

경제주체가 다기간에 걸쳐 동태적 최적화를 추구하기 때문에 시점 간 소비자 선택모형을 사용하고 자본시장은 완전경쟁시장이다.

3. 내용

① 개인들은 합리적 소비를 이용하여 매 시점에서의 항상소득(Y^P)을 예상하고 그에 따라 소비가 결정된다.

$$t\text{기}: Y_t^P\ (t\text{기에서의 항상 소득})\ \text{예상} \rightarrow C_t(t\text{기에서의 소비})\ \text{결정}$$

② C_t에는 이용 가능한 모든 정보가 고려되었으므로 예상된 정책은 $t+1$기에 가서 C_{t+1}을 변화시키지 못한다.

$$\rightarrow C_{t+1} = C_t$$

즉, 소비자는 앞으로 예상되는 평생소득을 계산하여 시간의 흐름에 맞게 소비계획을 세우는데 현재의 소비 수준도 바로 그러한 복잡하고 치밀한 계획의 일환으로 결정된 것임을 의미한다.
이처럼 현재소비에는 장래의 소득과 경제 상황에 대한 모든 정보가 담겨있다.

③ 그러나 예상하지 못한 충격이 발생하면 미래소비(C_{t+1})와 현재소비(C_t)는 다를 수 있다.

$$\rightarrow C_{t+1} \neq C_t$$

④ 따라서 소비함수는 다음과 같이 나타낼 수 있다.

$$C_{t+1} = C_t + \epsilon_{t+1}$$

(ϵ_{t+1} : 예상하지 못한 충격)

⑤ 합리적 기대 하에서는 예상하지 못한 충격의 기댓값은 0이 되므로 $\left[E(\epsilon_{t+1}) = 0\right]$ 결국 미래의 소비를 예측하는데 유용한 정보는 현재의 소비뿐이다.

즉, ϵ_{t+1}은 $t+1$기에 발생한 충격으로 t기에는 예측될 수 없으므로 $E(\epsilon_{t+1}) = 0$의 특성을 갖는다.

⑥ 이를 다른 각도로 해석하면, ϵ_{t+1}는 예상하지 못한 충격으로 인한 오차이므로, 합리적 기대 하에서도 예측불가능한 상황이 존재하는 한, 미래소비 역시 정확히 예측하기 어렵다는 것이다.

⑦ 즉, $C_{t+1} - C_t = \epsilon_{t+1}$이므로 $\triangle C_{t+1} = \epsilon_{t+1}$인데 ϵ_{t+1}은 예측 불가능하므로 ΔC_{t+1}도 예측 불가능하다.

4. 결론

① 예상하지 못한 충격은 합리적 기대를 이용하더라도 예측이 불가능하며 예상된 정책은 소비의 변화에 아무런 영향을 미칠 수 없다.

또는 예상하지 못한 정책의 변화만이 소비를 변화시킨다고 볼 수 있다.

② 실제로 소비가 매우 불확실하게 변동되면서도 평균적으로는 안정적인 추이를 나타나게 된다는 것을 잘 설명한다.

③ 예상하지 못한 충격이 발생하지 않는 한 소비계획을 수정하지 않는다. 그 이유는 이미 합리적으로 선택된 소비계획이기 때문이다.

④ 랜덤워크(Random walk) 가설에 따르면 정보가 불확실한 상황에서 소비주체가 합리적인 소비행동을 한다면, 전기의 소비만이 현재소비를 예측하는 데 도움이 된다.

03 예비적 저축가설(precautionary saving hypothesis)

① 예비적 저축가설에 따르면 소비자는 항상소득을 기초로 전 생애에 걸쳐 일정한 소비를 유지하려 할 뿐만 아니라 예상치 못한 소득 감소를 초래할 수 있는 미래의 불확실성 정도에 따라서도 소비나 저축을 합리적으로 조정하게 된다.

② 미래소득에 대한 불안감이 커지면 소비자는 예상치 않게 소득이 감소하더라도 일정 수준의 소비를 유지할 수 있도록 현재저축을 늘린다.

즉, 미래소득의 불확실성이 증대될 경우 소비자는 현재소비를 미래시점으로 연기하므로 현재소비는 감소하고 미래소비는 증가한다.

③ 이와 같이 예비적 저축은 미래의 지출이나 소득의 불확실성이 높아질수록 증가하게 된다.

04 현재 만족 추구와 소비이론 – 레입슨(D. Laibson)의 충동소비이론

① 행동경제학이란 경제학에 심리학을 접목한 이론으로 최근 빠르게 성장하고 있는 분야이다.

② 하버드 대학의 데이비드 레입슨교수는 소비의 기간 간 선택 문제에 심리적인 요인을 도입하여 소비이론을 전개하였다.

③ 현재시점에서 미래에 대하여 계획하는 것과 막상 미래가 도래하였을 때의 선택이 다르게 나타나는 것을 레입슨은 '현재만족의 충동'이라고 주장하였고 현재 시점에서 미래에 대하여 계획하는 것과 미래에서의 선택이 다르게 나타는 것을 선호의 '시간 비일관성'이라고 한다.

④ 예를 들어 올해에 목표를 세우기를 내년부터 적극적으로 저축하리라고 마음먹지만 막상 내년이 되면 저축을 하지 못하고 다시 그 다음 해부터 적극적으로 저축을 하리라고 계획하는 것이 이에 해당한다.
또한 내일부터 다이어트하리라 결심하지만 내일이 되면 후식을 즐기는 사람을 흔히 볼 수 있다.

CHAPER
04 소비함수이론

단원 점검 기초 문제

01 케인즈의 소비이론에 대한 설명으로 옳은 것은?

① 소득수준에 관계없이 평균소비성향은 일정하다.
② 소비는 이자율의 영향을 받는다.
③ 어떤 기간 동안의 소비는 그 기간 동안의 소득수준에만 의존한다.
④ 현재의 소비는 과거의 소비습관의 영향을 받는다.
⑤ 소비는 소득과 재산보유액의 영향을 받는다.

풀이 날짜			
채점 결과			

02 한번 올라간 소비 수준이 쉽게 후퇴하지 않는 현상을 무엇이라 하는가? (2019년 국민은행)

① 전시효과
② 톱니효과
③ 과시효과
④ 의존효과

풀이 날짜			
채점 결과			

03 현재 소득이 과거의 최고소득보다 감소된 경우 상대소득가설에 의한 설명으로 맞는 것은?

① 가계의 저축이 증가할 것이다.
② 가계는 평균소비성향을 증가시킬 것이다.
③ 한계소비성향과 평균소비성향은 같아질 것이다.
④ 한계소비성향은 평균소비성향보다 높아질 것이다.
⑤ 경우에 따라서 다를 것이다.

풀이 날짜			
채점 결과			

04 소비자들이 미래소득까지를 고려해서 미래 전망적으로 소비지출행위를 한다고 가정하는 소비함수 이론을 고르면?

ⓐ 절대소득가설
ⓑ 평생소득가설
ⓒ 항상소득가설
ⓓ 상대소득가설

① ⓐ, ⓑ　② ⓐ, ⓒ
③ ⓑ, ⓒ　④ ⓑ, ⓓ
⑤ ⓒ, ⓓ

풀이 날짜			
채점 결과			

해설

정답

01 ③

① 소득이 증가할수록 원점을 통과하는 직선의 기울기로 측정되는 평균소비성향(APC)이 감소한다.
② 고전학파에 따르면 실질이자율이 상승하면 저축은 증가하고 소비는 감소한다.
③ 일정 기간 동안의 소비는 현재의 가처분소득에 의하여 결정된다.
④ 상대소득가설에 따르면 사람들은 현재의 절대소득뿐만 아니라 현재까지의 최고소득을 고려하여 소비와 저축을 결정한다.
⑤ 평생소득가설에 따르면 소비는 노동소득과 재산보유액 또는 자산소득의 영향을 받는다.

02 ②

- 전시효과 : 개인의 소비행동이 사회의 영향을 받아 타인의 소비행동을 모방하려는 소비성향
- 톱니효과 : 소비 수준이 일단 올라가면 다시 쉽게 내려가지 않는 현상. 소비가 경기 후퇴를 막는 톱니처럼 기능하는 것을 이른다.
- 과시효과 : 과시효과란 가격이 비싸질수록 수요가 증가하는 현상을 말한다.
- 의존효과 : 상품에 대한 수요는 소비자의 자주적인 욕망에 의존하는 것이 아니고 상품 생산자의 광고에 의존하여 이루어진다는 것

03 ②

- 현재 소득이 과거의 최고소득보다 감소하면 상호의존성 또는 비가역성 때문에 평균소비성향이 증가한다.
- 일단 소득이 증대되어 소비가 늘어난 사람은 소득이 줄더라도 과거 소비수준의 영향으로 소득이 감소한 만큼 충분히 소비를 줄이지 못하므로 결국 평균소비성향은 커진다. 듀젠베리는 이를 가리켜 톱니효과라고 불렀다.

04 ③

- 항상소득가설과 평생소득가설은 미래 전망적 소비자를 가정한다.
- 즉, 미래 전망적 소비자는 소비를 할 때 현재 소득뿐 아니라 미래소득에도 영향을 받는다.
- 소비가 미래에 예상되는 소득에도 영향을 받는다는 사실은 경제정책의 수행과 관련해서도 중요한 의미를 갖는다.

05 다음 중 항상 소득가설에 대한 설명으로 가장 옳지 않은 것은?

풀이 날짜			
채점 결과			

① 장기에 있어서는 $MPC = APC$가 성립한다.
② 임시소득은 단기적으로 소비에 큰 영향을 미치지 않는다.
③ 장기적인 정부 정책이 보다 효과적이다.
④ 소비는 정기적인 평균수입에 비례한다.
⑤ 단기에 있어서는 MPC가 APC보다 크다.

06 항상소득가설에 따르면 다음 중 옳은 것은?

풀이 날짜			
채점 결과			

① 경기가 불황이면 평균소비성향이 증가하고, 경기가 호황이면 평균소비성향은 감소한다.
② 경기가 불황이면 평균소비성향이 감소하고, 경기가 호황이면 평균소비성향은 증가한다.
③ 경기와 관계없이 평균소비성향은 일정한 값을 갖는다.
④ 경기가 불황이면 평균소비성향이 증가하나, 경기가 호황이면 평균소비성향은 변화하지 않는다.
⑤ 경기가 불황이면 한계소비성향이 증가하고, 경기가 호황이면 한계소비성향은 감소한다.

07 한계소비성향이 0과 1사이에 있는 어떤 사람이 복권에 당첨되어 상금으로 50만 원을 받았을 때 복권에 당첨되기 전과 비교하여 이 사람의 소비지출은?

풀이 날짜			
채점 결과			

① 절대소득가설 하에서도 항상소득가설 하에서도 50만 원만큼 증가한다.
② 절대소득가설 하에서도 항상소득가설 하에서도 전혀 변화가 없다.
③ 절대소득가설 하에서는 50만 원만큼 증가하나 항상소득가설 하에서는 50만 원보다 적게 증가한다.
④ 절대소득가설 하에서는 50만 원보다 적게 증가하나 항상소득가설 하에서는 거의 증가하지 않는다.
⑤ 절대소득가설에서는 전혀 증가하지 않으나 항상소득가설 하에서는 50만 원만큼 증가한다.

08 생애주기가설에 대한 설명으로 옳지 않은 것은?

풀이 날짜			
채점 결과			

① 단기적으로 $APC > MPC$이지만, 장기적으로 $MPC = APC$이다.
② 어떤 개인의 현재소비는 현재 소득만의 함수이다.
③ 소비는 노동소득 뿐만 아니라 자산소득의 함수이다.
④ 중년기에 있는 사람들의 APC는 청년기나 노년기에 있는 사람들의 APC보다 비교적 낮다.
⑤ 개인의 소득은 인생의 초년기와 말년기에 상대적으로 낮고 중년기에 상대적으로 높다.

해설

정답

05 ①, ⑤ 단기는 $APC > MPC$이고, 장기에서는 $APC = MPC$이다. ⑤

②, ④ 항상소득가설은 항상소득과 관련된 한계소비성향이 상당히 큰 반면 임시소득과 관련된 한계소비성향은 그보다 훨씬 작다. 따라서 임시소득이 변하더라도 단기적으로 소비에 큰 영향을 주지 못하고 정기적인 평균수입인 항상소득이 변하면 소비가 크게 영향을 받는다.

③ 미래에 예상되는 소득이 소비를 결정하는 주요 변수라면 정부의 장기적인 정책이 큰 효과를 가져다준다.

06 • 경기가 불황이면 소득이 감소하므로 평균소비성향이 증가하고, 경기가 호황이면 소득이 증가하므로 평균소비성향은 감소한다. ①

• 불황기에 일시적으로 소득이 감소하게 되면 소비자는 미래에 얻을 소득을 기대하고 돈을 빌려 종전과 비슷한 소비수준을 유지한다. 따라서 소득감소에 비해 소비변화가 거의 없으므로 평균소비성향은 증가한다.

• 호황기에 일시적으로 소득이 증가하면 그것을 전부 소비하지 않고 저축하므로 평균소비성향은 감소한다.

07 • 절대소득가설에서는 한계소비성향이 1보다 작기 때문에 가처분소득이 50만 원 증가하면 소비지출은 50만 원보다 적게 증가한다. ④

• 항상소득가설에서는 복권 당첨금은 일시적인 여건의 변화로 인해 발생한 임시소득이기 때문에 소비지출이 거의 증가하지 않는다.

08 • 케인즈의 절대소득가설에 따르면 일정 기간 동안의 소비는 현재의 가처분소득에 의하여 결정된다. ②

$C = a + bY_d$

(a : 기초소비, b : 한계소비성향, Y_d : 가처분소득)

④ 소득이 높은 장년층은 저축성향이 상대적으로 높으므로 평균소비성향은 낮고 소득이 낮은 유년 및 노년층은 저축성향이 매우 낮으므로 평균소비성향이 높다.

⑤ 소득(Y)은 유년기와 노년기에 매우 낮고, 장년기에는 매우 높다.

01 다음 중 케인즈의 절대소득가설에 대한 설명 중 가장 옳지 않은 것은?

풀이 날짜			
채점 결과			

① 한계소비성향은 0보다 크고 1보다 작다.
② 일시적으로 소득이 증가하면 소비는 증가한다.
③ 케인즈는 개인의 소비가 다른 사람의 소비와 무관하다는 소비의 독립성을 전제로 한다.
④ 불황기보다 호황기의 평균소비성향이 크다.
⑤ 소득이 증가할수록 평균소비성향은 감소한다.

02 재정 정책이 단기적으로 큰 효과를 가지려면?

풀이 날짜			
채점 결과			

① 가계소비지출이 가처분소득의 일시적 변화에 민감해야 한다.
② 가계에서 가처분소득의 일시적 변화분을 모두 저축해야 한다.
③ 평생소득가설이 옳아야 한다.
④ 구축효과가 100%이어야 한다.
⑤ 항상소득가설이 옳아야 한다.

03 장기소비함수와 단기소비함수에 대한 설명으로 가장 적절한 것은?

풀이 날짜			
채점 결과			

① 장기 및 단기소비함수의 한계소비성향은 가처분소득이 늘어남에 따라 증가한다.
② 장기시계열자료를 보면 평균소비성향이 증가한다.
③ 항상소득가설에 의하면 호황기에 일시적으로 소득이 증가하면 증가된 소득의 대부분을 소비한다.
④ 단기소비함수의 평균소비성향은 가처분소득이 증가함에 따라 감소한다.

04 톱니효과의 설명은?

풀이 날짜			
채점 결과			

① 소득이 상승할 때는 소비성향이 상승하지만 소득이 떨어질 때는 소비성향이 내려가지 않는다.
② 소득이 증가할 때는 소비가 비례하여 늘어나지 않지만, 소득이 떨어질 때는 소비가 비례하여 떨어진다.
③ 자기보다 높은 소득집단에 생활하는 사람은 상대적으로 소비성향이 높다.
④ 장기소비곡선의 좌측에는 단기소비곡선이 나타나지 않는다.
⑤ 소비가 가역적이기 때문에 나타나는 현상이다.

해설

정답

01 ① 한계소비성향(MPC)은 소비의 증가분(ΔC)을 처분가능소득의 증가분(ΔY_d)으로 나눈 값으로$\left(MPC = \frac{\Delta C}{\Delta Y_d}\right)$ 0과 1사이라고 가정한다($0 < MPC < 1$). ④

② 케인즈의 소비함수는 다음과 같다.

$$C = a + bY_d$$

(a : 기초소비, b : 한계소비성향, Y_d : 가처분소득)

일시적으로 소득이 증가하면 소비는 한계소비성향만큼 증가한다.

③ 개인의 소비는 타인의 소비행위와는 독립적이다. 즉, 개인의 소비가 다른 사람의 소비와 무관하다는 소비의 독립성을 전제로 한다.

④, ⑤ 호황기에는 처분가능소득이 증가하므로 평균소비성향이 작아지고 불황기에는 처분가능소득이 감소하므로 평균소비성향이 커진다.

02 ① 재정 정책이 효과를 가지려면 정부의 일시적 정책에 대해 민감해야 한다. 케인즈의 소비함수에 따르면 소비가 가처분소득에 의존하므로 재량적인 재정 정책은 매우 효과적이다. 왜냐하면 재정 정책의 수단인 조세의 변동은 소비에 직접적인 영향을 주기 때문이다. ①

② 가계가 소비가 아닌 저축을 늘리면 총수요가 감소하기 때문에 경기 침체가 발생할 수 있다.

③, ⑤ 항상소득가설과 평생소득가설에 따르면 정부의 장기정책은 효과가 있으나 단기정책은 효과가 없다. 왜냐하면 두 소비함수이론 모두 미래 전망적 소비자를 가정하기 때문이다.

④ 확대 재정 정책을 실시하면 이자율이 상승하고 투자가 감소하는 구축효과가 발생한다. 구축효과가 100%라면 확대 재정 정책은 효과가 없다.

03 ① 장단기 소비함수는 원점을 통과하는 직선으로 표현되기 때문에 한계소비성향은 일정하다. ④

② 장기에서는 한계소비성향과 평균소비성향이 일정하며 동일하다.

③ 항상소득가설에 의하면 호황기에 임시소득이 증가하면 저축이 증가하고 소비는 거의 증가하지 않는다.

④ 단기소비함수는 세로축을 통과하는 직선으로 나타내기 때문에 가처분소득이 증가하면 평균소비성향은 감소한다.

04 • 톱니효과란 자신의 과거소비성향에 대한 비가역성 때문에 나타난다. ①

즉, 소득이 하락할 때 소비가 이에 비례하며 감소하지 않으면 톱니효과가 발생한다.
일단 소득이 증대되어 소비가 늘어난 사람은 소득이 줄더라도 과거 소비수준의 영향으로 소득이 감소한 만큼 충분히 소비를 줄이지 못하므로 결국 평균소비성향은 커진다.
듀젠베리는 이를 가리켜 톱니효과라고 불렀다.

05 항상소득가설을 옳게 설명한 것이 아닌 것은?

풀이 날짜			
채점 결과			

① 임시소득이 생기는 경우 모두 소비한다.
② 장기 MPC가 장기 APC와 같다.
③ 단기 MPC가 단기 APC보다 작다.
④ 항상소비에 영향을 미치는 것은 항상소득뿐이다.
⑤ 항상소득은 임시소득과 무관하다.

06 평생소득가설(life-cycle hypothesis)에 관한 다음의 설명 중 옳은 것은?

풀이 날짜			
채점 결과			

A. 중년기에 있는 사람들의 APC(평균소비성향)는 청년기나 노년기에 있는 사람들의 APC보다 비교적 적다.
B. 단기에는 $APC > MPC$(한계소비성향)이고, 장기에는 $APC = MPC$이다.
C. 세율의 일시적 변동은 소비에 별다른 영향을 주지 못한다.

① A
② A, B
③ B, C
④ A, C
⑤ A, B, C

07 중년의 한 유명한 코미디언이 TV에 출연하여 현재 자신의 연평균 소득이 무명시절에 비해 무려 500배 더 많다고 실토한 적이 있다. 그러나 그의 소비는 예전 무명시절에 비하여 크게 달라진 것이 없었다고 한다. 그의 소비 변화를 설명한 것 중 가장 옳은 것은?

풀이 날짜			
채점 결과			

① 소비의 변동이 소득의 변동에 비하여 안정적인 것을 보여주고 있다.
② 그의 소비행태는 케인지언 소비함수로 잘 설명된다.
③ 그의 소비행태는 생애주기가설(life - cycle income hypothesis)로 설명될 수 있다.
④ 상기의 ①과 ②가 맞다.
⑤ 상기의 ①과 ③이 맞다.

08 소비의 항상소득가설과 생애주기가설에 관한 설명으로 옳은 것을 모두 고른 것은?

풀이 날짜			
채점 결과			

ㄱ. 소비자들은 가능한 한 소비수준을 일정하게 유지하려는 성향이 있다.
ㄴ. 생애주기가설에 의하면 고령인구의 비율이 높아질수록 민간부문의 저축률이 하락할 것이다.
ㄷ. 프리드만(Friedman)의 항상소득가설에 의하면 높은 소득의 가계가 평균적으로 낮은 평균소비성향을 갖는다.
ㄹ. 케인즈(Keynes)는 항상소득가설을 이용하여 승수효과를 설명하였다.

① ㄱ, ㄴ
② ㄱ, ㄹ
③ ㄴ, ㄷ
④ ㄱ, ㄴ, ㄷ
⑤ ㄴ, ㄷ, ㄹ

해설

정답

05 ① 임시소득이 생기면 소비가 아닌 저축증가로 연결된다. ①
② 장기에는 평균소비성향과 한계소비성향이 같고 일정하다.
③ 단기에는 평균소비성향이 한계소비성향보다 크고 가처분소득이 증가할 때 평균소비성향은 감소한다.
④ 항상소비는 항상소득에 의해서만 영향을 받는다.
⑤ 항상소득과 임시소득은 아무런 상관성이 없다.

06 A. 중년기에 있는 사람들은 청년기나 노년기에 있는 사람들보다 소득이 더 많기 때문에 평균소비성향이 낮다. ⑤
B. 단기에는 평균소비성향이 한계소비성향보다 크고 장기에는 같다.
C. 세율의 일시적 변동은 임시소득의 변화를 가져오기 때문에 소비에 영향을 주지 못한다.

07 ① 연평균 소득이 증가해도 소비의 변화는 보통 안정적이기 때문에 그의 소비는 크게 달라지지 않을 수도 있다. ⑤
소비의 평준화란 소비의 변동성이 소득의 변동에 비해 작다는 것을 말한다.
② 케인즈의 절대소득가설에 따르면 연평균 소득이 증가하면 소비도 증가한다.
③ 미래 전망적 소비자라면 현재 소득이 증가해도 소비는 안정적일 수 있다.

08 • 소비의 평준화란 소비의 변동성이 소득의 변동에 비해 작다는 것을 말한다. ④
• 생애주기가설에 따르면 사회에 고령층이 많아질수록 소비가 소득보다 크기 때문에 저축률이 감소한다.
• 항상소득가설에 따르면 저소득층이 고소득층보다 평균소비성향이 높다.
• 케인즈는 절대소득가설을 통하여 승수효과를 설명하였다.

09 소비함수에 대한 다음 설명 중 틀린 것은?

풀이 날짜			
채점 결과			

① 상대소득가설, 평생소득가설 및 항상소득가설은 모두 장기간의 평균소비성향이 일정함을 설명할 수 있다.
② 케인즈의 절대소득가설은 가계지출에 대한 횡단면 자료를 유의적으로 설명할 수 있다.
③ 듀젠베리는 소비의 독립성과 소비함수의 가역성을 부정하고 소비행위의 상호의존성을 강조하였다.
④ 프리드만의 항상소득가설에 따르면 경기하강 시 평균소비성향이 낮아진다.
⑤ 안도-모딜리아니의 평생소득가설에서는 부 또는 재산이 소비에 미치는 영향을 중시한다.

10 다음 중 소비함수에 대한 설명으로 옳지 않은 것은?

풀이 날짜			
채점 결과			

① 절대소득가설에 따르면 단기평균소비성향은 소득이 증가함에 따라 감소한다.
② 상대소득가설에 따르면 소비의 비가역성 때문에 톱니효과가 생긴다.
③ 항상소득가설에 따르면 사람들의 임시소득에 대한 소비성향은 항상소득에 대한 소비성향보다 높다.
④ 항상소득가설에 따르면 저소득층보다 고소득층의 경우에 평균소비성향이 낮다.
⑤ 평생소득가설에 따르면 세율의 일시적인 변동 혹은 정부지출의 일시적인 변동은 소비에 별다른 영향을 주지 못한다.

11 소비이론에 대한 설명으로 옳은 것만을 모두 고르면?

풀이 날짜			
채점 결과			

ㄱ. 소비의 무작위행보(random walk) 가설이 성립하면 예상된 정책 변화는 소비에 영향을 미치지 못한다.
ㄴ. 리카도의 대등정리(Ricardian equivalence)가 성립하면 정부지출에 변화가 없는 한 조세의 삭감은 소비에 영향을 미치지 못한다.
ㄷ. 기간간 선택모형에 따르면 소비는 소득과 상관없이 매기 일정하다.
ㄹ. 항상소득가설에 따르면 한계소비성향은 현재소득에 대한 항상소득의 비율에 의존한다.

① ㄱ, ㄴ
② ㄱ, ㄷ
③ ㄴ, ㄹ
④ ㄷ, ㄹ

해설

정답

09 ① 케인즈의 절대소득가설은 장기적으로 평균소비성향이 일정한 것을 설명할 수 없으나 다른 대체 소비이론은 장기간의 평균소비성향이 일정함을 설명할 수 있다. ④

② 횡단면 분석이란 동일시점에서 상이한 경제주체를 대상으로 한다. 부유층일수록 저축성향이 높기 때문에 부유층의 평균소비성향(APC)은 낮고 저소득층의 평균소비성향(APC)은 높다. 케인즈의 절대소득가설은 가계지출에 대한 횡단면분석을 할 수 있으나 장기시계열분석을 하지 못한다.

③ 듀젠베리는 소비의 상호의존성과 소비함수의 비가역성을 가정한다.

④ 항상소득가설에 따르면 경기 불황 시 임시소득이 감소하면 소비변화는 거의 없고 소득만 감소하기 때문에 평균소비성향이 높아진다.

⑤ 평생소득가설에서는 소비가 노동소득과 자산소득의 영향을 받는다.

10 ① 절대소득가설에 따르면 소득이 증가하면 단기 평균소비성향은 감소한다. ③

② 소비는 습관성이 있으므로 일단 소비가 증가하면 소득이 감소하더라도 소비를 다시 줄이기가 어렵다. 이러한 소비의 비가역성 때문에 톱니효과(rachet effect)가 발생한다.

③ 항상소득가설에 따를 때 임시소득이 증가하면 소비가 거의 변하지 않는다. 따라서 항상소득에 대한 한계소비성향이 임시소득에 대한 한계소비성향보다 크다.

④ 항상소득가설에 따르면 고소득층이 저소득층에 비해 소득이 높기 때문에 평균소비성향이 낮고 평균저축성향은 높다.

⑤ 평생소득가설에 따르면 정부의 단기정책은 소비에 영향을 주지 못한다.

11 ㄱ. 소비의 무작위행보(random walk) 가설이 성립하면 예상된 정책 변화는 예측오차의 기댓값을 0으로 만든다. 따라서 소비에 영향을 미치지 못한다. ①

ㄴ. 리카도의 대등정리(Ricardian equivalence)가 성립하면 정부지출에 변화가 없는 한 조세의 삭감은 국채 발행을 의미한다.

국채 발행은 미래의 조세 증가를 유발하기 때문에 소비에 영향을 미치지 못한다.

ㄷ. 기간 간 선택 모형에 따르면 현재소득과 미래소득이 증가하면 소비가 늘어난다.

미래소득이 증가하는 경우가 현재소득이 증가하는 경우보다 소비의 증가폭이 크다.

ㄹ. 항상소득가설에 따르면 평균소비성향은 현재소득에 대한 항상소득의 비율에 의존한다.

12 소비 이론에 대한 설명으로 옳지 않은 것은?

풀이 날짜			
채점 결과			

① 레입슨(D. Laibson)에 따르면 소비자는 시간 비일관성(time inconsistency)을 보인다.
② 항상소득 가설에 의하면 평균소비성향은 현재소득 대비 항상 소득의 비율에 의존한다.
③ 생애주기 가설에 의하면 전 생애에 걸쳐 소비흐름은 평탄 하지만, 소득흐름은 위로 볼록한 모양을 갖는다.
④ 가계에 유동성제약이 존재하면 현재소득에 대한 현재소비의 의존도는 약화된다.

12 ① 소비의 기간 간 선택문제에 심리적인 요인을 도입해 소비이론을 전개한 학자는 하버드 대학의 레입슨(D. Laibson)이다. ④

현재 시점에서 미래에 대해 계획하는 것과 미래에서의 선택이 다르게 나타나는 것을 선호의 시간 비일관성(time inconsistency)이라고 한다.

② 항상소득가설에 따르면 매 기간의 항상소비는 현재가치로 나타낸 평생 부의 일정부분 즉, 항상소득에 의해 결정된다.

$$\rightarrow C = \alpha Y_P$$

(C : 소비, α : 항상소득 중에서 소비되는 비율, Y_P : 항상소득)

평균소비성향은 $\frac{C}{Y} = \alpha\frac{Y_P}{Y}$이므로 현재소득($Y$) 대비 항상소득($Y_P$)의 비율에 의존한다.

③ 생애주기 가설에 따르면 소비자는 전 생애에 걸쳐 동일한 수준의 소비를 유지하기 위해

소비에 비해 소득이 적은 노년기와 유년기에는 음(-)의 저축을 하고 소비에 비해 소득이 많은 중년기에는 양(+)의 저축을 한다.

④ 유동성제약이란 개별소비자가 미래소득으로부터 자금을 빌려오는 것이 불가능한 경우를 말한다. 가계에 유동성제약이 존재하면 미래소득으로부터 자금을 빌려오는 것이 힘들기 때문에 현재소득에 대한 현재소비의 의존도는 높아진다.

MEMO 그래프를 그려보세요.

CHAPTER 05

투자함수이론

단원 학습 목표

- 총수요의 구성요소 중 기업의 투자지출에 대해 살펴보기로 한다.
- 기업의 투자지출은 경기변동에 따라 상당히 심한 기복을 보이기 때문에 이것의 동향에 많은 관심을 갖지 않을 수 없다.
- 투자이론은 경기변동이론과 경제성장이론의 분석에서 매우 중요한데 그 이유는 투자의 변동이 GDP의 변동을 결정하는 중요한 요인이기 때문이다.
- 또한 장기에 걸쳐 자본량이 얼마나 증가하는지는 투자의 크기에 달려 있다.

□△○

1절 개요

01 의의

① 투자가 소비에 비해 총수요 또는 *GDP*에서 차지하는 비중은 작지만 투자는 총수요 가운데 가장 변동이 심한 구성요소이다.

② 투자는 장기적으로는 자본축적을 통해 경제성장을 촉진시키고 단기적으로는 경기변동을 증폭시킨다.

③ 투자는 소비에 비해 불안정하며 따라서 국민경제의 불안정성도 투자의 불안정성에 기인하는 측면이 크다는 점에서 매우 중요한 거시경제변수이다.

④ 케인즈는 소비와 달리 투자가 불규칙적이고 변덕스러운 모습을 보이면서 경기변동을 주도한다고 보았다.

02 투자의 개념과 종류

1 투자의 개념 및 구성요소

① 투자란 유량개념으로서 일정 기간 동안에 있어서 기업의 자본재 구입액을 의미한다.

② 투자는 크게 고정투자와 재고투자로 구분된다.

고정투자는 생산에 사용되는 기계, 차량 등에 대한 지출과 공장, 상업용 건물, 거주용 건물의 신축을 위한 지출까지를 포괄한다.

③ 재고투자는 재고의 증가를 의미하는 데 재고란 팔리지 않은 최종생산물뿐만 아니라 기업이 보유하고 있는 원자재와 생산과정의 물품들까지 포함된다.

④ 고정투자는 기업고정투자와 주택투자로 구분될 수 있다. 기업고정투자는 기업이 생산에 사용하기 위해 구입하거나 임대하기 위해 구입하는 신축주택을 말한다.

⑤ 우리나라의 국민계정은 고정투자를 설비투자와 건설투자로 구분하고 있는데 기계와 설비 등은 설비투자에 포함시키되 공장이나 상업용 건물은 주택과 함께 건설투자에 포함시키고 있다.

투자 = 고정투자 + 재고투자

= 설비투자 + 건설투자 + 재고투자

(고정투자 = 기업고정투자 + 주택투자 = 설비투자 + 건설투자)

2 총투자와 순투자

① 투자지출의 항목에 따른 분류와 달리 시간이 지남에 따라 자본이 마모된다는 성질을 반영하면 투자는 총투자(gross investment)와 순투자(net investment)로 구분되기도 한다.

② 자본은 생산에 사용되면서 점점 마모되는데 이를 자본의 감가상각(capital depreciation) 또는 고정자본소모라고 한다.

③ 대체투자는 마모된 자본을 보충하기 위해 사용되며 이는 자본량을 기존의 수준으로 유지하기 위한 투자이다.

자본량을 증가시키는 투자를 순투자라고 한다.

즉, 대체투자는 고정자본의 소모분을 충당하기 위한 부분이고, 순투자는 고정자본 소모분을 상회하는 부분을 의미한다.

④ 총투자는 대체투자와 순투자의 합으로 나타낼 수 있다.

총투자 = 대체투자 + 순투자

⑤ 매기의 감가상각률을 δ(델타)라고 할 때, 자본축적 과정을 보여주는 식은 다음과 같다.

$$\rightarrow \Delta K = I - \delta K$$

자본의 증가분 ΔK는 순투자, 총수요의 구성항목인 I는 총투자를 나타내며, 마모되는 자본의 양인 δK는 대체투자를 의미한다.

03 투자와 자본의 관계

① 자본이란 저량 개념으로서 일정시점에서 경제 내에 존재하는 자본재의 양을 의미한다.

② 투자가 이루어지면 자본량이 증가하므로 양자 간에는 다음의 관계가 성립한다.

$$K_{t+1} = K_t + I_t - D_t = K_t + I_t^n$$

K_{t+1} : $(t+1)$기의 자본량, K_t : t기의 자본량, I_t : t기의 총투자

D_t : t기의 고정자본 소모분, I_t^n : $I_t - D_t$로서 t기의 순투자

③ 총투자(I_t)가 대체투자(D_t)보다 크면 순투자(I_t^n)는 0보다 커지고 자본량이 증가하여$(K_{t+1} - K_t = \Delta K_{t+1} > 0)$ 확대재생산이 이루어진다.

04 독립투자와 유발투자

1 독립투자

① 독립투자란 이자율이나 국민소득과 관계없이 이루어지는 투자수요를 말한다.

② 독립투자는 기술혁신이나 인구증가 등 경제 외적 요인에 의하여 지배적 영향을 받으며 공공투자, 신기술도입에 의한 새 설비를 위한 투자 등이 있다.

③ 투자가 소득과 무관하게 결정된다면 독립투자는 다음과 같이 나타낼 수 있다.

$$\rightarrow I = I_0$$

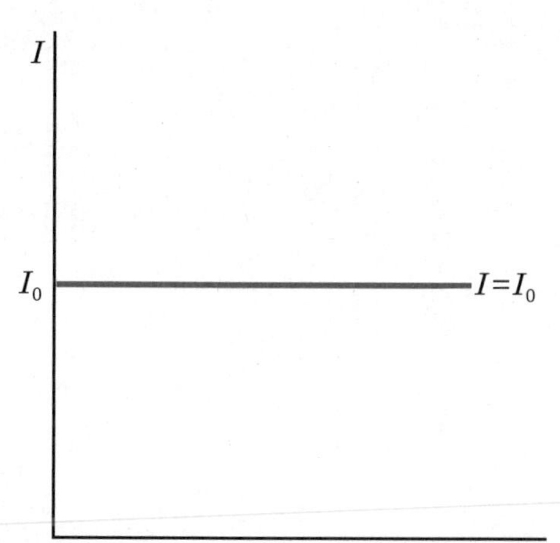

2 유발투자

① 유발투자란 이자율이나 국민소득의 영향을 받는 투자수요를 말한다.

② 일반적으로 이자율이 하락하거나 국민소득이 증가하면 유발투자수요는 증가한다.

③ 독립투자와 유발투자가 모두 존재하는 경우의 투자함수식은 다음과 같다.

$$\rightarrow I = I_0 + iY$$

〔i : 유발투자 계수, Y : 국민소득〕

④ I_0는 독립투자이고 iY는 유발투자를 의미한다.

⑤ $\frac{\Delta I}{\Delta Y} = i$이므로 소득 증가 시 투자 증가폭이 더 커지면 유발투자 계수인 i가 증가하게 된다.

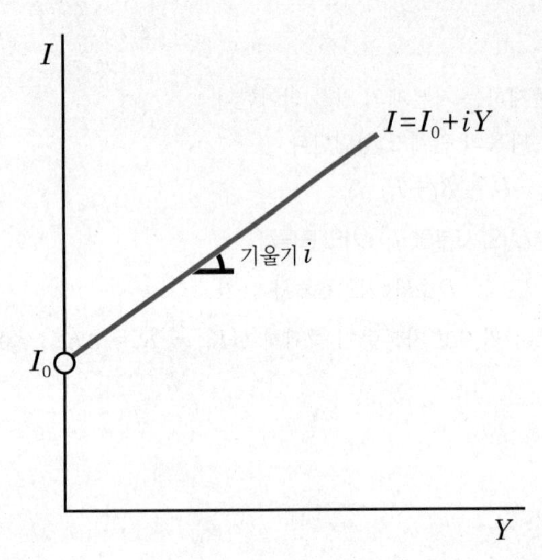

□△○

2절 현재가치법

01 개요

① 투자결정에 관한 현재가치법(present value method)은 미국의 경제학자 어빙 피셔(I. Fisher)가 정립한 고전학파의 투자결정이론이다.

② 투자비용과 투자로부터 얻는 수익의 현재가치를 비교하여 투자여부를 결정한다.

02 가정

① 기업이 투자를 할 때 당장에 투자비용이 발생하므로 1기에 투자비용 C가 투입된다.

② 일반적으로 투자수익은 장래에 서서히 실현된다.

따라서 투자재의 존속기간은 n년이고 투자로부터 얻는 수입은 투자가 이루어질 당시부터 n년 후까지 각각 R_1, R_2, …, R_n으로 예상된다고 하자.

03 내용

1 투자의 현재가치와 순현재가치

① 투자비용은 현재시점에서 소요되나, 투자로부터 얻게 되는 수입은 미래에 회수되므로 투자수익(R)의 현재가치 계산이 필요하다.

→ 수익이란 매년 생산한 생산물의 판매액에서 원재료비 · 임금 등의 가변비용을 제외한 차액을 말한다.

② 시장이자율을 r이라 하면 투자에 따른 미래수익의 현재가치와 순현재가치는 다음과 같이 계산된다.

$$수익의\ 현재가치(PV) : PV = \frac{R_1}{1+r} + \frac{R_2}{(1+r)^2} + \cdots + \frac{R_n}{(1+r)^n}$$

〔R : 수익, r : 시장이자율〕

$$순현재가치(NPV) : NPV = PV - C$$

〔PV : 수익의 현재가치, C : 투자비용〕

개념정리 현재가치와 미래가치

① 이자율이 10%일 때 현금 100만 원을 은행에 예금하면 1년 후에 원금과 이자를 합하여 110만 원을 받게 된다.

② 1년 후에 받을 원리금 110만 원은 100만원 × (1.1) = 110만 원으로 계산된다.

즉, 원금 × (1+이자율)을 통하여 1년 후 원리금을 계산할 수 있다.

③ 반면 1년 후 110만 원의 현재가치는 100만 원이라고 말할 수 있다.

④ 따라서 주어진 미래가치의 현재가치는 $\frac{110}{(1+0.1)}=100$이 되어 $\frac{\text{미래가치}}{(1+\text{이자율})}=$ 현재가치라는 공식을 유도할 수 있다.

⑤ 현재가치와 이자율을 알면 미래가치를 구할 수 있듯이 미래가치와 이자율을 알면 현재가치를 구할 수 있다.

⑥ 미래가치를 현재가치로 바꾸는 것을 '할인(discount)'이라고 한다.

2 투자 결정 원리

① 투자수익의 현재가치가 투자비용보다 크면($PV>C$) 투자의 순현재가치가 0보다 크므로($NPV>0$) 기업은 투자를 하려 할 것이다.

② 투자비용이 투자수익의 현재가치보다 크면($C>PV$) 투자의 순현재가치가 0보다 작으므로($NPV<0$) 기업은 투자계획을 실행하지 않을 것이다.

3 이자율과 투자

① 어떤 투자계획이 있을 때 투자수익의 현재가치가 투자비용보다 크다고 하자($PV>C$).

만약 이자율(r)이 상승하면 투자수익의 현재가치(PV)가 감소하므로 $PV<C$가 되는 경우가 발생할 수 있다.

② 이런 투자계획의 경우 이자율 상승 이후에는 투자가 이루어지지 않게 된다.

③ 따라서 투자는 이자율의 감소함수라고 할 수 있다.

$$\rightarrow I=I(r),\ \frac{\Delta I}{\Delta r}<0$$

〔I : 투자, r : 이자율〕

04 순현재가치곡선

1 순현재가치(NPV)곡선의 도출

① 기업이 투자할 수 있는 계획은 여러 가지가 있을 수 있다.

② 다수의 투자계획이 존재할 때 각 투자안에 대한 순현재가치(NPV)의 계산이 가능하다.

③ 순현재가치(NPV)가 가장 큰 투자안부터 순서대로 나열하면 우하향의 순현재가치(NPV)곡선 AB를 도출할 수 있다.

④ 기업의 자금이 충분하다면 기업의 투자는 원점 0에서부터 I_0까지 이루어질 것이다.

I_0이상의 수준에서는 투자로부터 손실이 발생하기 때문에 그러한 투자계획은 실행되지 않는다.

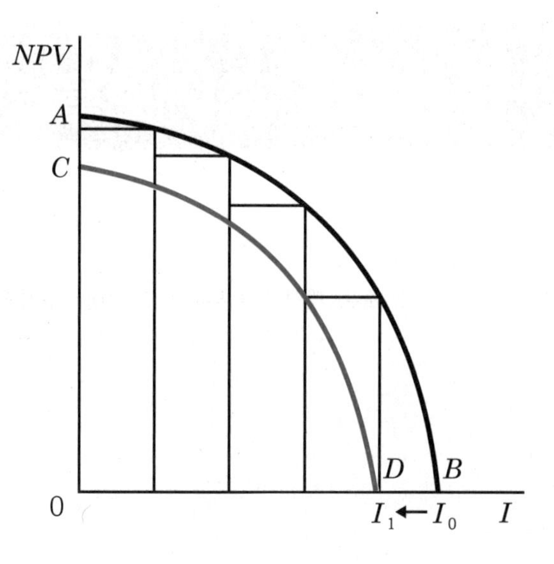

2 이자율과 투자

① 다른 조건은 일정하고 이자율만 상승한다면 미래 예상수익의 현재가치가 감소하므로 모든 투자계획의 순현재가치(NPV)가 감소한다.

② 순현재가치(NPV)곡선은 하방으로 이동하여 곡선 CD가 되며 최대한 이루어질 수 있는 투자도 I_0에서 I_1으로 감소한다.

③ 따라서 이자율이 상승하면 투자는 감소한다.
반대로 이자율의 하락은 순현재가치(NPV)곡선을 상방으로 이동시키고 투자의 증가를 가져온다.

05 투자에 대한 고전학파의 견해

① 투자는 이자율의 감소함수이고, 투자여부는 객관적인 이자율에 의하여 결정된다.

② 투자의 이자율 탄력성이 크다.

□△○

3절 케인즈의 내부수익률법 또는 투자의 한계효율법

01 개요

내부수익률(투자의 한계효율)과 이자율에 의하여 투자가 결정된다고 보는 케인즈의 투자이론을 내부수익률법(internal rate of return method)이라 한다.

02 내용

1 투자의 한계효율(marginal efficiency of investment ; *MEI*)

① 투자비용과 투자로부터 얻게 되는 수익의 현재가치가 같아지는 할인율로서 다음의 식을 만족하는 m값을 의미한다.

$$C=\frac{R_1}{(1+m)}+\frac{R_2}{(1+m)^2}+\cdots+\frac{R_n}{(1+m)^n}$$

또는 투자계획의 순현재가치를 0으로($NPV=0$) 만드는 할인율이다.

② 투자비용 C는 객관적으로 주어진 값이고 투자의 한계효율(m)의 크기는 미래 예상수익에 의존한다.

③ 예상수익은 기업가의 주관적인 평가에 달려있으므로 투자의 한계효율(*MEI*)은 기업가가 주관적으로 기대하는 수익률이라고 할 수 있다.

④ 이와 같이 투자의 한계효율이 객관적인 시장이자율과 무관하게 투자계획자체에 의해서만 결정되므로 투자의 한계효율(*MEI*)을 내부수익률(internal rate of return ; *IRR*)이라고 부르기도 한다.

개념정리 투자의 한계효율의 성질

위의 식에서 1기간만을 고려할 경우에 $C=\frac{R_1}{1+m}$이고 이를 m으로 정리하면

$m=\frac{R_1-C}{C}=\frac{\text{예상순수익}}{\text{투자비용}}=$ 예상수익률이다.

따라서 투자의 한계효율은 기업이 투자했을 때 기업들이 예상하는 수익률을 의미한다.

2 투자결정원리

① 투자의 한계효율(m)과 이자율(r)을 비교하여 투자여부를 결정한다.

가로축에는 이자율(r)과 투자의 한계효율(m)을 표시하고 세로축에는 순현재가치(NPV)를 표시하였다.

② 투자의 한계효율은 순현재가치가 0($NPV=0$)일 때의 할인율이므로 투자의 한계효율은 m이 된다.

③ 시장이자율(r_1)이 투자의 한계효율(m)보다 작으면($r_1 < m$) 순현재가치가 0보다 크다($NPV_0 > 0$).

이자율보다 투자의 한계효율이 크면 투자에 따른 기대수익의 현재가치가 투자금액보다 크기 때문에 투자계획이 실행된다.

④ 시장이자율(r_2)이 투자의 한계효율(m)보다 크면($r_2 > m$) 투자금액이 투자에 따른 기대수익의 현재가치보다 크므로 순현재가치가 0보다 작다($0 > NPV_1$).

따라서 투자하면 손실이 발생한다.

⑤ $m > r$인 투자계획에 대해서는 투자하고 $r > m$인 투자계획에 대하여는 투자하지 않는다.

⑥ 하나의 투자계획을 놓고 그것에 투자할 것인가 안 할 것인가를 결정하는 데에는 현재가치법을 사용하거나 내부수익률법을 사용하거나 동일한 결론에 도달한다.

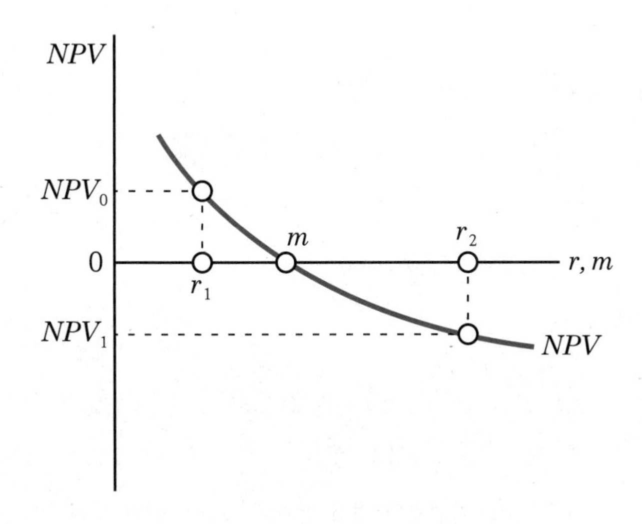

3 이자율과 투자

① 어떤 투자계획의 경우 $m > r$이었으나 시장이자율(r)이 상승하면 $m < r$로 되는 경우가 발생한다.

② 이러한 투자계획의 경우 이자율 상승 이후에는 투자가 이루어지지 않는다.

③ 따라서 투자는 이자율의 감소함수이다.

$$\rightarrow I = I(r),\ \frac{\Delta I}{\Delta r} < 0$$

03 투자의 한계효율(*MEI*)곡선

1 투자의 한계효율(*MEI*)곡선의 도출

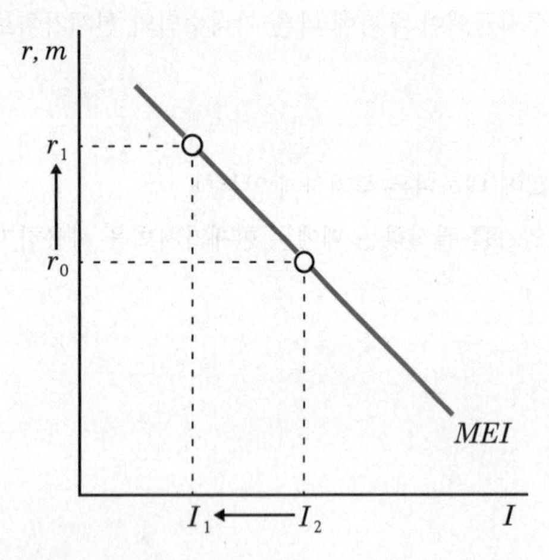

① 다수의 투자계획이 존재하면 각 투자계획에 대하여 투자의 한계효율계산이 가능하다.

② 투자의 한계효율이 가장 큰 투자계획부터 나열하면 우하향의 투자의 한계효율(*MEI*)곡선이 도출된다.

2 투자의 결정

① $m > r$이면 투자가 이루어지므로 이자율이 r_0이면 투자계획 I_2까지 채택할 용의가 있다.

② 시장이자율이 r_1으로 상승하면 투자는 I_1으로 감소한다.

③ 따라서 투자는 이자율의 감소함수이다.

3 투자의 한계효율(*MEI*)곡선의 이동

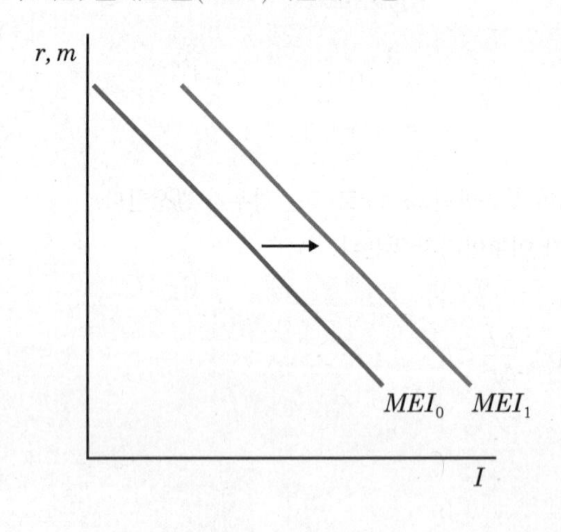

① 기업가의 경기 전망에 대한 기대가 낙관적이 되면 기업가의 예상 수익률(투자의 한계효율)이 상승하므로 *MEI*곡선이 상방 또는 우측으로 이동한다.

② 투자비용이 감소하거나 기술이 진보하면 투자의 한계효율(*MEI*)곡선이 상방 또는 우측으로 이동한다.

04 투자에 대한 케인즈의 견해

① 투자는 기업가의 장래에 대한 기대와 동물적 감각(animal spirit)에 의해 결정된다.

케인즈는 투자가 냉정한 타산에 의해 이루어지기보다는 기업가가 미래를 어떻게 보고 있는가 즉 비관적으로 보고 있는가 낙관적으로 보고 있는가에 따라 결정된다고 생각했다.

케인즈는 이를 기업가의 야성적 충동 또는 동물적 감각으로 표현하였는데 이는 불확실한 미래에 대한 주관적 기대 하에서 투자가 이루어지고 있음을 강조하였다.

② 투자의 이자율 탄력성이 작다.

05 현재가치법과 내부수익률법의 비교

1 유사점

① 현재가치법과 내부수익률법 모두 투자의 기대수익(R)에 의하여 투자가 결정된다.

② 이자율이 상승하면 투자가 감소하므로 투자는 이자율의 감소함수이다.

2 차이점

① 현재가치법은 객관적인 시장이자율의 영향을 받지만, 내부수익률법에서는 투자의 한계효율이 객관적인 시장이자율과 무관하게 투자계획 자체에 의해서만 결정된다.

② 내부수익률(m)은 계산된 값이므로 다수의 내부수익률이 존재할 가능성이 있다.

$C=\frac{R_1}{(1+m)}+\frac{R_2}{(1+m)^2}+\cdots+\frac{R_n}{(1+m)^n}$에 따르면 투자의 한계효율($m$)은 n차 방정식의 해로써 최고 n개의 서로 다른 값을 가지게 되어 어느 것을 사용해야 할지 선택하기 어렵다.

3 평가

① 일반적으로 현재가치법이 내부수익률 법보다 우월한 것으로 평가되고 있다.

② 여러 가지 투자대상들 중에서 하나를 선택할 때는 내부수익률법보다 현재가치법이 더 안전하고 정확한 기준을 제시해 준다.

심화학습 | 조세정책

1. 소비

① 일시적으로 세율을 인하하면 임시소득이 증가하므로 소비가 거의 늘지 않는다.

② 영구적으로 세율을 인하하면 항상소득이 증가하므로 소비가 많이 늘어난다.

③ 따라서 영구적인 세율인하가 일시적인 세율인하보다 소비 증진에 큰 영향을 준다.

2. 투자

① 일시적인 투자세액공제의 경우 정해진 기간 내에 투자를 해야 세액공제 혜택이 있으므로 투자가 크게 늘어난다.

→ 투자세액공제란 기업의 투자 자금 관련 세금 중 일정 금액을 감해 주는 것을 말한다. 투자세액공제가 시행되면 기업으로서는 세금으로 내야 할 자금을 그만큼 되돌려 받는 셈이므로 결과적으로 투자로 인한 수익률이 증가한다.

② 영구적인 투자세액공제의 경우 기간과 관계없이 세액공제 혜택이 있으므로 투자가 별로 늘어나지 않는다.

③ 따라서 일시적인 투자세액공제가 영구적인 투자세액공제보다 투자 증진에 큰 영향을 준다.

□△○

4절 신고전학파의 자본의 사용자비용이론

01 개요

① 기업은 자본재를 일정 기간 생산과정에 투입함으로써 생산물을 얻어낸다.

② 기업은 투자를 결정함에 있어 투자로부터 얻는 수익과 비용을 비교할 것이고 이때의 비용을 자본의 사용자비용이라고 한다.

③ 신고전학파의 투자모형은 1960년대 조르겐슨(D. Jorgenson) 등에 의해 정립되었다.

02 자본의 사용자 비용(user cost)

1 개념

① 자본재 1단위를 보유하는데 드는 비용을 '자본의 사용자비용'이라고 한다.

② 자본재 1단위를 구입할 때 드는 비용은 우선 자본재의 가격(P_K)이 있다.

③ 자본재를 사용하면 자본은 소모되고 자본재의 가격은 감가상각분만큼 하락한다. 자본재의 가격을 P_K라고 하고 감가상각율을 δ라고 하면 자본재 가격은 $(1-\delta)P_K$가 되고 δP_K가 감가상각비용이 된다.

④ 또 이자비용이 발생할 수 있는데 자본재를 구입하는데 차입으로 충당하였다면 연간 명목이자율(i)에 자본재의 가격을 곱한 것만큼 이자비용이 발생한다.

$$\rightarrow iP_K$$

⑤ 인플레이션이 발생하면 자본재의 가격은 상승하므로 자본재의 사용자비용은 감소한다. 실제인플레이션(π)이 아닌 예상 인플레이션(π^e)을 도입하면 자본의 사용자비용은 $-\pi^e P_K$가 된다.

2 관계식

① C를 자본의 사용자 비용이라고 할 경우에 다음의 식이 성립된다.

$$C = iP_K + \delta P_K - \pi^e P_K = P_K(i - \pi^e + \delta) = P_K(r + \delta)$$

[i : 명목이자율, π^e : 예상인플레이션, δ : 감가상각율, r : 실질이자율, P_K : 자본재 1단위의 가격]

② 예를 들어 연간 실질이자율이 5%이고 감가상각률이 5%라면 자본재가격의 10%가 자본의 사용자비용이다.

③ 자본의 사용자비용은 보유하지 않고 임대했을 때 임대수익 $i-\pi^e$과 자본재 감가상각비용 δ만큼의 기회비용이라고 해석할 수 있다.

④ 따라서 투자자는 자본재 1단위당 적어도 $i-\pi^e+\delta$만큼의 수익이 발생할 것을 기대한다.

03 투자 결정 원리

1 자본의 한계생산물가치와 사용자 비용

① 기업이 자본재를 1단위 증가시키면 MP_K(자본의 한계생산물)만큼의 추가적인 재화생산이 이루어지므로 자본재를 1단위 증가시킬 때 얻는 수입의 크기는 $P \times MP_K$(자본의 한계생산물가치)이고 자본재를 1단위 증가시킬

때 소요되는 비용은 자본의 사용자 비용으로 측정된다.

② 따라서 기업은 자본의 한계생산물가치와 자본의 사용자 비용을 비교하여 투자여부를 결정하게 된다.

2 기업의 최적자본량 결정

① 기업의 최적자본량(K^*)은 $P \times MP_K$와 자본의 사용자 비용이 일치하는 수준에서 결정된다.

$$\rightarrow C = P \times MP_K$$

② 우하향하는 자본의 한계생산물가치 곡선은 자본에 대한 수요곡선의 역할을 하고 자본의 사용자비용은 자본량과 상관없이 일정하게 유지된다.

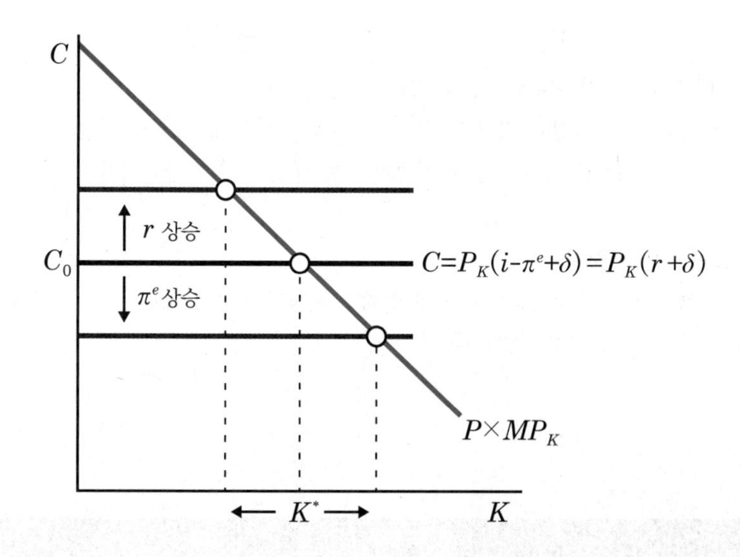

② 실질이자율(r)이 상승하면 자본의 사용자 비용(C)은 상승하므로 기업의 최적자본량(K^*)은 감소한다. 따라서 투자는 감소한다.

③ 예상 인플레이션율(π^e)이 상승하면 자본의 사용자 비용(C)이 감소하므로 기업의 최적자본량(K^*)은 증가한다. 따라서 투자는 증가한다.

④ 기술진보에 의해 자본의 한계생산이 증가하면 자본의 한계생산물가치곡선이 상방 이동하므로 최적자본량이 증가한다. 따라서 투자가 증가한다.

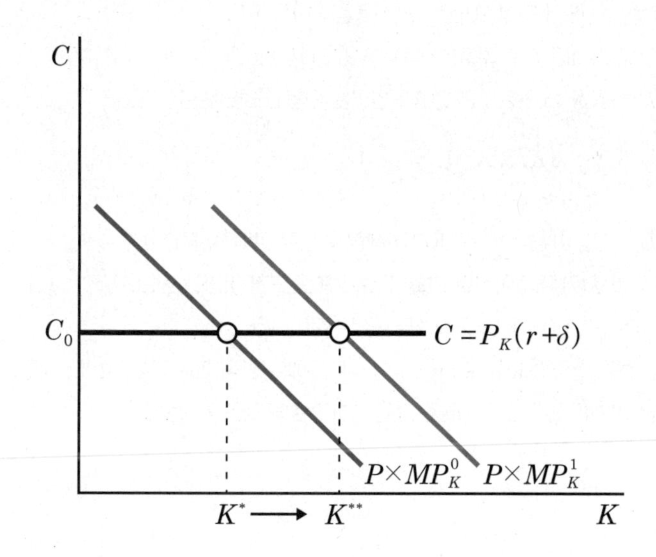

04 조정 비용과 투자 규모

① 총투자는 $I_t = K_t^* - K_t = K_t^* - K_{t-1}^*$이다.

[I_t : 총투자, K_t^* : t기의 최적자본량, K_t : t기에 실제 보유한 자본량, K_{t-1}^* : $t-1$기의 최적자본량]

② 즉, 투자란 이번기의 최적자본량 K_t^*와 전기의 최적자본량 K_{t-1}^*사이의 격차를 메꾸어 가는 것이다.

③ 그러나 현실적으로 K_t를 K_t^*로 각각 조정하지 못하므로 기업은 매기마다 $\left(K_t^* - K_{t-1}^*\right)$의 일정비율 (λ)만큼의 투자를 하게 될 것이다.

$$I_t = \lambda\left(K_t^* - K_{t-1}^*\right)$$
$$(0 < \lambda < 1)$$

즉, 새로운 최적자본량에 도달할 때까지 투자가 이루어지는 과정은 시간을 요구한다.

최적의 상태로 조정되어 가는데 얼마나 많은 시간이 걸릴 것인가는 새로운 자본을 얼마나 빨리 만들고 건설해 내는가에 달려 있다. 특히 자본재 가운데에서도 공장이나 첨단 설비 등에 대한 투자가 완결되기까지는 상당한 시간이 소요될 것이다.

④ 자본의 조정비용이 클수록 λ의 값은 작아질 것이다.

⑤ 즉, 이윤극대화 원리에 의해 K^*를 결정한 후 조정비용의 존재로 인해 부분적인 조정이 이루어지므로 신고전파 투자 이론에서는 투자함수에서 조정비용을 고려하지 않는다.

심화학습 가속도 원리

① 아프탈리옹(A. Aftalion), 클라크(J. M. Clark)등은 자본재 산업의 생산량 변동이 소비재 산업의 생산량변동보다 훨씬 크다는 점에 주목하였다.

② 유발투자를 통하여 소득 또는 소비변화가 발생할 때 투자가 훨씬 더 급속히 변화하는 경우를 설명한다.

③ 매기당 최종소비재 10단위를 생산할 수 있는 기계 1대를 가지고 매기당 수요 10단위를 충족시켜 주고 있다고 가정하자.

만약 소비재에 대한 수요가 10단위에서 15단위로 증가한다면 자본재인 기계를 분할할 수 없기 때문에 기업은 5단위의 소비재를 더 생산하기 위해 기계 1대를 추가적으로 더 구입해야 한다.

즉, 50%의 소비증가에 대응하여 유발투자는 기계 1대에서 기계 2대로 100%로 증가하게 된다.

④ 이와 같이 소비의 변동이 더 큰 유발투자의 변동을 가져다 주는 것을 '가속도 원리'라고 한다.

⑤ 기업의 이번 기(t기) 최적자본량$\left(K_t^*\right)$, 전기의 자본량(K_{t-1})으로 두면 가속도원리는 다음과 나타낼 수 있다.

$$I_t = \lambda\left(K_t^* - K_{t-1}\right)$$
$$(0 \le \lambda \le 1)$$

⑥ λ는 자본량이 조정되는 조정속도를 나타내는 계수로 값이 클수록 투자(I_t)가 빠른 속도로 이루어진다.

⑦ λ가 1이면 한 기간내에 최적자본량이 달성되도록 투자가 이루어지며 이를 '단순 가속도모형'이라고 한다.

⑧ λ가 1보다 작을 때 '신축적 가속도모형'이라고 하는데 조정비용이 커질수록 λ값은 작아진다.

즉, K_t^*와 K_{t-1}의 차이가 발생하더라도 투자에 소요되는 시차(time lag)가 길기 때문에 일반적으로 λ값은 1보다 작다.

⑨ 목표 생산량이 증가하거나 이자율과 자본재 가격이 하락하면 최적자본량이 증가하므로 투자도 증가한다.

5절 토빈의 q이론

01 개요

1 개념

① 토빈(J. Tobon)은 기업이 q라고 불리는 비율에 기초하여 투자를 결정한다고 보았다.

② 주식시장에서 평가된 기업의 가치와 실물 자본의 대체비용을 비교하여 투자를 설명한다.

2 전통적 이론과의 비교

① 전통적 이론은 생산량이나 이자율 등을 설명변수로 하는 자본재 수요 이론이다.

② 토빈의 q이론은 주식시장이 기업의 새로운 투자계획에 대하여 평가를 하고, 이를 근거로 투자량이 결정된다는 이론이다.

02 투자 결정 원리

1 q값의 정의

$$q = \frac{\text{주식시장에서 평가된 기업의 시장가치}}{\text{기업의 실물자본 대체비용}} = \frac{\text{자본재의 시장가치}}{\text{자본재의 구입가격}}$$

① 분자는 주식시장에서 평가되는 자본의 가치로 기업의 주가(stock price)에 기업이 발행한 주식 수를 곱한 값으로 관찰할 수 있다. 기업의 주가에는 기업에 대한 투자자들의 평가가 반영되어 있다.

② 분모는 기업이 실물 자본 대체를 위해 이를 시장에서 구입하는데 드는 구입 가격으로 관찰할 수 있다.

2 투자 결정

① 기업은 토빈의 q가 1보다 크면($q > 1$) 투자에 대한 유인이 커진다.

② 왜냐하면 구입한 자본재의 수익성이 자본재의 구입가격보다 크면 기업은 실물 자본에 투자할 것이기 때문이다.

③ 즉, 기업의 시장가치가 실제 가치보다 높게 평가되는 경우에 $q > 1$이 되고, 기업에 대한 신규 투자가 이루어지게 된다는 것이다.

④ 토빈의 q가 1.2라고 하면 기업이 100의 투자비용을 들이면 기업의 시장가치는 120만큼 증가하므로 기업의 주주는 20만큼의 이득을 얻게 된다.

03 평가

1 장점

① q는 투자 유인에 관한 포괄적인 정보를 지니고 있으므로 각종 투자 유인정책에 시사하는 바가 크다.

② 주식시장을 통한 투자자의 기대가 투자결정에서 차지하는 역할을 강조한다.

③ q이론에서는 미래시점의 자본의 수익성도 투자에 영향을 미친다는 것을 명시적으로 보여준다.

④ q이론은 주식시장의 국민 경제적 역할을 잘 보여준다. 즉, 토빈의 q이론은 투자에 있어 이자율보다 주가의 역할을 강조한다.

⑤ q이론은 투자의 금융적 측면과 실물적 측면을 함께 고려한다.

2 단점

① 투자 여부만 설명할 뿐 투자 규모는 설명하지 못한다.

② 주식시장에서 주가가 기업의 가치를 얼마나 정확하게 반영하는가에 대한 의문이 제기된다.

③ 현실적으로 주가가 자주 변하는데, 단기적인 주가의 변동에 따라 실물투자의 변동도 발생할지 의문시된다.

④ 투자는 결정이 이루어진 후 실행까지 상당한 시차가 존재하므로, 투자자가 주가 변동에 어느 정도 민감하게 반응할지 의문시된다.

⑤ 기업이 자금조달에 있어서 주식시장에 크게 의존하지 않을 수도 있다.

심화학습 | 자본의 사용자비용이론과 토빈의 q이론과의 관계

- 토빈의 q이론은 신고전파모형과 밀접히 연관되어 있다.
- 자본의 사용자비용이론에서 순투자는 자본의 한계생산물에서 자본의 사용자비용을 차감한 $P \times MP_K - (r+\delta)P_K$에 의존한다고 하였는데 토빈의 q역시 이 값과 동일하게 움직인다.
- 이 값이 상승하면 현재의 이윤이 증가하고 그에 따라 미래의 기대이윤도 증가한다.
- 이는 기업주식의 시장가치를 증가시키므로 q값도 상승하며 이러한 상황에서 기업은 투자를 증가시키게 된다.

6절 불확실성과 투자

01 개요

① 미래의 수익이 어느 정도인가에 대한 전망에 따라 투자가 이루어지기 때문에 투자는 미래지향적인 관점에서 결정된다.

② 현실적으로 투자는 미래의 불확실한 수익에 대한 주관적 기대에 의존할 수밖에 없다.

02 투자옵션모형 - 불확실성과 설비투자

① 설비투자는 비가역성을 갖고 있기 때문에 경기 침체로 예상과 달리 제품이 판매되지 않으면 큰 손실을 볼 수 있다. 예를 들어 공장을 한번 짓고 난 뒤 투자 이전의 상황으로 되돌아가기 어려운 경우를 투자의 비가역성(irreversibility)이라고 한다.

② 딕싯(A. Dixit)에 따르면 불확실성이 존재하는 경우 기업이 투자 자금을 보유하는 것을 옵션(option) 또는 선택권을 소유하는 것으로 보았다.

③ 설비투자로 투자 자금을 사용하게 되면 옵션을 행사하는 것이 되므로 불확실성이 커질수록 옵션행사에 따른 기회비용은 커진다.

기업이 지금 투자를 결정하면 기업은 당장 위험에 노출되며 투자시점을 연기하면서 새로운 정보를 얻을 수 있는 옵션을 상실한다. 따라서 투자를 단행함으로써 잃어버리게 되는 옵션의 가치도 기회비용으로서 투자의 비용에 포함되어야 한다.

④ 따라서 투자비용에 옵션 행사에 따른 기회비용이 포함된다면 불확실성이 커질수록 투자비용이 증가하고 투자는 감소하게 된다.

03 재고투자모형 - 불확실성과 재고투자

① 기업은 수요량 변동에 불확실성이 존재하여 수요량을 정확하게 예측하기 어려운 경우가 있다.

② 제품수요 증가 시 재고소진(stockout)이 발생하면 장래의 판매경쟁에서 불리해지고 시장 점유율이 하락할 수 있다.

③ 따라서 수요 증가 시 재고소진을 우려하는 기업은 미리 생산을 늘려 재고투자를 확대하게 된다.

④ 이를 재고소진 기피모형(stockout avoidance model)이라고 한다.

즉, 재고소진 기피모형에 따르면 수요량의 변화에 따른 불확실성이 기업의 생산, 즉 재고투자를 늘리도록 유도한다.

MEMO 단원의 핵심 내용을 정리해 보세요.

01 다음 중 국민소득계정상의 투자지출에 포함되지 않는 것은?

풀이 날짜			
채점 결과			

① 재고의 증가
② 주택의 신축
③ 공장의 증설
④ 기업의 새 자동차 구입
⑤ 공장부지의 매입

02 투자와 관련된 설명으로 옳지 않은 것은?

풀이 날짜			
채점 결과			

① 투자지출은 소비지출에 비하여 GDP에서 차지하는 비중이 대체로 낮다.
② 투자세액공제는 기업의 투자를 촉진시키는 효과를 가져온다.
③ 재고의 변화는 자본량에는 영향을 주지 못하기 때문에 투자로 간주되지 않는다.
④ 투자는 변동성이 심하여 경기변동을 초래하는 중요한 요인으로 간주된다.
⑤ 토빈(Tobin)의 q값이 1보다 크다면 기업은 투자를 늘려 자본량을 증가시키는 것이 유리하다.

해설

정답

01 • 투자란 유량개념으로서 일정 기간 동안에 있어서 기업의 자본재 구입액을 의미한다. ⑤

• 토지나 공장부지구입은 소유권의 이전에 불과하기 때문에 투자지출에 포함되지 않는다.
• 공장의 증설이나 기업의 새 자동차 구입은 설비투자에 들어간다.
• 재고의 증가는 재고투자에 속한다.
• 주택 신축은 건설투자에 속한다.

02 ①, ④ 투자가 소비에 비해 총수요 또는 GDP에서 차지하는 비중은 작지만 투자는 총수요 가운데 가장 변동이 심한 구성요소이다. ③

② 투자세액공제란 기업의 투자자금 관련 세금 중 일정 금액을 감해 주는 것을 말한다. 투자세액공제가 시행되면 기업으로서는 세금으로 내야 할 자금을 그만큼 되돌려 받는 셈이므로 결과적으로 투자로 인한 수익률이 증가한다. 기업이 얼마나 투자를 할 것인가를 결정하는 데에는 수익률이 관건이므로 투자세액공제는 기업의 투자를 촉진하는 요인이 될 수 있다

③ 재고의 변화는 자본량에 영향을 주기 때문에 투자로 간주되며 재고투자항목이다.

⑤ 토빈의 q는 다음과 같다.

$$q = \frac{\text{주식시장에서 평가된 기업의 시장가치}}{\text{기업의 실물자본 대체비용}} = \frac{\text{자본재의 시장가치}}{\text{자본재의 구입가격}}$$

따라서 q값이 1보다 크다면 투자에 대한 유인이 커져서 투자를 늘리는 것이 합리적이다.

01 다음 중 투자사업의 내부수익률의 개념과 가장 가까운 것은?

풀이 날짜			
채점 결과			

① 채권시장에서 형성된 1기간 보유수익률
② 투자사업의 순편익의 현재가치 합계를 0으로 만드는 할인율
③ 투자사업비 1원당 순편익의 현재가치를 시장이자율과 일치하게 만드는 할인율
④ 자본의 한계생산력
⑤ 명목이자율에서 기대 인플레이션을 차감한 값

02 투자에 관한 설명으로 옳지 않은 것은?

풀이 날짜			
채점 결과			

① 투자의 한계효율이 0보다 크면 투자가 이루어진다.
② 투자수익의 현재가치가 투자비용보다 클 때 투자가 이루어진다.
③ 자본재 가격의 변화는 투자의 한계효율에 영향을 미친다.
④ 토빈의 q값이 1보다 크면 투자는 증가한다.

03 다음 중 기업의 고정설비투자에 관한 설명으로 가장 타당성이 없는 것은?

풀이 날짜			
채점 결과			

① 투자수익세율을 인하하면 자본의 사용자비용이 감소하여 기업의 희망자본스톡이 증가한다.
② 일시적인 경기 침체 시에 투자를 증대시켜 경제를 회복시키려면 투자세액공제율을 영구적으로 인상시키는 것이 바람직하다.
③ 자본재의 공급가격이 하락하면 투자의 한계효율이 증가한다.
④ 이자율이 상승하면 투자의 현재가치가 감소한다.
⑤ 고정자산의 대체비용보다 시장에서 평가된 기업의 현재가치가 크면 투자는 증가한다.

해설

정답

01 • 내부수익률이란 투자비용과 투자로부터 얻게 되는 수익의 현재가치가 같아지는 할인율로서 다음의 식을 만족하는 m값을 의미한다. ②

$$C = \frac{R_1}{(1+m)} + \frac{R_2}{(1+m)^2} + \cdots + \frac{R_n}{(1+m)^n}$$

• 또는 투자계획의 순현재가치를 0으로($NPV = 0$) 만드는 할인율이다.

02 ① 투자의 한계효율이 시장이자율보다 크면 순현재가치가 0보다 커지므로 투자계획이 실행된다. ①

② 투자수익의 현재가치가 투자비용보다 크면 투자수익의 순현재가치가 0보다 커지므로 투자계획이 실행된다.

③ 자본재 가격이 변화하면 기업가의 예상수익이 변하므로 투자의 한계효율에 영향을 미친다.

④ 토빈의 q는 다음과 같다.

$$q = \frac{\text{주식시장에서 평가된 기업의 시장가치}}{\text{기업의 실물자본 대체비용}} = \frac{\text{자본재의 시장가치}}{\text{자본재의 구입가격}}$$

따라서 q값이 1보다 크다면 투자에 대한 유인이 커져서 투자를 늘리는 것이 합리적이다.

03 ① 투자수익세율을 인하하면 자본의 사용자비용이 감소하여 세후 이윤을 증가시킨다. ②

세후 이윤을 증가시키면 기업의 최적자본량이 증가한다.

② 투자세액 공제율을 영구적으로 인하시키는 것보다 기간을 정해 일시적으로 인하시키는 것이 효과가 크다.

③ 자본재 공급가격이 하락하면 기업가의 예상수익이 증가하므로 투자의 한계효율을 증가시킨다.

④ 수익의 현재가치(PV)는 다음과 같다.

$$PV = \frac{R_1}{1+r} + \frac{R_2}{(1+r)^2} + \cdots + \frac{R_n}{(1+r)^n} \ (R: \text{수익},\ r: \text{시장이자율})$$

이자율(r)이 상승하면 수익의 현재가치가 감소한다.

⑤ 고정자산의 대체비용보다 시장에서 평가된 기업의 현재가치가 크면 토빈의 q가 1보다 커진다.

따라서 투자는 증가한다.

04 어느 기업의 자본의 한계생산물(MP_K)이 $50-0.1K$라고 하자. 자본재 가격은 단위당 10,000원, 감가상각률은 5%로 일정하며, 생산물 가격은 단위당 200원으로 일정하다. 실질이자율이 초기 10%에서 5%로 하락하였을 때, 이 기업의 초기 자본량(K_0)과 바람직한 투자수준(I)은? (단 K는 자본량이다.)

풀이 날짜			
채점 결과			

① $K_0=375, I=25$
② $K_0=375, I=50$
③ $K_0=425, I=25$
④ $K_0=425, I=50$

05 다음 중 토빈의 q이론에 대한 설명으로 옳지 않은 것은?

풀이 날짜			
채점 결과			

① 전통적인 투자이론에서는 투자의 결정변수로서 이자율, 생산량 등을 중요시하나 q이론에서는 주식시장이 기업의 새로운 투자계획에 대한 평가를 하고 이를 근거로 투자의 크기가 결정된다고 본다.
② q이론에 따르면 q값이 1보다 큰 경우에 투자가 증가하게 된다.
③ q이론은 종래의 투자함수에서 설명변수로 이용되던 이자율이 전달해 줄 수 없는 정보를 q가 지니고 있다는 장점이 있다.
④ q이론은 주식가격의 변동은 매우 변동성이 심하고 실제로 투자가 이루어지기까지는 상당한 시차가 존재한다는 문제점이 있다.
⑤ 지금까지의 실증분석에 따르면 q이론은 거의 모든 국가에서 잘 적용될 수 있는 것으로 평가되고 있다.

04 • 신고전학파 모형은 자본재를 사용하여 생산하는 기업의 수익과 비용을 분석하여 최적자본량을 결정하고 이를 통해 투자의 수요를 결정한다. ③

• 조르겐슨(Dale Jorgenson)은 임대기업의 한계비용을 자본의 사용자비용이라고 명명하였다.

• 자본의 사용자 비용이론에 따르면 최적의 자본량은 자본의 사용자비용과 자본의 한계수입이 일치할 때 결정된다.

자본의 사용자비용 = 자본재 가격(P_K) × (감가상각률 δ + 실질이자율 r)

자본의 한계수입 = 생산물 가격(P) × 자본의 한계생산물(MP_K)

• 실질이자율이 초기 10% 일 때 초기자본량을 구하면 다음과 같다.

$200\times(50-0.1K)=10{,}000\times(0.05+0.1)$

$\rightarrow 50-0.1K=50\times0.15$

$\rightarrow 0.1K=50-\dfrac{15}{2}$

$\rightarrow \dfrac{1}{10}K=\dfrac{85}{2}$

$\rightarrow K=425$

• 실질이자율이 5%로 하락할 때 자본량을 구하면 다음과 같다.

$200\times(50-0.1K)=10{,}000\times(0.05+0.05)$

$\rightarrow 50-0.1K=50\times0.1$

$\rightarrow 0.1K=50-5$

$\rightarrow \dfrac{1}{10}K=45$

$\rightarrow K=450$

• 따라서 자본량이 25 증가하였으므로

자본의 변화분(ΔK)인 투자(I)는 25이다.

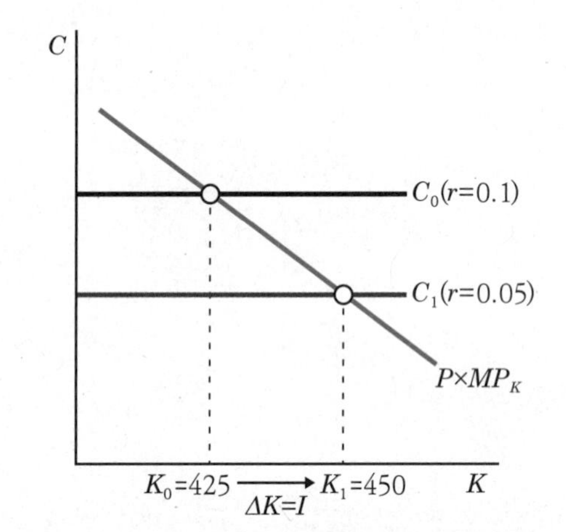

05 • 토빈의 q이론은 주식시장에서 평가된 기업의 가치와 실물 자본의 대체비용을 비교하여 투자를 설명한다. ⑤

• 전통적 투자이론은 생산량이나 이자율 등을 설명변수로 하는 자본재 수요 이론이나 토빈의 q이론은 주식시장이 기업의 새로운 투자계획에 대하여 평가를 하고, 이를 근거로 투자량이 결정된다는 이론이다.

• q이론은 주식시장을 반영한 투자이론이기 때문에 주식시장이 잘 발달된 국가에서만 잘 적용된다.

06 다음 모든 조건이 일정할 때 다음 중 토빈(Tobin)의 q를 증가시키는 요인은?

① 법인세율의 인상
② 주가 상승
③ 자본재의 대체비용 상승
④ 실업률 상승
⑤ 통화 공급의 감소

풀이 날짜			
채점 결과			

07 다음 중 투자가 증가할 수 있는 조건으로 적당하지 않은 것은?

① 경기가 좋아질 것으로 예상됨
② 주택 가격이 하락함
③ Tobin의 q값이 1보다 큰 값을 가짐
④ 투자의 한계효율이 시장이자율보다 큰 값을 가짐
⑤ 투자수익의 현재가치가 투자비용보다 큰 값을 가짐

풀이 날짜			
채점 결과			

08 투자이론에 관한 설명으로 옳지 않은 것은?

① 현재가치이론에 의하면 투자수익의 현재가치가 투자비용의 현재가치보다 클 때 투자가 실행된다.
② 토빈의 q이론에 의하면 $q > 1$이면 투자가 실행되고, $q < 1$이면 투자가 실행되지 않는다.
③ 재고소진 기피(stock-out avoidance) 모형에 의하면 수요증가 가능성이 커질수록 재고보유동기는 감소한다.
④ 가속도원리에서 산출량의 증가는 투자에 양(+)의 영향을 미친다.

풀이 날짜			
채점 결과			

해설

정답

06 • 토빈의 q는 다음과 같다. ②

$$q = \frac{\text{주식시장에서 평가된 기업의 시장가치}}{\text{기업의 실물자본 대체비용}} = \frac{\text{자본재의 시장가치}}{\text{자본재의 구입가격}}$$

• 분자는 기업의 주가(stock price)에 발행주식수를 곱한 값으로 관찰할 수 있다.
• 분모는 기업이 실물 자본 대체를 위해 이를 시장에서 구입하는데 드는 구입 가격으로 관찰할 수 있다.
• 주가가 상승하면 기업의 가치가 증가하기 때문에 토빈의 q값이 커진다.

07 ① 경기가 좋아질 것으로 예상되면 기업은 설비투자를 증가시킨다. ②
② 주택가격이 하락하면 건설투자가 감소한다.
③ 토빈의 q값이 1보다 커지면 구입한 자본재의 수익성이 자본재의 구입가격보다 커지므로 기업은 실물 자본에 투자한다.
④ 투자의 한계효율이 시장이자율보다 큰 값을 가지면 투자에 따른 기대수익의 현재가치가 투자금액보다 크기 때문에 투자계획이 실행된다.
⑤ 투자수익의 현재가치가 투자비용보다 크면 투자수익의 순현재가치가 0보다 커지므로 투자계획이 실행된다.

08 ① 투자수익의 현재가치가 투자비용보다 크면 투자의 순현재가치가 0보다 크므로 기업은 투자를 하려 할 것이다. ③
② 토빈의 q는 다음과 같다.

$$q = \frac{\text{주식시장에서 평가된 기업의 시장가치}}{\text{기업의 실물자본 대체비용}} = \frac{\text{자본재의 시장가치}}{\text{자본재의 구입 가격}}$$

기업은 토빈의 q가 1보다 크면($q > 1$) 투자에 대한 유인이 커진다.
③ 수요 증가 시 재고 소진을 우려하는 기업은 미리 생산을 늘려 재고투자를 확대하게 된다.
④ 가속도원리는 유발투자를 가정한다.
유발투자는 산출량의 변화에 따라 유발된 투자를 말하므로 산출량이 증가하면 투자에 긍정적인 영향을 미친다.

MEMO 그래프를 그려보세요.

01 객관식 점검 문제

PART 출제경향

- 소비함수의 경우 케인즈의 절대소득가설을 기초로 다양한 함수들이 존재한다.
- 특히 자주 출제되는 소비함수는 '항상소득가설'과 '평생소득가설'이다.
- 현대소비함수에 해당하는 두 이론은 케인즈의 절대소득가설과 어떠한 차이가 있는지 확인하자.
- 또한 항상소득가설과 평생소득가설은 미래전망적 소비자를 기반으로 설명하므로 피셔의 2기간모형과 연결 지어야 한다.
- 투자함수의 경우 토빈의 q이론, 신고전파의 자본의 사용자 이론 등을 자주 물어보므로 이에 대한 정리가 필요하다.
- 최근에는 불확실성하에서의 소비 및 투자함수도 출제되고 있다.

02 논술 및 약술 점검 문제

PART 출제경향

- 소비함수와 투자함수의 발전과정을 통해 전체적인 흐름을 먼저 기억해야 한다.
- 고전적 소비함수의 대표는 '케인즈의 절대소득가설'이고 그 이후 절대소득가설에 대해 비판적 견해를 가지고 새로운 소비함수들이 등장한다.
- 마찬가지로 고전적 투자함수는 '현재가치법'과 '내부수익률'법이며 케인즈계열과 고전학파계열하에서 다양한 투자함수가 등장한다.
- 토빈의 q이론은 논술 주제에서 자주 사용되며 특히 주식시장에서의 변동과 관련된 내용에서는 활용할 수 있는 모형이다.

문제 01

현재 수출경기와 더불어 내수시장이 침체되고 있다.

1. 소비가 감소하고 있는 이유에 대하여 논하시오. (항상소득가설과 절대소득가설을 활용하여 3가지 이상 제시할 것)

2. 투자가 감소하고 있는 이유에 대하여 논하시오. (3가지 이상 제시할 것)

해설

1 소비가 감소하고 있는 이유에 대하여 논하시오.

1. 교역조건 악화에 따른 실질 소득 증가 부진

유가 장기 상승세 전환 등에 따른 교역조건 악화로 생산(GDP)성장률에 비해 소득(GDI)증가율이 크게 저조하다.

2. 소득 성장 양극화

① 외환위기 이후 두드러지고 있는 가계와 기업 간 소득성장 양극화는 소비부진을 통해 내수 증가를 저해함으로써, 내수증가율이 소득증가율을 크게 하회하는 결과를 초래하고 있다.

② 대외여건 불안 지속에 따라 은행권의 여신 관리가 강화되고 있는데다 대출수요(투자자금수요) 또한 감소하고 있다. 이는 내수경기에 대한 의존도가 높은 국내 중소형 기업과 대기업과의 양극화 현상을 심화시키는 원인이 되기도 한다.

3. 역자산효과

① 현재 전반적인 소비침체에는 부동산 · 주식 등 자산가치의 하락 현상이 소비에 영향을 미치는 '자산효과' 영향이 크다.

② 현재 금융 및 주택자산이 동반 침체하고 있기 때문에 역자산효과가 크다.

4. 항상소득의 감소

① 프리드만은 항상소득가설을 통해서 임시소득과 관련된 한계소비성향보다 항상소득 관련 한계소비성향이 더 크다고 주장한 바 있다.

② 주택 및 상가 담보가치가 하락하면서 항상소득이 감소하고 있고 이는 소비 감소로 연결된다.

5. 케인즈의 절대소득가설

보통 저소득층 가정의 소득증가분 대비 한계소비성향이 더 높기 때문에, 자산가격 하락으로 인한 소득양극화가 심화될 경우 소비가 더 큰 폭으로 침체될 우려가 있다.

2 투자가 감소하고 있는 이유에 대하여 논하시오.

1. 시장지향형 금융으로의 전환

① 현재 은행권의 예대금리가 낮아지고 있는데 이는 대출금리가 상대적으로 낮은 우량 기업에 대출을 몰아주고 있기 때문이다.

② 중소기업 대출 금리가 떨어지고 있는데도 중소기업이 자금을 수혈받지 못하는 이유는 은행이 건전성 강화에 주력하면서 중소기업 대출을 조이고 있기 때문으로 풀이된다.
(외환위기 당시 관계지향형 금융 → 시장지향형 금융)

2. 3중 투자 부진의 늪 : 설비, R&D, 외국인 국내 투자 감소

① 국내 생산 비용의 증가세로 인해 국내 기업의 해외시장 투자가 급증하고 있으며 경제의 불확실성으로 인해 설비투자와 연구개발 투자가 감소하고 있다.

② 한국 경제 성장의 핵심 역할을 담당했던 3부문의 투자가 장기 부진의 늪에 빠진 현상은 경제 성장의 정체 위기를 더욱 악화시키고 있다.

③ 설비 · 연구개발 · 외국인 국내 투자의 감소세는 장기적인 생산능력을 둔화시켜 우리나라의 잠재성장률에 악영향을 미칠 소지가 크며 국내 설비투자의 공동화 현상이 우려되고 있다.

3. 생계형 자영업자의 증가

우후죽순으로 늘어나고 있는 개인사업체 구조가 벤처 창업형이 아닌 생계형 자영업이 대부분을 이루면서 민간부문에서 장기적인 경제성장을 위한 투자여건이 마련되지 않는 점 또한 문제로 지적할 수 있다.

문제 01

감세정책은 저소득자보다 고소득자의 소득증가효과가 더 크다.
고소득자의 소득증가에 따른 소비증대 효과 여부가 있는지, 그리고 오히려 경기침체가 발생할 가능성도 있는지 검토하시오.

해설

1. 낙수효과

① 감세정책으로 인한 경기부양 효과가 저소득자의 소득분배를 가져오는 것이 낙수효과(trickle down effect)이다.
② 낙수효과가 존재하면 감세정책이 고소득자의 소득 증가에 따른 소비 증가 효과가 크다는 것을 의미한다.

2. 절대소득가설

① 절대소득가설에서는 소비함수가 소비축을 통과한다.
② 소득이 증가할수록 원점에서 뻗어 나오는 직선의 기울기로 측정되는 평균소비성향은 감소한다. 따라서 절대소득가설에서는 고소득자가 저소득자보다 평균소비성향이 작다.
③ 고소득자가 조세감면으로 소득이 증가해도 평균소비성향이 작기 때문에 저축이 증가할 가능성이 크다.
④ 지금과 같은 불경기 하에서는 저축 증가는 소비 감소로 연결되어 경기 침체가 더 심화될 가능성이 있다. 이를 '저축의 역설'이라고 한다.

문제 02

어떤 기업의 생산함수가 다음과 같은 콥 - 더글라스 생산함수로 주어져 있다고 하자.

$$Y = AK^{\alpha}L^{1-\alpha}$$

이 기업이 생산물시장과 요소시장에서 모두 완전경쟁기업이라 하고 자본의 실질임대비용이 rc라 할 때 이 기업의 최적자본량을 생산량(Y)과 자본의 실질임대비용의 함수로 나타내시오. (단, 생산물 가격(P)이 1이라고 하자.)

해설

① 해당 기업의 이윤은 다음과 같이 나타낼 수 있다.

$$\text{이윤}(\pi) = \text{총수입} - \text{총비용} = PY - rcK - wL = AK^{\alpha}L^{1-\alpha} - rcK - wL$$

② 최적자본량(K^*)을 구하기 위해서는 위의 식을 K로 미분하여 0으로 두어야 하므로 다음과 같이 최적자본량을 구할 수 있다.

$$\frac{d\pi}{dK} = \alpha AK^{\alpha-1}L^{1-\alpha} - rc = 0$$

$$\rightarrow \alpha YK^{-1} = rc$$

$$\rightarrow K^* = \frac{\alpha}{rc}Y$$

PART 03

PART GUIDE

- 경제는 화폐의 거래가 중요하다.
- 화폐를 빌려주고 빌리는 금융거래는 국민경제 내부에서 폭넓게 이루어지고 있으며 한 국가와 다른 국가와의 거래에서도 화폐 거래가 활발하다.
- 화폐는 어떠한 경로를 통하여 공급되고, 경제주체들은 왜 화폐를 보유하는지, 이자율은 화폐의 수요과 공급의 변화에 의하여 어떠한 영향을 받게 되는지를 살펴본다.
- 재정정책을 포함한 경제정책 중 금융정책은 화폐의 유통량이나 이자율을 조정할 수 있다.
- 금융정책은 다양한 거시경제 변수들에게 영향을 주기 때문에 어떤 경로를 통하여 영향을 주는지 이해하는 것은 매우 중요하다.

화폐금융론

CHAPTER 06

화폐공급론

단원 학습 목표

- 현대경제는 물물교환경제가 아니라 화폐경제로 화폐를 빌려주고 빌리는 금융거래는 국민경제 안에서 폭넓게 이루어지고 있다.
- 먼저 화폐란 무엇인가를 살펴본 후 화폐의 양을 측정하는 데에 기준이 되는 통화지표를 설명한다.
- 또한 화폐는 어떠한 경로를 통하여 공급되고 어떻게 통제할 수 있으며 왜 화폐를 보유하는지 설명한다.

□△○

1절 화폐의 기능과 측정

01 화폐(money)란?

재화와 서비스를 매매하고 채권 및 채무관계를 청산하는 거래에서 일반적으로 통용되는 지불수단을 말한다.

02 유동성(liquidity)

① 한 형태의 자산이 다른 형태의 자산과 얼마나 신속하고 편리하게 교환될 수 있는가를 판가름하는 기준이다.

② 하나의 자산이 다른 형태의 자산과 교환되는 과정에서 가치 하락의 정도가 작은 자산일수록 유동성이 크다고 한다.

③ 유동성이란 현금 또는 화폐로 전환될 수 있는 용이성을 의미하므로 화폐는 그 자체로 유동성이 가장 높은 자산이다.

03 화폐의 기능

1 회계단위 또는 가치척도

① 화폐는 회계장부상의 단위로 기능한다.

② 가치척도의 기능은 각 상품의 가치가 화폐단위로 측정될 수 있다는 것을 의미한다.

③ 화폐단위로서의 기능은 오로지 법화에 의해서만 수행된다.

개념정리 법화(legal tender)

• 정부가 법적으로 가치를 보증한 화폐를 말한다. 즉, 법으로 강제통용력을 부여받아 통용되는 화폐이며 우리나라의 경우 한국은행권이 이에 속한다. 한국은행권은 우리나라 영토 안에서는 어떤 거래에서든지 지불수단으로 이용할 수 있다.

2 교환의 매개수단

① 교환의 매개수단이란 화폐가 거래 과정에서 일반적인 지불수단으로 사용된다는 것을 의미한다.

② 화폐가 존재하지 않는 물물교환 경제라면 '욕망의 상호 일치'(double coincidence of wants)가 있어야 물건을 교환할 수 있다. 예를 들어 쌀을 가지고 옷을 원하는 사람은 옷을 가지고 쌀을 원하는 사람과 만나야 한다.

③ 그러나 서로 원하는 물건을 갖고 있는 사람을 찾기 쉽지 않으므로 화폐가 시간과 노력을 감소시키는 역할을 한다.

3 가치저장 수단

① 물물교환경제에서는 판매와 구매행위가 동시에 이루어지지만 화폐경제에서는 판매 시점과 구매 시점이 종종 분리된다. 구매 시점까지 최소한 단기적으로라도 화폐가 가치를 지니고 있어야 한다.
② 화폐가 한 시점에서 다른 시점까지 구매력을 저장해 주는 역할을 수행하는 것을 의미한다.
③ 가치의 저장 수단으로서의 기능은 화폐 이외에 주식 및 채권 등 다른 자산들도 수행할 수 있다.
④ 또한 화폐의 가치저장 수단으로서의 기능이 제대로 유지되려면 가치가 안정적이어야 한다.

04 화폐의 형태와 발달

물품화폐 → 금속화폐 → 지폐 → 예금화폐 → 전자화폐

① 물품화폐는 상품화폐라고도 하는데 물물교환을 위해 화폐로 쓰기로 한 것으로 소금, 비단, 담배 등이 있다.
② 금속화폐는 여러 가지 물품 중에서 오래 사용 가능하고 동질적이며 휴대성이 편리한 금 또는 은과 같은 귀금속을 화폐로 사용한 것을 말한다.
③ 지폐는 법으로 정한 화폐로 금속화폐와는 달리 명목가치와 소재가치가 다르다는 특징을 갖고 있으며 각국 정부는 지폐를 발행함으로써 주조차익을 얻을 수 있다.
④ 예금화폐는 금융기관에 예치한 예금을 기초로 발행되는 수표 등을 말한다.
⑤ 전자화폐는 전자매체에 가치를 저장하여 지불수단으로 사용하는 것을 말한다.

개념정리	주조차익(Seigniorage)

• 화폐 발행을 통하여 정부가 얻는 이익을 말한다. 화폐의 액면가에서 제조 비용을 뺀 것이다.

05 그레샴의 법칙

① 악화가 양화를 구축한다는 의미로 영국의 토머스 그레셤이 16세기에 제창한 학설이다.
② 한 사회에서 악화(소재가 나쁜 화폐)와 양화(소재가 좋은 화폐)가 동일한 가치를 갖고 함께 유통할 경우 악화만이 그 명목가치로 유통하고 양화에는 그 소재가치가 있기 때문에 사람들이 가지고 내놓지 않아 유통에서 없어지고 만다는 것이다.

06 통화량과 통화지표

1 통화량

① 일정 시점에서 측정된 시중에 유통되고 있는 화폐의 양을 말한다.

② 통화량은 특정 시점에서 측정하는 저량(stock)변수이다.

2 통화지표

1. 개념

① 통화지표란 통화량을 측정하는 지표이다.

② 우리나라는 어디까지를 화폐로 보느냐에 따라 협의통화(M1), 광의통화(M2), 금융기관유동성(L_f), 광의유동성(L)등의 통화지표를 편성하여 사용하고 있다.

2. 분류

① 우리나라는 2002년부터 IMF의 통화 금융통계 매뉴얼(2000년) 기준에 부합하는 새로운 개념의 통화지표로서 협의통화(M1) 및 광의통화(M2)를 개발하여 공표하였는데 이들 지표는 금융기관이 취급하는 금융상품의 유동성 정도를 기준으로 포괄 상품을 구성한 것이다.

② 협의통화(M1)는 화폐의 지급 결제수단으로서의 기능을 중시한 지표로서 민간이 보유하고 있는 현금과 예금취급 기관의 결제성 예금화폐로 정의된다.

예금 취급 기관이 보유한 현금은 직접 일상 거래에 지불수단으로 사용되는 것이 아니기 때문에 통화량에서 제외된다.

현금은 교환의 매개수단으로 직접 사용되는 지폐와 동전으로서 현금통화라고도 불린다.

결제성 예금이란 예금 취급 기관의 당좌예금, 보통예금 등 요구불예금과 저축예금, 시장 금리부 수시입출식 예금(MMDA : Money Market Deposit Accont), 단기금융펀드(MMF : Money Market Fund) 등이 포함된 수시입출식 예금으로 구성된다.

③ 광의통화(M2)는 M1보다 넓은 의미의 통화지표로서 M1에 포함되는 현금과 결제성 예금뿐만 아니라 예금 취급 기관의 준결제성 예금까지를 포함한다.

준결제성 예금이란 정기예적금 및 부금, 거주자 외화예금 그리고 양도성 예금증서, 환매조건부채권, 표지어음 등 시장형 금융상품, 금전신탁, 수익증권 등 실적 배당형 금융상품, 금융채, 발행어음, 신탁형 증권저축 등을 포함한다. 다만, 유동성이 낮은 만기 2년 이상의 장기금융상품은 제외한다.

④ 광의통화보다 포괄 범위가 더 큰 통화지표로 2006년부터 편제된 금융기관 유동성과 광의유동성이 있다.

금융기관 유동성(L_f : liquidity aggregates of financial institution)은 광의통화에 만기가 2년 이상인 수익성 금융상품과 증권금융 예수금 및 생명보험회사의 보험계약 준비금 등을 포함한다.

⑤ 광의유동성(L : liquidity aggregates)은 금융기관 유동성에 국채 · 지방채 · 회사채와 같은 채권, 그리고 기업어음 같은 유동성 금융상품까지 포괄한 가장 광의의 지표이다.

금융기관 유동성이 금융기관의 유동성 상품을 포괄하는데 비해 광의유동성은 금융기관은 물론 정부와 기업이 발행하는 유동성 상품까지 포괄한다.

M1	현금통화 + 요구불예금 + 수시입출식 저축성예금(은행저축예금, MMF 등) = 현금통화 + 예금통화 = 통화량 (요구불예금 + 수시입출식 저축성예금: 예금통화)
M2	M1 + 정기 예 · 적금 + 시장형 금융상품(CD, RP, CMA, 표지어음 등) + 실적 배당형 상품(수익증권, 금전신탁 등) + 금융채 + 기타 ※ 만기 2년 이상 금융상품 제외
금융기관 유동성(L_f)	M2 + 만기 2년 이상 정기 예 · 적금 및 금융채 + 만기 2년 이상 장기 금전신탁 + 생명보험회사 보험계약 준비금 + 증권 금융회사의 고객예탁금
광의유동성(L)	L_f + 정부 및 기업 등이 발행한 유동성 금융상품

3 중심통화지표

1. 개념

정책 당국이 통화금융 정책 집행 시 사용하는 통화지표를 의미한다.

2. 한국의 경우

환매조건부채권 7일물 금리 조정을 통해 직접 물가를 안정시키는 물가 안정목표제(inflation targeting)로 전환함에 따라 중심통화지표가 폐지되었다.

개념정리 금융상품의 종류

1. MMDA(Money Market Deposit Account)

시장 실세금리에 의한 고금리가 적용되고 입출금이 자유로우며 각종 이체 및 결제 기능이 가능한 단기상품이다.

2. MMF(Money Market Fund)

자산운용회사가 여러 고객이 투자한 자금을 모아 이를 주로 양도성예금증서(CD), 기업어음(CP), 잔존만기 1년 이하의 국채 및 통화안정증권 등 금융자산에 투자하여 얻은 수익을 고객에게 배당하는 채권투자 신탁상품이다.

3. 양도성예금증서(CD : Certificate of Deposit)

① 은행이 양도성을 부여하여 무기명 할인식으로 발행한 정기예금증서를 말한다.
② 수익률이 실세금리를 반영하여 비교적 높은 편이며 통상 1,000만 원 이상의 목돈을 3개월 내지 6개월 정도 운용하는 데 적합한 단기상품이다.
③ 중도해지가 불가능하며 만기 전에 현금화하고자 할 경우에는 유통시장(종합금융회사, 증권회사)에서 매각할 수 있다.

4. 환매조건부채권(RP : Re-purchase Paper)

금융기관이 보유하고 있는 국공채 등 채권을 고객이 매입하면 일정 기간이 지난 뒤 이자를 가산하여 고객으로부터 다시 매입하겠다는 조건으로 운용되는 단기 금융상품이다.

5. 어음관리계좌(CMA : Cash Management Account)

① 종합금융회사나 증권회사가 고객의 예탁금을 어음 및 국공채 등 단기금융상품에 직접 투자하여 운용한 후 그 수익을 고객에게 돌려주는 단기 금융상품이다.
② 예탁금에 제한이 없고 수시 입출금이 허용되면서도 실세금리 수준의 수익을 올릴 수 있는 장점을 가지고 있다.

6. 표지어음

금융 기관이 기업자들로부터 받은 무역 어음이나 상업 어음을 분할하거나 통합하여, 금융 기관을 지급인으로 새로 만들어서 일반인이나 기관 투자가에 판매하는 어음을 말한다.

□△○

2절 화폐 공급

01 중앙은행과 통화 공급

1 본원통화(monetary base)란?

1. 개념

① 본원통화는 중앙은행 창구를 통하여 시중에 나온 현금으로 예금은행의 예금통화 창조의 토대가 된다.

② 본원통화는 고성능 화폐(high-powered money)라고도 하는데 그 이유는 시중에 자금을 펌프질하는 기본적인 돈이기 때문이다.

③ 본원통화는 중앙은행의 통화성 부채이다.

2. 본원통화의 구성내역

① 중앙은행 밖으로 빠져나간 현금은 민간이 보유하든지 아니면 은행으로 들어가 지급준비금의 형태로 보유된다.

② 민간은 현금을 지갑이나 서랍, 금고에 보관하고 은행은 지급준비금을 시재금이나 중앙은행 예치금 (또는 지급준비 예치금)으로 보관한다.

③ 은행이 지점의 창구나 금고에 보유하는 것을 시재금(vault cash)이라고 하고 중앙은행에 맡겨 놓은 것을 중앙은행 예치금(또는 지급준비 예치금)이라고 한다.

④ 본원통화에서 은행의 중앙은행 예치금(또는 지급준비 예치금)을 뺀 것, 즉 민간의 현금보유액과 은행의 시재금을 합쳐 화폐발행액이라고 한다.

⑤ 따라서 본원통화는 현금통화와 지급준비금으로 정의되거나, 화폐발행액과 중앙은행 예치금으로 정의된다.

본원통화 = 현금통화 + 지급준비금

= 현금통화 + 시재금 + 중앙은행예치금(또는 지급준비 예치금)

= 화폐발행액 + 중앙은행 예치금

본원통화

<table>
<tr><td>현금통화</td><td colspan="2">지급준비금</td></tr>
<tr><td>현금통화</td><td>시재금</td><td>중앙은행 예치금</td></tr>
<tr><td colspan="2">화폐발행액</td><td>중앙은행 예치금</td></tr>
</table>

개념정리 시재금(vault cash)

• 은행이 보유하고 있는 현금을 가리킨다. 중앙은행에 있는 예치금과 함께 지급준비금으로 계상된다.

2 중앙은행의 대차대조표

① 중앙은행의 대차대조표를 보면 중앙은행이 본원통화를 어떻게 공급하는지 구체적으로 이해할 수 있다.

② 중앙은행은 은행의 은행이자 정부의 은행이므로 은행과 정부에 대한 대출자산을 갖고 있다.
또한 기타자산과 해외자산을 보유하는데 기타자산은 주로 국공채나 중앙은행 소유의 건물과 시설로 이루어진다.

③ 국내여신(domestic credit : DC)은 대정부 여신과 대민간 여신의 합이며 순외국자산(net foreign asset : NFA)은 중앙은행의 대외자산과 대외부채의 차액이다.

→ 여신(與信)이란 금융기관이 기업 등에 돈을 빌려주거나 보증을 서주는 등의 신용을 제공하는 것을 말한다.

④ 중앙은행의 본원통화는 국내자산과 순해외자산의 합과 같다.

⑤ 본원통화는 국내자산과 순해외자산으로 이루어지고 있으므로 국내자산과 순해외자산의 변화가 있을 경우에 본원통화가 변동한다.

중앙은행의 대차대조표

자산	부채와 자본
국내자산 대정부여신(대정부대출) 대민간여신(재할인대출) - 기타자산 순해외자산(NFA)	국내부채 화폐발행액 중앙은행 예치금(또는 지급준비 예치금)

3 본원통화의 공급 경로

1. 정부 부문

① 정부의 지출규모가 거둬들인 조세수입보다 많을 때, 재정적자가 발생한다.

② 중앙은행은 정부의 부족한 돈을 대출해줄 수 있으며 본원통화와 중앙은행의 국내자산이 동시에 증가한다.

재정 적자 → 대정부 대출 증가 → 본원통화 증가

2. 금융 부문

① 중앙은행이 시중은행에 대해 대출을 늘리면 그와 동시에 본원통화가 증가한다.

② 중앙은행의 예금 취급 기관에 대한 대출을 재할인(rediscount) 대출이라고 하는데 재할인이라는 용어를 쓰는 이유는 민간이 발행한 어음을 은행이 할인해 주고 은행의 은행인 중앙은행이 다시 할인해 주기 때문이다.

예금은행의 중앙은행 대출 증가 → 본원통화 증가

3. 해외 부문

① 국제수지 흑자로 외화가 국내로 유입되면 은행들은 적정 수준 이상의 외화를 보유하게 된다.

② 은행들은 외화를 원화로 바꾸고자 하는데 이때 중앙은행이 외화를 매입하면 본원통화와 중앙은행의 순해외자산이 동시에 증가하게 된다.

수출 증가, 차관 도입 → 외환 유입 → 중앙은행 외환 매입 → 본원통화 증가

수입 증가, 외채 상환 → 외환 유출 → 중앙은행 외환 매각 → 본원통화 감소

4. 기타 부문

① 중앙은행이 기타자산 항목에 해당되는 국공채나 건물 등을 구입하면 기타자산이 증가하는 동시에 본원통화가 증가한다.

② 중앙은행이 국공채를 매입하는 경우를 공개시장 매입이라고 한다.

건물 및 시설 등 구입, 유가증권 매입 → 본원통화 증가

02 예금은행의 신용창조

1 일반은행의 대차대조표

자산	부채와 자본
현금 - 시재금 - 중앙은행 예치금 대출금 유가증권 기타자산	예금 - 요구불예금 - 저축성예금 중앙은행 차입금 기타부채 자본금

1. 자산 항목

① 은행의 자산 항목은 크게 현금과 대출금, 유가증권, 그리고 기타자산으로 이루어져 있다.

② 현금은 은행이 고객의 예금인출에 대비하기 위해 보유하는 지급준비금으로서 은행 금고 내에 보관된 시재금과 중앙은행에 은행예금의 일정 비율을 예치하는 중앙은행 예치금으로 이루어진다.

③ 은행의 자산항목 중 대출금은 은행 자금 운용의 가장 대표적인 방식으로 은행 총자산 가운데 가장 큰 비중을 차지한다.

2. 부채 항목

① 은행의 부채 항목은 크게 은행예금과 외부차입금으로 구분된다.

② 은행예금은 은행 자금조달의 주된 원천으로서 현금과 거의 같은 유동성을 갖는 요구불예금 또는 통화성예금과 유동성이 상대적으로 낮은 저축성예금으로 구분된다.

③ 또한 은행은 지급준비금이 부족할 때 중앙은행이나 다른 은행 또는 금융기관으로부터 일시적으로 자금을 차입하기도 한다. 은행은 중앙은행 차입금에 대하여 재할인율을 적용받는다. 은행이 다른 금융기관으로부터 차입한 자금을 콜머니(call money)라 하고 다른 금융기관에 자금을 대여하는 것을 콜론(call loan)이라 한다.

2 일반은행의 역할 - 금융 중개행위

1. 은행의 자금 조달

예금이라는 금융상품의 판매는 화폐의 공급이기도 하지만 은행 입장에서는 운용자금의 원천이 된다.

2. 은행의 자금 운용

(1) 대출

대출은 이자수입을 통한 은행 영업수익의 원천으로 민간에 대한 신용의 공급으로서 은행입장에서는 가장 중요한 자산이다.

(2) 지급준비금

① 지급준비금이란 언제 발생할지 모르는 예금인출에 대비하기 위해 현금(시재금)이나 중앙은행 예치금 형태로 보유해둔 자산을 말한다.

② 은행이 예금의 일정 비율로 의무적으로 보유해야 하는 법정 지급준비금(legal reserves) 또는 필요지급준비금(required reserves)과 이를 초과하여 자발적으로 보유하는 초과 지급준비금(excess reserves)으로 구성된다.

→ 실제 지급준비금 = 법정 지급준비금 + 초과 지급준비금

개념정리	지급준비율(reserve ratio)

- 법정 지급준비율(legal reserve ratio)이란 예금액 대비 법정 지급준비금의 비율을 말한다.
- 만약 예금액 1만 원이고 법정 지급준비금이 1천 원이라면 법정 지급준비율은 10%가 된다.

→ 법정 지급준비율 = $\frac{1,000}{10,000} \times 100 = 10\%$

- 초과 지급준비율(excess reserve ratio)이란 예금액 대비 초과 지급준비금의 비율을 말한다.
- 따라서 실제 지급준비율은 법정 지급준비율과 초과 지급준비율의 합이 된다.

→ 실제 지급준비율 = 법정 지급준비율 + 초과 지급준비율

3 전액 지급준비제도와 부분 지급준비제도

① 전액 지급준비(full reserve banking)제도란 예금 전부를 현금으로 보유하는 것을 말한다.

② 부분 지급준비(fractional reserve banking)제도란 예금 일부만을 현금으로 보유하고 나머지는 대출을 하거나 기타 자산을 구입하는 방식을 말한다.

4 예금은행의 예금통화 창조(deposit creation)

1. 개요

① 예금은행으로 본원적 예금이 유입되면 이 중 일부가 대출로 사용되고 대출된 금액의 일부는 다시 은행으로 유입된다.

② 예금과 대출이 반복되면서 통화량은 본원적 예금액보다 훨씬 크게 증가한다.

③ 본원적 예금이란 예금은행 조직 밖에서 최초로 은행 조직 내부로 유입된 예금을 말하며 파생적 예금이란 은행 조직의 신용창조 과정에서 창출된 예금을 말한다.

2. 가정

① 요구불예금만 존재하며 예금은행은 법정 지급준비금만 보유한다.

② 예금은행은 대출의 형태로만 자금을 운용한다.

③ 예금은행 조직 밖으로의 현금 누출은 없다. 즉, 은행으로부터 대출을 받은 사람은 전액을 거래은행에 요구불예금의 형태로만 예치한다는 것이다.

3. 사례

① 개인 갑이 현금 10,000원을 은행에 예금하고 법정 지급준비율(z_l)은 10%라고 하자.

② 개인 갑이 현금 10,000원을 A은행에 예금하면 현금통화는 10,000원 감소하고 예금통화가 10,000원 증가한다. 따라서 통화량은 변하지 않는다.

③ 법정 지급준비율이 10%이므로 A은행은 1,000원만 법정지급준비금으로 보유하고 전액 대출한다고 하면 A은행의 대차대조표는 다음과 같다.

A은행

자산(asset)	부채(liability)
지급준비금(reserve) 1,000원 대출(loan) 9,000원	예금통화(demand deposit) 10,000원

④ 개인 을이 현금 9,000원을 대출받았다면 현금통화는 9,000원 증가한다.

⑤ 개인 을이 다시 현금통화 9,000원을 B은행에 예금하고 다시 B은행이 법정지급준비금만 보유하여 개인 병에게 나머지 금액을 대출한다면 B은행의 대차대조표는 다음과 같다.

B은행

자산(asset)	부채(liability)
지급준비금(reserve) 900원 대출(loan) 8,100원	예금통화(demand deposit) 9,000원

⑥ 이처럼 예금과 대출 과정이 반복되면서 통화량이 증가하게 된다.

4. 총예금창조액

① 본원적 예금(primary deposits)이란 예금은행 밖에서 예금은행 조직으로 처음으로 흘러들어온 예금을 말한다.

② 갑의 10,000원이 본원적 예금(primary deposits : S)이고 법정 지급준비율(z_l)이 10%라면 총예금창조액은 다음과 같이 계산할 수 있다.

$$\begin{aligned}\text{총예금창조액} &= 10{,}000+9{,}000+8{,}100+\cdots \\ &= S+(1-z_l)S+(1-z_l)^2S+\cdots \\ &= \left[1+(1-z_l)+(1-z_l)^2+\cdots\right]S \\ &= \frac{1}{0.1}\times 10{,}000 = 100{,}000\text{원}\end{aligned}$$

③ 총예금창조액은 초항을 1만 원으로 하고 공비를 0.9로 하는 무한등비수열의 합과 같다.

④ 따라서 총예금창조액을 구하는 일반식은 다음과 같다.

$$\text{총예금창조액} = S(\text{본원적예금})+(1-z_l)S+\cdots = \frac{1}{z_l}S$$

〔S : 본원적 예금, z_l : 법정 지급준비율〕

⑤ 법정 지급준비율의 역수 $\left(\frac{1}{z_l}\right)$를 신용승수(credit multiplier)라 한다.

신용승수는 현금 누출이 없고 초과 지급준비금이 없다고 할 때 본원적 예금이 몇 배의 예금통화를 창출할 수 있는가를 보여준다.

5. 순예금창조액

① 순예금창조액이란 본원적 예금에 의해 추가로 창출된 예금의 총액을 의미한다.

② 순예금창조액은 총예금창조액에서 본원적 예금을 차감하여 계산한다. 순예금창조액은 본원적 예금을 차감해야 하므로 다음과 같이 계산할 수 있다.

$$\begin{aligned}\text{순예금창조액} &= 9{,}000+8{,}100+7{,}290+\cdots \\ &= (1-z_l)S+(1-z_l)^2S+(1-z_l)^3S+\cdots \\ &= \left[(1-z_l)+(1-z_l)^2+(1-z_l)^2\cdots\right]^3S \\ &= \frac{0.9}{0.1}\times 10{,}000 = 90{,}000\text{원}\end{aligned}$$

③ 따라서 순예금창조액을 구하는 일반식은 다음과 같다.

$$\begin{aligned}\text{순예금창조액} &= \text{총예금창조액} - \text{본원적예금} \\ &= \frac{1}{z_l}S-S = \frac{1-z_l}{z_l}S\end{aligned}$$

④ $\frac{1-z_l}{z_l}$은 신용승수와 구분하여 순신용승수(net credit deposits)라고 부른다.

순신용승수는 본원적 예금이 얼마나 통화와 요구불예금을 증가시켰는가 하는 배수로 신용승수보다 작다.

은행	요구불예금	대출	법정지급준비금
A	10,000	9,000	1,000
B	9,000	8,100	900
C	8,100	7,290	810
D	7,290	6,561	729
·	·	·	·
·	·	·	·
총계	100,000(총예금창조액)	90,000(순예금창조액)	10,000(본원적예금)

6. 유의사항

① 은행의 신용창조로 통화량이 늘어나기 때문에 경제의 유동성이 증가하지만 경제의 부(富)가 증가하는 것은 아니다.

② 왜냐하면 차입자들이 대출을 받았기 때문에 재화와 서비스를 구입할 수 있는 능력인 구매력이 커졌지만 부채도 커졌기 때문이다.

03 화폐 공급함수

1 화폐 공급함수와 통화승수

① 본원통화와 통화량과의 관계를 화폐 공급함수 또는 통화 공급함수라고 한다.

② 현금 누출과 초과지급준비금이 없다고 가정했던 것을 완화하여 민간이 어느 정도의 통화를 현금통화로 보유하기를 원하고 은행도 초과지급준비금을 보유하기도 한다고 하자.

③ 중앙은행이 공급한 본원통화는 예금은행 조직에 흘러들어가 그 몇 배에 해당하는 예금통화를 창출하여 통화량을 증가시킨다.

④ 본원통화를 H, 통화량을 M이라 하면 두 변수간의 관계를 다음과 같이 나타낼 수 있다.

$$M = mH$$

[m은 통화승수]

⑤ 통화승수(money multiplier)는 본원통화가 1단위 공급되었을 때 통화량이 얼마나 증가하는지를 보여주는 배수를 말한다.

$$m = \frac{M}{H}$$

[m : 통화승수, M : 통화량, H : 본원통화]

즉, 통화승수는 통화량(M)과 본원통화(H)의 비율을 말한다.

⑥ 본원통화와 통화승수를 안다면 통화량은 통화승수와 본원통화의 곱을 통하여 구할 수 있다.

2 통화승수의 도출

1. 현금통화비율($k=\dfrac{C}{M}$, C : 현금통화, M : 통화량)이 주어져 있는 경우

① 본원통화(H)는 현금통화(C)와 실제지급준비금(R)의 합이며 통화량(M)은 현금통화(C)와 예금통화(D)의 합이다.

$$H=C+R$$

〔H : 본원통화, C : 현금통화, R : 실제지급준비금〕

$$M=C+D$$

〔M : 통화량, C : 현금통화, D : 예금통화〕

② 은행의 지급준비율(z)을 $z=\dfrac{R}{D}$이라 하고〔R : 지급준비금, D : 예금통화〕, 민간의 현금통화비율(k)을 $k=\dfrac{C}{M}$라고 하자.

③ 민간경제주체들은 전체의 화폐보유액 가운데 얼마만큼 현금으로 보유할지를 결정하는데 화폐의 일정한 부분을 현금으로 보유하는 성향이 있다고 가정해보자.

이러한 가정을 이용하면 본원통화는 다음과 같이 나타낼 수 있다.

$$\begin{aligned} H &= C+R \\ &= kM+zD \\ &= kM+z(M-C) \end{aligned}$$

④ 통화승수 m은 $\dfrac{M}{H}$으로 구해지므로 여기에 위의 식을 대입하면 $\dfrac{M}{H}=\dfrac{M}{kM+z(M-C)}$가 된다.

⑤ 그리고 분모와 분자를 모두 M으로 나누면 다음과 같이 정리된다.

$$\frac{M}{H}=\frac{1}{k+z(1-k)}$$

즉, 통화승수는 민간의 현금통화비율(k)과 은행의 지급준비율(z)에 의해 결정되며 한 경제의 통화량은 다음과 같이 본원통화에 통화승수를 곱한 값으로 결정된다.

$$M=\frac{1}{k+z(1-k)}H$$

$$m=\frac{1}{k+z(1-k)}$$

2. 현금 - 예금비율($c=\dfrac{C}{D}$, C : 현금통화, D : 예금통화)이 주어져 있는 경우

① 본원통화(H)는 현금통화(C)와 지급준비금(R)의 합이며 통화량(M)은 현금통화(C)와 예금통화(D)의 합이다.

$$M=C+D$$

〔M : 통화량, C : 현금통화, D : 예금통화〕

$$H=C+R$$

〔H : 본원통화, C : 현금통화, R : 실제지급준비금〕

② 위의 첫 번째 식을 두 번째 식으로 나누면 다음과 같다.

$$\frac{M}{H}=\frac{C+D}{C+R}$$

③ 위의 오른쪽 항의 분자와 분모를 D로 나누면 다음과 같다.

$$\frac{H}{M}=\frac{\frac{C}{D}+1}{\frac{C}{D}+\frac{R}{D}}$$

④ $\frac{C}{D}$는 현금통화와 예금통화의 비율인 c이고 $\frac{R}{D}$은 실제지급준비율(법정 지급준비율 + 초과지급준비율) z이다.

⑤ 따라서 통화승수는 다음과 같다.

$$m = \frac{M}{H} = \frac{c+1}{c+z}$$

3 화폐 공급함수

① 통화 공급량은 통화승수에 본원통화를 곱한 값이므로 화폐 공급방정식은 다음과 같이 나타낼 수 있다.

$$M = mH = \frac{1}{k+z(1-k)} \times H$$

$$\left(k = \frac{C}{M},\ z = \frac{R}{D}\right)$$

② 위의 식은 통화량이 세 개의 외생변수, H와 k및 z에 어떻게 의존하는지를 보여준다.
H는 중앙은행이 공급하는 본원통화이고 지급준비율 z는 법정 지급준비율과 초과지급준비율을 합한 것과 같다.
따라서 통화량은 본원통화의 공급과 법정 지급준비율을 규제하는 중앙은행, 초과지급준비율을 결정하는 예금은행, 그리고 현금통화비율을 결정하는 민간부문 모두가 함께 결정한다.

③ 일반적으로 민간부문이 결정하는 현금통화비율은 사회관습에 의해 결정되고 초과지급준비율은 일정한 수준으로 결정되기 때문에 통화량의 크기는 주로 본원통화와 법정 지급준비율의 크기에 따라 변한다.
따라서 통화량의 조절은 주로 중앙은행에 의하여 결정된다.

④ 현금통화비율(k)이 1이거나 지급준비율(z)이 1인 경우에 통화승수(m)는 1이다.
이는 본원통화량(H) 자체가 통화량(m)이 되어 신용창조가 전혀 일어나지 않는 경우이다.

⑤ 현금통화비율(k)이 0인 경우에는 통화승수는 $m = \frac{1}{z}$이 된다.

⑥ 본원통화가 일정하더라도 민간의 현금보유성향(k)과 은행의 지급준비율(z)이 낮아지면 통화량이 증가한다. 현금보유성향이 낮을수록 예금이 늘어나고 지급준비율이 낮을수록 대출이 늘어나므로 예금과 대출의 선순환이 이루어져 통화가 그만큼 더 창출되기 때문이다.

4 통화승수와 신용승수와의 관계

① 통화승수는 $\frac{1}{k+z(1-k)}$이고 신용승수는 $\frac{1}{z_l}$이다.

② 현금통화비율(k)과 초과지급준비율(z_e)이 0이라면 통화승수와 신용승수는 일치한다.
→ $z = z_l + z_e$이므로 $z_e = 0$이면 $z = z_l$의 관계가 성립된다.

심화학습 이자율과 통화공급량과의 관계

1. 통화공급곡선이 수직선인 경우

① 이자율이 상승하더라도 민간주체의 현금통화비율과 일반은행의 초과지급준비율이 변하지 않는다면 통화승수는 변하지 않는다.

② 통화승수가 일정하다면 통화량은 변하지 않게 되며 이는 통화공급곡선이 수직선의 형태를 갖게 된다.

2. 통화공급곡선이 우상향인 경우

① 이자율이 상승하면 화폐보유의 기회비용이 증가하므로 민간주체의 현금통화비율과 일반은행의 초과지급준비율이 하락할 수 있다.

② 민간주체의 현금통화비율과 일반은행의 초과지급준비율이 하락한다면 통화승수가 커지므로 통화량이 증가한다.

③ 따라서 통화공급곡선이 우상향의 형태를 갖게 된다.

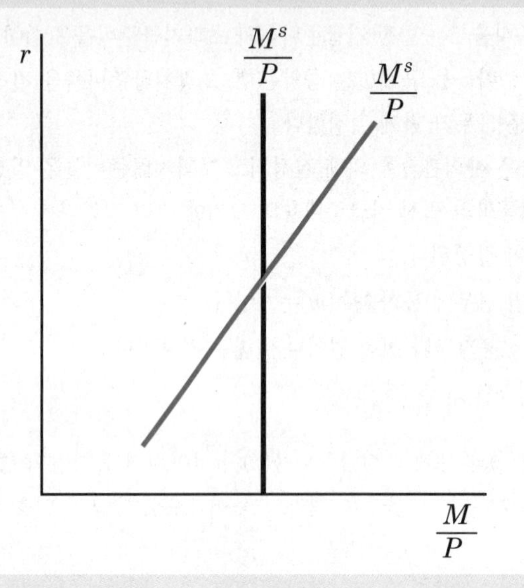

3. 금융정책과의 관계

① 통화공급곡선이 우상향인 경우 통화승수가 일정하지 않기 때문에 중앙은행의 금융정책의 유효성이 감소할 수 있다.

② 통화공급이 이자율의 증가함수인 경우 LM곡선이 완만해지므로 금융정책의 효과는 감소한다.

단원 점검 기초 문제

01 화폐주조차익을 무엇이라 하는가? (국민은행)

① 세뇨리지 효과
② 포페이팅(forfaiting)
③ 리디노미네이션(redenomination)
④ 디노미네이션(denomination)

풀이 날짜			
채점 결과			

02 M_2에 포함되지 않는 것은?

① 지갑 속의 현금
② 당좌예금
③ 정기예금
④ 양도성예금증서
⑤ 시재금

풀이 날짜			
채점 결과			

03 M2에 속하지 않는 것은? (기업은행)

① 현금통화
② 투자신탁회사의 MMF
③ 양도성 예금증서(CD)
④ 보험계약준비금

풀이 날짜			
채점 결과			

04 양도성 예금증서(CD)에 대한 내용으로 옳지 않은 것은? (2019년 NH 농협은행)

① 증서의 분실, 도난 등 사고신고가 있을 경우에는 자기앞수표와 사고신고에 준하여 처리한다.
② 예치금액의 단위에 별도의 제한은 없지만 일반적으로 액면금액기준 1,000만원 이상으로 한다.
③ 무기명 할인식으로 발행한다.
④ 중도해지 및 양도를 인정하지 않는다.

풀이 날짜			
채점 결과			

해설

정답

01 • 세뇨리지 효과란 화폐 주조 시 교환가치와 발행가치의 차액을 말하고 주조차익이라고 한다. ①
• 포페이팅이란 수출업자가 수출 대금의 채권을 금융 기관에 양도하고 현금을 받는 일을 말한다.
• 디노미네이션은 화폐액면을 말하고 리디노미네이션은 화폐액면의 변경을 말한다.

02 • 광의통화(M2)는 M1보다 넓은 의미의 통화지표로서 M1에 포함되는 현금과 결제성 예금뿐만 아니라 예금취급기관의 준결제성예금까지를 포함한다. ⑤
• 준결제성예금이란 정기예적금 및 부금, 거주자 외화예금 그리고 양도성 예금증서, 환매조건부채권, 표지어음 등 시장형 금융상품, 금전신탁, 수익증권 등 실적 배당형 금융상품, 금융채, 발행어음, 신탁형 증권저축 등을 포함한다. 다만, 유동성이 낮은 만기 2년 이상의 장기금융상품은 제외한다.
M1 + 정기 예 · 적금 + 시장형 금융상품(CD, RP, CMA, 표지어음 등) + 실적 배당형 상품(수익증권, 금전신탁 등) + 금융채 + 기타
※ 만기 2년 이상 금융상품 제외
• 시재금이란 은행이 현금형태로 보유하고 있는 지급준비금으로 통화지표에 포함되지 않는다.

03 • M1 + 정기 예 · 적금 + 시장형 금융상품(CD, RP, CMA, 표지어음 등) + 실적 배당형 상품(수익증권, 금전신탁 등) + 금융채 + 기타 ④

04 • 양도성 예금증서는 제3자에게 양도 가능한 단기금융상품으로 은행이 정기예금에 대하여 발행하는 증서이다. ④
• 증권회사와 종합금융회사의 중개를 통해 매매된다.
• 중도해지는 인정하지 않으나 양도성이 있다는 것이 특징이다.

05 한국은행이 하는 역할이 아닌 것은? (기업은행)

① 신용창조
② 발권은행
③ 금융 정책의 집행
④ 정부의 은행

풀이 날짜			
채점 결과			

06 고성능화폐(high-powered money)인 본원통화에 해당하는 것은 무엇인가?

① 시중은행이 보유한 채권, 대출 잔액 및 지급준비금
② 현금통화 및 지급준비금
③ 현금통화 및 요구불예금
④ 시중은행이 보유한 채권 및 요구불예금

풀이 날짜			
채점 결과			

07 법정 지급준비율이 20%인 경우, 은행이 예금을 추가로 100 받았을 때 초과지급준비금은 얼마인가? (2019년 IBK 기업은행)

① 100
② 80
③ 50
④ 20

풀이 날짜			
채점 결과			

08 어떤 개인이 요구불예금을 현금으로 인출했다면 다음 중 옳은 것은?

① 단기적으로 통화량은 변화하지 않는다.
② 은행의 실제보유준비금은 변화가 없다.
③ 은행의 필요지급준비금은 증가한다.
④ 은행의 요구불예금은 변화가 없다.
⑤ 은행의 초과지급준비금은 변화가 없다.

풀이 날짜			
채점 결과			

해설

정답

05 • 신용창조란 시중은행이 대출과 예금을 통해 예금이 창조되는 것을 말한다. ①
• 발권은행이란 한국은행이 지폐와 주화를 발행하는 것을 말한다.
• 한국은행은 금융 정책을 집행하거나 정부에 대하여 신용을 공여한다.

06 • 본원통화는 중앙은행창구를 통하여 시중에 나온 현금으로 예금은행의 예금통화 창조의 토대가 된다. ②
• 본원통화는 현금통화와 지급준비금의 합을 말한다.

07 • 예금을 추가로 100만큼 받게 되면 은행은 이 중 법정지급준비금으로 20%인 20을 적립해야 한다. ②
• 나머지 80은 초과지급준비금으로 계상하여 대출 등이 가능해진다.

08 • 일반적으로 통화량은 M1을 의미하고 현금통화와 예금통화의 합을 통화량이라고 한다. ①
• 요구불예금을 현금으로 인출하면 예금통화가 감소하고 현금통화가 증가하므로 통화량은 증가하지 않는다.

01 본원통화에 대한 설명으로 옳은 것은?

풀이 날짜			
채점 결과			

① 본원통화는 은행(중앙은행과 그 외 시중은행)밖에 존재하는 모든 현금과 시중은행의 지급준비금을 합한 것이다.
② 본원통화는 은행(중앙은행과 그 외 시중은행)밖에 존재하는 모든 현금과 시중은행이 중앙은행에 예치한 예금을 합한 것이다.
③ 본원통화는 은행(중앙은행과 그 외 시중은행)밖에 존재하는 모든 현금이다.
④ 본원통화는 은행(중앙은행과 그 외 시중은행)밖에 존재하는 모든 현금과 시중은행의 금고에 있는 금액을 합한 것이다.
⑤ 본원통화는 시중은행 밖에 존재하는 모든 현금과 시중은행이 중앙은행에 예치한 예금을 합한 것이다.

02 본원통화량이 증가하는 경우는?

풀이 날짜			
채점 결과			

① 외국인 주식투자자금 유출
② 민간은행의 중앙은행 차입
③ 중앙은행의 국채 매각
④ 재정흑자를 위한 정부예금의 증가
⑤ 환매채의 발행 증가

03 본원통화의 증감에 직접적인 영향을 주는 요인이 아닌 것은?

풀이 날짜			
채점 결과			

① 중앙은행에 의한 정부대출
② 정부의 국고금수입
③ 중앙은행에 의한 금융기관 대출
④ 기업의 신규투자
⑤ 중앙은행의 국공채 매도

04 본원통화 및 예금은행이 공급하는 통화와 관련된 다음 설명 중 옳지 않은 것은?

풀이 날짜			
채점 결과			

① 본원통화는 단지 중앙은행의 대차대조표만 보면 완벽하게 그 크기를 알 수 있다.
② 본원통화는 화폐발행액과 은행의 중앙은행 예치금의 합계이다.
③ 본원통화는 민간보유현금과 은행의 지급준비금의 합계이다.
④ 은행 본점의 금고 속에 보관되어 있는 1만 원권 지폐는 M_2에 포함된다.
⑤ 은행이 지급준비 목적으로 중앙은행에 예치한 액수는 M_1, M_2에 모두 포함되지 않는다.

해설

정답

01 • 본원통화의 구성내역은 현금통화와 지급준비금으로 이루어져 있다. ①

• 본원통화 = 현금통화 + 지급준비금 =현금통화 + 시재금 + 중앙은행 예치금(또는 지급준비 예치금)
= 화폐발행액 + 중앙은행 예치금

02 • 민간은행의 중앙은행 차입이 증가하면 재할인대출과 본원통화 모두 증가한다. ②

• 중앙은행의 국채 매각, 환매채의 발행 증가, 정부예금의 증가 모두 본원통화량 감소를 유발한다.

03 ① 중앙은행에 의한 정부대출은 대정부여신과 본원통화 모두 증가시킨다. ④

② 정부의 국고금이란 국고에 속하는 현금으로 우리나라에서는 국고금의 출납사무를 중앙은행인 한국은행이 담당하고 있다. 정부의 국고금 수입은 본원통화의 감소를 유발한다.

③ 중앙은행에 의한 금융기관 대출은 재할인대출로 본원통화 증가를 유발한다.

④ 기업의 신규투자는 중앙은행에 의한 본원통화 증감과 관련이 없다.

⑤ 중앙은행이 국공채를 매도하면 기타자산이 감소하면서 본원통화도 감소한다.

04 ① 본원통화는 중앙은행의 부채항목이므로 자산항목을 알면 그 크기를 정확히 알 수 있다. ④

②, ③ 본원통화의 구성내역은 다음과 같다.

본원통화 = 현금통화 + 지급준비금
= 현금통화 + 시재금 + 중앙은행예치금(또는 지급준비예치금)
= 화폐발행액 + 중앙은행예치금

④ 은행 본점의 금고 속에 보관되어 있는 지폐는 시재금이기 때문에 통화지표에 포함되지 않는다.

⑤ 중앙은행 예치금도 일반은행의 지급준비금에 속하기 때문에 통화지표에 포함되지 않는다.

05 현재 한국경제의 본원통화가 25조 원이고 현금통화는 20조 원이다. 예금은행은 요구불예금만 취급하고 법정 지급준비율은 20%이며 초과 지급준비금은 보유하지 않는다고 가정하면 한국경제의 통화량(M_1)의 크기는 얼마인가?

풀이 날짜			
채점 결과			

① 35조 원
② 45조 원
③ 25조 원
④ 15조 원
⑤ 55조 원

06 요구불예금만 존재하며 예금은행 조직 밖으로의 현금 누출은 없다고 가정한다. 이때 본원적 예금이 1,000원, 법정 지급준비율이 10%라면 은행조직 전체의 대출총액은 최대 얼마까지 가능한가?

풀이 날짜			
채점 결과			

① 1,000원
② 5,000원
③ 9,000원
④ 10,000원
⑤ 15,000원

07 다음은 어느 은행의 대차대조표이다. 이 은행이 초과 지급준비금을 전부 대출할 때, 은행 시스템 전체를 통해 최대로 증가할 수 있는 통화량의 크기는? (단, 법정 지급준비율은 20%이며 현금통화비율은 0%이다)

풀이 날짜			
채점 결과			

자산(억 원)	부채(억 원)
지급준비금 600 대 출 1,400	예 금 2,000

① 120억 원
② 400억 원
③ 1,000억 원
④ 2,000억 원

08 다음 정보에 의하면 통화승수의 크기는 얼마인가?

풀이 날짜			
채점 결과			

(A) 민간의 현금보유고 : 10
(B) 민간의 요구불예금 : 40
(C) 일반 상업은행 지급준비금 : 10

① 5.0 ② 2.5
③ 2.0 ④ 3.0
⑤ 4.0

05 • 본원통화는 현금통화와 지급준비금의 합이므로 본원통화가 25조 원이고 현금통화가 20조 원이라면 지급준비금은 5조 원이다. ②

• 초과지급준비율은 0%이고 법정 지급준비율이 20%이므로 실제지급준비율은 20%이다.

• 실제지급준비율은 지급준비금을 예금통화로 나눈 값이므로
(5조 원 / 예금통화) = 0.2 → 예금통화는 25조 원이다.

• 따라서 통화량은 현금통화와 예금통화의 합이므로 20조 원 + 25조 원 = 45조 원이다.

06 • 본원적 예금이 1,000원이라면 법정 지급준비율이 10%일 때 법정지급준비금 100원을 뺀 나머지 1,000원 - 100원= 900원을 대출한다. ③

• 대출받은 개인이 은행에 900원을 예금하면 법정지급준비금 90원을 차감한 나머지 900원 - 90원 = 810원을 대출한다.

• 따라서 대출총액의 합은 900 + 810 + … 이 되고 순예금창조액을 구하는 공식으로 구할 수 있다.

• 순예금창조액을 구하는 공식을 사용해서 대출총액을 구하면

$\frac{1-z_l}{z_l} \times S = \frac{1-0.1}{0.1} \times 1{,}000 = 9 \times 1{,}000 = 9{,}000$이다.

07 • 예금이 2,000억 원의 경우 법정 지급준비율이 20%라면 법정지급준비금은 2,000억 원 × 0.2 = 400억 원이다. ③

• 현재 지급준비금이 600억 원이므로 초과지급준비금은 200억 원이 있다.

• 초과지급준비금 모두 대출한다면 통화량은 신용승수 × 초과 지급준비금만큼 증가한다.

• 신용승수는 $\frac{1}{\text{법정지급준비율}} = \frac{1}{0.2} = 5$이므로 통화량은 5 × 200억 원 = 1,000억 원 만큼 증가한다.

08 ②

• $\text{현금}-\text{예금비율}(c) = \frac{10}{40} = 0.25$

• $\text{지급준비율}(z) = \frac{\text{지급준비율}}{\text{예금통화}} = \frac{10}{40} = 0.25$

• $\text{통화승수} = \frac{c+1}{c+z} = \frac{1.25}{0.5} = 2.5$

09 지급준비율(reserve-deposit ratio)은 0.1, 현금예금비율(currency-deposit ratio)은 0.2일 때의 통화승수는?

풀이 날짜			
채점 결과			

① 2
② 3
③ 4
④ 5

10 최근 신용카드와 현금카드의 증가 및 전자화폐의 등장으로 현금 수요가 감소하는 추세이다. 이로 인하여 경제에 나타날 수 있는 현상이 아닌 것은?

풀이 날짜			
채점 결과			

① 투자의 증가
② 물가 상승
③ 통화량 감소
④ 이자율 하락
⑤ 총수요 증가

11 현금통화 대 예금통화의 비율(현금통화/예금통화)이 높아질 수 있는 경우로 옳지 않은 것은?

풀이 날짜			
채점 결과			

① 은행 부도 위험의 증가
② 지하경제의 성장
③ 금융서비스 수수료의 인상
④ 이자율의 상승
⑤ 금융소득세의 인상

12 통화량의 본원통화에 대한 비율을 통화승수라 한다. 통화승수에 대한 서술로 옳은 것은?

풀이 날짜			
채점 결과			

① 본원통화가 증가하면 통화승수는 커진다.
② 통화승수가 1보다 큰 것은 예금은행의 신용창조 때문이다.
③ 지급준비율이 100%일 때는 통화승수가 1보다 작다.
④ 현금선호비율(현금/통화량)이 높을수록 통화승수는 커진다.
⑤ 예금은행이 초과 지급준비금을 많이 보유할수록 통화승수는 커진다.

09 • 현금 - 예금비율($c = \frac{C}{D}$, C : 현금통화, D : 예금통화)이 주어져 있는 경우 통화승수(m)는 다음과 같다. ③

$$m = \frac{M}{H} = \frac{c+1}{c+z}$$

통화승수는 $\frac{\text{현금예금비율}+1}{\text{현금예금비율}+\text{지급준비율}}$이므로

$\frac{0.2+1}{0.2+0.1} = \frac{1.2}{0.3} = 4$가 된다.

10 • 현금수요가 감소하면 현금 - 예금비율 또는 현금통화비율이 감소한다. ③

• 현금통화비율($k = \frac{C}{M}$, C : 현금통화, M : 통화량)이 주어져 있는 경우 통화승수(m)는

$m = \frac{1}{k+z(1-k)}$이므로 통화승수는 커진다.

• 통화승수의 증가는 통화량을 증가시키므로 이자율이 하락하고 투자는 증가한다.

• 투자 증가는 총수요의 증가를 가져와 물가도 상승시킨다.

11 ① 은행 부도 위험이 증가하면 현금수요가 높아져서 현금-예금비율이 커진다. ④

② 지하경제가 성장하면 현금 수요가 높아진다.
현금거래가 예금거래보다 자금거래노출이 적기 때문이다.
따라서 현금 수요가 높아져서 현금-예금 비율이 커진다.

③ 금융 서비스 수수료는 예금을 하거나 예금통화를 인출할 때 발생한다.
따라서 금융 서비스 수수료가 인상되면 예금보다 현금을 선호하게 되고 현금-예금 비율이 높아진다.

④ 이자율이 상승하면 은행에 예금하는 것이 합리적이므로 현금-예금 비율이 감소한다.

⑤ 금융 소득세는 예금에 따른 이자소득에 대해 부과한다.
금융 소득세가 인상되면 예금이자 소득세가 증가하기 때문에 현금 보유를 더 선호하게 된다.

12 ① 통화 공급량은 통화승수에 본원통화를 곱한 값이다. ②
본원통화가 증가하면 통화 공급량은 증가하나 통화승수에는 영향을 주지 않는다.

② 통화승수가 1보다 크면 본원통화보다 통화 공급량이 더 커진다.
이런 경우를 은행의 신용창조 또는 예금창조라고 한다.
예금은행으로 본원적 예금이 유입되면 이 중 일부가 대출로 사용되고 대출된 금액의 일부는 다시 은행으로 유입된다. 예금과 대출이 반복되면서 통화량은 본원적 예금액보다 훨씬 크게 증가한다.

③ 통화승수는 다음과 같다.

$$m = \frac{M}{H} = \frac{c+1}{c+z}$$

지급준비율(z)이 100%일 때는 통화승수는 $m = \frac{M}{H} = \frac{c+1}{c+1} = 1$의 값을 갖는다.

④ 현금선호비율이 높을수록 c가 커지기 때문에 통화승수는 작아진다.

⑤ 초과지급준비금을 많이 보유할수록 초과지급준비율이 커지면서 실제지급준비율(z)도 커진다. 실제지급준비율이 증가하기 때문에 통화승수는 작아진다.

13 다음 중 부분 지급준비(fractional reserve)제도에 대한 내용으로 옳지 않은 것은?

① 예금은행을 통한 신용창조의 근간이 된다.
② 예금에 대한 이자 지급을 가능하게 한다.
③ 때때로 중앙은행의 최종대부자 기능을 필요로 할 수 있다.
④ 법적으로 지급 준비 의무를 강제하지 않더라도 지급준비제도는 자발적으로 존속할 것이다.
⑤ 지급준비율이 하락할수록 통화승수가 증가하여 중앙은행이 통화량을 더욱 더 완벽하게 통제할 수 있게 된다.

풀이 날짜			
채점 결과			

13 • 부분지급준비(fractional reserve banking)제도란 예금일부만을 현금으로 보유하고 나머지는 대출을 하거나 기타 자산을 구입하는 방식을 말한다. ⑤

① 예금은행으로 본원적 예금이 유입되면 이 중 일부가 대출로 사용되고 대출된 금액의 일부는 다시 은행으로 유입된다. 예금과 대출이 반복되면서 통화량은 본원적 예금액보다 훨씬 크게 증가한다. 이를 신용창조라고 한다.

② 대출을 통해 은행이 이자수입을 얻게 되면 예금에 대한 이자지급이 가능하다.

③ 은행이 대출을 하는 과정에서 예금에 대한 지급액이 부족하면 중앙은행으로부터 대출을 받게 된다.

④ 대출은 이자수입을 통한 은행 영업수익의 원천으로 민간에 대한 신용의 공급으로서 은행 입장에서는 가장 중요한 자산이다. 따라서 부분지급준비제도는 자발적으로 존속하게 될 것이다.

⑤ 통화 공급량은 통화승수에 본원통화를 곱한 값이므로 화폐 공급방정식은 다음과 같이 나타낼 수 있다.

$$M = mH = \frac{1}{k + z(1-k)} \times H$$

$$\left(k = \frac{C}{M},\ z = \frac{R}{D}\right)$$

지급준비율이 하락하면 통화승수가 증가하기 때문에 본원통화를 통한 중앙은행의 통제가 어려워진다. 즉, 본원통화를 통한 중앙은행의 통제가 수월하기 위해서는 통화승수가 안정적이어야 한다.

MEMO 그래프를 그려보세요.

CHAPTER 07

금융

단원 학습 목표

- 금융은 돈의 조달과 운용을 의미한다. 다시 말해 자금을 조달하거나 운용함에 따라 일어나는 돈의 흐름을 말하는 것이다. 금융이란 남는 돈을 빌려주고 필요한 돈을 빌리는 것으로 자금의 공급자로부터 수요자에게 융통되는 자금의 흐름을 의미한다.
- 금융 시장이란 경제 주체들이 금융 상품을 거래하여 필요한 자금을 조달하고 운용하는 조직화된 시장을 의미한다.
- 금융 시장은 효율적인 자금 중개, 거래 비용 절감, 가격 결정, 자산 현금화 기능, 금융 거래 위험 관리, 자금 운용 및 차입 기회 제공 등 다양한 기능을 한다.
- 금리는 자금 시장에서 구체적으로 거래되고 있는 자금의 사용료 또는 임대료를 말하며, 이자 금액을 원금으로 나눈 비율로 '이자율(Interest Rate)'이라고도 한다. 금리는 은행에서 사용하는 이자율인 공공 금리, 시장에서 적용되는 금리인 시장 금리로 구분한다. 이러한 이자율은 현재의 가치와 미래의 가치를 연결해 주는 고리 역할을 한다.
- 대표적인 직접 투자 상품으로는 주식, 채권이 있고 대표적인 간접 투자 상품으로는 펀드 등이 있다.

1절 금융시장

01 금융이란?

금융은 돈의 조달과 운용을 의미한다.
즉, 자금을 조달하거나 운용함에 따라 일어나는 돈의 흐름을 금융이라고 한다.

02 금융시장

1 금융시장의 개념

금융시장이란 경제 주체들이 금융 상품을 거래하여 필요한 자금을 조달하고 운용하는 조직화된 시장을 의미한다.

2 금융시장의 기능

1. 금융시장의 자원배분 기능

① 국민경제 전체적으로 보면 가계부문은 소득이 지출보다 많아 흑자주체가 되는 반면 기업부문은 소득을 상회하는 투자활동을 하므로 적자주체가 된다.

② 금융시장은 가계부문에 여유자금을 운용할 수 있는 수단(금융자산)을 제공하고 흡수한 자금을 투자수익성이 높은 기업을 중심으로 기업부문에 이전시킴으로써 국민경제의 생산력을 향상시킨다. 이를 금융시장의 자원배분 기능이라고 한다.

2. 위험분산 기능(risk sharing)

① 금융시장은 다양한 금융상품을 제공함으로써 투자자가 분산투자를 통해 투자위험을 줄일 수 있도록 한다.

② 또한 파생금융상품과 같은 위험 헤지 수단을 제공하여 투자자가 투자 위험을 위험선호도(risk preference)가 높은 다른 시장 참가자에게 전가할 수 있도록 해 준다.

③ 이 결과 투자자의 시장 참여가 확대되면서 금융시장의 자금 중개 규모가 확대된다.

3. 유동성 제공(liquidity)

① 금융시장은 금융자산을 보유한 투자자에게 높은 유동성을 제공한다. 유동성은 금융자산의 환금성을 말한다.

② 투자자는 환금성이 떨어지는 금융자산을 매입할 경우에는 동 자산을 현금으로 전환하는 데 따른 손실을 예상하여 일정한 보상, 즉 유동성 프리미엄(liquidity premium)을 요구하게 된다.

③ 금융시장이 발달하면 금융자산의 환금성이 높아지고 유동성 프리미엄이 낮아짐으로써 자금 수요자의 차입비용이 줄어들게 된다.

4. 정보 수집 비용 절감

① 금융시장은 금융거래에 필요한 정보를 수집하는 데 드는 비용과 시간을 줄여준다.

② 투자자가 여유자금을 운용하기 위해 차입자의 채무 상환능력 등에 관한 정보를 직접 취득하려 한다면 비용과 시간이 많이 들 뿐 아니라 때로는 불가능할 수도 있다.

③ 그러나 금융시장이 존재할 경우 차입자의 신용에 관한 정보가 차입자가 발행한 주식의 가격이나 회사채의 금리 등에 반영되어 유통되므로 투자자가 투자 정보를 취득하는데 따른 비용과 시간이 크게 절감될 수 있다.

④ 따라서 금융시장의 정보 생산 기능이 활발하면 투자자의 의사결정이 촉진될 뿐만 아니라 차입자도 정당한 평가를 통해 소요자금을 원활히 조달할 수 있게 된다.

⑤ 금융시장이 발달할수록 금융자산 가격에 반영되는 정보의 범위가 확대되고 정보의 전파속도도 빨라지는 것이 일반적이다.

5. 시장 규율(markets discipline) 기능

① 시장 규율이란 차입자의 건전성을 제고하기 위해 시장 참가자가 당해 차입자가 발행한 주식 또는 채권 가격 등의 시장 신호(market signal)를 활용하여 감시기능을 수행하는 것을 말한다.

② 예를 들면 어떤 기업이 신규 사업을 영위하기 위해 인수 · 합병계획을 발표했는데 시장참가자들이 그러한 계획이 당해 기업의 재무 건전성을 악화시킬 것으로 본다면 금융시장에서 거래되는 동 기업의 주식이나 회사채 가격이 즉각 하락하게 된다. 즉, 시장참가자들이 인수 · 합병 계획에 대한 부정적인 시각을 가격에 반영한 것이다.

③ 이렇게 되면 그 기업의 자금조달 비용이 높아져 인수 · 합병을 통한 무리한 사업 확장에 제동이 걸릴 수가 있는 것이다.

3 금융 거래 형태에 의한 구분

1. 의의

금융시장은 자금의 조달 및 운용 방식에 따라 직접 금융시장과 간접 금융시장으로 구분될 수 있다.

2. 직접 금융시장

① 직접 금융시장은 자금의 수요자와 공급자가 금융 기관의 중개를 통하지 않고 직접 자금을 거래하는 시장을 말한다.

② 즉, 직접 금융은 자금의 수요자인 기업이 주식이나 채권, 기업 어음 등을 직접 자금의 공급자인 투자자에게 팔아서 자금을 조달하는 방법이라고 할 수 있다.

3. 간접 금융시장

① 간접 금융시장은 자금의 수요자와 공급자 사이에 금융 중개 기관이 개입하는 시장이다.

② 즉, 간접 금융은 자금의 수요자인 기업이 은행이나 보험 회사 등 금융기관으로부터의 '대출'을 통해서 자금을 조달하는 방법이다.

4 금융 상품 특성에 의한 구분

1. 의의

금융시장은 거래되는 증권의 만기를 기준으로 단기 금융시장인 화폐 시장과 장기 금융시장인 자본 시장으로 구분할 수 있다.

2. 단기 금융시장(화폐 시장)

① 단기 자금의 수요자와 공급자 간의 자금 수급 불균형을 조절하기 위해 통상 1년 미만의 단기 금융 자산이 거래되는 시장이다.

② 이러한 단기 금융시장은 화폐 시장이라고도 하며 금융 기관, 기업, 개인 등이 일시적인 자금 수급의 불균형을 조정하는 데 활용된다.

③ 우리나라의 경우 콜 시장, 기업어음 시장, 양도성 예금증서 시장, 환매조건부 채권매매 시장, 표지어음 시장, 통화안정 증권 시장 등이 단기 금융시장에 해당된다.

3. 장기 금융시장(자본 시장)

① 기업의 설비 자금, 정부 및 지방 자치 단체의 사업 자금 등 장기 자금 조달을 목적으로 발행되는 채권 및 주식이 거래되는 시장이다.

② 이러한 장기 금융시장은 자본 시장이라고도 하며 보통 증권 시장을 의미한다.

4. 파생 금융 상품 시장

① 기초 자산에 근거하여 파생된 금융 상품이 거래되는 시장이다.

② 즉, 가격 변동 위험을 제거하기 위해 옵션, 선물 등과 같은 거래 조건을 바꾸어 만들어진 파생 금융 상품이 거래되는 시장을 말한다.

5. 외환 시장

① 외환의 수요자와 공급자 간에 외환 거래가 정기적 또는 지속적으로 이뤄지는 모든 장소 및 거래를 총칭하는 추상적인 시장이다.

② 환율은 외환 거래가 이뤄지는 외환 시장에서 결정되며 외환 시장에는 은행, 기업, 개인, 중앙은행 등이 참가한다.

5 금융 거래 단계에 의한 구분

1. 의의

① 증권 시장은 주식과 채권 등의 유가 증권이 매매되는 시장으로 자본 시장의 역할을 대부분 담당하고 있어서 협의의 자본시장이라고 한다.

② 이러한 증권 시장은 금융 거래의 단계에 따라 발행 시장과 유통 시장으로 구분할 수 있다.

③ 발행 시장과 유통시장은 상호 보완적인 밀접한 관계를 유지하는데, 발행 시장은 금융 상품이 유통 시장에서 유동성이 확보될 때 활성화될 수 있다.

2. 발행 시장

발행 시장(Primary Market)은 자금의 수요자가 주식, 채권 등의 유가 증권을 새로 발행하여 자금을 조달하는 시장이다. 발행 시장은 발행자와 발행 주선 기관, 투자자로 구성된다.

3. 유통 시장

① 유통 시장(Secondary Market)은 이미 발행된 유가 증권이 투자자 간에 매매되는 시장으로 유가 증권에 유동성과 시장성을 부여한다.

② 유통 시장은 이미 발행된 유가 증권이 매매되므로 2차 시장이라고 할 수 있다.

③ 유통 시장은 유가 증권이 거래되는 장소에 따라 거래소 시장과 장외 시장(*OTC* : Over The Counter)으로 구분된다.

개념정리	거래소 시장과 장외 시장

• 거래소 시장에서의 유가 증권 거래는 증권 거래소라는 구체적으로 지정된 장소에서 집단적으로 행해지며 매매 대상인 유가 증권도 거래소에 상장되어 있는 종목으로 한정된다. 하지만 장외 시장에서의 유가 증권 거래는 특정한 형태의 시장이 존재하지 않고 브로커 등에 의해 투자자 간의 계약에 따라 이뤄진다.

6 금융수단의 성격에 따른 구분

1. 채무 증서 시장(debt market)

① 채무 증서 시장이란 차입자가 만기까지 일정한 이자를 정기적으로 지급할 것을 약속하고 발행한 채무 증서(debt instrument)가 거래되는 시장이다.

② 채무 증서의 만기는 통상 1년 이내의 단기, 1년과 10년 사이의 중기, 10년 이상의 장기로 구분된다.

③ 우리나라의 경우 기업어음 시장, 양도성예금 시장, 표지어음 시장, 통화안정 증권 시장, 국채 · 회사채 · 금융채 등의 채권 시장이 채무 증서 시장에 해당된다.

2. 주식 시장(equity market)

① 주식 시장은 회사의 재산에 대한 지분을 나타내는 주식(equity)이 거래되는 시장이다.

② 채무 증서와는 달리 주식으로 조달된 자금에 대해서는 원리금 상환의무가 없다. 그 대신 주주는 주식 소유자로서 기업 순이익에 대한 배당청구권을 갖는다.

③ 우리나라의 주식 시장에는 유가증권 시장, 코스닥 시장, 코넥스 시장, K-OTC 시장 등이 있다.

3. 채무 증서와 주식의 비교

① 채무 증서와 주식의 가장 큰 차이는 동 증권의 발행기업이 청산할 경우 채무 증서 소유자는 우선변제권을 행사할 수 있는 반면 주주는 채무를 변제한 잔여재산에 대하여 지분권을 행사(residual claim)한다는 점이다. 따라서 주식은 채권보다 기업부도 발생에 따른 위험이 더 크다.

② 또한 채무 증서 소유자는 이자 및 원금 등 고정된 소득을 받게 되므로 미래의 현금흐름이 안정적인데 비하여, 주주의 경우는 기업의 자산가치나 손익의 변동에 따라 이익을 볼 수도 있고 손해를 입을 수도 있다. 따라서 주식은 채무 증서보다 자산가치의 변동성이 크다.

2절 금융기관

01 금융 기관의 개념

금융 기관은 금융 시장에서 자금의 수요자와 공급자 간에 자금을 중개하는 기관을 말한다.

02 금융 기관의 분류

1 통화 금융 기관

① 통화 금융 기관(Monetary Institutions)은 통화를 창출하는 금융 기관으로서 본원통화를 공급하는 한국은행과 예금 통화를 창출하는 예금 은행으로 구성된다.

② 예금 은행은 예금을 수취하여 대출하는 업무를 반복적으로 수행하는 과정에서 예금 통화를 창출한다.

③ 예금 은행에는 일반 은행(시중 은행, 지방 은행 및 외국 은행 국내 지점)과 일부 특수 은행(기업은행, 농 · 수 · 축협 중앙회의 신용 사업 부문, 한국산업은행, 한국수출입은행)이 포함된다.

2 비통화 금융 기관

① 비통화 금융 기관(Non-Monetary Institutions)은 신용 창출 기능이 없거나 거의 없는 금융 중개 기관으로 자금의 이전적 공급 기능을 담당한다.

② 이러한 비통화 금융 기관은 개발 금융 기관, 투자 금융 기관, 비은행 금융 중개 기관, 보험 금융 기관 및 기타 금융 기관으로 분류된다.

- 투자 금융 기관 : 종합 금융 회사, 투자 신탁 회사, 증권 금융 회사
- 비은행 금융 중개 기관 : 은행 신탁 계정, 신용 협동 기구(신용 협동조합, 지역 농 · 축협과 수협 및 지역 산림 조합 등의 상호 금융, 새마을 금고), 우체국 예금
- 보험 금융 기관 : 생명 보험 회사, 손해 보험 회사 및 우체국 보험
- 기타 금융 기관 : 증권 관련 기관, 신용 보증 기관, 여신 전문 기관

■ 우리나라 금융회사 현황

구분	업권	세부
은행	일반은행	시중은행
		지방은행
		인터넷전문은행
		외국은행 국내지점
	특수은행	한국산업은행
		한국수출입은행
		중소기업은행
		농협은행
		수협은행
비은행금융회사	상호저축은행	
	여신전문금융회사	신용카드사
		리스사
		할부금융사
		신기술금융사
	대부업자	
	상호금융	신용협동조합
		농업협동조합
		수산업협동조합
		산림조합
		새마을금고
보험회사	생명보험회사	
	손해보험회사	
금융투자회사	증권사	
	선물사	
	자산운용사	
	투자자문사	
	부동산신탁사	
	종합금융회사	
기타 금융회사	금융지주회사, 전자금융업자, 우체국예금·보험 등	

03 금융회사

1 개념

① 금융회사는 금융시장에서 자금수요자와 공급자 사이에서 자금을 중개해주는 역할을 하는 회사이다.

② 금융회사는 취급하는 금융서비스의 성격에 따라 은행, 비은행 금융회사, 보험회사, 금융투자회사, 금융지주회사, 금융 유관기관 등으로 구분할 수 있다.

2 은행

① 은행은 예금 또는 채무 증서 등을 통해 불특정 다수의 경제주체들로부터 자금을 조달하고 기업, 가계 등에 대출하는 금융회사이다.

② 은행은 은행법에 의거 설립되어 운영되는 일반은행(은행법을 모법으로 하되 '인터넷전문은행 설립 및 운영에 관한 특례법'에 의해 보강된 인터넷전문은행 포함), 개별 특수은행 법에 의거 설립되어 운영되는 특수은행, 그리고 외국은행국내지점 등으로 구분된다.

③ 은행의 업무는 고유 업무, 부수업무 그리고 겸영업무로 구분되는데 은행법상 규정된 은행의 고유 업무에는 예적금 수입, 유가증권 또는 채무 증서 발행, 자금의 대출, 어음할인 및 내 · 외국환 등이 있다.

개념정리 BIS 비율

- BIS 비율은 은행의 건전성 판단 기준으로 위험가중자산 중에서 자기자본이 차지하는 비율을 말한다.
- 국제결제은행(Bank for International Settlements)이 정한 자기자본비율로 은행의 건전성과 안정성을 가늠하기 위해 만들어진 국제 기준이다.
- 국제결제은행(BIS)은 1930년 설립된 국제기구로, 1988년 바젤 합의를 통해 자기자본비율 규제를 정했다.

3 금융 유관기관

1. 개념

① 금융 유관기관은 금융거래에 직접 참여하기보다 금융제도의 원활한 작동에 필요한 여건을 제공하는 것을 주된 업무로 하는 기관들이다.

② 여기에는 금융감독원, 예금보험공사, 금융결제원 등 금융하부구조와 관련된 업무를 영위하는 기관과 신용보증기금 · 기술신용보증기금 등 신용보증기관, 신용평가회사, 한국 자산관리공사, 한국주택금융공사, 한국거래소, 자금중개회사 등이 포함된다.

2. 한국은행

① 우리나라 중앙은행인 한국은행은 화폐를 독점적으로 발행하는 발권은행이다.

② 화폐발행 외에 한국은행의 가장 중요한 역할은 물가 안정을 위해 통화신용정책을 수립하고 집행하는 것이다.

③ 한국은행이 채택하고 있는 통화 정책 운영체제는 물가 안정목표제이다.
물가 안정목표제는 통화량 등의 중간 목표를 두지 않고 정책의 최종 목표인 '물가 상승률' 자체를 목표로 설정하고 중기적 시계에서 이를 달성하려는 통화 정책 운영방식이다.

④ 한국은행의 금융통화위원회(금통위)는 기준금리(정책금리)를 정하고 여타 통화신용정책에 관해 결정을 내린다. 금통위는 한국은행의 통화신용정책에 관한 주요 사항을 심의 · 의결하는 정책결정기구로서 한국은행 총재 및 부총재를 포함한 총 7인의 위원으로 구성된다.

⑤ 한국은행은 금융안정에도 노력하고 있다.
금융회사로부터 예금을 받아 금융회사 고객의 예금인출에 대비한 지급준비금 등으로 이용하고 금융회사에 대출을 해주며 자금부족에 직면한 금융회사가 순조롭게 영업할 수 있도록 도와주는 등 은행의 은행 역할을 수행하고 있다. 또 국민이 정부에 내는 세금 등 정부의 수입을 국고금으로 받아 두었다가 정부가 필요로 할 때 자금을 내어주는 정부의 은행 역할도 수행하고 하다. 또한 2004년 1월 개정 한국은행법에 의거하여 지급결제시스템을 안정적이고 효율적으로 운영해야 하는 책무도 부여받았다.

개념정리 중앙은행의 기능

1. 발권은행으로서의 기능
중앙은행은 지폐와 주화를 발행하는 독점권을 갖고 있다.

2. 은행의 은행
① 중앙은행은 은행에 대해 여신과 수신을 행하는 기능을 갖는다.
② 여신이란 금융기관에서 고객에게 돈을 빌려주는 일을 말하고 수신이란 금융기관이 타금융기관이나 일반에게서 자금을 받는 것을 말한다.

3. 통화 정책 수립 및 집행
중앙은행은 통화가치의 안정을 위하여 각종 통화 정책을 수립·집행할 권한을 가지고 있다.

4. 정부의 은행
국고금의 출납을 담당하고 정부에 대해 여신과 수신을 행하는 기능을 수행한다.

5. 외환관리업무
국제수지 불균형을 조절하고 자국통화의 대외가치인 환율을 안정시키기 위해 외환을 보유하고 외환시장에 개입한다.

3. 예금보험공사

① 예금보험공사는 1996년 예금자보호법에 의거하여 금융회사가 파산 등으로 예금을 지급할 수 없는 경우 예금지급을 보장함으로써 예금자를 보호하고 금융제도의 안정성을 유지할 목적으로 설립된 기관이다.

② 예금보험제도를 통해 금융회사의 보험료, 정부와 금융회사의 출연금, 예금보험기금채권 등으로 예금보험기금을 조성해두었다가 금융회사가 고객들에게 예금을 지급하지 못하는 경우에 대신 지급해주는 것이 주요 업무이다.

③ 예금보험공사에서 보호하는 금융회사는 은행, 증권투자매매 · 중개업을 인가받은 회사(증권사, 선물사, 자산운용사 등), 보험회사, 상호저축은행, 종합금융회사 등이다.

개념정리 | 예금자보호

- 예금자보호제도란 예금업무를 취급하는 금융기관이 경영부실이나 도산 등으로 예금을 지급할 수 없을 때 제 3의 기관(예금보험공사)이 대신 지급하여 예금자의 손실을 보전해주는 제도를 말한다.
- 보호대상이 되는 기관으로는 은행. 농협. 수협. 증권회사. 보험회사. 종합금융회사. 상호저축은행 등이며 이들 금융기관의 모든 상품이 보호되는 것은 아니다. 보호되는 금액은 원금과 이자를 합해 1인당 5000만원까지이므로 금융기관별로 가족 명의로 분산해 예치하는 것이 좋다.

Q 확인 문제 01

다음은 우리나라 예금보험제도에 대한 설명이다. 옳지 않은 것은?

① 변액연금이나 펀드, 후순위채권 등은 예금보험 대상이 아니다.
② 은행, 저축은행, 보험사, 증권사 등은 예금보험제도에 가입해 있다.
③ 단위농협(지역농협)은 예금보험 대상이 아니지만 농협중앙회는 예금보험 대상이다.
④ A저축은행과 B저축은행은 신용도가 달라도 예금보험공사에 내는 예금보험료는 동일하다.
⑤ 예금보험제도에 가입한 금융회사가 파산하면 예금보험공사가 이자를 포함해 금융회사당 최대 5000만 원의 예금을 보장해준다.

01 확인 문제 정답 ④

- 금융사들이 내는 예금보험료는 금융회사별로 다른데 신용도가 낮은 금융사일수록 요율이 높다.

3절 금리

01 금리란?

① 금리는 자금 시장에서 구체적으로 거래되고 있는 자금의 사용료 또는 임대료를 말하며, 이자 금액을 원금으로 나눈 비율로 '이자율(Interest Rate)'이라고도 한다.

② 금리는 은행에서 사용하는 이자율인 공공 금리, 시장에서 적용되는 금리인 시장 금리로 구분한다.

02 금리의 종류

1 예금금리와 대출금리

예금금리는 은행에 돈을 예금하고 받는 금리이고 대출 금리는 반대로 돈을 빌릴 때 내야 하는 금리이다.

개념정리 | 예대 마진

- 은행이 예금 이자보다는 대출 이자를 높게 매겨서 그 차액만큼 이익을 남긴다. 이를 예금 금리와 대출 금리의 차이로 인해 발생하는 마진이라 하여 '예대 마진'이라고 한다.

2 할인율과 수익률

① 현재 가치 금액에 대한 선이자(현재 시점에 미리 받는 이자)의 비율이 바로 할인율이다. 하지만 수익률은 현재 투자하는 금액에 대한 이자(미래 시점에 받게 되는 이자)의 비율이다.

② 예를 들어 1만 원을 투자했다가 1년 후에 이자를 1,000원 받는다면 이자율은 '(1,000/10,000)×100=10%'가 된다. 이때 10%가 바로 수익률이다.
그런데 이자를 미리 지급받고 돈을 빌려주는 경우도 이다. 즉, 1만 원을 투자할 때 1,000원을 1년 후가 아니라 현재 받는다면 1,000원의 이자를 뗀 나머지 9,000원에 대한 이자율을 계산해야 한다.
따라서 '(1,000/9,000)×100=11.11%'가 된다. 이때 적용되는 11.11%의 이자율을 할인율이라고 하는 것이다.

3 고정금리와 변동금리

고정금리는 처음 정한 금리가 만기까지 가는 금리이고 변동금리는 시중금리의 움직임에 따라 변하는 금리이다.

4 명목금리와 실질금리

① 화폐의 가치는 물가 변동에 의해 영향을 받으며, 물가가 상승하면 화폐의 실질 구매력은 떨어진다.

② 금리는 돈의 가치 변동, 즉 물가 변동을 고려하느냐 안하느냐에 따라 실질금리와 명목금리로 구분할 수 있다.

③ 명목금리는 물가 상승에 따른 구매력의 변화를 감안하지 않은 금리이며 실질금리는 명목금리에서 물가 상승률을 뺀 금리이다.

④ 우리가 돈을 빌리고 빌려줄 때에는 보통 명목금리로 이자를 계산하지만 실제로 기업이 투자를 하거나 개인이 예금을 하려고 할 때에는 실질금리가 얼마인가에 관심을 갖게 된다. 예를 들어 1년 만기 정기예금의 금리가 연 5%이고 물가 상승률이 연 5%라고 하면 실질금리는 0인 결과가 초래된다. 심지어 연 1.5%인 1년 만기 정기예금을 가입했으나 물가 상승률이 연 2%라면 실질금리는 -0.5%가 된다. 명목금리는 1.5%이지만 실질금리는 -0.5%이기 때문에 실질 이자소득은 오히려 손해를 본 것이다. 즉 예금가입자가 받는 실질 이자소득은 같은 금리 수준에서 물가 상승률이 낮을수록 늘어나게 된다.

실질금리 = 명목금리 - 물가 상승률

5 세전금리와 세후금리

① 금리는 세금의 포함 여부에 따라 세전 금리와 세후 금리로 구분한다.

② 세전 금리는 세금을 떼기 전의 금리이고 세후 금리는 세전 금리에서 세금을 제외한 금리이다.

6 단리와 복리

① 원금에 대해서만 이자를 계산하는 것을 단리식 이자 계산이라고 하고 복리법에 의한 이자 계산 방법은 첫해에는 단리법과 동일하나 그 다음 해에는 첫해에 받은 이자를 원금에 포함시켜 이자를 계산하는 방식이다.

② 예를 들어 100만 원을 연 10%의 금리로 은행에 2년 간 예금할 경우 만기에 받게 되는 원금과 이자의 합계액은 단리방식으로는 120만 원[100만 원$\times(1+0.1\times2)$]이 되지만 복리방식으로는 121만 원[100만 원$\times(1+0.1)^2$]이 된다.

7 기준금리

① 기준금리는 중앙은행인 한국은행이 경기 상황이나 물가수준, 금융 · 외환시장 상황, 세계경제의 흐름 등을 종합적으로 고려하여 시중에 풀린 돈의 양을 조절하기 위해 금융통화위원회(금통위)의 의결을 거쳐 인위적으로 결정하는 정책금리이다.

② 예컨대 한국은행은 경기가 과열양상을 보이면 기준금리를 인상하고, 반대로 경기 침체 양상이 나타나면 기준금리를 인하하게 된다.

③ 금융시장에서 거래되는 금리는 기준금리를 기준으로 하므로 기준금리는 모든 금리의 출발점이자 나침반 역할을 한다.

④ 일반적으로 기준 금리를 내리면 시중에 돈이 풀려 가계나 기업은 투자처를 찾게 되고, 또 은행 차입비용이 내려가 소비와 투자가 활성화돼 침체된 경기가 회복되고 물가가 상승한다.

⑤ 기준금리를 올리면 반대로 시중에 돈이 마르고 은행 차입비용이 올라가 과도한 투자나 물가 상승이 억제되어 과열된 경기가 진정되고 물가가 하락한다.

⑥ 이처럼 기준금리의 변경은 장 · 단기 시장금리, 예금 및 대출 금리 등에 영향을 주거나 주식 · 채권 · 부동산 · 외환 등 자산 가격에 영향을 줌으로써 실물경제 및 물가를 변동시키는 원인이 된다.

8 우대금리(prime rate)

은행이 신용도가 높은 기업에게 가장 낮은 금리로 장기대출(원금 상환기간이 보통 1년이 넘는 대출)을 해줄 때 적용하는 금리로 기업에만 해당되는 금리이다. 중앙은행의 공정금리와 함께 한 나라의 금리수준을 보여주는 기준금리이기도 하다.

9 리보금리(LIBOR)

'리보'는 런던의 은행 간 금리를 말한다. 한마디로 국제금융시장에서 거래되는 자금에 부가하는 금리이다.

10 콜금리(call rate)

① 은행도 예금을 받고 대출을 하다 보면 일시적으로 돈이 부족한 경우가 생긴다.

② 그럼 자금이 부족한 은행이 자금 여유가 있는 은행으로부터 돈을 빌릴 수밖에 없는데, 이러한 금융기관 사이의 자금융통을 중개하는 역할은 대개 단자회사들이 수수료를 받고 한다. 이때 거래되는 자금에 붙는 금리를 '콜금리'라고 한다.

11 코픽스(COFIX ; Cost of Funds Index)

① COFIX는 은행들이 자금을 조달할 때 부담하는 이자율을 가중 평균한 것이다.

② COFIX가 나오기 전까지 은행들은 91일 만기의 양도성예금증서(CD) 금리를 대출 기준금리로 사용했다. CD 금리를 기준으로 개인 또는 기업별로 일정한 이자율을 더해 대출금의 금리로 사용한 것이다.
CD 금리를 COFIX로 바꾼 것은 CD금리가 시장금리를 제대로 반영하지 못한다는 지적이 제기됐기 때문이다. 거기다가 은행들이 조달하는 자금 총액에서 CD 발행액이 차지하는 비중도 낮다.
이에 은행연합회는 2010년 초 9개 은행의 정기예금 등 각종 예금 이자율을 취합해 가중 평균한 COFIX를 새로운 기준금리로 제시했고 이후 모든 은행은 COFIX를 대출 기준금리로 사용하고 있다.

③ 은행들은 COFIX에 대출자의 신용도에 따라 일정률의 가산금리(스프레드 · spread)를 더해 대출금리로 결정한다. COFIX는 계산 방법에 따라 잔액 기준과 신규 취급액 기준 두 가지가 있다. 잔액 기준은 매월 말 현재 조달자금 잔액을 기준으로 계산한 가중 평균금리이고, 신규 취급액 기준은 매월 신규로 조달한 자금에 적용된 가중 평균금리를 말한다.

□△○

4절 저축상품

예금의 종류

구분	요구불 예금	적립식 예금	거치식 예금
만기 여부	만기가 정해져 있지 않으며 고객의 지급 요청 시 언제라도 지급이 가능한 예금	만기가 있는 기한부 예금	
이자	거의 이자를 지급하지 않는 저원가성 예금	요구불 예금에 비해 고금리 예금	
은행의 조달비용	매우 낮음	높은 편임	
예금 방법	자유롭게 예치	매월 일정 금액을 적립	최초 예금 시 일정한 금액을 예치

01 요구불 예금

1 요구불 예금이란?

① 요구불 예금은 예금의 만기나 예치 기간 등을 정하지 않고 아무 때나 자유롭게 입금과 출금을 할 수 있는 예금이다.

② 요구불 예금은 재산을 늘리는 목적보다는 필요에 따라 자금을 모으거나 결제하는 계좌로 이용 혹은 수시로 필요한 자금을 은행에 보관하는 예금이다.

2 보통 예금

① 가입 대상, 예치 금액, 예치 기간 등에 아무런 제한을 두지 않는 가장 전통적인 요구불 예금이다.

② 거래에 대한 제한이 없는 대신 예금주에 대한 이자율이 매우 낮으며 필요에 따라 자금을 모으거나 결제하는 계좌로 이용된다.

3 당좌 예금

수표나 어음을 통하여 거래되는 수시입출금이 가능한 요구불 예금으로서 가입자격은 금융기관이 정한 일정한 자격을 갖춘 법인 또는 사업자등록증을 소지한 개인이다.

4 가계 당좌 예금

가계 수표를 통해서 거래되는 수시입출금이 가능한 요구불 예금으로서 가입자격은 금융 기관에서 정한 일정한 자격을 갖춘 개인 또는 개인 사업자이다.

02 저축성 예금

1 저축성 예금이란?

① 예금자가 일정 기간 동안 돈을 찾지 않을 것을 약속하고 저축하거나 또는 이자 수입을 얻기 위해 일정 금액을 은행에 예치하는 예금이다.

② 은행은 자금을 자유로이 운영할 수 있으므로 다른 예금보다 안정성이 보장되며 예금주는 많은 이자를 받을 수 있어 재산을 늘릴 수 있는 저축 수단이 된다.

2 적립식 예금

1. 개념

① 매월 일정 금액을 적립한 후 만기 시 목돈을 마련할 목적으로 이용되는 금융 상품으로 '적금' 또는 '부금'으로 통칭되고 있으며 만기가 있는 상품이기 때문에 요구불 예금에 비하여 상대적으로 유동성은 낮으나 수익성은 높은 금융 상품이다.

② 예금 신규 시 예금주가 매월 적립할 금액과 납입일, 기간 등을 정한 후 사전에 정해진 바에 따라 월불입금을 납입하면 은행은 만기 시 사전에 정한 이자를 계산하여 원리금을 지급하는 형태의 금융 상품이다.

2. 정기 적금

① 금융 기관에서 취급하는 목돈 마련을 위한 적립식 예금의 대표적인 상품으로 계약 금액과 계약 기간을 정하고 일정액을 정기적으로 납입한 후 만기에 이자를 지급받는 상품이다.

② 하지만 만기 이전에 중도 해지할 경우 받기로 한 이자에 훨씬 못 미치는 이자를 받게 된다.

3 거치식 예금

1. 거치식 예금이란?

① 예금주는 최초 예금 신규 시 일정한 금액을 약정 기한까지 예치하기로 약정한 후 자금을 예치하고 은행은 약정 기간이 만료되면 원금과 약정 이자를 지급해 주는 목돈 운용을 위한 저축성 예금이다.

② 만기까지 예금을 유지할 경우에는 당초 약정한 이자를 지급받을 수 있으나 중도 해지 시에는 약정 이자보다 낮은 중도 해지 이율로 지급받게 된다.

2. 정기 예금

① 계좌를 개설하여 목돈을 한꺼번에 맡기고 약정 기간 동안 해지하지 않으면 은행에서 높은 금리를 주기 때문에 목돈을 굴리기에 적절한 거치식 예금이다.

② 이 예금은 은행에서 일정 기간 동안 다른 사람에게 안심하고 돈을 빌려줄 수 있으므로 예금자에게 지급하는 이자율이 높다.

3. 양도성 예금 증서(CD)

① 정기 예금에 양도성을 부여한 거치식 예금으로서 은행이 무기명 할인식으로 발행한 정기 예금 증서를 말한다.

② 중도 해지가 허용되지 않으나 금융 시장에서 자유롭게 매매되므로 유동성이 높은 편이다.

03 기타 예금 상품

1 시장 금리부 수시 입출금식 예금(MMDA)

① 시장 실제 금리를 적용하는 고금리 수시 입출금식 저축성 예금으로서 입출금이 자유롭고 각종 이체와 결제도 가능하다.

② 종합 금융 회사 등의 어음 관리 계좌(CMA), 증권 회사 등의 단기 금융 펀드(MMF)에 대응하기 위해 도입됐다.

2 ELD(Equity Linked Deposit : 주가 지수 연계 예금)

① ELD는 은행에서 발행, 판매하는 주가 지수 연동 예금으로 투자 금액 대부분을 안전 자산에 투자함과 동시에 나머지 금액을 선물이나 파생 상품 같은 고수익 상품에 투자하는 상품이다.

② 자산의 대부분을 채권 같은 안전 자산에 투자하므로 원금을 보존하면서도 일반 예금보다는 높은 수익률을 추구할 수 있다.

5절 주식

01 주식의 개념

① 주식은 주식회사 경영 자본을 마련하기 위하여 투자자로부터 돈을 받고 회사 소유자라는 증표로 발행한 것이므로 주식에 투자한 사람(주주)은 돈을 빌려주는 것이 아니라 회사를 소유하는 것이다.
즉, 회사의 주인이 되어 소유한 주식에 비례해서 수익을 나누어 가질 수 있는 권리가 생긴다.

② 하지만 이러한 권리와 함께 의무도 생기므로 소유한 주식만큼 출자 의무를 부담하며 만일 회사가 파산할지라도 자신이 가진 주식만큼 손해를 보게 된다. 이를 '주주유한책임의 원칙'이라고 한다.

02 주식의 종류

1 보통주

① 표준이 되는 주식으로서 일반적으로 주식이라고 하면 보통주를 의미한다.

② 보통주는 기업에 투자한 투자자들에게 출자의 증거로 제공되는 증권으로서 각 주식은 평등한 권리내용을 가진다.

③ 보통주를 취득한 투자자들은 투자 대상 기업에 대해 주주로서 주식 1주당 1개의 의결권을 행사함으로써 경영에 참여할 권리를 갖게 된다.

④ 그리고 이익 배당을 받을 권리 등 경제적 이익과 관련된 권리를 행사할 수 있다.

2 우선주

① 우선주는 보통주에 비해 이익 배당, 잔여 재산 분배 등 재산적 이익을 받는 데 있어서 우선적인 권한을 부여받는 주식의 한 종류이다.

② 그리고 보통주를 소유하는 주주들보다 다소 높은 배당을 받는다는 장점이 있으나 회사 경영에 참여할 수 있는 권리인 의결권이 없다는 단점이 있다.

03 주식 관련 시장 및 지수

1 코스피

① 코스피(KOSPI)는 Korean Composite Stock Price Index의 약자로서 주식을 거래하는 시장으로 흔히 '제1시장'이라고도 한다.

② 코스피는 유가 증권 시장(증권 거래소)에 상장되어 있는 종목을 대상으로 산출되는 국내 종합 주가 지수로 유가 증권 시장의 대표 지수이다.

③ 코스피 지수는 1980년 1월 4일을 기준 시점으로 하여 이 날의 주가 지수를 100으로 하고 개별 종목의 주가에 상장 주식 수를 가중한 기준 시점의 시가 총액과 비교 시점의 시가 총액을 대비하여 산출되는 시가 총액 방식 주가 지수이다.

④ 코스피 지수는 증권 거래소에 상장된 모든 주식을 대상으로 산출되며 코스닥 주식은 제외되므로 유가증권 시장 전체의 주가 움직임을 특정하는 지표 등으로 이용된다.

$$\text{코스피 지수}:\frac{\text{비교기점의 상장 종목 시가총액}}{\text{기준기점의 상장 종목 시가총액}}\times 100$$

2 코스닥

① 코스닥(KOSDAQ)은 우리나라 벤처 기업을 육성하고 중소기업의 원활한 자금 조달을 위해 만든 시장이다.

② 코스닥은 미국의 '나스닥(NASDAQ)시장'을 본떠 만든 것으로 증권 거래소와는 다른 별도의 시장으로서 특정한 거래 장소가 없는 전자상거래 시장이다.

③ 따라서 기존 증권 거래소에 비해 규제가 덜 하고 시장의 진입과 퇴출이 비교적 자유롭기 때문에 '고위험 · 고수익'시장이라고 한다.

④ 코스닥 지수는 코스닥 시장에 상장되어 있는 종목을 대상으로 산출되는 종합 지수로서 코스피 지수와 동일한 시가 총액 방식으로 산출된다.

3 코넥스

① 코넥스(KONEX)는 코스닥 시장 상장 요건을 충족시키지 못하는 벤처 기업과 중소기업이 상장할 수 있도록 2013년 7월 1일부터 개장한 중소기업 전용 주식 시장이다.

② 코스닥(KOSDAQ)에 비해 진입 문턱과 공시부담을 크게 낮춘 시장으로 중소기업이 코넥스 시장 상장 후 공신력과 성장성을 확보해 코스닥(KOSDAQ)시장으로 이전 상장하는 것을 목표로 하고 있다.

4 다우 지수

① 뉴욕의 다우존스사가 매일 발표하고 있는 뉴욕 주식 시장의 평균 주가를 말한다.

② 대표적인 30개 회사의 주가를 단순 평균해서 발표하고 있다. 미국 기업 경제를 대변하는 대표적인 지수 중 하나로 우리나라뿐 아니라 세계 경제와 주식 시장에 큰 영향을 미치는 지수이다.

5 MSCI 지수

① 미국 투자은행인 모건스탠리의 자회사 MSCI((Morgan Stanley Capital International)가 작성해 발표하는 세계주가지수이다.

② 전 세계를 대상으로 투자하는 대형 펀드 특히 미국계 펀드 운용에 주요 기준으로 사용되고 있다.

③ 전 세계 49개국을 대상으로 한 ACWI(All Country World Index)Free 지수, 미국 · 유럽 등 23개국 선진국 시장을 대상으로 한 World 지수, 그리고 아시아 · 중남미 등 28개국 신흥시장을 대상으로 한 EMF(Emerging Market Free) 등이 대표적이며 극동아시아 · 라틴아메리카 · 유럽 등의 지역별 지수도 있다.

6 FTSE 지수

① 영국 유력 경제지인 파이낸셜 타임스와 런던증권거래소가 공동소유하고 있는 FTSE(Financial Times Stock Exchange) 그룹이 작성해 발표하는 주가지수다.

② 모건스탠리 MSCI 지수와 함께 세계 2대 지수로 투자자들에게 영향력을 행사하고 있다.

③ FTSE는 48개 국가 주식을 커버하며 글로벌지수를 발표하고 있는데 시장지위에 따라 선진시장, 선진 신흥시장, 신흥시장, 프런티어 시장 등으로 구분하고 있다.

04 주식시장 안정화 제도

1 가격제한폭

① 급격한 주가 변동으로 인한 혼란 방지를 위해 전일종가를 기준으로 당일에 오르내릴 수 있는 최대한의 상승폭과 하락폭을 정해놓은 것을 말한다. 주가가 가격제한폭까지 오른 경우를 '상한가', 가격제한폭까지 내린 경우를 '하한가'라 한다.

② 2015년부터 유가증권시장, 코스닥시장 모두 상하 30%로 확정하였다.

2 서킷브레이커(Circuit Breaker ; CB)

① 주식시장에서 주가가 급등하거나 급락할 때 주식의 매매를 일시동안 정지하는 제도를 말한다.

② 코스피나 코스닥 지수가 전일대비 10% 이상 폭락한 상태가 1분간 지속하는 경우 시장 전 종목의 매매거래를 중단한다.

3 사이드카(Sidecar)

① 선물시장의 영향으로 발생하는 현물시장의 혼란을 방지하기 위한 제도이다.

② 주식 선물 가격이 떨어지면서 현물 매도 물량이 급증해 현물 시장도 급락할 위험이 있을 때 선물 및 현물의 프로그램 매매를 5분간 중지시켜 시장을 냉각시킬 목적으로 발동된다.

③ 선물 가격이 전일 종가 대비 코스피 5%, 코스닥 6% 이상 급등락하는 상황이 1분 이상 지속될 때 거래 시스템에 의해 자동으로 발동되며, 5분이 지나면 해제된다.

05 주식투자지표

1 주가수익률(PER)

① 주가수익률이란 주가를 한 주당 당기순이익으로 나누어 주가가 한 주당 순이익의 몇 배가 되는지를 나타내는 지표를 말한다.

$$\rightarrow \frac{\text{주가}}{\text{주당 순이익}} \times 100$$

② 한 주당 순이익은 당해연도에 발생한 순이익을 총발행 주식 수로 나눈 것으로 한 주가 1년 동안 벌어들인 수익이다.

③ 주가를 주당순이익(EPS)으로 나누면 주식 하나가 1년 동안 벌어들인 돈에 비해 얼마나 높게 팔리는가를 나타낼 수 있다.

④ PER이 10이라는 의미는 주식 한 주가 수익에 비해 10배 비싸게 팔리고 있다는 의미다.

2 주가순자산비율(PBR)

① 주가순자산비율(PBR, Price Book-value Ratio)은 주가를 주당순자산가치(BPS)로 나눈 비율이다.

$$\rightarrow \frac{\text{주가}}{\text{주당 순자산가치}} \times 100$$

즉, 주가가 순자산에 비해 1주당 몇 배로 거래되고 있는지를 측정하는 지표이다.

② PBR이 2라는 의미는 회사가 망했을 때 10원을 받을 수 있는 주식이 20원에 거래된다는 의미다.
즉, PBR이 1 미만이면 주가가 장부상 순자산가치(청산가치)에도 못 미친다는 뜻이다.

□△○

6절 채권

01 채권이란?

채권은 정부, 지방 자치 단체, 기업 등이 불특정 다수의 투자자에게 자금을 조달하기 위해 정해진 조건에 따라 미래에 이자와 원금을 지급할 것을 약속하고 발행하는 증권을 말한다.

02 채권 용어

1 만기일(Maturity Date)

원금을 상환하기로 약속한 날을 말한다. 만기일은 채권에 기재된다.

2 액면가(Face Value)

만기일에 상환하기로 약속한 원금으로서 채권 한 장마다 권면 위에 표시되어 있는 금액을 말한다.

3 표면 이자율(Coupon Rate)

① 만기일까지 매기 지급하기로 약속한 이자율이다. 액면 금액에 대해 1년 동안 지급하는 이자 금액의 비율을 나타내며 채권을 발행할 때 결정된다.

② 따라서 액면 이자율이라고도 하며 매기 지급하는 이자액은 액면가에 표면 이자율을 곱한 값이다.

4 잔존 기간

채권의 발행일부터 원금 상환일까지 기간을 원금 상환 기간이라고 하며, 이미 발행된 채권을 중도에 매입(매도)한 경우 매입(매도)일부터 원금 상환일까지 기간을 잔존 기간이라고 한다.

03 채권의 종류

채권의 종류는 일반적으로 채권 발행 주체, 이자 지급 방법, 상환 기간, 발행 금액 등에 따라서 다음과 같이 분류할 수 있다.

■ 채권의 종류

구분	종류	내용
발행 주체	국채	정부가 막대한 자금이 필요할 경우 발행하는 채권, 국회의 동의를 얻어 발행하며 국민 주택 채권 1종 및 2종, 양곡 증권, 외국환 평형 기금 채권 등이 포함된다. 정부가 원리금 지급을 보증하기 때문에 신용도가 가장 높은 채권이다.
	지방채	시, 도, 군 등의 지방 자치 단체가 필요한 자금을 조달하기 위해 발행하는 채권으로 지하철 공채, 도로 공채, 상수도 공채 등이 있다.
	특수채	한국통신공사, 담배인삼공사, 지하철공사, 수자원공사 등 정부가 설립한 특별한 법인(회사)이 발행하는 채권이다.
	회사채	상법상의 주식회사가 발행하는 채권으로 제3의 보증 기관이 원리금 지급을 보장하는지 여부에 따라 보증 사채, 무보증 사채 등으로 구분한다.
상환 기간	단기채	원리금 상환 만기가 1년 이하인 채권이다.
	중기채	원리금 상환 만기가 1년 초과, 5년 이하인 채권(대부분의 회사채)이다.
	장기채	원리금 상환 만기가 5년을 초과하는 채권[미국 국채인 본드(Bond) 등]이다.
보증 여부	보증채	원리금 상환을 발행자 이외에 공신력 높은 금융 기관 등 제3자가 채권 원리금 지급을 보증하는 채권이다.
	무보증채	원리금 상환에 대하여 제3자가 보증 없이 발행자 스스로의 신용에 의하여 발행하는 채권으로 채권 투자자가 원금 회수에 대한 위험을 부담하므로 일반적으로 보증채보다 수익률이 높다.
이자 지급 방식	이표채	채권 앞면에 이표(다른표)가 붙어 있어 이자 지급일마다 이것을 하나씩 떼어 이자와 교환하는 채권이다.
	할인채	원금에서 원금 상환일까지의 이자를 미리 떼어내고 남은 금액으로 발행되는 채권이다.
	복리채	이자 지급 기간 동안 이자가 복리로 재투자되어 만기 상환 시 원금과 이자를 동시에 지급하는 채권이다.
기타	신주 인수권부 사채	신주 인수권부 사채는 은행 등에서 채권을 발행할 때 채권을 구입하는 투자자에게 일정 기간 후(예를 들어, 채권을 구입한 지 1~2년 후) 그 은행에서 앞으로 발행할 주식, 즉 신주를 특정 가격에 배정받을 수 있는 권리를 조건으로 하여 판매하는 채권이다.
	전환 사채	전환 사채는 채권을 발행할 때에는 사채로 발행되지만 일정 기간이 경과한 후(일반적으로 3개월 후)에는 전환 사채를 구입한 사람의 청구에 의하여 주식으로 전환할 수 있는 채권이다.

04 채권 관련 위험

1 채무 불이행 위험

① 투자 수단으로서 채권이 가지고 있는 위험은 채권의 특성과 관련이 있다.

② 채권은 일반적으로 만기가 길기 때문에 원금을 갚게 되는 기간도 길어서 채권을 구매했을 때는 정상적이었던 기업이 점차 잘못되어 파산할 수도 있다. 이런 경우에는 이자 수익은 물론 원금도 받지 못할 위험이 있는 것이다.

2 인플레이션 위험

① 채권 상환 기간이 돌아오기 전에 인플레이션이 나타난다면 채권에 투자한 돈의 가치가 감소하여 실질 수익률 또한 감소하는 위험이 발생할 수도 있다.

② 물가는 상승하지만 받게 되는 이자 수익은 고정되어 있으므로 실제 수익률은 마이너스가 될 수도 있기 때문이다.

3 시장 금리 위험

① 채권의 표면(액면) 이자율은 고정되어 있어서 만기 시점까지 이자 금액은 변동하지 않는다.

② 이러한 특성으로 인해 시장 금리(이자율)가 상승하면 손해를 보게 되는 위험이 존재한다.
채권 발행 이후 시장 금리가 높아지면 이미 발행된 채권의 금리는 상대적으로 낮아지게 되는 결과가 나타나기 때문이다.

05 채권 가격과 시장금리 - 역관계

① 시장 금리가 하락하면 새로 발행되는 채권의 이자율은 낮은 반면 이미 기존에 발행되어 있는 채권의 이자율은 상대적으로 높아서 기존에 발행된 채권을 매입하려는 사람들이 늘어난다.

② 즉, 기존 채권에 대한 수요가 높아져서 기존에 발행된 채권의 가격이 상승하게 된다.
즉,

시장 금리 하락
→ 채권 수요 증가
→ 채권 가격 상승

□△○

7절 파생금융 상품 및 기타 투자상품

01 파생금융 상품

1 개요

① 파생금융 상품은 기초자산, 거래장소, 거래형태 등을 기준으로 분류하는 것이 일반적이다.

② '기초자산'에 따라서는 금리, 통화, 주식 및 실물 상품 등으로 나뉘며 '거래형태'에 따라서는 선도, 선물, 옵션, 스왑 등으로 나누어진다.

③ 또 '거래장소'에 따라서는 장외 및 장내거래로 나누어진다.

2 거래형태에 따른 분류

1. 선도(Forwards)

① 약정가격으로 장래의 특정일에 대상 상품을 인수 · 인도하기로 하는 장외거래를 말한다.

② 선도계약의 일종인 '선물환(forward exchange)'은 가장 전통적인 파생금융 상품으로, 장래의 일정시점 또는 일정기간에 특정 통화를 일정 환율로 사거나 팔 것을 약정하는 거래이다.

2. 선물(futures)

① 거래소에서 거래되는 장내거래 상품, 통화, 금리, 주가지수 등을 대상으로 표준화된 계약조건으로 매매계약 체결 후, 일정 기간이 경과한 뒤에 미리 결정된 가격에 의하여 그 상품의 인도와 결제가 이루어지는 거래를 말한다.

② 선물거래는 표준화된 특정거래소에서 이루어진다.

개념정리 선도거래와 선물거래의 차이점

- 선도거래는 계약을 제3자에게 넘길 수는 없으나 선물거래는 계약과 관련된 권리를 제3자에게 매매할 수 있다.
- 선도거래는 당사자 간 직접 거래하지만 선물거래는 선물거래소에서 거래를 한다.

3. 옵션(option)

① 장래 특정일 또는 일정 기간 내에 미리 정해진 가격으로 상품이나 유가증권 등의 특정자산을 사거나 팔 수 있는 권리를 현재시점에서 매매하는 거래를 말한다.

② 옵션의 기본 유형에는 매도옵션(풋옵션 ; Put Options)과 매입옵션(콜옵션 ; Call Options)이 있다.

③ 매수자는 이익이 발생하면 권리를 행사하고 손해가 나면 권리를 포기하면 된다.

④ 매도자는 옵션계약을 통해 매수자로부터 계약금 (프리미엄)을 받는다.
매수자가 권리를 포기하면 매도자는 계약금이 자신의 수익이 된다.

⑤ 예를 들어 콜옵션 매수자는 만기일에 기초가 되는 상품이나 증권의 시장가격이 미리 정한 행사가격보다 높을 경우 옵션을 행사한다. 옵션을 행사하면 콜옵션 매수자의 순이익은 콜옵션을 행사해 받은 차액에서 계약금을 차감한 금액이 된다.

개념정리 | 선물과 옵션의 차이점

- 선물은 상품 자체를 사고파는 거래이고 옵션은 일정시점에 매매할 수 있는 권리를 매매하는 것이다.
- 선물의 경우 매수자와 매도자 모두 권리와 의무가 있으나 옵션의 경우 매수자는 권리만 있고 매도자는 의무만 있다.

4. 스왑(swap)

① 두 채무자가 통화 및 금리 등의 거래조건을 서로 맞바꾸는 것을 말한다.

② 외화차입비용 절감을 위해 통화를 서로 교환하는 통화 스왑, 변동 금리부와 고정 금리부 이자 지급조건을 일정 기간 동안 서로 바꾸어 부담하는 이자율 스왑 등이 있다.

3 거래장소에 따른 분류

1. 장내(Exchange) 거래

① 가격 이외의 모든 거래요소가 거래소(증권거래소나 선물거래소)의 규정에 의해 표준화되어 있어 시장에서는 가격만 결정되고 대금지급 등은 청산소를 통하여 정해진 방식으로 이루어지는 계약을 말한다.

② 청산기구를 통한 신용위험의 보증이 있기 때문에 계약불이행에 따른 신용리스크가 없다.

③ 선물(先物) 등이 주로 장내에서 거래된다.

2. 장외(Over-The-Counter) 거래

① 고객의 특정한 요구에 따라 가격뿐만 아니라 계약단위, 상품의 품질, 인도 시기, 대금 결제방법 등 모든 계약조건을 쌍방 간에 협의하여 결정하는 계약으로 선도(先渡)의 일종인 선물환과 스왑, 옵션 등이 주로 장외에서 거래된다.

② 청산기관이 개입하지 않기 때문에 계약 불이행에 따른 신용리스크가 존재한다.

③ 그러나 장외거래는 거래 조건을 재량적으로 정할 수 있기 때문에 리스크의 재구성 및 전가가 용이하고 금융시장의 효율성이 증대하게 되어 거래소(장내) 거래보다 활성화되고 있는 추세이다.

4 기타 상품

1. 부채담보부 증권(CDO : Collateralized Debt Obiligation)

① 회사채, 금융회사 대출채권, 자산담보부증권(ABS) 등을 한데 묶어 만든 신용파생 상품을 말한다.

② 모기지 채권뿐만 아니라 부도 위험이 있는 여러 종류 채권을 한군데 풀(pool)로 구성하고 이를 기초자산으로 해 위험도가 다른 채권을 발행하는 기법이다.

③ CDO에 담보로 활용된 대출채권이나 회사채가 제때 상환되지 못하면 투자자들이 손실을 입게 된다.

2. 신용부도스와프(CDS)

① 빌려준 돈을 받지 못할 경우에 대비해 정기적으로 보험료를 내고 대출 부실이 발생하면 보험금으로 메우는 손실방지 장치를 말한다.

② 부도가 발생해 채권이나 대출 원리금을 돌려받지 못할 것에 대비한 신용파생상품의 한 형태다.

③ 돈을 빌리는 채무자 처지에선 부도 위험만 따로 떼어낼 수 있기 때문에 자금조달이 쉬워지고 돈을 빌려주는 채권자는 '프리미엄'이라고 불리는 일종의 보험료를 지급하면 채무불이행 위험을 줄이거나 제거할 수 있다.

④ 그러나 금융위기 상황을 맞아 CDS 물량이 한꺼번에 쏟아져 나올 때는 자금조달시장 전체를 꽁꽁 얼어붙게 만들 수도 있다.

> **개념정리** CDS 프리미엄
>
> • 국가나 금융회사 등 채권 발행기관의 신용위험을 반영한 금리 수준을 말한다.
> • 숫자가 높을수록 채권 발행자의 부도 위험이 커졌다는 의미로 해석되며 채권 발행 때 붙는 가산금리가 그만큼 오르게 된다.

02 기타 투자 상품

1 어음 관리 계좌(CMA : Cash Management Account)

① 증권 회사 및 종합 금융 회사의 대표적인 수시 입출금식 실적 배당형 단기 금융 상품으로서 결제 기능이 결합된 금융 상품이다. 종합 자산 관리 계좌라고도 한다.
② 고객이 예치한 자금을 어음이나 양도성 예금 증서(CD), 국공채 등의 채권에 투자하여 그 수익을 고객에게 돌려주는 상품이다.
③ CMA는 투자 대상에 따라 MMF형 CMA, MMW형 CMA, 종금형 CMA, RP형 CMA 등이 있다.

> **개념정리** CMA의 종류
>
> • MMF형 CMA : 펀드처럼 실적을 배당하는 CMA
> • MMW형 CMA : 실적 배당형 상품으로 채권 및 CD 등에 투자하여 운용하는 CMA
> • 종금형 CMA : 5,000만 원까지 예금자 보호를 받을 수 있는 CMA
> • RP형 CMA : 국공채나 회사채에 투자하는 확정금리형 CMA

2 환매 조건부 채권(RP : Repurchase Agreements)

① 금융 기관이 보유하고 있는 국채, 지방채, 공사채, 상장법인 등이 발행한 채권 등의 유가 증권을 일정 기간 경과 후 일정가액으로 다시 환매수할 것을 조건으로 고객에게 매도하는 금융 상품이다.
② RP는 1~3개월 물이 일반적이며 중도환매도 가능하기 때문에 장기 채권의 유동성을 높여주는 기능을 함으로써 채권 유통 시장의 발전에 기여하고 있다.

3 기업 어음(CP : Commercial Paper)

① 기업이 단기 자금조달 목적을 위해 발행하는 어음 형식의 단기 채권을 말한다.
② 기업과 투자자 사이의 자금 수급, 신용도 등을 고려하여 이율이 결정된다.
③ 보통 신용도가 높은 기업이 무담보-단기 어음으로 발행하며, 기업은 금융 기관을 통해 기업 어음을 발행하게 되며 금융 기관은 다시 일반 고객들을 상대로 판매하게 된다.
④ 어음의 기간은 보통 1년 이내로 규정되어 있으며 이자율은 연 40% 이내로 변동 금리가 적용된다.

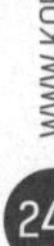

01 기업이 자금을 조달하는 방식 중 직접금융이 아닌 것은? (2019년 기업은행)

① 은행 대출
② 주식 발행
③ 회사채 공모
④ 전환사채(CB) 발행

풀이 날짜			
채점 결과			

02 한국은행은 2008년 3월 통화 정책 운용체계를 '콜금리 목표제'에서 '한국은행 기준금리 목표제'로 변경했다. 한국은행 기준금리의 대상이 되는 금리는? (2019년 신한은행)

① 양도성예금증서(CD) 91일물
② 환매조건부채권(RP) 7일물
③ 3년 만기 국고채
④ 5년 만기 국고채
⑤ 3년 만기 회사채

풀이 날짜			
채점 결과			

03 은행의 건전성 판단기준은? (새마을은행)

① BIS 비율
② 지급여력비율
③ 고정이하 여신비율
④ BSI 비율

풀이 날짜			
채점 결과			

04 한국의 주가지수의 명칭은? (하나은행)

① KOSPI
② NIKKEI
③ FTSE
④ KOSDAQ

풀이 날짜			
채점 결과			

05 국내 주식시장은 크게 유가증권 시장과 코스닥 시장, 코넥스 시장이 있다. 다음 중 증권거래소에서 주식을 거래할 수 있는 상장 요건이 까다로운 시장부터 순서대로 나열한 것은? (2019년 농협)

① 유가증권 시장 - 코스닥 - 코넥스
② 코넥스 - 코스닥 - 유가증권 시장
③ 코스닥 - 유가증권 시장 - 코넥스
④ 코스닥 - 코넥스 - 유가증권 시장

풀이 날짜			
채점 결과			

해설

정답

01 • 기업이 자금주로부터 직접 자금을 조달하는 것을 직접금융이라고 하고 은행 등 금융회사를 거쳐 자금을 조달할 때는 간접금융이라고 한다. 주식, 회사채, 신주인수권부사채 등의 발행은 모두 직접금융에 해당한다. ①

02 • 한국은행이 통화량 조절 기준으로 사용하는 금리는 콜금리에서 환매조건부채권(RP) 7일물금리로 바뀌었다. 콜금리는 은행들 간에 매일매일 거래되는 자금의 이자율이고 환매조건부채권 7일물금리는 한국은행이 다시 매입하는 조건으로 발행하는 만기 7일의 채권 금리다. ②

03 • BIS 비율은 은행의 건전성 판단기준으로 위험가중자산 중에서 자기자본이 차지하는 비율이 최소 8%이상 되어야 한다. ①
• 지급여력비율은 보험사의 건전성 판단기준으로 보험회사가 가입자에게 보험금을 제때에 지급할 수 있는지를 나타낸다.
• 고정이하 여신비율이란 저축은행의 건전성 판단기준으로 총여신에서 고정 이하의 여신이 차지하는 비율을 말한다.
• BSI비율이란 경기변동을 판단하는 기준을 말한다.

04 • 코스피(KOSPI)란 한국거래소에 상장되어 거래되는 모든 주식을 대상으로 산출해 전체 장세의 흐름을 나타내는 지수를 말한다. ①
• 니케이(NIKKEI)는 일본의 주가지수, FTSE는 영국의 주가지수, 코스닥은 한국의 장외주식 거래 시장을 말한다.

05 • 상장 요건은 유가증권시장이 가장 까다롭고 코넥스 시장이 가장 덜 까다롭다. 코넥스 시장의 상장 요건이 덜 까다로운 것은 새로 창업하는 기업들이 자본시장에서 보다 손쉽게 자금을 조달하는 걸 돕기 위한 것이다. 상장 요건은 부실 기업들의 주식이 거래되는 걸 막아 투자자들을 보호하기 위한 장치다. ①

06 창업 초기 혁신형 중소기업들이 증시에서 자금조달을 쉽게 할 수 있게 해주기 위해 2013년 7월 개설된 중소기업 전용 증권시장은? (2018년 신협중앙회)

① 유가증권 시장
② 코스닥
③ 프리보드
④ 코넥스

풀이 날짜			
채점 결과			

07 주식시장에서 주가가 급등락 할 때 주식매매를 일시 정지하는 제도를 무엇이라 하는가? (2019년 농협)

① 콘탱고
② 사이드카
③ 백워데이션
④ 서킷브레이커

풀이 날짜			
채점 결과			

08 시장 가격에 관계없이 특정 상품을 특정 시점, 특정 가격에 매도할 수 있는 권리를 뜻하는 용어는 무엇인가? (2018년 우리은행)

① 풋옵션
② 콜옵션
③ 바이아웃
④ 스톡옵션

풀이 날짜			
채점 결과			

09 대출 금융기관이 채권 회수 위험을 담보하기 위해 가입하는 보험적 성격을 갖는 신용파생상품으로 채무자가 파산해 채권을 상환 받을 수 없을 때 돈을 대신 물어주기로 하는 약정을 표준화한 상품이다. 이 상품은 부도 위험이 특정 금융회사에 집중되는 것을 막고 다수 투자자에게 분산시켜주는 기능을 한다. 그러나 이 상품을 매매할 수 있게 되면서 위험회피의 본래 목적을 벗어나 투기 목적으로 변질되기도 했다. 이전 미국 서브프라임 모기지 사태가 확산되는데 핵심적인 역할을 한 상품이라는 지적을 받았다. (2019년 신한은행)

① 선물환
② CDS(신용디폴트스와프)
③ 모기지
④ CP(Corporate Paper)

풀이 날짜			
채점 결과			

해설

정답

06 • 코넥스(KONEX)는 'Korea New Exchange'의 약어로 2013년 7월에 개설된 중소기업 전용 증권시장이다. 코스닥 시장 상장 요건을 아직 갖추지 못한 신생기업(창업 초기 혁신형 중소기업)이 주식을 공인 시장에서 거래할 수 있게 함으로써 자금 조달 등에 도움을 주려는 것이다. ④

07 • 서킷브레이커란 주식시장에서 주가가 급등하거나 급락할 때 주식의 매매를 일시동안 정지하는 제도이다. ④

• 코스피나 코스닥 지수가 전일대비 10% 이상 폭락한 상태가 1분간 지속하는 경우 시장 전 종목의 매매거래를 중단한다. 20분간의 매매정지가 풀리면 10분 동안 동시호가로 접수해 매매를 다시 시작한다. 1일 1회만 발동할 수 있다.

• 사이드카는 선물 시장이 급변할 경우 선물이 현물시장에 미치는 영향을 최소화함으로써 현물 시장을 안정적으로 운용하기 위한 제도다. 선물 가격이 전일 종가 대비 5% 이상(코스닥 6% 이상) 상승 또는 하락해 1분간 지속될 때 발동된다.

08 • 옵션(option)은 파생 상품의 하나로 미래의 일정 기간 내에 특정 상품이나 외환, 유가증권 등의 자산을 미리 정한 가격에 사거나 팔 수 있는 권리다. 옵션의 종류에는 풋옵션과 콜옵션이 있다. 풋옵션은 미리 정한 가격으로 팔 수 있는 권리이고, 콜옵션은 미리 정한 가격으로 살 수 있는 권리이다. 옵션 매수자는 꼭 사거나 팔아야 하는 거래 이행의 의무는 없다. 불리할 경우 옵션을 포기할 수 있다. 바이아웃은 차입이나 채권 발행을 통해 조달한 자금으로 기업을 인수한 후 기업 가치를 높인 뒤 되팔아 수익을 챙기는 것을 의미한다. 스톡옵션은 기업이 임직원에게 일정수량의 자기회사 주식을 시세보다 적은 금액으로 살 수 있도록 하는 제도다. 인센티브의 일종이다. ①

09 • CDS는 신용파생상품의 기본적인 형태로 채권이나 대출금 등 기초자산의 신용위험을 전가하고자 하는 사람이 일정한 수수료(CDS 프리미엄)를 지급하고 부도 위험을 떠넘길 수 있는 상품이다. 기초자산의 신용위험이 커질수록 CDS 프리미엄이 상승한다. ②

• 모기지는 주택담보대출이며 이를 담보로 증권을 발행한 것이 주택저당증권(MBS)이다.

• 선물환은 미래의 어떤 시점에 현재 미리 약속한 가격으로 물건을 거래하는 것을 말한다. CP는 기업어음이다.

01 다음은 금리에 대한 설명이다. 바르지 않은 것은?

풀이 날짜			
채점 결과			

① 콜금리는 금융 기관들의 일시적인 자금과부족을 조절하기 위한 1일물 금리이다.
② 한국은행 기준금리는 모든 시장금리 및 금융기관 여 · 수신금리 결정 시 기준이 되는 금리이다.
③ 금리는 자금 시장의 수급 상황을 변화시켜 소비와 투자에 직 · 간접적으로 영향을 주어 경기 조절의 기능을 한다.
④ 인플레이션은 화폐의 구매력을 약화시키며 기대 인플레이션이 높을수록 더 낮은 금리를 요구하게 된다.

02 다음 중 중앙은행의 기능이 아닌 것은?

풀이 날짜			
채점 결과			

① 금융기관에 부족자금을 대출하는 은행의 은행
② 정부의 세입 및 세출을 관리하고 필요 시 부족자금을 대출하는 정부의 은행
③ 독점적 발권력을 가지고 화폐를 발행
④ 유가증권 투자규제

03 양도성 예금증서(CD)에 대한 내용으로 옳지 않은 것은?

풀이 날짜			
채점 결과			

① 증서의 분실, 도난 등 사고 신고가 있을 경우에는 자기앞수표와 사고 신고에 준하여 처리한다.
② 예치금액의 단위에 별도의 제한은 없지만 일반적으로 액면금액 기준 1,000만 원 이상으로 한다.
③ 무기명으로 발행하고 이자 지급은 '이표식'으로 진행한다.
④ 중도해지를 인정하지 않는다.

04 채권(bond)은 돈을 빌리면서 그 돈을 빌렸다고 발행해주는 증서이다. 다음 설명 중 옳은 것은?

풀이 날짜			
채점 결과			

① 중앙정부가 발행하는 채권은 지방채이다.
② 채권가격과 금리(이자율) 간에는 정(의) 관계가 있다.
③ 고정금리부 채권은 시중 금리 변동에 따라 금리가 바뀐다.
④ 정크본드는 신용도가 낮은 기업이나 국가가 발행하는 채권이다.

해설

정답

01 • 인플레이션은 화폐의 구매력을 약화시키기 때문에 기대 인플레이션이 높을수록 채권자는 더 높은 금리를 요구하게 된다. ④

02 • 우리나라 중앙은행인 한국은행은 화폐를 독점적으로 발행하는 발권은행이다. ④
• 금융회사로부터 예금을 받아 금융회사 고객의 예금인출에 대비한 지급준비금 등으로 이용하고 금융회사에 대출을 해주며 자금부족에 직면한 금융회사가 순조롭게 영업할 수 있도록 도와주는 등 은행의 은행 역할을 수행하고 있다. 또 국민이 정부에 내는 세금 등 정부의 수입을 국고금으로 받아 두었다가 정부가 필요로 할 때 자금을 내어주는 정부의 은행 역할도 수행하고 하다.
• 유가증권 투자규제는 중앙은행의 기능이 아니다.

03 • 양도성예금증서(certificate of deposit)는 제3자에게 양도가 가능한 정기예금증서를 말한다. ③
• 중도해지는 인정하지 않으나 양도성이 있다는 것이 특징이다.
• 할인식으로 이자를 지급한다.

04 ① 채권은 국가, 지방자치단체, 주식회사, 금융회사 등이 자금을 조달하기 위해 발행하는 유가증권이다. 중앙정부가 발행하는 채권을 국채라고 하고 정부나 지자체, 공공기관이 발행하는 채권을 국공채라고 한다. ④
② 채권 투자자는 일정한 이자를 받는다. 채권가격과 금리 간에는 음(-)의 관계가 있다.
③ 고정금리부채권(Straight Bond)이란 정해진 기일에 고정된 이자를 지급하고 정해진 만기에 원금을 지급하는 가장 일반적인 형태의 채권이다.
④ 정크본드는 신용등급이 낮은 기업이나 국가가 발행하는 채권으로, 고위험 · 고수익 채권이다.

05 주식과 채권에 대한 설명 중 옳지 않은 것은?

풀이 날짜			
채점 결과			

① 주식의 투자위험이 채권보다 더 높다.
② 주식은 영구 증권이고, 채권은 기한부 증권이다.
③ 채권 값이 오르면 주식 값은 대체로 하락하는 경향이 있다.
④ 채권은 확정이자 수령 권리가, 주식은 배당금을 받을 권리가 주어진다.

06 파생금융상품 중 옵션에 관한 다음 설명 중 옳지 않는 것은? (2019년 농협)

풀이 날짜			
채점 결과			

① 정해진 기간 내 또는 정해진 시점에 미리 약정된 가격으로 특정 자산을 사거나 팔 수 있는 권리가 부여된 계약을 말한다.
② 반드시 행사해야 하는 의무가 존재한다.
③ 콜옵션은 기초자산을 살 수 있는 권리이므로 만기일이 도래했을 때 기초자산의 시장가격이 행사가격보다 낮으면 시장에서 매입하는 것이 유리하므로 권리를 행사하지 않을 것이다.
④ 풋옵션은 기초자산을 팔 수 있는 권리이므로 만기일에 기초자산의 시장가격이 행사가격보다 낮으면 그 권리를 행사하여 시장가격보다 비싼 가격으로 팔 수 있다.

07 아래와 같은 상황에서 선물계약을 한 투자자의 A의 손익은 어떻게 되는가?

풀이 날짜			
채점 결과			

투자자 A는 외환선물 시장에서 보유한 1,000달러에 대해서 "90일 만기 달러당 1,800원의 선물계약"을 체결하면서 매수포지션을 취했다. 선물계약을 체결할 당시 원/달러 환율은 1,700원이었으나, 90일 후 원/달러 환율은 2,000원이 되었다.

①30만 원 손실
②20만 원 손실
③30만 원 이익
④20만 원 이익

08 외환시장에서 원 · 달러 환율이 현재 1,100원이라고 하자. 수출업체인 (주)한국은 앞으로 환율이 하락할 것으로 보고 행사가격이 달러당 1,100원인 풋옵션 1,000 계약을 계약당 30원에 매수했다. 옵션 만기일에 원 · 달러 환율이 1,200원이 됐다고 가정할 경우 옵션거래에 따른 (주)한국의 손익은?

풀이 날짜			
채점 결과			

① 손실 3만 원
② 손실 13만 원
③ 이익 3만 원
④ 이익 7만 원

해설

정답

05
• 주식은 만기가 없기 때문에 영구증권이고 채권은 만기가 있기 때문에 기한부 증권이다. ③
③ 채권 값이 오른다는 건 이자율(금리)이 떨어진다는 뜻이다. 이자율이 떨어지면 대체로 주가는 오르는 경향이 있다.

06
• 옵션은 권리이기 때문에 옵션 구매자는 해당 자산을 반드시 사거나 팔아야 할 의무는 없다. 이게 미래 특정시점에 특정가격으로 매매의무가 주어지는 선물과의 차이다. ②

07
• 선물에서 매수포지션을 취했는데 90일 후에 원/달러 환율이 올라서 달러당 200원의 이익을 보았다. 1,000달러를 투자했으므로 총이익금은 20만 원이다. ④

08
• (주) 한국은 환율 하락을 예상해 풋옵션 1,000 계약을 계약당 30원에 매수했으므로 옵션 매수비용으로 3만원을 지출했다. ①
• 옵션 만기일에 원 · 달러 환율이 예상과 달리 1,200원으로 상승하였으므로 풋옵션을 행사하지 않는다.
• 따라서 풋옵션 매수비용인 3만 원이 옵션거래에 따른 손실로 남았다.

MEMO 그래프를 그려보세요.

CHAPTER 08

화폐수요이론과 금융정책

단원 학습 목표

- 고전학파는 화폐수량설을 통해 처음으로 화폐 수요를 체계적으로 설명하였고 이후 케인즈와 밀턴 프리드먼이 화폐 수요이론을 발전시키게 된다.
- 화폐의 공급 측면과 화폐의 수요 측면이 만나는 화폐 시장을 살펴보고 중앙은행이 통화 정책을 통해 통화량을 어떤 방법으로 늘리거나 줄이는지 공부해본다.

1절 고전학파의 화폐수요이론

01 화폐수요이론의 발달

① 화폐 수요가 경제활동과 안정적인 관계를 갖고 있는지에 대해서는 2가지의 상반된 견해가 존재한다.

② 대체로 고전학파 계통에서는 화폐 수요가 안정적이라고 보는데 비해 케인즈학파 계통은 화폐 수요가 불안정적이라고 주장한다.

③ 화폐 수요의 안정성 여부는 금융 정책의 유효성과도 매우 밀접한 관계가 있다.

02 수량방정식

① 피셔(I, Fisher)에 의해 정리된 수량방정식(quantity equation)은 화폐가 가진 교환의 매개수단으로서의 기능을 중요시한다.

② 사람들은 재화와 서비스를 거래하기 위해 화폐를 소유하며 화폐와 거래간의 관계를 수식으로 나타내면 다음과 같다.

$$MV = PT$$

〔M : 명목 통화 공급량, V : 유통속도, P : 물가, T : 거래량〕

③ 수량방정식 우변의 T는 일정 기간 동안에 거래된 재화와 서비스의 거래량으로 재화와 서비스는 최종생산물뿐만 아니라 원료와 중간생산물 등 거래된 것은 모두 포함된다.

④ P는 물가수준으로 거래가격에 거래량을 곱한 PT는 명목거래액과 같다.

⑤ 수량방정식 좌변의 M은 통화량, 즉 일정 시점에 존재하는 화폐의 양이고 V(transaction velocity of money)는 화폐의 거래유통속도로 화폐가 거래에 사용된 횟수를 뜻한다.

예를 들어 재화 1개당 1,000원씩 받고 10개가 판매된 경우를 보면 교환에 사용된 화폐의 수는 모두 합하여 $PT = 1{,}000\text{원} \times 10\text{개} = 10{,}000\text{원}$이다.

만약 존재하는 화폐의 양이 1,000원이면 유통속도는 $V = \frac{PT}{M} = \frac{10{,}000}{1{,}000} = 10$이다.

즉, 통화량이 1,000원일 때 일정 기간 동안 10,000원 상당의 거래가 발생하면 화폐는 같은 기간 동안 10번 소유주가 바뀐 것이고 따라서 10번 유통된 셈이다.

⑥ MV는 거래를 위해 지불한 액수를 나타낸다.

⑦ 일정 기간 동안의 총 거래액(PT)과 일정 기간 동안의 총 지출액(MV)은 항상 일치하므로 수량방정식은 항등식이다.

03 화폐수량설

1 가정

① 화폐의 거래유통속도(V)는 사회의 구매 관습과 소비 관습 등에 따라 결정되는 것으로 단기에서는 일정하다.

② 생산은 항상 완전고용상태에서 이루어지므로 단기적으로 변동하지 않는다.

③ 거래량(T)은 생산량 또는 국민소득(Y)과 일정한 비례관계를 갖는다.

2 일반적인 교환방정식

$$MV = PY$$

① V는 거래가 아닌 소득에 대해서 정의되었으므로 소득유통속도의 개념으로 바뀐다.

② MV는 일정 기간 동안의 명목거래액을, PY는 일정 기간 동안의 명목국민소득을 나타낸다.

3 물가이론

① 수량방정식에서 국민소득(Y)은 항상 완전고용 산출량 수준에서 고정된 값이고, 소득유통속도(V)도 지불 관습에 따라서 일정하므로 통화량(M)이 증가하면 물가(P)가 정비례하여 상승한다.

② 따라서 화폐수량설은 단기에서 V와 Y가 일정하다면 통화량과 물가수준 사이에 비례적인 관계가 있음을 주장하는 물가이론이라고 볼 수 있다.

4 화폐 수요이론

① 수량방정식을 다시 정리하면 다음과 같이 나타낼 수 있다.

$$M = \frac{1}{V} PY$$

〔M : 명목화폐 수요〕

$$\frac{M}{P} = \frac{1}{V} Y$$

〔$\frac{M}{P}$: 실질화폐 수요〕

② 위의 식은 PY 만큼의 거래가 이루어지기 위해서는 명목국민소득(PY)의 일정비율$\left(\frac{1}{V}\right)$ 만큼의 화폐가 필요함을 보여준다.

또한 실질화폐 수요는 실질국민소득에 의해 영향을 받는다.

③ 따라서 수량방정식은 화폐 수요이론으로 해석하는 것이 가능하고, 수량방정식에서 중요시되는 화폐의 기능은 교환의 매개수단으로서의 기능이다.

04 현금 잔고 수량설(cash balance equation)

1 화폐보유 동기

① 현금 잔고 수량설은 신고전학파의 창시자인 영국 경제학자 마샬에 의해 정립되었다.

② 마샬에 따르면 화폐보유량은 화폐를 보유함으로써 얻을 수 있는 효용과 다른 형태의 자산을 보유함으로써 얻을 수 있는 효용을 비교함으로써 결정된다.

③ 마샬의 케임브리지 학파(cambridge school)는 사람들이 이러한 효용을 얻기 위하여 자산의 일정 부분을 화폐로 보유한다고 단순화 하였다.

2 케임브리지 현금 잔고 방정식

① 개인들은 대체로 명목국민소득의 일정 비율(k)만큼 화폐를 보유하려고 하므로 화폐 수요함수는 다음과 같이 나타낼 수 있다.

$$M^d = kPY$$

$$\frac{M^d}{P} = kY$$

② M^d는 명목화폐 수요, $\frac{M^d}{P}$는 실질화폐 수요, k는 명목소득(PY) 중에서 화폐로 보유하려고 하는 화폐보유비율, P는 물가수준, Y는 실질소득을 나타낸다.

③ 화폐보유 비율 k를 '마샬의 k(Marshallian k)'라고도 한다.

④ Y가 완전고용 국민소득 수준과 항상 일치하고 k가 일정한 값으로 고정되어 있다고 가정하면 화폐 수요는 물가에 비례한다는 결론을 얻을 수 있다.

⑤ $k = \frac{1}{V}$로 가정하면 $MV = PY$가 되어 피셔의 화폐수량설과 별다른 차이가 없게 된다.

2절 케인즈의 화폐수요이론

01 개요

① 케인즈는 이자율이 화폐 시장에서 경제주체들의 유동성에 대한 선호와 화폐 공급의 상호작용에 의해 결정된다는 유동성선호설(liquidity preference theory)을 제시하였다.

② 케인즈는 유동성이 높은 화폐를 보유하는 동기는 크게 거래적 동기(transactions motives), 예비적 동기(precautionary motives), 투자적 동기(speculative motives)로 나누어 설명하였다.

③ 거래적 동기에 의한 화폐 수요가 계획된 거래를 위한 화폐보유인 반면, 예비적 동기에 의한 화폐 수요는 예상치 못한 지출에 대비하기 위하여 화폐를 보유하는 것을 말한다.

④ 투자적 동기는 케인즈 화폐이론의 가장 독특한 측면이다. 투자적 동기에 의한 화폐 수요란 수익성 금융자산에 투자하기 위한 기회를 노리면서 일시적으로 화폐를 보유하는 것을 말한다.

02 거래적 화폐 수요와 예비적 화폐 수요, 투자적 화폐 수요

① 케인즈는 거래적 화폐 수요와 예비적 화폐 수요 모두 소득의 함수라는 점에서 큰 차이가 없는 것으로 보고 거래적 · 예비적 화폐 수요를 포괄하여 거래적 화폐 수요이론을 전개하였다.

② 케인즈는 미래 이자율의 불확실성 하에서 자산을 화폐로 보유할 것인가 채권으로 보유할 것인가의 의사결정에 대한 이론으로서 투자적 화폐 수요이론을 전개하였다.

03 유동성 선호이론(투자적 화폐 수요)

1 투자적 동기의 발생 원인

① 케인즈는 화폐에 대한 투자적 수요는 미래의 이자율이 불확실하기 때문에 존재한다고 주장하였다.

② 즉, 사회 전체적으로 미래 이자율이 일률적으로 결정되지 못하여 확실하게 예측할 수 없다는 것을 의미한다.

2 가정

① 자산은 화폐와 채권 2가지만 존재한다.

② 개인들은 위험중립자로서 수익률에 따라서 전부 화폐 혹은 전부 채권으로 보유한다.

③ 개인들은 미래의 이자율 수준을 확실히 예상하나 각 개인들의 예상수준은 모두 상이하다.

④ 채권은 영구채로서 매년 1원씩의 이자가 지급된다.

→ 영구채권(prepetual bond)이란 만기가 없이 매년 일정한 금액을 영원히 지불하는 채권을 말한다.

3 개인의 화폐 수요

1. 채권의 수익률

(1) 영구채권의 자본이득률

① 매년 1원씩의 이자를 지급하는 영구채권의 현재가치(PV)는 $\frac{1}{r}$이다.

② 만약 개인이 예상하는 장래이자율이 r^e라면 영구채권의 보유에 따른 자본이득률(g)은 다음과 같이 계산된다.

$$g = \frac{\text{예상가격} - \text{현재가격}}{\text{현재가격}}$$

$$= \frac{\frac{1}{r^e} - \frac{1}{r}}{\frac{1}{r}}$$

$$= \frac{\frac{r - r^e}{r \times r^e}}{\frac{1}{r}}$$

$$= \frac{r - r^e}{r^e}$$

$$= \frac{r}{r^e} - 1$$

(2) 채권보유에 따른 수익률

① 채권을 보유함에 따르는 수익은 채권에 명시된 이자율에 의한 이자수익(r)과 시장이자율의 변동에 의한 자본이득(g)으로 구성된다.

② 현재의 이자율이 r, 장래의 예상이자율이 r^e라면 채권보유에 따른 수익률은 다음과 같이 계산된다.

$$\rightarrow r + g = r + \frac{r}{r^e} - 1$$

개념정리 | 채권과 이자율과의 관계

① 매년 1원씩의 이자를 지급하는 영구채권이 있다고 하자. 영구채권이란 발행자가 원리금의 상환기간을 명시하지 않는 일종의 '무기한부 증권'이다.

② 영구채권의 현재가치(PV)는 다음과 같다.

$$PV = \frac{1}{1+r} + \frac{1}{(1+r)^2} + \frac{1}{(1+r)^3} + \cdots$$

$$= \frac{\frac{1}{1+r}}{1 - \frac{1}{1+r}} = \frac{1}{r}$$

③ 영구채권의 가격(P)이 영구채권의 현재가치(PV)보다 크다면 영구채권의 수요가 감소하여 영구채권의 가격이 하락하고 반대인 경우 영구채권의 가격이 상승한다.

④ 따라서 영구채권의 가격과 영구채권의 현재가치는 같게 되며 영구채권의 가격과 이자율은 역관계를 갖는다.

개념정리 정상이자율

① 케인즈에 따르면 각 개인마다 예측하는 정상이자율이 다르다고 주장하였다.
② 정상이자율이란 현 상황에서 회귀될 것으로 예상되는 이자율 또는 현 상황에서 정상적인 이자율을 말한다.
③ 만약 현재 이자율이 정상이자율보다 낮다면 개인은 이자율이 상승할 것으로 예상하고 현재 이자율이 정상이자율보다 높다면 개인은 이자율이 하락할 것으로 예상한다.
④ 채권가격과 이자율은 역관계이므로 이자율 상승을 예상한다는 것은 채권가격 하락을 예상한다는 것이고 이자율 하락을 예상한다는 것은 채권가격 상승을 예상한다는 것이다.

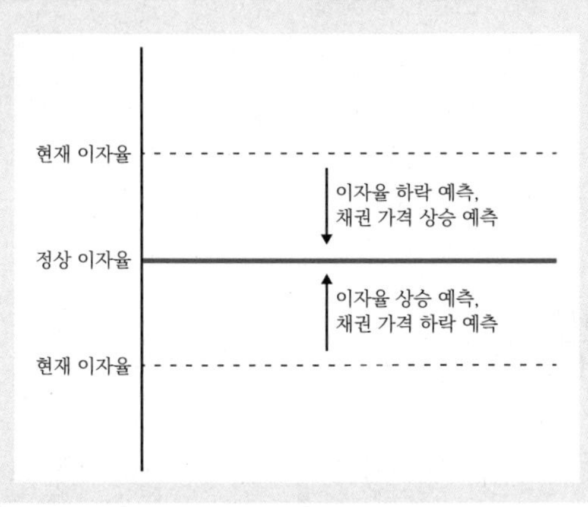

2. 개인의 의사결정

① 개인들은 화폐의 수익률과 채권의 수익률을 비교하여 채권의 수익률이 높으면 전부채권, 화폐의 수익률이 높으면 전부 화폐를 보유하게 된다.
즉, 채권의 수익률은 $r+g$이고 화폐의 수익률은 0이므로 채권의 수익률이 화폐의 수익률인 0보다 크면 채권만 보유하고 화폐의 수익률인 0보다 채권의 수익률이 작으면 화폐만 보유한다.

$$r+g(\text{채권의 수익률})=r+\frac{r}{r^e}-1\geqq 0(\text{화폐의 수익률})$$
$$\rightarrow r+\frac{r}{r^e}\geqq 1$$
$$\rightarrow r\geqq \frac{r^e}{r^e+1}$$

② 채권을 보유할 것인가 화폐를 보유할 것인가를 판단하는 기준이 되는 이자율은

$$r+\frac{r}{r^e}-1=0$$
$$\rightarrow r=\frac{r^e}{r^e+1}$$

에서 결정된다. 이때 이자율을 기준이자율(critical interest) 또는 임계이자율이라고 한다.
즉, 개인들은 기준이자율$\left(r=\frac{r^e}{r^e+1}\right)$을 기준으로 양자선택을 한다.

③ 이자율이 기준이자율(r_c)보다 높으면 개별경제주체는 전 재산을 모두 채권으로만 보유하고 기준이자율보다 낮으면 전 재산을 모두 화폐로만 보유한다.
④ 경제 전체적으로는 불확실성이 존재하나 개인의 차원에서는 확실성이 존재하므로 개인의 입장에서 보면 r^e는 정해져 있다.

⑤ 그림에서 개별경제주체의 투자적 화폐 수요함수는 불연속적이다. 이는 경제주체가 자신의 전 재산을 모두 화폐로만 보유하던지 아니면 채권으로만 보유하는 극단적인 자산구성을 하기 때문에 나타나는 현상이다.

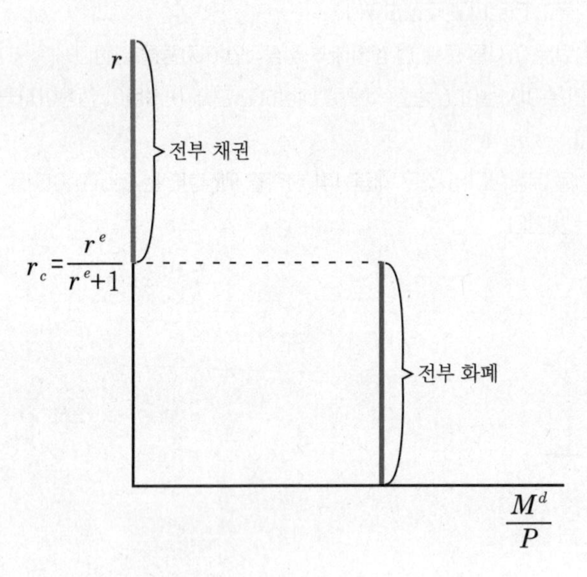

4 사회 전체의 투자적 화폐 수요곡선

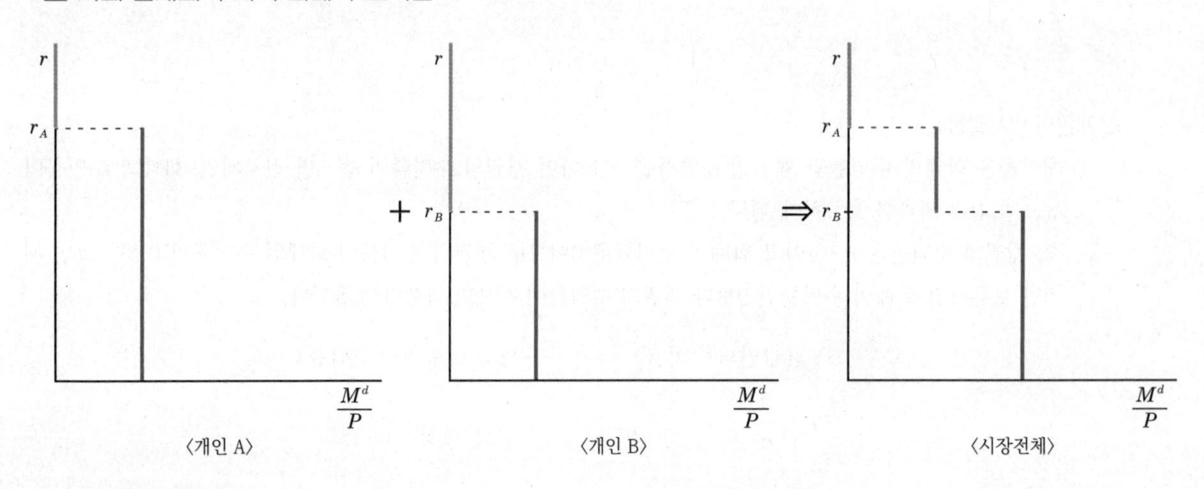

① 개인들은 장래이자율에 대하여 확실한 예상을 하나 예상수준이 모두 서로 다르다.
즉, 각 개인의 기준이자율이 서로 다르다.

② 두 명의 사회구성원 A와 B의 기준이자율이 각각 r_A, r_B로 주어져 있다면 사회 전체의 투자적 화폐 수요곡선은 그림과 같이 두 사람의 투자적 화폐 수요곡선의 수평합으로 도출된다.
즉, 사회전체의 투자적 화폐 수요곡선은 개인들의 투자적 화폐 수요곡선의 수평합으로 도출된다.

③ 사회전체에 다수의 개인들이 존재한다면 사회전체의 투자적 화폐 수요곡선은 연속적이면서 우하향의 완만한 곡선으로 도출된다.

5 유동성 함정

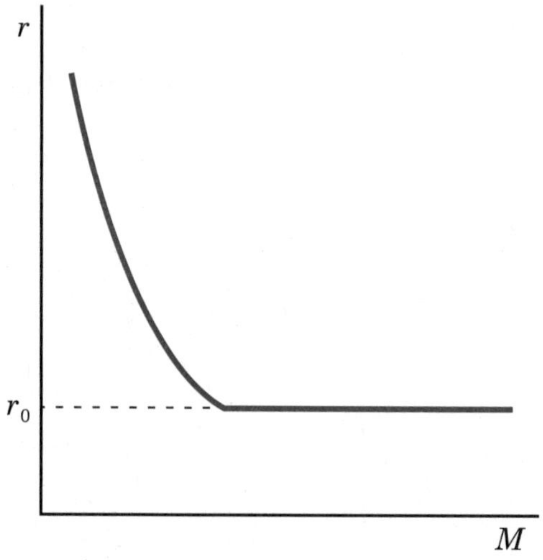

① 이자율이 매우 낮은 경우 모든 개인들이 이자율의 상승(채권가격의 하락)을 예상하여 화폐 수요를 무한히 증가시키는 구간이 존재하는 데 이를 유동성 함정(liquidity trap)이라 한다.

② r_0에 가까운 이자율 수준에서는 이자율의 미세한 변화에 대하여 사람들의 화폐 수요가 매우 민감히 반응하는데, 이는 모든 사람들이 미래이자율의 변화 방향에 대해 동일한 기대를 가지고 있기 때문이다.

③ 즉, 투자적 화폐 수요가 무한히 증가하는 이유는 극단적으로 이자율 수준이 너무 낮아서 모든 사람들이 이자율이 곧 상승할 것이고, 채권 가격이 하락할 것이라고 생각하기 때문이다.

④ 유동성 함정에서는 화폐를 많이 공급하여도 공급된 화폐가 모두 시장에서 퇴장해버려 시장에서 유동성이 부족해지는 현상이 발생한다.

⑤ 유동성 함정은 어떤 이자율 수준에서도 발생할 수 있으나 현실적으로 미래의 이자율 변화 방향에 대하여 모든 사람이 동일한 예상을 하는 상황은 이자율 수준이 대단히 낮을 때 주로 발생한다.

6 평가

① 화폐 수요가 이자율에 의해서도 영향을 받는다는 것을 명시적으로 보였다.

② 이는 곧 화폐 수요에는 거래적수요 외에는 투자적 수요도 존재함을 증명한 것이다.

③ 현실적으로 화폐와 채권 사이에 양자택일의 선택(all money or all bond)을 하지 않는다.

④ 예상이자율(r^e)이 어떤 식으로 결정되는지 보이지 못하고 있다.

⑤ 시장이자율(r)이 안정적이라면 개인별로 예상이자율(r^e)이 거의 동일할 것이므로 경제 전체의 화폐 수요 함수도 불연속적 계단 형태로 나타날 수도 있다.

04 케인즈의 화폐 수요곡선

1 화폐 수요곡선의 도출

① 거래적 · 예비적 동기의 화폐 수요(L_T)는 소득의 증가함수로서 소득의 크기가 Y_0로 결정되면 화폐 수요의 크기도 $\frac{M_0}{P_0}$로 결정된다.

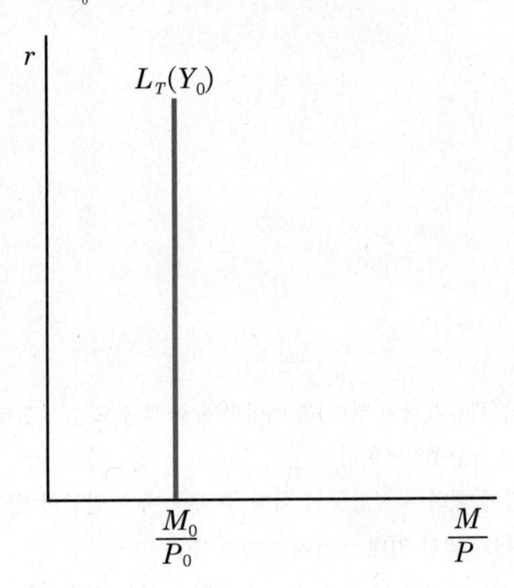

② 사회전체적인 화폐 수요곡선은 투자적 동기의 화폐 수요곡선(L_S)을 $\frac{M_0}{P_0}$만큼 오른쪽으로 이동시킴으로써 도출할 수 있다.

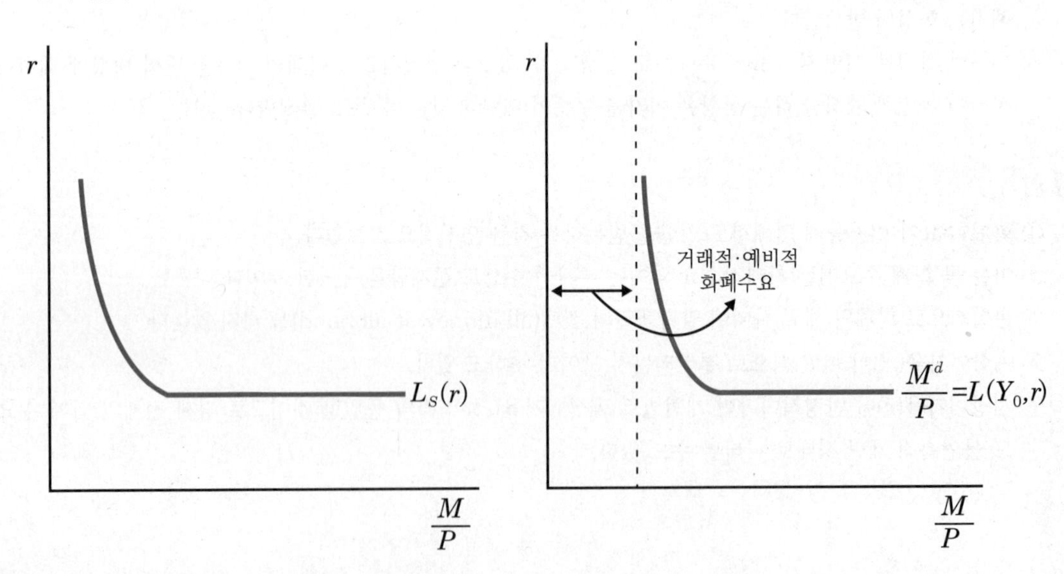

2 화폐 수요곡선의 이동

① 소득이 변화하면 거래적 화폐 수요가 증가 또는 감소하므로 화폐 수요곡선이 우측 또는 좌측으로 이동한다.
소득이 Y_0에서 Y_1으로 증가하면 화폐 수요곡선이 우측으로 이동한다(이자율이 r_1일 때 b점에서 c점으로 이동).

② 이자율이 변화하면 화폐 수요곡선 상에서의 이동이 발생한다.
즉, 이자율이 r_0에서 r_1으로 하락하면 기존의 화폐 수요곡선 $L(Y_0,r)$에서 이동한다(a점 → b점).

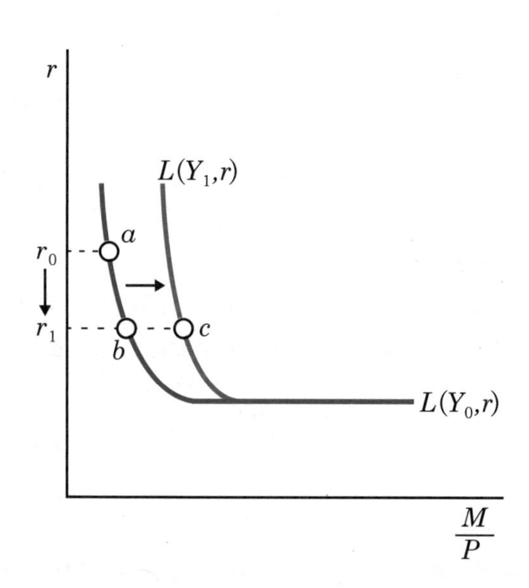

3 케인즈의 화폐 수요함수

① 케인즈에 의하면 사회전체 화폐 수요는 소득과 이자율에 의해 결정되므로 실질화폐 수요는 실질소득(Y)과 명목이자율(r)의 함수이다.

$$\frac{M^d}{P} = L(Y, r)$$

$$M^d = P \times L(Y, r)$$

$$\left[\frac{\Delta \frac{M^d}{P}}{\Delta Y} > 0 : \text{실질화폐 수요는 실질소득의 증가함수}\right]$$

$$\left[\frac{\Delta \frac{M^d}{P}}{\Delta r} < 0 : \text{실질화폐 수요는 명목이자율의 감소함수}\right]$$

② 따라서 케인즈의 화폐 수요함수는 다음과 같이 나타낼 수 있다.

$$\frac{M^d}{P} = kY - hr$$

$$(k > 0, h > 0)$$

kY는 거래적 동기의 화폐 수요를, hr은 투자적 동기의 화폐 수요를 나타낸다.

개념정리 실질화폐 수요와 명목화폐 수요

① 실질화폐 수요$\left(\frac{M^d}{P}\right)$는 명목이자율($r$)의 감소함수, 실질소득($Y$)의 증가함수이다.

$$\rightarrow \frac{M^d}{P} = L(Y, r)$$

(L : 유동성선호 또는 화폐 수요, r : 명목이자율, Y : 실질소득)

② 실질화폐 수요 함수 양변에 물가(P)를 곱해주면 명목화폐 수요 함수로 나타낼 수 있다.

$$\rightarrow M^d = P \times L(Y, r)$$

③ 따라서 명목화폐 수요는 물가의 증가함수이기도 하다.

05 케인즈의 이자율 결정이론 - 유동성 선호설

1 개요

① 고전학파는 실물경제현상과 결부시켜 실질이자율의 장기적 추세를 전망한 반면 케인즈는 이자율의 결정에 화폐적 요인이 중요하다는 점을 강조하면서 '유동성 선호설'을 주장하였다.

② 케인즈에 따르면 사람들에게는 유동성 자체를 선호하는 경향이 있다.

③ 채권이나 주식의 가격이 오를 것이라고 예상되는 경우에는 적기에 신속하게 투자하기 위해서 자산의 일정 부분을 화폐 형태로 보유하는 것이 유리하다. 이처럼 경제주체들에게는 유동성 선호(liquidity preference)의 심리가 존재한다.

2 화폐 수요와 공급

1. 화폐 수요

① 화폐를 보유하지 않고 채권을 구입하거나 예금 등에 예치하면 이자 수입을 얻을 수 있으므로 화폐보유의 기회비용은 명목이자율이다.

② 화폐에 대한 수요는 화폐를 보유하기 위해 치러야 하는 가격, 즉 화폐의 기회비용인 명목이자율과 실질소득에 의해 결정된다.

$$\rightarrow \frac{M^d}{P} = L(Y, r)$$

③ 실질잔고에 대한 수요가 명목이자율(r)과 실질소득(Y)의 영향을 받는다는 것을 표현하며 L은 화폐 수요 함수를 표현하기 위한 것으로 유동성(Liquidity)의 L자를 딴 것이다.

2. 화폐 공급

명목화폐의 공급이 M^S로 주어지면 실질화폐 공급 수준은 $\frac{M^S}{P}$가 된다.

3. 화폐 시장 균형

① 화폐 시장에서 화폐의 수요와 공급에 의하여 균형 이자율이 결정된다.

② 화폐 시장의 균형식은 다음과 같다.

$$\rightarrow \frac{M^S}{P} = L(Y, r)$$

(Y : 실질소득, r : 명목이자율)

3 균형이자율 결정

① 화폐 공급량은 이자율과 무관하게 중앙은행의 정책에 의해 결정되므로 화폐 공급곡선은 수직선의 형태를 갖는다.

② 이자율이 상승하면 화폐보유의 기회비용이 커지므로 화폐 수요곡선은 우하향의 형태를 갖는다.

③ 이자율 r_1에서는 화폐 시장의 초과공급이 발생한다.

초과공급 상태에서는 사람들이 원하는 화폐보유량 수준 이상으로 화폐가 공급되는 것이므로 사람들은 불필요한 화폐를 처분하려 할 것이다. 따라서 사람들은 적정보유량 이상의 화폐로 채권을 구입하려 한다. 이는 채권에 대한 수요를 증가시키므로 채권의 가격이 상승하게 된다. 채권가격 상승은 채권수익률의 하락, 즉 이자율의 하락을 뜻한다.

→ 화폐시장의 초과 공급, 채권시장의 초과 수요

→ 채권 가격 상승, 이자율 하락

④ 이자율 r_2에서는 화폐 시장의 초과 수요가 발생한다.

사람들이 원하는 만큼의 화폐를 보유하지 못한다면 채권을 매각하여 화폐로 전환하려 할 것이고 이 과정에서 채권 가격이 하락하고 이자율이 상승한다.

→ 화폐 시장의 초과 수요, 채권시장의 초과 공급

→ 채권가격 하락, 이자율 상승

⑤ 따라서 화폐 공급과 화폐 수요가 만나는 e점에서 화폐 시장의 균형이 달성되며 균형이자율은 r_0가 된다.

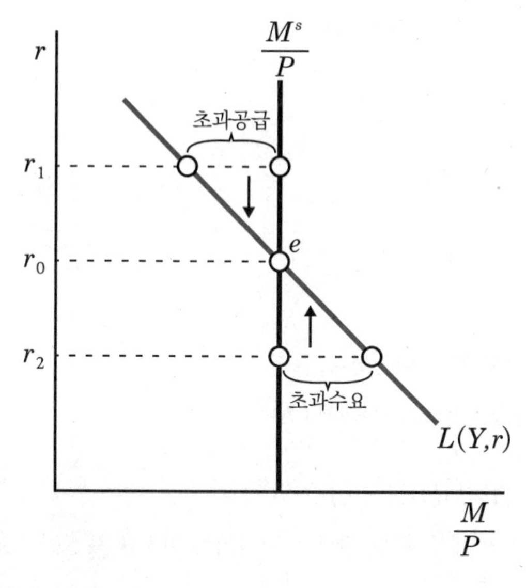

4 균형이자율의 변화

1. 화폐 수요 증가

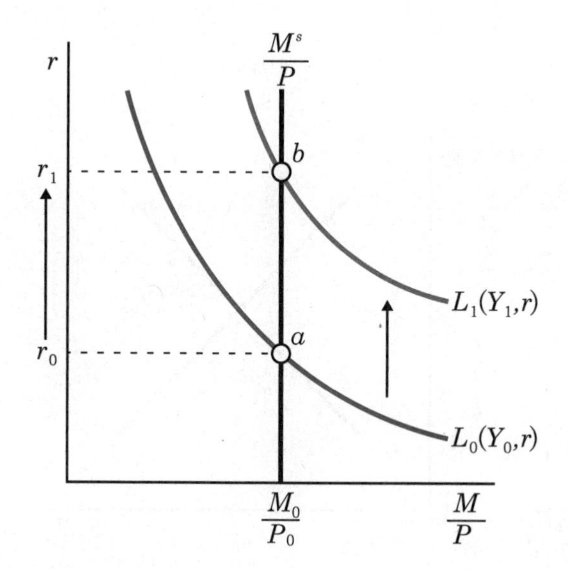

① 국민소득이 증가하면($Y_0 \rightarrow Y_1$) 화폐 수요곡선이 오른쪽으로 이동한다.

② 화폐 공급의 변함이 없는 상태에서 화폐의 초과 수요가 발생하고 이자율은 화폐 수요를 해소시키는 수준까지 상승한다. 즉 균형이자율이 r_0에서 r_1으로 상승한다.

2. 화폐 공급 증가

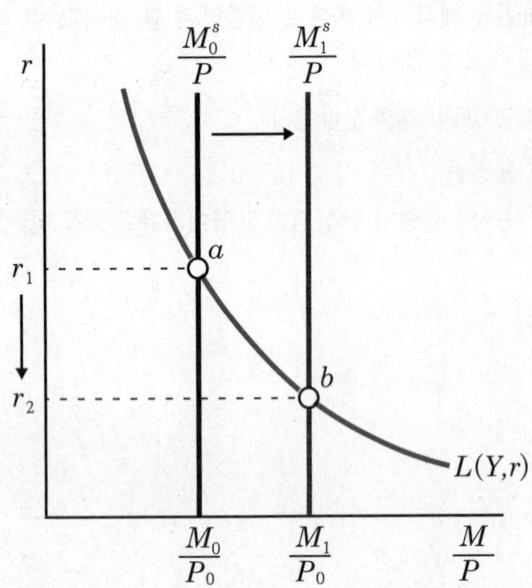

① 통화량이 증가하면$(M_0^S \rightarrow M_1^S)$ 화폐 공급곡선이 오른쪽으로 이동한다.

② 화폐 공급의 증가로 채권가격이 상승하고 균형이자율은 r_1에서 r_2로 하락한다.

5 고전학파의 대부자금시장과 케인즈의 유동성 선호설(화폐시장)과의 비교

① 유동성선호설에서 결정되는 이자율은 명목이자율(i)이고 대부자금시장에서 결정되는 이자율은 실질이자율(r)이다.

② 유동성선호설에 따르면 화폐시장에서 이자율이 결정되고 대부자금시장에서는 실물변수인 저축(S_N)과 투자(I)에 의하여 이자율이 결정된다.

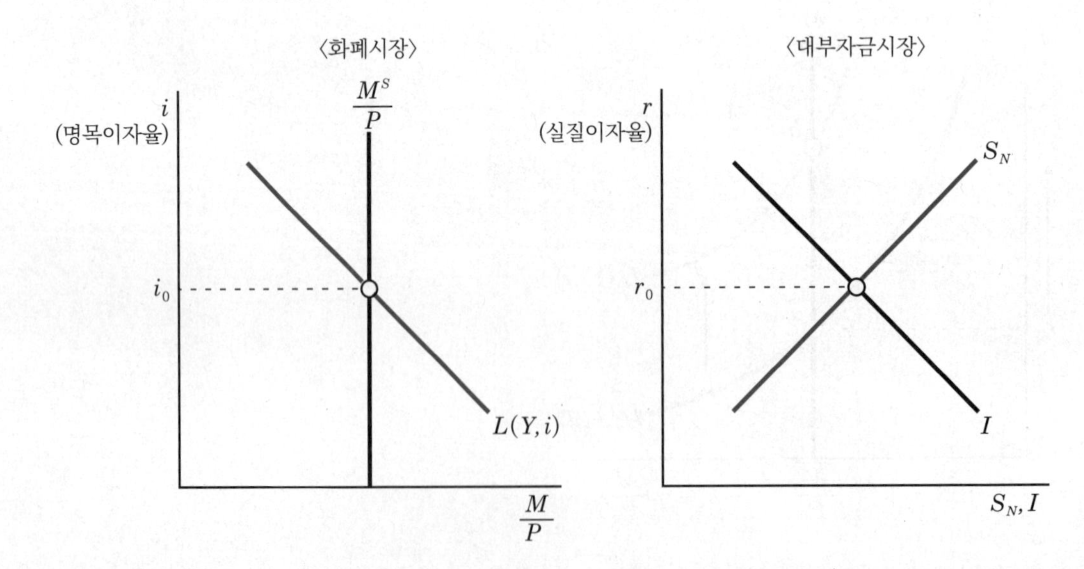

3절 케인즈 화폐수요이론의 발전

01 보몰(W. Baumal)과 토빈(J. Tobin)의 재고관리이론

1 보몰(W. Baumal)과 토빈(J. Tobin)의 재고관리이론

1. 개요

① 사람들이 화폐를 보유하는 가장 중요한 동기는 거래적 동기이다.

② 고전학파와 케인즈는 모두 거래적 동기에 의한 화폐 수요가 소득에 의존한다고 보았다.

③ 그러나 거래적 동기로 화폐를 보유한다고 하더라도 화폐 보유에는 이자수입의 상실이라는 기회비용이 존재하며 다른 형태의 자산을 화폐의 형태로 바꾸어 놓는데 드는 거래비용이 존재한다.

④ 이러한 문제의식에서 보몰과 토빈은 거래적 화폐수요가 소득뿐만 아니라 이자율과 거래비용의 영향을 받는다는 것을 도출하였다.

2. 재고이론적 접근 방법

① 보몰(W. Baumal)과 토빈(J. Tobin)은 최적의 재고관리이론을 이용하여 화폐수요함수를 도출하였다.

② 거래의 목적으로 화폐를 보유하는 이유는 소득의 수취와 지출 사이에 시간적 격차가 존재하기 때문이며 이는 기업이 제품의 들어오고 나가는 사이의 시간적 불일치 때문에 기간 동안 어느 정도의 재고를 보유하는 것과 유사하다.

③ 이러한 점을 고려하여 보몰과 토빈은 화폐를 일종의 재고(inventory)로 간주하였다.

④ 경제주체는 화폐 보유의 편익과 그로 인한 기회비용을 서로 비교하여 적정한 화폐 보유 수준을 결정한다고 본다.

⑤ 어느 사람이 매월 초에 월급을 받아서 은행에 예금하고 필요할 때마다 현금을 인출할 수 있다.

⑥ 이런 경우에는 처음부터 전액을 현금으로 보유하는 경우에 비해 이자수입을 벌어들일 수 있다는 이점이 있으나 현금을 인출하기 위해 은행 방문 시 교통비, 은행에 가기 위해 드는 시간 등의 거래비용이 추가로 발생한다.

⑦ 따라서 현금을 적게 보유하고 예금을 많이 보유함에 따른 이자수입이라는 이득과 거래비용이라는 비용을 비교하여 최적의 현금 보유를 결정해야 할 것이다.

3. 개념

기업의 재고관리이론을 개인의 화폐수요이론에 적용한 것으로서 화폐를 많이 보유하고 있으면 거래에 즉각적으로 대처할 수 있으나 이자수입의 상실이라는 기회비용이 발생하고 필요할 때마다 인출하면 이자수입이 유지되지만 수수료 등의 거래비용이 발생한다.

4. 가정

① 개인들은 매기의 처음에 명목소득 PY원을 채권으로 수취한다.

② 매번 보유 채권 중 동일액 M만큼을 화폐로 전환하며 채권을 화폐로 교환할 때마다 Pb만큼의 명목거래비용(거래수수료)이 발생한다.

→ b는 실질거래비용

③ 지출이 전 기간에 걸쳐 균등하게 이루어짐으로 기말에는 소득이 모두 소진된다.

④ 주어진 기간 동안 개인들은 소득 중에서 지출되지 않은 만큼의 자산을 채권과 화폐 중 어느 한 형태로만 보유한다.

⑤ 화폐는 아무런 이자소득도 낳지 못하지만 채권을 보유하면 이자소득을 얻을 수 있다.

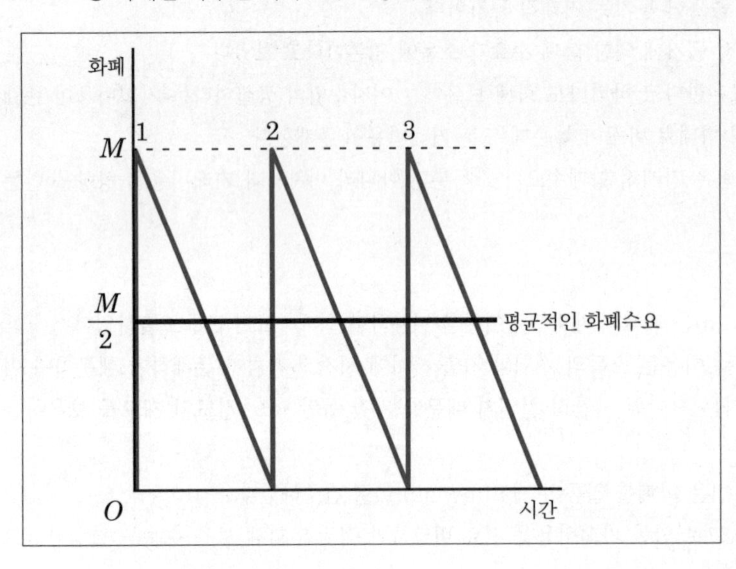

5. 화폐보유에 따른 비용

① 화폐를 보유함에 따른 비용은 화폐 보유에 따른 이자손실과 채권을 화폐로 교환할 때 발생하는 거래비용의 합이다.

② 화폐 보유에 따른 거래비용은 거래수수료와 거래횟수의 곱이다.

③ 전환은 매기 $\frac{PY}{M}$번 이루어지므로 전환에 따른 거래비용은 다음과 같다.

→ 거래수수료 × 거래횟수

$$= Pb \times \frac{PY}{M} = \frac{P^2Y}{M}b$$

④ 지출이 전 기간에 걸쳐 균등하게 이루어진다면 이 기간의 평균화폐보유액은 $\frac{M}{2}$이며 화폐 보유에 따른 이자손실은 평균화폐보유액과 명목이자율(i)의 곱이다.

$$\rightarrow \frac{M}{2} \times i$$

⑤ 따라서 화폐 보유에 소요되는 총비용(C)은 화폐보유의 기회비용인 이자손실액과 거래비용의 합이므로 다음과 같다.

$$\rightarrow C = \frac{P^2Y}{M}b + \frac{M}{2} \times i$$

6. 최적의 평균화폐보유액

① 경제주체가 합리적이라면 화폐 보유에 소요되는 총비용을 최소화하려고 할 것이다.

② 이때 총비용을 최소화하는 M의 크기를 구하려면 총비용(C)을 M에 대하여 미분하고 그 값을 0으로 하는 M^*를 구하면 된다.

$$C = \frac{P^2Y}{M}b + \frac{M}{2} \times i = P^2YM^{-1}b + \frac{M}{2}i$$

$$\frac{dC}{dM} = -P^2YM^{-2}b + \frac{i}{2} = 0$$

$$\frac{i}{2} = \frac{P^2Yb}{M^2}$$

$$\rightarrow iM^2 = 2P^2Yb$$

$$\rightarrow M^2 = \frac{2P^2Yb}{i}$$

$$\rightarrow M^* = P\sqrt{\frac{2bY}{i}}$$

③ 총비용을 최소화하는 경제주체의 평균화폐보유액$\left(\frac{M^*}{2}\right)$은 다음과 같다.

$$\frac{M^*}{2} = \frac{P}{2}\sqrt{\frac{2bY}{i}} = P\sqrt{\frac{bY}{2i}}$$

④ 총비용을 최소화하는 경제주체의 평균화폐보유액이 화폐수요(M^d)이므로 실질화폐수요함수$\left(\frac{M^d}{P}\right)$는 다음과 같다.

$$\rightarrow \frac{M^d}{P} = \sqrt{\frac{bY}{2i}}$$

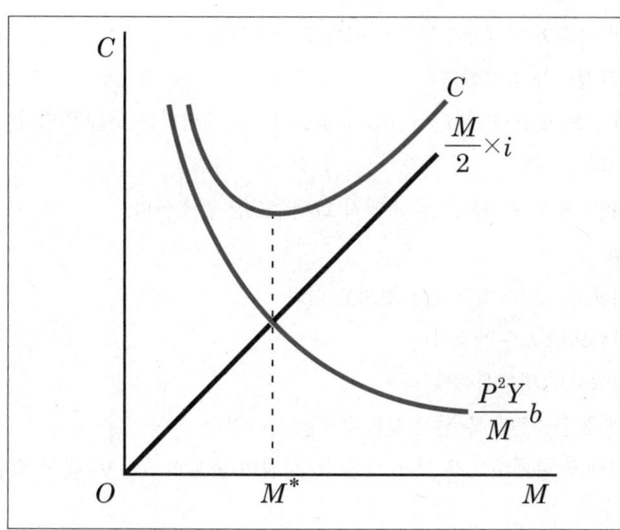

심화학습 **평균화폐보유량 도출의 다른 방법**

- 소비자가 n회에 걸쳐 $\frac{PY}{n}$씩 현금을 인출하는 경우의 평균화폐보유액은 $\frac{\frac{PY}{n}}{2}=\frac{PY}{2n}$가 된다.
- 이때 명목이자율이 i라면 해당 소비자의 평균적인 현금보유에 대한 이자비용은 $\frac{PY}{2n}\times i$가 된다.
- 해당 소비자가 은행을 n번 방문하여 현금을 인출할 때마다 Pb만큼의 명목거래비용이 발생한다면 Pbn만큼의 총인출비용이 발생한다.
- 따라서 은행을 n번 방문하여 현금을 인출할 때의 총비용(TC)을 다음과 같이 구할 수 있다.

$$\rightarrow TC=\frac{PY}{2n}\times i+Pbn$$

- 기간당 최적은행 방문횟수는 위의 식을 n에 대해 극소화해 구할 수 있다.
- 이를 위해 위의 식을 n에 관하여 미분해 정리하면 다음과 같이 최적은행 방문횟수 n^*를 구할 수 있다.

$$\rightarrow n^*=\sqrt{\frac{iY}{2b}}$$

- 최적은행 방문횟수 n^*가 위와 같을 때 평균적인 화폐보유량 M^d는 다음과 같다.

$$\rightarrow M^d=\frac{PY}{2n^*}$$

$$\rightarrow \frac{M^d}{P}=\frac{Y}{2n^*}$$

$$\rightarrow \frac{M^d}{P}=\sqrt{\frac{bY}{2i}}$$

7. 시사점

① 다른 조건이 일정할 때 소득이 2배 증가하면 거래적 화폐수요는 2배 이하로 증가한다.
즉, 소득증가에 따라 거래적 화폐수요의 증가정도가 감소한다.
이것은 소득 증가에 따라 거래적 화폐수요에 규모의 경제(economies of scale)가 존재한다는 것을 의미한다.

② 거래적 화폐수요도 이자율(i)의 영향을 받는다.
즉, 이자율이 상승하면 화폐보유에 따른 기회비용이 증가하므로 거래적 화폐수요는 감소한다.

③ 거래비용(b)의 증가는 화폐수요를 증가시킨다.
케인즈와 고전학파의 이론과는 달리 거래비용 b가 명시적으로 반영되고 있다.
예를 들어 현금인출기나 인터넷뱅킹이 보편화되면 b가 감소한다.

④ 사회 전체의 화폐수요는 소득분배상태에 의해서도 영향을 받는다.
총소득이 일정할 때 그것이 소수의 사람들에게 집중될수록 전체 화폐수요는 작아진다.
즉, 한 사람에게 소득이 집중되었을 때의 거래적 화폐수요가 그 소득을 두 사람이 균등히 나누어 갖고 있을 때의 거래적 화폐수요보다 작다는 뜻이다.
예를 들어 갑과 을 2명으로 구성된 경제의 사회전체 소득이 똑같이 200이라 해도 소득분배의 분포상태에 따라 다음과 같이 화폐수요가 다르다.

소득분배의 상태	갑의 소득	을의 소득	화폐수요
균등한 경우	100	100	$\sqrt{100}+\sqrt{100}=20$
불균등한 경우	200	0	$\sqrt{200}+\sqrt{0}=14.14$

심화학습	화폐수요의 소득탄력성과 이자율탄력성

- 화폐수요의 소득탄력성은 $\frac{1}{2}$의 값을 갖는다.
- 화폐수요의 이자율탄력성은 $-\frac{1}{2}$의 값을 갖는다.
- 즉, 소득이 10% 증가할 때 화폐수요가 5% 증가하며, 이자율이 10% 증가할 때 화폐수요가 5% 감소함을 의미한다.

02 토빈의 자산선택이론

1 개요

① 보몰 - 토빈의 모형은 거래적 동기의 화폐수요를 분석하고 있지만 화폐를 여러 자산 가운데 하나로 보아 자산선택(portfolio choice)의 관점에서 화폐수요에 접근하는 견해도 있다.

② 케인즈의 이론에 따르면 각 개인들은 자신의 예상에 따라 전부채권 혹은 전부화폐를 보유하는 양자택일적인 선택을 하나 현실적에서는 일부는 화폐 그리고 일부는 채권을 보유하는 경우가 일반적이다.

③ 토빈(J. Tobin)은 적절한 자산구성을 통해서 효용을 극대화 한다고 설명한다.
즉, 토빈의 포트폴리오모형(portfolio model)에서는 자산 보유에 따른 위험을 줄이기 위해 무위험자산인 화폐에 대한 수요가 존재한다고 분석한다.

④ 실현된 수익률이 투자당시 기대했던 수익률과 달라질 가능성을 투자에 따른 위험(risk)이라 하는데 화폐는 수익률이 낮은 대신 위험이 전혀 없기 때문에 자산으로서 보유된다.

⑤ 토빈의 모형은 미래의 수익에 관한 불확실성을 명시적으로 고려하고 있으며 이 점이 케인즈 이론과의 기본적인 차이점이다.

2 가정

① 자산(W)은 화폐(M)와 채권(B) 2가지만 존재한다.

$$\rightarrow W = M + B$$

화폐는 무위험자산이고 채권은 위험자산이다.

② 투자자는 위험극소화와 수익극대화를 동시에 추구하는 위험기피자이며 채권을 보유할 때 장래수익의 확률분포를 알고 있다.

③ 채권보유비율은 α이고, 화폐보유비율은 $(1-\alpha)$이다.

④ 투자자들의 효용은 포트폴리오 기대수익률의 증가함수이고 포트폴리오 위험의 감소함수이다.
즉, 예상수익이 높을수록, 그리고 위험도가 낮을수록 투자자의 효용은 증가한다.

→ 위험의 정도를 '표준편차'로 표현할 수 있는데 화폐투자수익의 표준편차가 0이라 함은 화폐가 수익률이 변동할 위험이 없는 무위험자산(risk-free asset)임을 의미한다.

3 모형

1. 효용극대화

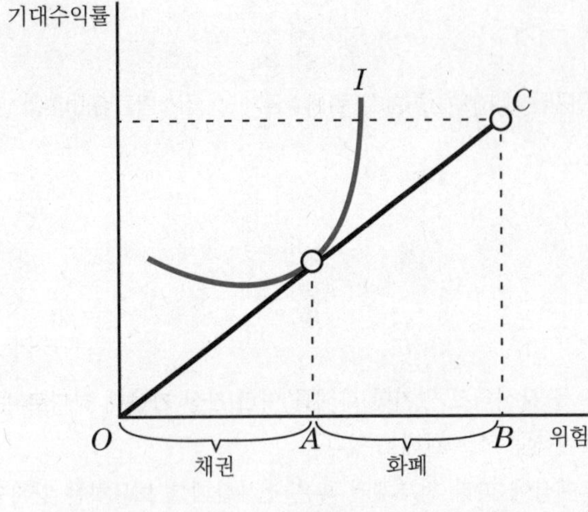

① 위험기피자인 투자자는 안전자산인 화폐와 위험자산인 채권을 보유한다고 하자.

② 위험기피자인 투자자는 효용극대화 조건에서 화폐와 채권의 조합을 선택한다.

③ 화폐는 무위험자산이므로 위험과 기대수익률 모두 0이고 채권보유비중이 높아질수록 위험과 기대수익률은 커진다. 따라서 예산선은 $\overline{OC}$ 선이 된다.
즉, 채권과 화폐로 구성된 포트폴리오의 투자기회궤적을 그림으로 그리면 직선 $\overline{OC}$ 로 나타낼 수 있다.

④ 원점 즉, 점O는 모든 자산을 화폐로 보유하는 것이고 C점은 모든 자산을 채권으로 보유하는 경우이다.
따라서 점O에 가까울수록 화폐보유비중이 높아지고 점C에 가까울수록 채권보유비중이 높아짐을 나타낸다.

⑤ '위험'은 비재화이므로 투자자는 위험을 회피하려고 하며 무차별곡선은 우상향하는 곡선의 형태를 갖는다.
이 무차별곡선은 좌상방으로 움직일수록 높은 만족도를 가진다.

⑥ 예산선과 무차별곡선이 서로 접하는 점에서 효용극대화가 달성되며 위험기피자인 투자자는 총자산 중 $\frac{\overline{OA}}{\overline{OB}}$ 만큼을 채권으로, $\frac{\overline{AB}}{\overline{OB}}$ 만큼을 화폐로 보유할 것이다.

2. 이자율 상승 시 예산선의 변화

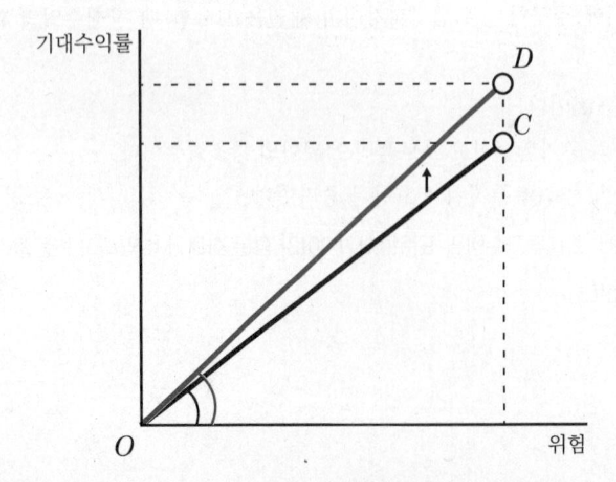

이자율이 상승하면 동일 위험하에서 기대수익률이 커지므로 예산선은 $\overline{OC}$ 에서 $\overline{OD}$ 로 바뀌게 된다.

4 이자율과 화폐수요

1. 대체효과와 소득효과

(1) 대체효과

① 대체효과는 이자율 변화로 화폐 보유의 기회비용인 채권수익률이 변함으로써 화폐와 채권 사이의 대체가 이루어지는 효과를 말한다.

② 따라서 이자율이 상승하면 화폐보유의 기회비용이 증가하므로 화폐보유를 줄이고 채권보유를 늘리는 대체효과가 발생한다.

(2) 소득효과

① 소득효과는 이자율 변화로 인하여 포트폴리오의 이자소득이 변동하여 발생하는 효과를 말한다.

② 따라서 이자율이 상승하면 자산구성으로부터 소득이 증가하고 위험보다는 안전을 더 선호하게 된다. 그 결과 채권에 대한 수요를 감소시키고 화폐수요를 증가시키는 방향으로 작용한다.

2. 이자율 상승 시 가격효과

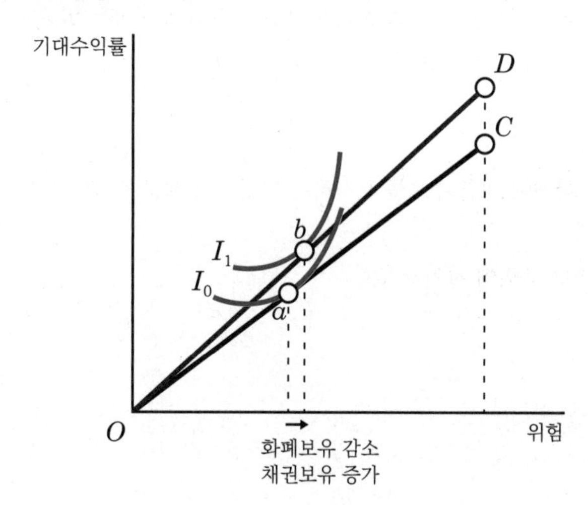

① 이자율이 상승하면 예산선은 $\overline{OC}$ 에서 $\overline{OD}$ 로 변한다.

② 이자율 상승의 대체효과가 소득효과보다 크다면 효용극대화 점은 a에서 b로 이동한다.

③ 따라서 위험기피자의 총자산 중 화폐보유비율은 감소하고 채권보유비율은 증가한다.
즉, 이자율이 상승하면 위험한 자산의 수익률이 상승하므로 투자자는 위험한 자산의 비중을 증가시킨다.

④ 일반적으로 이자율 변화에 따른 화폐보유량의 변화는 투자자의 효용함수 형태 또는 무차별곡선의 형태에 따라 다르게 결정된다.

5 평가

① 위험의 요소를 모형에 명시적으로 고려하면서 동시에 투자의 다변화(diversification) 현상을 설명하고 있다.

② 위험은 없으나 수익이 있는 저축성예금과 같은 간접금융자산이 있는 경우에 개인들이 왜 화폐를 보유하는지 설명할 수 없다.

4절 프리드먼(M. Friedman)의 신화폐 수량설 (new quantity theory of money)

01 개요

1 의의

① 신화폐수량설은 기본적으로 고전학파의 화폐수량설에 기반하되 케인즈에 의해 강조된 화폐수요함수의 특징을 고려하였다.

② 대표적 통화론자인 프리드먼(M. Friedman)은 화폐 수요의 결정요인으로 개인의 평생 부와 여러 자산수익률을 화폐 수요함수에 명백히 포함시켰다.

③ 신 화폐수량설은 교환수단으로서의 화폐가 아닌, 자산으로서의 화폐에 대한 수요를 분석하는 일종의 자산선택 이론이다.

2 케인즈의 화폐수요이론과의 비교

① 신 화폐수량설도 기본적으로 자산으로서의 화폐에 대한 수요를 분석하는 이론이기 때문에 케인즈의 화폐 수요 이론과 크게 다르지 않다.

② 다만 화폐 수요함수의 안정성에 대한 실증적인 측면에 차이가 있다.

02 화폐 수요의 결정요인

1 평생 부(wealth)

평생 부 또는 평생 부로부터 매기 평균적으로 발생하는 항상소득이 크면 클수록 화폐 수요는 증가한다.

2 화폐의 대체자산

① 화폐의 주요 대체자산으로 주식, 채권, 실물자산이 있는데 이들의 명목수익률은 각각 r_e, r_b, π이다.

② 물가 상승률이 π일 때 실물자산의 가격도 평균적으로 π만큼 상승할 것이기 때문에 실물자산의 수익률을 π라고 간주한다.

③ r_e, r_b, π가 상승하면 화폐보유의 기회비용이 높아지므로 화폐 수요는 감소한다.

④ 또는 물가 상승률 또는 인플레이션율이 높아지면 화폐의 가치가 하락하므로 화폐 수요는 감소한다.

3 인간자산(인적자산)의 비중(H)

자산에는 인간자산(인적자산)과 비인간자산(비인적자산)이 있는데 인간자산은 쉽게 화폐로 전환할 수 없으므로 인간자산의 비중이 커지면 화폐 수요는 증가한다.

03 화폐수요함수

① 프리드만에 의하면 화폐보유자에게 궁극적으로 중요한 것은 실질화폐량이라고 한다.
왜냐하면 개인은 주어진 상황에서 일정한 실질화폐량(실질잔고)을 보유하고자 하기 때문이다.

② 항상소득은 평생 부와 인간자산으로부터 평균적으로 흘러나오는 소득이므로 평생 부(W)와 인간자산은 항상소득(Y_P)으로 대체할 수 있다.

④ 주식수익률(r_e)과 채권수익률(r_b)을 대표하는 이자율 수준을 r이라 하면 실질 화폐수요함수는 다음과 같이 나타낼 수 있다.

$$\rightarrow \frac{M^d}{P} = k(Y_P, r, \pi)$$

〔Y_P : 항상소득, r : 명목이자율, π : 인플레이션율〕

⑤ 항상소득에 대한 화폐 수요의 탄력성을 1이라고 가정하면 항상소득(Y_P)은 함수 바깥으로 끌어낼 수 있으며 신화폐수량설은 다음과 같이 나타낼 수 있다.

$$\rightarrow \frac{M^d}{P} = k(r, \pi) \times Y_P$$

즉, 실질화폐수요는 항상소득(Y_P)에 비례하여 결정되며, 이때 $k(r, \pi)$는 항상소득 대비 화폐보유비율을 나타낸다.
화폐유통속도(V)와 실질화폐수요 $k(r, \pi)$ 사이의 역의 관계를 고려하면 다음과 같이 바꾸어 쓸 수 있다.

$$\rightarrow \frac{M^d}{P} = \frac{1}{V(r, \pi)} \times Y_P$$

04 고전적 화폐수량설과의 비교

① 소득수준을 나타내는 Y_P는 항상 소득이다.

② V는 일정하게 고정되어 있는 상수가 아니라 r과 π 등의 영향을 받는 함수이다.

	고전적 화폐수량설	신화폐수량설
방정식	$\frac{M^d}{P} = \frac{1}{V} Y$	$\frac{M^d}{P} = \frac{1}{V(r, \pi)} Y_P$
실질화폐 수요의 결정요인	실질소득(Y)	항상소득(Y_P)
유통속도	지불관습에 의해 고정되어 있는 상수 $\rightarrow \overline{V}$	r, π 등의 영향을 받는 함수 $\rightarrow V = f(r, \pi)$
유통속도의 안정성	유통속도 V는 상수값이므로 안정적	유통속도가 r, π 등의 영향을 받지만 영향이 아주 미미하여 안정적

5절 화폐유통속도와 화폐수요함수의 안정성

01 개요

① 화폐수량설이나 현금잔고수량설은 모두 화폐의 유통속도가 일정하다고 본다.

② 그러나 화폐의 유통속도는 단기적으로 매우 변동이 심한데 특히 호황일 경우에는 유통속도가 빨라지고 불황일 경우에는 늦어지는 경기순행적(procyclical) 움직임을 보인다.

③ 따라서 화폐수량설이나 현금잔고수량설로는 이와 같은 화폐의 유통속도의 단기적 움직임을 설명할 수 없다.

02 유통 속도의 결정요인

1 경기와의 관계

호황일 경우에는 유통속도가 빨라지고 불황일 경우에는 유통 속도가 느려진다.

2 이자율

이자율이 상승하면 화폐보유비율인 $k(r, \pi)$는 하락하므로 화폐보유비율의 역수인 유통 속도는 증가한다.

3 국민소득

국민소득이 증가할 때 국민소득 증가분이 화폐수요 증가분보다 크기 때문에 유통 속도는 증가한다.

4 금융기술의 혁신

금융기술의 혁신이 발생하면 화폐수요(M^d)는 감소하기 때문에 유통 속도는 증가한다.

03 프리드먼의 신화폐수량설과 유통 속도

① 프리드먼의 신화폐수량설은 $\frac{M^d}{P} = k(r, \pi) \times Y_P$이고, 교환방정식은 $MV = PY$이다.

② 화폐시장이 균형일 때($M^S = M^d$) 교환방정식과 신화폐수량설을 이용하여 다음과 같이 나타낼 수 있다.

$$\rightarrow V = \frac{P}{M^d} \times Y$$

$$\rightarrow V = \frac{1}{k(r, \pi)} \times \frac{Y}{Y_P}$$

③ 경기변동에 따라 국민소득(Y)은 증가하거나 감소하나 항상소득(Y_P)은 국민소득에 비해 느리게 반응한다.

④ 따라서 경기상승기나 하락기에 있어서 분자의 국민소득(Y)의 변화가 분모의 항상소득(Y_P)의 변화보다 크다. 즉, 경기호황 시 $Y > Y_P$이면 유통속도(V)가 상승하고, 불황 시 $Y_P > Y$이면 유통속도(V)가 하락한다.

⑤ 신화폐수량설은 화폐수요가 이자율에 민감하지 않음을 주장하면서도 화폐의 유통속도가 경기순행적으로 변동하는 현상을 설명할 수 있다.

04 화폐수요함수의 안정성과 정책효과

1 의의

통화주의자들은 화폐수요함수의 안정성을 바탕으로 장기적으로는 어떠한 형태의 정부 개입도 물가수준을 상승시킬 뿐이지만 단기적으로는 구축효과를 가져오는 재정정책과는 다르게 금융정책은 어느 정도 효과를 가져온다고 주장한다.

2 설명

① 신화폐수량설은 다음과 같다.

$$\rightarrow \frac{M^d}{P} = k(r, \pi) \times Y_P$$

$$\rightarrow M^d = k(r, \pi) \times PY_P$$

$$\rightarrow M^d = k(r, \pi) \times Y$$

② Y는 명목소득을 나타내며 화폐에 대한 수요(M^d)와 공급(M^S)이 균형을 이룬다면 화폐시장 균형식은 다음과 같이 나타낼 수 있다.

$$\rightarrow M^S = M^d = k(r, \pi) \times Y$$

③ 따라서 통화량(M^S)과 명목소득(Y)간의 관계는 화폐보유비율인 k의 안정성에 달려 있다.

④ 화폐보유비율 k가 안정적일 때 화폐공급이 화폐수요를 초과하면($M^S > M^d$) 화폐의 초과공급 해소를 위해 지출이 증가하며 이로 인한 총수요 증대로 물가상승과 함께 단기적으로 고용과 산출량이 증가함에 따라 Y가 증가한다.

⑤ 즉, 화폐보유비율인 k가 안정적이어서 k만큼만을 화폐로 보유하고 추가로 얻은 화폐는 모두 처분한다.
프리드만은 화폐공급이 늘어나 개인들이 화폐를 초과보유하게 되면 재화나 서비스를 구입하려고 할 것이며 모든 사람들이 동시에 지출을 늘릴 때 물가 상승을 가져와 명목소득을 증가시킨다고 설명한다.

⑥ 화폐에 대한 수요가 공급을 초과하면($M^d > M^S$) 총수요 감소로 물가하락과 함께 단기적으로 고용과 산출량이 감소함에 따라 Y는 감소한다.

⑦ 그러나 화폐에 대한 수요가 안정적이지 못하여 화폐공급 증가에 따라 화폐보유비율인 k가 변하면 명목화폐수요도 변하여 명목국민소득은 전혀 변동하지 못한다.

⑧ 화폐보유비율인 k가 이자율변화에 민감하게 반응한다면 화폐공급의 변화는 이자율을 통해 간접적으로 명목소득에 영향을 준다.
그러나 화폐보유비율인 k가 매우 안정적이라면 통화량의 변화는 직접적으로 명목소득(Y)에 영향을 줄 수 있다.

⑨ 화폐유통속도가 안정적이라고 가정한 프리드먼과 반대로 케인즈는 유통 속도 V 또는 이것의 역수인 화폐보유비율 k가 이자율의 영향을 크게 받아 불안정하다는 점을 강조한다.

□△○

6절 금융 정책

01 통화 정책

1 개념

① 통화당국인 중앙은행이 금융시장에 개입하여 화폐의 양인 통화량이나 화폐의 가격인 금리를 조정함으로써 물가 안정 · 완전고용 · 국제수지개선 · 경제성장 등의 목표를 달성하기 위한 정책이다.

② 정부의 재정 정책과 더불어 통화 정책은 가장 대표적인 경제정책이다.

2 목표

① 한국은행은 최우선목표를 물가 안정에 두고 명시적으로 물가 안정 목표 제도를 실시하고 있다.

② 1997년 12월 31일 한국은행법이 다음과 같이 개정되었다.

제1조 : 이 법은 한국은행을 설립하고 효율적인 통화신용정책의 수립과 집행을 통하여 물가 안정을 도모함으로써 국민경제의 건전한 발전에 이바지함을 목적으로 한다.

3 운용체계

① 물가안정목표제 도입에 따라 중간목표전략은 사라진 것으로 해석될 수 있으나 현재 우리나라는 중간목표전략과 정보변수전략을 총괄적으로 포괄하는 양상에 있다.

② 단, 그동안의 통화량 중시정책에서 벗어나 금리중시 정책으로 이행하였다.

02 화폐금융정책의 기본체계

1 최종목표(final goals)

① 화폐금융정책을 통해 도달하고자 하는 국민경제의 바람직한 상태를 의미한다.

② 최종목표는 통화가치의 안정, 금융시장의 안정성 유지, 완전고용실현, 지속적인 경제성장, 국제수지의 건전성 확보 등이 있다.

③ 정책당국은 최종목표를 달성하기 위해 다양한 정책수단을 사용하고 있다.

2 중간목표(intermediate targets)

① 최종목표와 정책수단 사이에 중간목표를 설정하고 그 중간목표를 적절히 관리하면 좀 더 효율적으로 최종목표에 도달할 수 있다.

② 중간목표란 최종목표와 안정적인 관계를 갖고 있어 중앙은행이 통제하려는 변수로 주로 이자율과 통화량이 사용된다.

③ 중간목표는 화폐금융정책의 목적을 달성하기위해 정책당국이 정책의 최종목표보다 더욱 직접적으로 영향을 미칠 수 있는 경제변수를 말한다.

④ 통화주의자들은 통화량이 정책당국의 통제영역내에 있고 인플레이션과 밀접한 관련성을 갖는 최적의 중간목표라고 주장한다.

⑤ 케인즈 학파는 이자율이 실물경제에 미치는 영향력이 크다는 점과 중앙은행이 단기 이자율을 통제할 수 있다는 점을 근거로 이자율을 중간목표로 사용할 것을 주장한다.

3 정책수단(instruments)

① 화폐금융정책의 중간목표를 통제 및 조절하기 위하여 중앙은행이 직접 이용할 수 있는 정책도구를 말한다.

② 정책수단은 일반적 정책수단과 선별적인 정책수단으로 구분된다.

③ 선별적인 정책수단이란 정책 효과가 경제의 특정 부문에 선별적으로 영향을 미치는 정책수단으로, 대출한도제, 이자율 규제, 정책금융 등이 있다.

④ 일반적인 정책수단이란 중앙은행이 시중은행의 행동에 직접 영향을 미치지 않기 때문에 간접규제방식이라고도 하며 재할인율정책, 지급준비율정책, 공개시장조작정책 등이 있다.

03 중간목표 전략

1 의의

① 통화량 · 이자율 등의 중간목표를 설정하고 중간목표의 적절한 조절을 통해 실업과 인플레이션을 억제하는 방식을 중간목표전략이라고 한다.

② 중간목표는 경제 상황에 따라 신축적으로 통제되어야 효율적으로 정책을 집행할 수 있다.

③ 또한 최종목표와 유기적으로 관련성을 갖는 중간목표 선정의 문제가 중간목표 전략의 성공 여부를 좌우할 것이다.

2 중간목표 선정의 기준

1. 최종목표에 대한 안정적이고 일반적인 인과성

① 최종목표와 중간목표 변수 사이에 체계적이며 안정적인 관계가 존재해야 하며 최종목표로부터 받는 영향은 적어야 한다.

② 중간목표가 얼마만큼 증가하면 얼마 후에 실업률과 물가가 얼마나 변화할 것인지가 안정적으로 예측될 수 있어야 한다.

2. 통제 가능성

① 당국이 중간목표 변수를 효과적으로 통제할 수 있어야 한다.

② 통제할 수 있더라도, 통제하는데 많은 비용이 수반된다면 그다지 효율적인 중간목표라 할 수 없다.
예를 들어 명목 *GDP*는 중앙은행이 효과적으로 통제할 수 있는 변수가 아니며 통화량과 이자율에 대해서는 중앙은행이 상당한 영향을 미칠 수 있다.

3. 측정의 용이성

① 중간목표가 적기에 정확하게 측정할 수 있어야 한다.
즉, 중간목표 변수의 동향을 쉽게 측정할 수 있어 상황판단에 어려움을 느끼지 않아야 한다.

② 본원통화나 M_1과 같은 통화지표나 명목이자율은 단기간 내에 정확하게 측정이 될 수 있다. 반면에 국내총생산이나 실업률은 측정하는데 오랜 시간이 걸리며 실질이자율은 정확한 측정이 불가능하다는 점에서 중간목표로서 적당하지 않다.

3 사례

① 예를 들어 경제정책의 최종목표가 완전고용과 물가안정에 있다면 통화량과 이자율은 물가와 국민소득의 동향과 밀접한 관계를 갖고 있다.

② 또한 금융정책이나 재정정책을 통해 통화량이나 이자율을 비교적 쉽게 통제할 수 있다.

③ 그리고 통화량과 이자율 통계는 필요할 때 신속하게 구해 참고자료로 사용할 수 있다.

④ 이런 점에서 볼 때 완전고용과 물가안정의 최종목표를 위해 통화량이나 이자율을 중간목표로 삼는 것은 합리적인 선택이라고 볼 수 있다.

04 중간목표 논쟁

1 의의

① 화폐공급은 통화당국이 어느 정도 통제할 수 있지만 화폐수요는 민간경제주체들에 의해 결정되므로 통화량과 이자율을 모두 통제하기는 곤란하다.

② 따라서 둘 중 하나를 선택하여 통제해야 하는데, 둘 중 어느 것이 실물경제와 안정적이고 밀접한 관계를 가지고 있느냐에 따라 선택대상이 될 것이다.

③ 일반적으로 통화량을 일정수준에서 유지하면 이자율이 불안정해지고, 이자율을 일정수준에서 유지하기 위해서는 통화량의 변화를 허용할 수밖에 없다.

④ 따라서 두 가지 중에서 한 가지를 선택하여 집중적으로 관리할 수밖에 없다.

2 설명

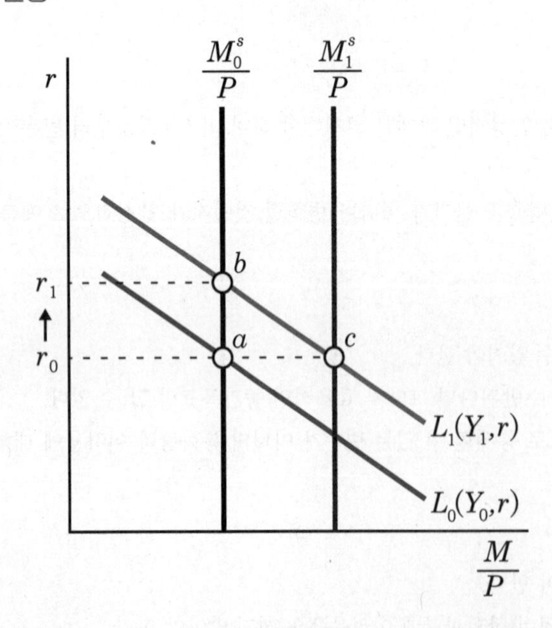

① 화폐시장의 균형은 최초 a점이었는데 수출의 호조로 인하여 국민소득이 Y_0에서 Y_1으로 증가했다고 하자.

② 국민소득의 증가로 화폐수요곡선이 $L_0(Y_0,r)$에서 $L_1(Y_1,r)$으로 우측으로 이동한다.

③ 중앙은행이 통화량을 M_0^S로 일정하게 유지하면 새로운 균형점은 b가 되고 이자율은 r_0에서 r_1으로 상승한다.

④ 이와 같이 화폐수요에 변화가 생겼을 때 중앙은행이 통화량을 일정한 수준에 유지하는 정책을 채택할 경우에는 반드시 이자율에 변화가 생긴다.

⑤ 만약 중앙은행이 이자율을 r_0로 일정하게 유지하고자 하면 통화량을 M_1^S로 증가시킬 수밖에 없다.

⑥ 통화량의 증가로 화폐공급곡선이 우측으로 이동하면 새로운 균형점은 c가 된다.
이를 보면 이자율을 일정한 수준에 유지하기 위해서는 통화량의 변화를 감수할 수밖에 없음을 알 수 있다.

⑦ 따라서 통화량을 일정하게 유지하고자 한다면 이자율의 변동을 허용할 수밖에 없고, 이자율을 일정하게 유지하고자 한다면 통화량을 변화시켜야만 한다.
즉, 중앙은행은 통화량과 이자율 중 하나만 중간목표로 선정할 수밖에 없게 된다.

3 통화주의자들의 견해 - 통화량을 중요시

1. 주장 근거

① 통화량과 명목국민소득은 안정적인 관계를 유지한다.

② 통화량이 이자율보다 측정하기 쉽고 본원통화 또한 쉽게 조절할 수 있으므로 중간목표로 적절하다.

③ 경기호황기에는 이자율이 상승하는데 중앙은행이 이자율을 안정시키기 위해 통화 공급을 늘린다면 경기가 더욱 과열될 수 있다. 즉, 화폐의 안정적 공급이 국민소득, 고용, 물가의 안정을 가져온다.

④ 또한 이자율 목표를 사용하는 경우에는 통화량 목표를 사용하는 경우에 비해 인플레이션이 심화될 우려도 있다.

2. 비판

① 다양한 금융상품이 등장하고 있으며, 중심통화지표를 M_1, M_2 등 어느 것으로 선정할 것인지 결정하는 것도 쉽지 않다.

② 통화량이 어떻게 정의되든 간에 규제를 시작하자마자 그 목표치는 이전의 움직임과는 다른 패턴으로 변화하여 통화당국에 의한 통화량 통제가 사실상 불가능하다. 즉, 통화량은 규제되기 시작하자마자 전혀 다르게 변동한다.

→ 굳하트의 법칙(Goodhart's law)

③ 탈규제행위와 금융혁신은 화폐수요함수를 불안정하게 만들고 있다.
즉, 통화량 중간목표가 일정정도의 성과를 거두기 위해서는 화폐수요가 안정적이어야 하는데 금융규제완화와 금융혁신은 화폐유통속도와 화폐수요를 불안정하게 만들었다.

④ 본원통화는 국민경제의 여건에 영향을 받는 내생변수이며, 통화승수 또한 민간의 행태에 영향을 받고 있다.

⑤ 실물변수의 연관성이 큰 통화지표를 집계하는데 많은 시간이 소요된다.

4 케인즈 학파의 견해 - 이자율을 중요시

1. 주장 근거

① 이자율은 투자에 영향을 미치는 것이므로 실물경제에 미치는 영향력이 크다.

② 중앙은행이 단기에 명목이자율을 통제할 수 있으며, 단기에는 물가수준이 변하지 않는다는 점을 고려하면, 단기 실질이자율까지 통제하게 된다.

③ 중앙은행의 단기이자율에 대한 결정이 투자자의 기대에 영향을 미친다면 이자율은 통화량에 비해 상당히 유리한 중간지표가 될 수 있다.

④ 이자율은 가격변수로서 경제활동에 관한 많은 정보를 가져다 줄 수 있다.

2. 비판

① 이자율은 시장에서 결정되는 것이지 통화당국이 임의로 정할 수 있는 것이 아니다.

② 자본시장이 미발달된 국가에서 이자율은 정책의 최종목표와 밀접한 관련을 갖지 못할 수도 있다.

③ 통화량의 변동이 심해지면 인플레이션이 발생할 가능성이 크다.

④ 시장에는 여러 종류의 이자율이 존재하므로 그 중 어느 것을 중간목표로 삼을 것인가의 문제가 있다.

⑤ 이자율은 가격변수로서 이를 통제할 경우 시장구조를 왜곡시킬 수 있으며 경제의 비효율성을 유발시킬 수 있다.

05 통화 공급 목표의 설정 - *EC* 방정식

1 개념

① 적정 경제성장과 물가 안정 등의 목표에 달성하기 위해서는 원활한 경제 활동뿐만 아니라 물가 안정에 해가 되지 않는 수준으로 통화를 공급하는 것이 바람직하다는 시각에서 각국 중앙은행이 적정한 통화 공급 목표의 설정을 위해 사용하는 방식 가운데 가장 일반적인 방식이다.

② 1972년 *EC*(European Communtiy) 각료 이사회가 각 회원국에게 권고한 데서 유래, '*EC* 방정식'이라고 불린다. *EC* 방정식은 피셔(Fisher)의 교환방정식($MV = PY$)에 근거를 두고 있다.

2 *EC* 방정식의 산출

EC 방정식에 의한 적정 통화 증가율

= 경제 성장률 + 물가 상승률 - 통화의 유통속도 변동률

$$\frac{\Delta M}{M} = \frac{\Delta Y}{Y} + \frac{\Delta P}{P} - \frac{\Delta V}{V}$$

① 가령, 올해의 경제 상승률이 10%, 물가 상승률이 2%, 통화의 유통속도 변동률이 1%라면 내년의 적정 통화율은($10 + 2 - 1$) 11%가 된다.

② 즉, 물가 상승률과 경제성장률 목표가 주어지고 유통속도증가율이 주어지면 통화 공급 증가율의 계산이 가능하다.

3 통화 정책과 *EC* 방정식

우리나라는 매년 정부와의 협의 아래 물가 안정 목표를 정하고 이에 맞추어 연간 통화신용정책 운용 계획을 발표하고 있으며, 1979년부터 통화 정책에 *EC* 방정식을 활용하고 있다.

06 금융 정책수단

1 개요

① 중앙은행의 창구를 통해 공급되는 일차적인 통화 공급만을 조절하는 수단으로 금융 정책의 수단은 크게 일반적 정책수단과 선별적 정책수단으로 나누어진다.

② 일반적인 정책수단은 정책의 효과가 경제 전체에 영향을 미치며 일반적인 정책수단에 의한 통화관리를 간접통화관리라고 한다. 구체적으로는 공개시장 조작정책, 재할인율정책, 지급준비율정책이 있다.

③ 선별적 정책수단은 경제의 어느 특정 부문에만 선별적으로 영향을 주는 것을 목표로 한다.
예를 들어 기업 대출에 비해 가계부문의 주택담보대출 비중을 축소하기 위해 주택담보인정비율(LTV : Loan-to-Value ratio)을 축소하는 정책을 사용한다.

④ 일반적인 정책수단 중 공개시장조작과 재할인율정책은 은행과의 거래를 통해 본원통화에 영향을 주는 정책수단이며, 지급준비율 정책은 은행의 포트폴리오를 직접 규제함으로써 통화승수에 영향을 주고자 하는 정책수단이다.

2 공개시장 조작 정책(open market operation)

① 중앙은행이 공개시장에서 유가증권을 매입 · 매각하여 통화량을 조절하는 방식을 말한다.
공개시장조작의 대상이 되는 유가증권은 여러 가지가 있지만 선진국에서는 국채가 가장 많이 쓰이고 있다.

② 우리나라는 선진국과 마찬가지로 공개시장조작 정책을 대표적인 통화 정책수단으로 사용하고 있다.
다만, 국채의 유통시장이 아직 충분하지 않아 국채 대신 한국은행이 발행한 유가증권인 통화안정증권을 주요대상으로 공개시장조작을 실시하면서 통화량을 조절하고 있다.

③ 공개시장 운영이 원활히 이루어지기 위해서는 국공채의 발행 규모가 크고 유통시장이 발달되어 있어야 한다.

④ 중앙은행이 공개시장에서 국채를 매입하면 본원통화가 증가하여 통화량이 증가하고 국채를 매각하면 통화환수가 이루어지므로 본원통화가 감소하여 통화량이 감소한다.

국공채 매입 → 본원통화 증가 → 통화량 증가

국공채 매각 → 본원통화 감소 → 통화량 감소

3 재할인율 정책(rediscount rate)

① 예금은행이 중앙은행으로부터 차입할 때 적용받는 이자율인 재할인율을 조정함으로써 본원통화에 영향을 주는 방식이다.

② 예금은행이 풍부한 유동성(초과 지급준비금)을 보유하고 있다면 재할인율 정책은 효과가 없다.

③ 즉, 재할인율 정책이 효과적이기 위해서는 예금은행의 중앙은행에 대한 자금 의존도가 높아야 한다.

④ 재할인율은 중앙은행으로부터의 차입비용이므로 재할인율이 높아지면 예금은행들은 중앙은행으로부터의 차입을 줄이며 재할인율이 낮아지면 중앙은행으로부터의 차입을 늘린다.
따라서 중앙은행이 통화량을 늘리고자 할 때는 재할인율을 낮추며, 반대로 통화량을 줄이고자 할 때는 재할인율을 높인다.

⑤ 재할인율정책은 중앙은행 대출정책이라고도 부르며 이 정책은 중앙은행 제도 초기에 상업은행이 기업에게 할인해 준 어음을 중앙은행이 다시 할인 매입하는 방식으로 자금을 지원하는 제도에서 유래됐다.

재할인율 인하 → 본원통화 증가 → 통화량 증가

재할인율 인상 → 본원통화 감소 → 통화량 감소

4 지급준비율 정책

① 법정 지급준비율을 변화시킴으로써 통화승수의 변화를 통하여 통화량과 이자율을 조정하는 정책이다.

② 법정 지급준비 제도란 은행이 예금의 일정 비율을 현금 자산, 즉 시재금으로 보유하거나 중앙은행에 예치하도록 법령으로 규정하는 제도를 말한다.

예금은행은 고객의 예금 인출에 대비해 즉각적인 현금화가 가능한 자산을 보유하고 있어야 한다. 이 목적으로 보유하는 자산을 지급준비금(reserve)이라고 한다.

③ 공개시장 조작 정책 · 재할인율 정책과는 달리 본원통화의 양은 불변이다.

④ 중앙은행이 법정 지급준비율을 인상하면 지급준비금의 유지를 위해 대출을 축소할 수밖에 없다. 대출이 축소되면 신용수축의 과정을 거치면서 통화량이 감소한다.

즉, 법정 지급준비율을 인상하면 은행의 초과 지급준비금이 감소하고 통화승수의 크기도 감소할 것이다. 즉, 은행의 대출이 제한되므로 은행이 창출할 수 있는 신용이 줄어든다.

⑤ 지급준비율을 인상하면 은행의 대출자산을 축소시키기 때문에 은행의 수익성을 악화시킨다. 이처럼 지급준비율의 조절은 통화승수뿐만 아니라 은행의 수익성에도 직접적인 영향을 주기 때문에 다른 정책수단에 비해 자주 사용되지 않는다.

지급준비율 인하 → 통화승수 증가 → 통화량 증가

지급준비율 인상 → 통화승수 감소 → 통화량 감소

5 직접 규제 방식

① 금융 정책의 수단들은 간접적으로 통화량을 규제하는 방식으로 선진국에서 널리 사용되고 있다.

② 특수한 사정이 있는 나라의 경우에는 보다 직접적인 수단이 채택된다. 이와 같은 직접적인 수단이 여러 가지의 한도제이다.

③ 한도제(ceiling)란 통화량, 중앙은행의 국내 자산, 민간은행의 자산, 또는 국내총여신량이 일정 한도를 넘지 못하도록 그 상한선을 설정하는 것을 말한다.

④ 여러 가지 한도제는 대부분의 경우 특정 부문인 중소기업, 수출산업 등에 대하여 선별적으로 실시하는 것이 보통이다.

07 금융 정책의 전달 경로(Transmission Mechanism)

1 개요

① 금융 정책의 최종 목표는 통화량 또는 이자율의 변화가 실물 부문에 전달되어 총생산이나 고용, 그리고 물가지수 등에 영향을 미쳐서 완전고용, 물가 안정, 국제수지 개선 등의 목표를 달성하는 데 있다.

② 그러나 실제로 통화량이나 그 밖의 변수를 어떻게 얼마만큼 변화시킬 것인가를 판단하기 위해서는 이들이 어떤 경로를 거쳐서 얼마만큼의 영향을 실물부문에 미치는가를 알아야 한다.

③ 금융 정책의 전달경로란 통화량 변화가 통화 정책의 최종 목표인 실물경제변수에 이르기까지 영향을 미치는 과정을 말한다. 좁은 의미로는 금융 정책이 지출결정에 영향을 미치는 여러 경로를 의미한다.

④ 금융 정책 체계의 마지막 단계인 최종 목표의 달성 여부에 중요한 역할을 하는 금융 정책의 실물경제 파급경로에는 금리 경로(interest rate channel), 자산가격 경로(asset price channel), 환율 경로(exchange rate channel), 그리고 금리 경로와 대비되는 신용 경로(credit channel), 기대 경로(expectation channel) 등이 있다.

2 금리 경로(interest rate channel)

① 중앙은행이 기준금리를 변경해 시장 금리에 영향을 미치는 것을 말한다.
즉, 중앙은행이 공개시장 조작 등으로 화폐 공급을 확대하여 기준금리를 낮추면 단기 시장금리와 이에 연동된 은행 대출 금리가 하락하여 가계소비와 기업 투자가 늘어나고, 이는 총산출량의 증대로 이어진다.

② 가계소비나 기업의 투자가 금리에 민감하다고 전제한다.

③ 한계점은 다음과 같다.
은행 대출의 경우 정보의 비대칭성(information asymmetry) 속에서 은행은 차입자의 신용도를 정확하게 파악할 수 없고, 또 그것을 알아내는 데 비용이 수반된다. 그 결과 은행대출이 균형금리에서 결정되는 적정 수준의 대출보다 과소한 수준에서 이루어지는 신용할당(credit rationing) 현상이 발생할 수 있다.

심화학습 | 신용할당(credit rationing)

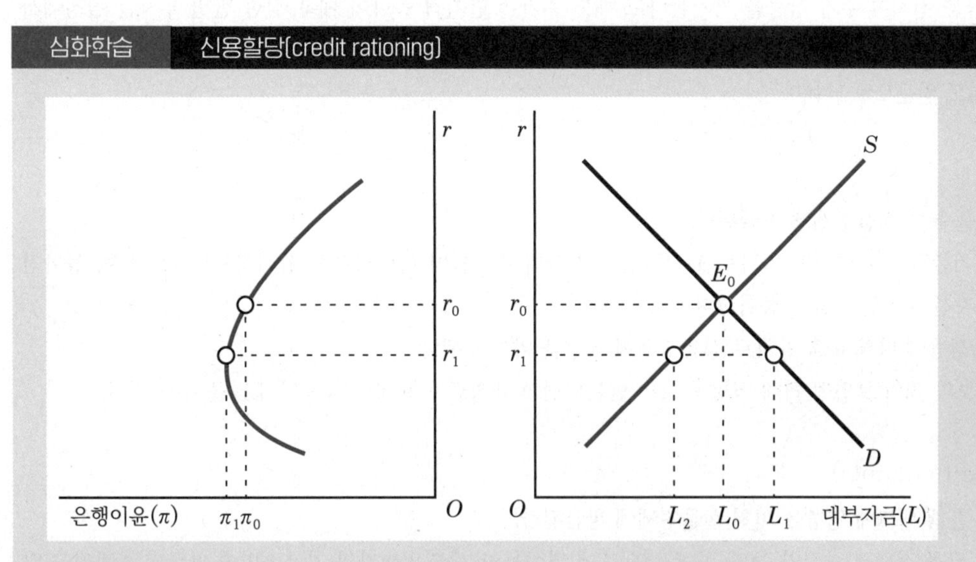

- 이자율은 자금의 수요곡선(D)과 공급곡선(S)이 만나는 점 E_0에서 결정되므로 균형점 E_0에서 균형대출량과 균형이자율은 각각 L_0와 r_0이다.
- 은행이 r_1의 이자율을 적용한다면, 기업 중에는 r_0의 이자비용을 충분히 감당할 수 있는 건전한 투자안을 가진 기업들도 있지만, 이자비용을 감당하기 어려운 위험한 투자안을 가진 기업들도 다수 포함되어 있을 가능성이 크다.
- 은행은 이자율수준을 r_1으로 낮추는 대신 기존의 신용거래내역이나 담보물의 가치 등을 종합적으로 고려해 L_2만큼만 대출하기로 결정하고, 시장에는 (L_1-L_2)만큼 초과수요가 존재한다.
- 그러나 은행은 이러한 초과수요를 가격변수인 이자율 조정을 통해 해소하지 않는다. 이자율을 r_0로 책정하는 것보다 r_1으로 책정하고 L_2만큼만 대출하는 것이 은행의 이윤극대화에 부합하기 때문이다.
- 은행은 L_1의 대부자금 수요 가운데 대출심사를 통해 L_2만큼의 대부자금만을 공급하게 된다. 이러한 자금공급방식을 신용할당이라 한다.
- 신용할당은 대부자금시장에서의 금리경직성을 설명하는 이론이다.

3 자산가격 경로

① 통화 정책이 주식이나 부동산과 같은 자산의 가치를 변동시켜 실물경제에 영향을 미치는 것을 말한다.

② 가계가 보유하고 있는 주식이나 부동산의 가격이 오르면 부의 효과(wealth effect)에 의해 가계소비가 증가할 가능성이 커진다. 또한 가계가 소유한 부동산 가격이 상승하면 담보가치도 높아져 은행으로부터 대출을 받기 쉬워지고, 이를 소비재원으로 활용할 수도 있다.

③ 금리 인하로 주가가 상승하면 기업의 시장가치가 커져 기계나 공장과 같은 실물 자본을 대체하는 데 소요되는 비용을 상회함으로써 토빈의 q가 상승한다. 이는 투자비용 대비 기업의 시장가치 상승을 의미하므로 기업들은 투자를 늘릴 것이다.

④ 주식 가격 등이 통화 정책에 의해 영향을 받는다고 전제하고 있으나 우리나라와 같은 소규모 개방경제에서는 주식 가격이 국내 통화 정책의 변화보다는 미국 등 선진국의 주가 변화나 외국인의 주식투자 동향 등에 더 민감하게 반응하기도 한다.

⑤ 또한 확대 금융 정책이 주가 상승을 가져온다고 해도 주가는 단기적 등락이 매우 심한 반면 투자는 결정에서 실행에 이르기까지 상당한 시간이 소요되므로, 실제 기업이 얼마만큼이나 주가 변동을 고려하면서 투자 행위를 할 것인지도 의문으로 남는다.

4 환율 경로

① 환율의 변동을 통해 실물경제에 파급된다.

② 중앙은행이 기준금리를 내리면 원화로 표시된 금융자산의 수익률이 하락하면서 상대적으로 수익률이 높아진 달러화 금융자산에 대한 수요가 증가한다.

③ 따라서 환율 상승에 따른 수출 증가로 실물경제에 영향을 미치게 된다.

④ 환율이 금리보다 해외 요인에 의해 영향을 많이 받는다면 환율경로가 제대로 작동되지 않을 수도 있다.

5 신용 경로(credit channel)

① 통화 정책이 은행 대출에 영향을 미쳐 실물경제에 파급된다.
신용 경로는 금융 정책의 양적인 측면, 즉 은행대출에 영향을 미쳐 기업투자와 가계소비에 파급되는 과정을 말한다.

② 예를 들면 기준금리가 인하되면 금융시장에 자금이 풍부해져 은행들의 대출 여력이 커지게 되며 이에 따라 금융기관의 대출이 확대되어 가계 소비와 기업 투자가 늘어나는 신용경로가 작동하게 된다.

③ 금융 정책의 신용경로는 금융자유화에 따른 은행의 자금조달 방식 다양화로 인해 그 중요성이 줄어드는 추세이다.

6 대차대조표 경로

① 금융 정책은 가계와 기업의 대차대조표를 개선 또는 악화시킴으로써 소비와 투자에 영향을 미친다.

② 중앙은행이 긴축 금융 정책을 실시하면 금리 상승과 함께 경기 침체가 찾아오고 기업의 대차대조표가 악화되면서 은행의 기업 대출이 감소한다. 은행의 기업 대출이 감소하면 투자가 위축되고 기업 도산이 발생할 가능성이 있다.

③ 최근 증가세를 보여 온 우리나라의 가계부채를 고려해 볼 때, 금리 상승 압력은 과다차입 가계의 이자 지급 부담을 늘려 대차대조표를 악화시키므로 은행의 가계대출이 감소하면서 가계소비를 위축시킬 가능성이 있다.

7 기대 경로

① 기대 경로는 금융 정책 기조의 변화가 가계 및 기업의 향후 경기 전망이나 인플레이션 기대에 영향을 미침으로써 가계소비와 기업 투자에 변화를 가져오는 것이다.

② 예를 들어 중앙은행의 확대 금융 정책으로 금리가 하락하면 앞으로 경기가 호전되고 인플레이션율이 상승할 것이라는 기대가 높아지면서 가계소비와 기업 투자가 증가할 수 있다.

화폐금융 정책의 파급 경로

<table>
<tr><th></th><th colspan="2">파급 경로</th><th>금융 · 외환시장</th><th colspan="2">실물경제</th></tr>
<tr><td rowspan="7">금융
정책
(기준금리)</td><td colspan="2">금리 경로</td><td>단기금리 → 장기금리, 은행여수신금리</td><td>소비, 투자</td><td rowspan="7">총수요
생산
물가
경제수지</td></tr>
<tr><td rowspan="2">자산가격
경로</td><td>토빈의
q이론</td><td>투자 → 토빈 q</td><td>투자</td></tr>
<tr><td>부의 효과</td><td>주가, 부동산 가격 → 개인의 부</td><td>소비</td></tr>
<tr><td colspan="2">환율 경로</td><td>금리 → 환율</td><td>수출, 수입</td></tr>
<tr><td colspan="2">신용 경로</td><td>은행예금, 대출, 대차대조표
→ 리스크 프리미엄</td><td>소비, 투자</td></tr>
<tr><td colspan="2">기대 경로</td><td>경기전망, 인플레이션 기대</td><td>소비, 투자</td></tr>
</table>

08 인플레이션 목표관리제도(inflation targeting scheme)

1 개념

① 인플레이션 목표관리제도(Inflation targeting)란 중앙은행이 최종목표인 물가안정에 대해 명시적으로 목표를 설정하고 각종정책수단을 선제적(preemptive)으로 활용하여 인플레이션 압력이 현재화되지 않도록 장래 인플레이션과 목표 인플레이션과의 괴리를 축소시켜나가는 정책방식이다.

② 1990년 3월 뉴질랜드가 이 제도를 처음 도입한 이후 캐나다(1991), 영국(1992), 스웨덴(1993) 등이 잇달아 이 제도를 채택했으며 우리나라는 1998년 인플레이션 목표관리제도를 도입, 실시해 오고 있다.

2 도입 배경

① 세계 각국의 중앙은행이 물가안정목표제도를 채택한 배경에는 여러 가지 이유가 있다.

② 무엇보다 우선 통화정책이 물가뿐 아니라 고용이나 환율, 경제성장 같은 다양한 목표를 동시에 달성할 수 있는지에 대한 회의를 꼽을 수 있다.
통화정책을 통해 여러 가지 목표를 한꺼번에 달성하기 어렵다는 인식은 한 가지 목표만이라도 확실하게 달성하는 것이 바람직하다는 생각으로 이어지게 되었고 그 중에서 '물가안정'을 선택하게 되었다.

③ 물가안정목표제도를 통해 물가 상승에 대한 민간부분의 기대심리를 효과적으로 조절하는 수단이 될 수 있다.
통화당국이 물가상승률 목표를 투명하게 제시하고 이를 달성하기 위해 노력하는 모습을 보이면 민간주체들은 물가가 안정될 것으로 기대하게 된다.

3 특징

① 화폐금융정책의 목적이 물가안정이라는 단 하나의 목표로 일원화된다.

② 중간목표 없이 인플레이션 목표달성을 위해 사용가능한 모든 정책수단을 동원한다.

③ 통화량, 금리, 환율 등 다양한 정보변수(inflation variables)를 활용하여 장래의 인플레이션율을 예측한다.

④ 이자율을 핵심수단으로 하는 금리 중시 화폐금융정책이다.

4 운용 방식

① 목표 인플레이션율(π^*)을 정하고 이를 공표한다.

② 다양한 정보변수(inflation variables)를 활용하여 미래 또는 예상 인플레이션율(π^e)을 예측한다.

③ 미래 인플레이션율과 목표 인플레이션율간 차이가 있을 경우 목표 인플레이션율(π^*)을 달성할 수 있도록 정책수단을 사용한다.

④ 정기적으로 중앙은행총재는 정책의 운용상황을 공개하여 정책의 투명성을 높인다.

⑤ 이 제도를 실제로 시행할 때는 단기이자율을 이용하여 정책목표를 달성하는 것이 일반적이다.

5 성공 조건

1. 중앙은행의 독립성 보장

행정부는 물가뿐 아니라 고용, 국제수지, 경제성장 등 여러 가지 문제에 대해 관심을 갖기 때문에 중앙은행이 물가상승률 목표만을 추구하지 못하도록 압력을 가할 수 있는데 이런 일이 자주 발생하면 물가안정목표제는 별 효과를 발휘할 수 없게 된다.

2. 중앙은행의 물가예측능력

① 물가안정목표제는 미래의 물가상승률 목표를 정한 다음 통화정책을 통해 이것과 현재 물가상승률 사이에 존재하는 차이를 좁혀 나간다.

② 따라서 중앙은행이 물가상승률을 포함하여 미래의 경제상황에 대한 예측 능력이 뛰어나야 할 뿐만 아니라 현재의 물가동향에 대한 정보도 신속하고 정확하게 수집할 수 있어야 한다.

6 한국의 경우

① 한국은행은 「한국은행법」 제6조 제1항에 의거 정부와 협의하여 물가안정목표를 설정하고 있다.

② 2019년 이후 물가안정목표는 소비자물가 상승률(전년동기대비) 기준 2%이다. 한국은행은 중기적 시계에서 소비자물가 상승률이 물가안정목표에 근접하도록 통화신용정책을 운영하며, 소비자물가 상승률이 목표수준을 지속적으로 상회하거나 하회할 위험을 균형있게 고려한다.

③ 한국은행 금융통화위원회는 물가 동향, 국내외 경제 상황, 금융시장 여건 등을 종합적으로 고려하여 연 8회 기준금리를 결정하고 있다. 이렇게 결정된 기준금리는 초단기금리인 콜금리에 즉시 영향을 미치고, 장단기 시장금리, 예금 및 대출 금리 등의 변동으로 이어져 궁극적으로는 실물경제 활동에 영향을 미치게 된다.

④ 한국은행 기준금리는 한국은행이 금융기관과 환매조건부증권(*RP*) 매매, 자금조정 예금 및 대출 등의 거래를 할 때 기준이 되는 정책금리로서 간단히 '기준금리'(base rate)라고도 한다.

7 한계

① 목표인플레이션 또는 목표 범위 설정에 있어 그 범위를 넓게 설정하면 정책의 신축성은 제고되나 정책의 신뢰성이 떨어진다는 문제가 있다.

② 각종 정보변수를 활용하여 미래 인플레이션율을 예측해야 하는데 현실적으로 정확한 수치를 얻기가 어렵다.
③ 경제상황이 변화함에 따라 미래 인플레이션율의 변동도 잦아질 경우 정책의 신뢰성에 문제가 생길 수 있다.
④ 미쉬킨(F. S. Mishikin)은 화폐금융정책의 효과는 애초에 불확실한 것이기 때문에 물가안정목표제라 해서 별 반 다를 게 없다고 주장하였다.
⑤ 노드하우스(W. D. Nordhaus)의 정치경기변동이론에 따르면 물가안정에 지나치게 집착하면 경기침체가 발생할 가능성이 높아진다.
⑥ 물가수준만을 목표로 삼아 금리, 환율 등이 보조수단으로 움직이게 되면 국제수지나 고용, 그리고 소득수준을 불안정하게 할 수 있다.

09 금리 정책의 효과

1 금리란?

① 사람들은 일상생활 속에서 돈이 부족하면 금융회사 등으로부터 빌리기도 하고 여유자금이 있으면 저축이나 투자를 한다.
② 이때 돈을 빌린 사람은 일정 기간 동안 돈의 사용 대가를 금융회사에 되돌려주어야 하는데 이러한 돈의 사용 대가를 이자라고 하며, 기간 당 원금에 대한 이자의 비율을 이자율 또는 금리라고 한다. 보통 연간 이자액의 원금에 대한 비율을 이자율이라 한다.
③ 예를 들어 1년간 1백만 원을 연 5%의 이자율로 대출받는다면 채무자는 채권자에게 5만 원의 이자를 지급하게 되는 것이다. 이자율은 현재의 소비를 희생한 대가라고도 볼 수 있다. 즉 1백만 원을 빌려주지 않았다면 누릴 수 있는 영화관람, 외식, 옷 구입 등 현재 소비의 만족을 포기한 대가라고 할 수 있다.
또한 이자는 금융거래를 하고 일정 기간이 지나야 발생하므로 이자를 돈의 시간가치라고도 한다.

2 금리의 기능

1. 자금 수급 조절 기능

① 돈을 빌리려고 하는 자금의 수요와 돈을 빌려주고자 하는 자금의 공급을 조절하는 기능을 말한다.
② 자금의 공급보다 수요가 많으면 더 높은 금리를 주어야 돈을 빌려 쓸 수 있기 때문에 금리는 오르게 된다.
③ 금리가 오르면 돈을 빌리는 데 드는 비용이 커지기 때문에 자금에 대한 수요는 점차 줄어드는 반면 돈을 빌려주는 데 대한 대가로 받는 이자가 많아지기 때문에 자금의 공급은 늘어나게 되어 결국 수요와 공급이 같아지게 된다.

2. 자금 배분 기능

① 이익을 많이 낼 수 있는 산업으로 더 많은 자금이 흘러가도록 유도하는 역할을 자금 배분 기능이라고 한다.
② 공급받은 자금을 잘 이용하여 더 많은 이익을 낼 수 있는 산업부문은 더 높은 금리를 줄 수 있기 때문에 더 많은 자금을 공급받을 수 있게 된다.

3 금리 변동이 미치는 영향

1. 개요

① 금리는 일반 상품의 가격과는 달리 국민경제에 미치는 영향이 광범위하므로 한국은행을 비롯한 세계 각국의 중앙은행은 그때그때의 경제 상황에 맞추어 금리를 바람직한 수준으로 유도하기 위하여 노력하고 있다.

② 어느 나라에서나 경제성장, 물가, 국제수지, 고용 등 거시경제 변수들을 바람직한 수준으로 유지하는 데 금리를 중요한 정책수단으로 활용하고 있다.

2. 소비와 저축

① 가계의 소비는 기본적으로 소득수준에 영향을 받아 결정되지만 금리에도 영향을 받는다.

② 대체로 금리가 오르면 금융기관에 같은 금액의 돈을 맡기더라도 더 많은 이자를 받을 수 있기 때문에 사람들은 저축을 늘리고 소비를 줄이게 되며 반대로 금리가 떨어지면 저축을 줄이게 된다.

③ 또한 주택 구입 등으로 자금을 차입하고 있는 가계의 경우 금리가 오르면 대출이자 부담이 늘어나므로 가계의 소비여력이 줄어들게 된다.

3. 기업 투자활동

① 금리가 오르면 기업의 투자에 따른 비용 부담이 늘어나게 되어 투자가 줄어들고 반대로 금리가 낮아지면 투자는 늘어나게 된다.

② 한편, 금리 변동이 너무 심하여도 장래 투자를 위한 자금계획의 수립이나 사업 전망이 어려워지므로 기업은 투자하기를 꺼린다.

4. 물가

① 한 나라의 총수요와 총공급에 의해 결정되는 물가에도 금리는 영향을 끼친다.

② 금리가 오르면 기업의 투자활동이 위축되고 개인도 소비보다는 저축을 많이 하는 등 경제 전체적으로 상품을 사고자 하는 수요가 줄어들게 되므로 금리 상승은 물가를 하락시키는 요인으로 작용한다.

③ 그러나 한편으로는 이자가 상품의 생산원가에 포함되기 때문에 금리가 오르는 것은 제품 가격을 올리는 요인이 될 수도 있다.

④ 이와 같이 금리가 물가에 미치는 영향은 서로 상반된 두 가지 요인 중 어느 쪽 영향이 더 큰가에 따라 달라지는데 원가 상승효과보다 수요 감소효과가 더 크기 때문에 물가가 떨어진다는 것이 일반적인 견해이다.

5. 국가 간의 자금흐름

① 금리수준의 변동은 나라와 나라 사이의 자금이동에도 영향을 끼친다.

② 환율 등 다른 여건이 같은 경우에 우리나라 금리가 올라 외국 금리보다 높아지면, 외국사람은 우리나라에서 돈을 운용하는 것이 자기나라에서보다 더 많은 이익을 얻을 수 있기 때문에 우리나라로 자금이 들어오게 된다.

③ 반대로 외국 금리보다 우리나라 금리가 낮아지면 돈이 보다 높은 이익을 찾아 해외로 빠져나가게 된다.

4 기준금리 조정효과

1. 개요

① 우리나라의 경우 1998년 통화 정책의 운영체제를 물가 안정 목표제로 전환하기 이전에는 물가 안정, 고용 안정 등 최종 목표를 달성하기 위한 중간 목표로 통화량을 채택하였다.

② 그러나 금융제도 개편, 금융혁신 등으로 통화지표의 안정성이 약화되고, 통화와 실물 변수 간의 관계가 모호해지는 등 통화 정책의 유효성이 저하됨에 따라 정책 운용의 중심 지표가 통화량에서 금리로 전환되었다.

③ 정책금리는 중앙은행이 전적으로 그 수준을 결정하며 공개시장 조작, 여수신 제도와 같은 정책수단을 활용할 때 적용되는 금리의 기준이 되는데 한국은행은 1999년 이후 2008년 2월까지는 콜금리(익일물)를, 2008년 3월 이후에는 한국은행 기준금리를 정책금리로 하여 금융통화위원회가 매월 그 목표 수준을 정하고 있다.

2. 한국은행 기준금리

① 한국은행은 기준금리를 7일물 환매조건부채권(*RP* : Repurchase Agreement) 매각 시 고정입찰금리로, 7일물 *RP* 매입 시 최저입찰금리로 사용한다.

② 7일물 *RP* 매각은 한국은행이 보유증권을 담보로 금융기관으로부터 7일간 차입하는 것을 말하며 7일물 RP 매입은 한국은행이 금융기관에 대해 증권을 담보로 7일간 대출하는 것을 말한다.

3. 기준금리 조정의 일반적인 경로

한국은행이 공개시장조작, 대출정책, 지급준비율 조정 등을 통해 단기시장금리에 영향을 주면 장단기 금융자산 간의 재정거래 등을 통해 장기시장 금리와 여수신 금리가 변동하고 그에 따라 소비, 투자 등 실물부문이 영향을 받게 된다.

기준금리 인상	기준금리 인하
· 기준금리 인상 → 이자율 상승 → 투자 감소	· 기준금리 인하 → 이자율 하락 → 투자 증가
· 기준금리 인상 → 주가 하락 → 토빈의 q감소 → 투자 감소	· 기준금리 인하 → 주가 상승 → 토빈의 q증가 → 투자 증가
· 기준금리 인상 → 부동산 가격 하락 →주택투자 감소	· 기준금리 인하 → 부동산 가격 상승 →주택투자 증가
· 기준금리 인상 → 외환 유입 → 환율 하락→ 순수출 감소	· 기준금리 인하 → 외환 유출 → 환율상승→ 순수출 증가
· 기준금리 인상 → 자산가격 하락 → 소비 감소	· 기준금리 인하 → 자산가격 상승 → 소비 증가
· 기준금리 인상 → 저축 증가 → 소비 감소	· 기준금리 인하 → 저축 감소 → 소비 증가

MEMO 단원의 핵심 내용을 정리해 보세요.

01 화폐의 소득유통속도와 완전고용상태에서의 실질생산량이 일정하므로 물가와 화폐량이 비례관계에 있다는 이론은?

① 구매력평가설
② 토빈(Tobin)의 q이론
③ 케인즈(Keynes)의 유동성선호설
④ 보몰(Baumol)의 재고이론적 접근
⑤ 고전적 화폐수량설

풀이 날짜			
채점 결과			

02 거래 수량설은 화폐의 기능 중 (　　)을(를) 중시하는데 비해서 현금 잔고 수량설은 화폐의 (　　)을(를) 더 중요시한다. 괄호 안에 들어갈 용어로 적당한 것은?

① 가치저장수단, 교환의 매개수단
② 교환의 매개수단, 연지급의 수단
③ 회계의 단위, 가치의 저장수단
④ 교환의 매개수단, 가치저장수단
⑤ 교환의 매개수단, 가치의 척도

풀이 날짜			
채점 결과			

03 매년 일정한 이자를 영구히 지급받는 어떤 채권의 시장가격이 하락한다면 그 채권으로부터 얻을 수 있는 수익률은?

① 상승한다.
② 하락한다.
③ 변함없다.
④ 알 수 없다.

풀이 날짜			
채점 결과			

04 다음 중 공개시장에서 중앙은행이 정부의 국 · 공채를 매각할 경우에 나타나는 결과는?

① 이자율이 상승하고, 통화량이 증가한다.
② 이자율이 상승하고, 통화량이 감소한다.
③ 이자율이 하락하고, 통화량이 감소한다.
④ 이자율이 하락하고, 통화량이 증가한다.

풀이 날짜			
채점 결과			

해설

정답

01 • 고전적 화폐수량설은 $MV = PY$를 말한다. ⑤

• V는 거래가 아닌 소득에 대해서 정의되었으므로 소득유통속도이고, MV는 일정 기간 동안의 명목거래액을, PY는 일정 기간 동안의 명목국민소득을 나타낸다.

• 수량방정식에서 국민소득(Y)은 항상 완전고용산출량수준에서 고정된 값이고, 소득유통속도(V)도 지불관습에 따라서 일정하므로 통화량(M)이 증가하면 물가(P)가 정비례하여 상승한다.

• 따라서 화폐수량설은 단기에서 V와 Y가 일정하다면 통화량과 물가수준 사이에 비례적인 관계가 있음을 주장하는 물가이론이라고 볼 수 있다.

02 • 거래수량설 또는 화폐수량설은 화폐를 단순히 교환수단으로만 파악하는 반면 현금 잔고 수량설에서는 화폐의 가치저장수단으로서의 기능이 강조된다. ④

• 거래수량설에는 화폐의 지불기능을 강조하는 반면 현금잔고수량설에서는 화폐를 자산으로 파악하고 있다.

• 거래수량설에서는 암묵적으로 화폐 수요를 설명하지만 현금잔고수량설에서는 명시적으로 화폐 수요를 도출하고 있다.

03 • 채권의 시장가격과 채권의 수익률 또는 이자율은 역관계이다. ①

• 100만 원짜리 채권을 지금 산 뒤 1년 후 원금 100만 원과 이자금액 10만 원을 받는다면 이 경우 수익률은 10%이다. 즉 수익률은 투자수익, 여기서는 이자금액을 투자원금으로 나눈 비율을 말한다.

수익률 = 이자금액/채권가격 = 100,000/1,000,000 = 0.1

즉 10%

• 따라서 채권의 시장가격이 하락하면 채권수익률은 증가한다.

04 • 공개시장 조작정책(open market operation)이란 중앙은행이 공개시장에서 유가증권을 매입 · 매각하여 통화량을 조절하는 방식을 말한다. ②

• 중앙은행이 국공채를 매각하면 본원통화와 통화량이 감소한다.

• 통화량이 감소하면 이자율이 상승한다.

01 다음 설명 중 맞는 것은?

풀이 날짜			
채점 결과			

① 초과지급준비금은 총예금에서 지급준비금을 공제한 것이다.
② 다른 조건이 일정할 때 수출이 증가하면 통화량이 증가한다.
③ 중앙은행이 국채를 매각하면 통화량과 이자율은 감소한다.
④ 이자율이 떨어지면 채권가격이 하락한다.
⑤ 한계소비성향과 평균소비성향을 합하면 1이다.

02 국민소득 결정모형에서 소비지출이 300억 원, 투자지출이 250억 원, 정부지출이 150억 원이다. 화폐 공급이 200억 원일 때 화폐의 유통속도는?

풀이 날짜			
채점 결과			

① 4.5
② 2
③ 3.5
④ 4
⑤ 3

03 화폐수량설에서 화폐유통속도가 지속적으로 높아져 왔다면 우리가 예상할 수 있는 사실은?

풀이 날짜			
채점 결과			

① 명목 GDP보다 통화 공급보다 더 빨리 증가하였다.
② 명목 GDP의 증가속도가 통화 공급 증가속도 보다 더 높았다.
③ 실질 GDP가 통화 공급보다 그 증가속도가 낮았다.
④ 실질 GDP가 통화 공급보다 그 증가속도가 빨랐다.
⑤ ②와 ④가 모두 적절한 설명이다.

04 유동성선호설에 의하면 화폐보유에 대한 거래적 동기는 주로 무엇의 함수인가?

풀이 날짜			
채점 결과			

① 소득
② 이자율
③ 자본의 한계효율
④ 화폐 공급
⑤ 투자량

해설

정답

01 ① 초과지급준비금은 일반 상업은행이 법정지급준비금을 초과해서 보유하고 있는 지급준비금을 말한다. ②

② 수출이 증가하면 외환이 증가하고 원화로 전환되므로 통화량이 증가한다.

③ 중앙은행이 국채를 매각하면 통화량이 감소하므로 이자율은 증가한다.

④ 채권의 가격과 채권의 현재가치는 같게 되며 채권의 가격과 이자율은 역관계를 갖는다. 따라서 채권가격이 하락하면 이자율이 상승한다.

⑤ 한계소비성향과 한계저축성향의 합이 1이다. 평균소비성향과 평균저축성향의 합이 1이다.

02 ③

- 고전적 화폐수량설은 $MV = PY$를 말한다.
- V는 거래가 아닌 소득에 대해서 정의되었으므로 소득유통속도이고, MV는 일정 기간 동안의 명목거래액을, PY는 일정 기간 동안의 명목국민소득을 나타낸다.
- 명목국민소득은 소비와 투자 그리고 정부지출의 합이므로 300 + 250 + 150 = 700억 원이다.
- 화폐유통속도 $V = \frac{PY}{M}$이므로 화폐 공급 M이 200억 원일 때 $V = \frac{700}{200} = 3.5$이다.

03 ②

- 고전적 화폐수량설은 $MV = PY$를 말한다.
- V는 거래가 아닌 소득에 대해서 정의되었으므로 소득유통속도이고, MV는 일정 기간 동안의 명목거래액을, PY는 일정 기간 동안의 명목국민소득을 나타낸다.
- 화폐유통속도 V가 지속적으로 높아지면 통화량 M 증가보다 명목 GDP인 PY가 더 상승한다.

04 ①

- 케인즈는 이자율이 화폐 시장에서 경제주체들의 유동성에 대한 선호와 화폐 공급의 상호작용에 의해 결정된다는 유동성선호설(liquidity preference theory)을 제시하였다.
- 케인즈는 유동성이 높은 화폐를 보유하는 동기는 크게 거래적 동기(transactions motives), 예비적 동기(precautionary motives), 투자적 동기(speculative motives)로 나누어 설명하였다.
- 거래적 동기에 의한 화폐 수요가 계획된 거래를 위한 화폐보유인 반면, 예비적 동기에 의한 화폐 수요는 예상치 못한 지출에 대비하기 위하여 화폐를 보유하는 것을 말한다.
- 투자적 동기에 의한 화폐 수요란 수익성 금융자산에 투자하기 위한 기회를 노리면서 일시적으로 화폐를 보유하는 것을 말한다.
- 케인즈는 거래적 화폐 수요와 예비적 화폐 수요 모두 소득의 함수라는 점에서 큰 차이가 없는 것으로 보고 거래적 · 예비적 화폐 수요를 포괄하여 거래적 화폐 수요이론을 전개하였다.

05 다음은 화폐 수요이론에 대한 설명이다. 옳지 않은 것은?

풀이 날짜			
채점 결과			

① 예비적 화폐 수요란 미래의 불확실한 위험에 대비하기 위한 화폐 수요로 소득의 증가함수이다.
② 거래적 화폐 수요란 예상되는 거래 지출을 위해서 화폐를 보유하는 것으로 소득의 증가함수이다.
③ 투기적 화폐 수요란 자본 이득을 얻거나 자본 손실을 방지하기 위하여 자산 소유자가 재산의 일부를 화폐 형태로 보유하는 것으로서 이자율의 감소함수이다.
④ 유동성선호설에 따르면 이자율이 상승할 경우 투기적 동기에 의한 화폐의 수요량은 증가한다.
⑤ 일반적으로 화폐 수요는 소득과는 정의 관계에 있고 이자율과는 역의 관계에 있다.

06 시중금리가 연 5%에서 6%로 인상될 경우 향후 매년 300만 원씩 영구히 지급받을 수 있는 영구채의 현재가치는 어떻게 변하게 되는가?

풀이 날짜			
채점 결과			

① 3만 원 감소
② 100만 원 감소
③ 300만 원 감소
④ 1,000만 원 감소
⑤ 영구채이므로 불변

07 신용등급이 낮은 어떤 국내 기업이 1년 후 105만 원을 상환하는 회사채를 오늘 발행하였다. 현재 1년 만기 국채의 이자율이 연 5%라고 할 때, 이 회사채의 현재 가격은? (2016년 국가직 9급)

풀이 날짜			
채점 결과			

① 100만 원 미만
② 100만 원
③ 100만 원 초과 105만 원 이하
④ 105만 원 초과

08 정상이자율은 무엇이며 이 값이 어떤 범위 내에 있을 때 투기적 화폐 수요가 0보다 클 수 있는가?

풀이 날짜			
채점 결과			

① 정부가 개입하지 않았을 때의 이자율, 정상이자율 > 시장이자율
② 궁극적으로 도달할 것으로 사람들이 예상하는 이자율, 정상이자율 < 시장이자율
③ 정부가 개입하지 않았을 때의 이자율, 정상이자율 < 시장이자율
④ 궁극적으로 도달할 것으로 사람들이 예상하는 이자율, 정상이자율 > 시장이자율
⑤ 정부가 개입하지 않을 때의 이자율, 정상이자율 = 시장이자율

해설

정답

05 • 거래적 동기에 의한 화폐 수요가 계획된 거래를 위한 화폐 보유인 반면, 예비적 동기에 의한 화폐 수요는 예상치 못한 지출에 대비하기 위하여 화폐를 보유하는 것을 말한다. ④

• 투자적 동기에 의한 화폐 수요란 수익성 금융자산에 투자하기 위한 기회를 노리면서 일시적으로 화폐를 보유하는 것을 말한다.

• 케인즈에 따르면 거래적 화폐 수요와 예비적 화폐 수요 모두 소득의 증가함수이다.

• 투자적 동기에 의한 화폐 수요란 수익성 금융자산에 투자하기 위한 기회를 노리면서 일시적으로 화폐를 보유하는 것을 말한다. 투기적 동기의 경우 이자율과 화폐의 수요량은 역관계이다.

06 • 매년 A원씩의 이자를 지급하는 영구채권이 있다고 하자. 영구채권의 현재가치(PV)는 다음과 같다. ④

$$PV=\frac{A}{1+r}+\frac{A}{(1+r)^2}+\frac{A}{(1+r)^3}+\cdots$$

$$=\frac{\frac{A}{1+r}}{1-\frac{1}{1+r}}=\frac{A}{r}$$

• 연 5%이고 채권의 이자소득이 300만 원이라면 300/0.05이므로 영구채의 시장가치는 6,000만 원이다.

• 연 6%이고 채권의 이자소득이 300만 원이라면 300/0.06이므로 영구채의 시장가치는 5,000만 원이다.

• 따라서 영구채의 시장가치는 6,000만 원에서 5,000만 원으로 1,000만 원이 감소한다.

07 • 1년 후 105만 원을 상환하는 회사채의 현재 가격은 $\frac{105}{1.05}=100$만 원이다. ①

• 그러나 할인율에 1년 만기 국채의 이자율을 적용하였으므로 신용등급이 낮은 경우 더 큰 이자율을 적용해야 한다.

• 따라서 신용등급이 낮은 회사채의 현재 가격은 100만 원 미만이 되어야 한다.

08 • 정상이자율이란 현 상황에서 회귀될 것으로 예상되는 이자율 또는 현 상황에서 정상적인 이자율을 말한다. ④

• 만약 현재 이자율이 정상이자율보다 낮다면 개인은 이자율이 상승할 것으로 예상하고 현재 이자율이 정상이자율보다 높다면 개인은 이자율이 하락할 것으로 예상한다.

• 채권가격과 이자율은 역관계이므로 이자율 상승을 예상한다는 것은 채권가격 하락을 예상한다는 것이고 이자율 하락을 예상한다는 것은 채권가격 상승을 예상한다는 것이다.

• 시장이자율이 상승하게 되면 채권의 가격이 하락하게 되므로 채권보유자는 손해를 보게 된다. 따라서 채권을 보유하기 보다는 화폐를 보유하고 할 것으로 따라서 투기적 화폐 수요가 0보다 크게 될 것이다.

09 케인즈의 화폐 수요이론에 대한 설명 중 옳지 않은 것은?

풀이 날짜			
채점 결과			

① 유동성 함정의 경우에는 중앙은행이 통화량을 증가시키더라도 시중이자율이 변하지 않는다.
② 이자율이 높은 수준에서는 증권가격 역시 높기 때문에 증권에 대한 수요가 크고 따라서 화폐 수요가 낮게 된다.
③ 거래적 동기와 예비적 동기에 의한 화폐 수요는 소득수준의 함수이다.
④ 유동성 함정의 경우는 이자율이 매우 낮은 수준이다.
⑤ 화폐에 대한 수요와 공급의 일치점에서 이자율이 결정된다.

10 케인즈의 유동성선호설에 대한 다음의 서술 중 가장 옳지 않은 것은?

풀이 날짜			
채점 결과			

① 이자율이 최저수준이면 투기적 화폐 수요는 최대가 된다.
② 투기적 화폐 수요에 영향을 미치는 이자율은 국공채와 회사채, 주식 등 각종 자산의 예상수익률을 포함하고 있다.
③ 실질화폐 수요는 실질국민소득과 명목이자율의 함수이다.
④ 통화량의 변동이 이자율의 변동을 통해 총수요와 실질국민소득을 변동시킨다고 가정한다.
⑤ 화폐의 소득유통속도가 이자율에 민감하게 반응한다고 가정한다.

11 다음의 화폐수량설에 관한 설명 중 틀린 것은?

풀이 날짜			
채점 결과			

① 거래형 화폐수량설에서는 화폐의 기능 중 교환의 매개수단으로서의 기능을 강조하고 있다.
② 현금잔고형 화폐수량설에서는 화폐의 기능 중 구매력의 저장수단으로서의 기능을 강조하고 있다.
③ Friedman의 신화폐수량설에서는 실질국민소득, 이자율, 인플레이션율 등을 이용하여 화폐에 대한 실질적인 수요를 계산할 수 있다고 보았다.
④ Friedman의 신화폐수량설은 그 이전의 화폐수량설들이 화폐에 대한 수요이론이었던데 반해, 화폐에 대한 공급이론적인 측면이 강하다.
⑤ Friedman의 신화폐수량설에서는 총자산 가운데서 비인간자산의 비중이 높을수록 화폐에 대한 수요는 감소할 것으로 보았다.

09 ①, ④ 이자율이 매우 낮은 경우 모든 개인들이 이자율의 상승(채권가격의 하락)을 예상하여 화폐 수요를 무한히 증가시키는 구간이 존재하는데 이를 유동성 함정(liquidity trap)이라 한다. 유동성 함정에서는 화폐를 많이 공급하여도 공급된 화폐가 모두 시장에서 퇴장해버려 시장에서 유동성이 부족해지는 현상이 발생한다. 따라서 시중이자율은 변하지 않는다. ②

② 이자율이 높으면 증권가격은 낮아진다.

③ 케인즈에 따르면 거래적 화폐 수요와 예비적 화폐 수요 모두 소득의 증가함수이다.

④ 화폐 시장에서 화폐 수요와 화폐 공급이 일치할 때 균형이자율이 달성된다.

10 ① 이자율이 매우 낮은 경우 모든 개인들이 이자율의 상승(채권가격의 하락)을 예상하여 투기적 화폐 수요를 무한히 증가시키는 구간이 존재하는데 이를 유동성 함정(liquidity trap)이라 한다. ②

② 케인즈의 유동성 선호설 모형에서는 자산은 화폐와 채권 2가지만 존재한다.
또한 개인들은 위험중립자로서 수익률에 따라서 전부 화폐 혹은 전부 채권으로 보유한다.

③ 실질화폐 수요함수는 다음과 같다.

$$\frac{M^d}{P} = L(Y, r)$$

$\left(\frac{\Delta \frac{M^d}{P}}{\Delta Y} > 0\right.$: 실질화폐 수요는 실질소득의 증가함수, $\frac{\Delta \frac{M^d}{P}}{\Delta r} < 0$: 실질화폐 수요는 명목이자율의 감소함수)

따라서 실질화폐 수요는 실질국민소득 Y, 명목이자율 r의 함수이다.

④ 통화량이 증가하면 화폐 시장 초과공급, 채권시장 초과수요가 발생한다. 채권시장의 초과수요로 채권가격이 상승하고 이자율이 하락한다. 이자율이 하락하면 투자증가, 총수요 등을 증가시킨다.

⑤ 고전학파에 따르면 화폐의 거래유통속도(V)는 사회의 구매 관습과 소비 관습 등에 따라 결정되는 것으로 단기에서는 일정하다. 그러나 케인즈 계열은 화폐 유통속도가 이자율에 민감하다고 주장한다.

11 ④ 화폐수량설에서 M은 통화 공급량을 의미하는데, 균형에서는 화폐 수요와 화폐 공급이 동일하므로 이를 화폐 수요로 해석한다. 즉, 프리드만 이전의 화폐수량설은 공급이론적인 측면이 강하다. 이에 비해 신화폐수량설은 여러 가지 자산 중에서 화폐에 대한 수요를 분석하는 이론이므로 화폐 수요이론적인 측면이 강하다. ④

⑤ 신화폐수량설에 따르면 비인적 자산은 처분되어 화폐로 쉽게 전환될 수 있으나 인적 자산은 화폐로 전환될 가능성이 적다. 따라서, 인적자산의 비율이 커지면 유동성을 확보하기 위해 화폐 수요가 증가한다.

12 보몰-토빈(Baumol-Tobin)의 거래적 화폐수요이론에 대한 설명으로 가장 옳지 않은 것은?

풀이 날짜			
채점 결과			

① 거래적 화폐수요는 이자율의 감소함수이다.
② 거래적 화폐수요는 소득의 증가함수이다.
③ 화폐를 인출할 때 발생하는 거래비용이 증가하면 거래적 화폐수요는 증가한다.
④ 거래적 화폐수요의 소득탄력성은 1이다.

13 화폐 수요에 대한 설명으로 옳은 것은?

풀이 날짜			
채점 결과			

① 신용카드가 널리 보급되면 화폐 수요가 감소한다.
② 경기가 좋아지면 화폐 수요가 감소한다.
③ 이자율이 증가하면 화폐 수요가 증가한다.
④ 경제 내의 불확실성이 커지면 화폐 수요가 감소한다.

14 화폐수량설에 기초하여 통화량을 결정하려고 한다. 올해 물가 상승률은 4%, 실질국민소득성장률은 5%, 화폐유통속도의 증가율은 -2%로 예상할 때 바람직한 통화량 증가율은 얼마인가?

풀이 날짜			
채점 결과			

① 7%
② 8%
③ 9%
④ 10%
⑤ 11%

12 • 보몰 - 토빈의 거래적 화폐수요이론은 소득과 이자율, 그리고 거래비용이 거래적 화폐수요를 결정한다. ④

• 화폐수요 $\frac{M^d}{P} = \sqrt{\frac{bY}{2i}}$ ($\frac{M^d}{P}$: 거래적 화폐수요, b : 거래수수료, Y : 소득, i : 이자율)

① 이자율 i이 증가하면 거래적 화폐수요는 감소한다. 따라서 거래적 화폐수요는 이자율의 감소함수이다.

② 소득 Y이 증가하면 거래적 화폐수요는 증가한다. 따라서 거래적 화폐수요는 소득의 증가함수이다.

③ 거래수수료 b가 증가하면 거래적 화폐수요는 증가한다.

④ 거래적 화폐수요의 소득탄력성을 구하면 $\frac{d\frac{M^d}{P}}{dY} \times \frac{Y}{\frac{M^d}{P}} = \frac{1}{2} \times \sqrt{\frac{b}{2i}} \times Y^{-\frac{1}{2}} \times \frac{Y}{\sqrt{\frac{bY}{2i}}} = \frac{1}{2}$이다.

따라서 거래적 화폐수요의 소득탄력성은 $\frac{1}{2}$이다.

13 ① 금융제도가 발전함에 따라 신용카드가 등장해 화폐 대신 편리한 지불수단으로 자리 잡고 있다. 따라서 신용카드의 보급은 화폐 수요를 감소시킨다. ①

② 경기가 좋아지면 사람들의 소득이 증가하고 씀씀이도 그만큼 커질 것이므로 거래적 동기에 의한 화폐 수요도 커지게 된다.

③ 수익성 측면에서 화폐 수요를 보유하게 되는데 이자율이 증가하면 다른 금융자산들의 수익률이 커지기 때문에 화폐 수요는 감소한다.

④ 일반적으로 화폐는 안정성이 높기 때문에 경제 내의 불확실성이 커지면 화폐 수요는 증가한다.

14 • EC 방정식에 의한 적정 통화증가율은 다음과 같다. ⑤

통화증가율 = 경제성장률 + 물가 상승률 - 통화의 유통속도 변동률

$\frac{\Delta M}{M} = \frac{\Delta Y}{Y} + \frac{\Delta P}{P} - \frac{\Delta V}{V}$

• 따라서 통화량 증가율

= 경제성장률 5% + 물가 상승률 4% - (유통속도 증가율 -2%)

= 11%이다.

15 외부에서 충격이 발생하자 어느 나라의 통화량은 12% 증가하고 화폐의 유통속도는 4% 감소하였다고 한다. 또한, 이 충격으로 물가수준은 5% 상승하였다. 이 경우 이 나라 실질 GDP의 증가율은 몇 %인가?

풀이 날짜			
채점 결과			

① 3%
② 4%
③ 5%
④ 7%
⑤ 9%

16 통화량조절을 위한 지급준비율정책에 대한 설명으로 옳은 것은?

풀이 날짜			
채점 결과			

① 지급준비율이 상승하면 통화승수가 작아지므로 본원통화의 크기가 변화하지 않더라도 통화량은 감소하게 된다.
② 지급준비율정책은 통화량을 조절하는 직접규제수단의 하나로 간주된다.
③ 선진국들의 추세에 맞추어 우리나라도 예금은행의 건전성 유지 차원에서 1990년대 초반부터 지급준비율을 계속적으로 인상시켜 왔다.
④ 우리나라의 경우 지급준비율정책은 가장 빈번하게 이용되는 통화량 조절수단이다.
⑤ 제2금융권의 유동성이 높은 단기신탁 수신액에 대해서도 한국은행에서 지급준비금을 부과하고 있다.

17 중앙은행이 통화 정책을 통해 경기를 활성화하고자 한다. 중앙은행의 통화량 확대를 위한 정책에 대한 설명으로 옳지 않은 것은?

풀이 날짜			
채점 결과			

① 재할인율을 인하한다.
② 시중은행으로부터 국공채를 매입한다.
③ 지급준비율 정책은 통화승수에, 공개시장 조작은 본원통화 규모에 영향을 미친다.
④ 지급준비율 인하에 따른 통화량 확대 효과는 개인과 기업이 더 많은 현금을 보유하고자 할수록 더 커진다.

18 통화 정책의 전달경로 중 신용경로(credit channel)에 대한 설명으로 옳지 않은 것은?

풀이 날짜			
채점 결과			

① 기준금리가 낮아지면 명목환율이 상승하여 수출입에 영향을 미치는 것이다.
② 통화 정책이 가계와 기업의 대차대조표를 변화시킴으로써 소비와 투자에 영향을 미치는 것이다.
③ 팽창적 통화 정책이 역선택 및 도덕적 해이 문제를 완화시킴으로써 실물 부문에 영향을 미치는 것이다.
④ 증권화의 진전이나 금융 자유화가 되면 은행의 자금조달 경로가 다양해져 신용경로의 중요성이 작아진다.

해설

정답

15
- EC 방정식에 의한 적정 통화증가율은 다음과 같다.

통화증가율 = 경제성장률 + 물가 상승률 - 통화의 유통속도 변동률

$$\frac{\Delta M}{M} = \frac{\Delta Y}{Y} + \frac{\Delta P}{P} - \frac{\Delta V}{V}$$

또는

$$\frac{\Delta M}{M} + \frac{\Delta V}{V} = \frac{\Delta P}{P} + \frac{\Delta Y}{Y}$$

→ 통화량 증가율 + 화폐유통속도의 증가율 = 물가 상승률 + 실질국민소득 성장률이다.

- 통화량 증가율 12% + 유통속도 증가율 -4% = 물가 상승률 5% + 실질 GDP 증가율
- 따라서 실질 GDP 증가율은 3%이다.

①

16
- 지급준비율정책은 법정 지급준비율을 변화시킴으로써 통화승수의 변화를 통하여 통화량과 이자율을 조정하는 정책이다.
- 중앙은행이 법정 지급준비율을 인상하면 지급준비금의 유지를 위해 대출을 축소할 수밖에 없다 대출이 축소되면 신용수축의 과정을 거치면서 통화량이 감소한다.
- 즉, 법정 지급준비율을 인상하면 은행의 초과지급준비금이 감소하고 통화승수의 크기도 감소할 것이다. 즉, 은행의 대출이 제한되므로 은행이 창출할 수 있는 신용이 줄어든다.
- 지급준비율을 인상하면 은행의 대출자산을 축소시키기 때문에 은행의 수익성을 악화시킨다. 이처럼 지급준비율의 조절은 통화승수뿐만 아니라 은행의 수익성에도 직접적인 영향을 주기 때문에 다른 정책수단에 비해 자주 사용되지 않는다.
- 간접규제수단의 하나로 후진국들이 주로 시행하는 정책이다.

①

17
① 재할인율 인하 → 본원통화 증가 → 통화량 증가

② 중앙은행의 국공채 매입 → 본원통화 증가 → 통화량 증가

③ 지급준비율 정책은 통화승수의 변화를 통해 통화량에 영향을 미친다. 공개시장 조작은 본원통화의 변화를 통해 통화량에 영향을 미친다.

④ 통화승수는 $\frac{c+1}{c+r}\left(c = \frac{\text{현금통화}}{\text{예금통화}}, r = \frac{\text{지급준비금}}{\text{요구불예금}}\right)$이다.

개인과 기업이 더 많은 현금을 보유하고자 하면 현금통화비율(c)이 커지기 때문에 통화승수는 작아진다. 따라서 지급준비율 인하에 따른 통화승수 증대효과를 상쇄시킨다.

④

18
① 통화량의 증가로 기준금리가 낮아지면 환율상승을 가져와 순수출이 증가하게 된다. 이를 환율경로라고 한다.

② 통화량의 변화가 가계와 기업의 순자산을 변화시키고 그에 따른 대출변화가 실물부문에 영향을 주는 경우를 신용경로 중 대차대조표 경로라고 한다.

③ 신용경로는 차입자의 역선택과 도덕적 해이의 변화를 통해 은행 대출에 영향을 미칠 수 있다는 것을 설명한다.

④ 금융의 증권화란 직접금융의 비중이 높아지는 현상을 말한다. 증권화의 진전이나 금융자유화가 되면 은행의 간접금융의 비중이 낮아진다.

①

19 현재 우리나라 중앙은행의 물가안정목표제에 대한 설명 중 옳은 것을 모두 고르면?

풀이 날짜			
채점 결과			

가. 매년 물가안정목표를 설정한다.
나. 중간목표를 명시적으로 설정한 물가안정목표제를 취하고 있다.
다. 물가안정목표의 기준이 되는 것은 소비자물가지수의 상승률이 아니라 근원인플레이션이다.
라. 예상치 못한 국내외 경제충격, 경제여건 변화 등으로 물가안정 목표의 변경이 필요할 경우 정부와 협의하여 물가목표를 재설정할 수 있다.

① 가
② 다
③ 라
④ 가, 나
⑤ 다, 라

20 한국은행이 기준금리를 인하할 경우 경제 전반에 미치는 영향에 대한 설명으로 옳지 않은 것은?

풀이 날짜			
채점 결과			

① 기준금리 인하로 채권수익률이 낮아지면 주식과 부동산에 대한 수요가 늘어나 자산가격이 상승하고 소비가 늘어난다.
② 기준금리 인하로 환율(원/$) 상승을 가져와 경상수지가 개선되고 국내물가는 상승한다.
③ 기준금리 인하로 시중자금 가용량이 늘어나 금융기관의 대출 여력이 증가하면서 투자와 소비가 늘어난다.
④ 기준금리 인하로 환율(원/$)이 상승하여 국내기업의 달러표시 해외부채의 원화평가액은 감소한다.

21 기준금리가 제로금리 수준임에도 불구하고 경기가 회복되지 않는다면 중앙은행이 취할 수 있는 정책으로 옳은 것은?

풀이 날짜			
채점 결과			

① 기준금리를 마이너스로 조정한다.
② 장기금리를 높인다.
③ 보유한 국공채를 매각한다.
④ 시중에 유동성을 공급한다.

해설

정답

19 • 인플레이션 목표관리제도(Inflation targeting)란 중앙은행이 최종 목표인 물가 안정에 대해 명시적으로 목표를 설정하고 각종 정책수단을 선제적(preemptive)으로 활용하여 인플레이션 압력이 현재화되지 않도록 장래 인플레이션과 목표 인플레이션과의 괴리를 축소시켜나가는 정책 방식이다. ③

• 가. 2004년부터 3년 중기 목표제를 채택하고 있다.
• 나. 중간목표 없이 인플레이션 목표 달성을 위해 사용 가능한 모든 정책수단을 동원한다.
• 다. 2019년 이후 물가 안정 목표는 소비자물가 상승률(전년 동기 대비) 기준 2%이다.
• 라. 한국은행은 「한국은행법」 제6조 제1항에 의거 정부와 협의하여 물가 안정 목표를 설정하고 있다.

20 ① 금리가 인하되면 채권의 가격이 상승하기 때문에 채권수익률은 낮아질 수 있다. ④
채권수익률이 낮아지면 대체자산인 주식과 부동산에 대한 수요가 늘어나 다른 자산의 가격이 상승한다.
자산 가격이 상승하면 소비가 늘어나는 자산효과가 발생할 수 있다.
② 기준금리가 인하되면 자국의 투자수익률이 감소하기 때문에 자본의 해외 유출이 발생한다.
자본의 해외 유출은 환율 상승을 가져와 마샬 - 러너 조건이 성립된다는 조건 하에서 순수출이 증가하고 국내물가와 국민소득 모두 증가한다.
③ 기준금리가 인하되면 시중자금이 늘어나 금융기관의 대출 가능 금액이 증가한다.
대출이 증가하면 소비와 투자가 늘어난다.
④ 기준금리 인하로 환율이 상승하면 국내 기업의 달러 표시 해외부채의 원 화평가액이 증가한다.
따라서 달러 차관 기업의 채무 부담은 증가한다.

21 ① 일반적으로 기준금리가 영(0) 근처에 유지되면 경기를 부양시키기 위해 더 이상 금리를 낮출 수 없게 된다. ④
② 장기금리를 높이면 투자가 감소하기 때문에 경기 침체가 장기화 될 수 있다.
③ 보유한 국공채를 매각하면 통화량이 감소하기 때문에 긴축통화 정책의 효과가 발생한다.
④ 중앙은행이 시중은행이 보유하는 금융자산을 매입하여 경제에 미리 정해진 양만큼의 본원통화를 주입하는 양적완화정책을 사용하면 경기회복에 도움이 된다.

MEMO 그래프를 그려보세요.

01 객관식 점검 문제

PART 출제경향

- 화폐금융론은 크게 화폐공급론과 화폐수요론으로 구분된다.
- 화폐공급은 금융제도와 관련되어 있는데 화폐의 공급은 주로 중앙은행과 예금은행에 의해 이루어진다.
- 중앙은행은 창구를 통해 본원통화를 찍어내므로 본원통화의 구성내역을 암기해야 한다.
- 예금은행은 예금과 대출을 통해 예금통화 창조를 하는데 이에 대한 계산문제를 풀기 위해서는 과정을 정확히 이해해야 한다.
- 또한 통화공급량은 통화승수에 본원통화를 곱한 값이므로 통화승수를 기본적으로 암기해야 계산문제를 해결할 수 있다.
- 화폐수요이론은 고전학파의 화폐수량설과 케인즈의 유동성선호설을 기본으로 발전하므로 발전과정을 이해하자.
- 그리고 각 고전학파 계열의 화폐수요이론과 케인즈의 화폐수요이론의 차이점을 비교해야 하며 각 화폐수요이론의 특징들을 암기해야 한다.
- 공개시장조작 정책, 재할인율 정책, 지급준비율 정책 등 일반적인 금융정책수단들도 객관식 시험에서 빈출되는 영역이니 정리하자.

02 논술 및 약술 점검 문제

PART 출제경향

- 금융시장의 경우 다양한 금융기관과 금융제도 및 금융상품들이 존재한다.
- 금융권 공기업의 경우 금융 영역을 독자적으로 시험과목으로 채택하기도 하므로 금융 및 화폐금융을 제대로 공부해서 대비해야 한다.
- 금융상품의 종류들을 정리해야 하며 유동성함정의 개념 및 금융정책의 파급경로를 암기하자.
- 특히 금융정책의 파급경로는 논술 주제에서 활용도가 높으니 금리 경로, 자산 가격 경로, 환율 경로, 신용경로, 대차대조표 경로 등의 개념 및 효과 등을 정리해야 한다.

문제 01

한국은행이 기준금리를 인하한다면 이에 대한 효과에 대하여 논하시오.

해설

1 긍정적 기대 효과

1. 가계

① 우리나라 가계의 대부분은 주택 담보대출과 관련하여 채무자로 볼 때, 기준금리 인하 시 대출 상환에 대한 부담이 낮아질 것이다. 즉, 급매물이 줄어들고 매수자의 부담이 줄어들게 되어 거래가 늘어나고 부동산 가격이 더욱 상승할 것이다.

② 경기가 나아질 것이란 기대와 함께 금리가 낮아진 예·적금보다는 주식의 가치가 부각되면서 주식을 사려는 수요가 늘어 주가 상승을 유도할 수 있다. 주가가 상승하면 '자산효과'에 따라 소비를 더욱 크게 키울 수 있다. 즉 자산의 가치가 증가하므로 소비가 증가할 것이다.

2. 기업

대출금리의 하락, 대출 담보로 여겨지는 부동산 가격 상승 및 주식가격 상승으로 기업 투자가 활발해질 것이다. 물론 금리가 아무리 내려가도 투자 심리 자체가 얼어붙어 있는 경우라면 효과는 제한된다.

2 부정적 기대 효과

1. 기준금리 조절이 장기금리 조절로 이어지지 않을 가능성

① 채권시장의 미성숙 때문에 장기 채권시장이 단기 금융시장과 연계성이 낮고, 유통 과정의 투명성도 낮아 통화정책이 제대로 파급되지 않을 수 있다. 또 시장 사이의 독립성이 강해 한국은행의 정책이 파급되기에는 한계가 많다.

② 또한 금리 인하로 경기가 좋아질 것이라는 기대 심리로 말미암아 미래 시점에서는 현재보다 시장금리가 높을 가능성이 크다.

③ 그러므로 장기금리는 단기금리보다 높게 설정될 수 있고, 금리 인하의 효과가 별로 없을 가능성이 크다.

2. 고소득자와 저소득자의 차이

① 금리를 인하하게 되면 이자 소득자들은 소비를 줄이게 되고, 채무자들은 소비를 늘리게 된다. 그러므로 채무자들의 소비성향이 더욱 커야만 실효성이 있다고 볼 수 있는데, 주로 이자 소득자들은 고소득 계층이고 채무자들은 저소득계층이다.

② 경제에 가장 큰 부분을 차지하는 연봉 2천만 원에서 5천만 원 사이 중간소득 계층이 소비를 늘리지 않는다면 경기가 회복되는 것을 기대하기는 힘들다.

3. 가계 부채

① 대출 수요 증가로 가계부채를 늘리는 효과를 가져올 수 있다.

② 과도한 가계부채로 경제에 주는 부담이 커질 수 있다.

문제 01

수출입은행

가계 부채가 많은 경우 금리인상정책의 효과를 논하시오.

해설

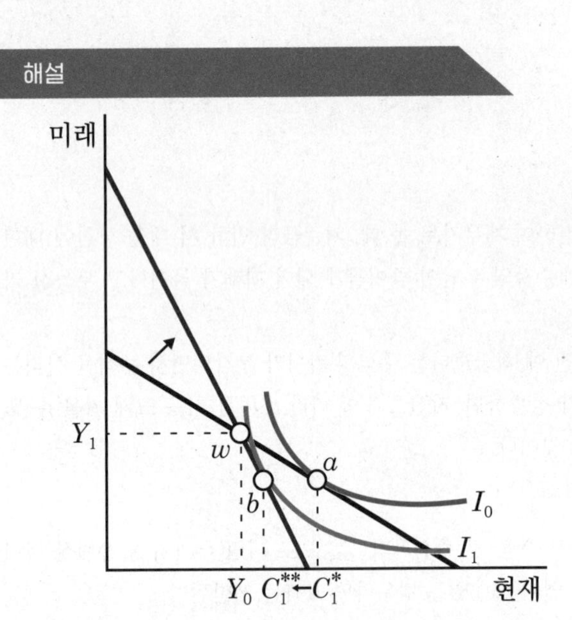

① 금리가 인상되면 차입자의 대출금리가 상승하므로 대체효과와 소득효과에 의하여 소비가 C_1^*에서 C_1^{**}로 감소한다.

따라서 소비가 위축된다.

대체효과 : 현재소비의 기회비용 증가 → 현재소비 감소

소득효과 : 차입자의 경우 대출금리 인상에 따른 소득 감소 → 현재소비 감소

② 차입자는 소비의 이자율 탄력성이 크므로 전체 가계 가운데 차입자의 비중이 증가할수록 소비의 이자율 탄력성이 커진다.

③ 금리인상으로 차입자의 무차별곡선이 I_0에서 I_1으로 이동하므로 효용극대화 균형점은 a에서 b로 바뀐다.

따라서 차입자의 효용은 감소한다.

문제 02

통화량 감소로 이자율이 상승할 때 주식가격의 변화를 서술하시오.

해설

① 주식 가격은 배당소득의 현재가치로 계산된다.

$$\text{주식 가격} = \frac{D}{1+r} + \frac{D}{(1+r)^2} + \frac{D}{(1+r)^3} \cdots\cdots$$

〔D : 배당소득, r : 이자율〕

② 이자율이 상승하면 주식 가격이 하락한다.

③ 금리가 인상되면 기업들은 그만큼의 이자부담이 커져 자금 조달을 축소시키기 때문에, 금리 인상은 기업 실적을 악화시키는 요인으로 작용하고 이는 주가를 떨어뜨리는 중요한 원인이 된다.
즉, 금리와 주가는 반비례 관계에 있다고 할 수 있다.

PART 04

PART GUIDE

- 거시경제학에서는 물가와 실질국민소득을 총수요와 총공급의 이론으로 설명한다.
- 고전학파 계열과 케인즈 계열은 안정화 정책의 효과 및 필요성을 놓고 견해가 나뉘어진다.
- 두 학파의 차이는 총공급곡선의 기울기를 어떻게 보느냐에 있는데 고전학파 계열은 자연산출량 수준에서 수직선이라고 본다.
- 반면 케인즈 계열은 총공급곡선이 우상향한다고 본다.
- 고전학파 계열에서는 총수요곡선을 이동시키는 총수요 관리정책이 무력하다고 보고 케인즈 계열에서는 효과가 있다고 주장한다.
- 또한 두 학파의 견해 차이는 인플레이션과 실업을 보는 관점 및 대책에도 나타난다.

총수요 및 총공급이론

CHAPTER 09

IS-LM곡선모형

단원 학습 목표

- 지금부터는 케인즈학파에 비중을 두고 거시경제의 총수요 측면을 다루게 된다.
- 케인즈학파 거시경제학의 표준적 이론인 IS-LM모형에 대해 자세히 살펴본다.
- IS-LM모형은 경기변동 현상을 이해하는 데 매우 유용한 도구이면서 재정 정책이나 금융 정책과 같은 거시경제정책 효과를 분석하는 데 출발점이 된다.

1절 개요

01 의의

① 케인즈의 단순 모형의 핵심은 총수요가 국민소득을 결정하고 단순 모형에 존재하지 않았던 이자율이 화폐 시장에서 결정된다는 것이다.

② 케인즈의 단순 모형의 가정을 완화하여 투자가 이자율의 영향을 받는다는 가정을 받아들이면 생산물 시장과 화폐 시장은 이자율을 통해 서로 관련을 맺게 된다.

③ 영국의 경제학자 힉스(J. Hicks)는 이러한 생각을 $IS-LM$ 분석이라는 틀로 정형화하였다.

④ IS는 투자(investment)와 저축(saving)을, LM은 유동성(liquidity)과 화폐(money)를 나타낸다.

⑤ $IS-LM$ 분석에 따르면 생산물 시장과 화폐 시장의 균형을 통해 이자율과 국민소득이 동시에 결정된다. 즉, $IS-LM$ 모형은 생산물 시장과 화폐 시장의 상호작용을 동시에 분석하는 모형이다.

⑥ $IS-LM$ 모형에서는 케인즈의 가정에 따라 물가는 고정되어 있으며, 공급 능력은 충분하나 수요 부족으로 생산이 이루어지지 못하는 경제를 가정하고 있다.

02 생산물 시장과 화폐 시장과의 관계

① 생산물 시장과 화폐 시장은 서로 밀접하게 관련되어 있다.

② 생산물 시장과 화폐 시장을 연결하는 고리는 이자율과 국민소득이다.

③ 생산물 시장의 균형으로부터 국민소득이 결정되는데 이는 화폐 시장에서의 화폐 수요에 영향을 미친다. 왜냐하면 화폐 수요는 국민소득의 증가함수이자 이자율의 감소함수이기 때문이다.

④ 화폐 수요가 변하면 화폐 시장이 다시 균형을 이루는 과정에서 이자율이 결정되며 이는 투자를 통해 생산물 시장에서의 총수요에 영향을 미친다.

⑤ 총수요가 변하면 생산물 시장이 균형을 이루는 과정에서 새로이 국민소득이 결정되며 이는 다시 화폐 수요에 영향을 미친다. 이와 같은 과정을 거치면서 경제는 균형상태로 접근하게 된다.

□△○

2절 생산물 시장과 *IS*곡선

01 *IS*곡선의 개념

① *IS*곡선은 생산물 시장의 균형을 나타내는 이자율과 실질국민소득의 조합을 나타낸다.
즉, *IS*곡선은 투자와 저축이 일치하여 생산물 시장의 균형을 이루는 이자율과 실질국민소득의 조합을 나타낸다.

② 일반적으로 *IS*곡선은 우하향 한다.
왜냐하면 이자율이 하락하면 투자지출이 증가하면서 실질국민소득이 증가하기 때문이다.

02 *IS*곡선의 도출

1 도출

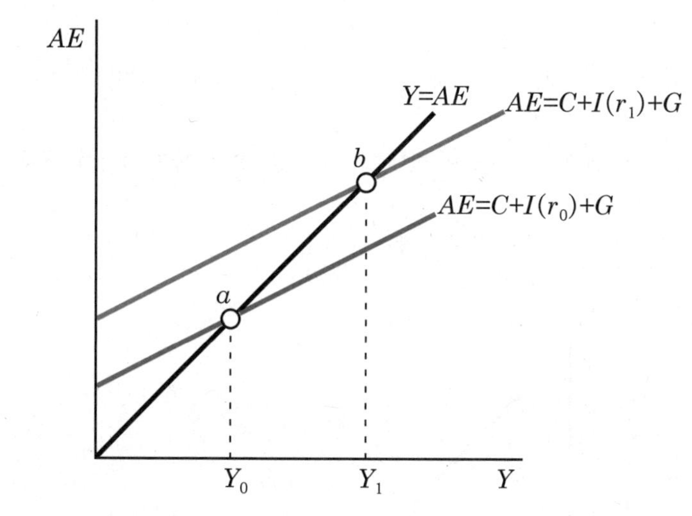

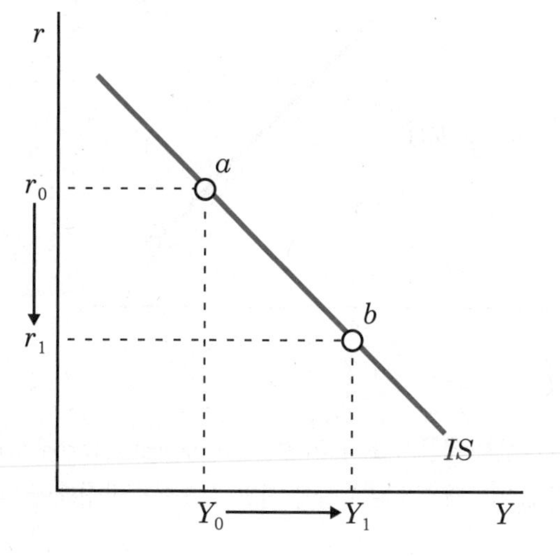

① 이자율이 최초에 r_0 수준에 있다면 투자는 $I = I_0 - cr_0$가 된다.

② 최초의 총지출(*AE*)선은 소비함수와 같은 기울기에 소비함수보다 수직절편이 $I(r_0)+G$ 만큼 큰 직선 *AE*로 그려진다.

③ 총지출선이 총공급을 나타내는 45°선과 만나는 *a*점에 대응하여 Y_0가 최초의 균형국민소득이다. 즉, 이자율 r_0 수준에서 생산물 시장의 균형을 가져오는 국민소득수준은 Y_0이다.

④ 이자율이 r_1으로 하락하면 투자가 이자율의 감소함수이므로 새로운 투자 $I(r_1)$은 종전의 투자 $I(r_0)$보다 높은 수준이 된다.

⑤ 총지출은 증가하므로 총지출곡선은 상방이동하며 새로운 균형국민소득은 Y_1이 된다.
따라서 r_0와 Y_0 그리고 r_1과 Y_1은 모두 생산물 시장을 균형시키는 국민소득과 이자율의 조합이 된다.

⑥ 이처럼 생산물 시장을 균형시키는 국민소득과 이자율의 조합은 *a*와 *b*이외에도 무수히 많은데 생산물 시장을 균형시키는 국민소득과 이자율의 조합을 나타내는 곡선을 *IS*곡선이라고 한다.

2 *IS*곡선이 우하향하는 이유

① *IS*곡선상의 점 a에서는 생산물 시장이 균형을 이루고 있다.

② c점과 같이 이자율은 a점과 동일하면서 국민소득만 a점보다 높은 경우에는 생산물 시장이 초과공급 상태에 있게 된다.

③ 초과공급이 제거되고 생산물 시장이 다시 균형을 회복하기 위해서는 초과공급만큼 총수요가 증가되어야 하는데 이를 위해서는 이자율이 하락하여 투자가 증가해야 한다.

즉, 생산물 시장의 균형이 유지되기 위해서는 국민소득과 이자율이 반대방향으로 움직여야 하며 따라서 *IS*곡선은 우하향하는 형태를 가진다.

3 생산물 시장의 불균형

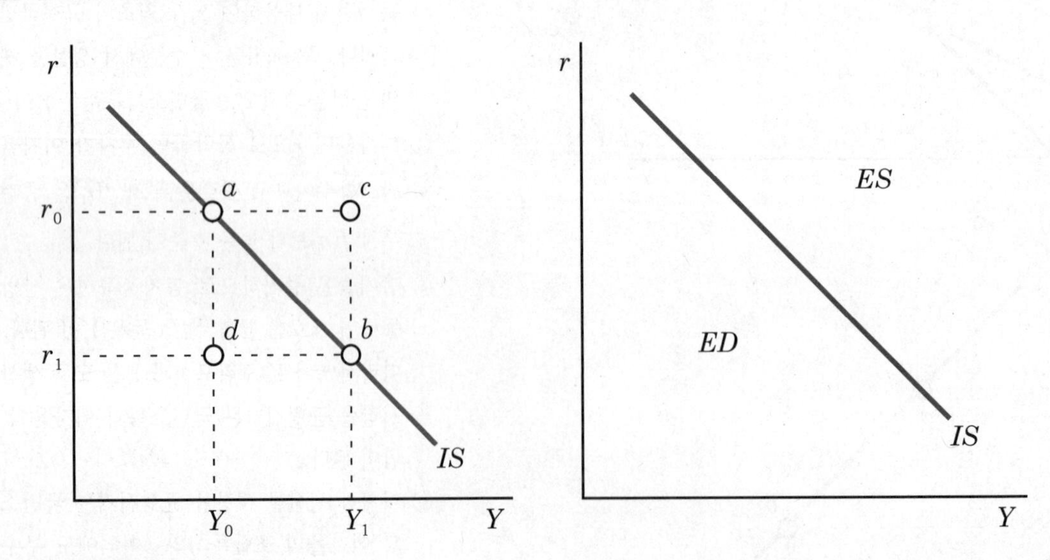

1. *IS*곡선의 상방 또는 우측

① c점과 같이 *IS*곡선의 우측 또는 상방에 있는 점에서는 생산물 시장이 초과공급(Excess Supply) 상태에 있다.

② 이자율은 a점과 동일하면서 국민소득만 a점보다 높은 c점의 경우에는 생산물 시장이 초과공급 상태에 있게 된다.

또는 국민소득은 b점과 동일하면서 이자율만 b점보다 높은 경우에는 투자 감소로 생산물 시장이 초과공급 상태에 있게 된다.

2. IS곡선 하방 또는 좌측

① d점과 같이 IS곡선의 좌측 또는 하방에 있는 점에서는 생산물 시장이 초과수요(Excess Demand) 상태에 있게 된다.

② 이자율은 b점과 동일하면서 국민소득만 b점보다 낮은 d점의 경우에는 생산물 시장이 초과수요 상태에 있게 된다.

또는 국민소득은 a점과 동일하면서 이자율만 a점보다 낮은 d점의 경우에는 투자 증가로 생산물 시장이 초과수요 상태에 있게 된다.

4 생산물 시장의 균형식

① 생산물 시장의 균형상태는 다음과 같이 결정된다.

$$Y = C + I + G$$
$$C = a + bY_d \quad (a > 0,\ 0 < b < 1)$$
$$T = T_0 + tY \quad (t > 0)$$
$$I = I_0 - cr \quad (I_0 > 0,\ c > 0)$$
$$G = G_0$$

② 세로축이 이자율(r)이고 가로축이 실질국민소득(Y)이므로 이자율(r)로 정리하면 다음과 같다.

$$r = -\frac{[1-b(1-t)]}{c}Y + \frac{1}{c}(a - bT_0 + I_0 + G_0)$$

③ IS곡선의 기울기는 $-\frac{[1-b(1-t)]}{c}$로 음수(−)임을 알 수 있다.

03 IS곡선의 기울기

1 기울기의 결정요인

① 생산물 시장의 균형식은 다음과 같고 IS곡선의 기울기는 $-\frac{[1-b(1-t)]}{c}$이다.

$$r = -\frac{[1-b(1-t)]}{c}Y + \frac{1}{c}(a - bT_0 + I_0 + G_0)$$

② IS곡선의 기울기는 투자의 이자율 탄력성(c), 한계소비성향(b), 한계저축성향($s = 1 - b$), 세율(t)에 의하여 결정된다.

③ 투자의 이자율 탄력성(c), 한계소비성향(b)이 클수록 IS곡선의 기울기의 절댓값이 작아지므로 완만한 기울기를 갖는다.

④ 한계저축성향(s), 세율(t)이 작을수록 IS곡선의 기울기의 절댓값이 작아지므로 IS곡선은 완만한 기울기를 갖는다.

2 투자의 이자율 탄력성

1. 개념

투자가 이자율의 변화에 얼마나 민감하게 반응하는가를 나타내는 수치이다.

2. 설명

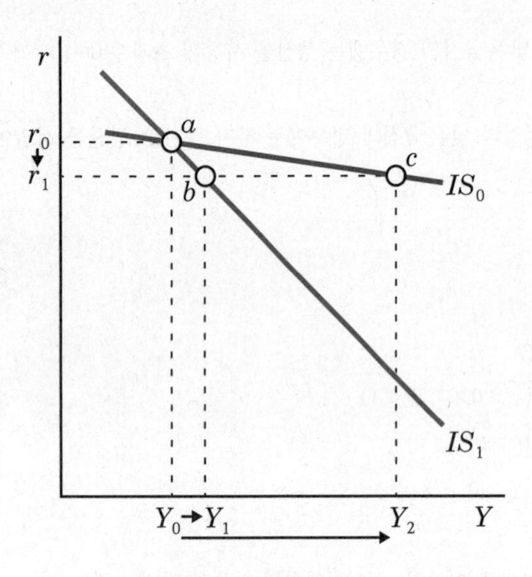

① 이자율이 r_0에서 r_1으로 하락했을 때 투자가 큰 폭으로 증가한다면 큰 폭의 소득 증가와 대응되어야 하므로 IS곡선은 IS_0처럼 완만한 기울기를 갖게 된다.

② 이자율이 하락했을 때 투자가 별로 변화하지 않는다면 총수요도 별로 증가하지 않았을 것이고, 생산물 공급의 증가분은 $(Y_1 - Y_0)$으로 충분하므로 IS_1처럼 가파른 기울기를 갖게 된다.

3. 고전학파 계통과 케인즈학파의 견해

① 투자가 이자율 변화에 대해 어느 정도 민감한지에 대하여 고전학파 계통과 케인즈학파는 상반된 입장을 취한다.

② 고전학파 계통은 투자의 이자율 탄력성이 매우 커서 IS곡선은 완만한 기울기를 갖는다고 주장한다.

③ 케인즈학파는 기업의 투자가 합리적인 원칙에 의해 설명될 수 없는, 이른바 기업가의 야성적 충동(animal spirit)에 의해 결정되는 부분이 크기 때문에 투자의 이자율 탄력성이 매우 작다고 주장한다. 따라서 IS곡선은 가파른 기울기를 갖는다고 주장한다.

④ IS곡선의 기울기는 재정 정책과 금융 정책의 상대적 유효성을 분석하는데 중요한 의미를 갖는다.

3 유발투자가 존재하는 경우($I = I_0 - cr + iY$)의 IS곡선의 기울기

① 유발투자가 존재하면 이자율 하락에 따른 국민소득 증가가 다시금 투자증가를 유발한다.

② 따라서 국민소득은 Y_2까지 증가하게 되어 더 완만한 IS곡선이 도출된다.

③ 또는 유발투자가 존재하면 IS곡선의 함수식은 다음과 같다.

$$r = -\frac{[1-b(1-t)-i]}{c}Y + \frac{1}{c}(a - bT_0 + I_0 + G_0)$$

④ 유발투자가 존재하지 않는 경우와 비교할 때 기울기의 분자 값이 작아지므로 IS곡선의 기울기는 완만해진다.

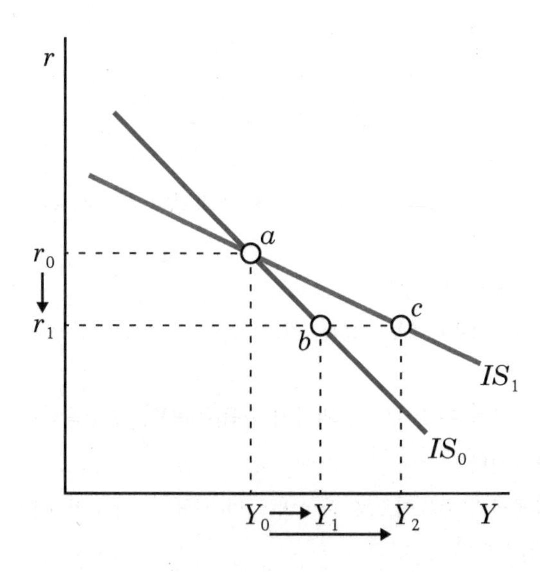

4 피구 효과가 존재할 때의 *IS*곡선의 기울기

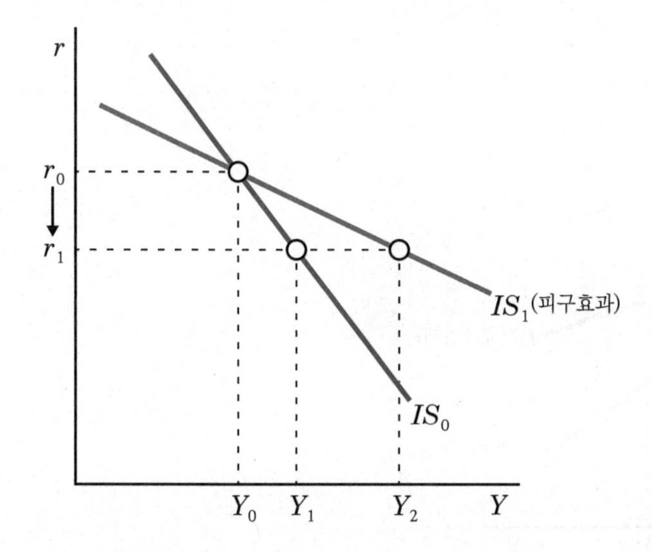

① 피구 효과(pigou effect)란 소비가 실질자산(real wealth, $\frac{W}{P}$)의 증가함수일 때 물가 하락이 실질자산을 증가시켜 소비를 증가시키고 총수요를 확대시키는 효과를 말한다.

② 명목자산(W)은 실물자산(K), 화폐자산(M), 채권자산(B)으로 구성되어 있다고 하면 실질자산$\left(\frac{W}{P}\right)$은 $\frac{W}{P}=\frac{K}{P}+\frac{M}{P}+\frac{B}{P}$이다.

③ 매년 1원씩의 이자를 지급하는 영구채권(B)의 현재가치(PV)는 $\frac{1}{r}$이고 경제주체가 보유하고 있는 채권의 매수가 b라면 자산의 실질가치는 다음과 같다.

$$\rightarrow \frac{W}{P}=\frac{K}{P}+\frac{M}{P}+\frac{\frac{b}{r}}{P}$$
$$=\frac{K}{P}+\frac{M}{P}+\frac{b}{rP}$$

〔P : 물가, W : 명목자산, 명목부, K : 실물자산, M : 화폐자산, b : 경제주체가 보유하고 있는 채권의 매수, r : 이자율〕

④ 이자율이 하락하면 자산의 실질가치가 상승하므로 추가적인 소비 증가효과가 발생한다.

③ 따라서 피구 효과가 존재하는 경우 *IS*곡선의 기울기는 완만해진다.

5 개방경제일 때의 *IS*곡선의 기울기

① 외국을 고려하면 실물부문의 총수요에 새로운 항목으로 순수출, 즉 (수출-수입)이 추가된다. 따라서 한 나라의 총생산물에 대한 개방경제의 총수요는 다음과 같다.

$$\rightarrow Y = C + I + G + X - M$$

③ 개방경제의 총수요는 $(X-M)$의 변화에 영향을 받는다. 그런데 $(X-M)$은 바로 국제수지를 구성하는 주요 항목인 경상수지이다.

수출은 국내에서 생산된 재화나 서비스에 대한 외국에서의 수요이므로, 외국의 소득수준(Y_f), 수출품의 외국가격, 경쟁재인 외국 제품의 자국 내 가격 등에 의해 결정된다.

수입은 외국에서 생산된 재화나 서비스에 대한 국내에서의 수요이므로 자국의 국민소득(Y), 외국 제품의 국내가격, 그리고 경쟁재인 국내 제품의 가격 등에 의해 결정된다.

④ 개방경제의 *IS*곡선은 그 기울기가 더욱 가파르다. 왜냐하면 개방경제에서는 소득이 증가하면 외국으로부터 수입도 증가되어 총수요의 증가분을 감소시키는 효과가 있기 때문이다.

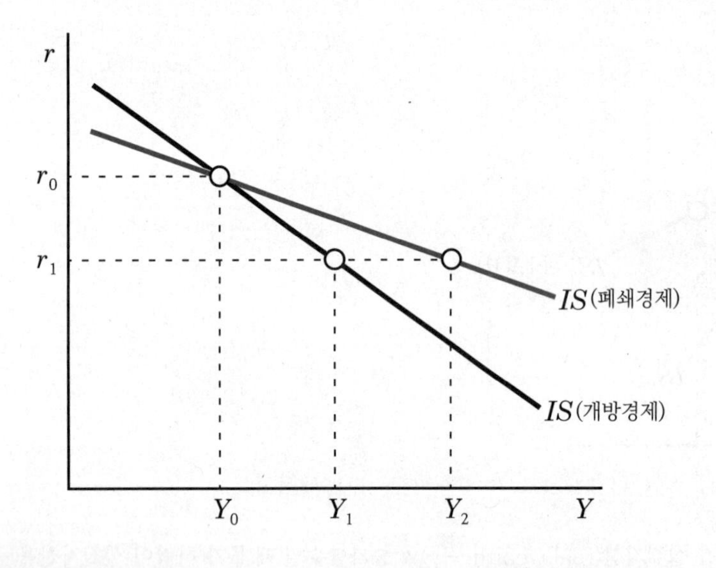

04 *IS*곡선의 이동

1 의의

*IS*곡선이 정부지출이나 독립 투자와 같은 외생변수의 변화에 따라 어떻게 달라지는지 검토해 보자.

2 정부지출의 증가

① 정부지출을 G_0에서 G_1으로 증가시키면 총지출(AE)곡선은

$AE_0 = C + I(r_0) + G_0$에서 $AE_1 = C + I(r_0) + G_1$으로 상방 이동한다.

② 생산물 시장의 균형을 위해서는 이자율 r_0에 대응되는 소득 수준이 Y_0에서 Y_1으로 증가해야 한다.

③ 따라서 정부지출 증가 후에도 생산물 시장이 균형을 이루기 위해서는 동일한 이자율 수준에 더 높은 수준이 대응되어야 하므로 정부지출 증가는 *IS*곡선을 IS_0에서 IS_1으로 우측 이동시킨다.

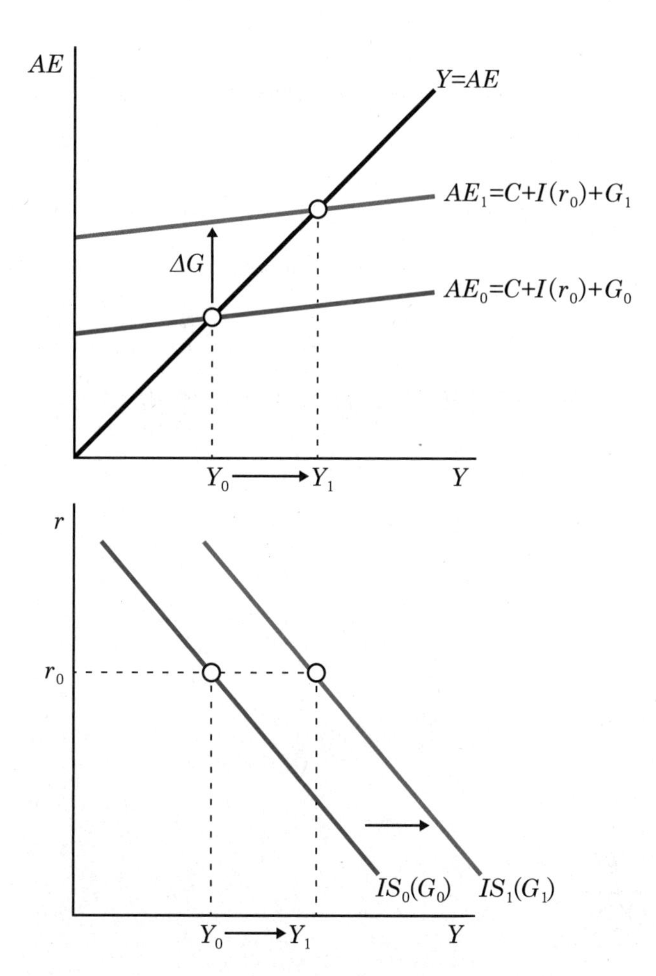

3 다른 요인

① 소비(C)(기초소비 a 포함)가 늘거나 독립투자(I)가 증가하거나 조세징수(T)가 줄면 IS곡선은 오른쪽으로 이동한다.

② 소비 감소, 투자 감소, 조세 증가가 발생하면 IS곡선은 왼쪽으로 이동한다.

③ 소비자가 자신의 생활 형편이나 미래의 수입에 대해 얼마나 확신을 가지는가(consumer confidence)도 IS곡선을 이동하게 만든다. 어떤 이유로 미래에 대해 비관적인 전망이 팽배해지면 IS곡선은 왼쪽으로 이동한다.

④ 일반적으로 생산물 시장에서 이자율 이외에 총수요에 영향을 미치는 요인들이 총수요를 증가시키면 IS곡선은 오른쪽으로 이동하고 이자율 이외의 요인들에 의하여 총수요가 감소하면 IS곡선은 왼쪽으로 이동한다.

⑤ 이자율의 변동을 통한 총수요의 증감은 주어진 IS곡선 상에서의 이동으로 나타난다.

4 이동폭

① 정부지출이 ΔG만큼 증가하면 총수요는 승수효과에 의해 (정부지출승수×ΔG)만큼 증가할 것이다. 즉, IS곡선은 승수효과의 크기만큼 우측으로 평행 이동하게 된다.

② 독립 지출 변화의 크기가 클수록 또는 승수가 클수록 IS곡선의 이동 폭은 커진다.

③ 정부지출과 조세가 동액만큼 증가하면 승수효과만큼 IS곡선이 우측 이동한다.

정부지출승수가 $\frac{1}{1-MPC}$이고 조세승수가 $-\frac{MPC}{1-MPC}$라면(MPC : 한계소비성향)

균형재정승수는 $\frac{1-MPC}{1-MPC}=1$이다.

따라서 균형재정을 유지하면서 정부지출을 증가시키는 경우 총수요는 $(1\times\Delta G)$만큼 증가한다.

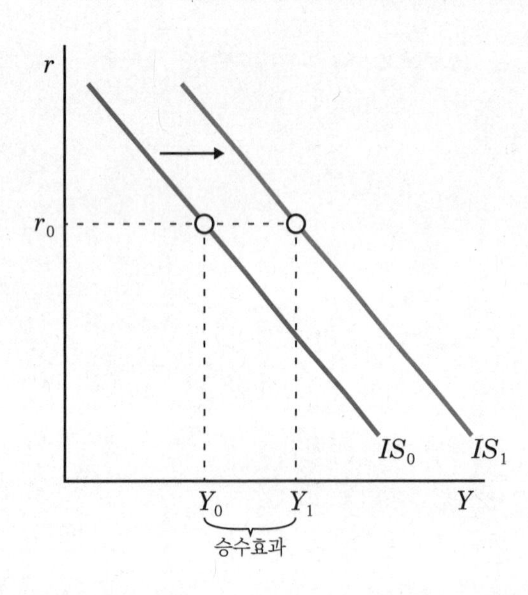

심화학습 | IS곡선의 균형식의 변형

- IS곡선의 균형식은 다음과 같다.

$$\rightarrow r=-\frac{[1-b(1-t)]}{c}Y+\frac{1}{c}(a-bT_0+I_0+G_0)$$

- 균형식을 Y로 정리하면 다음과 같다.

$$\rightarrow Y=-\frac{c}{1-b(1-t)}\times r+\frac{1}{1-b(1-t)}(a-bT_0+I_0+G_0)$$

- 따라서 한계소비성향(b)이 변하면 IS곡선의 기울기와 위치(이동요인)에 영향을 미친다.
- 즉, 한계소비성향(b)이 커지면 IS곡선은 이전보다 완만해지면서 우측으로 이동한다.

3절 화폐 시장과 LM곡선

01 의의

① 생산물 시장의 균형 상태를 파악했다고 해서 수요 측면을 모두 이해한 것은 아니다.
왜냐하면 생산물에 대한 수요는 투자수요를 포함하는데, 이것은 이자율에 의해 결정되고, 이자율은 화폐 수요와 화폐 공급에 의해 결정되기 때문이다.

② IS곡선은 이자율이 주어졌을 때 생산물 시장을 균형시키는 국민소득이 얼마인지를 가르쳐 준다. 따라서 균형 국민소득을 구하기 위해서는 이자율이 얼마인지를 알아야 한다.
이자율은 자산시장에서 결정되므로 이자율이 얼마인지를 알기 위해서는 자산시장을 국민소득 결정모형에 도입해야 한다.

③ 자산에는 많은 종류가 있지만 채권과 화폐의 두 종류만 있다고 하자.

02 LM곡선의 개념

① 화폐 시장의 균형은 화폐 수요량이 경제 내에 존재하는 화폐의 공급량과 일치하는 경우에 달성된다.

② 통화량의 공급은 중앙은행이 결정하는데 단기적으로 물가가 고정되어 있으면 실질화폐잔고에 대한 공급$\left(\frac{M}{P}\right)$도 동시에 결정된다.

③ 경제 주체들의 실질화폐잔고에 대한 수요는 소득과 이자율의 영향을 받으며 소득의 증가함수, 이자율의 감소함수가 된다.

④ 화폐 시장의 균형을 나타내는 이자율과 국민소득의 조합을 나타내는 곡선이 LM곡선이며 일반적으로 LM곡선은 우상향 한다.
왜냐하면 소득이 증가하면 화폐 수요가 증가하면서 화폐 시장의 초과수요가 발생하기 때문이다.
화폐 시장의 초과수요를 해소하기 위해서는 이자율이 상승해야 한다.

03 LM곡선의 도출

1 도출

① 화폐 공급은 중앙은행에 의하여 일정 수준으로 고정시킬 수 있으므로 화폐 공급곡선은 $\frac{M^S}{P}$수준에서 수직선으로 그려진다.

② 소득수준이 Y_0일 때의 실질화폐 수요는 $L(Y_0)$로 나타나 있다.

③ 소득수준이 Y_1으로 상승하면 거래적 화폐 수요가 증가하고 실질화폐 수요곡선은 $L(Y_1)$으로 우측 이동한다. 따라서 균형이자율은 r_0에서 r_1으로 상승한다.

즉, 실질국민소득(Y)이 증가하면 거래적 동기가 증가하여 주어진 화폐 공급수준에서 화폐 시장의 초과수요가 발생한다. 화폐의 초과수요를 없애기 위해서는 이자율이 상승하여 투자적 동기에 의한 화폐 수요를 줄여야 한다.

④ 국민소득이 증가하면 화폐 수요곡선이 오른쪽으로 이동하여 화폐 시장을 균형시키는 이자율이 상승한다. 따라서 LM곡선은 우상향 한다.

즉, 화폐 시장의 균형을 이루는 (r, Y)조합을 연결하면 우상향의 LM곡선을 도출할 수 있다.

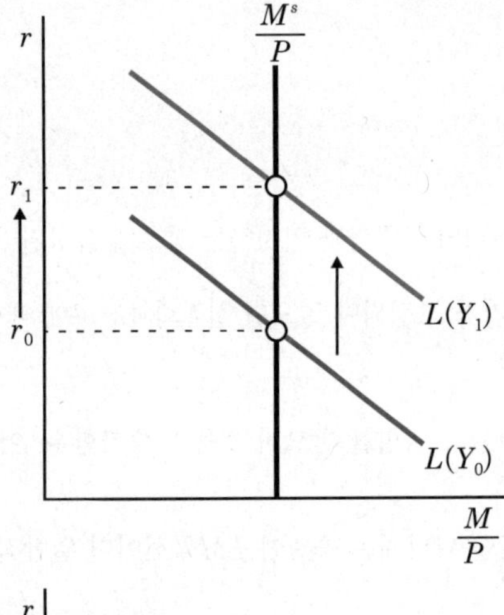

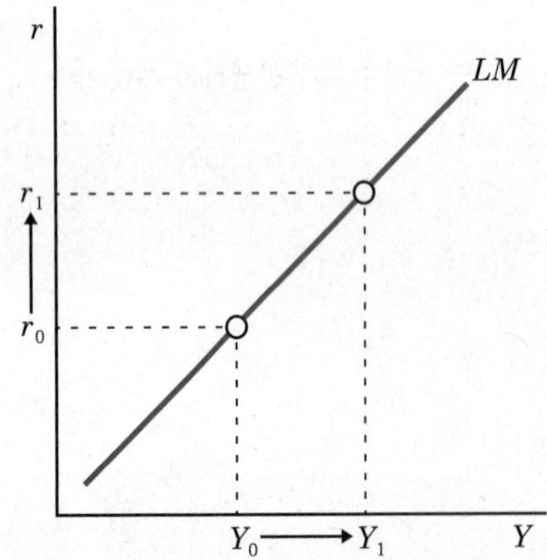

2 LM곡선이 우상향하는 이유

소득이 증가하여 거래적 화폐 수요가 증가하면 투자적 화폐 수요가 감소해야만 화폐 시장이 균형을 이루게 되는데, 투자적 화폐 수요가 감소하기 위해서는 이자율이 상승해야만 하기 때문이다.

3 화폐 시장의 균형과 불균형

1. LM곡선의 하방 또는 좌측

① 소득이 Y_0에서 Y_1으로 증가하면 균형점은 a에서 b로 이동한다.

② 소득의 증가는 화폐 수요의 증가를 가져오고 화폐 공급에 아무런 변화가 없다면 화폐 시장에는 초과수요가 발생한다.

③ 화폐 시장의 균형을 회복하기 위해서는 화폐보유에 대한 기회비용인 이자율이 상승해야 한다. 왜냐하면 이자율이 상승하면 화폐 수요가 감소하기 때문이다.

④ 따라서 새로운 균형은 c점과 같이 a점의 우상방에 위치하여야 하며 LM곡선은 우상향하는 형태를 가진다.

⑤ b점과 같이 LM곡선의 우측에 위치한 점에서는 화폐 시장이 초과수요(Excess Demand)상태에 있다.

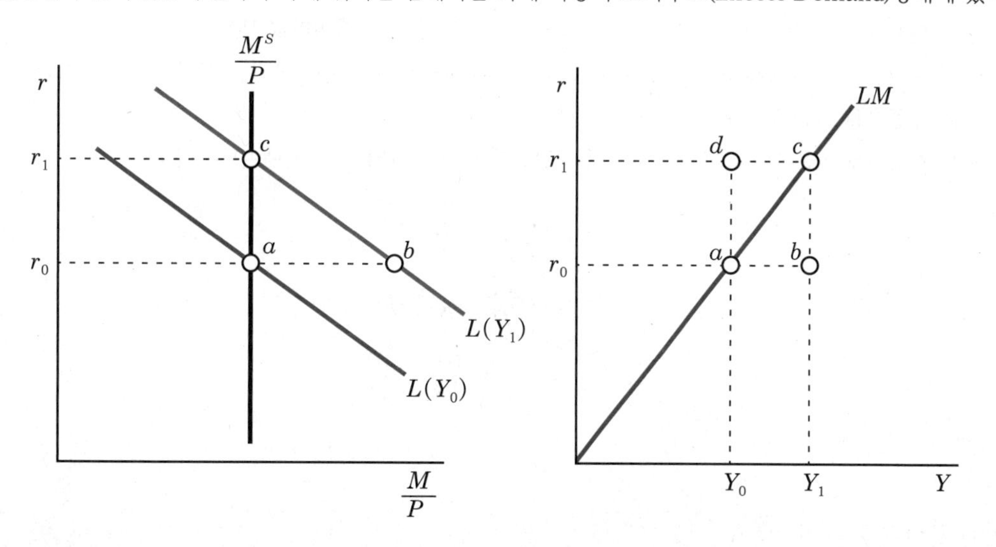

2. LM곡선의 상방 또는 좌측

① d점과 같이 LM곡선의 좌측 또는 상방에 있는 점에서는 화폐 시장이 초과공급(Excess Supply) 상태에 있다.

② 소득은 a점과 동일하면서 이자율만 a점보다 높은 d점의 경우에는 화폐 시장이 초과공급 상태에 있게 된다. 또는 이자율은 c점과 동일하면서 국민소득만 c점보다 작은 d점의 경우에는 화폐 수요 감소로 화폐 시장이 초과공급 상태에 있게 된다.

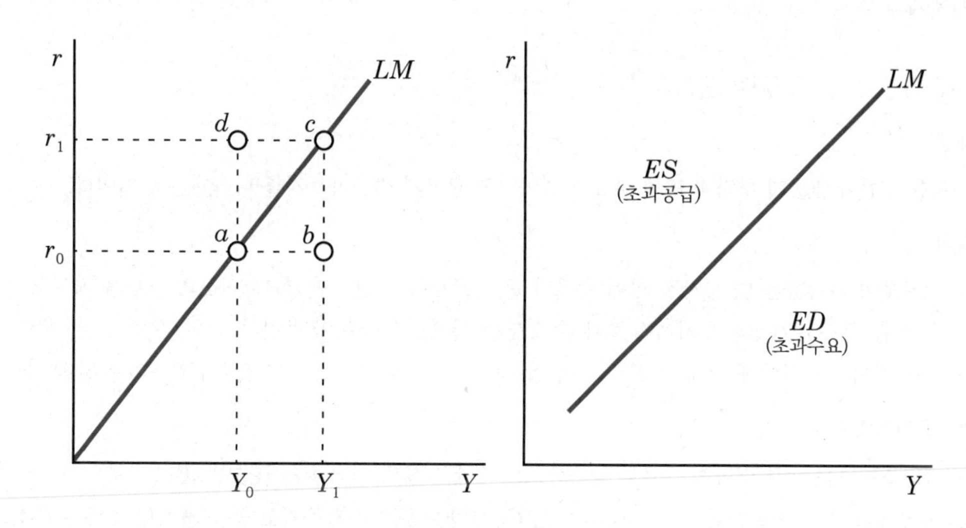

4 화폐 시장의 균형식

① 화폐 공급량(M^S)은 중앙은행에 의해 조절이 가능하므로 화폐 공급량을 의미하는 통화량이 중앙은행에 의해 M^S로 주어져 있다고 가정한다.

② 물가가 P로 경직적이라고 가정하면 실질잔고의 공급량은 $\frac{M^S}{P}$로 주어진다.

③ 화폐 수요는 소득과 이자율에 의존하므로 다음과 같이 간단한 함수관계로 표시할 수 있다.

$$L = kY - hr$$
$$(k > 0,\ h > 0)$$

④ k와 h는 양(+)의 값을 가지는 상수로 각각 소득과 이자율의 변화가 화폐 수요에 미치는 영향의 정도를 나타내는데 이들을 화폐 수요의 소득탄력성과 화폐 수요의 이자율 탄력성이라고 부르기로 한다.

⑤ 화폐 수요는 실질잔고(real balance)에 대한 수요로 표현된다. 실질잔고란 명목금액으로 표시된 화폐의 양을 물가 수준으로 나눈 값이다.

⑥ 화폐 시장의 균형은 실질잔고의 공급이 실질잔고에 대한 수요와 일치할 때 이루어진다.

$$\rightarrow \frac{M^S}{P} = L$$
$$\rightarrow \frac{M^S}{P} = kY - hr$$
$$r = \frac{k}{h}Y - \frac{1}{h} \times \frac{M^S}{P}$$

04 LM곡선의 기울기

1 기울기의 결정요인

① 화폐 시장의 균형식에 따르면 LM곡선의 기울기는 Y의 계수인 $\frac{k}{h}$에 의해 결정된다.

② 화폐 수요의 소득탄력성(k)이 높을수록 또는 화폐 수요의 이자율 탄력성(h)이 낮을수록 LM곡선의 기울기는 커지게 된다.

2 투자적 화폐 수요의 이자율 탄력성

1. 개념

이자율이 변화했을 때 투자적 화폐 수요가 얼마나 민감하게 반응하는지를 나타내는 수치이다.

2. 효과

① 이자율이 하락했을 때 투자적 화폐 수요가 큰 폭으로 증가한다면, 화폐 시장의 균형을 가져오기 위해서 소득이 큰 폭으로 감소하여 거래적 화폐 수요가 큰 폭으로 감소해야만 한다.

② 따라서 이자율 하락에 대해 큰 폭의 소득 감소로 대응해야 하므로 LM곡선의 기울기는 완만하게 된다.

3. 케인즈학파의 견해

① 케인즈학파는 투자적 화폐 수요를 강조하므로 화폐 수요의 이자율 탄력성이 크다.

② 화폐 수요의 이자율 탄력성(h)이 클수록 LM곡선의 기울기는 작아지고 금융 정책의 효과는 감소한다.

③ 화폐 수요의 이자율 탄력성이 크다면 이자율이 조금만 상승하더라도($r_0 \to r_1$) 투자적 화폐 수요가 크게 감소한다.

④ 화폐 시장이 균형을 이루기 위해서는 거래적 화폐 수요가 크게 증가해야 하며 소득의 증가폭 또한 커야 한다.

⑤ 이자율 상승에 대해 큰 폭의 소득 증가로 대응해야 하므로 LM곡선은 완만한 기울기를 갖게 된다.

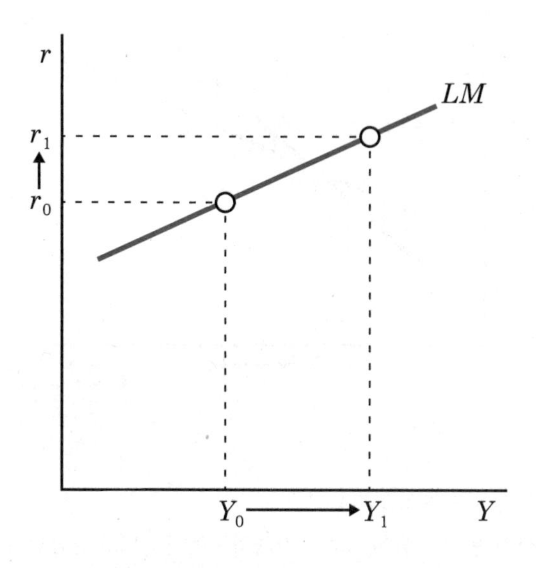

4. 고전학파 계통의 견해

① 고전학파 계통은 투자적 화폐 수요가 작다고 보므로 화폐 수요의 이자율 탄력성이 작다.

② 화폐 수요의 이자율 탄력성(h)이 작을수록 LM곡선의 기울기는 커지고 금융 정책은 매우 효과적이다.

③ 고전학파의 화폐 수요이론인 화폐수량설에서 주장하는 바와 같이 화폐 수요가 이자율의 변화에 전혀 반응을 보이지 않는 경우에는 $h=0$이 되며 이때 LM곡선의 식은 $\frac{M^s}{P}=kY$로 단순화 된다. 즉, LM곡선은 수직선의 형태를 보이게 된다.

3 통화 공급이 외생적인 경우와 내생적인 경우의 LM곡선의 기울기

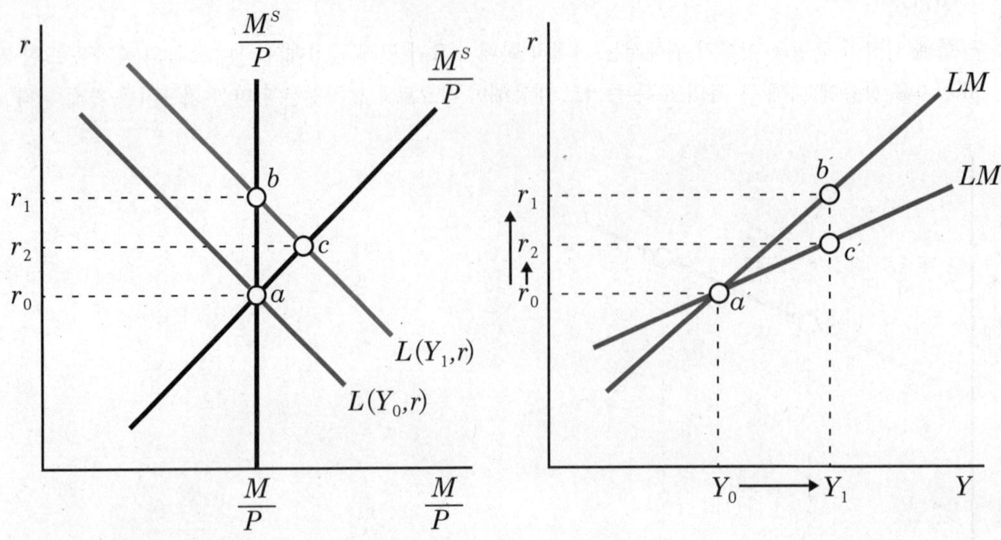

1. 통화 공급이 외생적인 경우

① 통화 공급이 외생변수인 경우 통화 공급 곡선은 수직선의 형태를 갖는다.

② 국민소득이 Y_0에서 Y_1으로 증가하면 화폐 수요곡선이 우측 이동하므로 이자율이 r_0에서 r_1으로 상승한다.

③ LM곡선의 기울기는 상대적으로 커진다.

2. 통화 공급이 내생적인 경우

① 통화당국의 의지와 관계없이 경제 내적인 요인에 의해 시중의 통화량이 늘어나거나 줄어들 수도 있는데 이를 통화 공급의 내생성이라고 한다.

② 통화승수는 현금통화 비율과 지급준비율로 구성되는데 이 두 비율이 경제 내적인 요인으로 변하게 되면 통화승수도 변한다. 이러한 경우에는 본원통화가 외생적으로 결정되더라도 화폐의 공급량이 내생적으로 변동하게 된다.

③ 이자율이 상승하면 사람들은 현금보유 비중을 줄이고 예금의 비중을 줄일 것이며 그에 따라 통화승수가 증가하고 통화량도 늘어난다.

④ 이자율이 높을수록 초과지급 준비의 기회비용이 높아지므로 초과지급 준비규모가 작아진다. 이 경우에 지급준비율은 하락하고 통화승수는 커진다.

⑤ 따라서 통화 공급이 내생변수인 경우 통화 공급 곡선은 우상향의 형태를 갖는다.

⑥ 국민소득이 Y_0에서 Y_1으로 증가하면 화폐 수요곡선이 우측 이동하므로 이자율은 r_0에서 r_2로 상승한다.

⑦ LM곡선의 기울기는 상대적으로 작아진다.

4 유동성 함정의 경우 LM곡선의 기울기

1. 개념

① 투자적 동기에 의한 화폐 수요란 앞으로 이자율이 상승할 것으로 기대될 경우에 채권대신 화폐를 보유하는 것을 말한다.

② 유동성 함정(liquidity trap)이란 화폐 수요가 이자율에 대해 완전 탄력적이어서 LM곡선이 수평이 되는 경우를 말한다.

③ 투자적 화폐 수요가 무한히 증가하는 이유는 극단적으로 이자율 수준이 너무 낮아서 모든 사람들이 앞으로 이자율이 상승하리라고 기대할 것이고, 이자율 상승으로 채권 가격이 하락할 것이라고 생각하기 때문이다.

④ 모든 사람들이 채권 대신 화폐만을 보유하려고 할 것인데 이는 곧 화폐에 대한 수요가 무한대가 됨을 의미한다.

⑤ 화폐에 대한 수요가 무한대가 되면 화폐를 아무리 많이 공급하여도 시장에서 유동성이 부족해지는 현상이 발생한다.

2. LM곡선

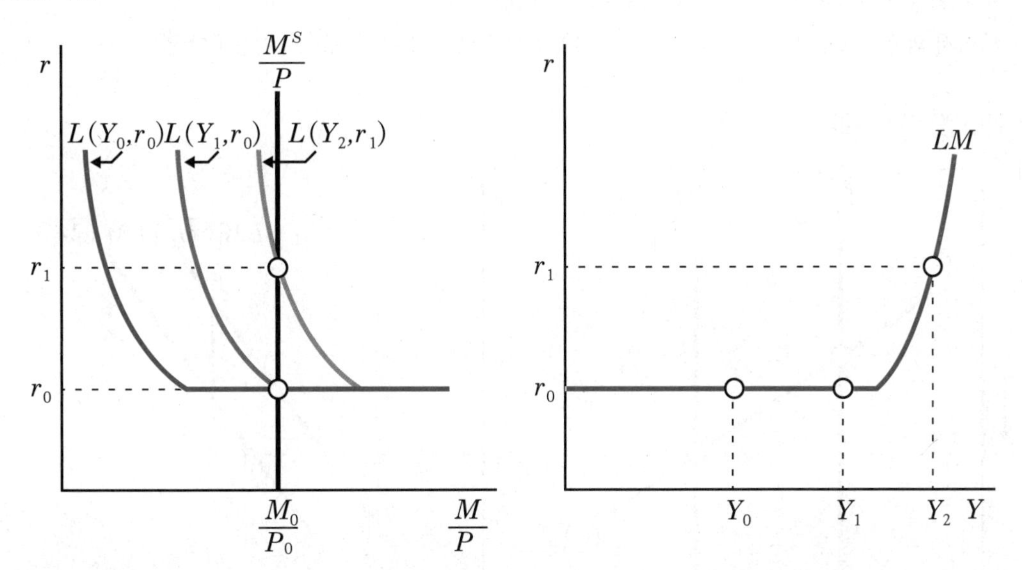

① 최초의 국민소득과 이자율이 각각 Y_0, r_0 일 때 국민소득이 Y_0에서 Y_1으로 증가하면 화폐 수요곡선이 우측으로 이동한다. $[L(Y_0, r_0) \rightarrow L(Y_1, r_0)]$

② 이자율은 r_0로 변하지 않으므로 LM곡선은 $\overline{Y_0 Y_1}$ 구간에서 수평선의 형태를 갖는다.

③ 국민소득이 Y_2로 증가하면 화폐 수요곡선이 우측 이동하면서 균형이자율은 r_1으로 상승한다. 유동성 함정 영역을 벗어나므로 LM곡선은 우상향의 형태를 갖는다.

05 LM곡선의 이동

1 이동 요인

① 화폐 시장의 균형식 $r=\frac{k}{h}Y-\frac{1}{h}\times\frac{M^s}{P}$에서 $\left[\frac{1}{h}\times\frac{M^s}{P}\right]$이 LM곡선의 이동을 결정한다.

② 통화량(M^s)이 증가하면 LM곡선은 우측 이동한다.

왜냐하면 절편이 음(−)이므로 절편의 절댓값이 커지기 때문이다.

③ 물가(P)가 하락하면 LM곡선은 우측 이동한다.

왜냐하면 물가(P)하락은 실질통화량$\left(\frac{M^s}{P}\right)$을 증가시키기 때문이다.

④ 화폐 수요가 감소하면 LM곡선은 우측으로 이동한다.

예를 들어 신용카드 보급의 확산이나 다양한 금융상품의 출현으로 화폐 수요가 감소했다고 하자.

화폐 수요의 감소로 화폐 시장의 초과공급이 발생하면 화폐 시장의 균형이 회복되기 위해서 소득이 증가하거나 이자율이 하락함으로써 화폐 수요가 증가해야 한다.

따라서 외생적 요인에 의해 화폐 수요가 감소할 경우 LM곡선은 우측으로 이동해야 한다.

2 통화량 증가의 효과

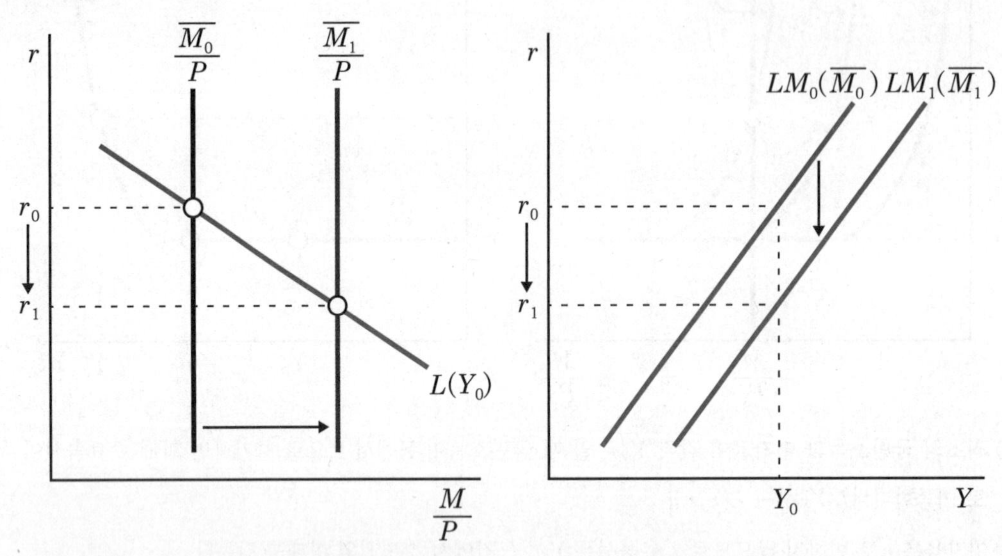

① 중앙은행이 통화량을 $\overline{M_0}$에서 $\overline{M_1}$으로 증가시키면 소득수준은 변하지 않으므로 거래적 화폐 수요는 변하지 않는다.

② 증가된 화폐 공급은 투자적 화폐 수요에 의해 소화되어야 하므로, 균형 이자율은 r_0에서 r_1으로 하락해야 한다.

→ 화폐 공급이 증가하면 최초의 균형이자율 r_0에서 사람들이 보유하고자 하는 화폐의 양보다 화폐 공급이 많아진다.

즉, 화폐의 초과 공급이 발생하는데 사람들은 불필요한 화폐를 채권으로 바꾸려 할 것이고 이는 채권의 가격을 상승시켜 이자율이 하락한다.

③ 따라서 LM곡선은 LM_0에서 LM_1으로 하방 이동한다.

즉, 일정한 소득 Y_0는 낮아진 이자율 r_1과 결합되므로 화폐 공급의 증가는 LM곡선이 아래로 또는 우측으로 이동하는 것으로 나타난다.

4절 생산물 시장과 화폐 시장의 동시균형

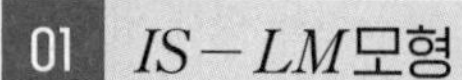

01 $IS-LM$모형

① $IS-LM$모형은 다음 두 식으로 표현된다.

IS곡선 : $Y=C+I+G$

LM곡선 : $\frac{M^S}{P}=L(Y,r)$

② $IS-LM$모형에서 재정 정책과 관련된 정부지출 G와 조세 T, 금융 정책과 관련된 화폐의 공급량 M^S, 그리고 고정된 물가 P는 모두 외생변수로 간주된다. 반면 이자율 r과 소득 Y는 내생변수이다.

③ IS곡선과 LM곡선이 만나는 점에서 균형이자율(r_0)과 균형국민소득(Y_0)이 결정된다. IS곡선과 LM곡선이 만나는 점에서 생산물 시장과 화폐 시장의 균형이 달성된다.

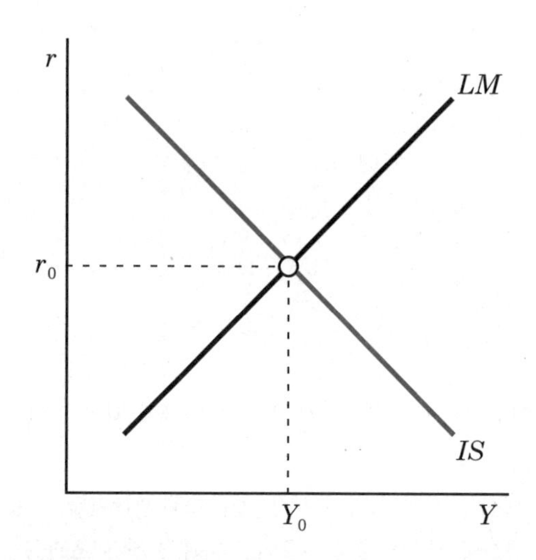

02 불균형의 조정

1 의의

① 균형점을 벗어난 경우에 어떤 과정을 거쳐서 균형을 회복하는지 살펴보자.

② IS곡선과 LM곡선을 분리하여 검토해본다.

2 IS곡선의 경우

① 경제가 IS곡선의 왼쪽에 놓여 있어 현재의 이자율이 생산물 시장의 균형을 이루게 하는 수준보다 낮으면 계획된 지출이 실제 지출보다 큰 상태임을 의미한다. 이러한 상태에서는 생산 또는 소득이 증가하게 되고 경제는 IS곡선을 향해 우측으로 이동한다.

즉, IS곡선의 하방영역에서는 생산물 시장의 초과수요가 발생하므로 생산의 증가로 균형을 향해 조정된다.

② IS곡선의 상방영역에서는 생산물 시장의 초과공급이 발생하므로 생산의 감소로 IS곡선을 향해 좌측으로 이동한다.

3 LM곡선의 경우

① 경제가 LM곡선의 위에 놓여 있어 현재의 이자율이 화폐 시장의 균형을 이루게 하는 수준보다 높으면 이는 화폐의 수요가 화폐의 공급량보다 작은 상태임을 의미한다. 이는 화폐의 초과공급과 채권의 초과수요 상태이므로 채권가격 상승과 이자율 하락으로 해소된다.

즉, LM곡선의 상방영역에서는 화폐 시장의 초과공급이 발생하므로 이자율의 감소로 LM곡선을 향해 아래로 이동한다.

② LM곡선의 하방영역에서는 화폐 시장의 초과수요가 발생하므로 이자율의 증가로 LM곡선을 향해 위로 이동한다.

4 영역 구분

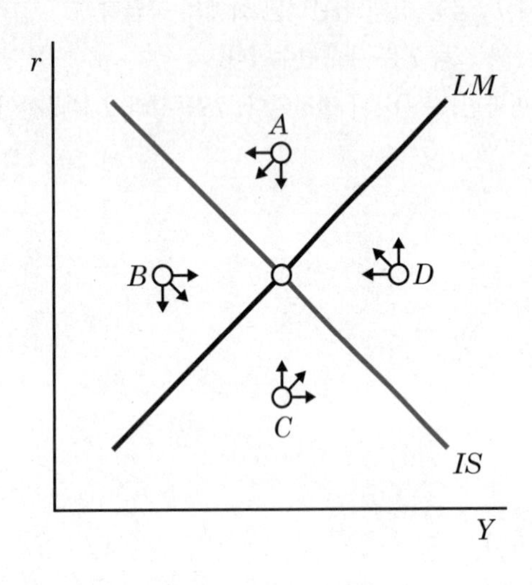

① 균형에서 벗어나 있는 부분은 모두 네 개의 영역인데 어떤 이유로 경제가 각 영역에 속하게 되면 이자율과 소득이 균형을 회복하는 방향으로 움직이게 된다.

② A영역은 IS곡선의 상방이면서 LM곡선의 상방이므로 생산물 시장과 화폐 시장 모두 초과공급이다.

③ B영역은 IS곡선의 하방이면서 LM곡선의 상방이므로 생산물 시장은 초과수요이나 화폐 시장은 초과공급이다.

④ C영역은 IS곡선과 LM곡선의 하방이므로 생산물 시장과 화폐 시장 모두 초과수요이다.

⑤ D영역은 IS곡선의 상방이면서 LM곡선의 하방이므로 생산물 시장은 초과공급이나 화폐 시장은 초과수요이다.

⑥ 불균형 상태에 놓여 있다면 위의 그림처럼 조정이 이루어져 균형에 도달하게 된다.

⑦ 생산물 시장과 화폐 시장의 특징을 고려해 볼 때 화폐 시장과 그 이면에 있는 채권시장의 조정속도가 생산물 시장에 비해 빠를 것이라고 예측할 수 있다.

경제가 $IS-LM$균형에서 이탈한 경우 이자율이 빠르게 조정되고 생산이나 소득은 상대적으로 서서히 조정될 것으로 보인다.

영역구분	생산물 시장		화폐 시장	
	초과공급 및 초과수요	생산량 조정	초과공급 및 초과수요	이자율 조정
A	초과공급	감소	초과공급	하락
B	초과수요	증가	초과공급	하락
C	초과수요	증가	초과수요	상승
D	초과공급	감소	초과수요	상승

03 $IS-LM$ 모형의 한계

① $IS-LM$ 모형은 총수요 측면을 강조한 부분균형모형이다.

② 물가수준이 안정적이고 유휴 생산설비 및 불완전고용이 존재하여 수요만 있으면 얼마든지 공급이 가능하다고 전제한다.

③ 폐쇄경제를 가정한 모형이기 때문에 환율 변동 등의 영향을 직접적으로 분석할 수 없다.

④ 인플레이션과 같은 동태적 현상의 설명에는 무력하기 때문에 한 경제가 균형에서 벗어났을 때 조정되는 과정을 명확하게 설명하지 못한다.

⑤ 케인즈가 강조했던 불확실성 상황에서의 기대가 명시적으로 고려되어 있지 않다.

→ 3대 기본 심리란 소비수준을 결정하는 한계소비성향, 투자수요를 결정하는 투자의 한계 효율, 그리고 이자율을 결정하는 유동성선호를 말한다.

⑥ 경제변수의 경직성이 고려되어 있지 않다.

심화학습 예상 인플레이션(π^e)이 변화하는 경우 IS곡선

① IS곡선은 생산물시장의 균형이 되는 실질이자율(r)과 실질국민소득(Y)의 조합을 나타내는 곡선이고 LM곡선은 화폐시장의 균형이 되는 명목이자율(i)과 실질국민소득(Y)의 조합을 나타내는 곡선이다.

② 물가가 변하지 않는 경우 명목이자율과 실질이자율이 동일하기 때문에 문제가 발생하지 않으나 물가가 변하는 경우 명목이자율과 실질이자율이 일치하지 않기 때문에 한 평면에 나타내기 위해 조정이 필요하다.

③ 예상인플레이션율이 0%일 때의 우하향하는 IS곡선이 있다고 하자($\pi^e = 0\%$).

④ 명목이자율은 실질이자율과 예상인플레이션율의 합이므로 예상인플레이션율이 10%로 상승하는 경우($\pi^e = 10\%$) 명목이자율도 10% 만큼 상승해야 한다.

⑤ 따라서 예상인플레이션율이 상승하면 예상인플레이션율 상승폭 만큼 IS곡선은 상방이동해야 한다($IS_0 \to IS_1$).

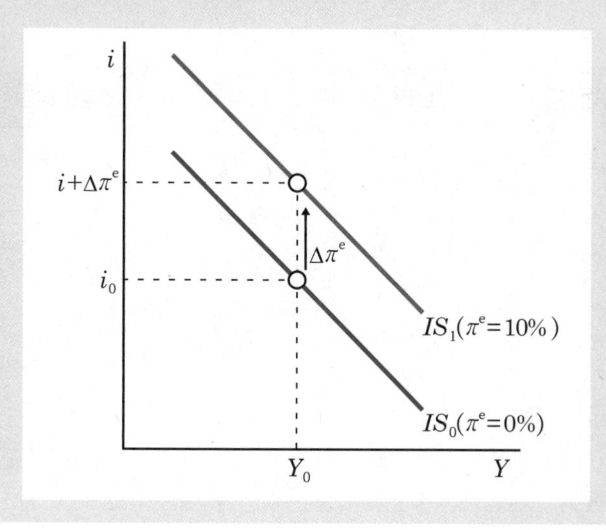

5절 재정 정책(fiscal policy)

01 의의

1 개념

① 재정 정책이란 정부가 정부지출이나 조세를 수단으로 IS곡선을 조정하여 정부의 최종 목표를 실현하는 정책이라고 할 수 있다.

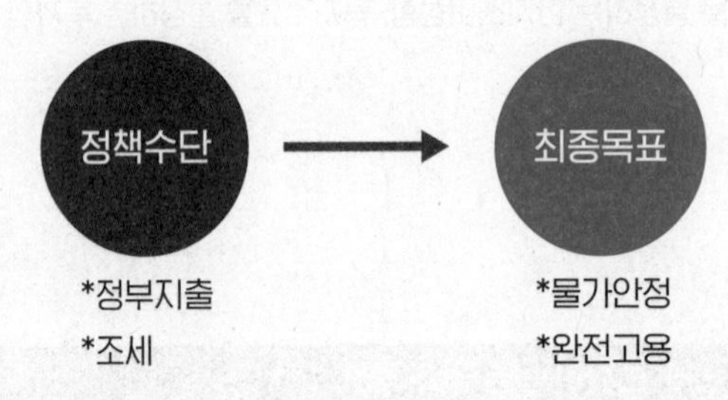

또는 재정 정책이란 재정적자$(G-T)$를 국공채발행$(\triangle B)$을 통해 조달하는 정책을 말한다.

② 확대 재정 정책은 국민소득 $Y=C+I+G$에서 정부지출 G를 증가시키기 때문에 국민경제에서 정부의 비중을 높인다. 따라서 고전학파는 재정 정책을 반대한다.

③ 재정 정책의 유효성에 관한 본격적인 논쟁은 케인즈학파의 적극적인 재정 정책의 유효성 주장에 대해 프리드만 등 통화론자가 구축효과를 주장하여 두 학파가 서로 대립하면서 시작되었다.

확대 재정 정책	정부지출 증가, 조세 감소
긴축 재정 정책	정부지출 감소, 조세 증가

2 효과

구분		가처분소득	소비	총수요	경제활동
세입측면	세율 인상	감소	감소	감소	위축
	세율 인하	증가	증가	증가	확대
세출측면	정부지출 증가	증가	증가	증가	확대
	정부지출 감소	감소	감소	감소	위축

3 경제 상황별 재정 정책

시기	재정 정책	수단	목표	효과
경기 침체 (불경기)	확대 재정 (적자 예산)	조세 감소 정부지출 증가	총수요 증가	경기 회복
경기 과열 (호경기)	긴축 재정 (흑자 예산)	조세 증가 정부지출 감소	총수요 감소	경기 진정

4 정부의 예산제약

① 정부의 예산제약식은 다음과 같다.

$$G-T=\triangle M+\triangle B$$

〔G : 정부지출, T : 조세수입, $\triangle M$: 통화량 증가, $\triangle B$: 국공채 발행〕

② 정부지출을 하기 위해서는 예산이 있어야 하는데 정부가 예산을 마련하기 위한 방법으로는 세 가지가 있다.

③ 조세 수입(T)을 통해 재원을 조달하는 방법, 정부가 채권을 발행하여 중앙은행에 인수시키는 방법, 정부가 채권을 발행하여 시중에 매각하는 방법 등이 있다.

④ 조세 수입을 통해 재원을 조달하면 민간의 가처분 소득을 감소시켜 소비의 위축을 가져온다.

⑤ 정부가 채권을 발행하여 중앙은행에 인수시키면 민간 지출에 영향을 주지 않으면서 정부지출의 증가가 가능하다. 그러나 통화 증가를 가져오기 때문에 순수한 재정 정책이라고 볼 수 없고 통화 정책도 동시에 시행된다.

⑥ 정부가 채권을 발행하여 시중에 매각하는 방법의 경우 채권 발행이 이자율을 상승시켜 민간의 투자지출 감소를 가져온다.

⑦ 이 밖에 해외차입을 통해 재원을 조달하는 방법도 있다.

02 재정 정책의 효과

1 개요

① 재정 정책의 전달경로란 정부의 재정 정책이 산출물에 영향을 미치기까지의 경로를 말한다.

② 통화론자와 케인즈학파간의 전달 경로는 정부지출이 산출물에 미치는 영향이 직접적이냐 간접적이냐의 차이이다. 통화론자는 간접적이라고 주장하는 반면에 케인즈학파는 직접적이라고 주장한다.

2 케인즈학파 - 승수효과

국민경제가 충분한 잉여생산능력을 가지고 있을 때 케인즈학파는 자신의 불완전고용 모형에서 재정 정책은 승수효과를 통해 직접적이고 확실하게 산출량에 영향을 미친다고 주장한다.

케인즈학파의 전달 과정

불완전 고용상태 $G\uparrow$ → 승수효과 → 산출량(Y) 증가

3 통화주의 - 구축효과(crowding - out effect)

① 통화론자들은 정부가 국채를 발행하여 정부지출을 하면 전체 통화량은 변동하지 않지만 채권가격이 하락하고 채권수익률, 즉 이자율이 상승하며, 실물시장에서 투자를 줄이면서 정부지출 증가에 따른 산출량 증가를 상쇄시킨다고 주장한다.

통화주의의 전달 과정 → 승수효과로 증가된 소득이 구축효과로 일부 또는 전부가 상쇄됨

$G\uparrow\rightarrow$ 〈 승수효과 → $Y\uparrow$ / $r\uparrow\rightarrow C, I\downarrow\rightarrow Y\downarrow$ 〉

구축효과

4 설명

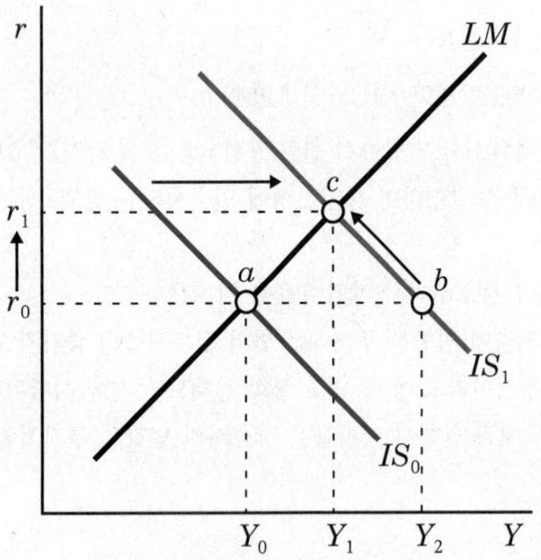

r, LM, c, r_1, a, b, r_0, IS_1, IS_0, Y_0, Y_1, Y_2, Y

① 정부지출의 증가로 확대 재정 정책을 실시하면 IS곡선이 IS_0에서 IS_1으로 우측 이동한다.

② 화폐 시장이 존재하지 않는다면 이자율은 r_0로 변화가 없다. 이자율의 변화가 없다면 국민소득은 Y_0에서 Y_2로 증가한다. 즉, 승수효과의 크기는 $Y_0 \leftrightarrow Y_2$이다.

③ 화폐 시장이 존재할 때 b점은 화폐 시장의 초과수요 상태이므로 이자율은 r_1으로 상승한다.

④ 이자율이 상승하면 투자가 감소하여 새로운 균형은 IS_1곡선과 LM곡선이 만나는 점인 c점에서 일어난다. 따라서 균형국민소득은 Y_1이 된다.
즉, 국민소득이 이자율 상승으로 Y_2에서 Y_1으로 감소하며 구축효과의 크기는 $Y_1 \leftrightarrow Y_2$이다.

⑤ 결국 정부지출 증가는 국민소득을 증가시키기는 하지만 그 증가분은 승수효과에 비해 작다.

03 재정 정책의 상대적 효과

1 개요

① $IS-LM$모형은 기본적으로 재정 정책과 금융 정책의 유효성을 보여주는 모형으로 IS곡선과 LM곡선의 기울기와 관련이 있다.

② 사무엘슨의 신고전학파 종합(Neo-Classical Synthesis)에 따르면 재정 정책 효과는 $IS-LM$곡선의 기울기에 의해서 결정된다.

→ 케인즈의 소득결정이론과 함께 종전의 고전파 경제학에서 가치 있는 부분을 받아들이는 작업을 통해 고전학파와 케인즈 경제학이 종합되어 가는 추세를 '신고전파 종합'이라 부르게 되었다.

③ LM곡선이 완만하거나 IS곡선이 가파를수록 그 효과가 크다.
즉, 투자적 화폐 수요의 이자율 탄력성이 크거나 투자의 이자율 탄력성이 작을수록 재정 정책의 유용성은 크게 나타난다.

2 LM곡선의 기울기가 다른 경우

① 확대 재정 정책으로 IS곡선이 우측으로 이동할 때 LM곡선이 완만할수록 균형국민소득이 더 큰 폭으로 증가한다.

② 확대 재정 정책은 소득과 이자율을 상승시키는 방향으로 작용하므로 소득증가에 의해 화폐 수요가 늘어나고 이자율 상승으로 화폐 수요가 감소하게 된다.

③ 화폐 수요의 이자율 탄력성이 클수록 화폐 수요는 큰 폭으로 감소하고 이자율이 더 적게 상승하게 되므로 투자가 적게 감소하게 된다.

즉, LM곡선이 완만할수록 구축효과가 작아지므로 재정 정책은 효과적이다.

3 IS곡선의 기울기가 다른 경우

① 확대 재정 정책으로 IS곡선이 우측으로 이동할 때 IS곡선이 수직에 가까울수록 균형국민소득은 큰 폭으로 증가한다.

② 투자의 이자율 탄력성이 작을수록 확대재정으로 인한 이자율 상승이 투자수요를 억제하는 정도가 작기 때문이다.

③ 따라서 IS곡선의 기울기가 클수록 구축효과가 작아지고 재정 정책의 효과는 커진다.

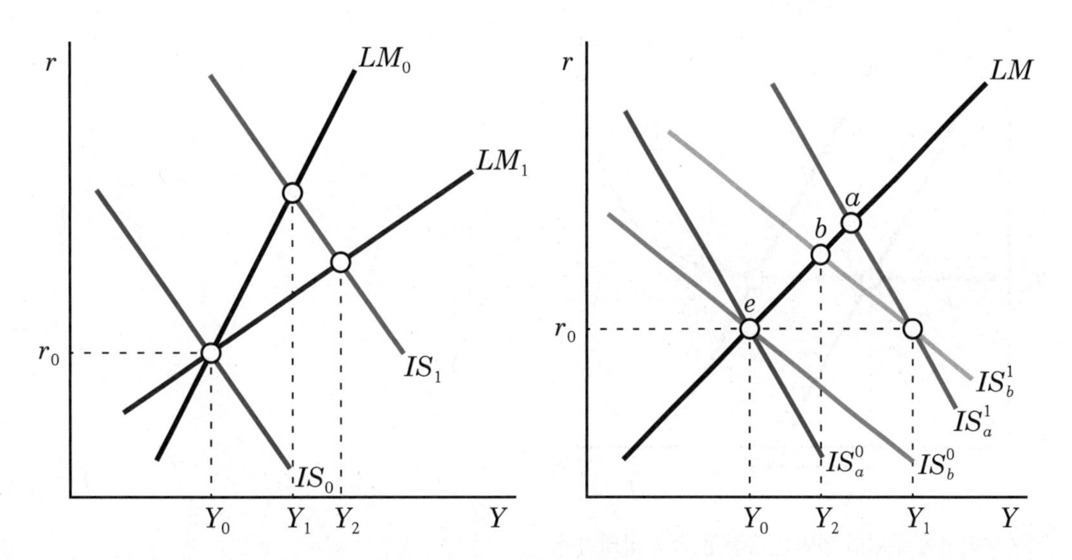

4 결론

$IS-LM$곡선의 기울기와 재정 정책의 효과를 〈표〉로 정리할 수 있다.

$IS-LM$의 기울기와 재정 정책 효과

기울기 \ 곡선	IS곡선	LM곡선
가파름	효과 큼	효과 작음
완만함	효과 작음	효과 큼

04 유동성 함정(liquidity trap)

1 개념

① 이자율이 매우 낮은 수준이라면 채권가격은 이미 높아진 상태이므로 굳이 채권을 보유할 이유가 없고 자산의 대부분을 유동성이 높은 화폐로 보유하는 것이 나을 것이다. 이와 같은 현상을 유동성 함정(liquidity trap)이라고 한다.

즉, 투자적 화폐 수요가 무한히 증가하여 LM곡선이 수평선이 되는 상황을 말한다.

② 이자율이 0%에 가까운 상태에서는 금융 정책이 효과를 발휘하기 힘들다. 통화의 공급을 증가시켜도 이자율이 내려가는 것에 한계가 있는데다 사람들은 늘어난 유동성을 그대로 보유하고 있으므로 금융 정책이 총수요를 자극하지 못하고 경기 침체의 늪에서 벗어나지 못한다.

2 설명

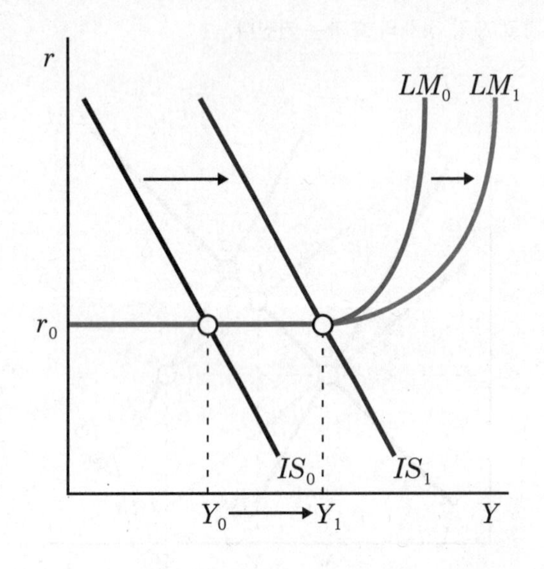

① LM곡선이 수평인 영역은 유동성 함정 상태이다.

② 확대 금융 정책을 실시하면 LM곡선이 우측으로 이동하며($LM_0 \rightarrow LM_1$), 균형국민소득은 Y_0로 변함이 없다.

③ 확대 재정 정책을 실시하면 IS곡선이 우측으로 이동하며($IS_0 \rightarrow IS_1$) 이자율이 r_0로 변동 없이 균형국민소득은 Y_0에서 Y_1으로 증가한다.

④ 유동성 함정에서는 이자율이 변동하지 않으므로 구축효과가 발생하지 않고 승수효과만 존재한다.

⑤ 따라서 재정 정책의 효과는 크나 금융 정책의 효과는 거의 없다.

05 리카도 등가정리(Ricardian equivalence theorem)

1 개요

① 고전학파 경제학자인 리카도(D. Ricardo)는 현재가치의 개념을 이용하여 정부지출의 재원을 조세로 충당하든 국채발행으로 충당하든 동일하다는 점을 지적한 바 있다.

② 새 고전학파 경제학자인 배로(R. Barro)는 리카도의 견해를 정부의 재정 정책이 총수요를 확대시키지 못한다는 이론으로 발전시켰다.

③ 정부지출의 재원충당을 위해 발행한 국채(B)가 과연 민간자산이 될 수 있는지에 따라 공개시장 조작이나 국채발행을 통한 재정 정책의 효과에 차이가 생기게 된다.

④ 정부지출 수준이 일정하게 주어져 있을 때 정부지출의 재원조달 방법이 조세에서 국채로 바뀌었을 때, 민간부문의 경제활동에 어떠한 영향을 주는가와 밀접한 관련이 있다.

2 개념

① 리카도 등가정리란 정부지출이 일정할 때 정부지출의 재원 조달방법(조세 또는 국채발행)의 변화는 민간부문의 경제활동에 아무런 영향도 주지 못한다는 것을 말한다.

② 리카도 등가정리는 재정 정책의 무력성을 시사한다.

3 가정

① 모든 경제주체는 무한한 경제적 삶을 영위한다. 즉, 자신이 죽더라도 후손의 경제활동까지도 고려한다.
(infinite horizon model - 무한기간 모형)

② 민간경제주체는 합리적 기대를 형성한다.

③ 자본시장이 완전하여 유동성 제약이 없다.

④ 조세는 정액세이다.

⑤ 경제활동인구, 즉 조세부담을 지는 경제주체의 증가율이 0%이다.

4 설명

① 정부지출 수준이 일정하게 주어져 있을 때 조세를 감면하고 부족재원을 국채발행으로 조달하는 경우 합리적 주체들은 국채가격을 미래 조세부담의 현재가치와 동일하게 인식한다.

② 따라서 민간주체는 미래를 대비하기 위하여 저축을 증가시키므로 현재소비는 전혀 늘어나지 않는다.

5 모형

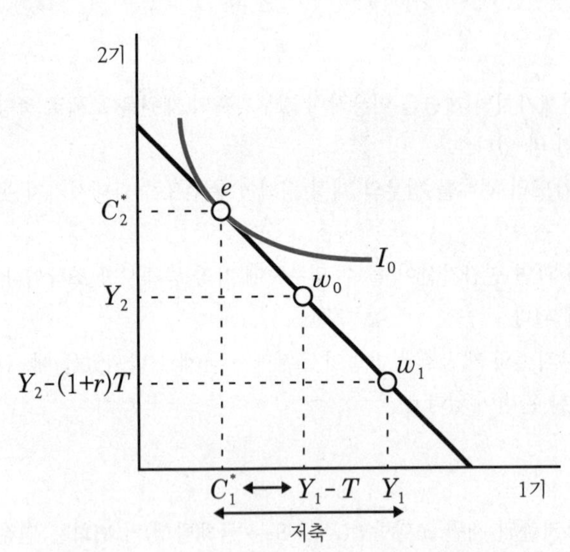

① w_0점은 1기에 조세를 징수하여 정부지출에 충당하는 상황을 나타낸다.

② w_1점은 1기에 국채를 발행하여 정부지출에 충당하되 2기에 조세징수를 통해 이를 상환하는 상황을 나타내고 있다.

③ 따라서 정부가 조세징수가 아닌 국채 발행을 통해 재원을 조달하면 소비자의 초기부존점이 w_0점에서 w_1점으로 이동하고 예산선 자체는 변하지 않기 때문에 소비자의 최적소비점 e는 변하지 않는다.

④ 그러나 정부가 1기에 조세를 징수하면 소비자는 $(Y_1 - T - C_1^*)$만큼 저축하는 반면, 국채를 발행하면 소비자는 저축을 $(Y_1 - C_1^*)$으로 증가시켜 2기에 발생할 조세증가에 대비한다.

⑤ 결국 정부의 재원 조달 방식의 변경으로 소비자의 1기의 가처분소득이 변화하더라도, 이는 저축의 변화로 연결될 뿐 소비결정을 변화시키지 못한다.

심화학습 | 정부와 소비자의 예산제약식

- 2기간만 존재하는 정부를 가정할 때의 정부의 예산제약식은 다음과 같다.

$$G_1 + \frac{G_2}{1+r} = T_1 + \frac{T_2}{1+r}$$

(G : 정부지출, T : 조세수입, r : 이자율)

- 정부가 확대 재정 정책을 실시하기 위한 방법은 크게 두 가지이다.
- 첫째는 정부지출을 확대하는 것인데, 현재의 조세규모(T_1)를 그대로 둔 채 현재의 정부지출(G_1)을 증가시키기 위해서는 미래의 조세(T_2)를 증가시켜야 한다.
- 둘째는 조세의 감면인데 현재와 미래의 정부지출규모를 그대로 둔 채 현재의 조세(T_1)를 감면하기 위해서는 결국 미래의 조세(T_2)를 증가시켜야 한다.

- 정부가 도입되었으므로 소비자의 예산제약도 조세부담을 반영해야 한다.

$$C_1+\frac{C_2}{1+r}=Y_1-T_1+\frac{Y_2-T_2}{1+r}$$
$$\rightarrow C_1+\frac{C_2}{1+r}=Y_1+\frac{Y_2}{1+r}-\left(T_1+\frac{T_2}{1+r}\right)$$

- 소비자 예산제약의 의미는 현재와 미래소비의 현재가치가 현재와 미래 가처분소득의 현재가치, 즉 평생가처분소득과 같다는 것이다.
- 정부의 예산제약식과 소비자의 예산제약식을 결합하면 다음과 같다.

$$C_1+\frac{C_2}{1+r}=Y_1+\frac{Y_2}{1+r}-\left(G_1+\frac{G_2}{1+r}\right)$$

- 소비자가 미래지향적이라면 정부예산제약이 변하지 않는 한 소비자는 최적의 소비조합을 변경할 이유가 없다.
- 정부가 현재의 조세(T_1)를 감소시킨다면 현재의 가처분소득(Y_1-T_1)은 증가하겠지만 정부지출계획 G_1, G_2에 변함이 없는 한 미래의 조세(T_2)가 증가할 것이므로 소비자에게 주어지는 평생동안의 가처분소득은 변함이 없다.
- 따라서 평생동안의 가처분소득에 변함이 없는 한 최적의 소비계획을 변경할 이유가 없다.
- 결론적으로 조세감면정책은 총수요를 확대시키지 못한다.

6 대부자금 시장

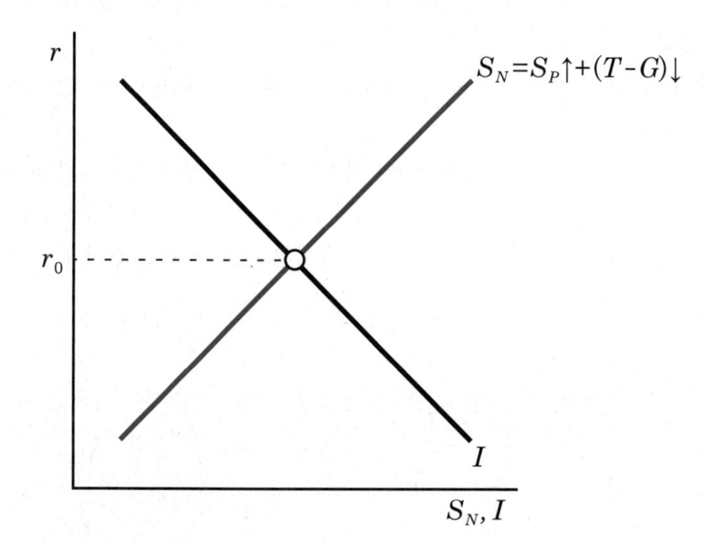

① 국채 발행을 통한 확대 재정 정책은 정부저축($T-G$)을 감소시키지만 민간저축(S_P)의 증가로 국내총저축은 변화시키지 못한다.

② 이처럼 정부의 국채 발행을 통한 재정 정책은 이자율 수준을 바꾸지 못하므로 총수요에 아무런 영향을 주지 못한다.

7 시사점

정부지출의 재원조달 방법의 변화는 중요치 않으며 어느 부문에 어떤 식으로 지출하는가가 중요하다.

8 비판

1. 경제활동 인구증가율의 변화

① 경제활동인구란 조세부담을 지는 경제주체를 의미한다. 경제활동 인구증가율이 양(+)의 값을 나타내면 미래의 조세부담의 분담액이 낮아지게 된다.

② 따라서 현재의 조세감면액에 비해 미래 조세부담액의 현재가치가 작아지게 되므로 국채 발행액 중 일부를 부(wealth)로 인식하여 소비를 늘릴 수 있다. 즉, 감세정책은 효과를 갖게 된다.

2. 근시안적(myopic) 의사결정

① 사람들이 근시안적으로 사고를 한다면 국채가 발행되더라도 미래의 조세 증가를 인식하지 못할 가능성이 높다.

② 따라서 이 경우에 국채발행으로 인해 조세감면이 이루어져 가처분 소득이 증가하면 소비가 증가할 가능성이 높다.

3. 조세체계의 변화

조세체계가 정액세가 아닌 경우, 현재 한계소득세율 인하와 미래 한계소득세율 인상은 미래 소비 감소와 현재 소비 증가로 이어질 가능성이 크다.

4. 유동성 제약(liquidity constraint)

① 리카도 등가정리가 성립하기 위해서는 저축과 차입이 자유롭고 저축이자율과 차입이자율이 동일하다는 완전자본시장의 가정이 충족되어야 한다.

② 사람들이 현재의 소비지출은 현재의 소득수준 내에서만 이루어져야 한다는 유동성 제약에 놓여 있으면 현재의 가처분 소득에 의해 소비가 결정된다.

③ 이 경우 국채가 발행됨에 따라 조세감면이 이루어지면 현재의 가처분소득이 증가하고 현재 소비와 효용이 증가하게 된다. 이를 과잉민감성이라고 한다.

즉, 유동성 제약에 처한 소비자가 현재 소득의 변화에 대해 민감하게 반응하는 것을 과잉민감성이라고 한다.

06 경기변동과 재정의 경제 안정화 기능

1 자동안정화 장치(automatic stabilizers)

1. 개념

① 정부가 적극적인 개입을 하지 않더라도 자동적으로 경기진폭을 줄여줄 수 있는 제도적 장치를 재정의 자동안정화 장치라 부른다.

즉, 재정의 자동안정화 장치란 경기 침체나 경기 호황 때 정부가 의도적으로 정부지출과 세율을 변경시키지 않아도 경기 침체나 경기 호황의 강도를 완화시켜 주는 재정제도를 말한다.

② 자동안정화 장치의 대표적인 예는 소득세, 실업보험, 사회보장이전지출 등을 들 수 있다.

2. 설명

① 비례적인 소득세가 경제를 자동적으로 안정화시키는 것을 살펴보자.

② 세율은 비례세이고 정부지출은 소득수준에 관계없이 일정하다고 가정한다.

③ 국민소득이 Y_0일 때 조세가 정부지출과 일치하여 균형재정을 이루고 있다.

④ 국민소득이 Y_0에서 Y_1으로 증가하면 조세수입은 증가하나 정부지출은 변하지 않는다.
따라서 정부의 재정은 자동적으로 $\overline{ab}$만큼 흑자가 된다. 조세의 증가는 처분가능소득과 소비의 증가를 억제시켜 총수요의 증가를 억제시키고 따라서 경기 과열을 억제하는 작용을 한다.

⑤ 국민소득이 Y_0에서 Y_2로 감소하면 조세수입의 감소로 정부예산은 자동적으로 $\overline{cd}$만큼 적자가 발생한다.
재정적자는 총수요를 증가시켜 처분가능소득과 소비를 증가시키고 경기 침체를 완화시킨다.

⑥ 즉, 자동안정화 장치는 인위적으로 세율을 내리거나 새로운 정부지출 계획을 세우지 않고도 어느 정도 경기 조절기능을 가지는 것이다.

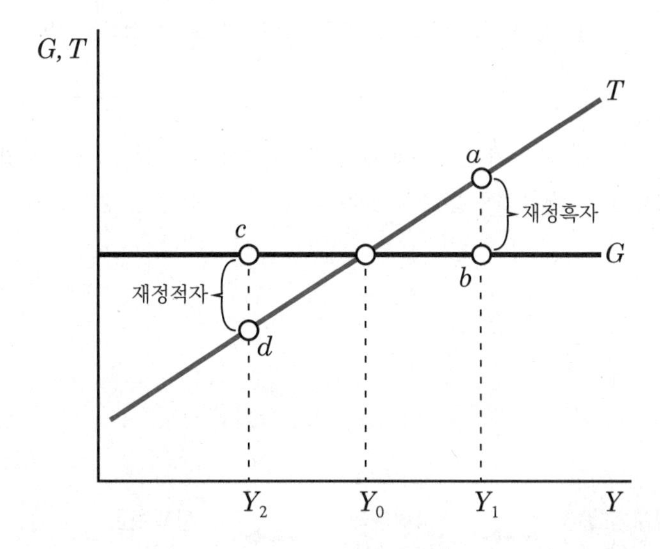

3. 결론

① 경기 침체기의 조세수입 감소는 실질적으로 가계와 기업의 소득세 및 법인세를 내려주고 이전지출 증가는 가계의 소득을 올려줌으로써 가계소비와 기업의 투자지출을 증가시키며 궁극적으로 국가경제가 경기 침체를 좀 더 빨리 벗어나는데 도움을 주는 것이다.

② 자동안정화 장치는 케인즈가 강조한 재량적인 재정 정책과 대립되는 개념이다.
고전학파는 자동안정화 장치가 경제의 자율적인 조정기구의 일부라고 본다.
케인즈학파는 재정의 자동안정화 장치만으로는 단기적인 경기조절기능이 약하다고 보기 때문에 적극적이면서 재량적인 재정 정책을 사용해야 한다고 주장한다.

③ 소득이 늘어남에 따라 세율이 높아질수록, 즉 한계세율이 커질수록 자동안정화 장치는 더욱 강력한 효과를 발휘한다.
비례세는 승수효과를 작게 만들기 때문에 소비지출이나 투자의 변동으로 일어나는 소득수준의 변동을 완화시켜 주는 역할을 한다.

④ 실업보험과 사회복지제도가 잘 갖추어져 있을 때 경기가 침체하면 실업보험 및 사회복지지출이 자동적으로 증가하여 처분 가능 소득의 급격한 감소를 방지하고 경기 침체를 완화한다.

2 균형재정과 정책함정

1. 정책함정(policy trap)이란?

① 정부지출이 조세수입과 일치하는 재정을 균형재정이라 하고 정부지출이 조세수입보다 큰 재정을 적자재정, 정부지출이 조세수입보다 작은 재정을 흑자재정이라고 한다.

② 경기 침체기에는 조세수입의 감소로 예산이 저절로 적자가 된다.

정부가 예산을 균형으로 유지하려고 하면 정부지출을 줄이든지 세율을 높이든지 두 가지 정책 중 한 가지를 수행해야 한다.

③ 이러한 긴축재정 정책은 총수요를 억제시켜 경기 침체를 심화시킨다.

④ 경제가 불황에 있을 때 균형재정을 추구함으로써 경기가 더욱 침체에 빠지게 되는 현상을 정책함정(policy trap)이라고 한다.

2. 시사점

① 정부지출과 조세정책의 최종목적은 완전고용과 물가 안정, 경제성장 등의 목표를 달성하는 것이지 균형예산을 달성하는 것이 아니다.

② 균형재정이 항상 좋은 것은 아니다.

경제가 불황에 빠져 있을 때는 케인즈모형이 시사하는 바와 같이 정부지출을 증가시키고 조세를 감소시키는 확대 재정 정책이 효과적인 방법일 수 있다. 불황일 때 균형재정을 밀고 나가는 것은 경기를 더욱 불황에 빠뜨리기 쉽다.

07 재정 정책의 시차

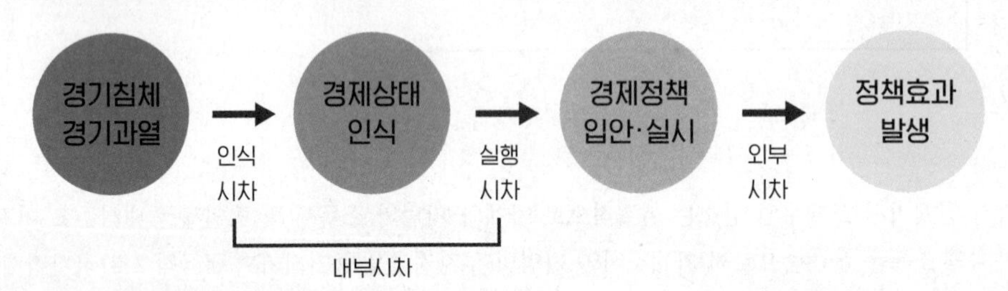

① 내부 시차란 정책당국이 현실을 인식하고 정책 방식을 결정하며 이를 집행하는데 소요되는 시간을 말한다.

즉, 경제정책을 필요로 하는 사태가 발생한 시기로부터 정책당국이 그 필요성을 인식하기까지 걸리는 인식 시차(recognition lag)와 정책수단을 강구하고 국회의 심의를 거쳐서 이를 채택하고 실시하기까지 걸리는 실행 시차(implementation lag)를 의미한다.

② 외부 시차란 정책수단의 변화가 목표변수의 변화를 이끌어 내는 데 걸리는 시간을 뜻한다.

즉, 실시된 정책이 현실적으로 성과를 나타내는 데에 걸리는 시간을 의미한다.

③ 정부가 정책수단인 정부지출과 조세 증감을 결정하기 위해서는 국회의 사전 동의가 필요하므로 재정 정책의 경우 일반적으로 내부 시차가 길다.

조세 체계를 바꾸고 공공투자계획을 승인받기 위해서는 국회의 동의를 받아야 하는 등 여러 가지 복잡한 내부 절차가 뒤따르기 때문이다.

④ 재정 정책의 경우 경제정책이 정책수단을 통하여 직접 최종 목표에 도달하여 효과가 나타나므로 외부 시차가 짧다는 특징이 있다.

⑤ 내부 시차와 외부 시차가 길면 길수록 재정 정책의 유효성은 적어질 뿐만 아니라 기대했던 것과는 정반대의 결과를 가지고 오는 경우도 있다.

예를 들어 경기가 나빠져서 확대 재정 정책을 채택했을 때 정책의 내부 및 외부 시차로 인해 경기가 이미 하강국면(A)을 지나서 다시 호황국면(B)에 접어들 무렵에 확대 정책의 효과가 나타나기 시작한다면 그 정책은 경기변동을 진정시키는 것이 아니라 오히려 경기변동을 심화시키는 결과를 가지고 올 것이다.

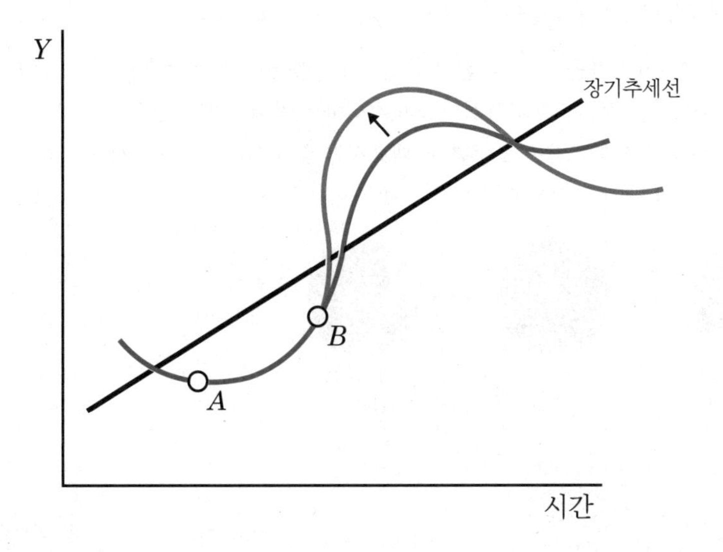

□△○

6절 금융 정책(monetary policy)

01 의의

① 금융 정책(monetary policy)이란 통화량, 이자율 및 기타 관련 변수의 조정을 통하여 완전고용, 물가 안정, 국제수지 개선, 경제성장 촉진 등의 목표를 달성하기 위해 통화당국이 수행하는 정책을 말한다.

② 중앙은행은 여러 가지 정책수단을 사용하여 통화량을 조정한다. 대표적인 정책수단으로 공개시장 조작, 재할인율 정책, 지급준비율 정책, 그리고 직접 규제 방식이 있다.

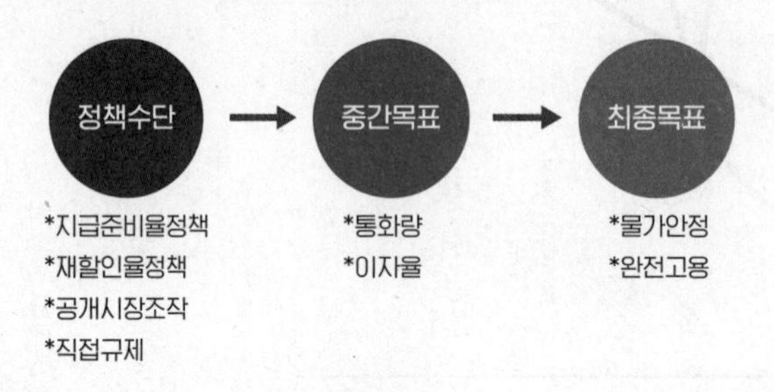

02 금융 정책의 효과

1 확대 금융 정책의 효과

① 국민소득의 구성비율에 미치는 영향을 살펴보면, 이자율 하락으로 민간투자는 증가하고 민간 소비는 국민소득의 증가로 증가한다.

② 그러나 정부지출은 변함이 없다.

2 확대 재정 정책과의 차이점

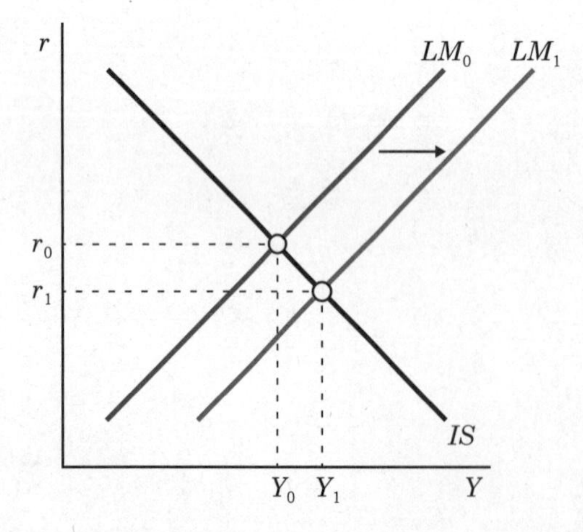

① 확대 재정 정책은 이자율을 상승시켜 민간투자를 위축시키는 반면, 확대 금융 정책은 이자율을 하락시켜 민간투자를 촉진한다.

→ 이자율 변화를 가져오지 않고 소득을 증가시킬 수 있는 방법은 재정 정책과 금융 정책의 정책조합(policy mix)을 통해 가능하다.

② 확대 재정 정책은 정부지출이 증가하지만, 확대 금융 정책은 정부지출이 불변이다.

③ 확대 금융 정책은 확대 재정 정책에 비하여 국민경제에서 민간부문의 비중을 크게 만든다.

03 금융 정책의 상대적 효과

1 IS곡선의 기울기가 다른 경우

① 확대 금융 정책으로 LM곡선이 우측으로 이동할 때 IS곡선이 수평에 가까울수록 균형국민소득은 큰 폭으로 증가한다.

② 왜냐하면 확대 금융 정책으로 이자율이 하락하면 투자 증가를 가져오는데 투자의 이자율 탄력성이 클수록 국민소득 증대효과가 크기 때문이다.

③ 따라서 IS곡선의 기울기가 작을수록 금융 정책의 효과는 커진다.

2 IS곡선의 기울기가 다른 경우

① LM곡선의 기울기가 가파를수록 확대 금융 정책의 효과는 커진다.

② 왜냐하면 확대 금융 정책으로 이자율이 하락하면 화폐 수요가 증가하여 이자율 상승을 가져올 수 있는데 화폐 수요의 이자율 탄력성이 작아야 화폐 수요가 적게 증가하기 때문이다.

③ 따라서 LM곡선의 기울기가 가파를수록 금융 정책의 효과는 커진다.

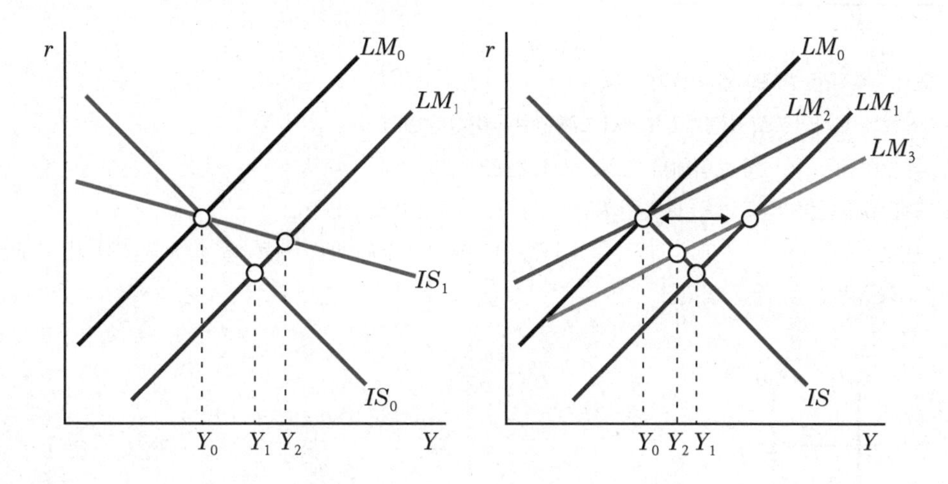

3 결론

$IS-LM$곡선의 기울기와 금융 정책의 효과를 〈표〉로 정리할 수 있다.

$IS-LM$의 기울기와 금융 정책 효과

곡선 / 기울기	IS곡선	LM곡선
완만함	효과 큼	효과 작음
가파름	효과 작음	효과 큼

심화학습 IS곡선과 LM곡선의 기울기와 정책과의 관계

1. IS곡선의 기울기 - 수직선, LM곡선의 기울기 - 수평선

① 확대 재정 정책을 실시하면 IS곡선이 IS_0에서 IS_1으로 우측 이동한다.

② LM곡선이 수평선인 경우 IS곡선이 우측 이동하나 이자율이 상승하지 않으므로 구축효과가 발생하지 않는다.

③ 확대 재정 정책은 국민소득을 Y_0에서 Y_1으로 증가시키는 승수효과만 발생한다.

④ 확대 금융 정책은 LM곡선을 우측 이동시키지만$(LM_0 \rightarrow LM_1)$ 국민소득은 변하지 않는다.

⑤ 따라서 IS곡선의 기울기가 수직선에 가까울수록, LM곡선의 기울기가 수평선에 가까울수록 확대 재정 정책의 효과는 커지고 확대 금융 정책의 효과는 작아진다.

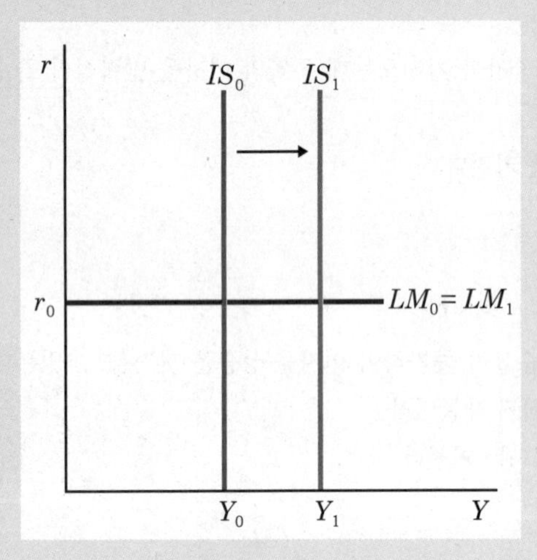

2. LM곡선의 기울기 - 수직선, IS곡선의 기울기 - 수평선

① 확대 금융 정책을 실시하면 LM곡선이 LM_0에서 LM_1으로 우측 이동한다.

② LM곡선의 우측 이동은 국민소득을 Y_0에서 Y_1으로 증가시킨다.

③ 확대 재정 정책은 IS곡선을 우측 이동시키지만$(IS_0 \rightarrow IS_1)$ 국민소득은 변하지 않는다.

④ 따라서 LM곡선의 기울기가 수직선에 가까울수록, IS곡선의 기울기가 수평선에 가까울수록 확대 금융 정책의 효과는 커지고 확대 재정 정책의 효과는 작아진다.

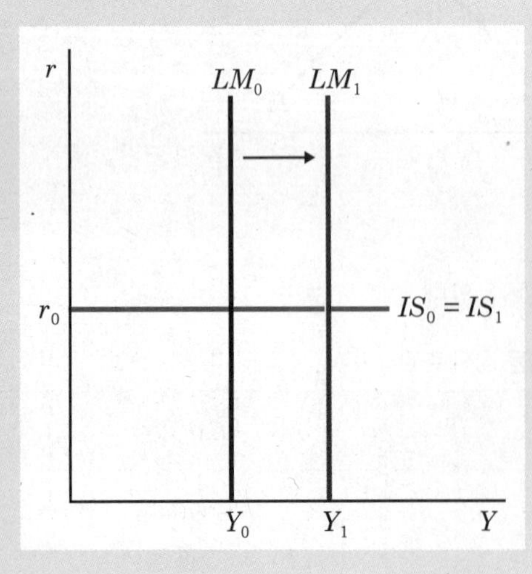

04 금융 정책의 시차

① 정책의 실시 과정에는 시차가 나타나는데 경제정책을 필요로 하는 사태가 발생한 시기로부터 정책당국이 필요성을 인식하기까지에는 상당한 시간이 소요되는데 이를 인식 시차라 한다.

② 정책당국이 정책수단을 강구하고 채택 및 실시하기까지에도 많은 시간이 걸리는데 이러한 시차를 실행 시차라 한다.

③ 인식 시차와 실행 시차를 합하여 내부 시차라고 하고 실시된 정책이 현실적으로 성과를 나타내는 데에도 적지 않은 시차가 존재하는데 이 시차를 외부 시차라 한다.

④ 중앙은행은 하루 만에 정책을 수립해서 시행할 수도 있다. 금리를 변경하거나 금융권에 긴급자금을 대출하는 일은 매우 신속하게 이루어진다.

따라서 금융 정책은 내부 시차가 빠르다.

⑤ 금융 정책은 통화량 변화, 이자율 변화, 투자 변화, 총수요 변화 등의 변화에 이르기까지 오랜 시간이 걸리기 때문에 외부 시차가 길다.

⑥ 외부 시차가 길기 때문에 중앙은행은 금융 정책의 변경 필요성을 가능한 신속하게 인식함으로써 내부 시차를 최소화하는 것이 중요하다.

내부 시차가 길면 길수록 정책의 타이밍을 놓치게 되고 그 결과 경기부양 대신 경기 과열을 가져오거나, 물가안정 대신 경기 침체를 초래할 수 있다.

05 학파별 금융 정책

1 케인즈학파

① 통화당국이 공개시장 조작(Open Market Operation)을 통해 통화량을 변화시킬 때 케인즈학파는 반드시 이자율을 매개로 간접적으로 실물경제에 영향을 미치기 때문에 그 효과가 간접적이라고 주장한다.

따라서 정부지출의 변화가 직접적으로 실물경제에 영향을 미치는 재정 정책과는 그 효과에 대한 신뢰에 큰 차이가 있다.

② 통화 정책은 그 효과가 불연속적이고 불확실하다.

왜냐하면 케인즈학파는 통화량 증가 → 이자율 하락 → 투자 증가 → 국민소득 증가에서 통화량이 증가해도 화폐 수요가 더 많으면 이자율이 하락하지 않을 수 있다(화폐 수요의 이자율 탄력성이 큰 경우).

또한 투자가 이자율보다는 기업가의 장기적 기대에 의해서 결정되기 때문에 이자율이 하락하더라도 투자가 증가하지 않을 수 있다(투자의 이자율 탄력성이 비탄력적).

따라서 금융 정책은 통화량의 전달기구가 불확실하고 불연속적이기 때문에 그 효과가 불투명하다.

③ 통화량이 실물경제에 미치는 효과는 그 시차가 길고 가변적이기 때문에 금융 정책은 신뢰하기 어렵다.

④ 따라서 케인즈학파는 금융 정책의 효과가 이자율을 매개로 하여 간접적이고, 불연속적으로 나타나며 그 시차가 길고 가변적이기 때문에 화폐와 금융 정책을 중요하게 생각하지만 신뢰성이 낮다고 본다.

2 통화주의학파

① 통화주의자는 화폐수량설을 신뢰한다.

② 통화량의 변화는 화폐 시장에서 초과수요 및 공급에 직접 영향을 미침으로써 현금잔고를 변화시켜 결국 소비를 조정한다. 따라서 통화량은 총수요에 직접적으로 영향을 미친다.

금융 정책의 전달 경로

통화 공급 → 명목국민소득

③ 통화론자는 화폐 수요가 이자율에 비탄력적이라고 보므로 이자율의 역할을 중시하지 않는다.

06 중간 목표(Intermediate Targets)

1 의의

① 중간 목표란 화폐 · 금융 정책 수단과 최종 정책 목표 사이에 있으면서 양자와 매우 긴밀한 관계를 갖고 있는 내생변수를 말한다.

② 금융 정책의 전달과정은 통상적으로 정책수단과 중간 목표, 중간 목표와 최종 목표의 2단계로 설정된다.

금융 정책의 전달 과정

화폐 · 금융 정책 수단 → 중간 목표 → 최종 목표(실물경제)

③ 통화당국이 중간 목표를 두는 것은 통화량이 최종 목표인 실물경제에 이르기까지 통화량 전달기구가 가변적이고 그 과정이 매우 길고 복잡하기 때문이다.

2 중간 목표의 조건

① 중간 목표가 갖추어야 할 조건은 중앙은행의 통제가능성, 최종 목표인 실물경제의 반영성이다.

② 즉, 중간 목표가 제대로 역할을 하기 위해서는 선정된 중간 목표가 실물경제를 잘 반영하면서 중앙은행이 통제 가능해야 한다.

3 중간 목표의 종류

1. 이자율

① 이자율에는 장 · 단기 이자율이 있다.

② 중앙은행의 장 · 단기 이자율에 대한 제어가능성을 보면, 단기 이자율은 제어가능하나 장기 이자율에 대한 제어가능성은 그리 크지 못하다. 왜냐하면 단기채권은 중앙은행의 공개시장조작의 매매대상이 되지만 장기채권은 매매대상이 되지 않기 때문이다.

2. 통화량

① 통화량을 중간 목표로 설정하는 경우 일반적으로 목표 통화량 증가율을 정하는 방식을 취한다.

② 적정한 중심 통화지표를 설정하는 기준으로는 최종 목표와의 긴밀한 관계성, 최종 목표에 대한 외생성, 중앙은행의 통제가능성 등이 있다.

③ 중간 목표로서 통화량이 갖는 한계는 통화량에 대한 중앙은행이 통제 가능성에 제약이 있다는 점이다. 통화량은 중앙은행뿐만 아니라 시중은행과 민간 등에 의해서도 결정되기 때문에 중앙은행은 통화량을 완전히 통제할 수 없다.

4 중간 목표 논쟁

1. 개요

① 화폐 공급은 통화당국이 어느 정도 통제할 수 있지만 화폐 수요는 민간경제주체들에 의해 결정되므로 통화량과 이자율을 모두 통제하기는 곤란하다.

② 따라서 둘 중 하나를 선택하여 통제해야 하는데, 둘 중 어느 것이 실물경제와 안정적이고 밀접한 관계를 가지고 있느냐에 따라 선택대상이 될 것이다.

2. 발생 원인

① 일반적으로 통화량을 일정수준에서 유지하면 이자율이 불안정해지고, 이자율을 일정수준에서 유지하기 위해서는 통화량의 변화를 허용할 수밖에 없다.

② 따라서 두 가지 중에서 한 가지를 선택하여 집중적으로 관리할 수밖에 없다.

5 *IS*－*LM* 모형을 이용한 금융정책의 중간목표의 선택

1. 의의

① 현실적으로 *IS*곡선과 *LM*곡선이 불안정적인 경우가 존재한다.

② 풀(W. Poole)은 실물부문과 금융부문의 불안정성 정도에 따라 중간 목표로 통화량과 이자율간의 선택을 결정해야 한다고 주장했다.

③ 화폐시장에서 불확실성이 클 때에는 이자율을 중간목표로 사용하며 실물시장에 있어서 불확실성이 더 클 때에는 통화량을 중간목표로 사용한다.

2. 실물시장의 불안정성

(1) 통화량을 중간 목표로 사용할 때

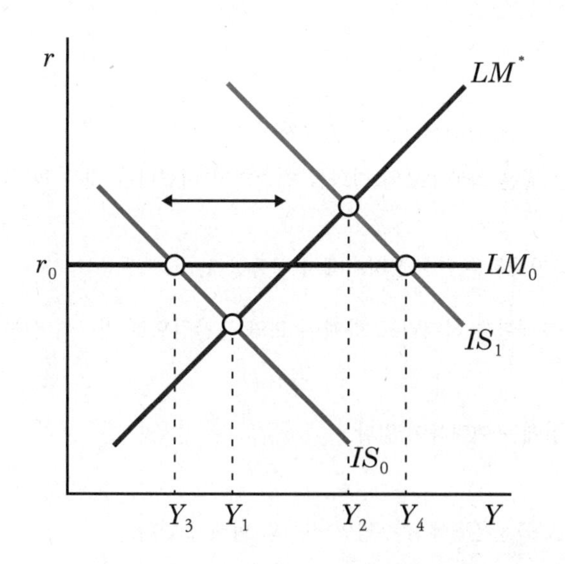

① 실물시장이 불안정하면 소비와 투자를 예측하기 어렵기 때문에 실물부문을 반영하는 *IS*곡선의 위치가 불명확할 것이고 *IS*곡선은 IS_0와 IS_1사이에서 불안정하게 움직인다.

② 통화량을 통제하게 되면 *LM*곡선은 LM^*에서 고정된다.

③ *IS*곡선이 IS_0에서 IS_1으로 불안정하게 움직이더라도 국민소득은 Y_1~Y_2사이에서 변동한다.

(2) 이자율을 중간목표로 사용할 때

① 이자율을 중간 목표로 결정하고 이것을 고정시키는 정책을 사용한다고 하자.

② 이자율은 r_0에서 외생적으로 결정되므로 LM곡선은 r_0에서 수평선의 형태가 된다.

③ IS곡선이 $IS_0 \sim IS_1$사이에서 불안정적으로 움직이면 국민소득은 $Y_3 \sim Y_4$사이에서 변동한다.

(3) 결론

① 실물부문에 불안정성이 커서 IS곡선의 위치가 불확실하다면 이자율보다 통화량을 중간 목표로 삼는 것이 바람직하다.

② 왜냐하면 통화량을 금융 정책의 중간 목표로 사용할 때 이자율을 중간 목표로 사용할 때에 비해 국민소득의 변동폭이 작기 때문이다.

3. 화폐 시장의 불안정성

(1) 통화량을 중간 목표로 사용할 때

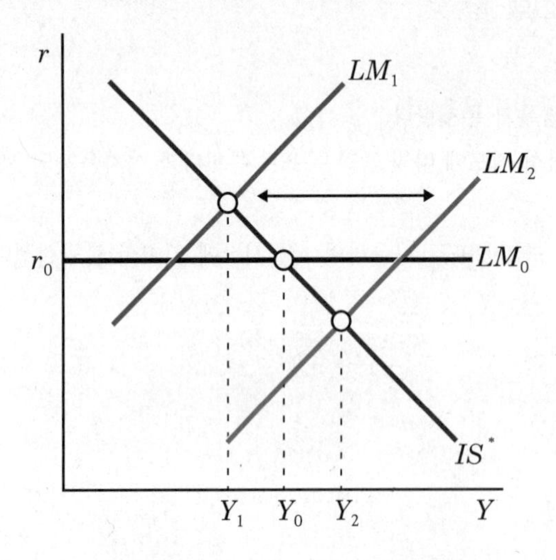

① 통화량을 적정수준(M^*)에서 유지하더라도 LM곡선은 $LM_1 \sim LM_2$사이에서 변동한다.

왜냐하면 화폐시장에 불확실성이 있다는 말은 화폐수요의 변화를 예측하기 어렵다는 것을 의미하기 때문이다.

② IS곡선은 IS^*에서 고정되어 있으므로 국민소득은 $Y_1 \sim Y_2$사이에서 변동한다.

③ 즉, 통화량을 일정수준에서 $\left(\frac{M^S}{P}\right)$에서 통제한다 하더라도 화폐 수요의 불안정으로 인하여 실물경제의 변동성이 크게 나타난다.

④ 따라서 통화량 제어를 통한 실물경제 안정에는 어려움이 있다.

(2) 이자율을 중간 목표로 사용할 때

① 이자율을 r_0에서 일정하게 유지시키면 LM곡선은 r_0에서 수평인 직선의 형태가 된다.

② IS곡선이 IS^*에서 고정되어 있으므로 국민소득은 Y_0에서 일정하게 유지된다.

(3) 결론

① 화폐 시장에 불안정성이 존재한다면 이자율이 통화량보다 우월한 중간 목표이다.

② 왜냐하면 LM곡선이 불안정적인 경우에는 이자율을 중간 목표로 사용하면 국민소득이 일정하게 유지되나 통화량을 중간 목표로 사용하면 국민소득의 변동폭이 크기 때문이다.

07 금융 정책의 운용체계

1 운용체계

① 화폐금융 정책의 운용체계는 화폐금융 정책이 결정되고 수행되는 제도적 장치로서 구체적으로 3가지 요소로 구성된다.

② 첫 번째는 금융 정책의 최종 목표로 고용 또는 성장과 물가 안정 등 여러 목표를 가질 수 있다.

③ 두 번째 요소로는 중간 목표이다. 중간 목표란 중앙은행이 최종 목표를 달성하기 위해 중점적으로 관리하는 변수로서 통화량, 이자율 등이 그 예이다.
중앙은행은 중간 목표에 목표치를 부여하고 이에 맞추어 화폐금융 정책을 수행한다.

④ 세 번째 요소는 금융 정책의 수단으로 모든 중앙은행들은 재할인율 정책, 지급준비율 정책, 공개시장조작 정책 등 전통적인 정책수단을 보유하고 있다.

⑤ 3가지 구성요소 가운데 중간 목표의 선택은 국가마다 차별성을 가진다.
따라서 어떤 중간 목표를 선택하느냐에 따라 각국의 금융 정책 운용체계를 구분하는 것이 보통이다.

⑥ 1990년대 이후 여러 나라에서 물가 안정을 위해 특정 물가 상승률을 목표로 하는 물가 안정목표제 또는 인플레이션 타게팅과 특정 중간 목표 대신에 실제 경제 상황에 대응하는 방식을 정해 놓은 테일러의 준칙(Taylor rule)을 사용하고 있다.

2 테일러 준칙(Taylor's rule)

① 테일러 준칙이란 미국 경제학자 존 테일러 교수가 제시한 통화 정책 운용준칙으로 적정 인플레이션율과 잠재 *GDP*에서의 균형금리 수준을 의미한다.

② 현재 대부분의 중앙은행은 자국의 경제 상황을 고려한 후 정책금리를 조정하여 금융 정책을 수행한다. 이때 중앙은행이 정하는 정책금리 수준을 설명하거나 예측하는데 도움이 되는 것이 바로 테일러 준칙(Taylor rule)이다.

③ 미국 연방준비제도이사회(Federal Reserve Bank ; FRB), 한국은행(Bank Of Korea ; BOK)을 비롯한 각국 중앙은행이 통화 정책을 평가하는 지표로 테일러 준칙을 활용하고 있다.

④ 테일러는 그의 준칙이 미국 연준(FRB)의 실제 금리결정을 비교적 잘 설명한다고 주장하였다.

$$i_t = \pi_t + r_t^* + a_\pi(\pi_t - \pi_t^*) + a_y(y_t - \overline{y_t})$$

〔i_t : 금기 명목이자율, π_t : 금기 물가 상승률, r_t^* : 장기균형실질이자율, a_π : 물가가중치
π_t : 실제 인플레이션율, π_t^* : 목표 인플레이션율, a_y : 성장률 가중치, y_t : 실질 GDP, $\overline{y_t}$: 잠재 GDP〕

⑤ 실제 인플레이션율(π_t)과 균형실질금리(r_t^*)의 합인 ($\pi_t + r_t^*$)을 균형명목정책금리라고 한다.

⑥ $(\pi_t - \pi_t^*)$을 인플레이션 갭, $(y_t - \overline{y_t})$을 산출 갭 또는 *GDP* 갭이라고 한다.

⑦ a_π와 a_y는 양(+)의 상수로서 각각 목표 정책금리가 산출 갭과 인플레이션 갭에 반응하는 정도를 나타낸다.

⑧ 예를 들어 테일러 준칙이 다음과 같다고 하자.

$$i = \pi + [0.5 \times (\pi - \pi^*)] + \left[0.5 \times \left(\frac{Y - Y^f}{Y^f}\right)\right]$$

〔i : 명목이자율, π : 인플레이션율, π^* : 목표 인플레이션율, Y^f : 잠재 GDP, Y : 실제 GDP〕

⑨ 인플레이션율이 상승하거나 *GDP* 갭이 커지는 경우 명목금리를 올려 경기 과열을 완화시킨다.

MEMO 단원의 핵심 내용을 정리해 보세요.

01 $IS-LM$ 분석이론에서 IS곡선의 기울기에 영향을 미치는 요인은?

① 통화량의 변동
② 정부지출의 증감
③ 독립투자의 증감
④ 한계소비성향의 증감
⑤ 위의 네 가지 모두

풀이 날짜			
채점 결과			

02 다음 중 IS곡선을 보다 탄력적으로 만드는 요인은 무엇인가?

① 한계저축성향의 감소
② 세율의 인상
③ 정부지출의 증가
④ 투자의 이자율 탄력성의 감소

풀이 날짜			
채점 결과			

03 다음과 같이 주어진 폐쇄경제에서 균형 실질이자율(r)은?
(단, Y는 총소득, C는 소비, G는 정부지출, T는 조세, I는 투자이다)

$Y=1000 \quad T=50$
$C=600 \quad I=400-50r$
$G=100$

① 1
② 2
③ 3
④ 4

풀이 날짜			
채점 결과			

04 화폐 공급이 증가하면?

① LM곡선이 왼쪽으로 이동한다.
② LM곡선이 오른쪽으로 이동한다.
③ 화폐의 수요가 감소할 것이다.
④ 화폐의 수요가 증가할 것이다.

풀이 날짜			
채점 결과			

해설

정답

01 ④

- IS곡선의 기울기는 투자의 이자율 탄력성, 한계소비성향, 한계저축성향, 세율에 의하여 결정된다.
- 투자의 이자율 탄력성, 한계소비성향이 클수록 IS곡선의 기울기의 절댓값이 작아지므로 완만한 기울기를 갖는다.
- 한계저축성향, 세율이 작을수록 IS곡선의 기울기의 절댓값이 작아지므로 IS곡선은 완만한 기울기를 갖는다.
- 통화량이 변동하면 LM곡선이 이동한다.
- 정부지출 또는 투자지출이 증가하거나 감소하면 IS곡선이 이동한다.

02 ①

- IS곡선의 기울기는 투자의 이자율 탄력성, 한계소비성, 한계저축성향, 세율에 의하여 결정된다.
- 투자의 이자율 탄력성, 한계소비성향이 클수록 IS곡선의 기울기의 절댓값이 작아지므로 완만한 기울기를 갖는다.
- 한계저축성향, 세율이 작을수록 IS곡선의 기울기의 절댓값이 작아지므로 IS곡선은 완만한 기울기를 갖는다.
- 한계저축성향이 감소하면 한계소비성향은 증가하므로 IS곡선의 기울기는 완만해진다.

03 ②

- $Y = C + I + G$에서 균형이 달성된다.

$1{,}000 = 600 + 400 - 50r + 100$

$\rightarrow 50r = 100$

$\rightarrow r = 2$

- 따라서 균형 실질이자율은 2의 값을 갖는다.

04 ②

- 화폐 시장의 균형식 $r = \frac{h}{k}Y - \frac{1}{h} \times \frac{M^s}{P}$에서 $\left[\frac{1}{h} \times \frac{M^s}{P}\right]$이 LM곡선의 이동을 결정한다.
- 통화량(M^s)이 증가하면 LM곡선은 우측으로 이동한다.
- 왜냐하면 절편이 음(−)이므로 절편의 절댓값이 커지기 때문이다.
- 물가(P)가 하락하면 LM곡선은 우측으로 이동한다.
- 왜냐하면 물가(P) 하락은 실질통화량$\left(\frac{M^s}{P}\right)$을 증가시키기 때문이다.

05 경제가 현재 LM곡선 하방에 존재하면서 IS곡선 위에 있다면?

① 화폐 공급은 화폐 수요보다 많고 생산은 계획된 지출과 같다.
② 화폐 공급은 화폐 수요보다 많고 생산은 계획된 지출보다 적다.
③ 화폐 공급은 화폐 수요와 같고 생산은 계획된 지출보다 많다.
④ 화폐 공급은 화폐 수요보다 적고 생산은 계획된 지출과 같다.
⑤ 화폐 공급은 화폐 수요보다 적고 생산은 계획된 지출보다 많다.

풀이 날짜			
채점 결과			

06 $IS-LM$ 모형은 실물부문과 화폐부문의 동시적 균형을 분석하는 도구다. 통화량의 증대는 $IS-LM$ 모형에서 어떤 결과를 초래하는가?

① 국민소득 증대, 이자율 상승
② 국민소득 증대, 이자율 하락
③ 국민소득 감소, 이자율 상승
④ 국민소득 감소, 이자율 하락

풀이 날짜			
채점 결과			

07 가계, 기업, 정부만으로 구성된 폐쇄경제에서 소비함수(C), 투자함수(I), 화폐 수요함수(M^d)가 다음과 같다고 하자. 정부지출이 80이고 화폐 공급량이 280인 경우 이 경제의 균형상태에서의 투자는 얼마인가? (단, i는 이자율, Y는 소득)

$$C = 30 + 0.9Y$$
$$I = 100 - 100i$$
$$M^d = 100 - 200i + 0.1Y$$

① 100
② 90
③ 80
④ 70
⑤ 50

풀이 날짜			
채점 결과			

해설

05 — ④

- LM곡선 상방에 위치한다면 화폐 시장의 초과공급이 발생하고 하방에 위치한다면 화폐 시장의 초과수요가 발생한다.
- 즉, LM곡선 하방영역은 화폐 수요가 화폐 공급보다 많은 화폐 시장 초과수요 상태이다.
- IS곡선 상방에 위치한다면 생산물 시장의 초과공급이 발생하고 하방에 위치한다면 생산물 시장의 초과수요가 발생한다.
- IS곡선 위에 있으므로 생산물 시장은 균형상태이다.
- 생산물 균형에서는 생산과 계획된 지출이 같다.

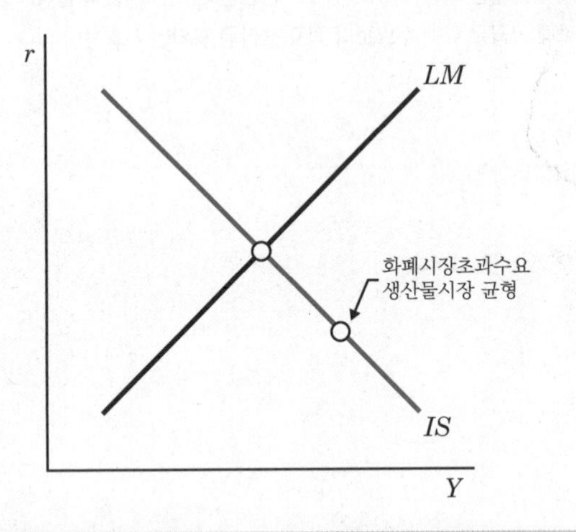

06 — ②

- 통화량이 증가하면 LM곡선이 우측으로 이동한다. LM곡선이 우측으로 이동하면 이자율이 하락하고 국민소득은 증가한다.

07 — ②

- IS곡선의 함수식 :

  $Y = C + I + G$

  $\rightarrow Y = 30 + 0.9Y + 100 - 100i + 80$

  $\rightarrow 0.1Y = 210 - 100i$

  $\rightarrow Y = 2{,}100 - 1{,}000i$

- LM곡선의 함수식 : 화폐 공급 = 화폐 수요

  $\rightarrow 280 = 100 - 200i + 0.1Y$

  $\rightarrow 0.1Y = 180 + 200i$

  $\rightarrow Y = 1{,}800 + 2{,}000i$

- IS곡선과 LM곡선을 연립하면 다음과 같다.

  $2{,}100 - 1{,}000i = 1{,}800 + 2{,}000i$

  $\rightarrow 3{,}000i = 300$

  $\rightarrow i = 0.1$

- 균형이자율이 0.1이므로 투자는 $I = 100 - 100 \times 0.1 = 90$이다.

08 IS곡선이 우하향하고 LM곡선이 우상향할 때 이자율은 변화시키지 않고 국민소득을 높일 수 있는 정책은?

① 확장재정 정책과 확장금융 정책의 병행
② 긴축재정 정책과 긴축금융 정책의 병행
③ 확장재정 정책과 긴축금융 정책의 병행
④ 긴축재정 정책과 확장금융 정책의 병행
⑤ 확장금융 정책

풀이 날짜			
채점 결과			

09 $IS-LM$모형을 이용하여 정부가 조세와 통화량의 공급을 동시에 증가시킬 때의 효과를 분석하면?

① 균형이자율은 하락하고 균형국민소득은 증가한다.
② 균형이자율은 상승하고 균형국민소득은 감소한다.
③ 균형이자율은 하락하고 균형국민소득은 감소한다.
④ 균형이자율은 하락하지만 균형국민소득의 변화는 알 수 없다.
⑤ 균형이자율은 상승하지만 균형국민소득의 변화는 알 수 없다.

풀이 날짜			
채점 결과			

10 다음 중 재정 정책 수단은?

㉠ 조세 정책
㉡ 정부지출 정책
㉢ 공개시장 조작 정책
㉣ 지급준비율 정책

① ㉠, ㉡ ② ㉠, ㉢
③ ㉠, ㉡, ㉣ ④ ㉠, ㉡, ㉢, ㉣

풀이 날짜			
채점 결과			

11 다음 중 투자의 이자율 탄력성이 클수록 나타나는 결과로 옳지 않은 것은?

① 고전학파의 견해와 일치한다.
② 투자곡선의 기울기가 작아진다.
③ IS곡선의 기울기가 작아진다.
④ 구축효과가 작아진다.
⑤ 금융 정책의 효과가 커진다.

풀이 날짜			
채점 결과			

08 • 확대 재정 정책과 확대 금융 정책을 실시하면 *IS*곡선과 *LM*곡선이 동시에 우측으로 이동한다. ①

• *IS*곡선과 *LM*곡선 모두 오른쪽으로 이동하면 국민소득은 증가하나 이자율은 변하지 않을 수 있다.

• 즉, *IS*곡선만 우측 이동하면 이자율이 상승할 수 있으나 *LM*곡선의 우측 이동으로 이자율 상승을 상쇄할 수 있다.

09 • 조세가 증가하면 *IS*곡선은 좌측으로 이동한다. 통화량이 증가하면 *LM*곡선은 우측으로 이동한다. *IS*곡선이 왼쪽으로 이동하고 *LM*곡선은 오른쪽으로 이동하면 균형이자율은 반드시 하락하지만 균형국민소득의 변화는 알 수 없다. ④

10 • 재정 정책이란 정부가 정부지출이나 조세를 수단으로 *IS*곡선을 조정하여 정부의 최종 목표를 실현하는 정책이라고 할 수 있다. ①

• 금융 정책(monetary policy)이란 통화량, 이자율 및 기타 관련 변수의 조정을 통하여 완전고용, 물가 안정, 국제수지 개선, 경제성장 촉진 등의 목표를 달성하기 위해 통화당국이 수행하는 정책을 말한다.

• 중앙은행은 여러 가지 정책수단을 사용하여 통화량을 조정한다. 대표적인 정책수단으로 공개시장조작, 재할인율정책, 지급준비율정책, 그리고 직접규제방식이 있다.

11 ① 고전학파는 투자의 이자율 탄력성이 크다고 주장한다. 반면 케인즈학파는 투자의 이자율 탄력성이 작다고 주장한다. ④

② 투자의 이자율 탄력성이 클수록 투자곡선의 기울기는 작아진다.

③ 투자의 이자율 탄력성이 클수록 *IS*곡선의 기울기는 작아진다.

④ 정부지출이 증가할 때 이자율 상승이 커질수록 구축효과는 커진다. 정부지출이 증가하면 이자율이 상승하고 투자의 이자율 탄력성이 클수록 투자 감소 폭이 커지기 때문에 투자 감소 효과는 커진다. 즉, 구축효과는 커진다.

⑤ *IS*곡선의 기울기가 작아지면 통화량 증가에 따른 금융 정책의 효과는 커진다.

12 재정 정책이 국민소득수준의 변화에 미치는 효과가 거의 전무해질 가능성이 가장 높은 경우는?

① 유동성 함정에 처할 경우
② 한계소비성향과 한계저축성향이 동일할 경우
③ 화폐 수요의 이자율 탄력성이 무한히 클 경우
④ 투자의 이자율 탄력성이 0에 가까울 경우
⑤ 화폐 수요의 이자율 탄력성이 0에 근접하는 경우

풀이 날짜			
채점 결과			

13 다음은 유동성 함정 하에서 일어날 수 있는 현상을 열거한 것이다. 이론적으로 옳은 것은?

① 수출의 증대는 국민총생산에 영향을 주지 못한다.
② 소비지출의 증대는 국민총생산 증대에 기여하지 못한다.
③ 소득이 증가하면 이자율이 상승한다.
④ 정부지출의 증대가 국민총생산에 미치는 효과가 크다.
⑤ 법정 지급준비율의 인하가 국민총생산에 미치는 효과가 크다.

풀이 날짜			
채점 결과			

14 금융 긴축 정책의 파급효과를 옳게 나타낸 것은?

① 통화량 감소 → 이자율 하락 → 투자 감소 → 국민소득 증가
② 통화량 증가 → 이자율 상승 → 투자 증가 → 국민소득 감소
③ 통화량 증가 → 이자율 하락 → 투자 증가 → 국민소득 증가
④ 통화량 감소 → 이자율 상승 → 투자 감소 → 국민소득 감소

풀이 날짜			
채점 결과			

15 (   )안에 들어갈 단어는?

통화 정책당국이 경제 상황을 진단한 후 적절한 대책을 마련하고 그 정책이 효과를 나타내기까지는 상당한 기간이 경과되어야 한다. 정책의 필요성이 발생한 시점과 당국이 정책을 입안 확정하기까지의 시차를 (ⓐ)라 하며 그러한 정책이 시행되어 경제에 효과를 미치는데 걸리는 시간을 (ⓑ)라 한다.

	ⓐ	ⓑ
①	내부 시차	외부 시차
②	외부 시차	내부 시차
③	내부 시차	인식 시차
④	외부 시차	인식 시차
⑤	인식 시차	내부 시차

풀이 날짜			
채점 결과			

12 • IS곡선의 기울기는 완만해지고 LM곡선의 기울기는 커질 때 재정 정책의 효과는 작아진다. ⑤

① 유동성 함정이 존재하면 LM곡선은 수평선의 형태를 갖게 된다. 따라서 재정 정책의 효과는 커진다.

② 한계소비성향과 한계저축성향은 IS곡선의 기울기에 영향을 미친다. 한계소비성향과 한계저축성향이 동일한 경우 IS곡선의 기울기가 이전보다 어떻게 변할지 확정할 수 없다.

③ 화폐 수요의 이자율 탄력성이 무한대일 경우 LM곡선의 기울기는 수평선이다. 따라서 재정 정책의 효과는 매우 크다.

④ 투자의 이자율 탄력성이 0에 가깝다면 IS곡선의 기울기는 매우 커진다. 따라서 재정 정책의 효과는 커진다.

⑤ 화폐 수요의 이자율 탄력성이 0에 가깝다면 LM곡선의 기울기는 커진다. 따라서 재정 정책의 효과는 작아진다.

13 • 유동성 함정이 발생하면 화폐 수요의 이자율 탄력성이 무한대에 가까워진다. ④

• IS곡선이 이동하면 국민소득에 영향을 주지만 LM곡선이 이동하는 경우 국민소득에 영향을 주지 않는다.

① 수출이 증가하면 IS곡선이 우측으로 이동하므로 국민총생산에 영향을 준다.

② 소비지출이 증가하면 IS곡선이 우측으로 이동하므로 국민총생산에 영향을 준다.

③ 소득이 증가하면 소비도 증가한다. 소비 증가로 IS곡선이 우측 이동하면 국민총생산이 증가하나 이자율은 상승하지 않는다.

④ 정부지출이 증가하면 IS곡선이 우측 이동하고 국민총생산은 증가한다. 확대 재정 정책을 실시할 때 금리가 상승하지 않으므로 투자는 감소하지 않는다. 따라서 구축효과는 발생하지 않는다.

⑤ 법정 지급준비율의 인하는 통화승수 증가로 통화량을 증가시킨다. 통화량이 증가하면 LM곡선이 우측으로 이동하나 국민총생산에 영향을 주지 못한다.

14 • 금융긴축정책으로 통화량이 감소하면 LM곡선이 좌측으로 이동한다. ④

• LM곡선이 좌측으로 이동하면 이자율이 상승하고 국민소득은 감소한다.

• 이자율이 상승하면 투자는 감소한다.

15 • 정책의 실시 과정에는 시차가 나타나는데 경제정책을 필요로 하는 사태가 발생한 시기로부터 정책당국이 필요성을 인식하기까지에는 상당한 시간이 소요되는데 이를 인식 시차라 한다. ①

• 정책당국이 정책수단을 강구하고 채택 및 실시하기까지에는 많은 시간이 걸리는 데 이러한 시차를 실행 시차라 한다.

• 인식 시차와 실행 시차를 합하여 내부 시차라고 하고, 실시된 정책이 현실적으로 성과를 나타내는 데에도 적지 않은 시차가 존재하는 데 이 시차를 외부 시차라 한다.

01 다음 중 IS곡선의 절편이 증가되는 경우가 아닌 것은?

풀이 날짜			
채점 결과			

① 재정지출이 증가될 때
② 수입의 감소에 따라 순수출이 증가할 때
③ 수출의 증가에 따라 순수출이 증가할 때
④ 이자율 변화에 대한 투자의 반응이 감소할 때
⑤ 한계소비성향의 상승에 따라 투자승수가 증가할 때

02 다음과 같이 주어진 $IS-LM$ 모형에서 정부지출(G)이 600에서 700으로 증가할 때, 균형 총소득의 증가폭은? (단, Y는 총소득, C는 소비, I는 투자, T는 조세, M은 명목통화 공급, P는 물가, r은 이자율, $\left(\frac{M}{P}\right)^d$는 실질화폐 수요량이다)

풀이 날짜			
채점 결과			

- 소비함수 : $C = 100 + 0.6(Y - T)$
- 투자함수 : $I = 200 - 10r$
- 화폐 수요함수 : $\left(\frac{M}{P}\right)^d = Y - 100r$
- $T = 1000,\ M = 1000,\ P = 2$

① 200
② 300
③ 400
④ 500

해설

정답

01 ④

- IS곡선이 우측으로 이동할 때 IS곡선의 절편이 증가한다.
- 소비(C)(기초소비 a 포함)가 늘거나 정부지출(G), 독립투자(I)가 증가하거나 조세징수(T)가 줄면 IS곡선은 오른쪽으로 이동한다.
- 소비 감소, 투자 감소, 정부지출 감소, 조세 증가가 발생하면 IS곡선은 왼쪽으로 이동한다.
- 재정지출 증가, 순수출 증가, 투자승수 증가에 따른 투자 증가 등이 발생하면 IS곡선은 우측으로 이동한다.
- IS곡선의 기울기는 투자의 이자율 탄력성, 한계소비성향, 한계저축성향, 세율에 의하여 결정된다.
- 투자의 이자율 탄력성이 작을수록 IS곡선은 가파른 기울기를 갖는다.

02 ①

- 정부지출이 600일 때 IS곡선의 함수식은 다음과 같다.

  IS곡선 :

  $Y=C+I+G$

  $\rightarrow Y=100+0.6(Y-1{,}000)+200-10r+600$

  $\rightarrow Y=0.6Y-10r+300$

  $\rightarrow 0.4Y=-10r+300$

  $\rightarrow Y=-25r+750$

- LM곡선의 함수식은 다음과 같다.

  LM곡선 : 화폐 공급 = 화폐 수요

  $\rightarrow 1{,}000=2\times(Y-100r)$

  $\rightarrow 500=Y-100r$

  $\rightarrow Y=500+100r$

- 정부지출이 600일 때 균형국민소득을 구하기 위해서 IS곡선과 LM곡선의 균형을 찾아야 한다.

  $-25r+750=500+100r$

  $\rightarrow 125r=250$

  $\rightarrow r=2, Y=700$

- 정부지출이 700일 때 IS곡선의 함수식은 다음과 같다.

  IS 곡선 :

  $Y=C+I+G$

  $\rightarrow Y=100+0.6(Y-1{,}000)+200-10r+700$

  $\rightarrow Y=0.6Y-10r+400$

  $\rightarrow 0.4Y=-10r+400$

  $\rightarrow Y=-25r+1{,}000$

- 정부지출이 700일 때 균형국민소득을 구하기 위해서 IS곡선과 LM곡선의 균형을 찾아야 한다.

  $-25r+1{,}000=500+100r$

  $\rightarrow 125r=500$

  $\rightarrow r=4, Y=900$

- 따라서 균형국민소득이 700에서 900으로 증가하였기 때문에 균형국민소득의 증가폭은 200이다.

03 화폐 수요가 이자율에 대해 완전 비탄력적인 경우 가계에 대한 이전지출이 경제에 미치는 효과로 올바른 것은?

① 국민소득 증가, 투자 불변, 소비 증가
② 국민소득 증가, 투자 증가, 소비 불변
③ 국민소득 불변, 투자 감소, 소비 증가
④ 국민소득 불변, 투자 감소, 소비 증가
⑤ 국민소득 불변, 투자 불변, 소비 불변

풀이 날짜			
채점 결과			

04 $IS-LM$모형을 이용한 분석에서 LM곡선은 수평이고
소비 함수는 $C=200+0.8Y$이다. 정부지출을 2,000억 원 증가 시킬 때, 균형소득의 증가량은? (단, C는 소비, Y는 소득이다.)

① 8,000억 원
② 1조 원
③ 1조 2,000억 원
④ 유동성 함정 상태이므로 소득증가는 발생하지 않는다.

풀이 날짜			
채점 결과			

05 LM곡선이 수평선으로 주어져 있고, 소비함수 $C=100+0.6Y$라고 하자. 정부지출을 100억 원 증가시킬 경우 $IS-LM$모형에서 균형국민소득은 얼마나 증가하는가?

① 60억 원
② 100억 원
③ 150억 원
④ 200억 원
⑤ 250억 원

풀이 날짜			
채점 결과			

06 실물부문만을 고려하는 케인즈 단순모형과 실물부문과 화폐부문을 동시에 고려하는 확대케인지언모형에서 수입의 증가가 균형국민소득에 미치는 효과는?

① 균형국민소득이 증가하되 단순모형에서보다 확대모형에서 더 크게 증가한다.
② 균형국민소득이 증가하되 확대모형에서보다 단순모형에서 더 크게 증가한다.
③ 균형국민소득이 감소하되 단순모형에서보다 확대모형에서 더 크게 감소한다.
④ 균형국민소득이 감소하되 확대모형에서보다 단순모형에서 더 크게 감소한다.
⑤ 균형국민소득이 감소하나 비교가 불가능하다.

풀이 날짜			
채점 결과			

03 • 화폐 수요가 이자율에 대해 비탄력적이라면 LM곡선은 수직선의 형태를 갖는다.

• 가계에 대한 이전지출이 발생하면 가계의 소비가 증가하기 때문에 IS곡선은 우측으로 이동한다.

• IS곡선이 우측으로 이동하면 이자율이 상승한다. 이자율이 상승하면 투자는 감소하는데 소비 증가폭과 투자 감소폭이 동일하기 때문에 국민소득은 변하지 않는다.

③

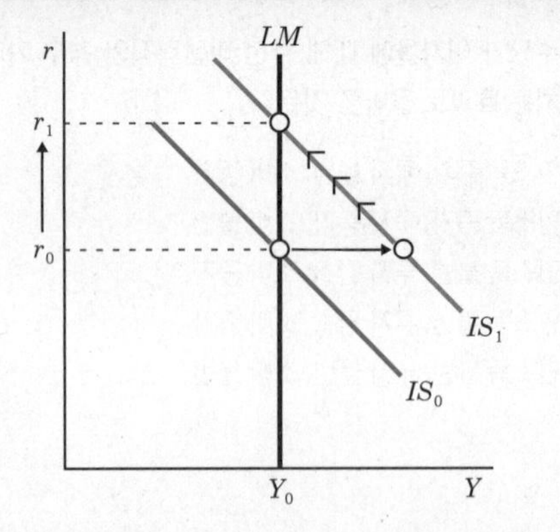

04 • LM곡선이 수평인 경우 IS곡선의 우측 이동에 따른 이자율 상승효과가 발생하지 않기 때문에 승수효과만 발생한다.

• 소비함수에 의해 한계소비성향의 값이 0.8임을 알 수 있기 때문에 정부지출승수는 $\frac{1}{1-0.8}=5$가 된다.

• 따라서 정부지출이 2,000억 원 증가할 때 균형국민소득은 2,000억 원 × 5 = 1조 원이 증가한다.

②

05 • LM곡선이 수평선인 경우 정부지출의 증가에 따른 구축효과는 발생하지 않고 승수효과만 발생한다.

• 정부지출승수는 $\frac{1}{1-0.6}=\frac{1}{0.4}=2.5$이므로 정부지출이 100억 원 증가하면, 국민소득은 100억 원 × 2.5 = 250억 원 증가한다.

⑤

06 • 실물부문만 존재하는 경우 수입이 증가하면 IS곡선이 좌측 이동하여 균형국민소득이 Y_0에서 Y_1으로 감소한다.

• 화폐부문이 존재하면 IS곡선과 LM곡선이 만나는 점에서 균형이 달성되므로 균형국민소득은 Y_2로 감소한다.

• 따라서 단순모형이 확대모형보다 균형국민소득이 더 많이 감소한다.

④

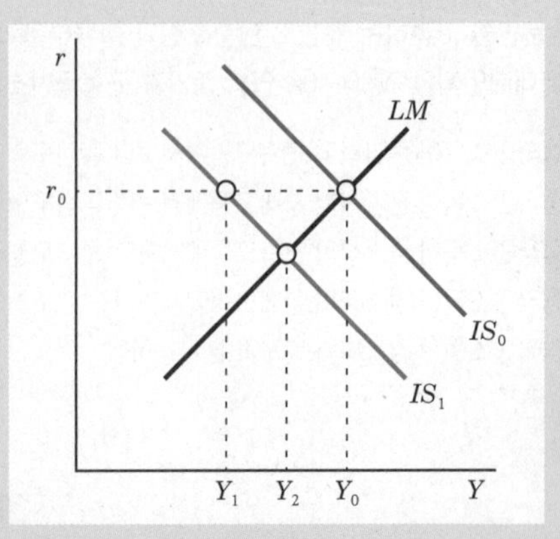

07 경기 침체에 대한 대응책으로 재정 정책을 택했을 때, 이자율에 대한 투자수요와 화폐 수요의 조합 중 재정 정책의 효과가 가장 큰 경우는?

① 투자수요는 비탄력적이고, 화폐 수요는 탄력적인 경우
② 투자수요는 탄력적이고, 화폐 수요는 비탄력적인 경우
③ 투자수요는 비탄력적이고, 화폐 수요도 비탄력적인 경우
④ 투자수요는 탄력적이고, 화폐 수요도 탄력적인 경우

풀이 날짜			
채점 결과			

08 $IS-LM$모형에서 한계소비성향과 화폐 수요의 소득탄력성이 모두 상당히 적을 경우 소득수준을 늘리기 위해서는 어떤 정책을 사용하는 것이 보다 효율적인가?

① 재정지출 축소
② 중앙은행이 공개시장에서 채권 매입
③ 재할인율 인상
④ 조세감면
⑤ 법정 지불 준비율 인상

풀이 날짜			
채점 결과			

09 A국에서는 IS, LM곡선이 만나는 점 B에서 균형을 이루고 있다. A국 정부가 정부지출을 증가시켰을 때, 총수요에 대한 정부지출 증대 효과에 대한 설명으로 옳지 않은 것은?

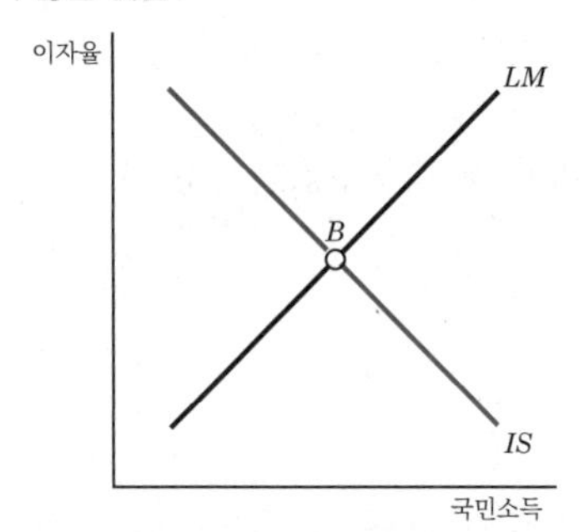

① 정부지출승수가 클수록 정부지출 증대 효과가 커진다.
② 한계소비성향이 클수록 정부지출 증대 효과가 커진다.
③ 투자의 이자율 탄력성이 클수록 정부지출 증대 효과가 적어진다.
④ 화폐 수요의 이자율 탄력성이 클수록 정부지출 증대 효과가 적어진다.

풀이 날짜			
채점 결과			

10 $IS-LM$모형 하에서 재정지출 확대에 따른 구축효과(crowdingout effect)에 대한 설명으로 옳지 않은 것은?

① 다른 조건이 일정한 경우 LM곡선의 기울기가 커질수록 구축효과는 커진다.
② 다른 조건이 일정한 경우 투자의 이자율 탄력성이 낮을수록 구축효과는 커진다.
③ 다른 조건이 일정한 경우 화폐 수요의 이자율 탄력성이 낮을수록 구축효과는 커진다.
④ 다른 조건이 일정한 경우 한계소비성향이 클수록 구축효과는 커진다.

풀이 날짜			
채점 결과			

해설

정답

07 • 재정 정책이 가장 큰 경우 IS곡선의 기울기가 크고 LM곡선의 기울기가 작은 경우이다. ①

• 투자수요가 비탄력적일 때 IS곡선의 기울기는 커지고 화폐 수요가 탄력적일 때 LM곡선의 기울기는 작아진다.

08 • 한계소비성향이 작으면 IS곡선의 기울기가 가파르고 화폐 수요의 소득탄력성이 작으면 LM곡선의 기울기는 완만하다. ④

• 따라서 확대 재정 정책의 효과는 커지고 확대 금융 정책의 효과는 작아진다.

09 ① 정부지출승수가 크면 정부지출이 증가할 때 IS곡선의 이동 폭이 커진다. 따라서 국민소득의 증가효과가 커진다. ④

② 한계소비성향이 클수록 승수효과가 커지기 때문에 IS곡선의 우측 이동폭이 커진다.

③ 투자의 이자율 탄력성이 클수록 IS곡선의 기울기가 작아지기 때문에 재정 정책의 효과는 감소하고 금융 정책의 효과는 증가한다.

④ 화폐 수요의 이자율 탄력성이 클수록 LM곡선의 기울기는 작아지기 때문에 금융 정책의 효과는 감소하고 재정 정책의 효과는 증가한다.

10 • 구축효과란 정부지출의 증가가 이자율 상승을 가져와 투자위축을 가져오는 경우를 말한다. ②

• LM곡선의 기울기가 커지거나 IS곡선의 기울기가 작아지면 구축효과는 커진다.

• 화폐 수요의 이자율 탄력성이 낮을수록 LM곡선의 기울기는 커지고 투자의 이자율 탄력성이 클수록 또는 한계소비성향이 클수록 IS곡선의 기울기는 작아진다. 따라서 구축효과는 커진다.

11 케인즈학파가 구축효과의 크기를 작게 보는 이유는?

① 일반적으로 재정 정책이 경제활동규모의 변화를 작게 하기 때문이다.
② 투자가 이자율 변화에 그다지 민감하게 반응하지 않기 때문이다.
③ 일반적으로 통화신용정책이 경제활동의 변화를 유도하는데 매우 효과적이기 때문이다.
④ 화폐 수요가 이자율 변화에 매우 민감하게 반응하기 때문이다.
⑤ 시장경제가 정부의 재량적 정책의 부작용을 상쇄할 수 있는 절차를 개발 할 것이기 때문이다.

풀이 날짜			
채점 결과			

12 다음은 유동성 함정에 처한 경우 통화신용정책에 대한 설명이다. (A) ~ (C)에 들어갈 내용을 옳게 짝지은 것은?

한 국가가 유동성 함정에 처한 경우, 중앙은행이 통화량을 지속적으로 증가시키는 정책은 기대 인플레이션의 (A)을 가져와서 실질이자율의 (B)을 유도할 수 있다. 그러면 $IS-LM$ 모형의 (C)곡선을 오른쪽으로 이동시켜 총수요를 증가시킬 수 있다.

	Ⓐ	Ⓑ	Ⓒ
①	상승	하락	IS
②	상승	하락	LM
③	하락	상승	IS
④	하락	상승	LM

풀이 날짜			
채점 결과			

13 유동성 함정(liquidity trap)에 대한 설명 중 가장 옳지 않은 것은?

① 채권의 가격이 매우 높아서 더 이상 높아지지 않으리라 예상한다.
② 통화 정책이 효과가 없다.
③ 화폐 수요곡선이 우상향한다.
④ 추가되는 화폐 공급이 모두 투기적 수요로 흡수된다.

풀이 날짜			
채점 결과			

14 일본은 지난 1990년대 이래로 계속되는 경기 침체 속에 "잃어버린 20년"이라 하여 장기불황에 시달리고 있다. 그 동안 일본은 여러 차례에 걸쳐 막대한 규모의 정부지출 증대를 통한 경기부양정책을 실시하였지만 별 효과가 없어 보인다. 일본 정부는 급기야 제로금리정책을 실시하기에 이르렀다. 이러한 상황에서 아래의 정책들 중에 어떤 정책이 가장 효과적일 것으로 예상되는가?

① 통화 공급량을 증가시킨다.
② 이자율을 인하시키는 정책을 실시한다.
③ 물가를 낮추기 위해 엔화를 평가절상 시킨다.
④ 소비세율을 인하시킨다.
⑤ 저축을 장려한다.

풀이 날짜			
채점 결과			

11 • 케인즈학파의 경우 이자율 상승이 발생하더라도 투자가 민감하게 반응하지 않기 때문에 투자의 감소가 일어나지 않는다고 본다. ②

• 즉, 확대 재정 정책으로 이자율이 상승하더라도 투자가 감소하지 않는다면 구축효과는 작아진다.

• 따라서 투자의 이자율 탄력성이 작을 때 재정 정책으로 인한 구축효과는 작아진다.

12 • 통화량을 증가시키면 기대 인플레이션이 상승한다. ①

• 피셔방정식에 따르면 기대 인플레이션이 상승하면 실질이자율이 하락하고 투자가 증가한다.

• 왜냐하면 실질이자율은 명목이자율에서 기대 인플레이션을 차감하기 때문이다.

• 투자가 증가하면 IS곡선이 우측으로 이동하고 총수요도 증가한다.

13 ① 이자율과 채권가격은 역관계이므로 이자율이 매우 낮을 때 채권의 가격은 매우 높게 된다. 이자율이 매우 낮아서 이자율이 향후 상승할 것이라 예상하게 되면 미래 채권 가격이 매우 낮게 되어 현재 채권보유보다 화폐보유를 늘리고자 한다. ③

② 유동성 함정의 경우 LM곡선은 수평선이기 때문에 통화 정책은 효과가 없고 재정 정책의 유효성이 매우 높다.

③ 유동성 함정의 경우 화폐 수요곡선이 수평선의 형태를 갖는다.

④ 화폐 공급을 늘려도 모두 투기적 화폐 수요로 흡수되기 때문에 이자율은 변하지 않는다.

14 • 유동성 함정에서는 IS곡선을 우측을 이동시키는 정책의 효과가 크다. ④

① 유동성 함정에서는 통화 공급량이 증가하는 금융 정책은 효과가 없다.

② 이자율이 0%이기 때문에 금리를 인하시키는 정책을 실시하기에는 한계가 있다.

③ 엔화평가절상 정책은 일본의 수출재 가격을 이전보다 상승시킨다. 따라서 순수출이 감소하고 IS곡선은 왼쪽으로 이동한다.

④ 소비세율을 인하하면 소비 증가로 IS곡선이 우측 이동한다.

⑤ 저축을 장려하면 소비가 감소하고 IS곡선이 왼쪽으로 이동한다.

15 현재(1기)와 미래(2기)로 구성된 2기간 모형을 가정한다. 리카도 대등 정리(Ricardian equivalence theorem)가 성립할 경우, 1기에 발생한 정부 조세의 변화에 대한 설명으로 옳은 것은? (단, 정부지출은 일정하여 변하지 않는다)

풀이 날짜			
채점 결과			

① 조세가 증가하면, 1기에 민간저축이 줄어든다.
② 조세가 감소하면, 1기에 민간저축이 줄어든다.
③ 조세가 감소하면, 1기에 민간 소비가 늘어난다.
④ 조세가 증가하면, 1기에 민간 소비가 줄어든다.

16 리카도의 대등정리(Ricardian equivalence theorem)에 대한 설명으로 가장 옳지 않은 것은?

풀이 날짜			
채점 결과			

① 정부지출의 규모가 동일하게 유지되면서 조세감면이 이루어지면 합리적 경제주체들은 가처분소득의 증가분을 모두 저축하여 미래에 납부할 조세의 증가를 대비한다는 이론이다.
② 현실적으로 대부분의 소비자들이 유동성 제약(liquidity constraint)에 직면하기 때문에 리카도의 대등정리는 현실 설명력이 매우 큰 이론으로 평가된다.
③ 리카도의 대등정리에 따르면 재정적자는 장기분만 아니라 단기에서조차 아무런 경기팽창 효과를 내지 못한다.
④ 정부지출의 재원조달 방식이 조세든 국채든 상관없이 경제에 미치는 영향에 아무런 차이가 없다는 이론이다.

17 다음은 리카디언 등가(Recardian equivalence)라고 불리는 주장이다. (　　) 부분에 들어갈 알맞은 단어는?

풀이 날짜			
채점 결과			

정부는 현재의 지출을 조달하기 위해 조세를 증가시키거나 채권을 발행해야 한다. 정부가 조세를 증가시키면, 민간의 소득이 (Ⓐ)하므로 소비가 (Ⓑ)한다. 정부가 채권을 발행하면, 언젠가는 이자와 원금을 지불하기 위해 조세를 증가시켜야 한다. 그런데 미래의 조세 증가는 미래소득의 (Ⓒ)를 의미하고, 미래소득의 (Ⓓ)는 현재 소비의 (Ⓔ)를 초래한다, 따라서 채권 발행과 조세 증가는 같은 효과를 나타낸다.

	Ⓐ	Ⓑ	Ⓒ	Ⓓ	Ⓔ
①	증가	증가	증가	증가	증가
②	감소	감소	감소	감소	감소
③	증가	감소	증가	증가	감소
④	감소	증가	감소	감소	증가
⑤	증가	감소	감소	감소	증가

해설

정답

15 • 1기에 조세를 감면하면 그만큼 국채발행을 통해 재원조달을 해야 한다.
• 리카도 대등성 정리에 따르면 합리적 소비자는 국채발행에 대해 미래조세징수를 예측하게 되므로 현재 민간 저축증가, 민간 소비감소로 대응하게 된다.
• 동일한 원리로 1기에 조세를 징수하면 미래조세감면을 예측하게 되므로 현재 민간 소비 증가, 민간저축감소가 발생한다.

①

16 • 리카도 등가정리란 주어진 정부지출을 현재의 조세로 충당하든 같은 금액의 공채발행을 통한 적자재정으로 조달하든 경제에 미치는 효과는 동일하다는 주장을 한다.
• 유동성 제약이란 경제주체들이 차입에 대한 제약이 있는 경우로 자본시장이 불완전하다.
• 자본시장이 불완전하면 리카도 등가정리가 성립되지 않는다.

②

17 • 리카도 등가정리에 따르면 정부가 국공채를 발행하면 민간주체들은 국공채를 미래의 조세증가로 인식한다. 따라서 경제주체들은 미래조세를 대비하기 위하여 현재 저축을 늘리게 된다. 따라서 국채 발행은 현재소비를 감소시키는 효과를 유발한다.
• 정부가 조세를 증가시키면 민간의 가처분소득이 감소하기 때문에 소비가 감소한다.
• 정부가 채권을 발행하면 민간주체들은 미래의 조세 증가로 인식한다. 미래의 조세 증가는 미래소득의 감소를 의미하고 미래소득의 감소는 현재 소비의 감소를 유발한다. 왜냐하면 리카도 등가정리에서는 미래 전망적 소비자들을 가정하기 때문이다.

②

18 불황기에 민간 소비를 촉진하기 위해 조세를 감면하는 대신 이에 따른 정부의 재정적자를 공채 발행을 통해 보전하였다고 하자. 어떤 경우에 기대하는 효과가 나타나겠는가?

풀이 날짜			
채점 결과			

① 소비자의 소비가 항상소득에 의존하는 경우
② 소비자의 소비가 평생소득에 의존하는 경우
③ 소비자의 소비가 현재 소득에 의존하는 경우
④ 소비자의 소비행위에 전시효과가 작용하는 경우
⑤ 소비자의 소비행위에 합리적 기대가 작용할 때

19 다음 중 리카도 동등의 정리(Ricardian Equivalence Principle)가 성립하지 않을 수 있는 원인으로 가장 옳은 것은?

풀이 날짜			
채점 결과			

① 유동성 함정
② 인플레이션
③ 승수효과
④ 경기변동
⑤ 근시안적 소비

20 자동안정화 장치의 효과와 가장 관련이 깊은 것은?

풀이 날짜			
채점 결과			

① 재산세
② 물품세
③ 누진소득세
④ 법인세
⑤ 정답이 없다.

21 확장적 통화 정책의 효과에 대한 서술 중 가장 옳은 것은?

① 경기회복을 위해서는 확장적 통화 정책을 사용하여 이자율을 높이는 것이 효과적이다.
② 원화가치의 상승을 초래하여 수출에 부정적으로 작용할 수 있다.
③ 확장적 재정 정책과 달리 정책의 집행에 긴 시간이 소요된다.
④ 이자율이 하락하여 민간지출이 증가함으로써 경기회복에 기여한다.

해설

정답

18

- 정부의 재정 적자를 공채 발행을 통해 실시하는 경우 미래 전망적 소비자는 공채발행이 미래의 조세 증가를 가져올 수 있다고 본다. 미래 조세 징수를 대비하기 위하여 경제주체들은 현재 저축을 늘리며 저축 증가로 소비의 위축을 가져온다.
- 미래 전망적 소비자의 소비는 항상소득과 평생소득의 증감에 의해 영향을 받는다.
- 반면 소비를 결정할 때 현재 소득에 민감한 경우 공채 발행은 효과가 크다.
- 공채 발행으로 조세감면이 이루어지면 현재 소득이 증가하고 소비가 즉각 늘어날 수 있다.

③

19

- 사람들이 근시안적으로 사고를 한다면 국채가 발행되더라도 미래의 조세 증가를 인식하지 못할 가능성이 높다.
- 따라서 이 경우에 국채 발행으로 인해 조세감면이 이루어져 가처분 소득이 증가하면 소비가 증가할 가능성이 높다.

⑤

20

- 정부가 적극적인 개입을 하지 않더라도 자동적으로 경기진폭을 줄여줄 수 있는 제도적 장치를 재정의 자동안정화 장치라 부른다.
- 즉, 재정의 자동안정화 장치란 경기 침체나 경기호황 때 정부가 의도적으로 정부지출과 세율을 변경시키지 않아도 경기 침체나 경기 호황의 강도를 완화시켜 주는 재정제도를 말한다.
- 자동안정화 장치의 대표적인 예는 소득세, 실업보험, 사회보장 이전지출 등을 들 수 있다.
- 자동안정화 장치는 직접세 중에서도 누진세에서 더 잘 작동한다.

③

21

① 확대 통화 정책을 사용하면 이자율 인하가 발생한다. 이자율 인하는 투자 증가를 가져와 경기회복에 도움이 된다.

② 이자율이 하락하면 외환유출로 환율이 상승한다. 원화가치의 하락은 수출 증가를 가져온다.

③ 내부 시차란 중앙은행이나 정부가 경제정책을 결정하는 데 걸리는 시차를 말한다. 국회의 사전 동의가 필요한 재정 정책은 내부 시차가 길지만 금융 정책은 정책 집행에 상대적으로 적은 시간이 소요된다.

④ 이자율이 하락하면 소비 지출이나 투자 지출이 증가함으로 총수요 증대효과가 있다.

④

22 한계소비성향과 화폐 수요의 소득탄력성이 모두 상당히 클 경우 소득수준을 늘리기 위해서는 어떤 정책을 사용하는 것이 보다 효과적인가?

풀이 날짜			
채점 결과			

① 재정지출 축소
② 중앙은행이 공개시장에서 채권 매입
③ 조세감면
④ 재할인율 인상
⑤ 법정 지급준비율 인상

23 다음 중 경기 안정화를 위한 정책수단과 관련된 내용으로 옳지 않은 것은?

풀이 날짜			
채점 결과			

① 재정 정책의 효과는 화폐 수요의 이자율 탄력성이 작을수록 크다.
② 통화 정책의 효과는 투자수요의 이자율 탄력성이 클수록 크다.
③ 화폐의 유통 속도가 이자율에 민감하게 반응하면 통화 정책의 효과는 크지 않다.
④ 통화 공급 증감의 효과가 실제로 나타나는 시차가 클수록 준칙주의에 입각한 통화 공급이 바람직하다.
⑤ 생산물의 가격과 임금이 신축적으로 반응할수록 경기부양정책의 효과는 작다.

24 순수출(수출 - 수입)이 이자율의 변동에 대하여 이전보다 더 민감하게 반응하게 되었다고 하자. 이 경우 $IS-LM$모형에 따르면 재정 정책과 금융 정책이 국민소득에 미치는 효과는 어떻게 변화하는가?

풀이 날짜			
채점 결과			

① 재정 정책과 금융 정책 모두 효과가 감소한다.
② 재정 정책은 이전보다 효과가 감소하나 금융 정책은 이전보다 효과가 증가한다.
③ 금융 정책은 이전보다 효과가 감소하나 재정 정책은 이전보다 효과가 증가한다.
④ 재정 정책의 효과는 이전과 차이가 없으며 금융 정책은 이전보다 효과가 증가한다.
⑤ 금융 정책의 효과는 이전과 차이가 없으며 재정 정책은 이전보다 효과가 증가한다.

25 $IS-LM$모형에서 재정 정책과 통화 정책에 대한 설명으로 옳은 것은?

풀이 날짜			
채점 결과			

① LM곡선이 수직선일 때, 재정 정책은 통화 정책보다 더 효과적이다.
② IS곡선의 기울기가 가파를수록 재정 정책으로 인한 국민소득의 증가폭이 작아진다.
③ LM곡선의 기울기가 가파를수록 재정 정책으로 인한 국민 소득의 증가폭이 작아진다.
④ 유동성 함정에서는 통화 정책이 재정 정책보다 더 효과적이다.

22 • 한계소비성향이 크면 IS곡선의 기울기는 완만해지고, 화폐 수요의 소득탄력성이 크면 LM곡선의 기울기는 커진다. ②
• IS곡선의 기울기가 완만하고 LM곡선의 기울기가 가파를 때 금융 정책의 효과는 커지고 재정 정책의 효과는 작아진다.
• 중앙은행이 공개시장에서 채권을 매입하면 통화량이 증가하므로 LM곡선이 우측으로 이동한다.
① IS곡선 좌측 이동
③ IS곡선 우측 이동
④, ⑤ LM곡선 좌측 이동

23 ① 화폐 수요의 이자율 탄력성이 작으면 LM곡선의 기울기가 커지므로 금융 정책의 효과는 커지고 재정 정책의 효과는 작아진다. ①
② 투자의 이자율 탄력성이 클수록 IS곡선의 기울기는 작아진다. 따라서 재정 정책의 효과는 작아지고 통화 정책의 효과는 커진다.
③ 화폐의 유통속도가 이자율에 민감하게 반응하면 LM곡선의 기울기가 작아진다. 따라서 금융 정책의 효과가 작아진다.
④ 실시된 정책이 현실적으로 성과를 나타내는 데에도 적지 않은 시차가 존재하는데 이 시차를 외부 시차라 한다. 외부 시차가 길면 정책의 역효과가 발생할 수 있으므로 재량보다 준칙에 입각한 정책을 실시해야 한다.
⑤ 생산물의 가격과 임금이 신축적으로 반응하면 총공급곡선의 기울기가 커진다. 총공급곡선의 기울기가 커지면 총수요 확대 정책을 실시할 때 국민소득 증가효과가 작아진다.

24 • 순수출이 이자율 변동에 대하여 더 민감하게 반응하면 IS곡선의 기울기가 완만해진다. ②
• IS곡선의 기울기가 작아지면 재정 정책의 효과는 작아지고 금융 정책의 효과는 커진다.

25 ① 화폐 수요의 이자율 탄력성이 0이면 LM곡선은 수직선의 형태를 갖는다. LM곡선의 기울기가 클수록 통화 정책이 재정 정책보다 더 효과적이다. 재정 정책의 경우 이자율 상승폭이 커지기 때문에 구축효과가 크게 발생한다. ③
② 투자의 이자율 탄력성이 작을수록 IS곡선의 기울기는 커진다. IS곡선의 기울기가 커질수록 재정 정책으로 인한 국민소득의 증가폭은 커진다.
③ LM곡선의 기울기가 클수록 통화 정책이 재정 정책보다 더 효과적이다. 즉, 재정 정책의 효과가 감소하기 때문에 재정 정책으로 인한 국민 소득의 증가폭은 작아진다.
④ 유동성 함정에서는 LM곡선의 기울기는 수평선이다. LM곡선의 기울기가 수평선이 되면 재정 정책으로 인한 구축효과는 발생하지 않는다. 따라서 재정 정책이 통화 정책보다 더 효과적이다.

26 $IS-LM$곡선 분석에서 제시되는 내용과 관련하여 옳은 것은?

풀이 날짜			
채점 결과			

① 현실 경제에서는 $IS-LM$곡선의 정확한 위치와 모양을 수시로 파악하여 그날그날의 경제정책 운용에 이 분석을 중요하게 활용하고 있다.
② 재정지출 감소는 IS곡선을 우측으로 이동시킨다.
③ 국민경제의 상황이 IS곡선과 LM곡선 모두의 위쪽에 있을 때에는 국민소득이 감소하는 것을 통해 새로운 균형상태에 도달하게 된다.
④ LM곡선의 기울기가 클수록 재정 정책의 효과가 크다.
⑤ 통화량 증가는 LM곡선을 우측으로 이동시키며, 유동성 함정의 경우가 아니라면 이자율 하락을 초래한다.

27 이자율 타겟팅 정책과 통화량 타겟팅 정책에 대한 다음 설명 중 옳은 것을 모두 고르면? (단, IS곡선은 우하향하고 LM곡선은 우상향한다.)

풀이 날짜			
채점 결과			

(가) 이자율과 통화량을 동시에 타겟팅하는 것은 생산물시장의 균형을 변화시키는 충격이 존재하는 한 불가능하다.
(나) 경기변동의 주요 요인이 생산물시장의 균형을 변화시키는 충격이라면, 이자율 타겟팅 정책이 통화량 타겟팅 정책보다 국민소득 안정화에 더 효과적이다.
(다) 경기변동의 주요 요인이 주로 화폐시장의 균형을 변화시키는 충격이라면, 통화량 타겟팅 정책이 이자율 타겟팅 정책보다 국민소득 안정화에 더 효과적이다.

① (가)
② (나)
③ (다)
④ (나), (다)
⑤ (가), (나), (다)

28 중앙은행이 테일러 준칙(Taylor rule) 하에서 통화 정책을 실행한다고 하자. 현재의 인플레이션율이 중앙은행의 인플레이션 목표치와 같고 현재의 생산량이 잠재생산량 수준과 같을 경우 중앙은행의 통화 정책에 대한 설명으로 가장 옳은 것은?

풀이 날짜			
채점 결과			

① 중앙은행은 기준금리를 낮추는 확장적 통화 정책을 펼친다.
② 중앙은행은 기준금리를 높이는 긴축적 통화 정책을 펼친다.
③ 중앙은행은 기준금리를 종전과 동일한 수준으로 유지하는 통화 정책을 펼친다.
④ 중앙은행은 인플레이션 갭과 생산량 갭이 모두 양이라고 판단하고 이에 따른 통화 정책을 펼친다.

26 ① 현실 경제에서 IS 및 LM곡선의 위치를 정확히 파악하기는 어렵다. ⑤

② 재정지출 감소는 IS곡선을 좌측으로 이동시킨다.

③ 국민경제의 상황이 IS곡선과 LM곡선 상방에 위치하면 생산물 시장과 화폐 시장 모두 초과공급 상태이다. 따라서 국민소득은 감소하고 이자율이 하락하면서 균형으로 이동한다.

④ LM곡선의 기울기가 커질수록 금융 정책의 효과는 커지고 재정 정책의 효과는 작아진다.

⑤ 통화량이 증가할 때 일반적으로 이자율이 하락한다. 유동성 함정에서는 통화량의 증가로 LM곡선이 우측으로 이동해도 이자율은 변하지 않는다.

27 (가) 화폐공급은 통화당국이 어느 정도 통제할 수 있지만 화폐수요는 민간경제주체들에 의해 결정되므로 통화량과 이자율을 모두 통제하기는 곤란하다. ①

(나) 실물부문에 불안정성이 커서 IS곡선의 위치가 불확실하다면 이자율보다 통화량을 중간목표로 삼는 것이 바람직하다.

왜냐하면 통화량을 금융정책의 중간목표로 사용할 때 이자율을 중간목표로 사용할 때에 비해 국민소득의 변동폭이 작기 때문이다.

(다) 화폐시장에 불안정성이 존재한다면 이자율이 통화량보다 우월한 중간목표이다.

왜냐하면 LM곡선이 불안정적인 경우에는 이자율을 중간목표로 사용하면 국민소득이 일정하게 유지되나 통화량을 중간목표로 사용하면 국민소득의 변동폭이 크기 때문이다.

28 • 스탠포드 대학의 테일러 교수는 명목 연방기금금리(i_t)가 다음과 같이 인플레이션과 경기순환을 고려하는 단순한 준칙을 따라야 한다고 1993년에 제안했다. ③

→ $i_t = \pi_t + \alpha(\pi_t - \pi^*) + \beta(u_n - u_t)$

(단, i_t는 t기의 명목이자율, π_t는 t기의 인플레이션율, π^*는 목표 인플레이션율, u_n은 자연실업률, u_t는 t기의 실업률이며, α와 β는 1보다 작은 양의 상수라고 가정하자)

• 현재의 인플레이션율이 중앙은행의 인플레이션 목표치와 같다면 π_t와 π^*는 동일한 값을 갖는다. 현재의 생산량이 잠재생산량 수준과 같을 경우 자연실업률과 실업률이 동일해져서 $u_n = u_t$의 식이 성립된다.

• 따라서 기준금리 i_t는 π_t와 같기 때문에 기준금리를 동일수준으로 유지해야 한다.

29 다음은 A국 중앙은행이 따르는 테일러준칙이다. 현재 인플레이션율이 4%이고 GDP 갭이 1%일 때, A국의 통화 정책에 대한 설명으로 옳지 않은 것은? (단, r은 중앙은행의 목표 이자율, π는 인플레이션율, Y^*는 잠재 GDP, Y는 실제 GDP이다)

풀이 날짜			
채점 결과			

$$r = 0.03 + \frac{1}{4}(\pi - 0.02) - \frac{3}{4}\left(\frac{Y^* - Y}{Y}\right)$$

① 목표 이자율은 균형 이자율보다 높다.

② 목표 인플레이션율은 2%이다.

③ 균형 이자율은 3%이다.

④ 다른 조건이 일정할 때, 인플레이션 갭 1%p 증가에 대해 목표 이자율은 0.25%p 증가한다.

29 ①

- 스탠포드 대학의 테일러 교수는 명목 연방기금금리(i_t)가 다음과 같이 인플레이션과 경기순환을 고려하는 단순한 준칙을 따라야 한다고 1993년에 제안했다.

  $\rightarrow i_t = \pi_t + \alpha(\pi_t - \pi^*) + \beta(u_n - u_t)$

  (단, i_t는 t기의 명목이자율, π_t는 t기의 인플레이션율, π^*는 목표 인플레이션율, u_n은 자연실업률, u_t는 t기의 실업률이며, α와 β는 1보다 작은 양의 상수라고 가정하자)

- 현재 π가 4%이고, $\frac{Y^* - Y}{Y}$가 1%이다.

① $r = 0.03 + \frac{1}{4}(0.04 - 0.02) - \frac{3}{4} \times 0.01 = 0.0125$

균형이자율이 3%이고 목표이자율은 1.25%이므로 균형이자율이 목표이자율보다 높다.

② 테일러 준칙에서 목표 인플레이션율(π^*)은 0.02. 즉 2%이다.

③ 테일러 준칙에서 0.03은 균형이자율이므로 균형이자율은 3%이다.

④ 인플레이션 갭이 1%p 증가하면 목표 이자율(r)은 $\frac{1}{4} \times 1\%p = 0.25\%p$ 증가한다.

MEMO 그래프를 그려보세요.

CHAPTER 10

총수요 및 총공급이론

단원 학습 목표

- 총수요와 총공급의 구성요소를 통해 실질국민소득, 물가가 결정되는 과정을 배우게 된다.
- 총수요 및 총공급이론은 경기안정화정책의 효과를 비교 · 분석하기 위한 기본 모형으로 경제의 모든 시장에 의해 결정된다고 보는 일반균형이론이다.
- 일반적으로 총수요곡선은 우하향하나 총공급곡선은 학파들마다 다양한 형태로 도출된다.
- 고전학파의 총공급곡선은 수직선이라고 보는데 반해 케인즈는 수평선이라고 본다.
- 오늘날 거시경제학계는 고전학파의 총공급곡선을 장기 총공급곡선이라고 보고 단기 총공급곡선은 우상향 한다고 본다.

□△○

1절 개요

① IS곡선은 생산물 시장의 균형을 나타내고 LM곡선은 화폐 시장의 균형을 나타낸다.

② IS곡선과 LM곡선을 동시에 사용하면 생산물 시장과 화폐 시장을 모두 균형으로 만드는 균형이자율과 균형국민소득을 구할 수 있다.

③ IS곡선과 LM곡선에서 도출되는 균형국민소득은 총수요로 해석되어야 하며 거시경제의 일반균형이 아니다.

④ 거시경제의 일반균형은 노동시장의 균형에서 결정되는 총공급과 $IS-LM$곡선 모형을 이용한 총수요를 함께 고려해야 한다.

⑤ 총수요곡선과 총공급곡선을 동시에 사용하면 균형물가와 균형국민소득을 구할 수 있으며 경제 전체를 보다 유용하게 분석할 수 있다.

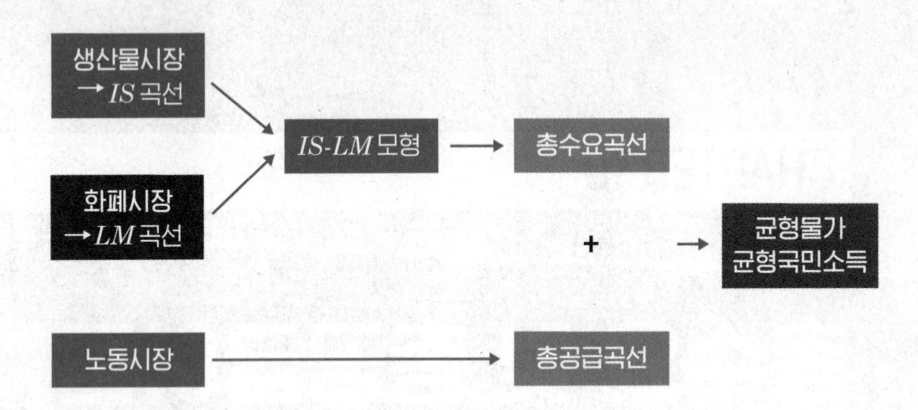

ㅁ△○

2절 총수요곡선

01 개념

① $IS-LM$곡선은 가격변수 중의 하나인 물가를 고정시켜 놓고 이자율과 소득의 관계를 살펴보았다.

② 이자율과 소득의 관계 대신 물가와 소득의 관계를 살펴보면 총수요곡선을 도출할 수 있다.

③ 총수요곡선이란 생산물 시장과 화폐 시장에서의 균형을 동시에 가져다주는 균형국민소득수준과 물가수준사이의 관계를 나타낸다.
또는 총수요곡선은 각각의 물가수준에 대응하여 한 나라 생산물에 대한 총수요를 보여준다.

④ 총수요(AD)란 GDP의 지출 측면으로 소비(C), 투자(I), 정부지출(G), 순수출(NX) 또는 수출(X) - 수입(M)의 합으로 정의된다.

$$\rightarrow AD = C + I + G + NX(X - M)$$

⑤ $IS-LM$모형에서의 균형국민소득은 총수요를 의미하므로 $IS-LM$곡선으로부터 총수요곡선(AD)곡선이 도출된다.

02 총수요곡선의 형태 - 총수요곡선이 우하향하는 이유

1 개요

총수요곡선은 미시경제학에서 취급하는 개별재화의 수요곡선과 동일한 모습을 가지고 있지만 총수요곡선이 우하향하는 기울기를 가지는 이유는 개별 재화의 수요곡선이 우하향하는 기울기를 가지는 이유와 전혀 다르다.

2 실질부(富)의 효과(피구 효과, 실질잔고 효과)

① 물가 하락은 실질부$\left(\frac{W}{P}\right)$의 증가를 가져와 소비지출이 증가한다.
즉, 물가 하락으로 인해 자산의 실질가치가 상승함에 따라 소비지출이 증가한다는 것이다.

② 소비지출의 증가는 총수요 확대를 가져오므로 물가와 총수요는 역관계를 갖는다.
즉, 실질화폐량의 증가가 직접적으로 소비 증가를 통해 총수요의 증가를 가져온다.

3 이자율 효과

① 물가 하락은 실질화폐 공급을 증가시키며 이자율 하락을 가져와 투자지출이 증가한다.
즉, 물가 하락은 LM곡선의 우측 이동을 가져와 이자율이 하락하며 이자율 하락은 투자지출의 증가를 가져온다.

② 따라서 물가 하락은 투자와 총수요 증가를 가져오기 때문에 물가와 총수요는 역관계를 갖는다.

4 환율 효과 또는 경상수지 효과

① 물가 하락으로 실질통화량이 증가하고 이자율이 하락함에 따라 외국으로 자본이 유출되고 그 결과 화폐가치가 하락하고 순수출이 증가하는 효과가 발생한다.

② 또는 물가 하락은 수출재의 가격 하락을 가져오므로 순수출이 증가하고 결국 물가와 총수요는 역관계를 갖는다.

03 총수요곡선의 도출

1 설명

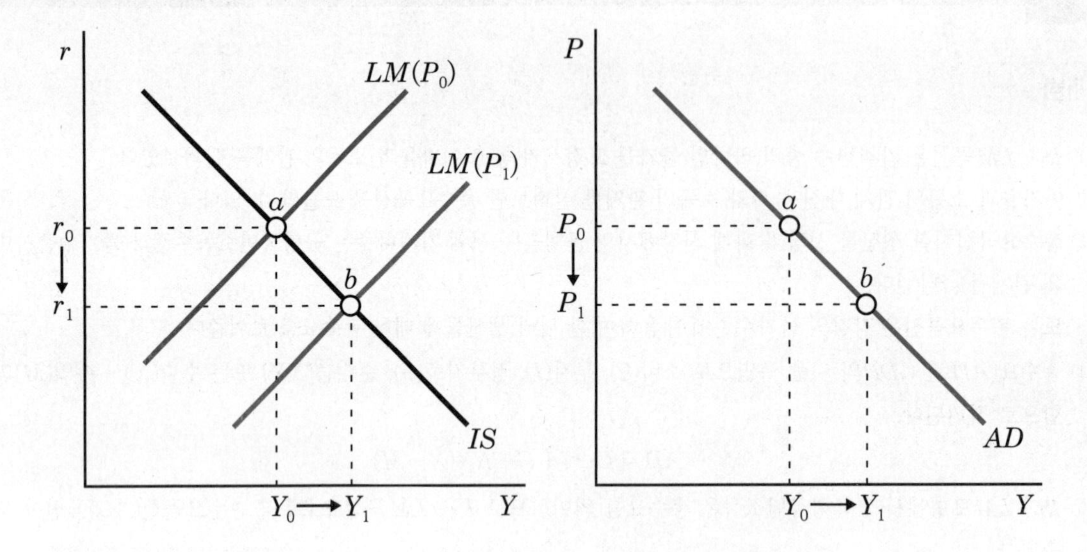

① 물가수준이 P_0일 때 IS곡선과 LM곡선이 만나는 점은 a이며 이때 균형국민소득은 Y_0가 된다.

② 물가수준이 P_0에서 P_1으로 하락하면 LM곡선은 $LM(P_0)$에서 $LM(P_1)$으로 우측 이동한다.

왜냐하면 명목통화량이 변하지 않더라도 실질통화량$\left(\frac{M^S}{P}\right)$이 물가가 P_0일 때에 비해 증가하기 때문이다.

③ LM곡선이 우측으로 이동하면 IS곡선과 LM곡선은 b점에서 만나고 균형국민소득은 Y_1으로 증가한다.

④ 물가 하락은 균형국민소득의 상승을 가져오므로 총수요곡선은 우하향의 형태로 도출된다.

⑤ 이것은 다른 조건이 일정하다면 물가수준의 하락이 실질화폐 공급량을 증가시켜 이자율을 하락시키고, 그 결과 투자수요가 증가하여 결국 총수요도 증가한다는 이자율 효과와 관련이 있다.

⑥ 물가가 변화하면 LM곡선은 이동하지만 AD곡선은 선상에서 이동한다.

2 유의점

① $IS-LM$모형에서의 소득(Y)은 지출국민소득으로 수요만 있으면 공급은 아무런 어려움 없이 수요에 대응할 수 있다고 가정하고 있다

② $IS-LM$모형의 균형은 공급 측면을 전혀 고려하지 않은 수요 측면만의 균형을 의미한다.

즉, Y는 총수요를 나타낸다.

04 총수요곡선의 기울기

1 *IS*곡선의 기울기와 총수요곡선의 기울기와의 관계

① 물가 하락으로 실질통화량이 증가하면 *LM*곡선은 우측으로 이동한다($LM_0 \rightarrow LM_1$).

*LM*곡선이 우측으로 이동하면 이자율은 하락하고 균형국민소득은 증가한다.

② *IS*곡선의 기울기가 작을수록 즉, 투자의 이자율 탄력성이 클수록 이자율 하락으로 인한 투자증가 효과가 커진다.

③ 따라서 *IS*곡선의 기울기가 완만할수록 국민소득 증가효과가 커지며 총수요곡선의 기울기도 완만해진다.

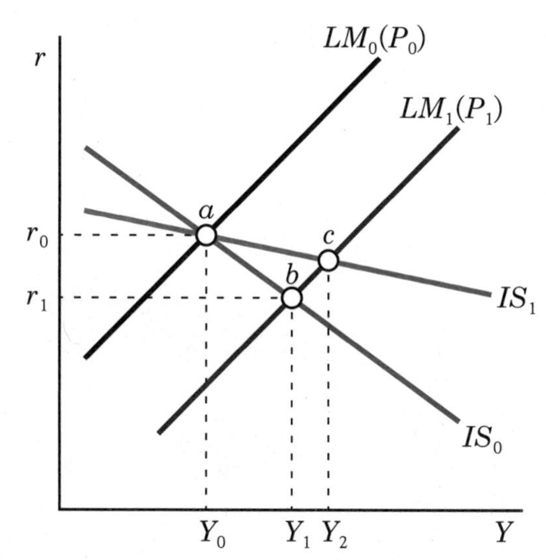

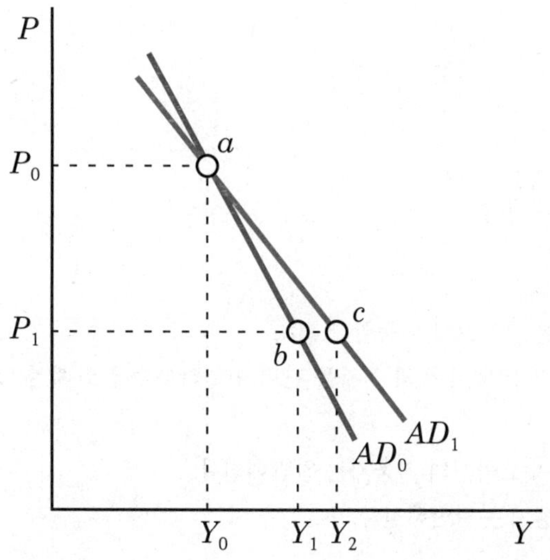

2 LM곡선의 기울기와 총수요곡선의 기울기와의 관계

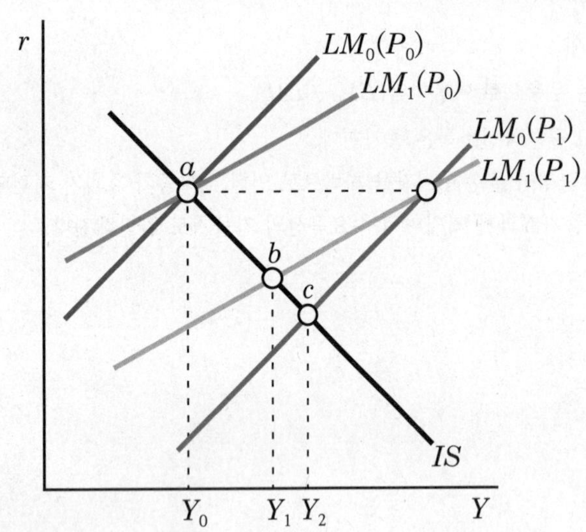

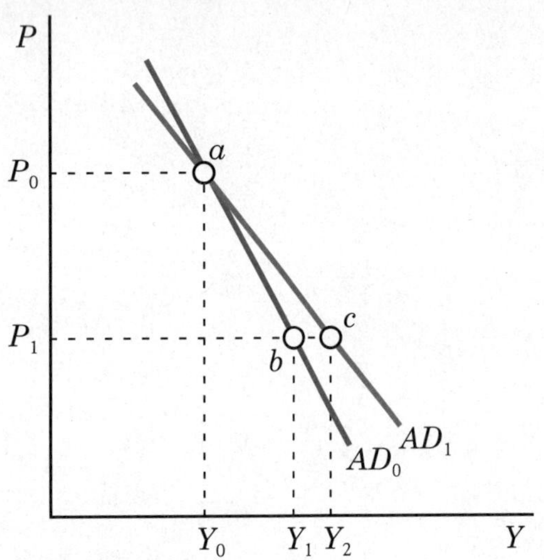

① 물가 하락으로 실질통화량이 증가하는 경우 LM곡선은 우측으로 이동한다.

② 화폐 수요곡선이 가파를수록 이자율 하락폭이 커지는데 화폐 수요의 이자율 탄력성이 작을수록 화폐 수요곡선과 LM곡선의 기울기는 커진다.

③ 이자율 하락폭이 클수록 투자 증가효과가 커지므로 총수요곡선의 기울기는 완만해진다.

④ 따라서 LM곡선의 기울기가 커지면 총수요곡선의 기울기는 완만해진다.

3 피구 효과가 존재하는 경우

① 고전학파 경제학자 중 하나인 피구(A. Pigou)는 가격의 하락이 소비를 증가시켜 총수요가 회복될 수 있다고 주장하였다. 이유는 실질화폐잔고(real money balance)가 소비를 결정하는 중요한 요인이라고 생각하였기 때문이다. 가격의 하락은 실질화폐잔고의 증가를 가져오는데 가계는 이를 부(wealth)의 증가로 받아들이고 늘어난 부를 이용하여 소비를 증가시킨다는 것이다. 이렇게 실질화폐잔고의 변화가 소비를 변화시키는 효과를 피구 효과(Pigou effect)라고 부른다.

② 물가가 하락하면 실질통화량이 증가하므로 LM곡선이 우측으로 이동하고 균형국민소득은 Y_0에서 Y_1으로 증가한다.

③ 실질잔고효과가 존재하면 물가 하락 시 실질부의 증가로 소비가 증가하며 IS곡선은 우측으로 이동한다 $(IS_0 \rightarrow IS_1)$.

④ IS곡선이 우측으로 이동하면 균형은 c점에서 이루어지고 균형국민소득은 Y_2로 증가한다.

⑤ 따라서 이자율 효과와 더불어 피구 효과 또는 실질잔고효과까지 존재하면 물가 하락 시 총수요는 더 크게 증가하고 총수요곡선은 더욱 완만한 기울기를 갖게 된다.

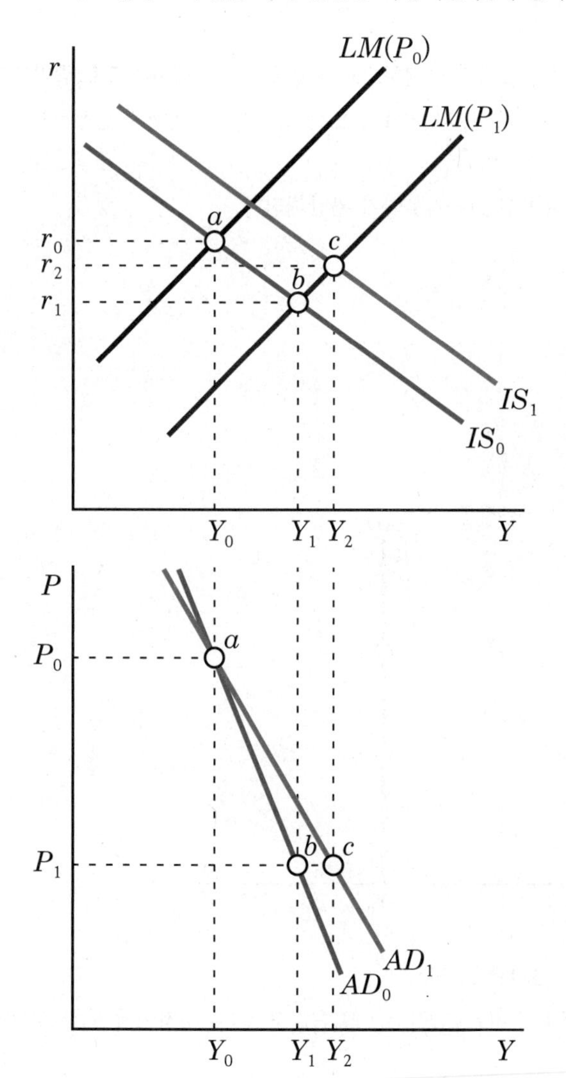

4 폐쇄경제와 개방경제의 총수요곡선의 기울기

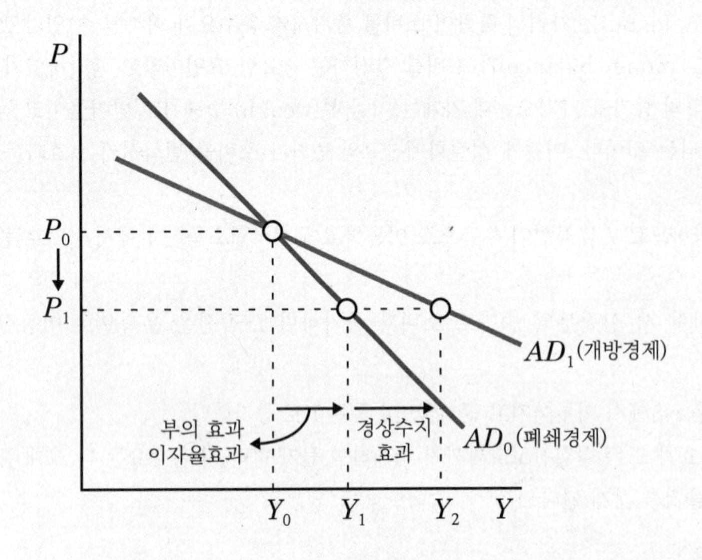

① 폐쇄경제는 물가 하락에 따른 실질부의 효과와 이자율 효과만 발생하므로 국민소득이 Y_0에서 Y_1으로 증가한다.

② 개방경제는 물가 하락에 따른 실질부의 효과와 이자율 효과, 환율 효과 또는 경상수지효과까지 발생하므로 국민소득이 Y_0에서 Y_2까지 증가한다.

③ 따라서 개방경제의 총수요곡선이 폐쇄경제의 총수요곡선보다 기울기가 완만해진다.

05 총수요곡선이 수직선인 경우

1 투자의 이자율 탄력성이 0일 때(투자 함정)

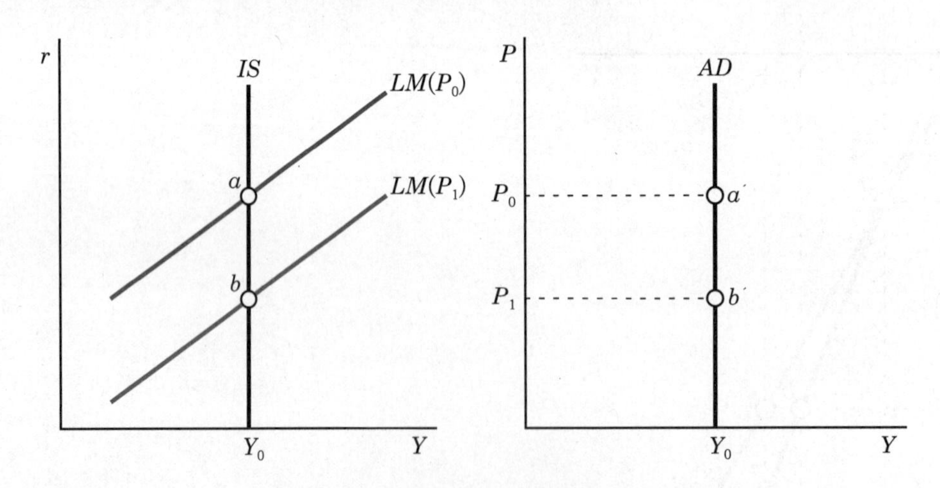

① 투자의 이자율 탄력성이 0이면 IS곡선은 수직선의 형태를 갖는다.

② 물가가 하락($P_0 \rightarrow P_1$)하면 LM곡선은 우측으로 이동하며$\left(LM(P_0) \rightarrow LM(P_1)\right)$ 균형점은 a점에서 b점으로 변화한다.

③ 물가가 P_1으로 하락하였으나 총수요는 Y_0에서 불변이므로 수직의 총수요(AD)곡선이 도출된다.

2 화폐 수요의 이자율 탄력성이 ∞일 때(유동성 함정)

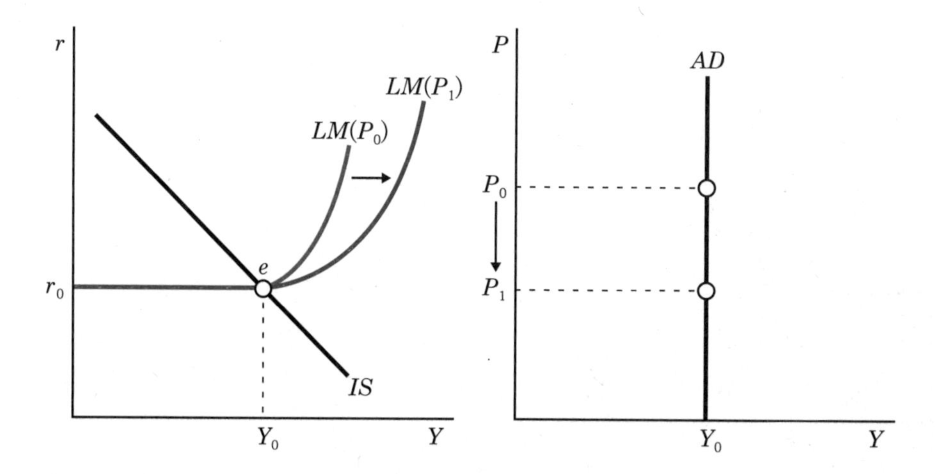

① 화폐 수요의 이자율 탄력성이 무한대(∞)이면 LM곡선은 수평선의 형태를 갖는다.

② 물가가 하락($P_0 \to P_1$)하면 LM곡선은 우측으로 이동$\left(LM(P_0) \to LM(P_1)\right)$하나 균형점은 e점에서 변하지 않는다.

③ 따라서 물가가 P_0에서 P_1으로 하락하였으나 총수요는 Y_0에서 불변이므로 수직의 총수요(AD)곡선이 도출된다.

06 유동성 함정과 피구 효과

1 개념

피구 효과란 소비함수에 자산효과가 도입되면 물가(P)의 하락에 따라 실질자산이 증가하고 이것이 소비 증가를 통해 IS곡선을 우측으로 이동시켜 국민소득증가를 가져오는 효과를 말한다.

2 가계가 보유하는 자산의 실질가치

① 가계가 보유하는 자산의 명목가치 W는 다음과 같다.

$$\rightarrow W = K + M + B$$

〔K : 실물자산의 명목가치, M : 중앙은행이 발행한 통화의 명목가치, B : 정부채권의 명목가치〕

② 물가수준을 P라고 하면 가계가 보유하는 자산의 실질가치는 다음과 같다.

$$\frac{W}{P} = \frac{K}{P} + \frac{M}{P} + \frac{B}{P} = k + \frac{M}{P} + \frac{b}{rp}$$

〔r : 이자율, b: 보유하고 있는 정부채권의 매수〕

③ k는 실물 자본의 실질가치로서 단기적으로 고정되어 있고, $\frac{b}{rp}$는 정부채권의 실질가치이다.

3 유동성 함정이 존재하는 경우

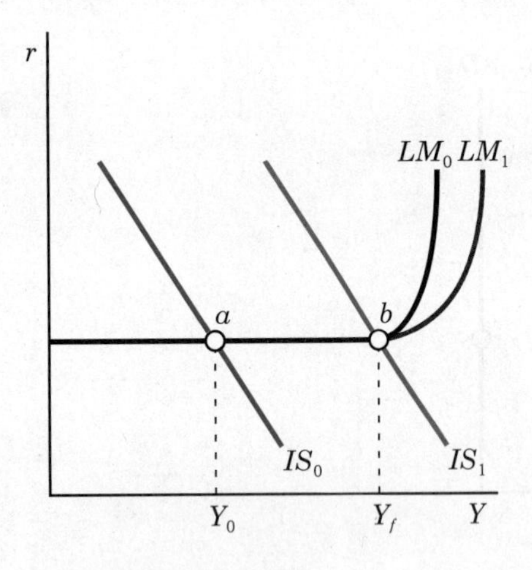

① 유동성 함정이 존재한다면 LM곡선은 수평선이다.

② 유동성 함정에서는 경기 불황이므로 일반적으로 실제 GDP가 잠재 GDP가 작다.

현재 완전고용 국민소득 또는 잠재 GDP가 Y_f이고 국민소득 또는 실제 GDP가 Y_0라면 GDP 갭이 발생하고 경기 침체이다.

4 의미

① 피구 효과는 물가가 완전 신축적이라면 실질자산 변화에 의해서 경제가 자동적으로 완전고용산출량에 도달함을 의미한다.

② 피구 효과는 경제가 극심한 불황일 경우에는 정부가 개입하여 확대적인 재정 정책을 실시해야만 한다고 보는 케인즈의 주장에 대한 고전학파의 반론이다.

③ 피구 효과는 유동성 함정의 상황에서도 금융 정책이 유효하다는 의미를 갖고 있기도 하다. 왜냐하면 중앙은행이 발행한 통화의 실질가치$\left(\frac{M}{P}\right)$가 증가한다면, 소비의 증가를 가져와 IS곡선의 우측 이동을 통해 총 수요가 증가할 수 있기 때문이다.

5 유동성 함정이 존재하는 경우의 AD곡선

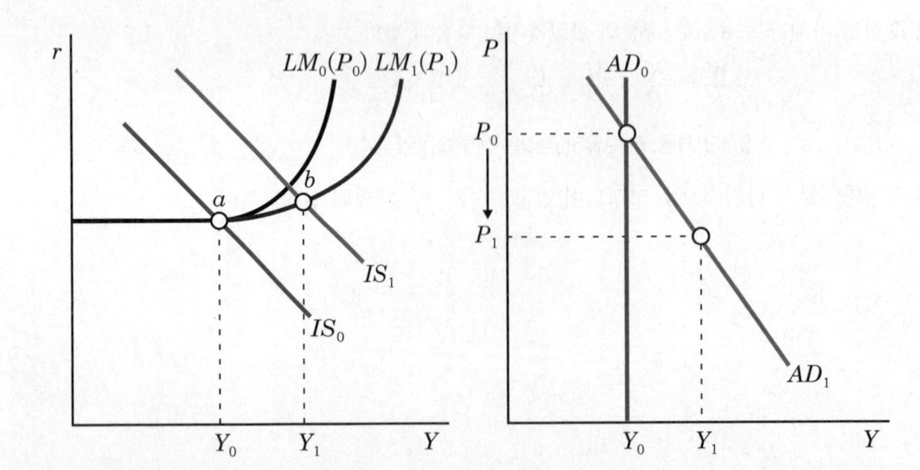

① 최초 a점에서 균형을 이루고 있다. 균형에서 물가는 P_0이고 총수요는 Y_0이다.

② 물가가 P_0에서 P_1으로 하락하면 LM곡선은 $LM_0(P_0)$에서 $LM_1(P_1)$으로 우측 이동한다.

③ LM곡선이 우측으로 이동하더라도 균형은 a점에서 불변이므로 총수요는 Y_0에서 변하지 않는다. 따라서 총수요(AD)곡선은 수직선의 형태를 갖는다.

④ 그러나 피구 효과가 존재하면 물가 하락으로 IS곡선도 우측으로 이동하므로 새로운 균형은 b점에서 달성되고 총수요는 Y_1으로 증가한다.

⑤ 따라서 화폐 수요의 이자율 탄력성이 무한대(∞)인 유동성 함정의 경우에도 총수요(AD)곡선은 우하향의 형태를 갖는다.

07 총수요곡선의 이동

① 총수요곡선은 $IS-LM$모형에서 물가를 움직여가면서 도출되었으므로 물가 이외의 변수가 변화하여 IS곡선이나 LM곡선이 이동하면 AD곡선도 이동한다.
즉, 총수요란 국내에서 생산된 최종재의 수요로 소비(C), 투자(I)), 정부(소비)지출, 순수출로 구성되므로 ($AD = C+I+G+NX$) 총수요의 변화요인이 발생하면 총수요곡선이 이동한다.

② $IS-LM$모형에서 소득을 증가시키도록 하는 요인이 발생하면 AD곡선은 우측으로 이동하고, 소득을 감소시키도록 하는 요인이 발생하면 AD곡선은 좌측으로 이동한다.

③ 통화량이 증가하면 LM곡선은 우측으로 이동하고 AD곡선도 우측으로 이동한다.
통화량이 감소하면 LM곡선은 좌측으로 이동하고 AD곡선도 좌측으로 이동한다.

④ 정부지출을 증가시키거나 조세를 감면하면 IS곡선이 우측으로 이동하고 AD곡선도 우측으로 이동한다. 정부지출을 감소시키거나 조세징수를 늘리면 IS곡선이 좌측으로 이동하고 AD곡선도 좌측으로 이동한다.

⑤ 즉, 확대 통화 정책은 총수요곡선을 우측으로 이동시키고 긴축 통화 정책은 총수요곡선을 좌측으로 이동시킨다.
확대 재정 정책은 총수요곡선을 우측으로 이동시키고 긴축 재정 정책은 총수요곡선을 좌측으로 이동시킨다.

요인	총수요곡선의 이동
통화량↑, 소비↑, 투자↑, 정부지출↑, 순수출↑	우측 이동
통화량↓, 소비↓, 투자↓, 정부지출↓, 순수출↓	좌측이동

(↑ : 증가, ↓ : 감소)

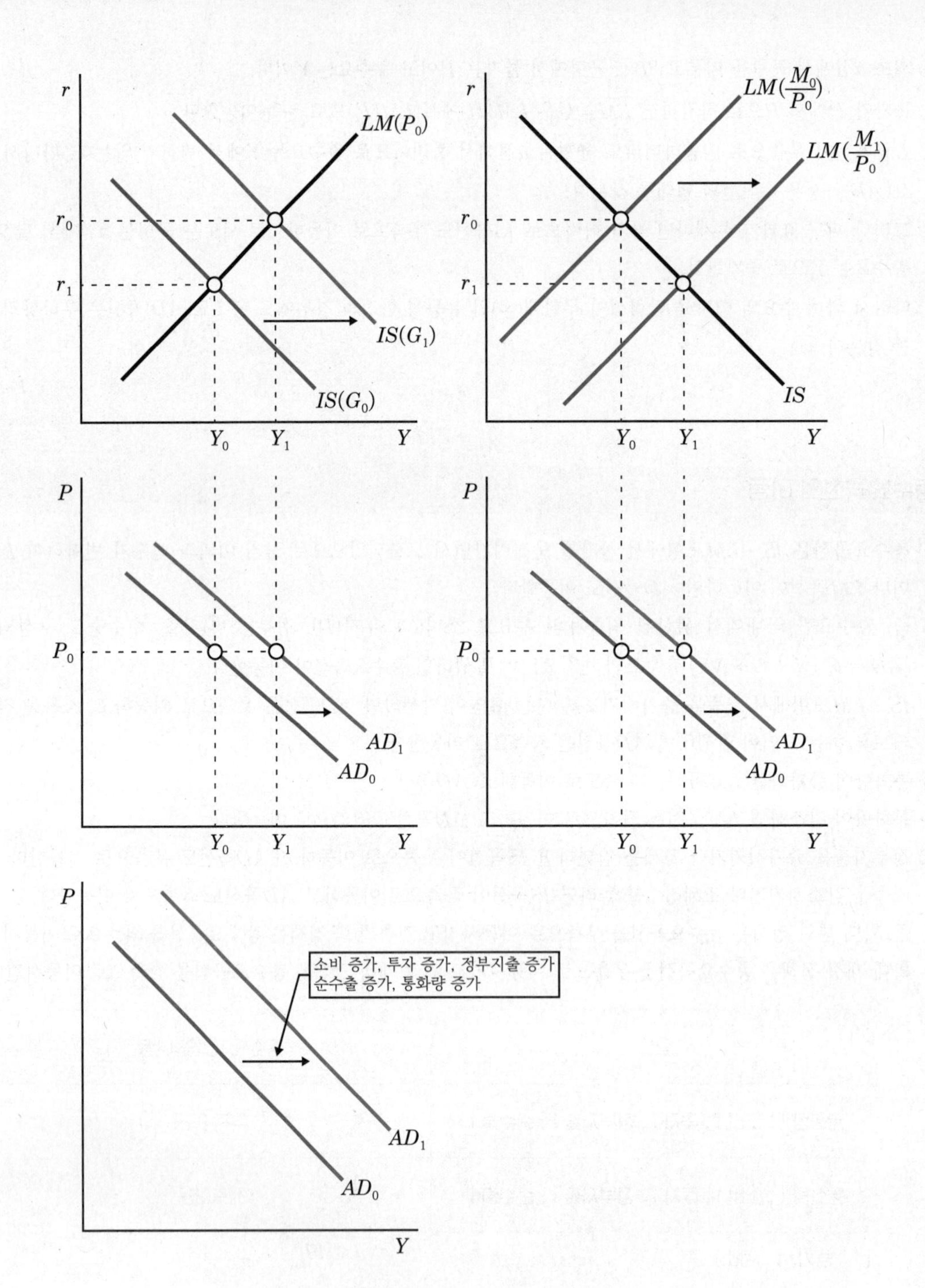

r
$LM(P_0)$
r_0
r_1
$IS(G_1)$
$IS(G_0)$
Y_0
Y_1
Y
$LM(\frac{M_0}{P_0})$
$LM(\frac{M_1}{P_0})$
IS
P
P_0
AD_1
AD_0
소비 증가, 투자 증가, 정부지출 증가
순수출 증가, 통화량 증가

개념정리	물가수준의 변화와 예상 물가수준의 변화

• 물가수준(P)의 변화는 총수요곡선의 이동 원인은 아니며 총수요곡선 선상에서의 이동을 가져오는 원인이 된다. 그러나 예상물가수준(P^e)의 변화는 총수요곡선의 이동 요인이 될 수 있다.

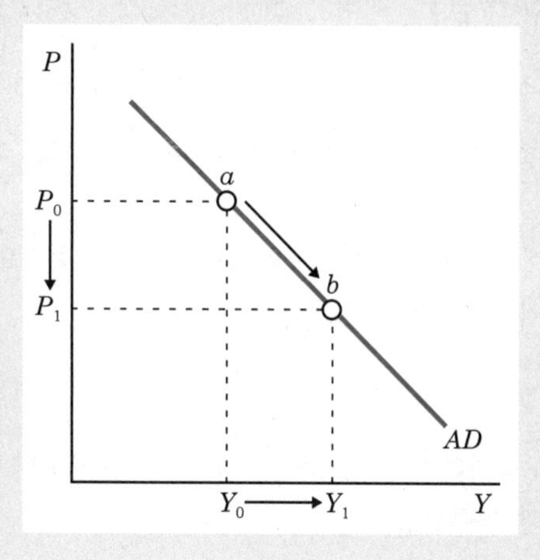

08 고전학파의 총수요곡선

1 개요

① 고전학파는 '공급이 스스로 수요를 창출한다.'는 '세이의 법칙'을 주장한다.

② 공급 측면에 의하여 총수요의 크기가 결정되므로 소비(C), 투자(I), 정부지출(G) 등은 총수요에 아무런 영향을 미칠 수 없다.

2 총수요곡선의 도출

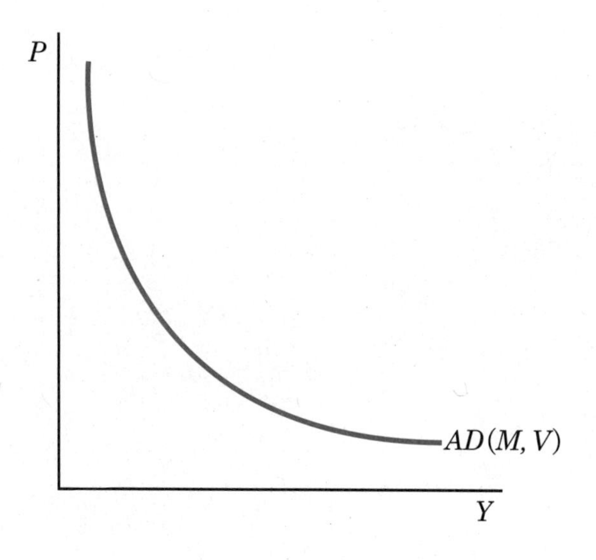

① 고전학파의 총수요곡선은 화폐수량설로부터 도출된다.

② 수량방정식 $MV = PY$의 식에서 통화량 M과 유통속도 V가 고정되었을 때 소득 Y와 물가 P는 역의 관계를 갖는다.

③ 물가 P에 대하여 정리하면 다음과 같이 나타낼 수 있다.

$$P = \frac{MV}{Y}$$

$$\rightarrow P = \frac{1}{k} \cdot \frac{M}{Y} \ \left(k = \frac{1}{V}\right)$$

④ 또는 총수요 Y에 대하여 정리하면 $Y = V \times \frac{M}{P}$이므로 총수요 Y는 화폐의 실질잔고수준 $\frac{M}{P}$에 의존하게 된다.

④ 유통속도 V, 마샬의 k, 통화량 M이 일정하면 물가 P와 총수요 Y의 관계를 나타내는 총수요곡선은 우하향의 직각쌍곡선의 형태이다.

⑤ 화폐의 실질잔고는 화폐의 구매력을 나타내는데 물가 P가 상승하여 화폐의 구매력이 감소하면 총수요는 감소하고, 물가가 하락하여 화폐의 구매력이 증가하면 총수요가 증가한다.

3 총수요곡선의 이동

① 통화량이 증가하거나 마샬의 k가 감소 또는 유통속도 V가 증가하면 총수요곡선은 우측으로 이동한다.

② 통화량이 감소하거나 유통속도 V가 감소하면 총수요곡선은 좌측으로 이동한다.

4 특징 및 평가

① 고전학파 총수요곡선은 통화량의 영향만 받으며 소비(C), 투자(I), 정부지출(G)등의 영향은 받지 않는다.

② 재정 정책을 실시하더라도 총수요곡선은 이동하지 않는다.

③ 지나치게 단순한 모형으로 평가된다.

3절 총공급곡선

01 의의

1 총공급곡선이란?

① 총공급곡선이란 각각의 물가수준에 대응하여 한 나라의 기업 전체가 팔고자 하는 생산물에 대한 총공급을 보여주는 곡선이다.

② 총공급곡선은 일반적으로 장기 총공급곡선과 단기 총공급곡선으로 구분된다.

③ 케인즈학파와 고전학파는 총공급곡선이 어떤 모습을 가지고 있는지에 대해 상반된 주장을 제기했다.

2 단기와 장기의 구분

① 장기와 단기의 구분은 거시경제학에서 매우 중요한데 두 기간을 구분할 때 가장 중요하게 고려해야 할 것은 가격변수들의 움직임이다.

② 장기에는 기간이 충분히 길기 때문에 수요와 공급이 변화하면 가격이 신축적으로 변동해 수요와 공급을 다시 일치시키는 시장 청산(market clearing)이 일어난다.

③ 단기에는 수요와 공급이 변화하더라도 가격을 조정할 만큼 기간이 충분히 길지 않기 때문에 가격의 경직성이 존재해 시장 청산을 이루지 못하고 가격 대신 고용이나 산출량 같은 수량이 변화하게 된다.

02 케인즈의 총공급곡선

① 케인즈는 물가가 경직적이고 경제에 유휴 생산능력이 존재한다고 보았기 때문에 총공급곡선은 미리 정해진 물가수준에서 수평선의 형태를 갖는다.

② 총공급곡선이 수평인 경우에는 총수요곡선의 위치가 균형국민소득을 결정한다. 즉, 확대 재정 정책이나 확대 통화 정책으로 인해 총수요곡선이 우측으로 이동하면 균형국민소득도 같은 폭만큼 증가하게 된다.

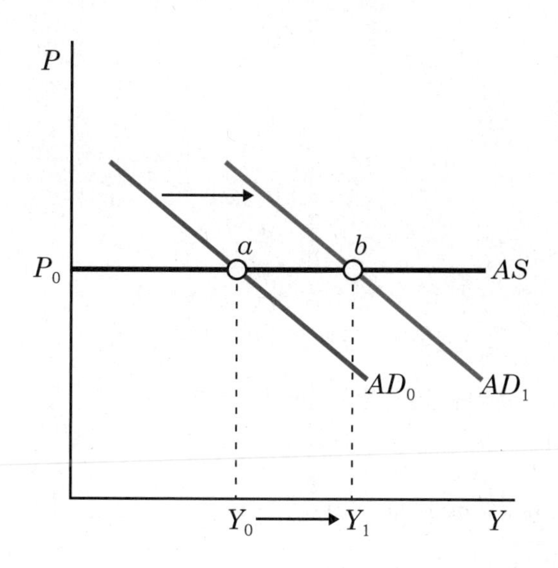

03 고전학파의 총공급곡선

1 총생산과 노동시장

① 자본량은 단기적으로 고정되어 있고 노동량만 변한다면 GDP를 생산하는 생산함수는 다음과 같다.

$$\rightarrow Y = f(L, \overline{K})$$

즉, 단기적으로 총생산 Y는 노동량 L에 달려 있다.

② 노동에 대한 수요와 공급은 실질임금(w)에 의존하고 실질임금이 신축적으로 변한다면 노동에 대한 수요와 공급은 일치한다.

③ 노동시장에서의 수요와 공급에 의해 균형임금과 균형고용량이 결정되면 경제 전체의 총생산량이 결정된다.

④ 노동시장의 균형고용량(L^*)은 균형임금수준에서 일할 의사가 있는 사람들이 모두 고용되었으므로 완전고용량이 되고 모든 생산요소가 완전고용되어 산출되는 $GDP(Y^*)$를 완전고용 GDP 또는 잠재 GDP라고 한다.

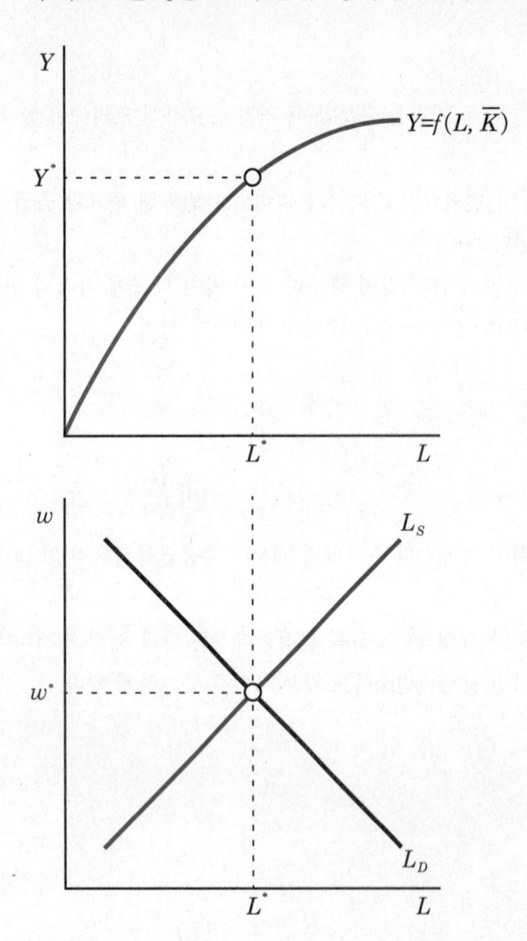

2 총공급곡선의 도출

① 물가가 P_0에서 P_1으로 상승하면 실질임금은 $\frac{W_0}{P_0}$에서 $\frac{W_0}{P_1}$로 하락하고 노동의 초과수요가 발생한다.

② 노동의 초과수요로 명목임금이 W_0에서 W_1으로 즉각 상승하면 실질임금은 변하지 않는다.

$$\rightarrow \frac{W_0}{P_0} = \frac{W_1}{P_1}$$

③ 실질임금이 변하지 않으므로 노동의 고용량도 L_0로 변하지 않고 산출량 역시 Y_f에서 변하지 않는다.

④ 물가가 P_0에서 P_1으로 상승하더라도 마찬가지로 산출량은 Y_f에서 변하지 않으므로 완전고용산출량수준에서 수직의 총공급곡선이 도출된다.

⑤ 즉, 실질임금이 변하지 않으면 고용량과 산출량의 변화를 가져오지 않고 총공급(AS)곡선은 수직선의 형태를 갖는다.

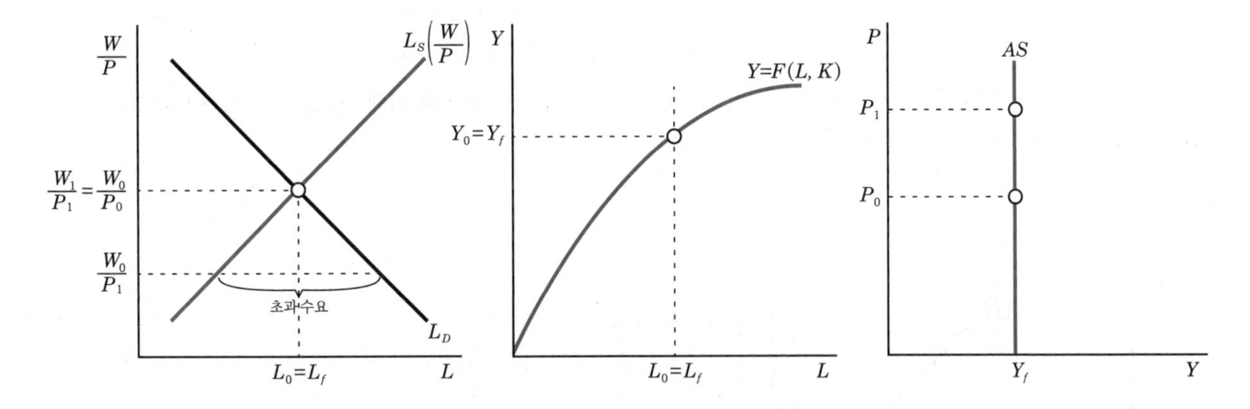

3 결론

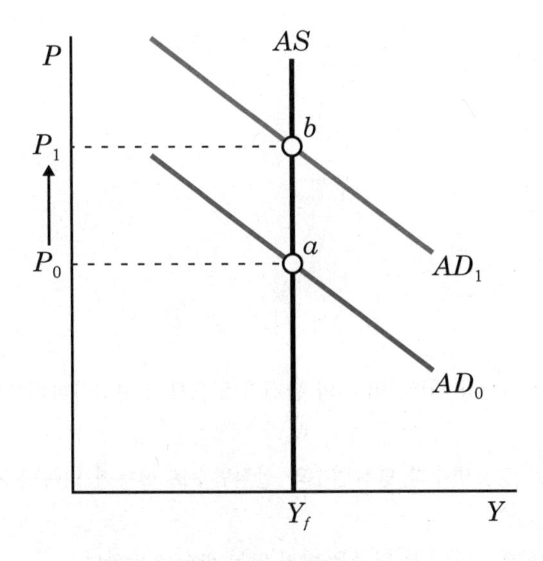

① 고전학파는 케인즈와 달리 총공급곡선이 수직이라고 주장하였다.

② 고전학파에 따르면 모든 가격은 신축적이므로 노동을 비롯한 모든 생산요소는 언제나 완전고용되며, 이에 따라 총생산량은 물가수준에 관계없이 항상 완전고용 국민소득과 일치한다는 것이다.

③ 따라서 총공급곡선은 완전고용 국민소득(Y_f)에서 수직인 모습을 갖게 된다.

④ 총공급곡선이 수직인 경우에는 어떤 총수요의 변화도 물가가 변화시킬 뿐 균형국민소득에는 아무런 영향을 미치지 못한다.

⑤ 총수요곡선이 AD_0에서 AD_1으로 우측 이동하더라도 물가는 P_0에서 P_1으로 상승하나 국민소득에는 영향을 미치지 못한다.

04 일반적인 단기 총공급곡선

1 의의

① 극심한 불황기에는 국민소득이 낮고 실업률이 높은 상태로 '케인즈 모형'의 수평의 총공급곡선이 현실성이 있다.

② 완전고용 국민소득(Y_f)에 도달하게 되는 호황기에는 '고전학파 모형'의 수직의 총공급곡선이 현실성이 있다.

③ 현실경제는 두 극단이 아닌 중간영역에 속하므로 우상향의 총공급곡선을 갖게 된다.

④ 우상향의 총공급곡선에서는 총수요 측면이나 총공급 측면의 어느 한쪽에 의해 국민소득과 물가가 결정되지 못하고 상호작용 하에 결정된다.

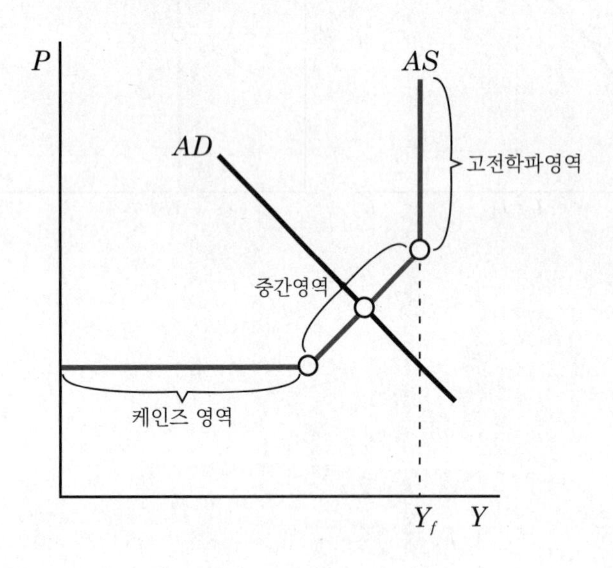

2 우상향하는 총공급곡선의 경제적 의미

1. 고전적 이분성의 불성립

① 총공급곡선이 우상향하면 명목변수인 물가와 실질생산량 간에 정(+)의 관계가 있으므로 고전학파의 이분법이 성립되지 않는다.

→ 고전학파의 이분성(classical dichotomy)이란 경제변수를 명목변수와 실질변수로 나누어 명목변수는 실질변수에 영향을 주지 않는다는 의미이다.

즉, 모든 실질변수는 완전고용수준에서 결정되고 화폐 시장에서 영향을 받지 않는 현상을 말한다.

② 총공급곡선이 우상향하면 정부의 수요관리 정책이 생산, 고용 등 실물변수를 변화시킬 수도 있음을 시사한다.

2. 즉각적이지 못한 경제의 조정 과정

① 경제의 조정 과정이 즉각적이라면 외적 충격이 즉시 가격변수에 반영되어 경제는 언제나 자연산출량 수준을 유지한다.

② 그러나 총공급곡선이 우상향하면 실제산출량이 자연산출량 수준을 벗어나기 때문에 경제의 조정 과정이 즉각적이지 못함을 의미한다.

3 모형의 구분

① 지금부터 우상향하는 총공급곡선을 도출하는 근거에 대해 자세히 분석하기로 한다.

② 가격이 신축적으로 변동하면 수요와 공급을 일치시키는 시장 청산(market clearing)이 일어나고 임금이나 재화가격의 경직성이 존재하면 시장 청산을 이루지 못하므로 시장 비청산이 일어난다.

③ 정보가 불완전한 경우에는 임금 경직성이나 가격 경직성 같은 시장의 마찰요인이 존재하지 않으므로 시장 청산이 일어난다.
그러나 불확실성이 존재하고 경제주체들이 경제적인 의사결정을 하기 위해 필수적으로 알아야 하는 변수들의 값을 정확히 알지 못하므로 정보가 불완전하다.

	시장 비청산	시장 청산
노동시장	명목임금 경직성 모형	화폐환상 모형
재화시장	비신축적 가격 모형	불완전 정보 모형

4 화폐환상모형(노동자 오인모형 : misperception model)

1. 개요

① 정보의 불완전성은 노동자 또는 생산자의 경우 모두 일어날 수 있는데 노동자가 불완전한 정보를 가지고 있다고 가정한다.

② 기업은 물가의 움직임을 잘 관찰하고 언제나 적절히 대처하므로 노동에 대한 수요는 실질임금$\left(\frac{W}{P}\right)$에 의존한다.

③ 노동자는 자기가 받는 명목임금은 관찰하지만 경제 전체의 물가수준은 단기적으로 관찰할 수 없다. 즉, 노동자들은 자신이 받는 명목임금을 잘 알지만 일상생활에서 거래하는 재화와 서비스는 매우 한정되어 있기 때문에 모든 재화와 서비스의 가격을 잘 알지 못한다.
노동자의 노동 공급곡선은 실질임금이 아닌 예상실질임금$\left(\frac{W}{P^e}\right)$에 의존한다고 가정한다.

④ 실질임금의 변화와 명목임금의 변화를 혼동하는 것을 화폐환상(money illusion)이라고 한다. 화폐환상이란 경제주체의 의사결정이 실질가격이 아닌 명목가격에 의해 영향을 받는 것을 말한다.
노동자가 실질임금 즉, 임금의 실질구매력에 아무런 변화가 없음에도 불구하고 명목임금이 상승함에 따라 노동 공급을 변화시킨다면 이 노동자는 화폐환상에 빠져있다고 말할 수 있다.

⑤ 화폐환상모형 또는 노동자오인모형은 그 뿌리가 케인즈에 있긴 하지만 통화론자인 프리드먼(M. Friedman)이 지지한 모형이다.

2. 총공급곡선의 도출(완전한 화폐환상)

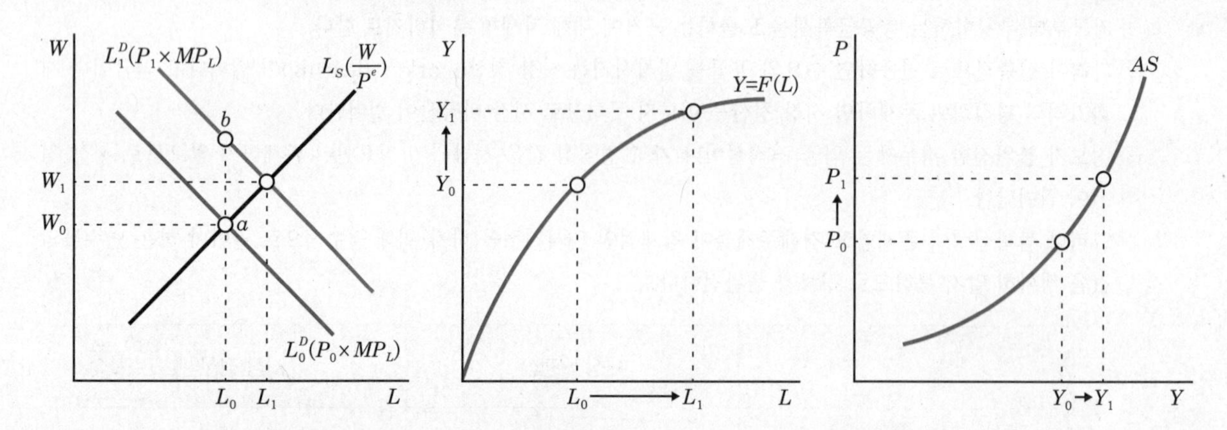

① 실제물가가 P_0에서 P_1으로 상승하면 노동수요곡선은 우측으로 이동하나$(L_0^D \to L_1^D)$ 노동 공급곡선은 이동하지 않는다. 왜냐하면 노동자의 예상물가(P^e)가 변하지 않기 때문이다.

→ 노동자의 예상물가가 변하지 않는 경우를 완전한 화폐환상이라고 한다.

② 물가가 상승하면 경제 전체의 고용량은 L_0에서 L_1으로 증가한다.

③ 물가의 상승폭은 $(a \leftrightarrow b)$이고 명목임금의 상승폭은 $(W_0 \leftrightarrow W_1)$이므로 물가의 상승폭이 명목임금의 상승폭보다 크다. 따라서 실질임금$\left(\frac{W}{P}\right)$은 하락하고 노동의 고용량은 증가한다.

④ 또는 물가가 상승하여 기업이 전보다 높은 명목임금을 제시할 때 노동자들은 기업이 새로 제시하는 명목임금에서 자신의 실질임금이 상승하였다고 착오(misperception)을 일으킬 수 있다. 이는 근로자들이 인식하는 물가수준이 실제의 물가수준에 미치지 못하는 경우이다.
실질임금이 올랐다고 착오를 일으킨 노동자들은 노동의 공급을 증가시킨다.

⑤ 경제 전체의 고용량은 L_0에서 L_1으로 증가하므로 산출량은 Y_0에서 Y_1으로 증가하고 단기 총공급곡선은 우상향의 형태로 도출된다.

사례

- 물가가 10% 상승할 때 명목임금이 10% 상승하더라도 기업은 이전과 동일한 양의 노동을 고용할 의사가 있다.
- 기업이 10% 인상된 명목임금을 제시할 때 노동자들이 인식한 예상물가가 5%밖에 오르지 않는 것으로 착오해 실질임금이 오른 것으로 인식한다.
- 실질임금이 상승했다는 착오를 일으킨 노동자는 노동 공급을 늘리게 되며 그 결과 균형고용량과 총생산량이 증가한다.

3. 부분적인 화폐환상

① 물가가 P_0에서 P_1으로 상승할 때 예상 물가는 P_0^e에서 P_1^e로 상승한다.

② 노동자의 예상물가 변화율이 실제물가 변화율보다 작다면$\left(\dfrac{\Delta P^e}{P^e} < \dfrac{\Delta P}{P}\right)$ 노동 수요곡선의 우측 이동폭이 노동 공급곡선의 좌측 이동폭 보다 더 크다.

③ 따라서 새로운 균형점은 c점에서 형성되고 노동 고용량은 L_0에서 L_2로 증가한다.

④ 완전한 화폐환상과 비교할 때 총공급곡선의 기울기는 가파르지만 총공급곡선은 우상향하는 형태를 가진다.

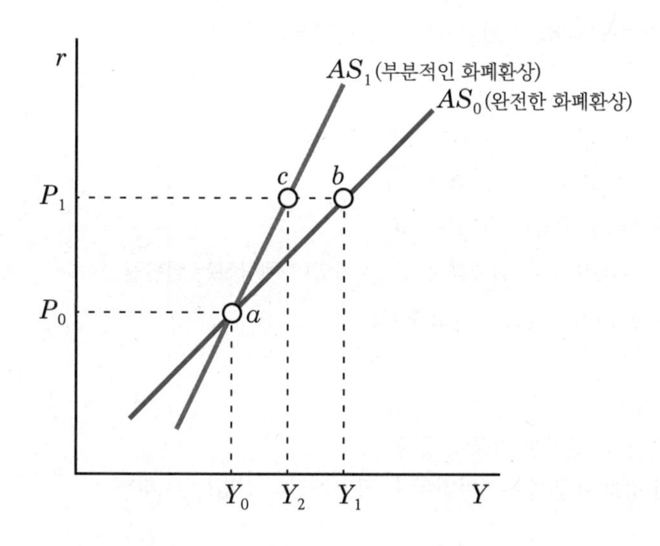

5 장기 총공급곡선

① 동태적으로 볼 때 고려하는 기간이 장기일수록 노동자들의 물가에 대한 예상이 점점 정확해진다.

② 따라서 기간이 장기화되면 총공급곡선은 이전보다 가파른 기울기를 갖는다.

05 불완전정보 모형

1 의의

① 불완전정보 하에서 정부의 경제정책이 마치 자기가 생활하고 있는 경제권에서만 실시되는 것으로 착각하고 있는 상황이다.

② 불완전정보 모형은 새 고전학파인 루카스(R. Lucas)에 의해 고안되었다.

2 가정

① 기업이 노동자보다 우월한 정보력을 지니고 있지 않다.
즉, 기업, 노동자의 구분 없이 모든 경제주체가 불완전정보에 직면하고 있다.
생산자가 자신이 만드는 제품의 가격은 관측할 수 있지만 일반 물가는 정확히 알 수 없다고 가정한다.

② 개별기업의 가격변화에 대한 반응정도를 나타내는 계수인 λ가 모든 기업에 대해 동일하다.

③ 노동 공급은 예상실질임금 $\left(\frac{W}{P^e}\right)$의 증가함수이고, 예상은 합리적 기대를 이용하여 형성된다.

3 개별기업의 공급곡선

$$y_i = y_i^f + \lambda\left(p_i - p_i^e\right)\ (\lambda > 0)$$

① y_i는 개별기업의 i의 산출량을, y_i^f는 해당 기업의 정상적 산출수준, p_i는 해당 기업의 산출물 가격수준, p_i^e는 개별기업이 예측하는 일반 물가수준에 대한 기대를 의미한다.

② 물가수준이 예상치 못하게 상승하면 개별기업은 자사제품에 대한 선호가 제고된 것으로 착각하여 생산량을 늘릴 수 있다.

③ 착각(misperception)은 합리적 기대를 가정하더라도 불완전정보 하에서 발생할 수 있다.

4 경제 전체의 공급곡선

$$\sum y_i = \sum y_i^f + \sum\left\{\lambda\left(p_i - p_i^e\right)\right\}$$
$$\rightarrow Y = Y_f + \lambda\left(P - P^e\right)\ (\lambda > 0)$$

① Y는 경제 전체의 총공급이고, Y_f는 잠재 GDP, P는 실제물가, P^e는 기업이 예상하는 일반물가이다.

② 해당 함수식을 루카스 공급곡선(Lucas supply curve)이라고 한다.

5 새 고전학파 공급곡선의 특징

① 예상하지 못한 일반 물가수준의 상승이 총 공급 증가를 이끌어 낼 수 있다.

② 가격이 신축적이라는 가정 하에서 불완전 정보 때문에 우상향하는 총 공급곡선을 설명할 수 있다.

06 명목임금 경직성 모형

1 의의

① 케인즈는 본래 명목임금의 경직성을 강조하였다.

② 이는 노동자 오인모형의 극단적인 경우에 해당하는데 명목임금이 고정되어 있으면 총공급곡선은 우상향한다.

2 설명

① 단기적으로 명목임금 수준이 $W=\overline{W}$로 주어져 있다고 하자. 현재 물가수준을 P_0라고 할 때 노동시장의 균형은 L^d와 L^s가 만나는 점에서 결정된다.

② 물가수준이 P_0에서 P_1으로 하락하면, 실질임금이 $w_0=\dfrac{\overline{W}}{P_0}$에서 $w_1=\dfrac{\overline{W}}{P_1}$로 상승함에 따라 노동수요는 감소하고 노동공급은 증가하여 노동의 초과공급이 발생한다.

③ 명목임금이 하방 경직적이지 않아 노동의 수요와 공급에 따라 신축적으로 조정되는 경우, 노동의 초과공급은 명목임금의 하락으로 해소되고 노동시장은 초기 균형점으로 복귀한다. 그러나 단기적으로 명목임금은 경직적이기 때문에 고용량은 전적으로 노동의 수요 측면에 의해 결정된다.

④ 그 결과 고용량이 L_0에서 L_1으로 감소하면서 비자발적 실업이 발생한다.
총산출량은 단기 생산함수 $Y=f(L)$를 따라 Y_0에서 Y_1으로 감소한다.

⑤ 따라서 물가수준의 하락($P_0 \to P_1$)에 대해 우상향하는 단기 총공급곡선을 얻을 수 있다.

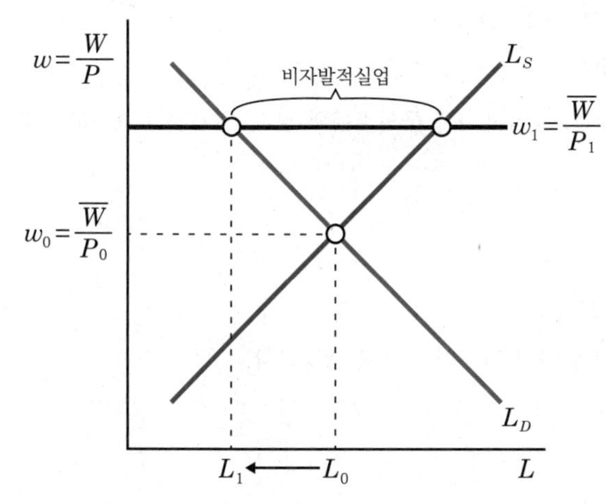

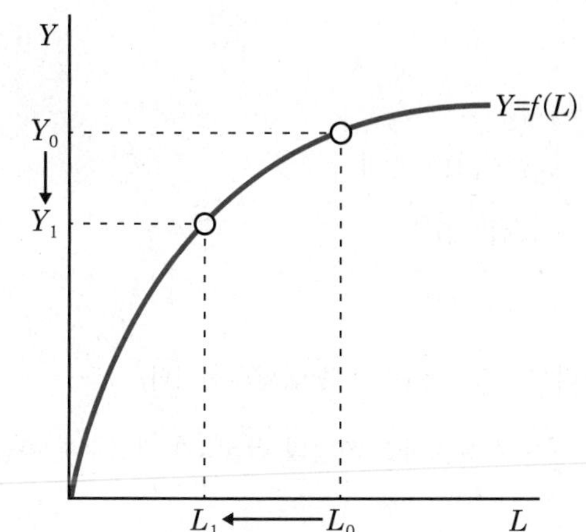

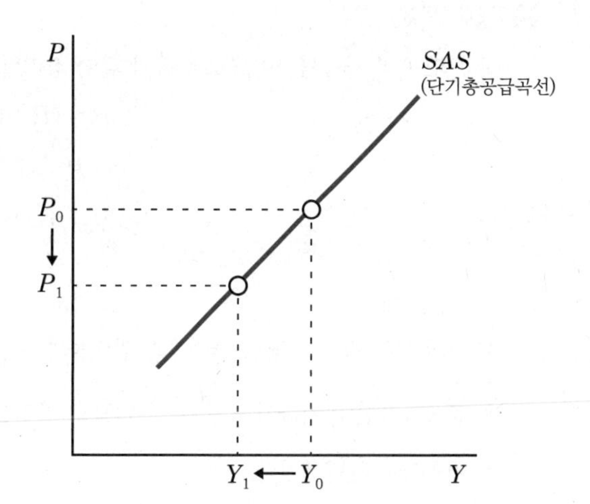

07 재화가격 경직성 모형

1 의의

① 노동자들이 자신의 임금과 관련하여 물가의 변동에 지대한 관심을 갖고 있는 요즈음에는 명목임금이 경직적이라는 가설은 설득력이 떨어지고 있다.

② 재화가격 경직성 모형은 명목임금의 경직성 대신 상품 가격의 경직성에 초점을 맞춘다.

③ 가격경직성의 대표적 논거는 메뉴비용이다. 메뉴비용이란 가격을 변경하기 위해서는 우선 가격표를 바꾸어야 하고 그 외에 가격이 바뀌었음을 알리는 여러 수단을 동원해야 하는데 실제의 메뉴비용은 이런 과정에 소요되는 모든 비용을 포함한다.

2 가정

① 기업은 자신의 상품 가격을 결정할 때 일반 물가수준과 국민소득을 고려한다.

② 경제 내에 두 부류의 기업이 존재한다.
즉, 경제 상황의 변화에 따라 신축적으로 가격을 조정하는 기업군(2기업)과 가격을 경직적으로 유지하여 생산량 변화로 대응하는 기업군(1기업)으로 나눈다.

③ 신축적 기업이 전체시장에서 차지하는 비율을 $(1-s)$라 하고, 경직적 기업이 차지하는 비율을 s라 한다.

3 신축적 기업군의 상품 가격

$$P_2 = P + \alpha(Y - Y_f)$$
$$(\alpha > 0)$$

P_2는 기업이 부과하는 상품 가격을, P는 일반 물가수준, 그리고 α는 국민소득의 잠재 $GDP(Y_f)$ 초과분이 기업의 상품 가격에 미치는 정도를 나타내는 계수이다.

4 경직적 기업군의 상품 가격

$$P_1 = P^e$$

① 경직적 기업군은 일반 물가수준을 예측하고(P^e) 그에 따라 적정한 가격을 책정한다.

② 따라서 예상 물가가 불변이면 설정 가격도 불변이다.

5 경제 전체의 물가수준

① P_1과 P_2의 가중평균이므로 다음과 같이 정리할 수 있다.

$$P = sP_1 + (1-s)P_2$$
$$\rightarrow P = sP^e + (1-s)\left[P + \alpha(Y - Y_f)\right]$$
$$\rightarrow s(P - P^e) = (1-s)\alpha(Y - Y_f)$$
$$\rightarrow Y = Y_f + \frac{s}{\alpha(1-s)}(P - P^e)\ (\alpha > 0)$$

② 위의 식은 경제 전체의 산출량과 일반물가 수준사이의 관계를 보여주는 총 공급곡선이다.

③ 총공급곡선의 기울기는 $\frac{\alpha(1-s)}{s}$이므로 가격을 경직적으로 유지하는 기업의 비율 s가 커질수록 총공급곡선의 기울기는 완만해진다.

6 새 고전학파와 새 케인즈 학파의 비교

① 새 케인즈학파의 총 공급곡선은 모형 내에 가격경직성이 명시적으로 포함되어 있으므로 경제주체들이 합리적 기대를 하더라도 우상향하는 총 공급곡선이 도출될 수 있다.

② 즉, 루카스 공급곡선은 신축적인 가격조정을 가정하고 있는 반면 새 케인즈학파의 공급곡선은 가격경직성을 가정하고 있다.

7 적용

① 물가수준이 불안정한 평균 인플레이션이 높은 국가일수록 기업들 중 신축적 기업군의 비율$(1-s)$이 높아지고 경직적 기업군의 비율(s)이 낮아지기 때문에 총공급곡선의 기울기는 커지고 총수요관리정책의 유효성은 작아진다.

② 반대로 인플레이션율이 낮은 국가에서는 신축적 기업군의 비율$(1-s)$이 낮아지고 경직적 기업군의 비율(s)이 높아지기 때문에 총공급곡선의 기울기는 작아지고 총수요관리정책의 유효성은 커진다.

08 요약

1 루카스 공급곡선

$$Y = Y_f + \alpha(P - P^e)$$

$$(\alpha > 0)$$

[Y : 총공급, Y_f : 잠재 GDP, P : 실제물가, P^e :예상물가]

① Y는 경제 전체의 총공급이고, Y_f는 경제의 잠재적 GDP로 해석할 수 있다. 그리고 P는 실제일반 물가수준 P^e는 기업이 예상하는 일반 물가수준이다.

② 위의 식은 루카스 공급곡선(Lucas supply curve)을 나타내며 루카스 공급곡선은 우상향하는 공급곡선과 수직적인 공급곡선을 모두 포괄하고 있다.

2 루카스 공급곡선의 특징

① 예상물가수준(P^e)이 실제의 물가수준과 같을 경우에는$(P = P^e)$ 총공급곡선의 형태가 $Y = Y_f$에서 수직선이다. 이는 노동자나 생산자 모두 물가의 움직임을 언제나 정확히 인식하고 또는 이를 임금과 가격의 설정에 즉각 반영하는 경우에 해당된다.

② 예상치 못한 물가의 변화로 예상물가수준과 실제의 물가수준 간에 차이가 발생하면$(P \neq P^e)$ 생산물의 공급은 물가의 영향을 받게 되고 우상향의 총공급(AS)곡선을 도출할 수 있다.

즉, 가격의 신축성을 가정하면서 불완전정보$(P \neq P^e)$가 존재하면 우상향의 총공급(AS)곡선을 도출할 수 있다.

3 총공급곡선의 형태

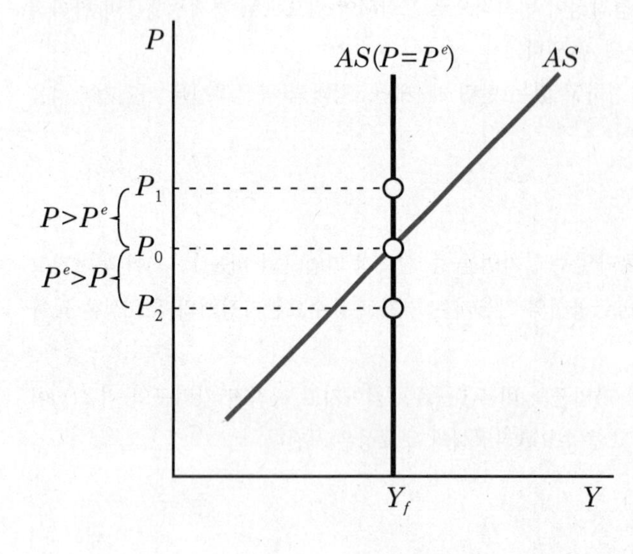

① 루카스 공급곡선에서 실제물가(P)와 예상물가(P^e)가 일치한다면 Y와 Y_f가 일치하므로 완전고용 산출량(Y_f)에서 수직인 형태의 공급곡선이 도출된다.

② 예상물가수준과 실제의 물가수준 간에 차이가 발생하면 루카스 공급곡선의 함수식은 다음과 같이 정리할 수 있다.

$$Y = Y_f + \alpha(P - P^e)$$

$$\rightarrow P = \frac{1}{\alpha}Y + P^e - \frac{1}{\alpha}Y_f$$

③ 세로축이 P이므로 총공급곡선의 기울기는 $\frac{1}{\alpha}$이고 P축 절편은 $\left(P^e - \frac{1}{\alpha}Y_f\right)$이다.

④ 실제물가(P)가 예상물가(P^e)보다 크면 $Y = Y_f + \alpha(P - P^e) \rightarrow Y - Y_f = \alpha(P - P^e)$에서 Y가 Y_f보다 큰 값을 갖게 되고 실제물가(P)가 예상물가(P^e)보다 작으면 Y가 Y_f보다 작은 값을 갖게 된다.
따라서 우상향하는 총공급(AS)곡선을 도출할 수 있다.

⑤ 또한 잠재 GDP 또는 완전고용산출량 Y_f가 증가하면 총공급(AS)곡선은 우측 이동하고 예상물가(P^e)가 상승하면 총공급(AS)곡선은 좌측으로 이동한다.
그러나 물가(P)가 변하면 총공급곡선을 따라 생산물의 공급이 증가한다.

4 결론

① 단기 총공급곡선을 도출하는 4가지 모형을 설명하였다.

② 각 모형은 가격의 경직성에 초점을 두고 있는지 또는 정보의 부족에 초점을 두고 있는지에 따라 새 케인즈학파와 새 고전학파의 접근방식으로 구분된다.

③ 나아가 동일한 접근 방식이라 하더라도 불완전성이 노동시장에 있는지 또는 생산물 시장에 있는지에 따라 구분될 수도 있다.

09 총공급곡선의 기울기와 이동 요인

1 총공급곡선의 기울기

① 노동시장이 초과수요일 때 임금 상승 정도가 강할수록 총공급곡선의 기울기는 커진다.
즉, 가격변수가 신축적일수록 총공급곡선의 기울기는 커진다.

② 물가가 상승할 때 단기적으로 비용이 고정되어 있으므로 기업의 이윤은 증가하고 기업의 생산량 증가로 연결된다. 따라서 물가와 총공급이 비례관계이므로 단기 총공급곡선은 우상향의 기울기를 갖는다.

③ 물가가 상승할 때 장기적으로 기업의 비용이 증가하므로 이윤은 변하지 않는다. 이윤이 변하지 않으면 기업도 생산량을 조정하지 않으므로 물가와 총공급은 관계성이 없다.
따라서 장기 총공급곡선은 수직선의 형태를 갖는다.

2 장기총공급 곡선의 이동 요인

① 장기 총공급곡선은 잠재 *GDP* 또는 완전고용 산출량 Y_f에서 수직선이므로 잠재 *GDP*가 변하면 장기 총공급곡선이 이동한다.

② 자본량, 경제활동인구 또는 노동량, 기술 수준이 일정하다는 가정 하에서 장기 총공급곡선을 도출하였다. 따라서 이 요인들이 변화하면 장기 총공급곡선이 이동한다.

③ 예를 들어 자본축적을 통해 자본량이 증가하거나 기술진보가 일어나면 노동의 한계생산이 증가하므로 노동수요곡선과 총공급곡선이 우측으로 이동한다.

	우측 이동	좌측 이동
이동 요인	노동 증가 자본 증가 기술 진보	노동 감소 자본 감소 기술 후퇴

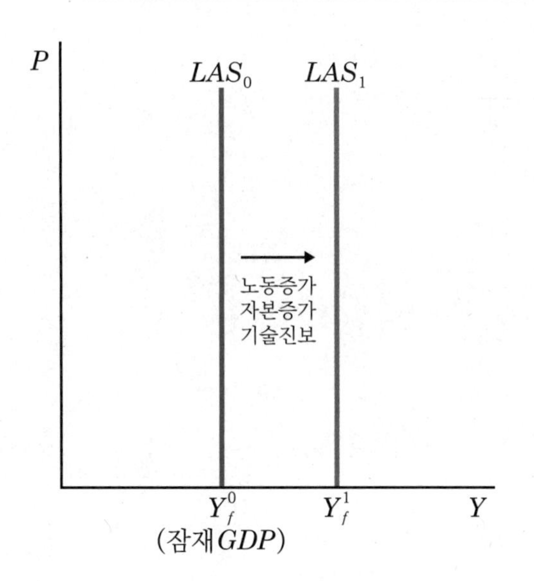

3 단기총공급 곡선의 이동 요인

① 장기적인 생산능력인 잠재 *GDP*가 커지면 장기 총공급곡선과 단기 총공급곡선 모두 우측으로 이동한다.

② 노동량이나 자본량이 증가하거나 기술진보가 발생하면 장기 총공급곡선과 단기 총공급곡선 모두 오른쪽으로 이동한다.

③ 단기 총공급곡선의 이동만 가져오는 요인으로는 유가 변화, 수입원자재가격 변화, 임금 변화, 예상물가 변화 등이 있다.

	우측 이동	좌측 이동
이동 요인	임금 하락 유가 하락 수입원자재 가격 하락 예상물가 하락 생산요소 부존량 증가 기술 진보	임금 상승 유가 상승 수입 원자재 가격 상승 예상물가 상승 생산요소 부존량 감소 기술 후퇴

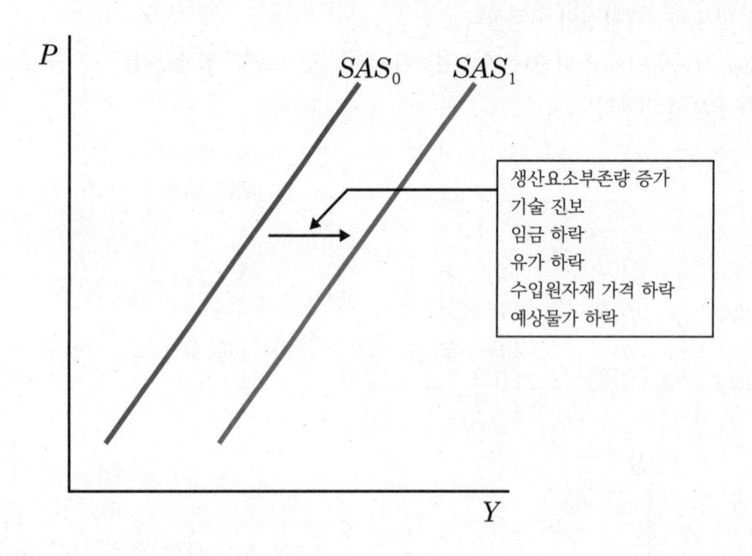

4절 기대이론

01 개요

① 단기 총공급곡선에는 경제주체의 물가에 대한 기대가 반영되어 있다. 이는 물가에 대한 기대가 어떻게 형성되는가가 총공급곡선의 위치와 형태에 영향을 미치며, 이는 다시 거시경제 균형에 영향을 미치게 됨을 의미한다.
② 합리적 기대가설이 등장하기 이전까지는 경제학자들은 기대가 어떻게 형성되는지에 대한 큰 관심을 기울이지 않았다.

02 완전예견모형(perfect foresight model)

1 개념

① 경제주체가 미래에 대한 정보를 완전히 알고 있는 경우로 예상한 기대가 미래에 정확히 실현된다.
② P_{t+1}^e를 t기에 다음 기의 물가를 예측한 값이라 하고, P_{t+1}를 $t+1$기의 실제 물가라 할 때 다음 식에 의해 정의될 수 있다.

$$P_{t+1}^e = P_{t+1}$$

2 특징

① 예측 오차와 체계적 오차 모두 발생하지 않는다.
② 고전학파에서 사용한다.

03 정태적 기대모형(static expectations hypothesis)

1 개념

① 경제주체가 현재 알고 있는 경제변수가 미래에도 계속된다고 기대하는 모형이다.
② t기에 실현된 값으로 $t+1$기의 물가예상을 하면 정태적 기대는 다음과 같이 나타낼 수 있다.

$$P_{t+1}^e = P_t$$

③ 예를 들어 올해의 물가 상승률이 2%라면 내년에도 2%가 될 것으로 기대한다는 것이다.

2 특징

① 물가수준의 변동이 그다지 심하지 않거나 케인즈학파가 가정한 것처럼 가격의 경직성이 존재하는 경우에는 그 형태가 단순함에도 불구하고 정태적 기대는 유용한 가정이 될 수 있다.
② 거미집이론에서 정태적 기대를 사용한다.

04 적응적 기대가설(adaptive expectations hypothesis)

1 개념

① 적응적 기대란 실제 경험을 토대로 미래에 대한 기대를 수정하는 것을 말한다.

② 적응적 기대란 실제치와 예측치의 불일치를 수정해가면서 실제치에 일치하도록 적응한다는 가설이다.

③ P^e_{t+1}와 P^e_t를 각각 t기와 $t-1$기에 다음 기의 물가를 예측한 값이라 할 때 적응적 기대는 다음 식에 의해 정의될 수 있다.

$$P^e_{t+1} = P^e_t + \alpha(P_t - P^e_t)$$
$$(0 < \alpha < 1)$$

④ 사람들은 지난 기에 형성한 예측치(P^e_t)에다가 예측 오차 $(P_t - P^e_t)$의 일부를 조정하여 다음 기의 물가를 예측한다.

⑤ α는 예측 오차 중 얼마만큼 예측치를 조정하는 데에 반영시키는지를 나타내는 상수로, α의 값이 클수록 예측치는 신속하게 조정된다.

⑥ 위의 식을 정리하면 다음과 같다.

$$P^e_{t+1} = P^e_t + \alpha(P_t - P^e_t)$$
$$\rightarrow P^e_{t+1} = P^e_t + \alpha P_t - \alpha P^e_t$$
$$\rightarrow P^e_{t+1} = \alpha P_t + (1-\alpha)P^e_t$$

모든 기에 대하여 성립하므로 $P^e_t = \alpha P_{t-1} + (1-\alpha)P^e_{t-1}$로 표현할 수 있다.

두 식을 정리하면 다음과 같다.

$$P^e_{t+1} = \alpha P_t + \alpha(1-\alpha)P_{t-1} + (1-\alpha)^2 P^e_{t-1}$$

⑦ 미래 물가에 대한 적응적 기대는 과거 경험한 물가의 가중평균과 같으며, 현 시점에 가까운 과거의 물가일수록 기대형성에 큰 영향을 미친다.

⑧ 적응적 기대의 한 극단적인 경우로 α의 값이 1일 때에는 현재 경험한 물가가 바로 미래 물가에 대한 예측치로 이용되는데, 이와 같은 기대형성방법을 정태적 기대(static expectation)라 한다.

2 사례

① 예를 들어 어떤 사람이 2021년에 2022년의 물가 상승률을 5%로 예측하였는데, 실제 물가 상승률은 9%였다고 하자. 이 사람은 2022년의 물가 상승률을 4% 포인트 과소 예측하였는데 이와 같은 예측 오차를 감안하여 2023년도의 물가 상승률에 대한 예상치를 5%보다 상향 조정한 8%로 한다면, 이 사람의 기대는 적응적 기대라 할 수 있다.

② 즉, 예측 오차가 +4%였는데 다음 해의 물가 상승률을 예측할 때에는 예측 오차의 일부인 3%를 수정하여 물가 상승률이 8%가 될 것이라고 기대한다.

3 특징

① 적응적 기대가설에서는 과거의 경험한 시행착오를 고려하여 미래에 대한 예측을 하게 되므로 체계적 오차가 반복된다. 즉, 적응적 기대는 장기균형점으로 가는 과정에서 경제주체들이 실제물가를 지속적으로 과소 예측한다는 체계적인 오류(systematic error)를 인정하고 있다.

② 케인즈학파와 통화주의학파가 사용한다.

05 합리적 기대가설(rational expectations hypothesis)

1 개념

① 합리적 기대가설은 불완전하지만 현재 이용 가능한 모든 정보를 이용하여 체계적인 오차를 반복하지 않고 다음기의 변수 값을 기대하는 모형이다.

② 미래 물가에 대한 합리적 기대는 물가를 결정하는 요인들이 무엇인지를 파악하고, 통화 정책과 재정 정책, 국제 원자재 가격 등과 같이 물가에 영향을 주는 요인들이 어떻게 변화할 것인지를 충분히 감안하여 형성된다.

$$P^{e}_{t+1} = E\left(\frac{P_{t+1}}{\Omega_t}\right)$$

③ Ω_t은 t기에 이용 가능한 모든 정보를 나타내고 E는 조건부 기대치를 나타낸다.

즉, $E\left[\frac{\cdot}{\Omega_t}\right]$는 정보집합 Ω_t에 의거한 조건부 기대치를 나타낸다.

2 특징

① 완전예견모형은 완전한 정보를 가정하나 합리적 기대가설은 불완전한 정보를 인정한다.

② 합리적 기대 하에서도 예측 오차는 발생할 수 있다.

미리 예상하지 못한 정책의 변화나 원자재 가격의 변화는 미래 물가에 대한 합리적 기대에 반영될 수가 없기 때문이다. 이는 합리적 기대에 따른 예측의 정확성이 얼마나 많은 정보를 가지고 있는지에 달려 있음을 의미한다.

③ 합리적인 기대에서 이용하는 정보가 불완전하면 예측 오차가 발생할 수 있지만 체계적인 예측 오차는 막을 수 있다. 왜냐하면 예측 오차는 평균적으로 0이 되기 때문이다.

즉, 합리적 기대가설은 예측 오차는 발생하나 체계적 오차는 발생하지 않는다.

이처럼 합리적 기대에 있어서는 정보가 매우 중요한 역할을 한다.

④ 합리적 기대가설에 의하면 총수요의 변화는 사람들이 그것을 예상하지 못하여 미처 예상물가에 반영하지 못하는 경우에 한해 일시적으로 생산량을 증대시킬 뿐이다.

⑤ 합리적 기대가설은 새 고전학파와 새 케인즈학파가 사용한다.

06 적응적 기대에서의 거시경제 균형

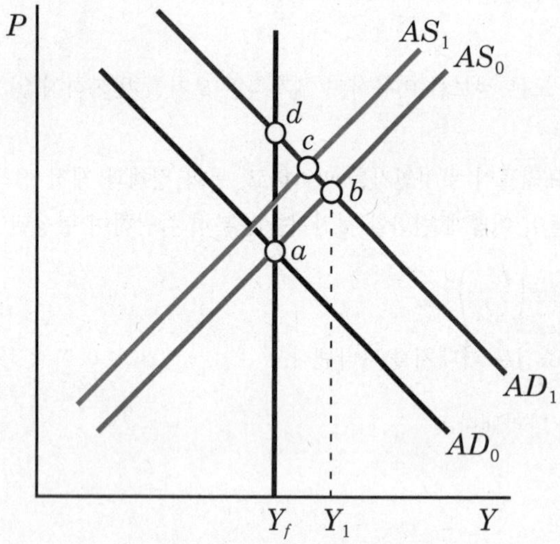

① AS_0는 단기 총공급곡선이며, 총수요곡선 AD_0와 장기 총공급곡선이 만나는 a점에서 균형을 이루고 있다고 하자.

② 중앙은행이 통화량을 증가시킴에 따라 총수요곡선이 AD_1으로 이동하면 b점에서 생산물 시장의 균형이 일어나며 국민소득 Y_1은 완전고용 국민소득 Y_f를 초과한다.

③ b점은 물가를 과소 예측할 때 얻어지는 일시적 균형에 불과하므로 물가의 예측치 P^e는 상향 조정되며, 이에 따라 총공급곡선은 AS_1으로 상향 이동하고 그 결과 AD_1과 AS_1이 만나는 c점에서 생산물 시장의 균형이 일어난다.

④ 이와 같이 적응적 기대 하에서는 물가에 대한 과소예측과 예측치의 조정으로 인한 총공급곡선의 상향 이동이 반복되면서 장기균형점인 d에 이르게 된다.

07 합리적 기대에서의 거시경제 균형

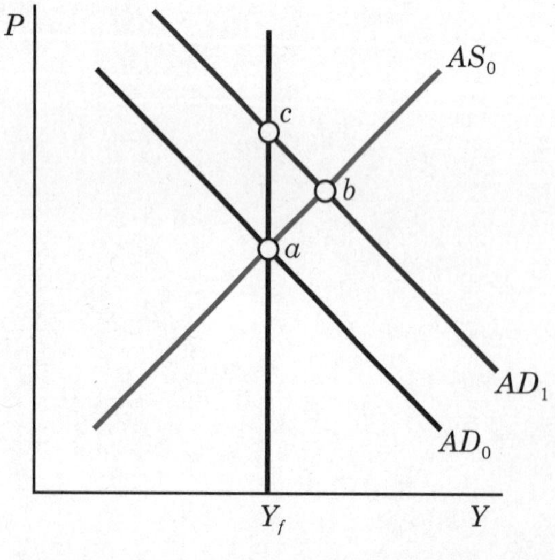

① 현재 총수요곡선 AD_0와 장기 총공급곡선이 만나는 a점에서 균형을 이루고 있다고 하자.

② 중앙은행이 통화량을 증가시키며, 이와 같은 확대 통화 정책이 사전에 발표되지 않았다고 하자.

③ 경제주체들은 확대 통화 정책이 시행될 것이라는 사실을 모르므로 단기 총공급곡선은 이동하지 않는다.

④ 통화량이 증가하면 총수요곡선은 AD_1으로 이동하고 물가가 상승하게 된다.

⑤ 1기간이 지나서 모든 경제주체가 팽창적인 통화 정책이 시행되었다는 사실을 알게 되면, 경제주체들은 이와 같은 정보를 반영하여 물가에 대한 기대를 새롭게 형성할 것이고 c점에서 균형을 이루게 된다.

⑥ 합리적 기대 하에서도 예상치 못한 통화팽창은 단기적으로 실질국민소득을 Y_1으로 증가시키는 효과가 있다.

⑦ 만일 중앙은행이 통화팽창정책을 시행하면서 이를 미리 알려준다면 통화팽창의 효과는 달라진다.

⑧ 통화팽창정책의 내용이 미리 발표된다면, 물가에 대한 기대치가 형성되는 시점에 이미 확대 통화 정책의 시행사실을 알고 있기 때문에 경제주체들은 이와 같은 정보를 반영하여 물가에 대한 기대치를 형성하게 된다.

⑨ 이에 따라 경제는 바로 c점으로 이동할 것이고 미리 알려진 통화팽창정책은 물가와 명목임금과 같은 명목변수만을 변화시킬 뿐 실질국민소득에는 아무런 영향을 미치지 못한다.

⑩ 이와 같은 논리는 새 고전학파의 정책 무력성 명제(policy ineffectiveness proposition)의 근거가 된다.

⑪ 즉, 합리적 기대 하에서는 정책당국이 어떤 경제정책을 시행하는 경우 경제주체들이 그에 관한 정보를 충분히 갖고 있다면 그 정책들은 실질국민소득이나 고용량과 같은 실질변수에 영향을 주지 못한다.

⑫ 기대가 합리적으로 형성되고 정책에 대한 정보가 미리 알려지더라도 가격이 경직적이라면 그 정책은 단기에 있어서 여전히 실질변수에 영향을 미칠 수 있을 것이다. 이 점이 바로 새 고전학파와 케인즈학파의 차이점이다.

5절 총공급 - 총수요곡선 모형에서의 균형

01 단기균형의 변동

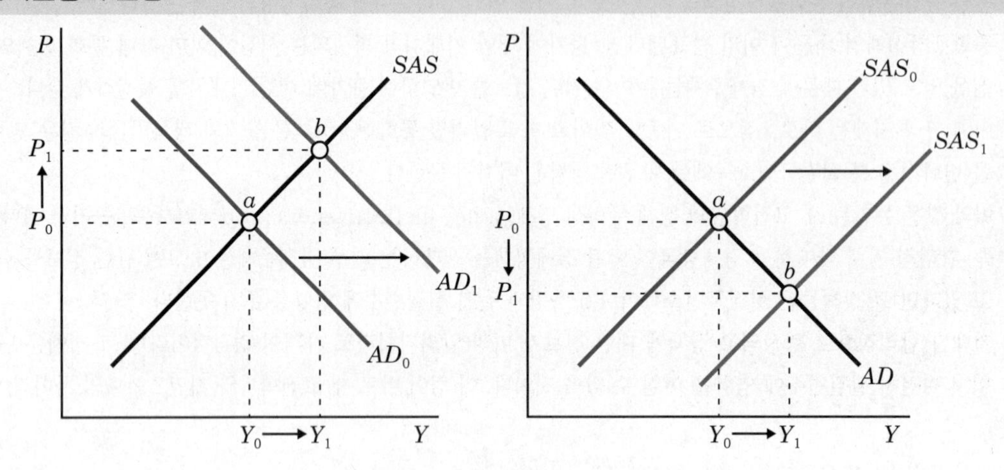

① 총수요곡선이 AD_0에서 AD_1으로 우측 이동하면 균형물가는 상승하고($P_0 \rightarrow P_1$) 균형국민소득은 증가한다($Y_0 \rightarrow Y_1$).

② 단기 총공급곡선이 SAS_0에서 SAS_1으로 우측 이동하면 균형물가는 하락하고($P_0 \rightarrow P_1$) 균형국민소득은 증가한다($Y_0 \rightarrow Y_1$).

02 장기

1 인플레이션 갭(inflationary gap)

1. 개념

① 완전 고용 상태의 국민소득수준(잠재 GDP)에서 총수요가 총공급을 초과할 때 인플레이션 갭이 발생한다.

② 인플레이션 갭에서는 GDP 갭과 인플레이션(infaltion)이 발생한다.

2. 설명

① 경기 과열 시에는 국민소득(Y_1)이 완전고용 국민소득(Y_f)을 초과하는 GDP 갭이 발생한다.

② 경기 과열 시에는 생산요소의 과다 고용으로 생산요소의 가격이 상승하며 이는 기업의 비용증가로 연결된다.

③ 기업의 생산비용이 증가하면 단기 총공급곡선은 SAS_0에서 SAS_1으로 좌측 이동한다.

즉, 장기에는 가격변수가 신축적이므로 단기 총공급곡선이 저절로 좌측으로 이동하며 시장 균형을 달성한다.

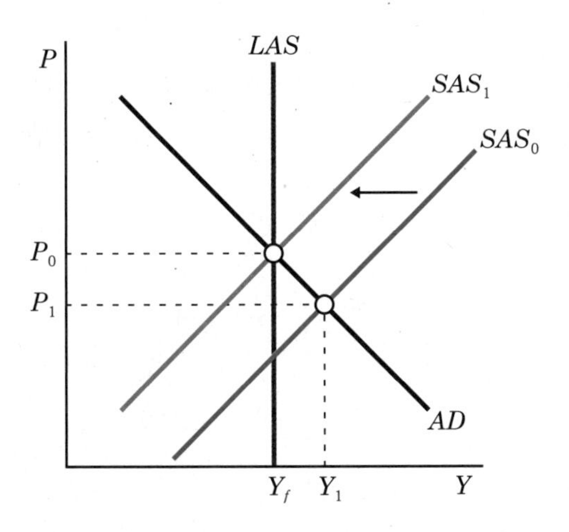

2 디플레이션 갭(deflationary gap)

1. 개념

① 완전 고용 상태의 국민소득수준(잠재 *GDP*)에서 총수요가 총공급에 미치지 못할 때 디플레이션 갭이 존재한다.

② 디플레이션 갭에서는 *GDP* 갭과 디플레이션(deflation)이 발생한다.

2. 설명

① 경기 침체 시에는 완전고용 국민소득(Y_f)이 국민소득(Y_1)을 초과하는 *GDP* 갭이 발생한다.

② 경기 침체 시에는 생산요소의 과소 고용으로 생산요소의 가격이 하락하며 이는 기업의 비용감소로 연결된다.

③ 기업의 생산비용이 감소하면 단기 총공급곡선은 SAS_0에서 SAS_1으로 우측 이동한다.

즉, 장기에는 가격변수가 신축적이므로 단기 총공급곡선이 저절로 우측으로 이동하며 시장 균형을 달성한다.

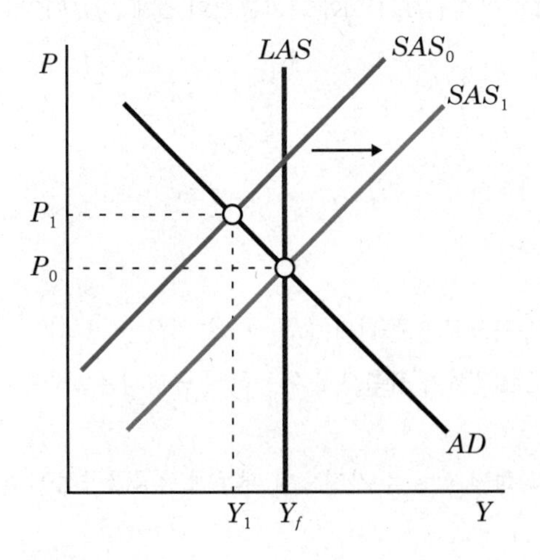

3 조정 속도의 견해차

1. 고전학파 계통

① 가격변수의 신축성으로 인하여 조정이 비교적 빠른 시간에 이루어진다고 본다.

② 따라서 인플레이션 갭 또는 디플레이션 갭의 경기변동이 발생하더라도 정부가 개입할 필요가 없다고 주장한다.

2. 케인즈 계통

① 가격변수의 경직성, 불완전 시장 등으로 인하여 시장 조정이 오랜 기간 동안 이루어진다고 본다.

② 따라서 인플레이션 갭 또는 디플레이션 갭의 경기변동이 발생하는 경우 정부가 적극적으로 개입할 필요가 있다고 주장한다.

03 장기 및 단기균형

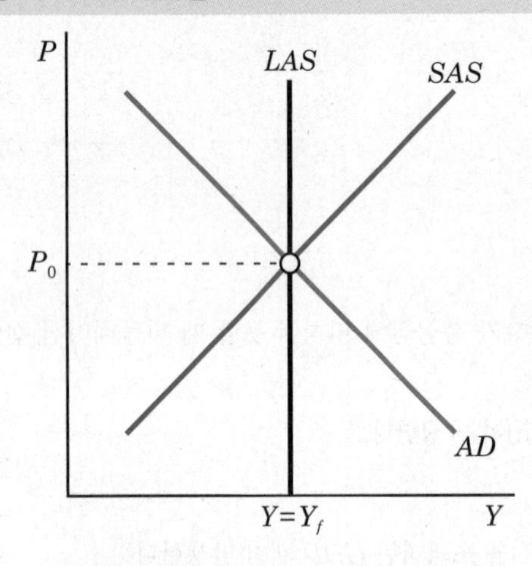

〔P : 물가, Y : 국민소득, LAS : 장기 총공급곡선, SAS : 단기 총공급곡선, AD : 총수요곡선, Y_f : 완전고용 국민소득 또는 잠재 GDP〕

① 장기 총공급곡선(LAS), 단기 총공급곡선(SAS), 수요곡선(AD)이 모두 만나는 점에서 장단기 균형이 달성된다. 즉, 총수요 및 총공급 모형에서 장기 거시경제균형은 총수요곡선과 단기 총공급곡선이 장기 총공급곡선상에서 만나는 점이 된다.

② 장단기 균형에서 균형물가(P_0)와 균형 GDP가 달성되고 잠재 $GDP(Y_f)$와 국가균형의 실제 $GDP(Y)$가 같아진다.

04 재정 정책과 금융 정책의 효과

1 재정 정책의 효과

① 확대 재정 정책을 실시하면 IS곡선과 총수요곡선이 우측으로 이동한다. ($IS_0 \rightarrow IS_1$, $AD_0 \rightarrow AD_1$)

② 총수요곡선의 우측 이동은 물가 상승을 가져오므로 LM곡선이 좌측으로 이동하여 균형점은 b점이 된다.

③ 물가 상승은 국민소득을 Y_1까지만 증가시킨다.

④ 장기적으로 경기 과열은 생산요소의 가격 상승과 예상물가 상승을 가져오기 때문에 총공급곡선이 좌측으로 이동하며($AS_0 \rightarrow AS_1$) 물가는 P_2까지 상승한다.

⑤ 장기균형점은 c점에서 달성되고 물가 상승은 다시금 LM곡선을 좌측으로 이동시키므로 $IS-LM$곡선에서 이자율은 r_2까지 상승한다.

⑥ 확대 재정 정책은 단기에는 국민소득을 Y_1까지 증가시키나 장기에는 자연산출량 또는 잠재 $GDP(Y_f)$수준으로 복귀시킨다.

⑦ 즉, 장기적으로 정부지출 증가는 이자율과 물가 상승을 가져오며 이는 투자와 소비 감소로 완전히 구축된다.

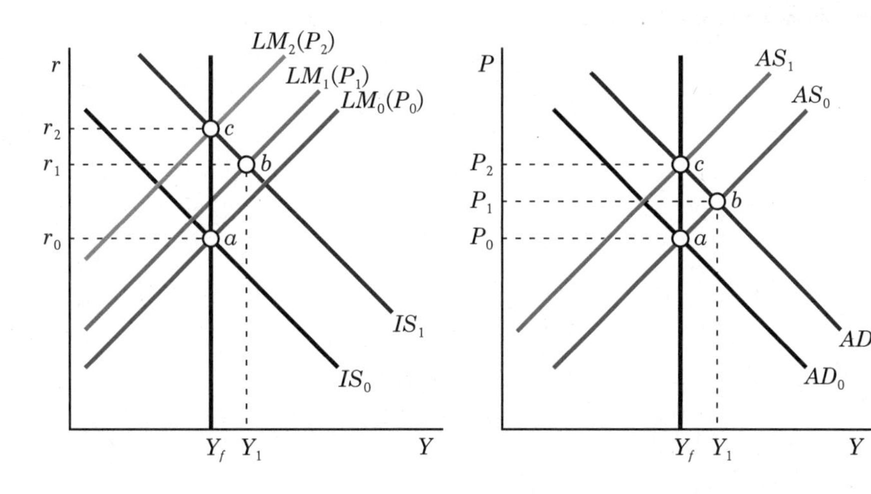

2 금융 정책의 효과

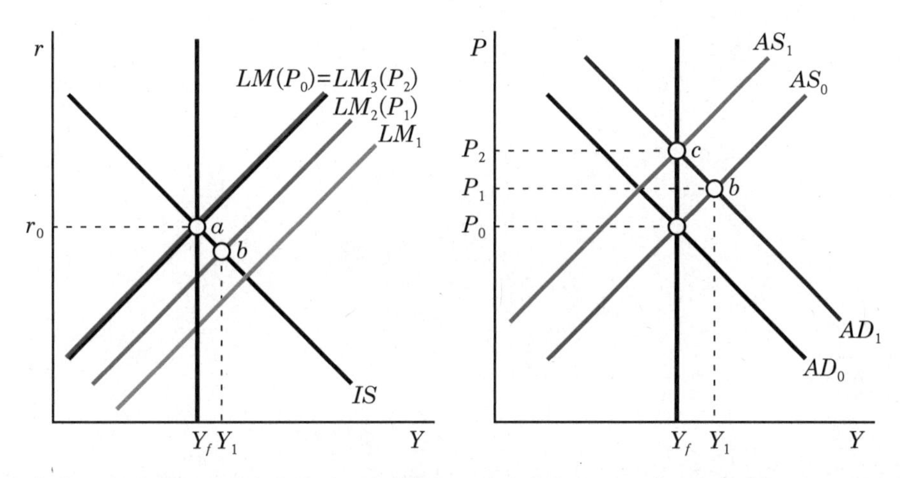

① 확대 통화 정책을 실시하면 LM곡선과 총수요곡선이 우측으로 이동한다. ($IS_0 \rightarrow IS_1$, $AD_0 \rightarrow AD_1$)

② 총수요곡선의 우측 이동은 물가 상승을 가져오므로 LM곡선이 좌측으로 이동하여 균형점은 b점이 된다.

③ 물가 상승은 국민소득을 Y_1까지만 증가시킨다.

④ 장기적으로 경기 과열은 생산요소의 가격 상승과 예상물가 상승을 가져오기 때문에 총공급곡선이 좌측으로 이동하며($AS_0 \rightarrow AS_1$) 물가는 P_2까지 상승한다.

⑤ $AS-AD$곡선에서 장기균형점은 c점에서 달성되고 물가 상승은 다시금 LM곡선을 좌측으로 이동시키므로 $IS-LM$곡선에서의 장기균형점은 원래 균형점과 동일한 a점에서 달성된다.

⑥ 확대 통화 정책은 단기에는 국민소득을 Y_1까지 증가시키나 장기에는 자연산출량 또는 잠재$GDP(Y_f)$ 수준으로 복귀시킨다.

⑦ 즉, 장기적으로 통화량 증가는 이자율의 수준을 원래 수준으로 복귀시키므로 투자 역시 원래 수준으로 돌아온다.

⑧ 이처럼 장기에는 통화량이 증가하더라도 이자율, 투자 등 실질변수는 전혀 변하지 않으므로 화폐의 중립성(neutrality of money)이 성립한다.

개념정리 화폐의 초중립성(superneutrality of money)

- 통화량 증가율의 변화가 실질변수에는 영향을 미치지 못하고 인플레이션율에만 영향을 미치는 경우를 말한다.

01 총수요를 증가시키는 요인으로 타당한 것은?

① 금리 인상
② 무역상대국의 소득 감소
③ 물가 상승
④ 정부지출의 증가
⑤ 무역상대국의 물가 하락

풀이 날짜			
채점 결과			

02 다음 중 총수요를 증가시키는 변화는?

① 부동산가격의 폭락
② 이자율 상승
③ 화폐 수요의 증가
④ 정부 조세의 증가
⑤ 주식 가격의 상승

풀이 날짜			
채점 결과			

03 총공급곡선의 이동을 가져오지 않는 것은?

① 근로자의 물가예상 변화
② 노동인구의 증가
③ 물적 자본의 확대
④ 기술진보
⑤ 물가수준의 변동

풀이 날짜			
채점 결과			

04 총공급곡선을 오른쪽으로 이동시키는 요인이 될 수 있는 것은?

① 유가의 상승
② 기술진보
③ 중앙은행의 국공채 매도
④ 소득세 인상
⑤ 공해에 대한 규제 강화

풀이 날짜			
채점 결과			

해설

정답

01 ① 금리 인상은 투자 위축을 가져와 총수요 감소를 유발한다. ④

② 무역상대국의 소득감소는 순수출 감소로 총수요 감소를 가져온다.

③ 물가 상승은 총수요곡선에서 좌상방으로의 이동을 가져온다.

⑤ 무역상대국의 물가 하락은 수입 증가로 순수출 감소를 가져와 총수요를 감소시키는 요인이 된다.

02 • 실질자산의 증가에 따른 소비의 증대 또는 이자율 하락에 따른 투자의 증대, 정부지출의 증대, 순수출의 증대의 경우 총수요가 증가한다. ⑤

① 부동산 가격이 하락하면 실질자산이 감소하고 소비 감소로 총수요가 감소한다.

② 이자율이 상승하면 투자가 감소하기 때문에 총수요가 감소한다.

③ 화폐 수요가 증가하면 이자율이 상승하고 투자 감소로 총수요가 감소한다.

④ 조세가 증가하면 가계의 처분가능소득이 감소한다. 처분가능소득이 감소하면 소비 감소로 총수요가 감소한다.

⑤ 주가가 상승하면 실질자산이 증가하고 소비 증가로 총수요가 증가한다. 주가가 상승하면 토빈의 q가 커지기 때문에 투자증가로 총수요가 증가한다.

03 • 물가의 변화는 총공급곡선상의 이동을 가져온다. ⑤

① 근로자가 물가 상승을 기대하면 총공급곡선은 좌측으로 이동한다.

② 노동인구가 증가하면 총공급곡선은 우측으로 이동한다.

③ 물적 자본이 확대되면 총공급곡선은 우측으로 이동한다.

④ 기술진보가 발생하면 총공급곡선은 우측으로 이동한다.

04 • 유가가 상승하거나 공해에 대한 규제강화가 발생하면 기업의 비용부담이 증가한다. ②

• 따라서 총공급곡선은 좌측으로 이동한다.

• 중앙은행이 국공채를 매도하면 통화량이 감소하기 때문에 총수요곡선은 좌측으로 이동한다.

• 소득세를 인상하면 가계의 소비가 감소하기 때문에 총수요곡선은 좌측으로 이동한다.

01 다음 중 총수요곡선을 도출하는 과정에서 필요한 가정이라고 볼 수 없는 것은?

풀이 날짜			
채점 결과			

① 미래의 가격에 대한 예상은 고정되어 있다.
② 현재의 가격수준은 고정되어 있다.
③ 임금은 고정되어 있다.
④ 이자율은 고정되어 있다.
⑤ 환율은 고정되어 있다.

02 총수요(AD) 곡선이 우하향하는 이유에 대한 설명으로 옳지 않은 것은?

풀이 날짜			
채점 결과			

① 물가가 하락하는 경우 실질임금이 상승하여 노동 공급이 증가하기 때문이다.
② 물가가 하락하는 경우 실질통화량이 증가하여 이자율이 하락하고 투자가 증가하기 때문이다.
③ 물가가 하락하는 경우 실질환율 상승, 즉 절하가 생겨나 순수출이 증가하기 때문이다.
④ 물가가 하락하는 경우 가계의 실질자산가치가 증가하여 소비가 증가하기 때문이다.

03 다른 조건이 일정할 때 총수요곡선이 우측으로 이동하는 경우는?

풀이 날짜			
채점 결과			

① 정부의 재정지출 감소
② 물가의 상승
③ 조세의 증대
④ 통화 공급의 확대
⑤ 독립투자의 감소

해설

정답

01

- 총수요곡선은 물가의 변화와 국민소득의 변화를 대응시킨 것이기 때문에 현재의 가격수준이 고정되어 있으면 총수요곡선을 도출할 수 없다.

②

02

- 물가가 하락하면 실질임금이 상승한다.
- 실질임금이 상승하면 노동고용량이 감소하기 때문에 총생산이 감소한다.
- 따라서 총공급곡선이 우상향하는 형태를 갖는다.

② 물가 하락은 실질화폐 공급을 증가시키며 이자율하락을 가져와 투자지출이 증가한다.
즉, 물가 하락은 LM곡선의 우측 이동을 가져와 이자율이 하락하며 이자율 하락은 투자지출의 증가를 가져온다.
따라서 물가 하락은 투자와 총수요증가를 가져오기 때문에 물가와 총수요는 역관계를 갖는다.

③ 물가가 하락하면 실질환율이 상승하고 순수출이 증가한다.
실질환율은 $\frac{eP_f}{P}$ (e : 명목환율, P_f : 외국물가, P : 국내물가)로 국내 물가가 하락하면 국내 수출재가 외국재화보다 상대적으로 저렴해지기 때문에 수출이 증가한다.

④ 물가 하락은 실질부$\left(\frac{W}{P}\right)$의 증가를 가져와 소비지출이 증가한다.
즉, 물가 하락으로 인해 자산의 실질가치가 상승함에 따라 소비지출이 증가한다는 것이다.
소비지출의 증가는 총수요확대를 가져오므로 물가와 총수요는 역관계를 갖는다.

①

03

- 정부의 재정지출이 감소하거나 조세가 증대하면 총수요곡선이 좌측으로 이동한다.
- 물가의 변화는 총수요곡선상에서 이동한다.
- 독립투자의 감소 역시 총수요곡선을 좌측으로 이동시킨다.
- 통화량이 증가하면 이자율이 하락하고 이자율 하락은 투자 증가를 가져오기 때문에 총수요곡선은 우측으로 이동한다.

④

04 표준적인 $IS-LM$모형에서 도출되는 총수요곡선의 이동과 기울기에 관한 설명으로 옳지 않은 것은?

풀이 날짜			
채점 결과			

① 화폐 수요의 이자율 탄력성이 클수록 LM곡선의 기울기가 완만하고, 총수요곡선의 기울기도 완만하다.
② 정부지출의 증가는 IS곡선을 오른쪽으로 이동시키며, 총수요곡선도 오른쪽으로 이동시킨다.
③ 공개시장 매입조작은 LM곡선을 오른쪽으로 이동시키며, 총수요곡선도 오른쪽으로 이동시킨다.
④ 투자지출의 이자율 탄력성이 클수록 IS곡선의 기울기가 완만하고, 총수요곡선의 기울기도 완만하다.
⑤ 물가수준의 하락은 LM곡선을 오른쪽으로 이동시키나, 총수요곡선을 이동시키지는 못한다.

05 일반적인 총공급모형에 의하면 산출량은 완전고용 하의 산출량 수준을 초과할 수 있다. 이것이 가능하기 위해서 물가수준은?

풀이 날짜			
채점 결과			

① 예상물가수준과 같아야 한다.
② 전기의 물가수준보다 낮아야 한다.
③ 전기의 물가수준보다 높아야 한다.
④ 예상물가수준보다 높아야 한다.
⑤ 예상물가수준보다 낮아야 한다.

06 총수요 - 총공급($AD-AS$)모형에 대한 설명으로 옳은 것은?

풀이 날짜			
채점 결과			

① 정부가 이전지출 규모를 축소하면 총수요곡선이 우측으로 이동한다.
② 기대물가의 상승은 총공급곡선을 상방으로 이동시킨다.
③ 팽창적 통화 정책의 시행은 총수요곡선의 기울기를 가파르게 한다.
④ 균형국민소득이 완전고용 국민소득보다 작다면 인플레이션 갭이 발생하여 물가상승압력이 커진다.

04 • LM곡선의 기울기와 총수요곡선의 기울기는 역관계이고, IS곡선의 기울기와 총수요곡선의 기울기는 정의 관계이다. ①

① 화폐 수요의 이자율 탄력성이 클수록 LM곡선의 기울기는 완만하므로 총수요곡선은 가파른 기울기를 갖는다.
② 정부지출이 증가하면 IS곡선과 총수요곡선 모두 우측으로 이동한다.
③ 공개시장 매입조작을 하면 통화량이 증가하고 LM곡선과 총수요곡선 모두 우측으로 이동한다.
④ 투자지출의 이자율 탄력성이 클수록 IS곡선과 총수요곡선의 기울기 모두 완만해진다.
⑤ 물가수준이 하락하면 LM곡선은 우측으로 이동하나 총수요곡선에서는 우하방으로 선상 이동한다.

05 • 물가(P)가 예상물가(P^e)수준보다 높으면 각 기업은 재화의 가격이 상승한 것으로 착각하기 때문에 생산을 늘리게 된다. ④

• 또는 실제물가(P)가 예상물가(P^e)보다 크면
$Y = Y_f + \alpha(P - P^e)$
→ $Y - Y_f = \alpha(P - P^e)$에서 Y가 Y_f보다 큰 값을 갖게 된다.

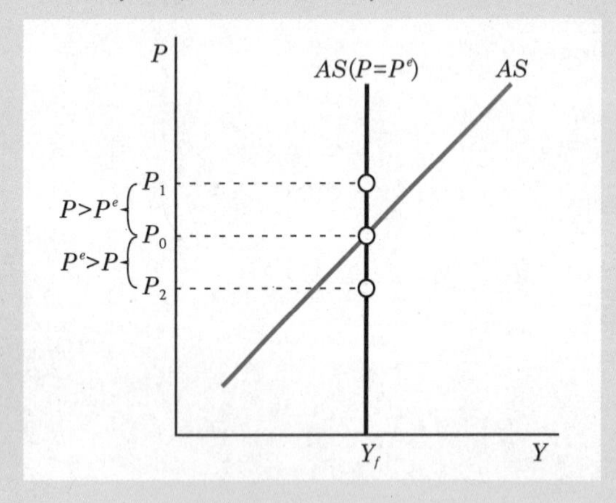

06 ① 정부가 이전지출 규모를 축소하면 가계의 가처분소득이 감소한다. ②
가계의 소비 감소로 총수요곡선이 좌측으로 이동한다.
② 기대물가의 상승은 총공급곡선을 상방 또는 좌측으로 이동시킨다.
③ 확대 통화 정책은 총수요곡선을 우측으로 이동시킨다.
④ 균형국민소득이 완전고용 국민소득보다 작으면 디플레이션 갭이 발생하며 물가 하락압력이 발생한다.

07 다음 중 총수요곡선과 총공급곡선에 대한 설명으로 가장 옳지 못한 것은?

풀이 날짜			
채점 결과			

① 장기 필립스곡선이 수직선이라 하더라도 단기적으로 총공급곡선이 우상향 할 수 있다.
② 총수요곡선상에서 좌상방으로 이동할수록 더 높은 이자율이 대응한다.
③ 총공급곡선의 기울기가 증가할수록 독립적인 투자지출 증가의 승수효과는 강화된다.
④ 원유가 인상과 같은 비우호적인 공급충격은 총공급곡선을 좌측으로 이동시킨다.
⑤ 팽창적인 재정 정책은 총수요곡선을 우측으로 이동시킨다.

08 장기 총공급곡선이 이동하는 이유가 아닌 것은?

풀이 날짜			
채점 결과			

① 노동인구의 변동
② 자본량의 변동
③ 기술지식의 변동
④ 예상 물가수준의 변동

09 합리적 기대(rational expectation)이론과 관련이 깊은 것은?

풀이 날짜			
채점 결과			

① 이번에 발생한 오차를 감안하여 다음번을 예측한다.
② 예측 오차가 발생하지 않는다.
③ 현재의 가격이 미래에도 지속될 것으로 판단하여 예측한다.
④ 체계적 오차를 범하지 않는다.
⑤ 경제주체들의 행동양식이 동일하다.

07 ① 필립스곡선은 인플레이션율(π)과 실업률(u)간의 역의 관계를 나타낸다. ③

필립스곡선이란 총수요곡선과 총공급곡선이 만나는 균형점을 관찰하여 식별한 것이라고 할 수 있다. 따라서 필립스곡선의 형태는 총공급곡선의 기울기에 큰 영향을 받는다.

장기 총공급곡선이 수직이면 장기 필립스곡선은 수직선의 형태를 갖는다.

단기 총공급곡선의 기울기는 단기 필립스곡선의 기울기에 영향을 준다.

따라서 장기 필립스곡선이 수직선이라 하더라도 단기적으로 총공급곡선이 우상향 할 수 있다.

② 총수요곡선상에서 좌상방으로 이동하면 물가가 상승한다. 물가가 상승하면 LM곡선이 좌측으로 이동하므로 이자율이 상승한다.

따라서 총수요곡선상에서 좌상방으로 이동할수록 더 높은 이자율이 대응한다.

③ 총공급곡선의 기울기가 증가할수록 투자지출 증가에 따른 총수요곡선의 우측 이동은 물가만 상승할 가능성이 있다.

따라서 투자지출 증가의 효과는 하락하고 투자지출증가의 승수효과는 약화된다.

④ 유가상승은 기업의 비용 증가를 가져오기 때문에 총공급곡선을 좌측으로 이동시킨다.

⑤ 확대 재정 정책은 총수요곡선을 우측으로 이동시킨다.

08 • 장기 총공급곡선은 잠재 GDP 또는 완전고용 산출량 Y_f에서 수직선이므로 잠재 GDP가 변하면 장기 총공급곡선이 이동한다. ④

• 자본량, 경제활동인구 또는 노동량, 기술수준이 일정하다는 가정 하에서 장기 총공급곡선을 도출하였다. 따라서 이 요인들이 변화하면 장기 총공급곡선이 이동한다.

• 예상 물가수준이 변동하면 단기 총공급곡선이 이동한다.

09 ① 적응적 기대에 대한 설명이다. ④

③ 정태적 기대에 대한 설명이다.

• 합리적 기대가설은 불완전하지만 현재 이용 가능한 모든 정보를 이용하여 체계적인 오차를 반복하지 않고 다음기의 변수 값을 기대하는 모형이다.

• 합리적 기대는 예측 오차는 발생하지만 예측 오차를 즉각적으로 수정하기 때문에 체계적 오차는 발생하지 않는다.

10 단기 총공급곡선이 우상향하는 경제모형에서 중앙은행이 일정시점에 가서 통화량을 확대하기로 공표를 하였으나, 실제로 그 약속한 날짜에 통화량을 증가시키지 않았다고 해보자. 합리적 예상모형을 가정할 때 이 경우 산출량과 물가수준에 일어날 수 있는 변화에 대한 설명 중 타당한 것은? (단, 총공급곡선은 예상부가 총공급곡선을 가정하시오.)

풀이 날짜			
채점 결과			

	산출량	물가수준
①	불변	불변
②	불변	하락
③	감소	상승
④	감소	하락
⑤	증가	상승

11 총공급곡선이 수직선의 형태를 가질 경우 국민소득을 증가시키는 가장 좋은 방법은?

풀이 날짜			
채점 결과			

① 노동시장의 유연성을 높인다.
② 정부의 재정지출을 증가시킨다.
③ 개인소득에 대한 조세를 감면한다.
④ 기업의 투자를 활성화시킨다.
⑤ 중앙은행이 보유증권을 공개 매입한다.

12 동일한 규모의 정부지출의 증가가 $IS-LM$모형과 $AD-AS$모형 하에서 국민소득에 미치는 영향을 비교한 것으로 옳은 것은?

풀이 날짜			
채점 결과			

① $IS-LM$모형 하의 국민소득 증가가 $AD-AS$모형 하에서의 국민소득 증가보다 크거나 같다.
② $IS-LM$모형 하의 국민소득 증가가 $AD-AS$모형 하에서의 국민소득 증가보다 작거나 같다.
③ $IS-LM$모형 하의 국민소득 증가가 $AD-AS$모형 하에서의 국민소득 증가보다 크다.
④ $IS-LM$모형 하의 국민소득 증가가 $AD-AS$모형 하에서의 국민소득 증가보다 작다.
⑤ 두 경우 모두 국민소득에 영향을 미치지 않는다.

10 • 중앙은행이 통화량을 확대시키기로 공표를 하고 민간 경제주체들이 이를 신뢰한다면 물가 상승을 예상하여 총공급곡선이 좌측으로 이동한다. ③

• 그러나 실제 통화량을 증가시키지 않았기 때문에 총공급곡선의 좌측 이동만 발생한다.

• 따라서 물가의 상승과 국민소득의 감소를 가져온다.

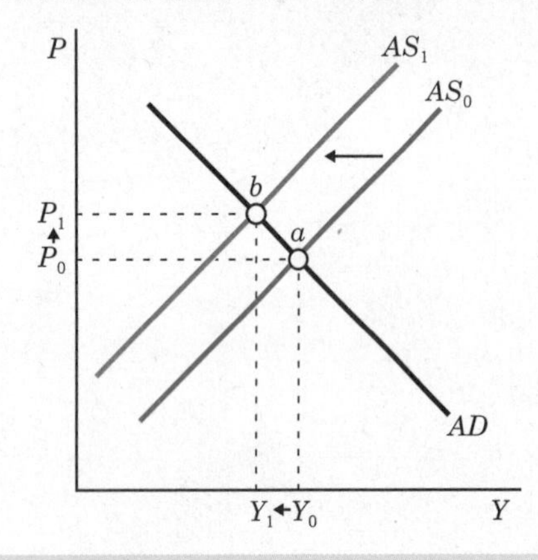

11 • 장기인 경우 총공급곡선이 자연산출량 수준에서 수직선의 형태를 갖는다. ①

• 우측 이동요인은 노동량증가, 자본량증가, 기술진보 등이 있다.

• 노동시장의 유연성 확보는 이전보다 효율성이 커지면서 노동고용을 증가시킬 수 있다.

• 총공급곡선이 수직선일 때 총수요곡선이 우측으로 이동하면 국민소득은 변하지 않고 물가만 상승한다.

• ②, ③, ④, ⑤ 총수요곡선이 우측으로 이동한다.

12 • 정부지출이 증가하면 IS곡선과 AD곡선 모두 우측으로 이동한다. ①

• 총수요곡선이 우측으로 이동하면 물가는 P_0에서 P_1으로 상승한다.

• 물가 상승은 LM곡선을 좌측으로 이동시켜 국민소득을 Y_0에서 Y_2로 증가시킨다.

• 물가가 상승하지 않을 때의 $IS-LM$ 모형 하의 국민소득은 Y_0에서 Y_1으로 증가하고 $AS-AD$모형 하에서 물가 상승 시 국민소득은 Y_0에서 Y_2로 증가한다.

• 따라서 $IS-LM$모형 하의 국민소득 증가가 $AD-AS$모형 하에서의 국민소득 증가보다 크다.

• 대신 AS곡선이 수평선이라면 총수요곡선이 우측 이동하더라도 물가가 상승하지 않는다.

• 따라서 $IS-LM$모형 하의 국민소득 증가와 $AD-AS$모형 하에서의 국민소득 증가가 같아진다.

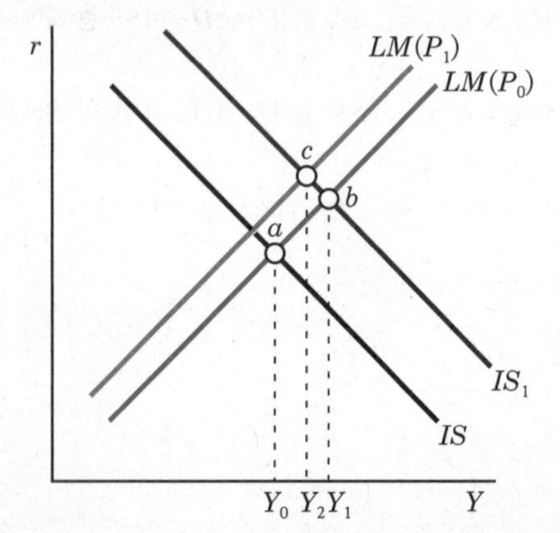

13 어떤 경제의 총수요함수는 $Y=330-3P$이며, 잠재 GDP 규모인 300억 원에서 균형을 이루고 있었다고 하자. 기술발전 등에 따라 잠재 GDP 규모는 2% 성장하고, 이와 함께 총수요함수는 $Y=333-3P$로 이동하는 경우 다음 중 옳지 않은 것은?

풀이 날짜			
채점 결과			

① 물가수준에 변화가 없으면 균형 GDP는 잠재 GDP 수준보다 3억 원 작게 된다.
② 물가가 경직적인 경우 실업이 발생한다.
③ 물가가 완전히 신축적이면 물가수준이 10% 하락하게 된다.
④ 물가가 완전히 신축적이면 GDP 갭이 발생하지 않는다.
⑤ 잠재 GDP 규모가 증가하였으므로 실업률은 감소한다.

13 • 총수요곡선 AD와 수직의 잠재 GDP 규모인 300억 원에서 최초 균형이 달성되고 있다. ⑤

• 최초균형에서

$300 = 330 - 3P$

$\rightarrow 3P = 30$

$\rightarrow P = 10$

$P = 10$이다.

• 잠재 GDP 규모가 2% 성장하면 새로운 잠재 GDP는 $300 \times 2\% = 6$억 원 증가한 306억 원이 된다.

• 물가수준이 10으로 일정할 때 총수요곡선이 AD_1으로 이동하면, 균형 GDP는 $Y = 333 - 3 \times 10 = 303$억 원이 되므로 잠재 GDP보다 3억 원 작게 된다.

• 따라서 경기 침체가 발생하므로 실업이 발생한다.

• 물가가 완전히 신축적이면 새로운 총수요곡선 AD_1과 새로운 잠재 GDP가 만날 때 균형이 달성된다.

$306 = 333 - 3P$

$\rightarrow 3P = 27$

$\rightarrow P = 9$

• 물가수준이 9이므로 물가수준은 $\frac{10-9}{10} \times 100 = 10\%$ 하락하게 된다.

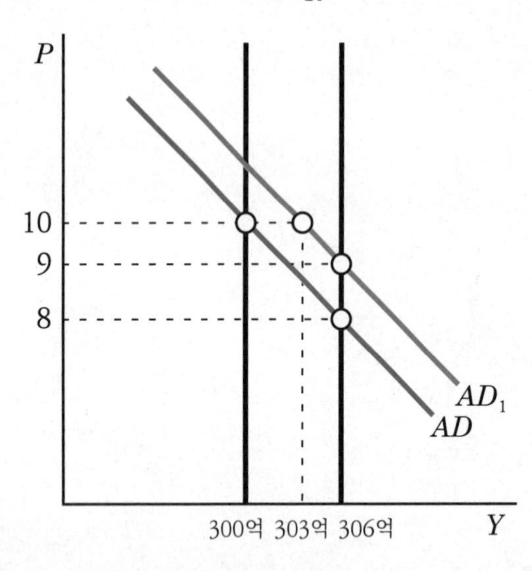

MEMO 그래프를 그려보세요.

PART 04 총수요 및 총공급이론

01 객관식 점검 문제

PART 출제경향

- $IS-LM$곡선 모형, $AS-AD$모형에서의 가로축과 세로축 변수를 기억해야 하며 각 곡선의 기울기 및 이동요인 등은 기본적으로 출제된다.
- 또한 학파별로 기울기에 대한 견해가 다르므로 그에 대한 암기는 필수적이다.
- 각 곡선의 함수식도 암기해두면 활용하기가 편해진다.
- 재정정책 및 금융정책 논점에서 구축효과, 유동성함정, 리카도의 등가정리 등 버릴 논점은 전혀 없다.
- 총수요 및 총공급이론은 거시경제학에서 매우 중요한 영역이므로 모든 내용을 빠짐없이 정리하자.

02 논술 및 약술 점검 문제

PART 출제경향

- 약술문제로 구축효과, 유동성함정, 합리적 기대 등은 자주 출제된다.
- 논술문제로 리카도 등가정리의 가정, 의의, 한계점 등을 정리해야하며 총공급곡선의 기울기에 대한 4가지 모형을 암기해야 한다.
- 즉, 우상향하는 총공급곡선 모형인 노동자오인모형, 불완전정보모형, 비신축적 임금모형, 비신축적 가격모형은 경기변동이론으로도 연결되므로 그만큼 중요하다.

문제 01

불확실성의 증대가 IS곡선과 LM곡선에 미치는 요인들을 제시하고 이를 통해 국민소득과 이자율에 미치는 영향을 예상하라.

해설

1 IS곡선에 미치는 영향(좌측 이동)

1. 소비 측면

① 불확실성의 증대로 예비적 저축을 늘리고 소비를 줄이게 될 가능성이 있다.

② 또한 불확실성이 증대되면 은행은 대출을 줄이며 내구재에 대한 소비도 줄어들게 될 것이다. 즉, 불확실성이 커지면 은행의 대출이 위축되며 차입제약의 발생에 따른 소비감소를 유발한다.

③ 불확실성의 증가는 위험회피 심리를 확산시킴으로 주식수요를 감소시킨다.
따라서 주가의 하락으로 소비가 감소하는 역자산효과가 발생한다.

④ 랜덤워크 가설은 항상소득가설에 합리적 기대를 도입하여 소비행태를 설명하는 이론으로 불확실성이 커지면 소비의 정확한 예측이 불가능해진다.

2. 투자 측면

① 케인즈의 야성적 충동에 의할 경우 불확실성이 증대되면 투자자의 기대수익률이 감소하므로 투자가 감소하게 된다.

② 또한 토빈 q이론에 의할 경우에도 주가가 하락하므로 q값이 낮아져서 투자가 감소한다.
왜냐하면 불확실성의 증가는 위험회피 심리를 확산시킴으로 주식수요를 감소시키기 때문이다.

③ 투자옵션(option theory of investment)이론에서는 call option의 가치가 상승하게 되고 투자의 비용이 증대되므로 투자의 관망심리를 부추겨 투자가 감소할 가능성이 있다.
→ 딕싯의 투자옵션모형에 따르면 불확실성이 존재하는 상황에서 불확실성이 클수록 투자옵션(선택권)의 가치가 커지므로 투자가 감소하게 된다고 주장

2 LM선에 미치는 영향(좌측 이동)

1. 화폐의 수요 측면

① 불확실성이 증가하면 예비적 화폐수요가 증가하고 토빈의 자산선택이론에 의할 경우에도 투기적 화폐의 수요는 증가하게 된다.

② 대체효과와 소득효과의 크기에 따라 최적점의 위치가 달라질 수 있으나, 위험도가 증가하는 경우 통상 채권비율이 줄어들고 화폐비율이 늘어난다.

③ 즉, 안전자산인 화폐수요의 증가를 가져온다.

2. 화폐의 공급 측면

① 화폐공급함수 $\left(M^s = \frac{k+1}{k+z}H\right)$에서 불확실성의 증가는 투자 감소, 대출 감소 등의 내생적 원인에 의해 본원통화(H)를 감소시키는 요인이 될 수 있으며, 민간의 현금예금비율(k)과 금융기관의 지급준비율(z)을 상승시키게 되므로 통화승수는 감소하게 된다.

② 따라서 화폐의 공급은 감소하게 된다.

3 불확실성의 경제적 효과

① 불확실성의 증대로 소비와 투자가 감소하는 경우 IS곡선은 좌측 이동한다.

② 화폐수요의 증가, 화폐공급의 감소는 LM곡선을 좌측으로 이동시킨다.

③ 따라서 국민소득은 큰 폭으로 감소하고 경기는 침체될 것이다.

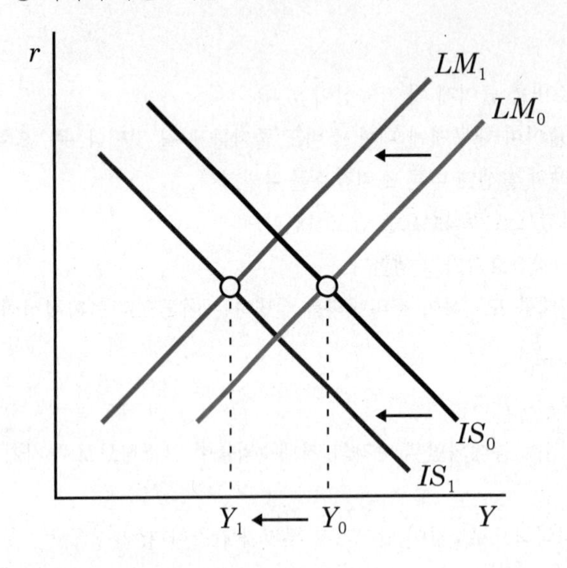

4 환율

① 불확실성의 증가는 외환의 유출을 가져와 환율을 상승시킬 수 있다.

② 환율의 상승은 수출 증가보다 수입물가의 상승을 유발할 가능성이 있다.

5 금리

① 불확실성의 증가는 안전자산선호와 불안전자산 기피로 대표적인 안전자산인 미국국채 금리 하락과 신흥국 금리를 큰 폭으로 상승시킬 수 있다.

② 한국의 경우 신흥국 중에서도 비교적 안전한 시장으로 인식되어 금리가 큰 폭으로 상승할 가능성은 낮다.

문제 01

모든 근로자들이 노사협상을 통해 명목임금을 체결하고 고용은 사용자에게 일임하는 경우를 고려해보자.
생산함수는 $Y=20\sqrt{L}$로 주어진다. 명목임금은 20으로 설정된다고 하자.

1. 총공급곡선을 도출하시오.

2. IS곡선 : $Y=120-500r$

   LM곡선 : $\frac{M}{P}=0.5Y-500r$

   통화공급이 $M^S=300$으로 주어진다.

   총수요곡선을 도출하시오.

해설

1 생산함수를 통해 한계생산을 도출해보면 $MP_L=10L^{-\frac{1}{2}}$이다.

실질임금$\left(\frac{W}{P}\right)$과 노동의 한계생산이 일치할 때 노동수요가 결정되므로 노동수요의 함수식은 $\frac{W}{P}=10L^{-\frac{1}{2}}$이다.

명목임금(W)은 20이므로 노동수요는

$$\frac{20}{P}=10L^{-\frac{1}{2}}$$

$$\rightarrow \frac{P}{20}=\frac{1}{10L^{-\frac{1}{2}}}$$

$$\rightarrow P=2L^{\frac{1}{2}}$$

$$\rightarrow P=2\sqrt{L}$$

로 정리할 수 있다.

총공급곡선은 P와 Y의 관계이므로 노동수요함수와 생산함수를 통해 도출할 수 있다.

$Y=20\sqrt{L},\ P=2\sqrt{L}$

→ 총공급(AS) : $Y=10P$

2 총수요곡선은 IS곡선과 LM곡선을 통하여 도출할 수 있다.

LM곡선을 변형하면 $-500r=\frac{300}{P}-0.5Y$이며 IS곡선에 대입하면 총수요곡선은

$$Y=120+\frac{300}{P}-0.5Y$$

$$\rightarrow \frac{3}{2}Y=120+\frac{300}{P}$$

$$\rightarrow Y=80+\frac{200}{P}$$

으로 도출된다.

문제 02

산업은행

유동성함정을 해소하는 방법을 서술하시오.

해설

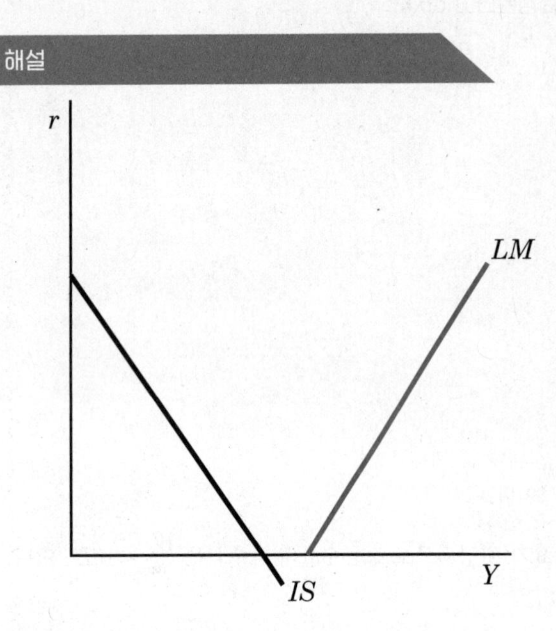

■1 통화정책

① 화폐공급을 증가시키는 정책은 LM곡선을 우측 이동시키지만 유동성함정 하에서는 경기부양의 효과가 없다.

② 그러나 신용중시의 견해에 따르면 확장적 통화정책으로 인한 은행의 대출자금이 풍부해져 신용의 공급가능성이 증대한다면 투자 등이 직접 증대할 수 있다. 즉, IS곡선이 우측으로 이동할 수 있다.

■2 재정정책

① 확장적 재정정책수단을 통하여 경기부양이 가능하다.

② 확대재정정책으로 IS곡선이 우측으로 이동하면 균형국민소득이 증가한다.

■3 순수출 증진정책

① 순수출의 추가적 증대는 IS곡선을 우측으로 이동시켜 경기를 부양시킨다.

② 즉 과거 일본이 외환시장에 개입하여 엔화의 평가절하를 유도하였으며 순수출이 증가하여 경기를 일정기간 회복시킬 수 있었다.

■4 기대 인플레이션효과

피셔방정식에 따르면 기대인플레이션을 상승시키면 실질이자율이 감소하여 투자 확대 등의 팽창적인 효과가 발생한다.

MEMO 단원의 핵심 내용을 정리해 보세요.

PART 05

PART GUIDE

- 현실 경제를 힘들게 하는 인플레이션과 실업이 왜 발생하고 그에 대한 대책은 무엇이며 그 대책이 과연 효과가 있는지에 대하여 분석한다.
- 인플레이션과 실업에 대한 대책에 대해서도 고전학파 계열과 케인즈 계열은 견해가 상반된다.
- 일반적으로 인플레이션과 실업은 역의 관계가 있는 것으로 거시경제학계에 알려져 왔다.
- 그러나 1970년대에 높은 인플레이션과 실업이 공존하는 스태그플레이션이 발생함으로써 기존의 견해를 깨뜨렸다.
- 인플레이션과 실업이 단기에 역관계가 있지만 장기적으로는 아무런 관계가 없다는 것을 필립스곡선을 통해 살펴본다.

실업과 인플레이션

CHAPTER 11

인플레이션

단원 학습 목표

- 물가 안정은 경제성장과 더불어 거시경제의 중요한 목표 중 하나이다.
- 물가수준의 결정과 또 물가수준의 지속적인 상승, 즉 인플레이션이 발생하는 원인을 분석하고자 한다.
- 인플레이션의 문제를 해결하기 위하여 정부는 어떤 정책을 사용할 수 있으며 각 정책의 장점 및 단점은 어떻게 비교될 수 있는지 이 장에서 살펴보고자 한다.

1절 물가

01 물가와 물가지수

1 개요

① 가격이란 어떤 상품이나 서비스 한 단위를 구입하는 대가로 지급하는 돈의 액수를 말한다.

② 시장에서는 무수히 많은 상품과 서비스가 거래되고 있어 가격을 헤아리기 어려울 정도로 많으며 가격이 오르고 내리는 정도도 제각각이다.

③ 이와 같은 개별 상품들의 가격수준 및 변동을 종합하여 경제 전체의 전반적인 가격 수준 및 변화를 알아야 할 필요가 있는데 이를 위해 물가와 물가지수란 개념이 고안되었다.

2 개념

① 물가란 시장에서 거래되는 모든 재화와 서비스의 가격을 일정한 기준으로 가중평균한 종합적인 가격수준을 말한다.

② 물가지수란 물가의 움직임을 구체적으로 측정하기 위하여 작성되는 지수로 소비자물가지수, 생산자물가지수, *GDP* 디플레이터 등이 있다.

③ 물가지수는 기준시점의 물가를 100으로 놓고 비교시점의 물가를 나타낸다.
예를 들어 어느 특정시점의 물가지수가 115라면 이는 기준시점보다 물가가 15% 오른 것을 의미하며 비교시점의 물가지수가 90이라면 물가가 기준시점보다 10% 내린 것을 의미한다.

④ 대표적인 물가지표인 소비자물가지수나 생산자물가지수 등의 지수를 이용하면 물가수준의 전반적인 상승률을 의미하는 인플레이션율(inflation rate)을 구할 수 있다.

개념정리 가중평균

• 가중평균이란 재화와 서비스가 총지출에서 차지하는 상대적 비중에 따라 가중치를 부여한 것을 말한다.

3 물가지수의 활용

1. 화폐가치 측정

① 물가지수가 올라가면 일정한 금액의 돈으로 구입할 수 있는 상품의 양이 줄어들기 때문에 물가 상승은 곧 화폐가치의 하락을 의미한다.

② 화폐 가치는 물가지수의 역수이므로 화폐의 가치 또는 구매력은 다음과 같이 나타낼 수 있다.

$$\text{화폐의 가치 또는 화폐의 구매력} = \frac{1}{\text{물가지수}} \times 100$$

③ 예를 들어 물가지수가 150이라면 화폐의 구매력은 $\frac{1}{150} \times 100 = \frac{2}{3}$로 계산된다.
즉, 기준연도에 비해 화폐가치는 약 33% 하락하였음을 의미한다.

④ 따라서 장기간에 걸친 계약이나 금융 거래를 할 때에는 물가 상승을 예측하여 행동하는 것이 필요하다.

2. 경기변동 지표로 활용

① 경기가 좋아지면 대체로 물가가 상승하고 불경기가 되면 물가가 하락하는 경향이 있기 때문에 경기변동을 진단하는 중앙은행은 물가 변동을 경제 상황 파악에 이용한다.

② 물가 상승이 심각해지면 화폐 공급을 줄여서 물가 상승을 억제하기도 한다.

3. 실질가치 계산

① 물가지수가 상승하면 노동자들의 임금이나 연금의 실질가치가 하락한다. 왜냐하면 실질가치는 명목가치를 물가지수로 나눈 값이기 때문이다.

② 따라서 물가 지수는 노동자들의 임금협상이나 은퇴 후에 받는 연금의 계산에 기준이 되는 생계비를 나타내기 때문에 정확히 계산해야 한다.

02 물가지수의 작성 방식

1 라스파이레스(Laspeyres) 물가지수

① 라스파이레스 물가지수는 기준연도의 수량을 중심으로 계산한다.

② 기준연도의 바스켓(basket)(예를 들어 빵 10개, TV 1대와 같은 소비조합)으로 소비량을 고정한 채 금년도에 동 바스켓을 구입하기 위해 얼마나 더 지출하였는지를 측정한다.

$$\text{라스파이레스 물가지수}: L_P = \frac{\sum P_1 \times Q_0}{\sum P_0 \times Q_0} \times 100$$

(0: 기준연도, 1: 비교연도)

③ 식에서 분모와 분자 모두 기준연도의 수량 Q_0가 쓰인다.

④ 소비자물가지수와 생산자물가지수는 라스파이레스 방식으로 작성된다.

2 파셰(Paasche) 물가지수

① 파셰 물가지수는 비교연도의 수량을 중심으로 계산한다.

② 파셰식(Paasche formula)은 기준연도 대신 해당연도(비교연도)의 바스켓을 이용한다. 예를 들어 금년에 빵 7개 그리고 TV를 2대 소비한다면 기준연도의 가격으로 동 바스켓을 구입하기 위해 지출한 금액(기준연도 지출액)을 계산하여 금년도 지출액과 비교함으로써 물가지수를 산출한다.

$$\text{파셰 물가지수}: P_P = \frac{\sum P_1 \times Q_1}{\sum P_0 \times Q_1} \times 100$$

③ 식에서 분모와 분자 모두 비교연도의 수량 Q_1이 쓰인다.

④ *GDP* 디플레이터는 파셰 물가지수에 해당된다.

3 피셔 물가지수

피셔식(Fisher formula)은 라스파이레스식과 파셰식으로 산출된 지수를 기하평균하는 방식이다.

$$\text{피셔 물가지수}: F_P = \sqrt{L_P + P_P}$$

4 라스파이레스 물가지수와 파셰 물가지수

① 실제 물가지수 산출 시 파셰 물가지수 보다는 라스파이레스 물가지수가 주로 이용되는데 이는 라스파이레스 물가지수가 과거 소비지출액을 이용하여 가중치를 산출하기 때문이다.

② 당기의 가중치를 사용하는 파셰 물가지수는 실시간으로 소비지출액을 파악해야 하므로 작성이 용이하지 않는 단점이 있다.

03 물가지수의 종류

1 소비자물가지수(Consumer Price Index ; *CPI*)

① 소비자가 일상 소비생활에 쓸 용도로 구입하는 재화(소비재)의 가격과 개인서비스 요금의 변동을 조사하여 가계의 평균적인 생계비 내지 구매력의 변동을 측정하기 위한 지수로서 한 나라의 대표적인 인플레이션 지표로 이용된다.

② 소비자물가지수의 조사대상 지역은 서울을 비롯한 38개 주요 도시이며 조사대상 품목은 가계소비지출 중에서 차지하는 비중이 $\frac{1}{1,000}$이상인 460개 품목으로 구성되어 있다.

③ 현재 2017년을 기준 연도(=100)로 작성되고 있다.

개념정리 근원인플레이션(core infalation)

- 근원인플레이션이란 예상치 못한 일시적 외부충격(석유파동, 이상기후, 제도 변화 등)에 의한 물가변동분을 제거하고 난 후의 물가 상승률을 의미한다.
- 대체로 전체 물가변동 중에서 공급 측면에서의 일시적인 충격인 식료품, 에너지 가격의 변동 등을 제거하는 방법이 주로 사용된다.
- 한국의 경우 소비자물가에서 곡물 이외의 농산물과 석유류의 가격변동분을 제외하여 근원인플레이션을 측정한다.

2 생활물가지수

① 일상생활에서 소비자들의 구입 빈도가 높고 지출 비중이 높아 가격 변동을 민감하게 느끼는 품목을 대상으로 작성된 소비자물가지수의 보조지표이다.

② 생활물가지수는 소비자물가 조사대상 품목 중에서 일반 소비자들이 자주 구입하는 기본 생활필수품 141개를 선정하여 이들의 평균적인 가격 변동을 나타내는 지수이다.

3 생산자물가지수(Producer Price Index ; *PPI*)

① 국내생산자가 국내 시장에 출하하는 상품들의 가격변동을 측정하기 위해 작성되는 물가지수이다.
국내(내수) 시장에 공급하는 상품의 가격 및 서비스의 요금을 경제에서 차지하는 중요도를 고려하여 평균한 종합적인 가격수준을 지수화한 통계를 말한다.

② 생산자물가지수는 국내거래 비중이 큰 867개(재화 765개, 서비스 102개)품목을 조사하여 산출한다.
③ 생산자물가지수는 한국은행에서 작성하며 라스파이레스 방식으로 측정된다.

4 *GDP* 디플레이터

① *GDP* 디플레이터는 국민소득추계 결과 사후적으로 계산되는 종합적인 물가지수로서 명목 *GDP*를 실질 *GDP*로 나누어 백분비로 표시한 것이다.

$$GDP\ 디플레이터 = \frac{명목\ GDP}{실질\ GDP} \times 100$$

② *GDP* 디플레이터는 한 나라 안에서 생산된 모든 최종생산물의 평균 가격을 나타내는 포괄적인 물가지수이다.
③ *GDP* 디플레이터는 한국은행에서 작성하며 파셰 방식으로 측정된다.

04 소비자물가지수의 측정과 문제점

1 측정

1. 물가지수에 포함되는 품목을 결정한다.

사과 4개와 아이스크림 5개

2. 가격을 조사한다.

연도	사과	아이스크림
2021	500원	300원
2022	1,000원	600원

3. 각 연도의 품목 구입비용을 계산한다.

2021년도 : (사과 1개당 500원 × 사과 4개) + (아이스크림 1개당 300원 × 아이스크림 5개) = 3,500원
2022년도 : (사과 1개당 1,000원 × 사과 4개) + (아이스크림 1개당 600원 × 아이스크림 5개) = 7,000원

4. 기준년도를 2021년도로 정하고 각 연도의 소비자물가지수를 계산한다.

2021년도 : (3,500원/3,500원) × 100 = 100
2022년도 : (7,000원/3,500원) × 100 = 200

5. 소비자물가지수를 이용하여 인플레이션율을 계산한다.

2022년도 [(200 - 100) / 100] × 100 = 100%

2 소비자물가지수의 문제점

1. 대체효과를 반영 못함

① 소비자의 경우 물가가 상승하면 상대적으로 가격이 많이 오른 제품은 소비를 줄이게 된다.
② 그러나 소비자물가지수는 물가지수에 포함되는 품목을 고정해 놓았기 때문에 이런 소비자의 행동을 반영하지 못한다.
③ 따라서 소비자물가지수는 물가를 과대평가하는 문제점이 있다.

2. 신상품의 등장을 고려하지 못함

① 신상품의 등장은 소비자의 선택의 폭을 넓히기 때문에 다양한 제품을 더 낮은 비용으로 구입할 수 있게 된다.

② 그러나 소비자물가지수는 재화묶음을 고정시켜 놓았기 때문에 신상품 출시에 따른 화폐의 실질가치를 고려하지 못한다.

3. 품질변화를 반영 못함

① 제품의 품질이 개선되는 경우 제품의 가격이 변하게 되는데 이러한 가격의 변화를 소비자물가지수에는 반영하지 못한다.

② 물가가 올라 외관상으로는 인플레이션이 있더라도 물가가 상승한 이상으로 상품의 질이 향상되었다면 실제로는 물가가 하락한 것과 같다.

05 소비자물가지수와 생산자물가지수, *GDP* 디플레이터의 차이점

① 소비자물가지수에는 소비재 및 서비스의 가격이 포함되는 반면 생산자물가지수에 포함되는 원재료 및 자본재의 가격은 포함되지 않는다.

② 유가파동과 같은 외국부문의 충격은 원재료와 중간재를 포괄하는 생산자물가지수에 직접적인 영향을 준다.

③ *GDP* 디플레이터에는 소비재 · 서비스 · 자본재 등이 최종생산물이면 모두 포함되어 대상품목수가 가장 광범위한 종합적인 물가지수이다.

④ 수입품의 가격은 소비자물가지수에는 포함되는데 반하여 생산자물가지수와 *GDP* 디플레이터에는 포함되지 않는다.

⑤ 주택 및 토지 등 부동산의 가격은 생산자물가지수 및 소비자물가지수에 포함되지 않는다. 신축주택과 신축사무실은 건설물로 *GDP*에 포함되므로 이들 가격은 *GDP* 디플레이터에 포함된다.

⑥ 기존 주택이나 토지의 투기에 의한 부동산가격의 폭등은 *GDP* 디플레이터에 포함되지 않는다.

⑦ 주택가격의 상승으로 주택 임대료가 오른다면 상승한 임대료는 *GDP* 디플레이터와 소비자물가지수에 포함된다.

⑧ *GDP* 디플레이터는 변화하는 가중치를 사용하지만 소비자물가지수는 일정 품목을 기준으로 작성되므로 고정된 가중치를 사용한다.

	소비자물가지수	생산자물가지수	*GDP* 디플레이터
원자재, 자본재	×	○	○ (단, 국내에서 생산된 경우)
수입품 가격	○	×	×
주택임대료	○	×	○

■ 물가지수의 비교

구분	소비자물가지수(*CPI*)	생산자물가지수(*PPI*)	*GDP* 디플레이터
의의	• 가계에서 소비하는 재화와 서비스의 가격변동을 측정하는 물가지수 • 서울을 비롯한 38개 주요 도시에서 거래되는 생활필수품의 소매가격을 가중치를 달리하여 산술 평균	• 기업들 사이에 거래되는 모든 국산품의 가격변동을 측정하는 물가지수 • 1998년 7월부터 일부 서비스 부문도 포함	• 명목 *GDP*를 실질 *GDP*로 환산할 때 사용하는 물가지수 • 표본으로 추출된 모든 최종생산물의가격변동을 나타내는 가장 포괄적인 지수
변동	• 구매력 수준의 변동	• 생산비의 변동	• 현재연도의 물가변화를 나타냄
성격	• 소비자의 생계비를 산정하는 특수목적지수	• 생산비변동을 나타내는 일반목적지수	• 국내에 생산된 모든 최종생산물의 가격을 포함하는 포괄적인 물가지수
측정 기관	• 통계청	• 한국은행	• 한국은행
품목 수	• 460개 품목	• 867개 품목	• 모든 최종생산물
대상 품목	• 재화 : 소비재, 수입품 • 서비스 • 부동산 : 주택임대료	• 재화 : 소비재, 원자재, 자본재 • 서비스 : 기업용 서비스	• 재화 : 최종생산물인 소비재, 자본재 • 서비스 : 최종생산물인 서비스 • 부동산 : 신축주택, 신축사무실, 주택임대료
제외되는 품목	• 재화 : 원자재, 자본재 • 부동산 : 주택, 토지, 부동산 가격	• 재화 : 수입품 • 부동산 : 주택, 토지, 부동산 가격, 주택임대료	• 재화 : 수입품 • 부동산 : 기존주택 가격, 토지의 투기
기준연도	• 5년마다 개편	• 매년 변경	• 지수작성연도 기준
조사 가격	• 소비자 구입 가격	• 생산자 판매 가격	• 모든 최종생산물의 가격
작성 방법	• 라스파이레스방식	• 라스파이레스방식	• 파셰방식
상품 조합	• 고정	• 고정	• 변동
표시 방법	• 명시적 물가지수	• 명시적 물가지수	• 명목 *GDP*를 실질 *GDP*로 나누어서 산출하는 묵시적 물가지수
이용 범위	• 소비자 생계비변동의 파악 • 노사협상 과정에서 임금 조정의 기초자료 제공	• 시장동향분석 • 구매 및 판매계약 • 예산편성 및 심의	• 실질 *GDP* 계산

06 인플레이션의 개념 및 측정

1 인플레이션이란?

① 인플레이션이란 물가수준이 상승하는 현상을 말한다.

② 물가지수 또는 물가수준이 증가하였다면 그 증가폭의 크기에 따라 인플레이션이 얼마나 강한지를 알 수 있다.

2 인플레이션율

① 인플레이션율 또는 물가 상승률이란 물가가 몇 % 올랐는가를 보여주는 것으로 $t-1$기의 물가지수를 P_{t-1}, t기의 물가지수를 P_t라고 하면 $(t-1)$기와 t기의 인플레이션율 π_t는 다음과 같이 측정된다.

$$\pi_t = \frac{P_t - P_{t-1}}{P_{t-1}}$$

(π_t : t기의 인플레이션율, P_t : t기의 물가지수, P_{t-1} : $t-1$기의 물가지수)

② 즉, 인플레이션율은 물가수준의 변화율로 측정된다.

개념정리 | 기대 인플레이션율

• 기대 인플레이션율(π_t^e)은 t년도 물가수준에 대한 경제주체들의 기대(P_t^e)를 반영하여 산출된다.

$$\rightarrow \pi_t^e = \frac{P_t^e - P_{t-1}}{P_{t-1}}$$

• 기대 인플레이션율과 실제 인플레이션율 사이의 차이를 예측 오차(forecast error)라고 한다.

2절 단기 인플레이션의 발생 원인과 해결책

01 개요

물가가 상승하는 현상을 인플레이션이라고 하는데 총수요 - 총공급분석에서 인플레이션은 총수요곡선과 총공급곡선의 균형점에서의 물가가 종전보다 높아지는 것으로 표시된다.

02 수요견인(demand-pull) 인플레이션

1 개념

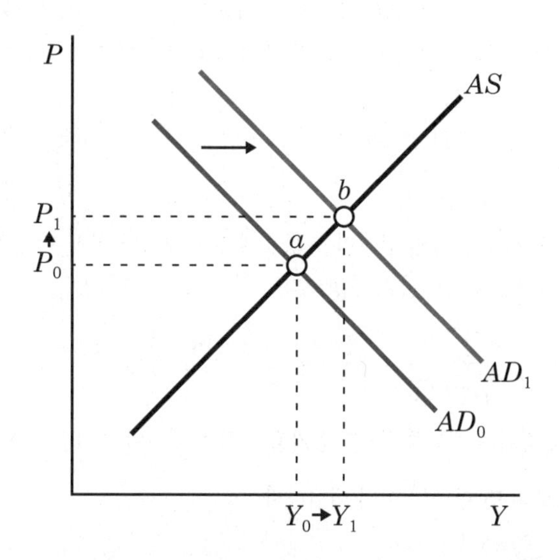

① 수요견인 인플레이션이란 총수요곡선이 우측으로 이동하면서 물가가 상승하는 것을 말한다.

② 통화량 증가 또는 투자 지출이나 정부지출의 증가가 수요견인 인플레이션의 원인이다.

③ 총수요곡선이 우측으로 이동하면($AD_0 \rightarrow AD_1$) 물가는 상승하고 국민소득은 증가한다.

2 고전학파와 통화주의학파

1. 의의

① 통화량이 증가하면 총수요곡선이 오른쪽으로 이동하여 수요견인 인플레이션이 일어난다.

② 고전학파와 통화주의자는 통화량 증가가 인플레이션의 주요 원인이라고 주장한다.

2. 고전학파

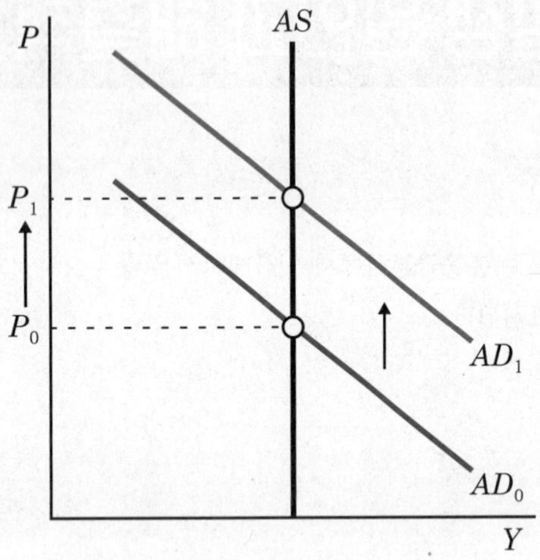

P, AS, P_1, P_0, AD_1, AD_0, Y

① 고전학파에서 통화량이 증가하면 총수요(AD)곡선이 AD_0에서 AD_1으로 우측 이동한다.

② 총공급곡선은 완전고용 국민소득수준에서 수직이므로 물가가 통화 공급의 증가에 비례하여 P_0에서 P_1으로 상승한다.

③ 따라서 고전학파에 따르면 인플레이션의 원인은 과도한 통화 공급이다.

3. 통화주의학파

① 통화주의자는 화폐수량설 $MV = PY$을 내세워 단기에 물가의 상승이 통화량의 증가에 정확하게 비례적이라고 볼 수 없지만 기본적으로 인플레이션은 화폐적인 현상이라고 주장한다.

② 화폐수량설을 증가율로 표시하면 다음과 같다.

$$\frac{\Delta M}{M} + \frac{\Delta V}{V} = \frac{\Delta P}{P} + \frac{\Delta Y}{Y}$$

인플레이션율과 경제성장률의 합이 통화증가율과 통화의 소득유통속도 증가율의 합과 같아야 한다는 것이다.

③ 단기적으로 유통 속도가 일정하므로 $\frac{\Delta V}{V} = 0$으로 두면 다음의 식이 성립한다.

$$\frac{\Delta M}{M} = \frac{\Delta P}{P} + \frac{\Delta Y}{Y}$$

④ 따라서 통화량이 증가하면 단기적으로 일부는 물가 상승, 일부는 산출량 증가로 나타난다.

⑤ 그러나 자연실업률가설에 따르면 장기에 산출량 증가는 없어지고, 전부 물가 상승으로 나타난다. 즉, 장기에는 국민소득의 증가 효과는 사라지고 모두 인플레이션으로 나타난다.

⑥ 결론적으로 통화론자들에 따르면 인플레이션의 원인은 과도한 통화 공급 때문이다.

⑦ 대표적인 통화주의자 프리드만에 의하면 비용인상 인플레이션은 어디까지나 단기적인 현상일 뿐 통화 공급의 증가가 일어나지 않는 한 인플레이션은 지속되지 않는다. 그의 표현에 따르면 '인플레이션은 언제나 어디에서나 화폐적인 현상이다'.

4. 인플레이션에 대한 대책

① 인플레이션의 원인은 과도한 통화 공급 때문이므로 통화량을 적절히 조절하면 인플레이션의 방지가 가능하다고 주장한다.

② 통화론자들은 통화량 증가율을 경제성장률에 맞추어 매년 일정하게 유지하는 준칙에 입각한 금융 정책(k% rule)을 주장한다. 이를 k% 준칙이라고 한다.

③ 예를 들어 경제가 매년 2~3% 성장할 것으로 예상되면 통화의 유통 속도가 일정할 때 통화 공급의 연 증가율도 2~3%로 고정하라는 것이다. 통화 공급의 연 증가율을 2~3%로 고정하면 인플레이션율은 0이 된다.

개념정리	준칙주의와 재량주의

• 준칙주의란 통화 공급을 일정 비율로 유지시키는 방법이며 재량주의란 경제 상황의 변화에 따라 정책당국이 재량적으로 신축적인 정책을 펴는 방법을 말한다.

3 케인즈학파

1. 인플레이션의 원인

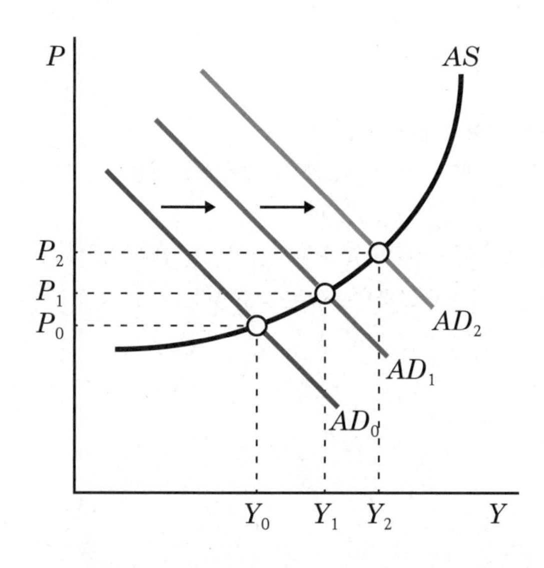

① 경기가 극심한 침체상태일 때는 총공급(AS)곡선이 완만하므로 확대 재정 정책으로 총수요(AD)곡선이 우측으로 이동하더라도 물가는 별로 상승하지 않는다.

② 완전고용에 근접하여 총공급곡선이 수직에 가까워지면 물가는 급격히 상승한다.

③ 케인즈학파는 투자증가나 정부지출증가와 같은 실물부문 수요 측면의 변동이 물가 상승의 주된 요인이라고 생각한다.

④ 케인즈학파는 단기에 경기가 침체할 때 확대 재정 정책을 적극 사용해야 한다고 주장한다. 이는 국민소득의 증가를 위해 단기에 수요견인 인플레이션을 감수해야 한다는 말과 같다.

2. 인플레이션에 대한 대책

① 긴축적인 재정 정책에 의해 인플레이션 억제가 가능하다고 주장한다.

② 산출량수준이 매우 낮다면 실업문제를 해소하기 위해서는 어느 정도의 인플레이션은 불가피하다.

③ 그러나 완전고용산출량에 가까워져 물가가 급격히 상승한다면 인플레이션을 해소하기 위해서는 총수요의 억제가 필요하다.

03 비용인상(cost-push) 인플레이션

1 개념

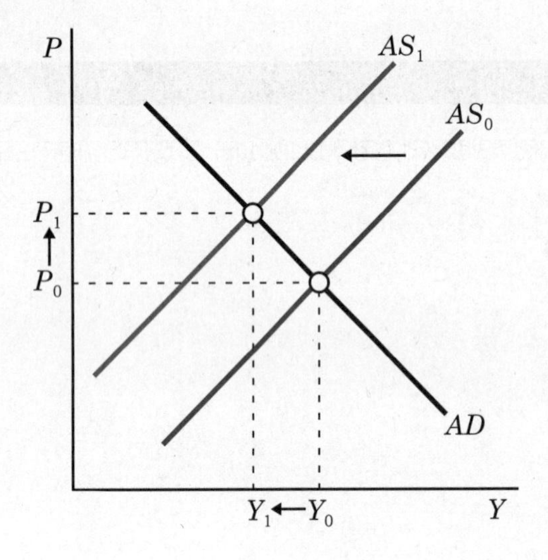

① 비용인상 인플레이션이란 총공급 감소로 인하여 물가가 상승하는 현상을 말한다.

② 총공급곡선은 모든 기업들의 한계비용곡선과 밀접한 관계를 가지고 있으므로 생산요소비용이 증가하면 총공급곡선이 왼쪽으로 이동한다.

즉, 임금 인상, 수입 원자재 가격 상승, 유가 상승 등 생산요소비용이 증가하면 총공급을 감소시킨다.

③ 총공급곡선이 AS_0에서 AS_1으로 좌측 이동하면 물가는 상승하고 국민소득은 감소한다.

2 통화주의학파의 견해

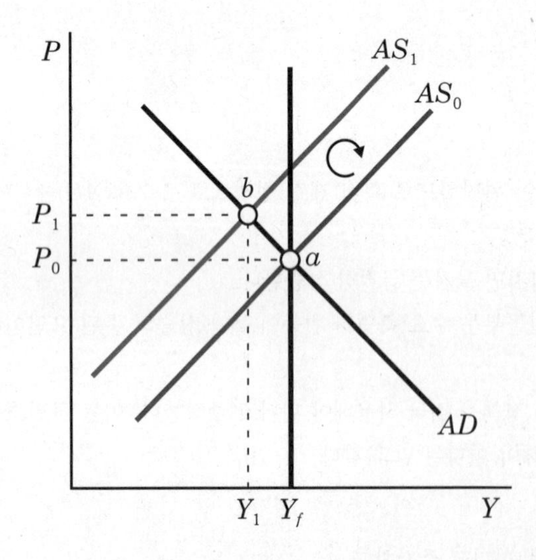

① 임금 인상 등의 요인으로 AS곡선이 좌측으로 이동하면 단기적으로 산출량이 감소하고 물가가 상승한다.

생산량은 감소하는데 물가가 상승하는 현상을 스태그플레이션(stagflation)이라고 한다.

스태그플레이션은 스태그네이션(stagnation)과 인플레이션(inflation)의 합성어로 경기 침체와 더불어 인플레이션이 발생하는 경우를 말한다.

② b점은 잠재 GDP가 실제 GDP보다 높은 수준이므로 장기적으로는 임금이 하락하고 AS곡선이 우측 이동한다.

③ 따라서 통화주의학파는 공급요인으로 지속적인 물가 상승은 나타나지 않는다고 본다.
즉, 통화주의학파는 비용 인상설을 부정하여 통화량 증가 없는 인플레이션은 불가능하다고 본다.

3 정책당국의 딜레마

1. 정책당국의 딜레마란?

① 경제성장을 위하여 확대 정책을 사용하면 물가가 급등하고 반대로 물가 안정을 유지하면 생산이 감소한다.

② 중립적인 입장을 취해도 경제가 다시 원래상태로 회복되는 과정에 오랜 기간이 걸린다면 경제적으로 손실이 따른다.

③ 이러한 딜레마에 직면하는 것을 '정책의 딜레마'라고 한다.

2. 수용정책(accommodating policy)

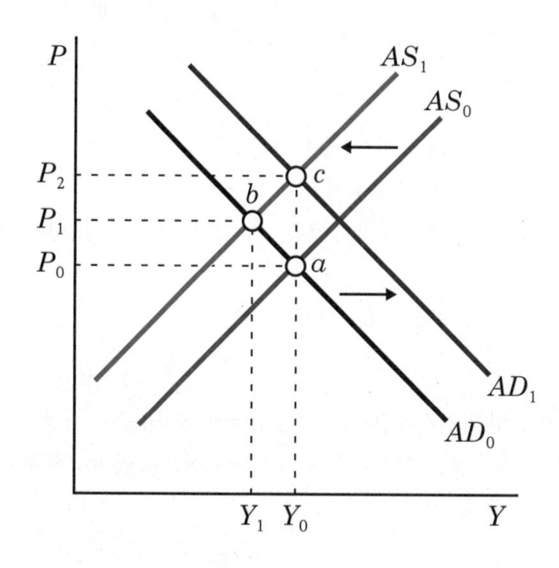

① 부정적 총공급충격으로 총공급곡선이 왼쪽으로 이동하면 국민소득이 Y_0에서 Y_1으로 감소한다.

② 이런 상황에서 정부가 소득확대를 우선적으로 중요시한다면 충격을 수용하면서 통화 공급을 확대한다.
즉, 수용정책은 정부의 총수요관리정책운용을 산출량의 안정적 유지에 두는 정책으로 총수요곡선을 AD_0에서 AD_1으로 우측 이동시킨다.

③ 국민소득은 Y_0로 유지되지만 물가는 P_2로 더욱 상승하게 된다.

3. 억제 정책(extinguishing theory) 또는 진화 정책

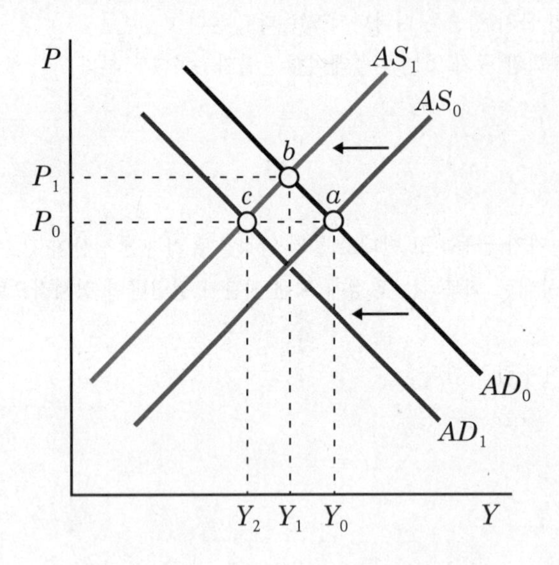

① 부정적 총공급 충격으로 총공급곡선이 왼쪽으로 이동하면 물가는 P_0에서 P_1으로 상승한다.

② 이런 상황에서 정부가 물가 안정을 우선적으로 중요시한다면 통화량을 감소시켜야 한다.
즉, 억제 정책은 정부의 수요관리 정책 운용을 인플레이션 억제에 두는 정책으로 총수요곡선을 AD_0에서 AD_1으로 좌측으로 이동시킨다.

③ 물가는 P_0로 유지되지만 산출량은 Y_2로 더욱 감소하여 실업문제가 심각해진다.

4. 중립적 정책(neutral policy)

① 가격 조정이 비신축적이라 하더라도 실업 증가의 영향으로 시간이 지나면 임금과 물가수준이 하락하게 된다.

② 임금과 물가수준이 하락하면 총공급곡선은 다시 우측으로 이동하고 최초의 균형점으로 돌아오게 된다.

③ 중립적 정책은 경제회복에 오랜 기간이 걸린다는 문제점이 있다.

5. 소득 정책(income policy)

① 정부가 기업과 노동자들을 설득하여 이윤 및 임금 인상을 억제시킴으로 총 공급곡선을 원래 위치로 이동시키고자 하는 정책을 말한다.
즉, 정부가 임금과 물가의 상승을 규제하여 임금 및 기타소득에 직접적으로 영향을 미치고자 하는 정책을 말한다.

② 정부가 매년 임금 상승률의 상한을 정하는 임금가이드라인, 임금과 물가의 인상을 억제하거나 동결시키는 임금 - 물가통제 등이 소득 정책의 사례이다.

③ 단기적으로는 어느 정도 효과가 있으나 장기적으로는 별로 효과가 없는 것으로 판명되었다.

④ 케인즈학파는 생산 증가나 실업 감소를 위해 재량정책을 실시함으로써 파생되는 수요견인 인플레이션은 감수하되, 임금 인상으로 인한 비용인상 인플레이션은 소득 정책으로 대처해야 한다는 입장이다.

⑤ 새 고전학파는 재량정책으로 수요견인 인플레이션이 일어나면 이것이 경제주체들에게 인플레이션 기대심리를 심어주어 비용인상 인플레이션까지 일어나게 되므로 재량 정책을 사용하지 말아야 한다는 입장이다.

4 결론

① 불리한 공급충격으로 정책 딜레마의 상황이 발생할 때는 목표가 상충될 수 있다. 이 경우 두 가지 목표를 모두 충족시키는 대안은 존재하지 않는다.

② 따라서 당시의 경제 상황이 과열 상황인지 불황인지 및 다른 경제 기초여건을 종합적으로 고려하여 타협안을 내놓는 수밖에 없을 것이다.

③ 장기에 비용인상 인플레이션을 수습하는 유력한 정책은 공급능력 향상을 위한 모든 정책이다.

④ 조세 감면, 노동생산성을 증가시킬 수 있는 기술 향상과 연구개발 등의 정책수단은 장기에 총공급곡선을 우측으로 이동시켜 인플레이션이 없는 경제성장을 가능하게 한다.

04 혼합형 인플레이션

1 개념

① 혼합형 인플레이션이란 총수요 측 요인과 총공급 측 요인이 동시에 작용하여 물가가 상승하는 것을 말한다.

② 현실적으로 인플레이션은 수요 측 요인과 공급 측 요인이 같이 작용하여 일어나는 경우가 많다.

2 설명

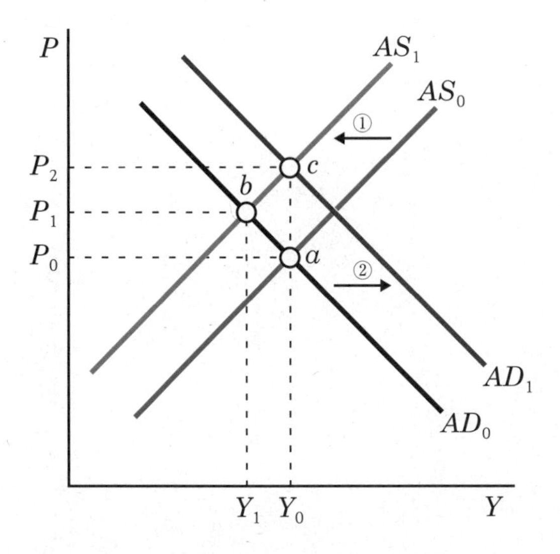

① 노동자들의 과도한 임금 인상요구 또는 자원파동과 같은 불리한 공급충격이 발생하면 총공급곡선은 AS_0에서 AS_1으로 좌측 이동한다.

② 총공급곡선이 왼쪽으로 이동하면 물가는 P_0에서 P_1으로 상승하고 국민소득은 Y_0에서 Y_1으로 감소하면서 실업률은 증가한다.

③ 정부가 실업률을 낮추기 위해 확대 정책을 실시하면 총수요곡선이 AD_0에서 AD_1으로 우측으로 이동하고 추가적으로 물가는 더욱 상승하고 실업률은 낮아진다.

④ 물가의 상승으로 경제주체들의 기대 인플레이션이 높아져 예상물가수준이 상승하면 총공급곡선은 다시금 왼쪽으로 이동하여 다시 생산 감소 및 실업 증가가 일어난다.

⑤ 실업 감소를 위해 정부는 다시 확대 정책을 사용하고 그 결과 인플레이션과 기대 인플레이션이 더욱 높아진다.

⑥ 이와 같이 수요 측 요인과 공급 측 요인이 함께 작용하는 경우에는 임금 상승과 물가 상승의 악순환이 발생할 가능성이 높으며, 물가 상승은 더욱 가속화된다.

3 평가

① 임금과 물가의 동반상승의 악순환은 정부의 예산제약으로 인하여 지속적인 정부지출 증가로는 불가능하며, 지속적인 통화량 증가에 의해서만 가능하다.
따라서 인플레이션이 기본적으로 화폐적인 현상이라는 통화주의자의 입장을 강화시켜 준다.

→ 재정 정책과 통화 정책을 같이 실시하는 것을 정책혼합(policy mix)이라고 한다.

② 통화주의자들에 따르면 1970년대 세계 각국이 실업 감소라는 정책목표를 단시일에 달성하기 위하여 확대 재정 정책과 확대 통화 정책이라는 정책혼합을 즐겨 사용하였고 그 결과 사상 유례없는 높은 인플레이션을 경험하였다고 한다.

③ 혼합형 인플레이션에서는 임금 인상이 물가 상승을 유발하고 물가 상승은 더 높은 임금 인상을 요구하여 임금 - 물가의 악순환이 일어나기 쉽다.

3절 장기 인플레이션과 초인플레이션(hyper inflation)

01 개요

① 인플레이션율이 높으면 자원배분이 왜곡되고 인플레이션 조세가 커져서 국민들의 삶의 질이 나빠지므로 물가 상승률이 낮을수록 좋지만 너무 낮으면 자칫 물가수준이 지속적으로 하락하는 디플레이션(defaltion)의 늪에 빠질 수도 있다.

② 물가 상승률을 기준으로 인플레이션을 다양하게 분류할 수 있는데 연간 2 ~ 3%의 물가 상승이 지속적으로 일어나는 현상을 서행성 인플레이션(creeping inflation), 연간 10% 내외의 물가 상승이 지속되는 현상을 주행성 인플레이션(galloping inflation)이라고 한다.

③ 고율의 예상된 인플레이션이 지속되면 국민경제의 효율성이 낮아진다. 즉, 자원을 생산적인 투자로부터 비생산적인 투기로 흐르게 함으로써 경제의 생산능력을 감축시키고 자원배분을 비효율적으로 만든다.

02 장기 인플레이션

① 장기적인 관점에서 물가와 가장 밀접한 관련을 갖는 것은 화폐 공급 증가율이다.

② 정부가 화폐를 너무 많이 발행하는 것이 인플레이션의 궁극적인 원인이라고 말할 수 있다.

③ 그렇다면 정부가 화폐 공급량을 적절히 통제하면 인플레이션을 예방할 수 있겠으나 현실에서 정부는 화폐를 많이 발행하지 않을 수 없는 입장에 처해 있을 경우가 많다.

④ 현대의 정부는 막대한 규모의 재정지출이 필요하게 되어 그 재원을 어떻게 조달하느냐가 중요한 문제로 대두하게 된다.

⑤ 무리하게 화폐를 발행하려는 목적이 재정 수요를 충당하는 데 있다면 인플레이션의 근본 원인은 과다한 재정지출에 있다고 말해야 할 것이다.

⑥ 이런 의미에서 본다면 인플레이션은 '재정적 현상(fiscal problem)'이라고 해야 한다.

⑦ 여러 나라에서 방만한 재정 운영이 인플레이션을 일으키는 주요 요인으로 작용하고 있다.

03 초인플레이션(hyper inflation)

1 개념

① 초인플레이션이란 연간 수백% 이상으로 진행되는 아주 높은 인플레이션을 말한다.

② 초인플레이션은 일반적으로 연 물가 상승률이 수배 이상을 넘기 때문에 사회에 큰 희생을 초래한다.

2 효과

① 화폐가치가 빠른 속도로 감소하므로 사람들은 화폐를 보유하지 않고 실물자산을 보유하려 한다. 투기적 자산의 보유로 투자가 위축되고 실질구매력이 떨어져서 수요도 감소하게 되므로 실물경제의 침체로 이어지게 된다.

② 정부의 실질 조세수입이 대폭 감소할 것이다. 경제주체들이 조세 납부를 지연시키면 인플레이션으로 인해 명목조세의 실질가치가 크게 감소하기 때문에 실질 조세부담을 줄이기 위해 조세납부 연기가 일반화되게 된다.

③ 화폐 보유를 기피해 물물교환이 성행하게 되고 상대적으로 안정적인 외환 쪽으로 투기적 거래가 늘어날 것이다.

④ 결국 가격기능이 마비되고 경제의 불확실성이 커지므로 장기계약이나 장기계획을 기반으로 하는 투자나 생산활동이 어렵게 되어 경제성장과 분배를 극도로 왜곡시킬 것이다.

3 발생 원인

① 초인플레이션은 무엇보다도 과도한 통화 공급으로 인해 발생한다. 과도한 통화 공급은 중앙은행이 정부의 화폐주조차익을 위해 통화증발을 하기 때문에 발생한다.

② 예를 들어 과도한 재정팽창으로 인해 누적되는 적자를 충당하기 위해 주조차익(seigniorage)을 선택하는 것이다. 실제로 제1차 세계대전 후 패전국 독일은 승전국에게 배상금 채무를 갚기 위한 방편으로 세금징수가 어렵게 되자 대규모 화폐발행을 선택하였다.

개념정리 화폐주조차익(Seigniorage)

- 화폐주조차익이란 화폐를 발행할 때 액면가(소재가치)에서 발행비용을 뺀 차익을 말한다.
- 예를 들어 1만 원 하나를 발행할 때 1천 원의 발행비용이 발생한다면 주조차익은 1만 원 - 1천 원 = 9천 원이 된다.

심화학습 화폐 수요와 초인플레이션과의 관계

- 개인들은 화폐를 명목국민소득의 일정비율(k)만큼 가치의 저장수단으로 사용하려고 하므로 화폐 수요함수는 다음과 같이 나타낼 수 있다.

$$\rightarrow M^d = kPY$$

(M^d : 명목화폐 수요, k : 마샬의 k, P : 물가, Y : 실질소득)

- 화폐 시장이 균형이면 화폐 공급과 화폐 수요가 일치한다. 따라서 명목화폐 수요를 명목화폐 공급(M^S)으로 바꾸어 변화율로 나타내면 다음과 같다.

$\rightarrow \dot{M}^S = (k\dot{Y}) + \dot{P}$ ($\dot{M}^S$: 명목화폐 공급증가율, $k\dot{Y}$: 화폐 수요증가율, $\dot{P}$: 물가 상승률)

$\rightarrow m =$ 화폐 수요증가율 $+ \pi$ (m : 통화 공급증가율, π : 인플레이션율)

$\rightarrow \pi = m -$ 화폐 수요증가율

$\rightarrow$ 인플레이션율 = 통화 공급증가율 − 화폐 수요증가율

- 통화 공급을 증가시켰을 때 화폐 수요증가율이 음(-)이면 인플레이션율(π)은 통화 공급 증가율보다 커지는 초인플레이션이 발생하게 된다.
- 일반적으로 초인플레이션은 정부나 중앙은행이 과도하게 통화량을 증가시킬 경우에 발생할 수 있다.
- 과도하게 통화량을 증가시키면 경제주체들의 인플레이션 기대심리가 증가하고 화폐 수요 증가율은 감소한다.

4 해결책

1.재정 개혁

① 인플레이션의 주요 원인은 재정적자이므로 이를 치유하는 데에는 재정개혁이 필요하다.

② 초인플레이션 퇴치에 대한 정치적 의지를 강력히 천명함과 동시에 정부지출을 감소시키고 조세를 증대시키는 등 화폐주조차익의 소지를 없애고 통화증발을 억제함으로써 통화 공급 남발로 인한 인플레이션의 악순환 고리를 끊어야 할 것이다.

2. 기대 인플레이션율의 완화

① 정부가 재정적자를 화폐발행으로 충당하고 있으면 민간주체는 계속적으로 통화량을 발행할 것이라고 인식한다.

② 그 결과 기대 인플레이션율은 상승하고, 화폐 수요증가율이 음(−)이 되어 초인플레이션이 발생할 수 있다.

③ 따라서 초인플레이션의 궁극적 해결책은 민간에게 정부가 더 이상 화폐주조차익이 필요하지 않다는 사실을 확실하게 인식시켜 기대 인플레이션율을 낮추는 것이다.

④ 결국 초인플레이션의 궁극적 종착점은 재정적 차원이다.

4절 이자율과 인플레이션

01 피셔효과(Fisher effect)

1 개념

① 명목이자율(i)은 이자를 원금으로 나눈 값이다. 예를 들어 빌리는 금액 100만 원을 원금이라고 하고 빌리는 대가로 지불하는 화폐액 10만 원을 이자라고 하면 명목이자율은 $\frac{10}{100} \times 100 = 10\%$이다.

② 실질이자율(r)은 물가 상승률을 감안하여 이자율을 계산한 것으로 명목이자율(i)에서 물가 상승률(π)을 차감해서 계산한다. 예를 들어 명목이자율이 10%이고 물가 상승률이 5%라면 실질이자율은 10% - 5% = 5%이다.

③ 따라서 명목이자율과 실질이자율의 관계는 다음과 같이 나타낼 수 있다.

실질이자율(r) = 명목이자율(i) - 물가 상승률(π)

→ 명목이자율(i) = 실질이자율(r) + 물가 상승률(π)

이 식을 피셔관계식(Fisher equation)이라고 한다.

④ 경제주체들이 미리 예상한 인플레이션을 예상된 인플레이션이라고 하는데 인플레이션이 예상되면 합리적인 채권자는 인플레이션율만큼 명목이자율을 높게 받으려고 한다.
실질이자율이 채권자의 입장에서 진정한 수익이기 때문이다.

⑤ 인플레이션이 예상되면 그 몫만큼을 명목이자율에 반영함으로써 실질이자율을 일정하게 유지할 수 있고 이 관계식을 피셔효과라고 한다.
즉, 인플레이션과 명목이자율간의 일대일 대응관계를 피셔효과라고 한다.

⑥ 피셔효과란 인플레이션이 예상되면 그만큼 명목이자율이 올라가기 때문에 실질이자율은 불변이라는 가설이다.

2 피셔효과와 먼델 - 토빈효과(예상인플레이션이 상승한 경우)

1. 피셔효과

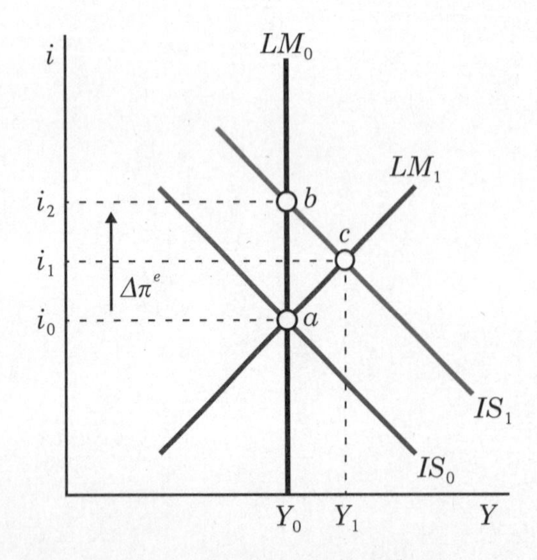

① 이자율축이 명목이자율(i)인 경우 예상인플레이션이 상승하면 IS곡선은 예상인플레이션 상승폭만큼 우측 이동한다($IS_0 \rightarrow IS_1$).

② LM곡선이 수직선이라면(LM_0) 균형점이 a에서 b로 이동하므로 명목이자율이 예상인플레이션 상승폭만큼 상승한다($i_0 \rightarrow i_2$).

③ 명목이자율은 상승하지만 실질이자율은 변하지 않으므로 투자도 변하지 않고 국민소득도 Y_0로 변하지 않는다.

④ 즉, 장기에 통화량의 증가로 예상인플레이션이 상승하면 예상인플레이션의 상승만큼 명목이자율이 상승하고 실질이자율은 변하지 않는다.

2. 먼델 - 토빈효과(Mundell - Tobin effect)

① LM곡선이 우상향이라면(LM_1) 균형점이 a에서 c로 이동하므로 명목이자율 상승폭은 예상인플레이션 상승폭보다 작아진다.

② 따라서 실질이자율은 하락하게 되고 투자가 증가한다.

③ 투자 증가는 균형국민소득을 Y_0에서 Y_1으로 증가시킨다.

④ 즉, 장기에 통화량의 증가로 예상인플레이션이 상승하면 예상인플레이션의 상승폭보다 명목이자율이 적게 상승하므로 실질이자율은 하락하고 투자증가를 가져온다.

⑤ 실질이자율 하락에 따른 투자의 증가를 먼델 - 토빈효과라 부른다.

02 사전적 실질이자율과 사후적 실질이자율

① 실질이자율을 구하는 데 있어 어떤 인플레이션율을 사용하느냐에 따라 사전적 실질이자율과 사후적 실질이자율로 나누어 볼 수 있다.

② 실제 관측된 인플레이션율(π)을 사용하여 계산된 실질이자율을 사후적 실질이자율이라고 한다.

$$\text{사후적 실질이자율} = i - \pi$$

③ 예상물가수준에 기초한 기대 인플레이션율(π^e)을 사용하여 계산된 실질이자율을 사전적 실질이자율이라고 한다.

$$\text{사전적 실질이자율} = i - \pi^e$$

④ 실제 관측된 인플레이션율과 기대 인플레이션율이 동일하면 사후적 실질이자율과 사전적 실질이자율이 동일하지만 실제 관측된 인플레이션율과 기대 인플레이션율이 상이하면 사후적 실질이자율과 사전적 실질이자율이 상이한 값을 갖게 된다.

⑤ 실제 관측된 인플레이션율이 기대 인플레이션율 보다 높으면 사후적 실질이자율이 사전적 실질이자율보다 낮아지기 때문에 채권자는 불리해지고 채무자는 유리해진다.
반대로 기대 인플레이션율이 실제 관측된 인플레이션율 보다 높으면 사후적 실질이자율이 사전적 실질이자율보다 높아지기 때문에 채권자는 유리해지고 채무자는 불리해진다.

□△○

5절 인플레이션의 사회적 비용

01 개요

① 인플레이션은 화폐가치의 하락을 뜻하므로 주어진 소득에서 음식물 · 의복 등의 가격이 오르면 생활수준이 낮아질 것이다.

② 그러나 인플레이션이 진행되면 사람들이 구입하는 재화의 값만 오르는 것이 아니라 노동서비스와 같은 임금도 올라 소득이 증가한다.

③ 소득이 물가보다 더 많이 증가하면 인플레이션이 있어도 생활수준은 오히려 향상될 수 있다.

④ 인플레이션의 경제적 효과를 논할 때는 예상된 인플레이션과 예상치 못한 인플레이션으로 나누어 생각해야 한다.

⑤ 예상된 인플레이션이란 사람들이 물가 상승의 정도와 시기를 정확하게 예상하는 경우를 말하며 예상치 못한 인플레이션이란 물가 상승에 대한 예상이 정확하지 못한 경우 특히 장래의 물가 상승의 정도를 과소평가하는 경우를 말한다.

⑥ 예상된 인플레이션과 예상치 못한 인플레이션의 경제적 효과는 서로 다르다.

02 예상치 못한 인플레이션

1 부와 소득의 재분배

① 예상치 못한 인플레이션이 발생하면 원리금 상환액의 실질가치가 하락하므로 채무자는 유리하고 채권자는 손해를 본다.

② 또한 고정소득을 받는 봉급생활자는 불리해지고 인플레이션으로 명목가치도 같이 상승하는 부동산 소유자는 유리해진다.

③ 즉, 현금 · 예금 · 국채 등과 같은 화폐자산을 가진 사람과 채권자는 손해를 보고 실물자산을 가진 사람과 채무자는 이득을 본다.

→ 화폐자산은 현금, 예금, 국채 등과 같이 일정액의 화폐에 대한 청구권으로 그 명목가치가 물가의 등락과는 관계없이 고정되어 있는 자산을 말한다.

실물자산은 자동차, 부동산 등과 같이 인플레이션 하에서는 가격이 상승하고 디플레이션 하에서는 가격이 하락하는 자산이다.

④ 인플레이션이 발생하면 현금 및 공채를 보유하고 있는 민간으로부터 국채발행자인 정부에게로 부를 이전시키는 효과가 있다. 세금과 관련하여 인플레이션은 화폐라는 세원(tax base)에 대해 부과하는 조세와 같다는 뜻에서 인플레이션 조세(inflation tax)라 부른다.

2 생산과 고용의 증가

① 예상치 못한 인플레이션은 물가 상승으로 노동수요가 증가하고 고용과 생산을 증가시킬 수 있다. 즉, 노동수요곡선이 우측으로 이동하여 고용량이 L_0에서 L_1으로 증가하고 생산도 증가한다.

② 장기적으로 인플레이션이 예상되면 노동자의 노동 공급이 감소하므로 고용과 생산에 별다른 영향을 미치지 못한다. 즉, 노동 공급곡선이 좌측으로 이동하여 고용량이 다시 원래수준 L_0로 돌아오고 생산도 변하지 않는다.

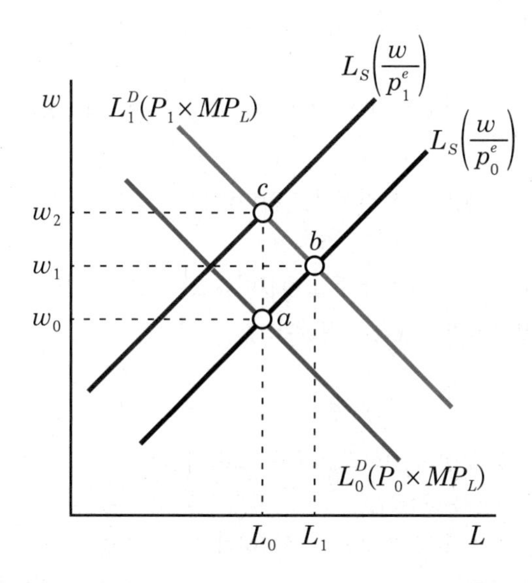

3 경제의 효율성 저하

① 예상치 못한 인플레이션이 지속되면 미래의 인플레이션에 대한 경제주체들의 예상을 어렵게 만들고 안정된 소비 및 투자계획을 세울 수 없게 한다. 따라서 예상치 못한 인플레이션에 따른 불확실성이 경제의 효율성을 낮출 수 있다.

② 또한 일반적으로 모든 재화의 가격이 일제히 같은 비율로 상승하는 것은 아니기 때문에 인플레이션이 진행되는 과정에서 상대가격체계가 흔들리게 된다. 상대가격이 변하면 효율적인 자원배분을 저해할 수 있다.

4 장기계약의 문제

① 장기계약을 통해 돈을 빌려주고 받은 경우에는 물가 상승률이 조금만 달라져도 매우 큰 폭의 소득재분배 효과가 발생한다.

② 장기계약에 따른 위험이 상당히 크기 때문에 채권자와 채무자가 장기계약을 회피하는 경향이 생길 수 있다.

③ 금융기관과 기업이 모두 단기계약을 통해 선호해 단기대출만 이루어지고 장기대출은 전혀 이루어지지 못한다면 경제 전반의 효율성에 문제가 발생하게 된다.

5 투기 성행

① 예상치 못한 인플레이션 하에서는 상대가격에 큰 변화가 생기므로 가격이 더 많이 오를 것이라고 생각되는 상품, 예를 들어 부동산, 금 등에 대한 투기가 성행하게 된다.

② 사회 전체에 투기가 만연하게 되면 건전한 성격의 투자는 이루어지기 힘들어지고 이에 따라 매우 큰 사회적 비용이 발생할 것이다.

03 예상된 인플레이션

1 구두창 비용(shoeleather cost)

① 인플레이션 발생 시 경제주체들이 현금보유를 줄이는 과정에서 금융기관에 자주 가는 거래비용이나 시간투자비용 또는 환전비용 등을 은유적으로 구두창이 닳는다는 표현으로 사용된다.

② 물가가 상승할 것이라고 예상하는 사람들은 되도록 현금보유를 줄이고 금융자산이나 실물자산으로 바꿔 보유하려는 태도를 보인다.

③ 인플레이션이 발생하면 사람들은 이런 자산을 한꺼번에 현금화하지 않고 필요할 때마다 조금씩 현금화하는 방식을 선택하게 된다.

④ 따라서 현금화를 위해 이곳저곳을 더욱 자주 찾아가야 하는데 이 과정에서 시간이라든가 교통비와 같은 비용이 발생하게 된다.

이곳저곳을 자주 찾아다니면 구두창이 빨리 닳는다는데 비유해 이를 구두창 비용이라고 부르는 것이다.

⑤ 구두창 비용이 발생하면 자국통화는 가치의 저장수단으로서의 기능을 상실한다.

2 메뉴비용(menu cost)

① 메뉴비용이란 인플레이션 발생 시 기업들이 가격을 조정해야 하는데 드는 비용으로 차림표를 새로 인쇄하는 비용이나 가격인상에 따른 고객들의 이탈 등과 관련한 비용을 말한다.

② 인플레이션이 발생하면 기업이 가격을 변경하는데 어느 정도 비용이 따르기 마련이다.

예를 들어 가격이 인쇄된 상품포장이나 카탈로그를 새 것으로 바꾸는데 비용이 들기도 하고 가격을 변경한 결과 단골고객을 잃을 위험도 있다. 완벽하게 예상된 인플레이션의 경우에도 이런 메뉴비용은 불가피하게 발생한다.

3 경제성장에 부정적

① 높은 인플레이션은 인플레이션의 변동성을 증가시키므로 경제주체들의 재무 설계에 혼란을 가져다준다.

② 금융자산에 대한 수요가 위축되고 금융부문의 발전이 제한되므로 투자와 성장에 부정적인 영향을 준다.

4 국제수지

① 국내에 인플레이션이 발생하면 수입품에 비해 국산품의 가격은 상대적으로 상승한다. 그러면 사람들은 상대적으로 저렴해진 수입재를 더 수요하므로 수입이 증가한다.

② 그리고 상대적으로 비싸진 국산품은 외국시장에서 덜 팔리게 되므로 수출은 감소한다.

③ 따라서 인플레이션은 수입을 증가시키고 수출을 감소시켜 국제수지를 악화시키는 효과를 갖는다.

5 조세의 왜곡

1. 개념

① 인플레이션은 저축에 따른 이자소득에 대한 세금 부담을 가중시킨다.

② 예를 들어 어떤 사람이 2010년에 1만 원으로 주식을 샀다가 2020년에 5만 원에 주식을 팔았다고 하자. 이는 4만 원의 자본이득을 가져오므로 그만큼의 세금을 납부해야 한다.

그러나 2010년보다 2020년에 물가수준이 2배로 올랐다면 1만 원의 소득은 2020년 기준으로는 2만 원에 해당되고 자본이득은 3만 원에 불과하다. 그러나 세법상 인플레이션을 감안하지 않으므로 자본이득은 여전히 4만 원이 된다.

③ 예상된 인플레이션은 실질소득의 변화는 없고 명목소득의 증가를 가져오며 조세는 명목소득을 기준으로 부과하므로 세금부담을 가중시킨다.

2. 사례

예상된 인플레이션율	납세 전		조세액 (t=0.25)	납세 후	
	실질이자율	명목이자율		실질이자율	명목이자율
0%	8%	8%	2%	6%	6%
4%	8%	12%	3%	5%	9%

① 예상된 인플레이션율이 0%일 때 명목이자율은 8%였으나 예상된 인플레이션율이 4%로 높아지면 명목이자율은 12%로 상승한다.

② 납세 전 명목이자율은 8%에서 12%로 상승하지만 실질이자율은 8%로 변하지 않는다.

③ 명목이자율에 대해 이자소득세가 부과되므로 이자소득세율이 25%로 주어져 있는 경우 명목이자율이 8%일 때는 이자소득세가 $8 \times \frac{1}{4} = 2\%$이고 명목이자율이 12%일 때는 이자소득세가 $12 \times \frac{1}{4} = 3\%$이다.

즉, 조세는 명목이자율을 기준으로 부과하므로 납세자의 조세부담은 2%에서 3%로 증가한다.

④ 예상된 인플레이션율이 0%일 때는 납세 전 실질이자율은 8%이나 납세 후 실질이자율은 $8\% - 2\% = 6\%$이다.

예상된 인플레이션율이 4%일 때는 납세 전 실질이자율은 8%이나 납세 후 실질이자율은 $8\% - 3\% = 5\%$이다.

⑤ 따라서 납세 후 실질이자율은 6%에서 5%로 감소한다.

3. 다비효과(Darby effect)

다비효과란 예상된 인플레이션의 상승으로 채권자의 조세부담은 증가하므로 채권자가 실질이자율에 예상인플레이션을 합한 것보다 명목이자율을 높게 설정하는 것을 말한다.

→ 명목이자율 = 실질이자율 + 예상 인플레이션율 + α

04 인플레이션의 물가연동제

1 의의

① 인플레이션은 장단기적으로 국민경제 전반에 걸쳐 비용을 유발한다.

② 인플레이션 비용을 낮출 수 있는 제도적인 대책으로서 이자율의 인플레이션 연동, 인플레이션과 연동된 채권의 도입, 그리고 인플레이션과 연동된 조세제도의 도입 등에 대하여 살펴보기로 한다.

2 인플레이션과 연동된 조세제도

① 인플레이션이 발생하면 납세자들의 명목소득이 올라감으로써 조세부담이 늘어나게 된다.

② 추가적인 조세부담을 경감해 주기 위하여 세액공제, 조세감면제도, 세액삭감제도 등을 도입하여 인플레이션과 연동된 조세제도(indexed tax system)를 현실화해야 한다.

3 금리 자유화

① 금융시장에 따라 이자율을 자유화함으로써 인플레이션으로 인한 부의 분배가 저축자로부터 차입자로 왜곡되는 것을 완충해야 한다.

② 이자율의 인플레이션 연동성을 높여 인플레이션으로 인한 금융피해를 줄여야 한다.

4 물가연동채권(*TIPS*)의 도입

① 인플레이션으로부터 저축자들을 보호하기 위하여 인플레이션과 연동된 채권(indexed bond)을 도입하는 것이다.

② 이것은 물가변동과 관계없이 일정한 실질이자율을 보장하는 제도로서 명목이자율은 이러한 실질이자율에다 인플레이션율을 더하여 지불하게 하는 것이다.

③ 물가연동채권(Treasury Inflation-Protected Securities ; *TIPS*)은 투자 원금에 물가 상승률을 반영한 뒤 그에 대한 이자를 지급하는 채권으로, 인플레이션이 일어나더라도 채권의 실질가치를 보전해준다는 점에서 대표적인 인플레이션 헤지(hedge) 상품으로 꼽힌다.

6절 디플레이션

01 개요

① 제2차 세계대전 이후 1990년대 초반에 이르기까지 세계경제는 지속적인 인플레이션을 경험하였다.
② 그런데 1990년대 후반에 들어 세계적으로 디플레이션의 조짐이 나타나기 시작하면서 디플레이션에 대한 논의가 본격화되었다.

02 개념

① 디플레이션(deflation)이란 물가수준이 지속적으로 하락하는 현상으로 인플레이션과는 반대되는 개념이다.
② 디플레이션은 물가 상승률의 하락을 의미하는 디스인플레이션(disinflation)과는 구분되어야 한다.

03 긍정적 효과

1 총공급 측면의 디플레이션

① 기술진보 등에 의하여 총공급곡선이 우측으로 이동하면 물가 하락과 더불어 국민소득이 증가한다.
즉, 생산성의 비약적인 발전으로 인하여 생산비용이 하락하면 총공급곡선이 AS_0에서 AS_1으로 우측 이동하고 이에 따라 물가가 P_0에서 P_1으로 하락한다.
② 대표적인 사례로는 인터넷과 전자상거래의 발달로 인한 구매비용의 하락, 무역자유화로 국가 간 가격경쟁 심화로 인한 생산비 하락 등이 있다.
③ 이처럼 생산비용의 하락으로 인한 디플레이션은 실질소득을 Y_0에서 Y_1으로 증가시키고 생활수준을 향상시킨다.

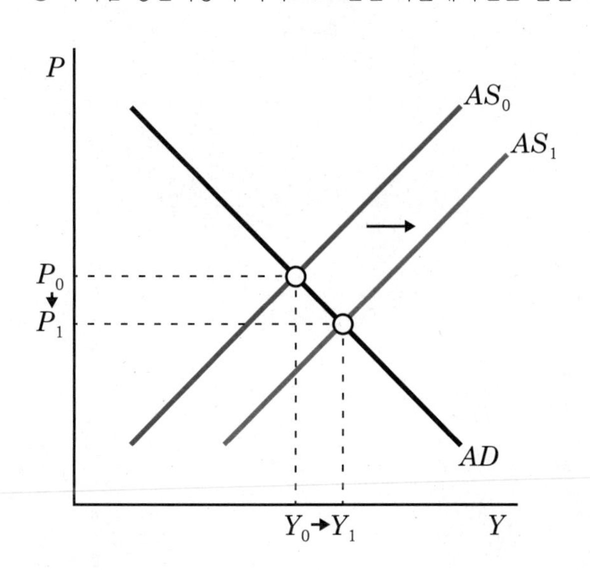

2 자산효과

① 물가의 하락은 실질부의 증가를 가져옴으로 소비지출을 증가시킨다.

② 물가 하락이 실질잔고를 증가시키며 이것이 민간의 실질자산을 증가시킴으로써 소비가 증가한다.

3 실질통화량의 증가

① 물가 하락으로 실질통화량이 증가하면 LM곡선이 우측으로 이동하고 이자율이 하락한다.

② 이자율의 하락은 투자증가로 연결되어 균형국민소득 증가효과가 발생한다.

4 경상수지 효과

① 물가가 하락하면 수출재의 가격이 하락하기 때문에 수출증가로 인한 경상수지 개선효과가 있다.

② 또는 물가 하락에 따라 실질환율$\left(\frac{eP_f}{P}\right)$이 상승하고, 이에 따라 순수출이 증가한다.

③ 그러나 세계 각국이 모두 경기 침체를 겪는 경우, 다른 나라의 물가수준도 하락하여 자국의 실질환율이 상승하지 않는 현상이 발생할 수 있다. 더욱이 불황이 심해질 때 각국은 보호무역 정책을 채택할 유인이 발생하는 바, 실질환율 효과에 의한 수출 증가는 더욱 제약된다.

04 부정적 효과

1 총수요 측면의 디플레이션

① 투자 위축, 통화 공급의 감소에 의해 총수요곡선이 좌측으로 이동하면 물가 하락과 함께 국민소득이 감소한다.

② 이와 같은 수요 위축에 따른 디플레이션은 국민소득을 Y_0에서 Y_1으로 감소시키기 때문에 경제에 매우 부정적인 영향을 미친다.

③ 디플레이션에 대한 기대가 발생할 경우 소비자들은 물품의 구매를 가격이 하락할 미래로 연기하고 이는 총수요를 더욱 위축시킬 가능성이 있다.

④ 총수요가 위축되면 기업들은 실제로 가격을 인하할 것이고 이에 따라 다시 디플레이션에 대한 기대가 심화되는 악순환이 되풀이 될 것이다.

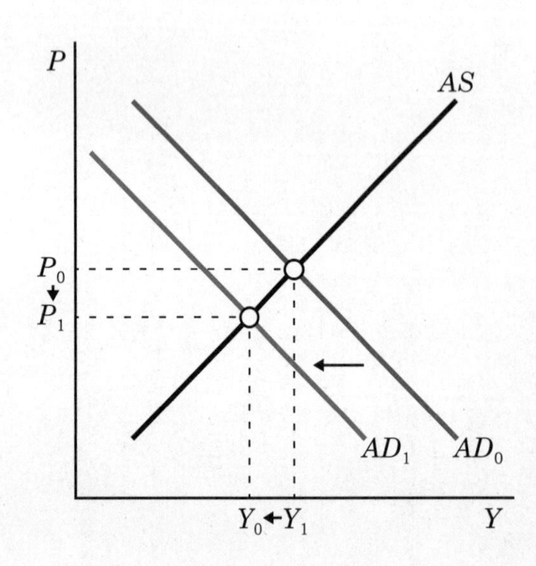

2 민간의 실질부채 증가에 따른 소비 위축

예상치 못한 디플레이션은 채무자의 원리금 상환 부담을 증가시키므로 대부분의 가계가 채무를 지고 있음을 감안해 볼 때 소비 감소가 심해지고 경기를 큰 폭으로 악화시킬 수 있다.

3 신용경색

① 채무자의 경우에 갚아야 할 원리금의 부담으로 부도를 내면 은행을 비롯한 금융기관이 부실화되고 자금 공급이 줄어들어 금융시장에서 자금을 조달하는 것이 어렵게 되는 등 신용경색 현상이 발생하게 된다.

→ 신용경색(credit crunch)이란 금융기관들이 위험 감소를 위해 시장에 자금을 충분하게 공급하지 않음으로써 발생하는 가계 및 기업의 어려움을 의미한다.

② 즉, 경기 후퇴와 디플레이션으로 기업과 가계의 부실이 지속될 경우, 금융시관은 위험을 인지하고 신규대출을 자제할 뿐만 아니라 기존의 대출을 회수하게 된다. 이에 따라 소비와 투자가 감소할 수 있다.

4 부채 디플레이션

① 물가 하락에 따라 원리금의 실질가치가 높아지면 채무자는 손해를 보고 채권자는 이득을 본다.

② 일반적으로 채무자가 채권자보다 저소득층인 경우가 많고 소비성향이 높기 때문에 이러한 부채 디플레이션에 의해 소비가 감소하고 균형국민 소득이 하락하게 된다.

5 투자 위축

① 기대 인플레이션이 하락할 때 기대 인플레이션의 변화가 명목이자율 변화로 반영되지 못하여 실질이자율이 상승하게 된다. 왜냐하면 실질이자율은 명목이자율에서 기대 인플레이션을 차감하기 때문이다.

② 실질이자율의 상승은 투자를 감소시켜 경제성장에 부정적 영향을 미친다.

6 자산 디플레이션

① 주식, 채권 등과 같은 금융자산과 토지, 주택 등의 실물자산 가격의 하락이 물가 하락보다 더 크면 자산 디플레이션이 발생한다.

즉, 실질자산$\left(\frac{W}{P}\right)$이 감소할 수 있다.

② 경제성장률이 둔화되고, 금융시장이 침체되면 부동산 매물이 크게 늘어나면서 부동산 가격이 폭락하고 자산 디플레이션이 발생할 수 있다.

③ 이러한 자산 디플레이션으로 소비와 투자가 감소할 수 있다.

7 정부의 확대 재정 정책의 제약

디플레이션은 정부 부채의 실질적 규모를 증가시키기 때문에 이를 고려한다면 확장적 재정 정책의 운용에 제한이 생길 가능성이 높다. 이는 경기회복의 걸림돌이 될 가능성이 있다.

7절 양적완화

01 개요

① 유동성 함정은 보통 극심한 경기 침체로 인한 디플레이션과 함께 나타나므로 국민소득이 완전고용 소득수준보다 훨씬 낮은 수준에서 발생한다.

② 유동성 함정에서는 IS곡선의 우측 이동을 가져오는 확대 재정 정책은 소득 증가에 효과적인 반면 제로금리 수준에서 수평인 LM곡선의 우측 이동을 가져오는 확대 금융 정책은 소득 증가에 아무런 효과가 없다.

③ 2008년 글로벌 금융위기와 대침체에 대응하여 주요 선진국의 중앙은행은 양적완화를 시행하게 되는데 그 이유는 유동성 함정에 빠진 경제의 경기부양책으로 인식하였기 때문이다.

02 양적완화(quantitative easing)

① 양적완화정책이란 금리가 제로수준에 가까워진 상황에서 특정 자산을 직접 매입하여 본원통화를 공급하는 정책을 말한다.

② 중앙은행이 장기 및 단기국채, 기업어음 등을 금융시장에서 직접 매입하는 정책으로 이 정책은 금융 중개기능을 회복시키는 데 도움이 된다.

③ 양적완화의 기본 목적은 금리 인하를 통한 경기부양이 쉽지 않은 상황에서 직접적인 유동성 공급을 통해 경제활동을 진작시키고 디플레이션을 억제하는 것이다.

03 기대효과

1 통화가치의 하락

① 자국 내 국채를 매입하면 통화량이 증가하므로 자국의 화폐가치가 하락하여 순수출이 증가할 수 있다.

② 따라서 자국의 수출재의 가격경쟁력이 향상되어 수출이 증가하고 또한 공장가동률이 증가하여 실업률 하락에 도움이 된다.

2 장기금리 하락에 따른 자산가격 상승

① 자국 내 장기국채를 매입하면 장기금리가 하락한다.

② 장기금리 하락은 위험자산과 주택 수요 증가를 가져올 수 있으며 실질부의 효과를 유발하여 소비 증진에 도움이 된다.

③ 즉, 시중의 풍부한 유동성이 주식시장과 주택시장 등으로 유입되어 자산가격 상승을 가져오는 경우 가계부문의 부를 증가시킴으로써 소비를 증가시킬 수 있다.

3 기대 인플레이션 상승

① 통화량 증가는 인플레이션 기대심리를 가져오며 실질금리를 감소시킨다.

② 실질금리가 감소하면 투자증가를 가져올 수 있다.

③ 또한 경제주체들의 기대 인플레이션 상승을 통해 소비를 진작시킬 수 있다.

4 신용창출

본원통화 공급의 증가는 은행의 대출 증가 등 신용창출을 통해 소비와 투자를 촉진할 수 있다.

04 모형

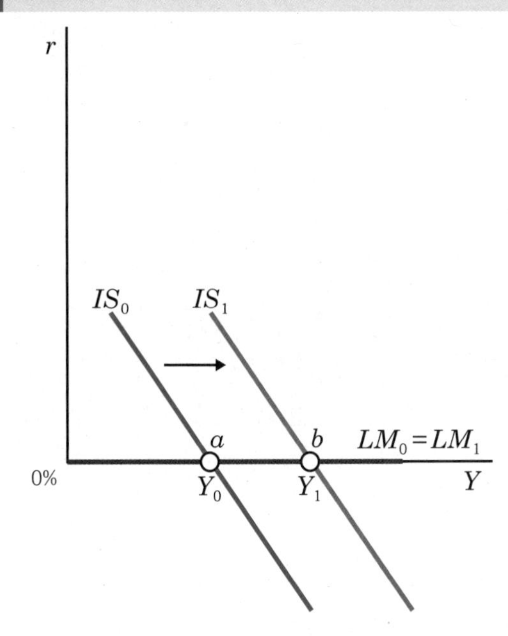

① 유동성 함정에서는 LM곡선은 수평선의 형태를 갖고, IS곡선은 우하향의 형태를 갖는다.

② 최초의 균형은 a점일 때 양적완화정책으로 통화량이 증가하면 LM곡선은 LM_0에서 LM_1으로 우측 이동한다.

③ 양적완화정책의 기대효과로 소비, 투자, 순수출이 증가하면 IS곡선이 IS_0에서 IS_1으로 우측 이동하고 국민소득은 Y_0에서 Y_1으로 증가한다.

④ 이와 같이 이자율이 0%일 때 양적완화의 효과는 기대물가 상승률의 상승을 통해 실물부문에 영향을 미친다.

⑤ 또한 변동환율제도에서는 자국 통화의 공급량이 증가하면 환율이 상승하기 때문에 순수출이 증가하는 효과가 나타난다.

MEMO 단원의 핵심 내용을 정리해 보세요.

01 다음 물가에 관한 설명 중 옳은 것은?

풀이 날짜			
채점 결과			

① 물가지수는 대상품목 가격의 상대적 중요성을 감안해서 가중평균하여 계산한다.
② 물가가 지속적으로 내려가는 것을 연착륙(soft landing)이라 한다.
③ 물가가 오르면 모든 상품의 가격은 상승한다.
④ 소비자물가지수는 소비자보호원에서, 생산자물가지수는 상공회의소에서 작성한다.
⑤ GDP 디플레이터는 명목 국민총생산량의 일종이다.

02 다음 중 물가지수에 대한 설명으로 옳지 않은 것은?

풀이 날짜			
채점 결과			

① 토지는 생산물이 아니므로 투기에 의한 토지가격의 급등은 직접적으로 GDP 디플레이터에 영향을 미치지 않는다.
② 물가지수는 일정한 수량의 상품을 구입하는데 필요한 지출액을 연도에 따라 비교함으로써 얻어진다.
③ 생산자물가지수나 소비자물가지수는 과거 기준시점의 거래량이 기준이 되나, GDP 디플레이터는 현재 생산량이 기준이 된다.
④ 금년의 물가지수가 작년의 물가지수보다 높다면 금년의 물가 상승률 또한 작년의 물가 상승률보다 높다.
⑤ 근로자 생계비의 인상은 생산자물가지수나 GDP 디플레이터보다는 소비자물가지수에 더 잘 반영된다.

03 비용인상 인플레이션에 대한 설명 중 옳지 않은 것은?

풀이 날짜			
채점 결과			

① 물가와 실업이 동시에 상승한다.
② 노사분규가 원인일 수 있다.
③ 정부가 확대 재정 정책을 실시할 경우 발생한다.
④ 1970년대의 오일쇼크에 의한 인플레이션이 대표적 예라 할 수 있다.
⑤ 유력한 수습책으로 소득정책을 들 수 있다.

04 소득정책(incomes policy)이란?

풀이 날짜			
채점 결과			

① 투자를 통하여 소득수준을 향상시키는 정책
② 소득의 분배를 평등화하는 정책
③ 수요견인설에 기초를 둔 인플레이션 억제 정책
④ 임금 인상의 억제를 주요대상으로 하는 정책
⑤ 임금의 인상을 촉진하는 정책

해설

정답

01 ① 물가란 시장에서 거래되는 모든 재화와 서비스의 가격을 일정한 기준으로 가중평균한 종합적인 가격수준을 말한다. 물가지수란 물가의 움직임을 구체적으로 측정하기 위하여 작성되는 지수로 소비자물가지수, 생산자 물가지수, *GDP* 디플레이터 등이 있다.

② 물가가 지속적으로 내려가는 것을 디플레이션이라 한다. 연착륙이란 비행기가 활주로에 착륙할 때처럼 급강하지 않고 자연스럽고 부드럽게 경기하강이 이루어지도록 하는 것을 말한다.

③ 물가가 오른다고 해서 모든 상품의 가격이 상승하는 것은 아니다.

④ 소비자물가지수는 통계청에서, 생산자물가지수는 한국은행에서 작성한다.

⑤ *GDP* 디플레이터는 명목 *GDP*를 실질 *GDP*로 나눈 것을 말한다.

①

02 ③ 생산자물가지수나 소비자물가지수는 과거 기준시점의 거래량이 기준이 되므로 라스파이레스 방식으로 측정되며, *GDP* 디플레이터는 현재 생산량이 기준이 되므로 파셰 방식으로 측정된다.

④ 물가 상승률은 전년대비 물가지수의 변화율을 말하므로 물가지수가 높다고 해서 물가 상승률이 높은 것은 아니다.

예를 들어 2019년도 물가지수가 100, 2020년도 물가지수가 120, 2021년도 물가지수가 140이라면 2020년도 물가 상승률은 $\frac{120-100}{100} \times 100 = 20\%$이고 2021년도 물가 상승률은 $\frac{20}{120} \times 100 =$ 약16.7%이다.

따라서 물가지수가 높다고 해서 물가 상승률이 전년대비 높다고 말할 수 없다.

⑤ 근로자 생계비란 근로자가 생계를 꾸리는데 필요한 제품들로 이루어지고 있고 대부분 소비자물가지수 항목에 들어간다. 따라서 근로자 생계비가 인상되면 소비자물가지수에 잘 반영된다.

④

03
- 비용인상 인플레이션이란 총공급 감소로 인하여 물가가 상승하는 현상을 말한다.
- 노사분규로 총공급이 감소하면 물가 상승과 실업 증가가 동시에 발생할 수 있다.
- 정부가 확대 재정 정책을 실시하면 총수요곡선이 우측 이동하므로 수요견인 인플레이션이 발생한다.
- 1970년대 유가 상승 등 생산요소비용이 증가하면 총공급을 감소시킨다.
- 소득정책이란 정부가 기업과 노동자들을 설득하여 이윤 및 임금 인상을 억제시킴으로 총 공급곡선을 원래 위치로 이동시키고자 하는 정책을 말한다.

③

04
- 소득정책은 영업잉여(물가 통제)와 피용자보수를 통제하는 정책이다.
- 영업잉여란 생산 활동을 주관한 생산 주체의 몫을 말한다.
- 피용자보수란 노동을 제공한 대가로 가계에 분배되는 것을 말한다.

④

05 다음 중 일국경제가 인플레이션의 발생과 실업증가를 동시에 경험하게 될 것으로 생각되는 경우는?

① 총수요 감소, 총공급 증가
② 총수요 증가, 총공급 감소
③ 총수요 감소, 총공급 불변
④ 총수요 불변, 총공급 감소
⑤ 총수요 증가, 총공급 증가

풀이 날짜			
채점 결과			

06 다음 중 스태그플레이션을 해결하기 위해 바람직한 정책은?

① 원자재에 대한 세금 부과
② 연구개발에 대한 투자 지원
③ 통화량의 증가
④ 조세의 증대
⑤ 국방비의 증대

풀이 날짜			
채점 결과			

07 물가 상승을 억제하기 위한 정책으로 적절하지 않은 것은?

① 공공요금 인상 억제
② 정부의 소비지출 축소
③ 소득세 인상
④ 중앙은행의 국공채 매입
⑤ 중앙은행의 재할인율 인상

풀이 날짜			
채점 결과			

08 다음 중 인플레이션의 자산분배효과를 잘 나타낸 것은?

① 화폐자산의 명목가치 하락, 실물자산의 명목가치 상승
② 화폐자산의 명목가치 상승, 실물자산의 실질가치 상승
③ 화폐자산의 명목가치 불변, 실물자산의 명목가치 상승
④ 화폐자산의 실질가치 하락, 실물자산의 실질가치 하락
⑤ 화폐자산의 명목가치 불변, 실물자산의 실질가치 상승

풀이 날짜			
채점 결과			

해설

정답

05 • 생산량은 감소하는데 물가가 상승하는 현상을 스태그플레이션(stagflation)이라고 한다. ④

• 스태그플레이션은 스태그네이션(stagnation)과 인플레이션(inflation)의 합성어로 경기 침체와 더불어 인플레이션이 발생하는 경우를 말한다.

• 스태그플레이션은 총공급곡선이 좌측으로 이동할 때 발생한다.

06 • 스태그플레이션은 총공급곡선이 좌측으로 이동할 때 발생한다. ②

• 따라서 스태그플레이션을 해결하기 위한 가장 좋은 방법은 총공급곡선을 우측으로 이동시키는 것이다.

① 원자재에 대한 세금부과는 비용증가로 총공급을 감소시킨다.

② 연구개발에 대한 투자지원으로 생산능력이 증가하면 총공급곡선은 우측으로 이동한다.

③ 통화량이 증가하면 총수요곡선이 우측으로 이동한다.

④ 조세 증대는 민간의 가처분소득을 감소시키고 소비감소로 총수요곡선이 왼쪽으로 이동한다.

⑤ 국방비가 증대되면 정부지출을 증가시키기 때문에 총수요곡선이 우측으로 이동한다.

07 ① 공공요금 인상을 억제하면 비용감소로 총공급곡선이 우측으로 이동하고 물가는 하락한다. ④

② 정부의 소비지출이 축소되면 총수요곡선이 좌측으로 이동하므로 물가는 하락한다.

③ 소득세를 인상하면 소비 감소로 총수요곡선이 좌측으로 이동하고 물가는 하락한다.

④ 중앙은행이 국공채를 매입하면 통화량이 증가한다. 따라서 총수요곡선이 우측 이동하고 물가는 상승한다.

⑤ 중앙은행이 재할인율을 인상하면 통화량 감소로 총수요곡선이 좌측이동하고 물가는 하락한다.

08 • 인플레이션은 화폐자산의 명목가치에는 영향을 주지 않지만 실질가치는 감소시킨다. ③

• 인플레이션이 발생하면 실물자산의 명목가치는 상승하지만 실질가치는 변함이 없다.

• 실질가치는 명목가치를 물가로 나눈 값이므로 물가가 상승할 때 명목가치가 변하지 않으면 실질가치는 하락한다. 또한 물가 상승 시 명목가치도 동일한 비율로 상승하면 실질가치는 변하지 않는다.

09 인플레이션은 물가가 지속적으로 상승하는 현상이며, 경제적 비용을 수반한다. 다음 중 인플레이션의 경제적 비용에 포함되지 않는 것은?

풀이 날짜			
채점 결과			

① 통화량 증가
② 인플레이션 조세(inflation tax)
③ 메뉴비용(menu cost)
④ 자원배분 왜곡
⑤ 실질소득의 재분배

해설

정답

09 • 예상된 인플레이션의 경우 투기유발, 구두창 비용, 불필요한 메뉴비용 등이 발생한다. ①

• 예상치 못한 인플레이션의 경우 화폐자산 보유자로부터 실물자산 보유자에게로 부와 소득이 이전되고, 인플레이션 조세(inflation tax), 실물자산의 과잉투자로 자본주의 경제의 보수체계의 혼란, 장기계약 · 장기 설비투자 · 기피 현상이 발생한다.

• 통화량이 증가하면 인플레이션이 발생하기 때문에 통화량 증가는 인플레이션을 발생시키는 원인에 불과하다.

01 물가지수에 대한 설명으로 가장 옳은 것은?

풀이 날짜			
채점 결과			

① *GDP* 디플레이터(deflator)는 파셰지수(Paasche index)의 일종이다.
② 파셰지수(Paasche index)는 고정된 가중치를 적용해 가격의 평균적 동향을 파악하는 방식으로 구한 물가지수이다.
③ *GDP* 디플레이터(deflator)는 어떤 한해 실질국내총생산을 명목국내총생산으로 나누어 얻은 값에 100을 곱하여 구한다.
④ 라스파이레스지수(Laspeyres index)는 해마다 다른 가중치를 적용해 가격의 평균적 동향을 파악하는 방식으로 구한 물가지수이다.

02 다음 표는 A국이 소비하는 빵과 의복의 구입량과 가격을 나타낸다. 물가지수가 라스파이레스 지수(Laspeyres index)인 경우, 2010년과 2011년 사이의 물가 상승률은? (단, 기준연도는 2010년이다)

풀이 날짜			
채점 결과			

	빵		의복	
	구입량	가격	구입량	가격
2010년	10만 개	1만 원	5만 벌	3만 원
2011년	12만 개	3만 원	6만 벌	6만 원

① 140%
② 188%
③ 240%
④ 288%

03 갑작스러운 국제 유가 상승으로 A국에서 총생산이 줄어 들고 물가가 높아지는 스태그플레이션(stagflation)이 발생 하였다. 〈보기〉는 이에 대한 대책으로 중앙은행 총재와 재무부 장관이 나눈 대화이다. 본 대화에 대한 논평으로 가장 옳지 않은 것은?

풀이 날짜			
채점 결과			

<보기>

· 중앙은행 총재 : “무엇보다도 서민 생활안정을 위해 이자율을 올려 물가를 안정시키는 일이 급선무입니다.”
· 재무부 장관 : “물가 안정도 중요하지만 경기 침체 완화를 위해 재정을 확대하는 정책이 절실합니다.”

① 이자율을 높이는 정책은 총수요를 감소시키는 결과를 가져 오기 때문에 실업률을 보다 높일 수 있다.
② 재정확대 정책은 자연산출량(natural rate of output)을 증대할 수 있는 방안이다.
③ 재정확대 정책을 실시할 경우 현재보다 물가 수준이 더욱 높아질 것을 각오해야 한다.
④ 만약 아무 조치도 취하지 않는다면, 침체가 장기화될 수 있다.

해설

정답

01 ② 파셰지수는 고정된 가중치를 적용해 가격의 평균적인 동향을 파악하는 '파셰가격지수'가 있고 수량의 평균적인 동향을 파악하는 '파셰수량지수'가 있다. ①

③ GDP 디플레이터는 명목 국내총생산을 실질 국내총생산으로 나누어 얻은 값에 100을 곱하여 구한다.

④ 라스파이레스 지수는 매년 동일 가중치를 적용해 가격의 평균적 동향을 파악한다.

02 ①

- 2010년이 기준연도이므로 라스파이레스 물가지수는 100이다.
- 2010년 지출액 : 10만 개 × 1만 원 + 5만 벌 × 3만 원 = 25억 원
- 2011년 지출액 : 10만 개 × 3만 원 + 5만 벌 × 6만 원 = 60억 원
- 2011년 라스파이레스 물가지수는 $\frac{60}{25} \times 100 = 240$이다.
- 따라서 물가 상승률은 $\frac{140}{100} \times 100 = 140\%$이다.

03 ②

- 중앙은행 총재 : 이자율이 상승하면 총수요곡선이 좌측 이동하기 때문에 물가 안정효과가 있으나 국민소득 감소에 따른 경기 침체가 심화된다.
- 재무부 장관 : 정부지출을 늘리면 총수요곡선이 우측 이동하기 때문에 국민소득이 증가하나 물가가 더욱 상승하게 된다.
- 확대 재정 정책은 국민소득을 증가시킬 수 있으나 자연산출량 또는 잠재 GDP는 증가하지 않는다.

04 화폐발행이득(seigniorage)에 관한 설명으로 옳은 것을 모두 고른 것은?

풀이 날짜			
채점 결과			

ㄱ. 정부가 화폐공급량 증가를 통해 얻게되는 추가적 재정수입을 가리킨다.
ㄴ. 화폐라는 세원에 대해 부과하는 조세와 같다는 뜻에서 인플레이션 조세라 부른다.
ㄷ. 화폐공급량 증가로 인해 생긴 인플레이션이 민간이 보유하는 화폐자산의 실질가치를 떨어뜨리는 데서 나온다.

① ㄱ
② ㄴ
③ ㄱ, ㄷ
④ ㄴ, ㄷ
⑤ ㄱ, ㄴ, ㄷ

05 인플레이션은 사전에 예상된 부분과 예상하지 못한 부분으로 구분할 수 있다. 그리고 예상하지 못한 인플레이션은 여러 가지 경로로 사회에 부정적 영향을 미친다. 예상하지 못한 인플레이션으로 인한 부정적 영향에 대한 설명으로 가장 옳지 않은 것은?

풀이 날짜			
채점 결과			

① 투기가 성행하게 된다.
② 소득재분배 효과가 발생한다.
③ 피셔(Fisher)가설이 성립하게 된다.
④ 장기계약이 만들어지기 어렵게 된다.

06 인플레이션이 경제에 미치는 영향으로 옳지 않은 것은?

풀이 날짜			
채점 결과			

① 확실하게 예상되는 인플레이션은 노동자보다 기업에 더 큰 비용을 초래한다.
② 인플레이션이 확실하게 예상되는 경우, 예상 인플레이션율은 명목이자율과 실질이자율 간 차이와 같게 된다.
③ 인플레이션에 대한 예상이 어려우면 장기계약 체결이 어려워진다.
④ 예상되지 않은 인플레이션은 고정 연금 수령자에게 불리하다.

07 명목이자율이 15%이고 예상 인플레이션율은 5%이다. 이자소득에 대해 20%의 이자소득세가 부과된다면 세후 실질이자율은?

풀이 날짜			
채점 결과			

① 3%
② 5%
③ 7%
④ 9%

해설

정답

04
- 화폐주조차익이란 화폐를 발행할 때 액면가(소재가치)에서 발행비용을 뺀 차익을 말한다.
- 정부가 화폐발행을 통해 재원을 조달하면 인플레이션이 발생하여 민간이 보유한 화폐의 가치가 감소한다. 이 때 화폐를 보유한 사람이 세금을 낸 것과 동일한 효과가 발생하므로 '인플레이션 조세'라고도 한다.

⑤

05
① 예상치 못한 인플레이션이 발생하면 부동산 투기 등이 성행하게 된다.
② 예상치 못한 인플레이션이 발생하면 채권자와 채무자간의 소득재분배 효과가 발생한다.
③ 피셔방정식에 따르면 명목이자율은 실질이자율과 예상인플레이션율의 합이다.
피셔가설이 성립되면 예상인플레이션율이 상승할 때 명목이자율이 증가하나 실질이자율은 변하지 않는다.
따라서 예상치 못한 인플레이션이 발생하면 피셔가설이 성립되지 않는다.
④ 예상치 못한 인플레이션이 발생하면 미래의 불확실성이 커지게 되므로 장기계약이 위축된다.

③

06
① 예상된 인플레이션이 발생하면 노동자의 실질임금이 불변하므로 노동자 입장에서 소득재분배가 발생하지 않는다. 또한 기업 입장에서도 임금 상승과 더불어 기업의 제품가격 상승 폭이 동일해지기 때문에 불리하거나 유리하지 않다.
② 예상된 인플레이션이 발생하면 인플레이션율만큼 명목이자율이 상승한다.
따라서 예상 인플레이션율은 명목이자율과 실질이자율 간 차이와 동일한 값을 갖는다.
③ 예상치 못한 발생하면 미래에 대한 불확실성이 커지므로 장기계약 체결이 어려워진다.
④ 예상치 못한 인플레이션은 고정 연금 수령자, 봉급생활자 등에게 불리하고 부동산 소유자, 채무자 등에게 유리하다.

①

07
- 피셔방정식에 따르면 명목이자율은 실질이자율과 예상인플레이션율의 합이다.
  → 명목이자율 = 실질이자율 + 예상인플레이션율
  → 15% = 실질이자율 + 5%
  → 실질이자율 = 10%
- 명목이자소득에 대해 20%의 이자소득세가 부과되면 이자소득세 납부액은 15% × 0.2 = 3%이다.
- 따라서 세후 실질이자율은 실질이자율에서 이자소득세 납부액을 차감하여 구할 수 있다.
  10% - 3% = 7%

③

08 디플레이션(deflation)이 경제에 미치는 효과로 볼 수 없는 것은?

풀이 날짜			
채점 결과			

① 고정금리의 경우, 채무자의 실질 채무부담이 증가한다.
② 명목이자율이 일정할 때 실질이자율이 내려간다.
③ 명목연금액이 일정할 때 실질연금액은 증가한다.
④ 디플레이션이 가속화될 것이라는 예상은 화폐 수요를 증가시킨다.

09 예상치 못한 물가 하락(deflation)은 소득재분배를 통해 소비의 변화를 초래할 수 있다. 다음 중 가장 옳은 것은?

풀이 날짜			
채점 결과			

① 채권자로부터 채무자에게로 소득이 재분배되어, 소비지출이 늘어난다.
② 채권자로부터 채무자에게로 소득이 재분배되어, 소비지출이 줄어든다.
③ 채무자로부터 채권자에게로 소득이 재분배되어, 소비지출이 늘어난다.
④ 채무자로부터 채권자에게로 소득이 재분배되어, 소비지출이 줄어든다.
⑤ 위의 어느 것도 아니다.

10 제로금리에 직면한 A국의 중앙은행 총재가 다음과 같은 기자회견을 하였다고 하자. 이 기자회견에 나타난 정책의 의도로 보기 어려운 것은?

풀이 날짜			
채점 결과			

"앞으로 디플레이션에 대한 염려가 불식될 때까지 양적완화를 실시하고 제로금리를 계속 유지하겠습니다."

① 풍부한 유동성의 공급
② 기대인플레이션의 상승
③ 자국 통화가치의 상승
④ 은행의 대출 증가
⑤ 장기금리의 하락

08 ①, ② 고정금리의 경우 디플레이션으로 물가가 하락하면 실질금리가 상승한다. 따라서 채무자의 실질 채무부담이 증가한다. ②

③ 명목연금액이 일정할 때 물가가 하락하면 구매력이 증가하므로 실질연금액은 증가한다.

④ 디플레이션으로 물가의 지속적 하락은 화폐가치를 상승시키기 때문에 화폐 수요를 증가시킨다.

09 ⑤

- 예상치 못한 디플레이션이 발생하면 채무자가 불리해지고 채권자는 유리해진다.
- 따라서 채무자의 소비는 감소하고 채권자의 소비는 증가한다.
- 경제 전체적으로 채무자와 채권자의 비중은 알 수 없으므로 소비가 증가할지 감소할지 불확실하다.

10 ③

- 양적완화정책이란 금리가 제로수준에 가까워진 상황에서 특정 자산을 직접 매입하여 본원통화를 공급하는 정책을 말한다.
- 양적완화의 기본목적은 금리인하를 통한 경기부양이 쉽지 않은 상황에서 직접적인 유동성 공급을 통해 경제활동을 진작시키고 디플레이션을 억제하는 것이다.
- 자국 내 국채를 매입하면 통화량이 증가하므로 인플레이션 기대심리를 가져오며 자국의 화폐가치가 하락하여 순수출이 증가할 수 있다.
- 본원통화 공급의 증가는 은행의 대출 증가 등 신용창출을 통해 소비와 투자를 촉진할 수 있다.
- 또한 자국 내 장기국채를 매입하면 장기금리가 하락한다.

MEMO 그래프를 그려보세요.

CHAPTER 12

실업과 노동시장 분석

단원 학습 목표

- 실업자가 많다는 것은 국민경제에 존재하는 노동이라는 자원이 충분하게 활용되지 못함을 의미한다.
- 따라서 실업을 감소시키고 완전고용을 달성하는 것은 거시경제정책의 중요한 목표 중의 하나이다.
- 흔히 실업자를 일을 하고 있지 않은 사람으로 이해하기 쉬운데 경제학에서는 실업자를 이와 다르게 정의한다.
- 실업은 발생 원인에 따라 여러 가지 종류로 구분될 수 있으며 원인에 따라 상이한 실업대책을 필요로 한다.
- 실업자가 얼마나 많은지를 측정하기 위해서는 고용 및 실업통계를 작성할 수 있다.
- 경제학에서는 많은 현상들을 균형에 의해 설명해 왔는데 실업도 노동시장의 균형 현상으로 설명할 수 있다.

1절 실업의 개념과 측정방법

01 실업의 개념

① 실업이란 일할 의사와 능력을 가진 사람이 직업을 갖지 않거나 갖지 못한 상태를 말한다.
② 실업이 되면 개인적으로는 임금소득을 얻지 못하므로 경제적으로 생활기반이 흔들리게 되고 사회적으로는 생산에 기여해야 할 노동력이 쉬고 있으므로 생산뿐만 아니라 경제성장을 저해시키게 된다.
③ 케인즈는 실업이야말로 자본주의 사회에 있어서 가장 심각한 경제문제라고 보았다.

02 실업률의 측정

1 경제활동인구(economically active population)

① 어떤 경제의 15세 이상 인구 가운데 경제활동에 참가하고 있는 사람으로 취업자와 적극적으로 구직활동을 한 실업자를 말한다.
② 우리나라에서 경제활동인구의 조사 범위는 15세 이상 인구(현역 군인, 공익근무요원, 전투경찰, 교도소 수감자, 외국인 제외), 경제활동인구, 취업자, 실업자 등을 조사한다.

2 비경제활동인구

① 비경제활동인구란 15세 이상의 인구 중에서 경제활동에 참여할 의사가 없는 가정주부, 학생, 일을 할 수 없는 노인, 심신장애자, 취업준비자 등이다.
② 실업자 중에서 구직활동을 포기한 실망노동자(discouraged worker)도 비경제활동인구에 포함된다.
③ 취업준비자 및 구직단념자 또는 실망노동자의 경우 실질적인 의미의 실업자이나 조사대상 기간 동안 구직활동을 하지 않았으므로 실업자가 아닌 비경제활동인구로 분류되고 있다.

3 취업자

① 취업자는 매월 15일이 속한 1주일 동안에 수입을 목적으로 1시간 이상 일한 사람으로 정의된다.
② 수입을 목적으로 하지 않더라도 자기 집에서 경영하는 농장이나 사업체를 위해 주당 18시간 이상 일한 무급가족종사자도 포함된다.
③ 직장이나 사업체를 갖고 있으나 일시적인 질병 휴가 노동쟁의 등으로 조사대상 기간에 일을 하지 못한 일시 휴직자도 포함된다.

4 실업자

① 실업자는 적극적으로 일자리를 구해 봤지만 수입이 있는 일에 전혀 종사하지 못한 사람이다. 일자리만 있으면 즉시 취업이 가능한 사람이다
② OECD 기준에 따르면 최근 4주 동안 한차례라도 구직활동을 했으나 취직하지 못한 사람을 실업자로 분류한다.

5 경제활동 참가율

15세 이상의 인구 중에서 경제활동인구가 차지하는 비율을 말한다.

$$경제활동\ 참가율 = \frac{경제활동인구}{15세이상의인구} \times 100 = \frac{경제활동인구}{경제활동인구 + 비경제활동인구} \times 100$$

6 실업률

① 경제활동인구 중에서 실업자가 차지하는 비율을 말한다.

$$실업률 = \frac{실업자}{경제활동인구} \times 100 = \frac{실업자}{취업자 + 실업자} \times 100$$

② 구직활동을 열심히 하던 사람이 구직이 잘되지 않아 구직활동을 포기하거나 또는 취업학원을 통해 취업 준비를 하게 되는 경우 실업자에서 비경제활동인구로 이동하게 되므로 실업자 수가 감소하게 되어 실업률은 낮아진다.

7 고용률

① 15세 이상 인구 중에서 취업자가 차지하는 비율을 말한다.

$$고용률 = \frac{취업자}{15세이상의인구} \times 100 = \frac{취업자}{경제활동인구 + 비경제활동인구} \times 100$$

② 고용률은 실업률과 달리 실업자와 비경제활동인구 간의 잦은 이동 등으로 인한 경제활동 인구 수 변동의 영향을 받지 않는다.

③ 즉, 적극적인 구직활동을 하던 실업자가 조사대상 기간 중 구직활동을 하지 않고 구직포기자가 되는 경우 실업자에서 비경제활동인구로 이동함에 따라 실업률은 감소하나 취업자 수와 15세 이상 인구 수는 변하지 않으므로 고용률은 영향을 받지 않게 된다.

④ 주당 근로시간이 18시간 미만인 단시간 근로자 및 일시휴직자 등 불완전취업자가 증가하는 경우에는 국민이 느끼는 체감상황은 크게 개선되지 않았음에도 고용률은 높게 나타나므로 고용률 통계도 노동시장 상황을 정확하게 나타내지는 못한다.

8 고용률과 실업률과의 관계

① 취업자 수는 경제활동인구에서 실업자 수를 차감하여 구할 수 있다.

② 고용률에서 분모와 분자를 경제활동인구로 나누어 정리하면 다음과 같다.

$$\begin{aligned} 고용률 &= \frac{취업자}{15세이상의인구} \\ &= \frac{경제활동인구 - 실업자}{15세이상의인구} \\ &= \frac{\dfrac{(경제활동인구 - 실업자)}{경제활동인구}}{\dfrac{15세이상의인구}{경제활동인구}} \\ &= (1 - 실업률) \times \frac{경제활동인구}{15세이상의인구} \\ &= (1 - 실업률) \times 경제활동참가율 \end{aligned}$$

③ 위의 식에 따르면 실업률이 낮다면 고용률은 높아지는 것이 일반적이다.

④ 그러나 경제활동참가율이 낮으면 실업률이 낮음에도 고용률이 높지 않을 수 있다.

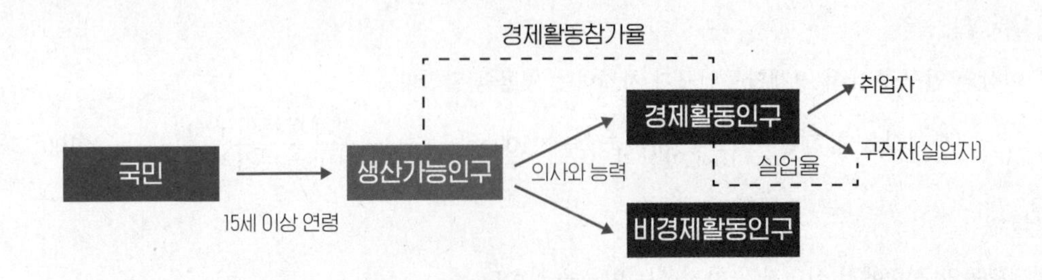

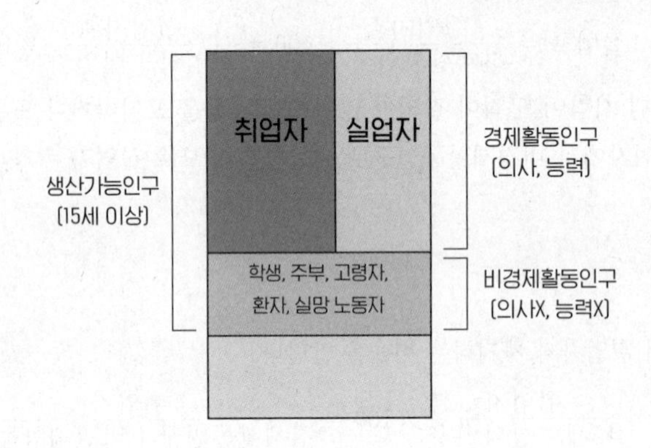

03 우리나라의 실업률이 상대적으로 낮게 측정되는 이유

1 실망실업자의 존재

① 실망실업자(discouraged workers)란 오랜 기간 동안 구직활동을 하다가 실패하여 구직활동을 포기한 사람을 의미한다.

② 이들은 실업상태에 있으나 통계과정에서 실업자가 아니라 비경제활동인구로 분류된다. 따라서 실망실업자가 생길 경우 결제활동 참가율이 떨어질 뿐 아니라 체감 실업률보다 통계상 실업률이 감소하게 된다.

③ 최근 계속되는 구직난으로 인해 실망실업자가 많이 생겨나고 있는데, 이로 인해 우리나라의 고용사정에 비해 실업률이 낮게 포착된다.

2 낮은 경제활동 참가율

① 일반적으로 높은 경제활동 참가율을 가지는 국가들은 높은 실업률을 가지게 된다.

② 하지만 우리나라의 경우 여전히 여성의 경제활동참가가 낮은 편이고, 노년인구의 경제활동이 활발하지 않은 특징으로 인해 경제활동 참가율이 낮다. 이러한 특징으로 인해 낮은 실업률을 가지게 된다.

3 고용의 질 미반영

① 실업률 통계에는 고용의 질 반영이 힘들다는 한계가 있다.

② 이로 인해 증가하는 비정규직이나 임시직 등의 경우에도 취업자로 분류되어, 체감하는 실업률은 높은데도 통계상의 실업률은 낮게 나타난다.

4 무급가족종사자의 존재

실제로는 실업자로서의 성질을 지니지만, 가족이 경영하는 사업장에서 무급으로 고용하는 경우가 있다. 이러한 경우 통계상 실업률은 낮아진다.

5 농림어업 부문 취업자 비중이 높음

우리나라의 경우 비농림어업 부문에 비해 실업 발생 가능성이 낮은 농림어업 부문 취업자의 비중이 선진국들에 비해 상대적으로 높아 전체 실업률을 낮추는 요인으로 작용하고 있다.

6 실업보험 제도 및 직업알선기관의 미발달

우리나라의 경우 실업보험 등 사회보장제도가 아직은 미비하고 직업알선기관도 충분히 발달되어 있지 않기 때문에 근로자는 임금, 근로조건 등이 미흡하더라도 가급적 현재의 직장에 근무하려 하고 설사 실업상태에 빠지더라도 충분한 시간을 두고 새 직장을 탐색하기보다는 빠른 시일 내에 재취업하거나 아니면 자영업을 영위하는 경향을 보인다.

2절 실업의 종류와 자연실업률

01 의의

① 실업은 원인에 따라 여러 가지 유형이 있는데 어떤 유형인지에 관계없이 실업은 개인적으로나 사회적으로 부정적인 영향을 준다.

② 실업은 크게 자발적 실업과 비자발적 실업으로 분류할 수 있는데 자발적 실업은 개인의 선택의 결과이므로 큰 문제가 되지 않는다.

③ 비자발적 실업은 개인적으로나 사회적으로 커다란 문제를 야기한다.

02 마찰 · 구조 · 경기적 실업

1 마찰적 실업(frictional unemployment)

① 노동시장이 구직자와 일자리를 신속하게 연결시켜주지 못할 때 발생하는 실업으로 일시적으로 직장을 옮기는 과정에서 실업상태에 있는 것을 말한다.
즉, 마찰적 실업은 일자리를 옮기는 과정에서 일시적으로 실업이 일어나거나 고용자와 피고용자 사이에 정보의 부족으로 인하여 자격과 능력을 갖추고 있는 노동력이 어디에 있는지를 모르기 때문에 발생하는 실업이다.

② 어느 정도의 마찰적 실업은 노동력의 장기적 효율성 발휘를 위해 필요한 측면도 있다.

③ 마찰적 실업은 완전한 정보를 가지고 있지 않은 현실 세계에서 예측할 수 없는 수요와 공급의 변화에 대처하는 방식이며 불가피한 현상이다.

④ 마찰적 실업은 대부분 지금까지 얻을 수 있었을 일자리보다 더 나은 일자리를 찾는 과정에서 생긴다는 뜻에서 탐색적 실업(search unemployment)이라고도 한다.

2 구조적 실업(structural unemployment)

① 경제구조의 변화 또는 기술진보로 일자리와 노동력이 재배분되는 과정에서 발생하는 실업을 말한다. 어떤 특수한 종류의 노동에 대한 수요가 부족하여 발생하는 실업을 말한다.

② 경제의 구조 변화라는 장기적 현상과 관련되어 있으며, 구조 변화가 급속하게 이루어지는 경제일수록 구조적 실업은 심각하다.

③ 경제가 성장하고 변모하는 과정에서 나타나는 한 단면으로 인식해야 한다.

④ 구조적 실업은 경기적 실업보다 더 장기적으로 지속된다. 왜냐하면 경기적 실업은 총수요가 증가하여 경기가 회복되면 해소될 수 있지만 구조적 실업은 총수요의 증가에 의해 해결될 수 없기 때문이다.

3 경기적 실업(cyclical unemployment)

① 경기 침체로 인해 발생하는 대량의 실업을 말한다.

② 경기순환과정에서 불경기에 발생하는 실업이며 다양한 원인이 있으나 가장 전형적인 것은 총수요의 부족이다.

③ 총수요의 감소는 실업을 발생시키며 실업이 발생함에 따라 총수요는 더욱 감소하고 그것은 다시 실업을 증가시키는 식으로 총수요와 실업 사이에 누적적 과정이 진행된다.

4 완전고용

① 노동시장이 균형을 이루면 균형임금에서 일하고자 하는 노동량이 노동수요에 맞게 공급되므로 완전고용 균형이 달성된다.
완전고용균형에서는 이용 가능한 모든 노동자원이 경제적으로 가장 효율적으로 사용된다.

② 이 상태에서 고용되지 못한 사람들은 현재의 균형임금이 자신이 받고자 하는 수준보다 낮아 취업을 미루고 있거나 다른 취업 기회를 찾고 있는 사람이 된다.

③ 따라서 마찰적 실업과 구조적 실업은 완전고용 상태에서도 발생하는 실업이고 경기적 실업은 완전고용에 미달하는 상태에서의 실업으로 이해할 수 있다.

03 자발적 실업과 비자발적 실업

1 비자발적 실업(involuntary unemployment)

① 일할 의사와 능력을 갖고 있으나 현재의 임금수준에서 일자리를 구하지 못하여 실업상태에 있는 것을 말한다.

② 사회적 · 경제적으로 문제가 되는 것이 이 비자발적 실업이다.

③ 비자발적 실업의 예로는 경기적 실업과 구조적 실업이 있다.

2 자발적 실업(voluntary unemployment)

① 일할 능력을 갖고 있으나 현재의 임금수준에서 일할 의사가 없어서 실업상태에 있는 것을 말한다.

② 자발적 실업의 예로는 마찰적 실업이 있다.

04 기타의 실업

1 기술적 실업

① 기술진보에 따라 노동이 기계로 대체되어 발생하는 실업으로 구조적 실업의 한 형태로 볼 수 있다.

② 기술진보의 영향에 민감한 산업에서 발생하며 일반적으로 선진국에서 볼 수 있는 유형이다.

2 계절적 실업(seasonal unemployment)

① 생산 또는 수요가 계절적인 요인에 따라 변화됨으로써 발생하는 실업을 말한다.

② 주로 농업, 어업과 같은 1차 산업에 있어서 기후 혹은 계절의 변화에 따라서 생산이나 수요가 민감하게 영향을 받는 분야에서 발생한다.

3 잠재적 실업 또는 위장실업

① 취업하고 있으나 한계생산력이 거의 0에 가까운 경우를 말한다.

② 외면적으로는 취업을 하고 있는 것같이 보이나 노동생산성이 현저히 낮아서 실제 생산에는 별 도움이 되지 않는 상태이다.

③ 인구가 자본에 비하여 절대적으로 과잉된 상태에 있는 저개발국의 농업부문에 있어서 흔히 찾아볼 수 있다.
그 이유는 과잉된 노동력이 농업생산에는 별로 기여하지 못하면서 마치 취업하고 있는 것처럼 위장되어 나타나기 때문이다.

□△○

3절 자연실업률

01 개념

① 노동시장에서의 노동 수요와 노동 공급이 균형을 이루는 완전고용상태에서도 실업은 존재할 수 있는데 이때의 실업률을 자연실업률(natural rate of unemployment)이라 한다. 한 경제의 노동시장 구조 속에서 장기적으로 수렴해가는 실업률로 정의되기도 한다.

② 완전고용은 마찰적 실업과 구조적 실업만이 존재하는 상태로 정의되므로 자연실업률은 마찰적 실업과 구조적 실업만이 존재하는 경우의 실업률로 정의되기도 한다.

③ 또는 자연실업률이란 자발적 실업만 존재할 때의 실업률을 의미한다.

개념정리 자연실업률과 실제실업률

• 자연실업률은 마찰적 실업과 구조적 실업만이 존재하는 경우의 실업률이고 실제실업률은 자연실업률과 경기적 실업의 합이다.

• 자연실업률 = 마찰적 실업 + 구조적 실업

• 실제실업률 = 마찰적 실업 + 구조적 실업 + 경기적 실업

= 자연실업률 + 경기적 실업

02 자연실업률 결정모형

1 의의

① 매일 어떤 근로자는 직장을 잃거나 사직하는 반면 어떤 근로자는 새로이 일자리를 구한다.

② 새롭게 일자리를 찾은 사람이 직장을 잃은 사람보다 많다면 실업률은 내려갈 것이고 반대의 경우는 올라가게 된다.

③ 두 가지가 같은 경우에는 실업률은 일정하게 유지될 것이고 이러한 과정을 통해 자연실업률을 구할 수 있다.

2 모형

① 경제활동인구 중에서 취업자를 E, 실업자를 U로 표시하자.

② 노동자들은 이직에 의해 취업상태로부터 실업상태가 될 수 있는데 취업자 중에서 매달 일자리를 잃는 노동자의 비율을 실직률(job separation rate)이라고 한다.

③ 노동자들은 취업에 의해 실업상태로부터 취업상태로 이전할 수 있는데 실업자 중에서 매달 취업이 되는 노동자의 비율을 구직률(job finding rate)이라고 한다.

④ 자연실업률은 노동시장이 균형을 이룰 경우의 실업률인데 이 상태에서는 매달 일자리를 잃는 노동자의 수(sE)와 취업이 되는 노동자의 수 (fU)가 같게 된다.

⑤ 즉, 실직률이 s, 구직률이 f라면 경제활동인구가 일정할 때 sE명이 실업자가 되고 fU명이 취업자가 된다. 노동시장이 균형을 이루고 있다면 취업자와 실업자의 수는 변하지 않으므로 $sE = fU$가 성립한다는 것이다.

⑥ 실업률은 $u = \frac{\text{실업자}}{\text{취업자}+\text{실업자}} = \frac{U}{E+U}$이고 $E = \frac{f}{s}U$이므로

자연실업률은 $u = \frac{U}{E+U} = \frac{U}{\frac{f}{s}U+U} = \frac{s}{s+f}$가 된다.

⑦ 따라서 노동시장이 균형을 이루는 자연실업률(u_N)은 다음과 같이 결정된다.

$$u_N = \frac{\text{실직률}(s)}{\text{실직률}(s)+\text{구직률}(f)}$$

⑧ 이 식에 따르면 자연실업률(u_N)은 실직률(s)과 구직률(f)에 의해 결정된다. 실직률이 높거나 구직률이 낮다면 자연실업률은 높게 된다.

사례 자연실업률 계산

- 매달 100명의 취업자 중 1명이 직장을 잃게 되어 실직률이 1%이고 매달 100명의 실업자 중 24명이 새롭게 직장을 구하여 구직률이 24%인 경우를 보면 $s = 0.01$, $f = 0.24$이다.
- 따라서 자연실업률은 $\frac{0.01}{0.01+0.24} = 0.04$ 즉, 4%가 된다.

03 자연실업률 결정요인

1 실업보험제도

① 실업보험(unemployment insurance)이란 노동자가 취업 중에 보험에 가입하여 보험료를 납부하다가 일자리를 잃고 실업자가 되면 약정된 금액을 매월 보험금으로 지급받는 제도를 말한다.

② 실업보험 제도가 시행되면 실업상태에 있는 노동자가 여유를 가지고 직장을 구할 수 있으므로 새로운 직장을 찾는 데에 오랜 시간이 걸리게 되고 구직률이 감소하게 된다.

③ 또한 노동자들이 좀 더 쉽게 직장을 떠날 수 있고 기업으로서도 종업원을 해고시키는 것이 쉬울 것이므로 이직률이 높아지게 된다.

④ 따라서 실업보험의 혜택이 자연실업률을 높이게 된다.

2 인구구성의 변화

① 출산율이 높아져 어떤 연령의 인구가 많아지면 그 연령층의 실업률이 높아지는 경향이 있다.

② 평균수명이 길어지면 경제활동인구 중 노년층이 차지하는 비중이 높아지기 때문에 자연실업률이 높아진다. 왜냐하면 노년층은 청장년층에 비해 일자리를 구하기가 어려우므로 구직률이 낮을 것이기 때문이다.

3 노동시장의 구조나 제도

① 노동시장의 구조나 제도도 자연실업률에 영향을 미친다.

② 취업 알선 기관과 직업훈련 기관이 잘 정비되어 있고 취업 정보가 효율적으로 전달되는 경우 직장 탐색 기간이 줄어들기 때문에 구직률이 상승하고 자연실업률은 낮아지게 된다.

4 불확실성

① 경제의 불확실성 증가는 정보의 취득을 어렵게 해서 탐색기간을 늘리고 구직률을 낮춘다.

② 구직률이 낮아지면 자연실업률은 증가할 것이다.

5 정보통신산업의 발전

① 정보통신산업이 발전하면 정보를 획득하는데 시간과 비용을 줄여준다.

② 탐색과정에 걸리는 시간이 감소하고 정보비용을 줄여주면 구직률을 높여주기 때문에 자연실업률은 감소한다.

6 산업구조의 변화

① 경제에 산업구조적인 큰 변화가 오면 쇠퇴하는 산업에서 실직자가 크게 늘어나므로 이직률이 증가한다.

② 이직률의 증가는 자연실업률을 상승시킨다.

04 자연실업률을 낮추기 위한 대책

① 자연실업률 모형에 따르면 실직률을 감소시키거나 구직률을 높여야 자연실업률을 감소시킬 수 있다. 즉, 실직률이나 구직률에 영향을 미치는 요소가 자연실업률을 변화시킨다는 것이다.

② 자연실업률을 낮게 유지하기 위해서는 실직률이 낮은 것도 좋지만 구직률을 높이는 것, 즉 마찰적 실업을 줄이는 것이 중요하다.

③ 직업 소개 기능의 활성화, 실업자에 대한 재취업 훈련 등은 마찰적 실업을 줄여 자연실업률을 낮추는 역할을 한다.

④ 그러나 직장을 잃은 뒤 일정 기간 동안 임금의 일부를 받도록 하는 실업보험제도는 마찰적 실업의 규모를 늘리는 경향이 있다.

⑤ 실업보험제도는 근로자들에게 소득에 관한 불확실성을 줄여주어 보다 안정적인 경제활동을 할 수 있도록 해준다. 그러나 그 혜택이 지나칠 경우에 실업률이 높아지는 부작용을 낳을 수 있다.

4절 실업의 비용

01 실업이 경제에 미치는 영향

1 개인적 관점

① 실업은 물질적 생활 기반을 박탈하며 잦은 실업은 개인의 기술 축적을 불가능하게 하므로 새로운 직업을 구하는데 한계를 가져다준다.

② 또한 일하려는 욕구를 충족하지 못하므로 가정 및 사회생활에 심리적 부담감을 준다.

2 사회적 관점

① 효율성 측면에서 유용한 사회적 자원의 상실을 가져다주므로 경제의 최대 생산 가능 수준에 미치지 못한다.

② 상대적 능력 부족자가 실업자가 될 가능성이 크기 때문에 분배구조가 악화된다.

③ 경제주체들의 '경제하려는 의지(the will to economize)'를 잠식한다.

02 오쿤의 법칙(Okun's law)

1 개념

① 1960년대 초에 케네디 대통령의 수석 경제자문이었던 오쿤(A. Okun)은 총생산량과 실업률 사이의 관계에 대해 중요한 사실을 지적했다.

② 일반적으로 경기호황으로 산출량이 증가하면 실업률이 낮아지고, 경기 침체로 산출량이 감소하면 실업률이 상승한다.

③ 따라서 실업의 경제적 비용을 나타내는 오쿤의 법칙은 실업과 실질 GDP 간에 역의 상관관계로 표시된다.

④ 미국의 경제학자 오쿤(A. Okun)은 실증분석을 통하여 실업률과 GDP 갭 간에 존재하는 상관관계를 다음과 같이 정식화하였는데 이를 '오쿤의 법칙'이라고 한다.

$$\frac{Y_f - Y}{Y_f} = \alpha(u - u_N)$$

(Y_f : 잠재 GDP, Y : 실제 GDP, u : 실제 실업률, u_N : 자연실업률, $\alpha > 0$)

2 총생산 갭과 실업률의 변동성

① 오늘날 총생산 갭과 실업률간의 관계에 대한 추정치는 총생산 갭이 1% 포인트 증가할 때 실업률은 1% 포인트의 $\frac{1}{2}$ 감소한다고 본다.

이는 실업률의 상승과 하락이 장기추세를 중심으로 한 실질 GDP의 변동과 밀접하게 대응되지만 실업률의 변동은 이에 상응하는 총생산 갭 또는GDP 갭에 비해 작다는 것을 의미한다.

② 이를 나타내면 다음과 같다.

$$\text{실업률}(u) = \text{자연실업률}(u_N) + 0.5 \times \text{총생산 갭}\left(\frac{Y_f - Y}{Y}\right)$$

③ 이 식을 다시 정리하면 $\frac{Y_f - Y}{Y} = 2 \times (u - u_N)$이고 $\alpha = 2$임을 알 수 있다.

④ 총생산이 1% 증가하기 위해서 고용이 1% 늘어나고 실업이 1% 감소할 거 같지만 실제로 총생산 갭과 실업률 사이에 일대일 대응 관계가 나타나지 않는다. 그 이유는 다음과 같다.

- 기업들은 수요가 변할 때 기존 종업원의 작업시간을 변경시키며 고용량을 조정하지 않는다. 즉, 제품 수요 증가 시 기존 근로자들의 작업시간을 늘리고 제품 수요 감소 시 종업원을 해고하는 대신 작업시간을 줄인다. 이와 같은 대응은 총생산의 변동이 고용된 근로자의 수에 미치는 영향을 완화시켜 준다.
- 일자리의 수가 감소하더라도 측정된 실업자의 수는 적게 증가하는데 그 이유는 실망실업자들이 발생하기 때문이다. 실업자들 중 일부가 실망을 하여 적극적으로 직장을 구하는 것을 포기하면 실업자에 포함되지 않는다.
- 경기 상승기에 노동생산성 증가율은 가속화되고 경기 하강기에는 노동생산성 증가율이 감속되거나 음(−)의 값을 갖기도 한다. 따라서 생산량의 변화가 실업률의 변화보다 크게 된다.

3 재정 정책 사용 시 활용

① 오쿤의 법칙을 역으로 이용하면 정책집행 시 어느 정도 정부지출을 증가시켜야 할 것인지를 계산하는 것이 가능하다.

② 잠재 $GDP(Y_f)$가 50조 원이고 실업률(u)이 9%, 자연실업률(u_N)이 4%, $\alpha = 2$라면 오쿤의 법칙은 다음과 같이 나타낼 수 있다.

$$\frac{Y_f - Y}{Y_f} = 2 \times (9 - 4)$$

$$\rightarrow \frac{Y_f - Y}{Y_f} = 10\%$$

③ 총생산 갭이 50조 원의 10%인 5조 원이므로 실제 GDP는 45조 원이다.

④ 정부지출승수가 2로 주어져 있을 때 정부지출을 2.5조 원 증가시키면 실제 GDP가 5조 원 증가하고 총생산 갭은 0이 된다. 따라서 실업률도 자연실업률 수준인 4%로 낮출 수 있게 된다.

03 경제고통지수(Economic Misery Index)

① 국민들이 특정 시점에서 느끼는 경제적 고통의 정도를 측정하는 지표로 미국의 경제학자 오쿤(A. Okun)이 고안했다.

② 경제고통지수는 실업률과 소비자물가 상승률을 더해 지수로 표시한다. 따라서 물가가 오르거나 실업률이 높아지면 이 지수도 상승해 국민들이 피부로 느끼는 삶의 고통도 커진다는 의미를 담고 있다.

5절 실업에 대한 학파별 견해

01 고전학파

1 설명

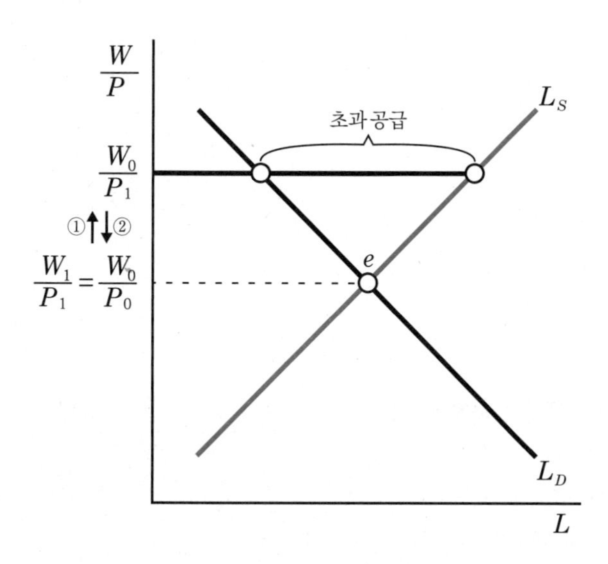

① e점에서는 노동의 수요와 공급이 일치하므로 완전고용이 달성된다.

② 만약 경기 침체로 물가가 P_1으로 하락하면 실질임금은 $\frac{W_0}{P_1}$로 상승하고 노동의 초과공급이 발생한다.

③ 노동의 초과공급으로 명목임금이 W_1으로 하락하면 완전고용이 달성된다.

④ 제도적인 요인 등으로 명목임금이 하락하지 않는다면 비자발적 실업은 계속 유지된다.

2 실업발생의 원인 및 대책

① 가격변수인 명목임금이 완전 신축적이므로 비자발적 실업은 발생하지 않으며, 항상 완전고용상태이다.

② 고전학파적 사고에 따르면 원칙적으로 실업은 자발적인 것이며 비자발적 실업이 문제가 된다면 그것은 노동조합, 최저임금제, 실업수당 등과 같은 노동시장의 기능을 왜곡하는 제도적 요인 때문이다.

③ 비자발적 실업을 해소하기 위해서는 노동시장에 대한 인위적 제약 및 간섭을 최소화하여 가격기능을 최대한 보장하는 것이 최선이다.

④ 고전학파에 의하면 마찰적 실업과 구조적 실업이 실업의 주된 형태이다.

02 케인즈학파의 견해

1 실업발생 원인 - 유효수요 부족과 임금 경직성

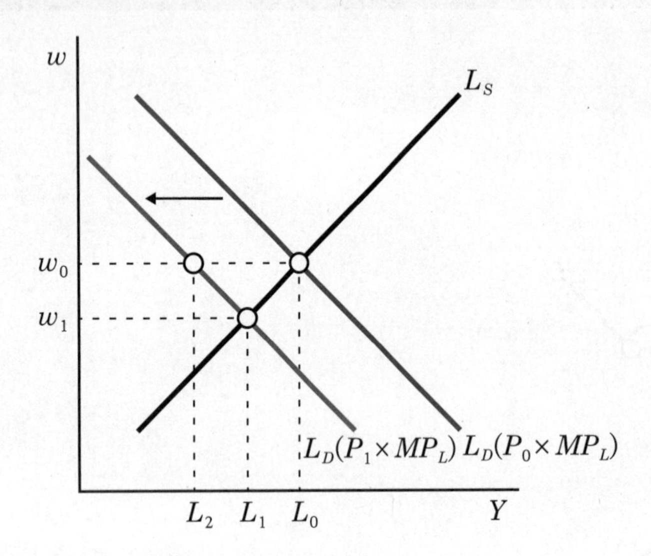

① 최초균형에서 경기 침체로 유효수요가 부족하면 물가가 P_0에서 P_1으로 하락한다.

② 물가가 하락하면 노동수요곡선은 좌측으로 이동한다.

③ 최초균형에서의 임금수준 w_0에서 노동의 초과공급이 발생한다.

④ 임금이 w_1으로 신속하게 하락하면 고용수준 L_1에서 새로운 균형이 달성된다.

⑤ 이 과정에서 $\overline{L_0L_1}$만큼의 고용이 감소하지만 이는 자발적 실업이다. 전보다 낮아진 임금 수준을 받아들일 수 없는 사람들은 자발적으로 실업상태를 선택하며, 낮아진 임금수준에도 일하기를 원하는 사람들만이 일자리를 얻어 일한다.

⑥ 그러나 노동수요의 감소에도 불구하고 임금이 w_0에서 하락하지 않는다면 실업자 수는 $\overline{L_0L_2}$로 늘어나며 이들은 현재의 임금수준에서 일하려 하지만 직장을 구할 수 없는 비자발적 실업 상태에 놓이게 된다.

⑦ 케인즈에 의하면 실업률이 높은 이유는 노동시장의 문제라기보다는 경제 전체적으로 총수요가 부족하여 노동에 대한 수요가 작기 때문이다. 또한 노동수요가 감소하더라도 임금이 신속하게 하락하지 않기 때문에 실업률이 높다고 본다.

2 실업대책 - 확대적인 정책

① 확대 정책으로 유효수요가 증가하면 물가가 상승한다.

② 물가가 상승하면 노동수요곡선을 우측으로 이동시켜 실업을 해소할 수 있다.

개념정리 고전학파와 케인즈학파의 비교

- '고전학파'는 노동시장에서의 실업이 노동조합 등 노동시장 내부의 문제라고 보아 임금 신축성이 달성되면 실업은 해소된다고 본다.
- '케인즈학파'는 노동시장의 실업이 노동시장 내부요인뿐 아니라, 재화시장에서의 총수요 감소에 의해서도 영향을 받는다고 주장하면서 투자 지출이나 정부지출의 증가로 실업은 해소된다고 본다.

03 통화주의학파와 새 고전학파의 견해

1 자발적 실업과 비자발적 실업 구분에 대한 견해

① 통화주의학파와 새 고전학파는 모든 실업은 자발적인 측면이 있다고 본다.

② 따라서 실업 감소를 위한 재량적인 정책을 실시하는 것을 반대한다.

2 재량적인 정책 실시를 반대하는 이유

확대적인 정책이 단기적으로는 실업률을 감소시킬 수 있으나 장기적으로는 인플레이션만 상승시키기 때문이다.

6절 비자발적 실업과 임금경직성

01 개요

① 노동시장에서 수요와 공급이 일치하면 노동시장의 균형을 달성하고 완전고용 상태에서 자연실업률이 발생한다.

② 만약 경기 침체로 경기적 실업이 발생하는 경우에 임금이 충분히 하락하면 그에 따라 다시 고용이 회복되고 실업률은 낮아지게 된다.

③ 그러나 임금이 신속하게 하락하지 않으면 이러한 과정이 빨리 진행되지 않는다.

④ 임금수준이 신축적으로 조정되지 않으면 시장에서 거래되는 임금수준으로 노동력을 공급하고 싶어도 일을 할 수 없는 비자발적 실업이 존재할 수 있다.

⑤ 결국 임금이 경직적인 경우에 실업률이 올라가는 것은 물론이고 비자발적 실업이 장기화됨으로써 실업문제가 더욱 심각해질 수 있는 것이다.

⑥ 초기에는 경제학자들이 명목임금의 경직성에 보다 초점을 맞추었다. 그러나 최근에는 명목임금보다 실질임금의 경직성 모형을 선호한다.

02 노동시장의 제도적 요인

1 최저임금제도

① 최저임금제도는 저임금 노동자들의 생계를 보장하기 위해 지급되어야 할 임금의 최저수준을 법으로 강제하는 제도를 말한다.

② 법으로 정한 최저임금 수준이 너무 높다면 만성적인 노동의 초과공급이 발생하고 실업률은 쉽게 하락하지 않는다.

③ 이러한 최저임금제도는 저임금 노동계층을 주로 고용하는 기업들의 고용비용을 높임으로써 저임금 노동계층의 고용기회를 줄일 수 있다.

2 노동조합의 단체교섭

① 노동조합은 실업자가 아닌 현재 고용되어 있는 근로자, 그 중에서도 노동조합에 가입한 자들의 이익을 대변한다.

② 낮은 임금을 감수할 의사가 있던 근로자도 노동조합에 가입하고 나면 단체교섭의 힘을 빌려 더 높은 임금을 요구할 수 있게 된다.

③ 노동조합의 단체교섭에 의해 요구되는 임금수준은 근로자 개개인이 수용하고자 하는 임금수준보다 높으며 노동조합의 요구가 관철되면 노동의 초과공급 및 비자발적 실업이 존재할 수 있다.

03 명목임금 경직성

1 장기임금계약이론

① 노동자가 새로운 직장을 찾거나, 기업주가 새로운 노동자를 고용하는 데는 상당한 비용이 수반된다.

② 그러므로 노동자와 기업주는 장기임금계약을 통해 안정적인 고용관계를 유지하는 것을 보다 선호한다.

③ 이처럼 노동시장에서 노동자와 기업주의 최적화의 결과 명목임금의 경직성이 발생하고 이로 인해 외부적 충격이 있는 경우 그 효과가 상당 기간 동안 지속될 수 있다.
즉, 일단 계약이 맺어지면 계약기간 동안에 다른 경제 상황이 발생하더라도 명목임금은 조정되지 않는다.

2 중첩임금계약모형

1. 의의

① 중첩임금계약모형은 경제에 충격이 발생하더라도 임금이 서서히 조정되는 이유를 다양한 임금계약이 동시에 발생하는 것이 아니라 서로 중첩되어 이루어지고 있다는 데서 찾는다.

② 경제 내의 다양한 임금계약이 한날한시에 이루어지지 않는다.
모두 1년 단위의 계약이라 할지라도 어떤 임금계약은 1월 1일자로 이루어지고 어떤 임금계약은 6월 1일자로 이루어진다.

2. 개념

① 동시임금계약(synchronized wage contracts) 방식이란 경제 내 모든 기업들이 동일한 시점에 일제히 임금계약을 체결하는 방식으로 기업 간 임금예약 유효기간이 겹치지 않게 된다.

② 중첩임금계약(staggered wage contracts) 방식이란 개별기업들의 임금계약 시점이 상이하게 이루어지는 방식으로 기업 간 임금계약 유효기간이 겹치게 된다.

3. 사례

① 부정적 총수요 충격이 작년 12월 1일에 발생했다고 가정하자.

② 경제 내의 모든 임금계약이 올해 1월 1일에 동시에 이루어지면 즉, 동시임금계약이라면 1월 1일에 임금하락요인이 새로운 임금에 모두 반영될 것이다.

③ 그러나 실제로 임금계약은 중첩되어 이루어지므로 작년 12월 1일에 발생한 하락요인은 올해 1월 1일에 온전히 반영되어 임금을 삭감하기 어렵다.

④ 왜냐하면 6월 1일자로 계약한 그룹의 임금이 그대로이므로 1월 1일자 계약 그룹에 대해서만 임금을 삭감하기 어렵기 때문이다.

⑤ 이와 같이 임금의 조정은 충분히 반영되지 못한 채 서서히 진행되며 변화요인이 모두 임금에 반영될 때까지 상당한 기간이 소요될 수 있다. 따라서 경제에 가해지는 충격에 의해 경기변동이 발생하더라도 임금의 변동폭이 경기의 변동폭에 비해 둔화될 수밖에 없다.

4. 중첩임금계약의 특징

(1) 동시임금계약의 경우

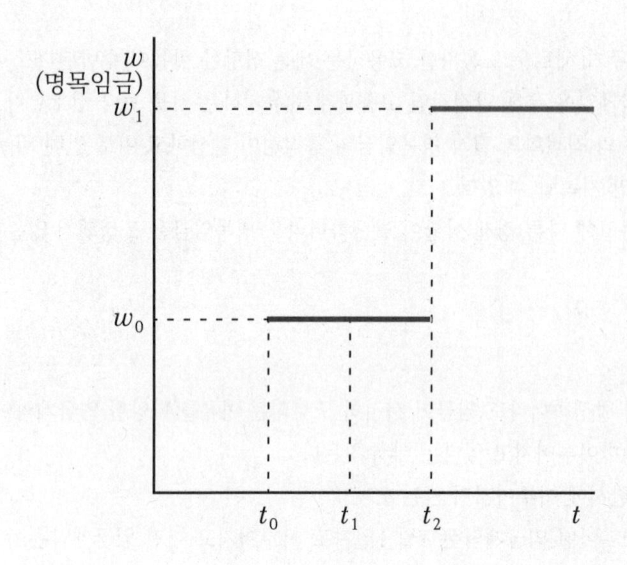

① 모든 기업이 t_0시점에 명목임금을 w_0로 동시에 계약했다고 하자.

② 이때 t_1기에 총수요충격으로 물가가 상승하였다면 임금계약 유효기간인 t_2기까지는 명목임금이 고정되어 있으므로 실질임금은 하락한다.

③ 실질임금이 하락하면 기업들은 노동고용량을 증가시킬 것이다.

④ t_2기가 되면 임금재계약을 하므로 노동자들은 물가 상승분을 반영한 명목임금상승을 요구하며 실질임금이 종전 수준으로 돌아오면 기업은 노동고용량을 이전 수준으로 감소시킨다.

⑤ 동시임금계약의 경우 임금계약을 할 때 명목임금이 w_0에서 w_1으로 대폭 조정된다.

(2) 중첩임금계약의 경우

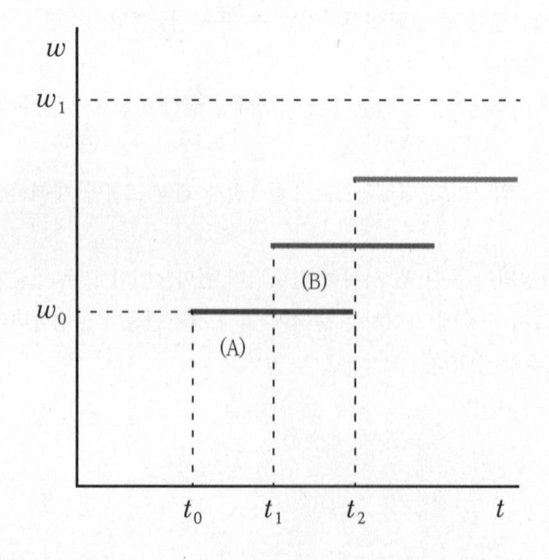

① 기업 중에서 절반인 A그룹은 t_0에 임금계약을 하고 나머지 절반 B그룹은 t_1에 임금계약을 하는 중첩임금계약이라고 하자.

② t_1기에 총수요충격이 발생했을 때 A그룹의 명목임금이 w_0로 유지되고 있는 상황이라면 t_1기에 임금계약

을 하는 B그룹은 자신의 절대적 임금수준과 A그룹의 상대적 임금수준을 모두 고려하기 때문에 총수요충격효과를 명목임금에 모두 반영하기 어렵다.

③ 따라서 총수요증대효과는 명목임금에 불완전하게 반영되고 이러한 현상은 t_2기에 A그룹의 임금계약 시기에도 마찬가지로 작용된다.

④ 따라서 동시임금계약의 경우와 달리 명목임금이 여러 기간에 걸쳐 점진적으로 조정된다.

(3) 중첩임금계약의 특징

① 경제주체들이 명목임금의 절대적인 수준뿐만 아니라 상대적인 차이를 중요시한다.

② 개별경제주체들은 명목임금을 신축적으로 조정할 의사가 있음에도 경제 전체적으로는 상호의존성 때문에 명목임금이 경직적일 수 있다.

심화학습 | 명목임금, 실질임금, 경기변동과의 관계

- 우리나라와 미국 등의 시계열 자료에 의하면 실질임금이 호황 및 불황을 막론하고 일정하게 유지되거나 호황기에 오히려 약간 상승한 경우가 일반적이다.
- 즉, 실질임금은 경기와 무관하게 안정적이거나 약하게 경기순응적(procyclical)인 모습을 보인다.
- 그러나 명목임금이 경직적이라면 실질임금은 경기 역행적(countercyclical)인 모습을 보인다.
- 왜냐하면 경기 호황 시 물가가 상승하므로 실질임금은 하락하고 경기 불황 시 물가 하락으로 실질임금이 상승하기 때문이다.
- 즉, 명목임금의 경직성만을 가정하는 경우 경기변동과 관련한 실질임금의 변동성을 제대로 설명하지 못한다는 비판이 제기된다.

04 실질임금 경직성

1 의의

케인즈 전통의 모형은 실질임금이 노동시장의 균형실질임금수준보다 높게 결정되는 현상과 높은 수준의 실질임금이 경직적이어서 비자발적 실업이 해소되지 않고 지속적으로 존재하는 현상의 원인에 대해 다양한 미시적 근거들을 제시하고 있다.

2 효율성 임금(efficiency wage)

1. 의의

① 유보임금(reservation wage)이란 노동자가 노동을 공급하려고 결심하게 되는 최소한의 임금을 말한다.

② 기업은 유보임금보다 높은 수준의 임금을 지급하여 직장을 그만둘 유인을 없애주고 직무에 몰두하여 생산성을 높이게 하는 것이 더 바람직하다.

③ 근로자에게 최소한의 임금인 유보임금만 지급할 수도 있지만 근로자가 임금에 대비한 효율성을 최대한 발휘하도록 하는 효율성 임금을 지급하면 노동의 초과공급, 즉 비자발적 실업이 발생한다.

④ 정보가 비대칭적인 상황에서 고용주는 역선택과 도덕적 해이의 방지를 위해 경쟁시장에서의 실질임금보다 높은 수준의 효율성 임금을 지급한다.

2. 모형

① 효율성 임금(efficiency wage)이란 기업의 이윤극대화를 위해서 실질임금 1단위당 노동자의 노력이 극대화 되는 수준의 임금을 말한다.

② 효율성 임금모형은 노동자의 노력이 자신이 받는 임금에 따라 변한다고 가정한다.

③ 노동자의 노력곡선(effort curve)이 S자 모양을 하고 있는 것으로 나타나 있다.
실질임금(w)이 증가하면 노력(e)도 증가하는데 처음에는 체증적으로 증가하다가 어느 지점부터는 체감적으로 증가한다.

④ 고용주는 노동자의 노력이 극대화되길 원하고 고용주가 지불하는 임금당 노력$\left(\frac{e}{w}\right)$이 극대화되길 원한다.

⑤ 원점에서 노력곡선의 한 점에 그은 직선의 기울기는 해당 임금에서의 실질임금 1단위당 노력 수준이 된다.

⑥ 노동자의 실질임금 1단위당 노력은 임금수준이 w^*일 때 극대화 된다.

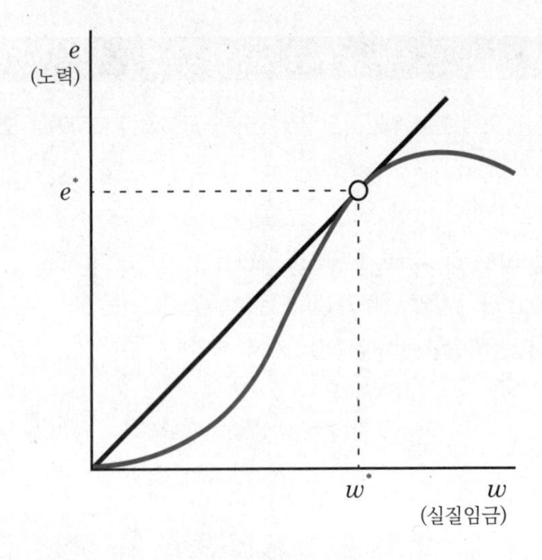

3. 효율성임금과 비자발적 실업

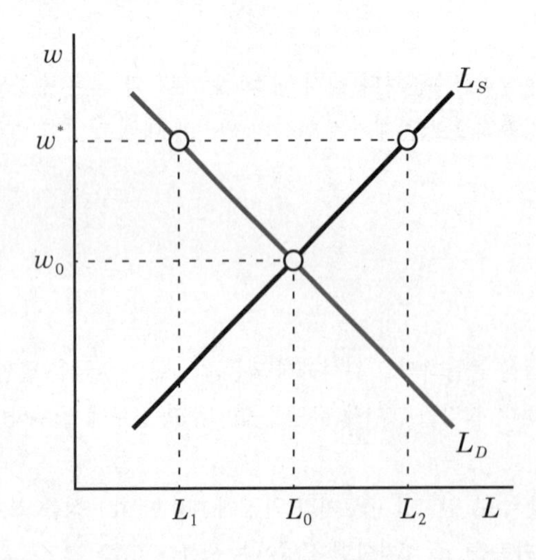

① 실질임금은 효율성 임금 w^*로 고정되고 다른 충격이 없는 한 비자발적 실업은 $\overline{L_1L_2}$만큼 지속된다.

② 실질임금을 낮추면 노동의 노력이 낮아진다는 것을 잘 아는 고용주는 w^*보다 낮은 임금을 감수하려는 사람들을 고용하지 않으려 한다.

4. 효율성 임금이 높은 수준에서 떨어지지 않고 경직적인 이유

(1) 노동이직모형(labor turnover model)

① 이직률이 높아지면 신규채용과 관련된 노동이직비용(turnover cost)이 커지기 때문에 노동자의 이직유인을 감소시켜야 한다.

② 따라서 기업은 시장의 균형임금보다 높은 임금을 지급함으로써 이직률을 낮춘다는 것이다.

(2) 태업방지모형(shirkling model)

① 기업에서 높은 임금을 지급할수록 노동자의 태업의 기회비용은 커지므로 태업유인은 그만큼 감소한다.

② 결국 효율성임금이 노동자의 도덕적 해이를 억제하기 위한 유인체계로 기능하여 생산성을 높일 수 있다.

③ 그러나 전체적으로 임금을 상승시키면 근무태만방지유인은 사라진다는 반론이 있지만 비자발적 실업이 존재하므로 근무태만방지는 여전히 유효하다.

(3) 역선택모형(adverse selection model)

① 노동의 생산성에 대한 정보가 비대칭(information asymmetry)적일 때 기업이 양질의 노동을 계속 확보하기 위해서는 평균 실질임금보다 높은 수준의 효율성 임금을 지급해야한다.

② 개별 노동자 각각의 생산성을 정확하게 파악하지 못하는 기업이 평균적인 생산성에 따라 실질임금을 지급한다고 하자.

③ 그러면 평균실질임금 이상의 생산성을 지닌 노동자는 직장을 옮기려 할 것이고 평균실질임금 이하의 생산성을 지닌 노동자만 직장에 남게 된다. 결국 기업은 평균실질임금을 지불하고 평균실질임금 수준 이하의 생산성만 얻게 된다.

5. 결론

① 확실성 하의 노동시장은 생산성(MP_L : 노동의 한계생산)이 실질임금을 결정하지만 정보의 비대칭성이 존재하는 불확실성 하의 노동시장에서는 실질임금이 생산성을 결정한다.

② 시장 청산 보다 실질임금이 높고 실질임금이 경직적이기 때문에 비자발적 실업, 즉 불완전 고용균형이 장기간 지속될 수 있게 된다.

③ 효율성 임금이론은 호황일 때 실질임금이 높고 불황일 때에는 실질임금이 낮은 현상을 다음과 같이 설명한다. 불황일 때 노동자들은 해고의 위험이 높아지기 때문에 근로 노력을 증가시킨다. 이는 노력곡선의 상방이동으로 나타나는데 이를 잘 아는 고용주는 더 낮은 임금에서도 노동자의 노력이 극대화되므로 낮은 효율성 임금을 제시하게 된다.

반대로 고용기회가 확대되는 호황일 때 노동자의 노력곡선은 하향 이동하게 되고 이를 잘 아는 고용주는 노동자들의 노력을 극대화하기 위해 더 높은 효율성 임금을 제시할 수밖에 없다.

3 내부자 - 외부자 이론

1. 내부자와 외부자란?

① 내부자(insider)는 기업내부의 취업자로 기업과 임금협상을 할 수 있는 숙련공을 말한다.

② 외부자(outsider)는 실업자로 남아있는 미숙련공을 말하며 임금협상에 참가하는 것이 불가능하다.

2. 내용

① 노동조합은 단체협약에서 외부자의 이해를 고려할 필요가 없기 때문에 자신들의 높은 생산성에 걸맞는 높은 실질임금을 기업에 요구한다.

② 기업은 노동이직비용을 고려하기 때문에 노동조합의 요구대로 내부자에게 높은 실질임금을 지급한다.

③ 균형실질임금보다 높은 실질임금으로 비자발적 실업이 발생하며 다음 기 임금계약에서도 내부자들은 외부자를 고려하지 않기 때문에 실질임금이 경직성을 띠게 된다.

④ 따라서 일단 외부자가 된 근로자는 다시 내부자로 회복하기 어렵게 되며, 실업률 또한 일단 증가하면 원래 수준으로 회복하기 어려워진다.

⑤ 노동시장이 내부자가 속해있는 내부시장과 외부자가 속해있는 외부시장으로 분리되어 있고 외부자들이 내부시장에 진입하지 못한다면 불균형상태가 지속될 수 있다.

⑥ 내부자 - 외부자 이론은 임금을 경직적으로 만드는 요인일 뿐만 아니라 실업의 이력현상을 설명하는 데 사용되기도 한다. 실업의 이력현상이란 일시적인 충격으로 올라간 실업률이 충격이 사라진 후에도 다시 내려오지 않아 자연실업률 자체가 상승하게 되는 것을 말한다.

3. 결론

① 내부자 - 외부자 모형에서 실질임금이 경직성을 띠는 이유는 노동조합과 같은 내부자의 독점적 협상력(bargaining power) 때문이다.

② 불황기에 정부가 확대 총수요관리정책을 통해 내부자의 규모를 유지하게 되면 자연실업률의 상승을 방지할 수 있기 때문에 정부 개입의 근거가 된다.

4 암묵적 고용계약이론

1. 개념

① 암묵적 고용계약이란 근로자와 고용자가 명시적인 계약 없이 비교적 일정한 수준의 실질 임금을 지급받기로 하는 것을 말한다.

② 암묵적(implicit)의 의미는 근로자가 취업을 결정할 때에는 이미 그 기업의 고용정책에 대해 암묵적으로 수긍을 한 상태라는 것이다.

③ 노동자와 기업은 위험에 대한 태도가 비대칭적이다.

2. 암묵적 고용계약을 체결하는 이유

① 명시적인 고용계약에는 비용이 많이 소요된다.

② 노동자들은 위험기피적으로 경기상황과 관계없이 안정된 실질임금을 보다 선호한다.

③ 기업 측이 노동자보다 덜 위험기피적이라면 경기상황과 관계없이 일정한 임금을 지급하는 것을 받아들이게 된다.

3. 설명

① 노동자들은 기업에 비해 금융시장에 대한 접근이 용이하지 않다. 금융시장의 접근이 어렵다면 소비를 평준화하기 위해서 안정적인 급여는 더욱 절실해진다.

경제 상황에 관계없이 임금이 같은 수준으로 지불되는 것이 노동자들의 효용을 더 높일 수 있다.

예를 들어 호황과 불황이 $\frac{1}{2}$의 확률로 발생하며 어떤 근로자가 호황일 때에는 6천만 원, 불황일 때에는 2천만 원을 번다고 가정해보자. 위험기피적인 근로자라면 경기에 따라 6천만 원, 2천만 원씩 받는 것보다 평균소득인 $\frac{1}{2}\times 6{,}000+\frac{1}{2}\times 2{,}000=4{,}000$만 원에 못 미치더라도 매년 안정적으로 받는 것을 선호할 것이다.

② 이때 기업은 노동자에게 안정적인 급여를 지급함으로써 보험회사의 역할까지 담당할 수 있으며 기업의 입장에서도 적절한 수준의 임금이라면 안정적인 고용계약을 제공하는 것이 더 나을 수 있다.

③ 따라서 암묵적 고용계약은 노동자들이 일종의 고용보험에 가입한 것과 유사한 효과가 있다.

즉, 경기호황에 노동의 한계생산(MP_L)이 상승했음에도 실질임금$\left(\frac{W}{P}\right)$은 일정하므로 $\left(MP_L-\frac{W}{P}\right)$만큼 보험료를 지불하고, 불경기에 노동의 한계생산(MP_L)이 하락했음에도 실질임금$\left(\frac{W}{P}\right)$은 일정하므로 $\left(\frac{W}{P}-MP_L\right)$만큼을 보험금으로 지급받는 셈이다.

MEMO 단원의 핵심 내용을 정리해 보세요.

01 노동인구통계에 관한 설명으로 옳지 않은 것은?

풀이 날짜			
채점 결과			

① 실업자 = 마찰적 실업자 + 구조적 실업자
② 경제활동인구 = 취업자 + 실업자
③ 생산가능연령인구 = 경제활동인구 + 비경제활동인구
④ 실업률 = (실업자/경제활동인구) × 100

02 어느 경제의 총인구가 4,000만 명, 15세 미만의 인구가 1,500만 명, 비경제활동인구가 1,000만 명, 그리고 실업자가 50만 명이다. 실업률은 얼마인가?

풀이 날짜			
채점 결과			

① 0.8%
② 2%
③ 5%
④ 2%
⑤ 3.3%

03 금년에 대학을 졸업한 갑은 1년 동안 열심히 일자리를 찾았으나 결국 실패하여 실망한 끝에 일자리 찾기를 포기하였다. 구직을 포기한 갑의 행동이 가져올 결과는?

풀이 날짜			
채점 결과			

① 실업자 수는 영향을 받지 않는다.
② 경제활동인구의 수는 영향을 받지 않는다.
③ 실업률이 감소한다.
④ 실업률이 증가한다.
⑤ 실업률은 전혀 영향을 받지 않는다.

04 다음 중 마찰적 실업에 관한 설명으로 옳은 것은?

풀이 날짜			
채점 결과			

① 완전고용상태에서도 존재한다.
② 경기가 호황국면에 들어가면 감소한다.
③ 유효수요가 부족해서 일어나는 실업이다.
④ 정부의 고용확대 정책으로 줄일 수 있다.
⑤ 임금 상승을 생산성 상승 수준 이하로 억제하면 줄일 수 있다.

해설

정답

01 ① 실업자 = 마찰적 실업자 + 구조적 실업자 + 경기적 실업자 ①

02
- 실업률이란 경제활동인구 중에서 실업자가 차지하는 비율을 말한다. ⑤

$$실업률 = \frac{실업자}{경제활동인구} \times 100 = \frac{실업자}{취업자 + 실업자} \times 100$$

- 총인구는 15세 미만의 인구(1,500만 명)와 15세 이상의 인구의 합이므로 15세 이상의 인구는 2,500만 명이다.
- 15세 이상의 인구는 경제활동인구와 비경제활동인구(1,000만 명)의 합이므로 경제활동인구는 1,500만 명이다.
- 따라서 실업률을 구하면 다음과 같다.

$$\rightarrow \frac{50}{1,500} \times 100$$

$$\rightarrow \frac{100}{30} = 3.3\%$$

- 따라서 실업률은 약 3.3%이다.

03
- 실업률이란 경제활동인구 중에서 실업자가 차지하는 비율을 말한다. ③

$$실업률 = \frac{실업자}{경제활동인구} \times 100 = \frac{실업자}{취업자 + 실업자} \times 100$$

- 구직활동을 열심히 하던 사람이 구직이 잘 되지 않아 구직활동을 포기하거나 또는 취업학원을 통해 취업준비를 하게 되는 경우 실업자에서 비경제활동인구로 이동하게 되므로 실업자 수가 감소하게 되어 실업률은 낮아진다.

04
- 마찰적 실업(frictional unemployment)이란 노동시장이 구직자와 일자리를 신속하게 연결시켜주지 못할 때 발생하는 실업으로 일시적으로 직장을 옮기는 과정에서 실업상태에 있는 것을 말한다. ①
- 마찰적 실업은 대부분 지금까지 얻을 수 있었을 일자리보다 더 나은 일자리를 찾는 과정에서 생긴다는 뜻에서 탐색적 실업(search unemployment)이라고도 한다.
- 마찰적 실업이란 자발적 실업의 종류로 완전고용상태에서도 존재한다.
- 나머지는 경기적 실업과 관련이 있다. 경기적 실업(cyclical unemployment)이란 경기 침체로 인해 발생하는 대량의 실업을 말한다.

05 매월 취업자 100명 중 1명이 실직하고, 실업자 100명 중 24명이 취직할 경우의 실업률은?

풀이 날짜			
채점 결과			

① 2%
② 4%
③ 6%
④ 8%
⑤ 10%

06 오쿤의 법칙(Okun's law)은 다음 중 어떤 것들의 관계를 나타내는가?

풀이 날짜			
채점 결과			

① 실업률과 경제성장률
② 물가 상승률과 임금상승률
③ 물가 상승률과 경제상승률
④ 실업률과 임금상승률
⑤ 실제 물가 상승률과 기대 물가 상승률

07 다음 중 비자발적 실업의 원인으로 적당하지 않은 것은?

풀이 날짜			
채점 결과			

① 유동성 제약
② 최저임금
③ 효율성임금
④ 내부자와 외부자간의 협상력 차이
⑤ 장기노동계약

05
- 실직률이 s, 구직률이 f라면 경제활동인구가 일정할 때 sE명이 실업자가 되고 fU명이 취업자가 된다. ②
- 노동시장이 균형을 이루고 있다면 취업자와 실업자의 수는 변하지 않으므로 $sE = fU$가 성립한다.
- 실업률은 $u = \frac{\text{실업자}}{\text{취업자} + \text{실업자}} = \frac{U}{E+U}$이고 $E = \frac{f}{s}U$이므로

  자연실업률은 $u = \frac{U}{E+U} = \frac{U}{\frac{f}{s}U+U} = \frac{s}{s+f}$가 된다.
- 취업자 100명 중 1명이 실직하므로 실직률은 0.01이고, 실업자 100명 중 24명이 취직하므로 구직률은 0.24이다.
- 따라서 노동시장이 균형을 이루는 자연실업률은 다음과 같이 결정된다.

$$u_N = \frac{\text{실직률}(s)}{\text{실직률}(s) + \text{구직률}(f)} = \frac{0.01}{0.01+0.24} = \frac{0.01}{0.25} = 4\%$$

06
- 실업의 경제적 비용을 나타내는 오쿤의 법칙은 실업과 실질 GDP간에 역의 상관관계로 표시된다. ①
- 미국의 경제학자 오쿤(A. Okun)은 실증분석을 통하여 실업률과 GDP 갭간에 존재하는 상관관계를 다음과 같이 정식화 하였는데 이를 '오쿤의 법칙'이라고 한다.

$$\frac{Y_f - Y}{Y_f} = \alpha(u - u_N)$$

(Y_f : 잠재 GDP, Y : 실제 GDP, u : 실제 실업률, u_N : 자연실업률, $\alpha > 0$)

07
- 임금수준이 신축적으로 조정되지 않으면 시장에서 거래되는 임금수준으로 노동력을 공급하고 싶어도 일을 할 수 없는 비자발적 실업이 존재할 수 있다. ①
  결국 임금이 경직적인 경우에 실업률이 올라가는 것은 물론이고 비자발적 실업이 장기화됨으로써 실업문제가 더욱 심각해질 수 있는 것이다.
- 초기에는 경제학자들이 명목임금의 경직성에 보다 초점을 맞추었다. 그러나 최근에는 명목임금보다 실질임금의 경직성 모형을 선호한다.
- 유동성 제약이란 소비를 늘리기 위해서 차입을 하고 싶으나 다양한 이유로 차입이 불가능한 경우를 말한다.
- 유동성 제약은 임금경직성과 관련이 없다.

01 실업률과 경제활동참가율에 대한 설명으로 옳은 것은?

풀이 날짜			
채점 결과			

① A는 나이가 만 15세이므로 자동적으로 경제활동인구에 포함된다.
② B는 실망노동자(discouraged worker)로 실업률 계산에 포함된다.
③ C는 전업 주부이므로 실업률 계산에 포함되지 않는다.
④ 경제활동참가율은 총인구에서 경제활동인구가 차지하는 비중을 의미한다.

02 A대학 경제학과는 2017년도 졸업생 100명을 대상으로 2018년 4월 현재 취업 현황을 조사했다. 조사 결과, 40명은 취업했으며 20명은 대학원에 등록하여 재학 중이었다. 다른 일은 하지 않고 취업준비와 진학준비를 하고 있는 졸업생은 각각 20명과 10명이었다. 나머지 10명은 실업자로 분류되었다. A대학 경제학과의 2017년도 졸업생 100명이 모두 생산가능인구에 포함될 때, 이들의 실업률, 고용률, 경제활동참가율은?

풀이 날짜			
채점 결과			

	실업률	고용률	경제활동참가율
①	20%	40%	40%
②	20%	40%	50%
③	30%	30%	40%
④	30%	30%	50%

03 실업률과 고용률에 대한 설명으로 옳지 않은 것은? (2017년 지방직 7급)

풀이 날짜			
채점 결과			

① 18시간 이상 일한 무급가족종사자는 실업자에 포함된다.
② 실망실업자는 실업자에 포함되지 않는다.
③ 경제활동참가율과 실업률이 주어지면 고용률을 알 수 있다.
④ 경제활동참가율이 일정할 때 실업률이 높아지면 고용률이 낮아진다.

해설

정답

01 ① 나이가 만 15세 이상이면 생산가능인구에 포함된다. ③

경제활동인구에 포함되기 위해서는 나이가 만 15세 이상이면서 일할 의사와 능력이 존재해야 한다.

② 실망노동자는 구직의사가 없으므로 비경제활동인구에 포함된다.

③ 전업주부는 일할 의사가 없으므로 비경제활동인구에 포함되고 실업률 계산에 포함되지 않는다.

④ 경제활동참가율은 생산가능인구에서 경제활동인구가 차지하는 비중을 의미한다.

02 • 실업자 수는 10명, 취업자 수는 40명, 비경제활동인구는 취업준비와 진학준비를 하고 있는 졸업생 30명이다. ②

• 경제활동인구는 실업자 수와 취업자 수의 합인 50명이므로 실업률은 $\frac{10}{50}\times 100 = 20\%$이다.

• 생산가능인구는 100명이므로 고용률은 $\frac{\text{취업자 수}}{\text{생산가능인구}}\times 100 = \frac{40}{100}\times 100 = 40\%$이다.

• 또한 경제활동 참가율은 $\frac{\text{경제활동인구}}{\text{생산가능인구}}\times 100 = \frac{50}{100}\times 100 = 50\%$이다.

03 ① 무급가족종사자란 동일가구 내에 살고 있는 혈연관계인 가족이 운영하는 개인사업체에 정기적인 보수 없이 ①

적어도 정상 작업시간의 $\frac{1}{3}$이상을 작업한 사람을 말한다.

18시간 이상 일한 무급가족종사자는 취업자로 분류된다.

② 실망실업자란 취업의사와 능력은 있으나 노동시장 수급상의 불균형 등의 사유로 일자리를 구하지 못한 자 중 지난 1년간 구직경험이 있었던 사람을 의미한다.

실망실업자는 비경제활동인구로 분류된다.

③ 고용률은 취업자 수가 생산가능인구에서 차지하는 비율이다.

경제활동참가율은 경제활동인구가 생산가능인구에서 차지하는 비율이다.

실업률은 실업자 수가 경제활동인구에서 차지하는 비율이다.

경제활동참가율과 실업률을 곱하면 $\frac{\text{실업자 수}}{\text{생산가능인구}}$이다.

실업자 수는 경제활동인구에서 취업자 수를 차감하여 구할 수 있으므로

$\text{경제활동인구}\times\text{실업률} = \frac{\text{경제활동인구} - \text{취업자 수}}{\text{생산가능인구}}$

→ $\text{경제활동인구}\times\text{실업률} = \text{경제활동참가율} - \text{고용률}$

→ $\text{고용률} = \text{경제활동참가율} - \text{경제활동참가율}\times\text{실업률}$

→ $\text{고용률} = \text{경제활동참가율}(1 - \text{실업률})$

따라서 경제활동참가율과 실업률을 알면 고용률을 계산할 수 있다.

④ $\text{고용률} = \text{경제활동참가율}(1 - \text{실업률})$에서 경제활동참가율이 일정할 때 실업률이 높아지면 우측항이 작아지므로 고용률은 낮아진다.

04 노동시장에 대한 설명으로 옳지 않은 것은?

풀이 날짜			
채점 결과			

① 고용률과 실업률은 동반 상승할 수 있다.
② 경제활동참가율과 실업률은 동반 상승할 수 있다.
③ 경제활동참가율과 고용률은 동반 상승할 수 있다.
④ 실업률은 일정한 데 고용률이 상승했다면 경제활동참가율이 감소했기 때문이다.

05 실업에 대한 설명으로 가장 적절하지 않은 것은?

풀이 날짜			
채점 결과			

① 정부가 실업대책으로 재정 및 금융 정책을 사용한다 해도 일정한 수준의 실업이 존재한다.
② 대학생은 실업자에 포함되지 않는다.
③ 가계와 기업이 합리적인 예상을 한다면 예견된 재정, 금융 정책은 실업률에 아무런 영향을 미치지 못한다.
④ 정부가 지출하는 실업대책비는 유휴의 노동력을 활용하는 것이기 때문에 기회비용이 0이다.

06 고용과 실업에 관한 다음 설명 중 타당하지 않은 것은

풀이 날짜			
채점 결과			

① 대학생은 실업자에 포함되지 않는다.
② 정보통신 분야 인력에 대한 초과수요와 침체된 건설 분야 인력의 초과공급이 병존하는 상태는 경기적 실업에 해당된다.
③ 장기적 관점에서 가장 효과적인 실업구제책은 생산증대정책이다.
④ 정부가 지출하는 실업대책비는 기회비용을 유발한다.

04 • 고용률과 실업률의 관계는 다음과 같이 나타낼 수 있다. ④

고용률

$$= \frac{\text{취업자}}{\text{15세 이상의 인구}}$$

$$= \frac{\text{경제활동인구} - \text{실업자}}{\text{15세 이상의 인구}}$$

$$= \frac{\frac{\text{경제활동인구} - \text{실업자}}{\text{경제활동인구}}}{\frac{\text{15세 이상의 인구}}{\text{경제활동인구}}}$$

$$= (1 - \text{실업률}) \times \frac{\text{경제활동인구}}{\text{15세 이상의 인구}}$$

$$= (1 - \text{실업률}) \times \text{경제활동참가율}$$

①, ③ 실업률이 증가하면 고용률이 감소하나 실업률이 증가할 때 경제활동참가율이 상승하면 고용률도 상승할 수 있다.

② 경제활동인구는 어떤 경제의 15세 이상 인구 가운데 경제활동에 참가하고 있는 사람으로 취업자와 적극적으로 구직활동을 한 실업자를 말한다.
경제활동인구가 증가하면 경제활동참가율이 증가한다.
경제활동인구 중 실업자의 수가 증가하면 경제활동인구도 증가하고 실업률도 증가하게 된다.

④ 실업률이 일정한데 고용률이 상승했다면 경제활동참가율이 증가했기 때문이다.

05 ① 재정 및 금융정책으로 경기적 실업은 줄일 수 있으나 마찰적 실업은 감소하기 어렵다. ④

② 대학생은 구직의사가 없으므로 비경제활동인구에 속한다. 따라서 실업자에 포함되지 않는다.

③ 합리적 기대 하에서 예상된 정책은 효과가 없다. 이를 '정책무력성정리'라고 한다.

④ 정부가 지출하는 실업대책비는 다른 곳에 써야 할 예산을 사용하기 때문에 기회비용이 발생한다.
즉 교육에 사용해야 할 예산을 실업대책비에 사용한다면 향후 교육산업에 부정적인 영향을 줄 수 있으며 이러한 유형 및 무형의 비용이 기회비용으로 측정된다.

06 ② 구조적 실업(structural unemployment)이란 경제구조의 변화 또는 기술진보로 일자리와 노동력이 재배분되는 과정에서 발생하는 실업을 말한다. ②
어떤 특수한 종류의 노동에 대한 수요가 부족하여 발생하는 실업을 말한다.

③ 생산증대정책을 실시하면 고용이 창출되기 때문에 장기적으로 가장 효과적인 정책이다.

07 다음 중 실업과 관련된 설명으로 옳지 않은 것은?

① 자연실업률을 감소시키는데 유효수요증대 정책은 무력하다.
② 마찰적 실업을 감소시키려면 노동시장의 정보부족을 해소해야 한다.
③ 구조적 실업을 해소하려면 노동자에 대한 재교육이 필요하다.
④ 소비구조의 변화는 구조적 실업의 원인이 될 수 없다.
⑤ 잠재실업자의 한계생산성은 0에 가깝다.

풀이 날짜			
채점 결과			

08 다음의 기술 중 옳지 않은 것은?

① 단체교섭권의 발동 등 노동조합의 활동에 의하여 실제임금이 균형임금보다 높은 경우 실업이 발생한다.
② 마찰적 실업과 탐색적 실업은 자발적 실업의 범주에 속하며 대부분 인위적으로 줄일 수 없다.
③ 경기적 실업과 구조적 실업은 비자발적 실업의 범주에 속한다.
④ 실망노동자는 경제활동인구에서 제외되므로 실업통계에서 빠지며, 따라서 실업통계에 나오는 실업률은 실제 실업률보다 높게 측정되는 경향이 있다.
⑤ 구조적 실업은 기술혁신으로 종래의 기술이 경쟁력을 상실하거나 어떤 산업이 장기적으로 사양화될 때 발생하는 실업이다.

풀이 날짜			
채점 결과			

09 다음 노동시장에 대한 설명 중 가장 적절한 것은?

① 경제활동능력을 갖추고 있으나 일할 의사가 없는 사람은 실업자로 분류된다.
② 마찰적 실업은 비자발적 실업의 성격을 갖는 반면, 구조적 실업은 자발적 실업이라는 특성을 갖는다.
③ 자연실업률은 실업보험과 같은 제도적 요인에 의해 영향을 받지 않는다.
④ 효율임금(efficient wage)이론은 임금의 하방경직성을 설명한다.
⑤ 완전고용이란 마찰적 실업률이 0이 되는 상태이다.

풀이 날짜			
채점 결과			

07 ① 완전고용은 마찰적 실업과 구조적 실업만이 존재하는 상태로 정의되므로 자연실업률은 마찰적 실업과 구조적 실업만이 존재하는 경우의 실업률로 정의된다.
유효수요증대정책은 경기적 실업은 감소시킬 수 있으나 자연실업률에는 영향을 주지 못한다.
② 마찰적 실업(frictional unemployment)은 노동시장이 구직자와 일자리를 신속하게 연결시켜주지 못할 때 발생하는 실업으로 일시적으로 직장을 옮기는 과정에서 실업상태에 있는 것을 말한다.
③, ④ 구조적 실업(structural unemployment)은 경제구조의 변화 또는 기술진보로 일자리와 노동력이 재배분되는 과정에서 발생하는 실업을 말한다. 어떤 특수한 종류의 노동에 대한 수요가 부족하여 발생하는 실업을 말한다. 경제의 구조변화라는 장기적 현상과 관련되어 있으며, 구조변화가 급속하게 이루어지는 경제일수록 구조적 실업은 심각하다. 소비구조의 변화는 산업구조에 영향을 주기 때문에 구조적 실업을 유발한다.
⑤ 잠재적 실업 또는 위장실업은 취업하고 있으나 한계생산력이 거의 0에 가까운 경우를 말한다.

④

08 ① 노동조합의 단체교섭에 의해 요구되는 임금수준은 근로자 개개인이 수용하고자 하는 임금수준보다 높으며 노동조합의 요구가 관철되면 노동의 초과공급 및 비자발적 실업이 존재할 수 있다.
② 자발적 실업(voluntary unemployment)은 일할 능력을 갖고 있으나 현재의 임금수준에서 일할의사가 없어서 실업상태에 있는 것을 말한다. 자발적 실업의 예로는 마찰적 실업과 탐색적 실업이 있다.
③ 비자발적 실업(involuntary unemployment)이란 일할 의사와 능력을 갖고 있으나 현재의 임금수준에서 일자리를 구하지 못하여 실업상태에 있는 것을 말한다. 비자발적 실업의 예로는 경기적 실업과 구조적 실업이 있다.
④ 실망노동자는 비경제활동인구로 분류되기 때문에 실업률이 낮게 측정된다.
⑤ 구조적 실업(structural unemployment)은 경제구조의 변화 또는 기술진보로 일자리와 노동력이 재배분되는 과정에서 발생하는 실업을 말한다. 어떤 특수한 종류의 노동에 대한 수요가 부족하여 발생하는 실업을 말한다. 경제의 구조변화라는 장기적 현상과 관련되어 있으며, 구조변화가 급속하게 이루어지는 경제일수록 구조적 실업은 심각하다.

④

09 ① 일할 의사가 없는 사람은 비경제활동인구로 분류되어 실업자로 분류되지 않는다.
② 마찰적 실업은 자발적 실업, 구조적 실업은 비자발적 실업의 특성을 갖는다.
③ 자연실업률은 마찰적 실업과 구조적 실업만이 존재하는 상태로 정의되므로 자연실업률은 마찰적 실업과 구조적 실업만이 존재하는 경우의 실업률로 정의된다. 따라서 실업보험과 같은 제도적 요인이 존재하면 마찰적 실업이 증가하여 자연실업률에 영향을 주게 된다.
④ 근로자에게 최소한의 임금인 유보임금만 지급할 수도 있지만 근로자가 임금에 대비한 효율성을 최대한 발휘하도록 하는 효율성 임금을 지급하면 노동의 초과공급, 즉 비자발적 실업이 발생한다. 정보가 비대칭적인 상황에서 고용주는 역선택과 도덕적 해이의 방지를 위해 경쟁시장에서의 실질임금보다 높은 수준의 효율성 임금을 지급한다. 효율성 임금이론은 실질임금의 하방경직성을 설명한다.
⑤ 완전고용이란 비자발적 실업이 0인 경우를 말한다. 따라서 마찰적 실업은 존재한다.

④

10 실업의 존재를 설명하기 위해서는 실질임금이 경직적이어서 시장 여건의 변화에 임금이 유연성 있게 변화하지 못한다는 가정이 있어야 한다. 다음 중 임금의 경직성을 설명할 수 없는 것은?

① 강력한 노동조합의 존재는 임금이 하락하는 것을 억제한다.
② 최저임금제도는 임금이 하락하는 것을 어렵게 한다.
③ 근로자는 위험회피자이므로 암묵적 계약(implicit contracts)에 의해 임금을 고정시키고, 대신 위험회피 정도가 덜한 고용주가 경기변동에 따른 위험을 흡수한다.
④ 경기가 나쁘다고 임금을 낮출 경우 우수한 근로자가 먼저 이직하여 생산성이 감소할 가능성이 크다.
⑤ 기업 내부의 노동시장에서는 경력과 직급에 따라 임금수준이 정해진다.

풀이 날짜			
채점 결과			

11 임금 결정이론에 대한 설명으로 옳지 않은 것은? (2012년 공인노무사)

① 중첩임금계약모형은 실질임금이 경직적인 이유를 설명한다.
② 효율임금이론에 따르면 실질임금이 근로자의 생산성 또는 근로의욕에 영향을 미친다.
③ 효율임금이론에 따르면 높은 임금이 근로자의 도덕적 해이를 억제하는데 기여한다.
④ 내부자 - 외부자 모형에 따르면 내부자의 실질임금이 시장균형보다 높아져서 비자발적 실업이 발생한다.
⑤ 내부자 - 외부자 모형에서 외부자는 실업상태에 있는 노동자로서 기업과 임금협상을 할 자역이 없는 사람을 말한다.

풀이 날짜			
채점 결과			

12 비자발적 실업과 임금경직성 모형에 대한 설명으로 옳지 않은 것은? (2013년 보험계리사)

① 현실적으로 비자발적인 실업이 존재한다고 함은 임금이 하락하지 못하는 요인이 존재함을 뜻한다.
② 내부자-외부자 이론의 주장이 맞는다면 경제활동인구 중 노동조합원의 비율이 증가할 때 실업률이 하락할 것이다.
③ 효율임금이론은 기업의 이윤극대화 결과 실질임금이 경직적으로 유지되고 비자발적 실업이 발생한다고 본다.
④ 최저임금제도는 특히 가장 숙련도가 낮은 단순노동자들에 있어서 비자발적 실업의 존재를 설명할 수 있는 요인이다.

풀이 날짜			
채점 결과			

해설

정답

10 ① 노동조합의 단체교섭에 의해 요구되는 임금수준은 근로자 개개인이 수용하고자 하는 임금수준보다 높으며 노동조합의 요구가 관철되면 노동의 초과공급 및 비자발적 실업이 존재할 수 있다.

② 최저임금제도는 저임금 노동자들의 생계를 보장하기 위해 지급되어야 할 임금의 최저수준을 법으로 강제하는 제도를 말한다. 법으로 정한 최저임금 수준이 너무 높다면 만성적인 노동의 초과공급이 발생하고 실업률은 쉽게 하락하지 않는다.

③ 암묵적 고용계약이란 근로자와 고용자가 명시적인 계약 없이 비교적 일정한 수준의 실질 임금을 지급받기로 하는 것을 말한다.

④ 근로자에게 최소한의 임금인 유보임금만 지급할 수도 있지만 근로자가 임금에 대비한 효율성을 최대한 발휘하도록 하는 효율성 임금을 지급하면 노동의 초과공급, 즉 비자발적 실업이 발생한다. 정보가 비대칭적인 상황에서 고용주는 역선택과 도덕적 해이의 방지를 위해 경쟁시장에서의 실질임금보다 높은 수준의 효율성 임금을 지급한다.

⑤

11 ① 중첩임금계약모형은 실질임금의 경직성이 아닌 명목임금의 경직성을 설명하는 이론이다.

②, ③ 효율성임금이란 균형 실질임금보다 높은 수준에서 노동자들에게 더 열심히 일할 동기를 부여할 수 있는 임금으로 실질임금이 노동자의 생산성 또는 근로의욕에 영향을 미친다고 주장한다.
시장평균임금보다 높은 임금을 지불하면 근로자의 회사에 대한 충성심을 고취하기 때문에 도덕적 해이를 방지할 수 있다.

④, ⑤ 내부자 - 외부자 이론은 노동시장이 노조에 의해 주도되어 높은 수준의 실질임금이 유지될 수 있다고 본다. 노조가입자인 내부자는 임금협상과정에서 노조비가입자인 외부자를 고려하지 않고 자신들의 이익을 위해 높은 임금수준을 고집한다.

①

12 ① 비자발적 실업이 계속적으로 존재하기 위해서는 노동시장의 초과공급 상태에서 임금이 하락하지 않아야 한다.

② 기업은 노동이동에 따른 조정비용 때문에 내부자를 외부자로 쉽게 대체하지 못하고 노조의 요구를 수용한다. 그 결과 외부자까지 고려한 경우보다 임금수준이 높아진다.
따라서 노동조합원의 비율이 증가하면 균형보다 실질임금이 높아지고 실업률은 증가하게 된다.

③ 효율성임금이론은 실질임금이 균형보다 높게 유지되고 비자발적 실업이 발생한다고 본다.

④ 최저임금제도는 미숙련 노동자를 보호하기 위해서 균형보다 높은 임금을 유지하는 제도로 노동시장의 초과공급으로 비자발적 실업이 발생한다.

②

13 효율임금이론(efficiency wage theory)에 관한 설명으로 옳은 것을 모두 고른 것은?

풀이 날짜			
채점 결과			

ㄱ. 근로자의 생산성이 임금수준에 영향을 받는다는 사실에 입각해 임금의 하방경직성을 설명하고 있다.
ㄴ. 높은 입금은 근로자들의 태만을 막아주는 기능을 함으로써 근로자의 도덕적 해이를 막을 수 있다고 설명한다.
ㄷ. 기업이 제공하는 임금이 낮아지면 역선택의 문제가 발생하므로 이를 해결하기 위해서 기업은 임금을 낮추지 않는다고 설명한다.
ㄹ. 비자발적 실업이 존재하여도 임금이 하락하지 않는 이유를 설명할 수 있다.

① ㄱ
② ㄴ
③ ㄱ, ㄴ, ㄷ
④ ㄴ, ㄷ, ㄹ
⑤ ㄱ, ㄴ, ㄷ, ㄹ

13 • 효율성 임금(efficiency wage)이란 기업의 이윤극대화를 위해서 실질임금 1단위당 노동자의 노력이 극대화 되는 수준의 임금을 말한다. ⑤

• 효율성 임금모형은 노동자의 노력 또는 생산성이 자신이 받는 임금에 따라 변한다고 가정한다.

• 정보가 비대칭적인 상황에서 고용주는 역선택과 도덕적 해이의 방지를 위해 경쟁시장에서의 실질임금보다 높은 수준의 효율성 임금을 지급한다.

MEMO 그래프를 그려보세요.

CHAPTER 13

필립스곡선

단원 학습 목표

- 인플레이션과 실업은 일반적으로 역관계가 있는 것으로 알려져왔으나 1970년대에 실업과 높은 인플레이션이 동시에 발생하는 스태그플레이션이 일어남으로써 종래의 주장을 깨뜨렸다.
- 인플레이션과 실업이 단기적으로 역관계에 있지만 장기적으로 아무런 관계가 없다는 것을 '필립스곡선'을 통해 확인해본다.
- 필립스곡선은 케인즈학파와 통화주의 그리고 합리적 기대를 거쳐 많은 논쟁 속에서 발전해 왔다.
- 기대물가 상승률이 고정되어 있는지, 합리적으로 예측되는지에 따라 우하향하는 필립스곡선과 수직선인 필립스곡선으로 차별화된다.

□△○

1절 필립스곡선

01 개요

① 1958년 영국의 경제학자 필립스(A. Phillips)는 1861년부터 1957년까지의 영국 자료를 이용하여 명목임금의 변화율과 실업률 간에 역의 관계가 성립한다는 것을 보여주었다.

② 즉, 실업률이 낮고 노동시장에 유휴노동력이 없을 때에는 임금상승률이 커지지만 실업률이 높아지면서 임금상승률은 점점 작아진다는 것이다.

③ 필립스의 주장은 경험적인 사실에서 출발하였기 때문에 후일 다른 학자들에 의하여 필립스곡선에 대한 이론적인 기초가 되었다.

02 필립스곡선의 변천

① 필립스곡선의 변천은 대략 3단계로 구분할 수 있다.

② 필립스(A. Phillips)와 립시(R. Lipsey)는 인플레이션율과 실업률 사이에 안정적인 역관계가 존재한다는 경험적 사실을 기초로 하여 필립스곡선의 개념을 구성하였다.

③ 프리드먼(M. Friedman)과 펠프스(E. Phelps)는 단기 필립스곡선과 장기 필립스곡선을 구분하여 자연실업률 가설을 제시하였다.

④ 필립스곡선에 합리적 기대가 접목되면서 인플레이션과 실업률 간에 역관계가 존재하지 않는다는 것을 설명하였다.

03 전통적인 필립스곡선

1 필립스곡선이란?

① 1960년대에 필립스의 연구와 유사한 경험적 연구들이 영국뿐만 아니라 미국 등 다른 여러 나라에서 이루어졌다.

② 사무엘슨(P. Samuelson)과 솔로우(R. Solow)는 1900년부터 1960년까지의 미국 자료를 이용하여 유사한 결과를 얻어 냈다.

③ 필립스의 연구결과는 인플레이션과 실업률의 관계를 나타내는 이론으로 발전되어 양자의 관계를 나타내는 곡선을 필립스곡선(Phillips curve)이라고 부르게 되었다.

④ 많은 경제학자들과 정책담당자들은 경제안정화를 위한 중요한 도구로 필립스곡선을 사용하게 되었다.

⑤ 전통적인 필립스곡선은 인플레이션율(π)과 실업률(u)간의 역의 상관관계(trade - off)를 나타낸다.

$$\pi = -\alpha(u - u_N)$$

〔$\alpha > 0$, π : 인플레이션율, u : 실제실업률, u_N : 자연실업률〕

2 그림

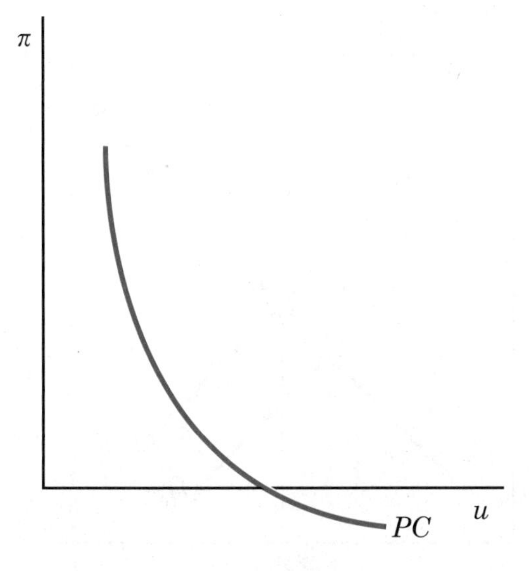

① 필립스곡선은 인플레이션율(π)과 실업률(u)간의 역의 상관관계를 나타내므로 우하향의 형태를 갖는다.

② 필립스곡선을 살펴보면 실업률이 높을 때는 기울기가 완만하지만 실업률이 낮을 때는 기울기가 급하다.
이것은 실업률이 낮을 때는 실업을 줄이기 위해 감수해야 할 물가 상승률의 증가가 훨씬 크다는 것을 의미한다.

3 시사점

① 전통적인 필립스곡선에 따르면 물가나 임금의 상승률과 실업률 사이에 매우 안정적인 역의 상관관계가 존재하는 것으로 밝혀졌다. 즉, 높은 실업률은 물가 상승률의 감소를 가져오며 낮은 실업률은 물가 상승률의 증가를 가져온다는 것이다.

③ 안정적인 필립스곡선의 존재는 인플레이션과 실업에 관한 정책에 중요한 시사점을 갖는다.

④ 그것은 물가 안정과 완전고용이라는 가장 중요한 두 가지 거시경제정책 목표가 동시에 달성될 수는 없으며 이 둘 가운데 어느 한쪽을 달성하기 위해서는 다른 한쪽을 희생시켜야 함을 의미한다.
즉, 필립스곡선은 정책당국자가 선택 과정에서 직면한 제약조건의 역할을 한다.

04 필립스곡선과 총공급곡선과의 관계

1 의의

① 필립스곡선이란 총수요곡선과 총공급곡선이 만나는 균형점을 관찰하여 식별(identification)한 것이라고 할 수 있다.

② 필립스곡선의 형태는 총공급곡선의 기울기에 큰 영향을 받는데 각 학파마다 총공급곡선의 기울기를 다르게 가정하고 있다.

2 케인즈학파

1. 필립스곡선

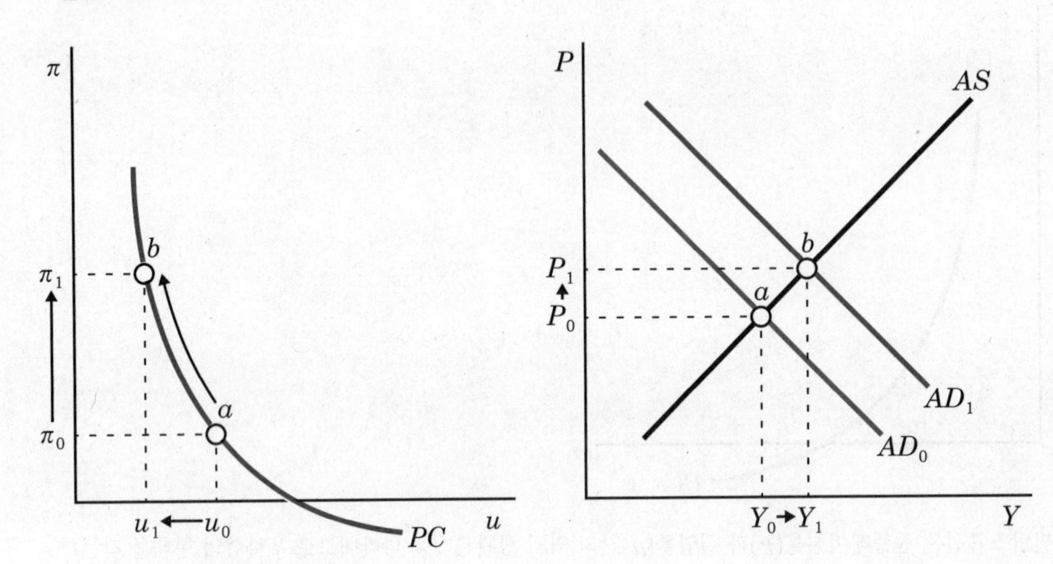

① 케인즈학파는 우상향하는 총공급곡선을 가정하기 때문에 총수요증가로 총수요곡선이 AD_0에서 AD_1으로 이동하면 균형점이 a에서 b로 이동한다.

② 균형점이 이동하면 물가는 P_0에서 P_1으로 상승하고 산출량수준은 Y_0에서 Y_1으로 증가한다.

③ 산출량이 증가하면 '오쿤의 법칙'에 의해 실업률은 u_0에서 u_1으로 감소한다.

④ 따라서 총공급곡선이 우상향하는 형태를 가질 때 유리한 총수요충격이 있다면 물가수준은 상승하는 반면 실업률은 감소하는 전형적인 우하향하는 필립스곡선을 도출할 수 있다.

⑤ 유리한 총수요충격으로 경제의 균형이 총공급곡선 상에서 우상방으로 이동하면 필립스곡선에서는 좌상방으로 선상 이동한다.

2. 정책적 시사점

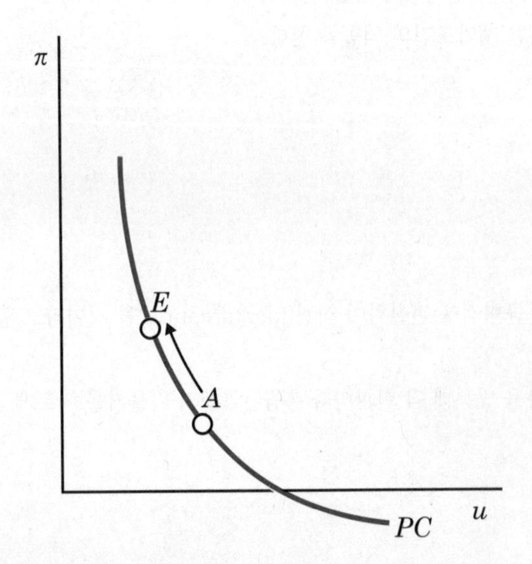

① 안정적인 필립스곡선(PC)의 존재는 정책당국이 총수요관리정책에 의하여 필립스곡선에 나타난 상충관계를 이용할 수 있다는 것을 의미한다.

② 예를 들어 현재 경제가 A점에 있으나 E점이 바람직한 점으로 판단된다면 총수요확대 정책을 실시해서 E점으로 이동할 수 있다.

3. 미조정(fine tuning)

① 미조정이란 재정 정책과 금융 정책을 적절하게 사용함으로써 경제를 안정된 상태로 유지시키려는 정책을 말한다.

② 기본적으로 케인즈학파는 미조정을 통하여 경제를 안정시키는 것이 가능하다고 보았는데, 우하향의 필립스곡선이 이에 대한 당위성을 부여하는 증거로 보았다.

3 고전학파의 필립스곡선

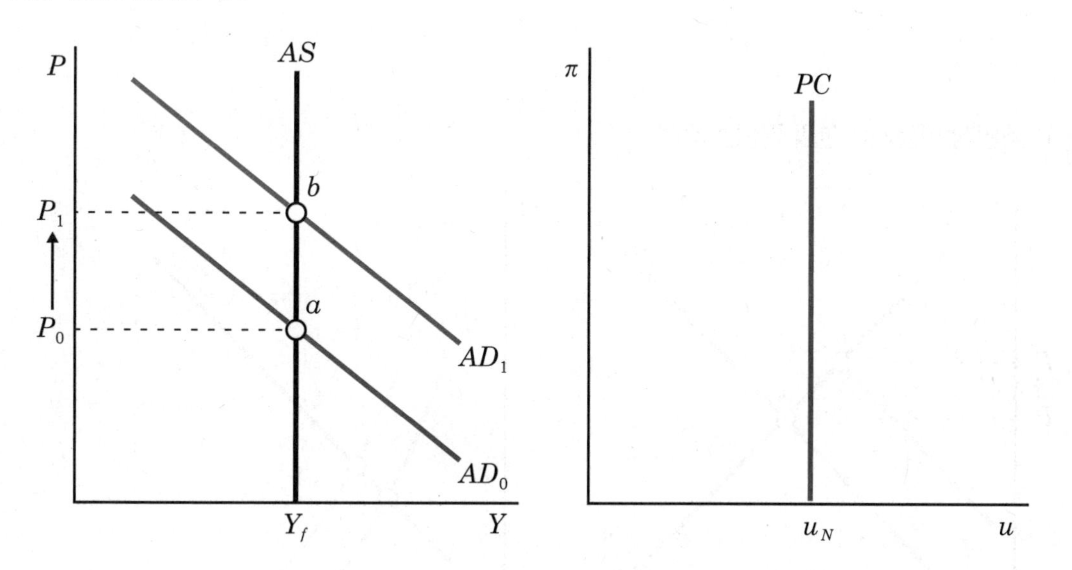

① 고전학파는 수직의 총공급곡선을 가정하기 때문에 총수요증가로 총수요곡선이 AD_0에서 AD_1으로 이동하면 균형점이 a에서 b로 이동한다.

② 총수요증가로 물가는 P_0에서 P_1으로 상승하지만 산출량수준은 Y_f에서 변하지 않는다.

③ 필립스곡선은 물가수준의 변화에도 불구하고 실업률은 변하지 않으므로 수직의 형태를 갖는다.
즉, 완전고용 산출량 (Y_f)수준의 실업률인 자연실업률(u_N)에서 수직의 형태를 갖는 필립스곡선이 도출된다.

④ 따라서 총공급곡선이 급경사일수록 필립스곡선도 가파른 기울기를 갖는다.

05 필립스곡선의 불안정성

① 1970년대에 들어와서 수십 년 동안 성립하던 인플레이션과 실업의 역관계가 사라지게 되었다.

② 이 시기에는 높은 인플레이션과 높은 실업률이 동시에 나타났는데 이것을 스태그플레이션(stagflation)이라고 한다.

③ 스태그플레이션은 물가 상승률과 실업률이 서로 양(+)의 상관관계를 보임으로써 원래 필립스곡선이 제시한 인플레이션과 실업 사이의 역의 관계가 항상 옳은 것은 아님을 보여주었다.

④ 따라서 프리드먼을 비롯한 통화주의자들은 필립스곡선이 예측하는 관계가 깨졌다고 주장하였다.

⑤ 그러나 케인즈학파 경제학자들은 필립스곡선이란 총수요변동에 의해 유발된 인플레이션과 실업 사이의 관계를 설명하기 위한 것인데 1970년대의 인플레이션은 주로 비용 인상형 인플레이션이므로 이 시기의 경험만 가지고 필립스곡선을 비판하는 것은 타당하지 않다고 보았다.

06 비용인상 인플레이션과 필립스곡선

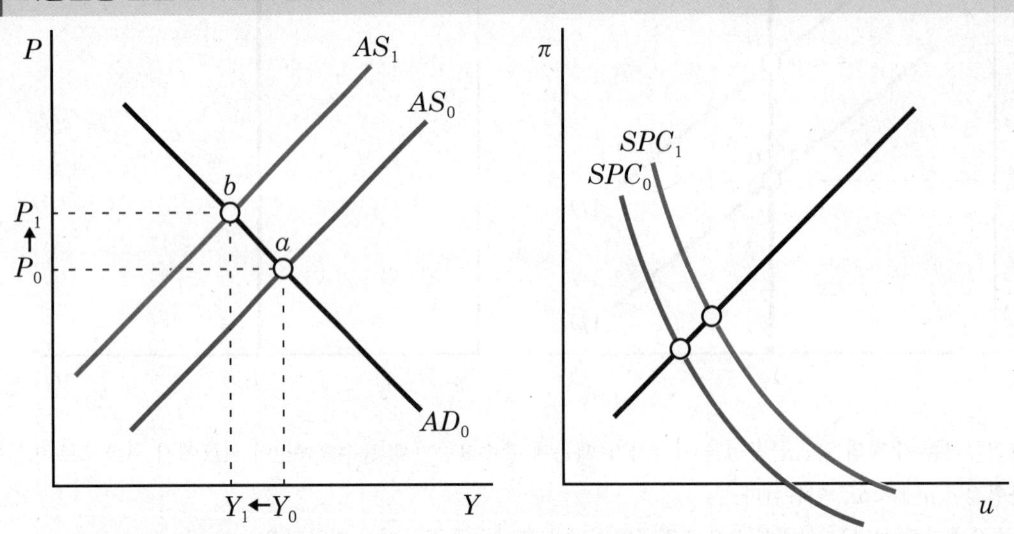

① 1970년대 오일쇼크(Oil - shock)로 비용이 상승하면 총공급곡선은 AS_0에서 AS_1으로 좌측 이동한다.

② 총공급곡선이 좌측으로 이동하면 균형점은 a에서 b로 변한다.

③ 총공급감소로 물가수준은 P_0에서 P_1으로 상승하고 산출량은 Y_0에서 Y_1으로 감소한다.

④ 산출량이 감소하면 실업률이 증가하므로 물가수준과 실업률은 양(+)의 상관관계를 갖는다.

⑤ 물가수준과 실업률이 양(+)의 상관관계를 갖는다는 점에서 전통적인 필립스곡선에 정면으로 배치된다.

⑥ 이러한 상황은 단기 필립스곡선의 우측 이동($SPC_0 \rightarrow SPC_1$)으로 우상향하는 필립스곡선을 도출할 수 있다.

⑥ 기존의 케인즈학파는 필립스곡선이 안정적이라고 주장하였는데 단기 필립스곡선의 이동으로 케인즈학파의 주장은 비판받게 되었다.

07 필립스곡선과 총공급곡선

① 필립스곡선은 총공급곡선과 오쿤의 법칙을 결합해서 유도될 수 있다.

② 물가 및 *GDP*의 관계를 나타내는 총공급곡선을 필립스곡선에 적합한 형태로 표현하기 위해서 변화율로 바꾸어 주어야 한다.

$$\rightarrow y = y_f + \alpha(p - p^e)$$

일반적인 총공급곡선과 달리 소문자로 표기한 것은 변화율로 표시하기 위해서이다.

③ 물가에 대해 정리하고 양변에 p_{-1}을 빼주면 인플레이션율로 전환할 수 있다.

$$\rightarrow p = p^e + \frac{1}{\alpha}(y - y_f)$$

$$\rightarrow p - p_{-1} = p^e - p_{-1} + \frac{1}{\alpha}(y - y_f)$$

$(p - p_{-1})$은 인플레이션 π를 의미하고 $(p^e - p_{-1})$은 예상인플레이션 π^e를 의미한다.

$$\rightarrow \pi = \pi^e + \frac{1}{\alpha}(y - y_f)$$

④ 소득수준을 실업률로 전환하기 위해서는 오쿤의 법칙(Okun's law)을 이용해야 한다.

오쿤의 법칙은 실업률과 소득 증가율이 부(-)의 관계를 맺고 있음을 말해준다.

실제 *GDP*가 잠재 *GDP* 수준에서 이탈한 정도인 $(y - y_f)$와 실업률이 자연실업률 수준에서 이탈한 정도인 $(u - u_N)$이 다음과 같이 역관계를 맺고 있다.

$$\rightarrow y - y_f = -\beta(u - u_N)$$

⑤ 오쿤의 법칙의 식을 총공급곡선의 식에 대입하면 다음과 같이 표현된다.

$$\pi = \pi^e - \lambda(u - u_N)$$

$\lambda = \frac{\beta}{\alpha}$이며 λ는 인플레이션이 실업률의 변화에 얼마나 민감하게 반응하는가를 나타낸다.

2절 기대부가 필립스곡선과 자연실업률가설

01 개요

① 프리드먼과 펠프스는 필립스곡선이 절대로 안정적인 관계를 나타낼 수 없다고 주장하였다.

② 프리드먼과 펠프스는 기대 인플레이션의 역할을 강조하면서 1970년대 들어 필립스곡선이 상방 이동하는 현상, 즉 실업률과 인플레이션율이 함께 상승하는 현상을 기대 인플레이션의 변화로 해석하였다.

③ 예를 들어 프리드만과 펠프스는 확대 금융 정책으로 인플레이션이 발생하는 경우 사람들이 인플레이션을 완전히 예상하지 못하는 단기에서는 일시적으로 실업률이 자연실업률보다 낮은 수준으로 하락한다고 보았다.
따라서 단기적으로 필립스곡선은 우하향하는 곡선으로 표시된다.

④ 그러나 노동자들이 곧 인플레이션을 인지하고 임금상승을 요구하기 때문에 장기적으로 필립스곡선은 자연실업률 수준에서 수직선이 된다.

02 기대부가 필립스곡선

① 프리드먼과 펠프스는 경제주체들의 기대 인플레이션율(π^e)이 변화하면 필립스곡선이 이동한다고 보고 기대부가 필립스곡선을 도입하였다.

$$\pi = \pi^e - \alpha(u - u_N)$$

($\alpha > 0$, π : 인플레이션, π^e : 기대 인플레이션, u : 실제실업률, u_N : 자연실업률)

② 이 식은 프리드먼과 펠프스가 기대 인플레이션율을 고려하여 고안한 필립스곡선으로서 π^e는 적응적 기대에 의한 미래인플레이션의 기댓값이다.

③ 식에 따르면 실제실업률이 자연실업률보다 높은 경우($u > u_N$) 실제인플레이션은 기대 인플레이션보다 낮아진다($\pi < \pi^e$). 그리고 실제실업률이 자연실업률보다 낮은 경우($u < u_N$) 실제인플레이션은 기대 인플레이션보다 높아진다($\pi > \pi^e$).

④ 따라서 단기적으로 사람들이 인플레이션을 완전히 예상하지 못하는 경우 필립스곡선은 우하향하는 곡선으로 표시된다.
즉, 기대 인플레이션율이 π_0^e일 때 필립스곡선은 우하향하는 단기 필립스곡선 $SPC(\pi_0^e)$로 표시된다.

⑤ 기대 인플레이션율이 π_1^e로 상승하면 단기 필립스곡선은 $SPC(\pi_1^e)$으로 상방 이동한다.

⑥ 사람들이 완전히 예상할 수 있는 장기에서는 $\pi = \pi^e$이므로 필립스곡선식에 의하면 실제실업률은 자연실업률과 일치한다($u = u_N$).
즉, 장기에서는 노동시장에서 균형이 달성되기 때문에 실제실업률이 자연실업률과 일치한다($u = u_N$).
또는 모든 정보가 반영되어 기대가 조정되는 장기에서는 실제인플레이션과 기대 인플레이션이 일치하게 된다($\pi = \pi^e$).

⑦ 따라서 장기에서의 필립스곡선은 자연실업률(u_N) 수준에서 수직의 형태를 띄는 LPC로 표현할 수 있다.

⑧ 기대부가 필립스곡선 식에서 자연실업률 (u_N)은 $\pi = \pi^e$일 때의 실업률을 의미한다.

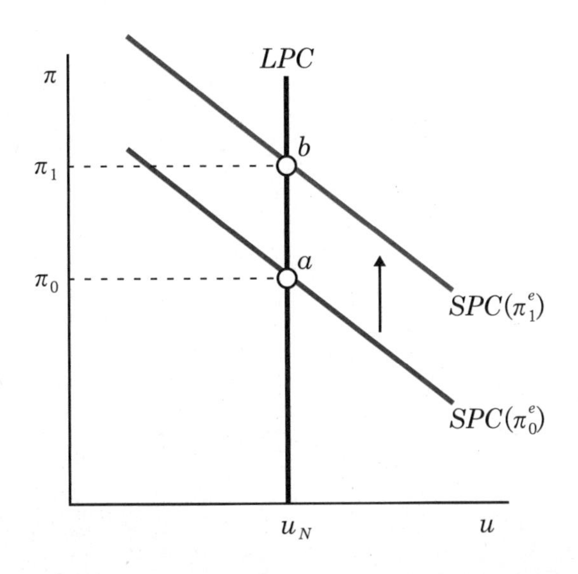

개념정리	공급충격이 있을 때의 기대부가 필립스곡선의 함수식

$$\pi = \pi^e - \alpha(u - u_N) + \epsilon$$

- ϵ는 비용상승 인플레이션의 요인이다.
- 석유를 비롯한 원자재 가격의 상승은 생산비용을 상승시킴에 따라 인플레이션을 초래한다.
- 이러한 과정은 공급충격인 ϵ이 인플레이션율에 변화를 주는 것으로 이해할 수 있다.

03 자연실업률 가설

1 개념

① 정책당국은 예상치 못한 인플레이션을 발생시킴으로써 단기적으로 실업률을 자연실업률 수준보다 낮출 수 있다.

② 그러나 실업률은 장기적으로 자연실업률에서 벗어날 수 없으며 장기적으로는 자연실업률로 회복된다.

③ 즉, 장기에 있어서는 실업률을 자연실업률 수준 이하로 낮추는 것이 불가능한데 이러한 주장을 자연실업률 가설이라고 부른다.

2 설명

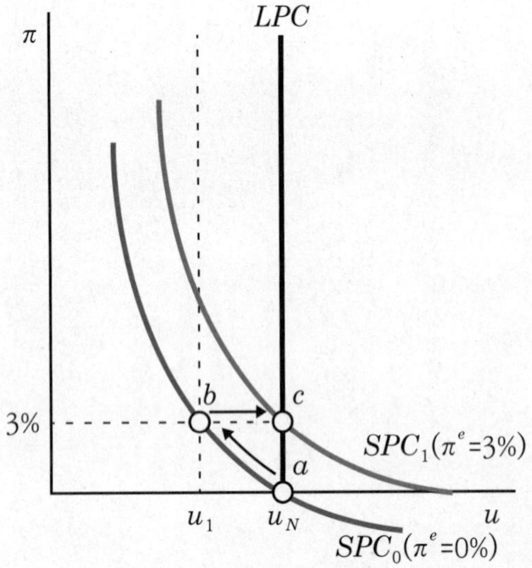

π
LPC
3%
b
c
a
$SPC_1(\pi^e=3\%)$
u_1
u_N
u
$SPC_0(\pi^e=0\%)$

① 인플레이션율이 0이고 실업률이 자연실업률 수준 u_N에 있는 점 a의 상황을 상정해 보자.

② 이 상태에서 정부가 실업률을 현재의 자연실업률 수준보다 낮은 u_1으로 줄이고 그 대신 3%의 인플레이션율 상승을 감수하기로 결정했다고 하자.

③ 이에 따라 정부는 실업률을 u_1으로 줄이기 위해 화폐 공급의 증가와 같은 확대 금융 정책을 쓴 결과 물가와 명목임금이 상승할 것이다.

④ 이때 적응적 기대를 형성하는 노동자들은 명목임금 상승이 인플레이션에 따른 것임을 알지 못하고 노동 공급을 증가시키게 된다.

⑤ 이에 따라 실업률이 감소하고 인플레이션율이 증가하여 경제는 단기 필립스곡선을 따라 b점에 도달한다.

⑥ 그러나 시간이 지남에 따라 노동자들이 인플레이션을 사후적으로 인식하고 앞으로도 인플레이션이 지속될 것으로 예상하여 기대 인플레이션율을 조정하게 되면 필립스곡선은 상방 이동한다.
즉, 다음 기의 기대 인플레이션율은 이번 기의 인플레이션율인 3%가 되고 필립스곡선은 SPC_1으로 상방 이동한다.

⑦ 노동자들은 인플레이션을 완전히 예상하므로 자신의 실질임금이 종전과 동일하다고 느끼게 되어 노동 공급을 줄인다.

⑧ 따라서 노동시장은 종전과 같은 자연실업률수준에서 균형을 이루게 된다. 즉, π와 π^e가 같아지면 u와 u_N이 일치하고 경제는 점 c에 도달한다.

⑨ 정부가 실업률을 지속적으로 u_1에서 유지하려고 지속적인 총수요확대 정책을 실시한다면 단기 필립스곡선은 계속 상방 이동하고 인플레이션은 더욱 가속화 될 것이다.

⑩ 따라서 기대 인플레이션율을 고려한 필립스곡선의 분석에 따르면 장기균형점은 자연실업률을 통과하는 수직선 위의 점이 된다.

3 자연실업률 가설의 정책적 의미

① 정부가 확대 정책으로 실업률을 낮추려고 할 때 사람들이 인플레이션을 완전히 예상하지 못하는 단기에서는 자연실업률수준보다 낮은 실업률을 유지할 수도 있다.

② 그러나 사람들이 인플레이션을 완전히 예상할 수 있는 장기에서는 경제는 종전의 자연실업률 수준으로 되돌아오게 된다.

③ 우하향하는 단기 필립스곡선에서는 인플레이션율과 실업률 사이의 선택이 가능하나 수직선 형태의 장기 필립스곡선에서는 양자 사이의 선택이 불가능하다.
즉, 실업률을 낮추기 위한 재량적인 안정화 정책은 장기적으로 물가 상승만을 가져온다.

4 가격변수와 기대형성방식의 역할

① 예상된 통화량 증가 또는 예상치 못한 통화량 증가와 상관없이 단기적으로 존재하는 가격변수의 비신축성과 적응적 기대 형성방식으로 인해 경제가 단기적으로는 b점으로 이동한다.

② 그러나 경제는 곧 c점으로 이동하게 되고, 결국 경제는 ac의 궤적을 따르게 된다.
즉, 장기 필립스곡선(LPC)은 수직선의 형태를 갖는다.

5 화폐의 장기적 초중립성(superneutrality of money)과 자연실업률 가설의 정책적 의미

① 수직선 형태의 장기 필립스곡선에서는 인플레이션율과 실업률사이에 아무런 상관관계가 없다.

② 예를 들어 화폐금융 정책이 단기적인 경기부양효과는 있겠지만, 장기적으로는 실질산출량이나 실업률 등 실질변수에 아무런 영향을 미치지 못하며 다만 인플레이션에만 영향을 줄 뿐이다.
즉, 화폐는 장기적으로 초중립적이다.

6 자연실업률을 낮추기 위한 대책

① 장기적으로 실업률은 자연실업률 수준에 수렴하지만, 자연실업률자체가 항상 고정되어 있는 것은 아니기 때문에 자연실업률을 줄이기 위한 대책을 강구할 수 있다.

② 직업훈련과 인력재배치에 대한 지원, 노동시장의 유연성제고, 실업보험제도의 개편 등이 자연실업률을 줄일 수 있다.

7 자연실업률의 정의

① 프리드만에 의하면 자연실업률이란 잠재적 산출량과 일치하는 실업률로 총수요 변동과 관계없이 구조적 마찰적 요인에 따라 결정되는 실업률 또는 공급 측면에 교란요인이 없을 때 장기적으로 인플레이션 압력을 유발하지 않는 수준의 실업률 즉 NAIRU를 의미한다.

② 자연실업률이란 인플레이션율이 일정한 수준으로 유지되는 경우의 실업률로 NAIRU(Non-Accelerating Inflation Rate of Unemployment)라고 하며 인플레이션을 가속화시키지 않을 정도의 실업률이다.
즉, NAIRU 이하로 실업률을 낮추기 위해서는 인플레이션율의 증가를 감수해야 한다.

개념정리	NAIRU(non - acclerating - inflation rate of unemployment)

① 정책당국자는 실업률을 자연실업률 수준인 u_n 이하로 낮출 수가 없으며 확대 정책이 계속될 경우 인플레이션율만 가속(accleration)되고 만다.

② 결국에는 민간주체들의 기대 인플레이션이 상승함에 따라 실제 인플레이션율이 높아지고 상충관계가 사라지므로 장기 필립스곡선은 수직선 형태가 된다.

③ 실제실업률이 자연실업률일 때는 인플레이션율이 일정한 수준을 유지할 수 있지만 실업률을 자연실업률 이하로 낮추려는 정책은 결국 인플레이션만 가속시킨다는 의미에서 토빈은 자연실업률을 'NAIRU'라고 불렀다.

04 이력현상의 자연실업률 가설에 대한 도전

1 의의

① 자연실업률에 의하면 실업은 일시적인 것에 비해, 인플레이션은 장기적이라는 인상을 줄 우려가 있다.

② 왜냐하면 실업은 자연실업률수준으로 복귀하지만, 인플레이션은 경제주체들의 예상에 따라 높은 인플레이션이 지속될 수 있기 때문이다.

③ 그러나 실업의 이력현상이 존재할 경우 실업의 비용은 일시적인 것이 아닐 수도 있다.

④ 새 케인즈학파 중 일부는 경기변동과정에서 실업이 자연실업률에 영향을 미쳐서 장기적으로 실업률을 더 높일 수 있다는 이력현상을 주장하고 있다.

2 이력현상(hysteresis) 또는 기억효과란?

① 이력현상이란 경제에 총수요의 위축이라는 불황충격이 발생하고 이것이 상당기간 지속되어 실제실업률이 자연실업률보다 높은 수준에서 오랫동안 유지될 경우 그 경제의 장기 균형실업률인 자연실업률 자체가 증가하게 되는 현상을 말한다.

② 기억효과란 한 번 경제에 충격이 왔을 때 그 효과가 사라지지 않고 경제시스템 내부에 각인되는 현상을 일반적으로 가리키는 말이다.

3 발생 원인

1. 낙인이론

① 불황이 되어 실업자가 되면 숙련도를 상실하여 노동생산성이 떨어진다.

② 불황이 끝나더라도 우선적 감원대상자라는 사실이 열등 신호가 되기 때문에 재취업하기 어려워진다.

③ 경기가 회복되어 새로운 노동인력이 노동시장에 진입하고 이들과도 취업을 위해 경쟁해야 하므로 상황은 더욱 나빠진다.

2. 실망실업자이론(discouraged worker)

① 실업기간이 길어지면 개인들의 근로에 대한 태도 등이 바뀔 수도 있다.

② 노동에 대한 의욕이 줄어들고 구직행위 자체를 포기해 버리는 실망실업자가 늘어날 수 있다.

3. 내부자 – 외부자 모형(insider – outsider model)

① 경기 침체로 일부의 실업자가 발생하면 취업자(내부자)의 규모가 축소된다.

② 축소된 내부자들은 임금협상에서 자신들의 실질임금을 높게 제시한다면 외부자(실업자)들의 취업은 더 어렵게 되고 자연실업률이 높은 수준에서 유지된다.

③ 즉, 노동조합이 조합원들의 이익을 대변하여 오히려 실질임금을 높게 책정함으로써 실업자들이 장기적으로도 일자리에서 배제되는 현상이 발생한다는 것이다.

4 설명

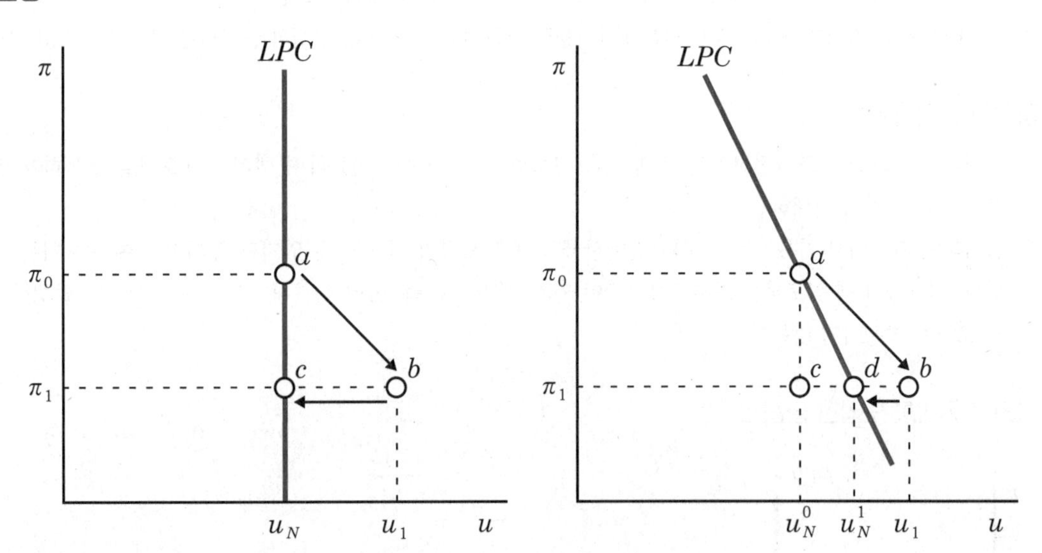

① 경제에 불황이 와서 인플레이션율은 π_0에서 π_1으로 낮아지고 실업률은 u_1으로 높아져 균형점이 a에서 b로 이동한다.

② 자연실업률가설에 따르면 실업률의 증가는 임금의 하락을 유발하며 노동의 재고용이 발생하여 원래의 자연실업률로 복귀한다. 따라서 균형점이 b에서 c로 이동한다.

③ 반면 이력현상이 존재한다면 자연실업률이 u_N^0에서 u_N^1으로 상승하여 d점에서 균형을 이루게 된다.

④ 따라서 이력현상이 존재할 때 장기 필립스곡선은 점 a와 점 d를 연결한 LPC가 되며 우하향의 형태를 갖게 된다.

⑤ 이처럼 불황 이후 실업이 지속적일 수 있는 현상을 이력현상 또는 기억효과라고 한다.

5 의미

① 총수요관리 정책으로 실업률이 높아지거나 낮아지면 장기에 있어서도 실업률은 원래의 자연실업률에 복귀하지 않게 된다.

② 이는 재정 및 금융 정책은 장기적으로는 자연실업률에 아무런 영향을 미칠 수 없다는 자연 실업률가설의 내용과는 상반된다.

6 평가

① 이력현상 또는 기억효과란 한번 경제에 충격이 왔을 때 그 효과가 사라지지 않고 경제시스템 내부에 각인되는 현상을 일반적으로 가리키는 말로 실업비용이 지속적일 수 있음을 보여준다.

② 이력현상이 모든 국가에서 공통적으로 관찰되는 것이 아니기 때문에 이력현상에 대해서는 명확한 결론에 도달하지 못한 상태이다.

05 합리적 기대 하에서의 필립스곡선

1 의의

① 프리드먼의 견해는 1970년대 들어 루카스(R. Lucas) 등에 의해 제기된 합리적 기대가설에 의해 더욱 새로운 형태로 발전하였다.

② 밀턴 프리드먼(M. Friedman)의 자연실업률가설에서 노동자들이 이번 기의 인플레이션율과 전기의 인플레이션율을 같다고 예상하는 적응적 기대를 가정하였다.
예상 인플레이션은 적응적 기대에 의한 예상이므로 총수요관리정책은 단기적으로 유효하였다.

③ 그러나 합리적 기대론자들은 과거 인플레이션율의 변화에 의해 기대를 형성하는 방식은 한계가 있다고 지적한다.

2 합리적 기대가설

① 합리적 기대가설은 불완전하지만 현재 이용 가능한 모든 정보를 이용하여 체계적인 오차를 반복하지 않고 다음기의 변수 값을 기대하는 모형이다.

② 합리적인 기대에서 이용하는 정보가 불완전하면 예측 오차가 발생할 수 있지만 체계적인 예측 오차는 막을 수 있다. 왜냐하면 예측 오차는 평균적으로 0이 되기 때문이다. 즉, 합리적 기대가설은 예측 오차는 발생하나 체계적 오차는 발생하지 않는다.

3 합리적 기대를 도입한 필립스곡선

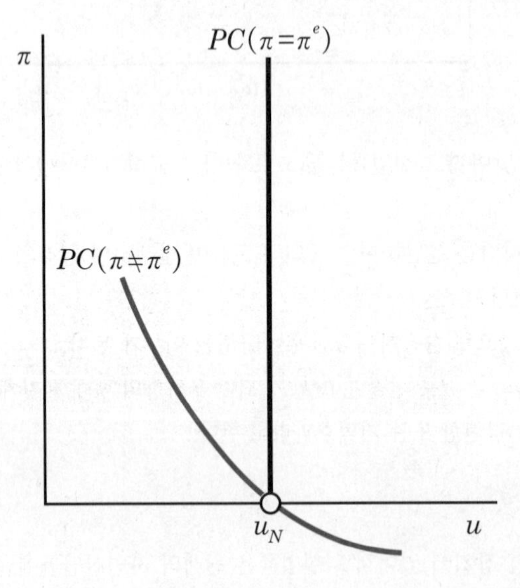

① 예상 인플레이션율(π^e)이 합리적 기대방식으로 형성되면 인플레이션에 대한 예측 오차($\pi-\pi^e$)는 평균적으로 0이 된다.

② 예상된 총수요관리정책은 예상인플레이션과 실제인플레이션이 일치하므로($\pi=\pi^e$) 필립스곡선은 수직선의 형태를 갖는다. 즉, 인플레이션에 대한 예측 오차가 평균적으로 0이므로 실업률 또한 평균적으로 자연실업률 u_N과 같아지게 된다.

③ 예상치 못한 총수요관리정책은 예상인플레이션과 실제인플레이션이 일치하지 않으므로($\pi\neq\pi^e$) 필립스곡선은 우하향의 형태를 갖는다. 즉, 인플레이션에 대한 합리적 기대 하에서도 단기적으로는 불완전정보로 인해 실업률과 인플레이션 사이의 상충관계(trade - off)가 존재할 수 있다.

④ 합리적 기대는 경제의 불확실성이 존재하지 않는다면 실업이 자연실업률 상태에 머무르게 되어 단기와 장기를 구분하지 않고 필립스곡선은 수직이 된다고 보고 있다.

⑤ 합리적으로 미래를 예측하는 경제 상황 하에서 총수요증대정책은 소득과 고용 등에 영향을 미치지 못하는 정책무력성을 나타내므로 필립스곡선은 장단기와 관계없이 수직이 된다. 이것이 바로 통화주의가 제시한 장기 필립스곡선과 차이점이다.

4 정책적 시사점

① 예상된 총수요증대정책은 단기에도 실업률과 산출에 영향을 주지 못하고 물가만 상승시킨다.

② 예상치 못한 총수요증대정책은 실업을 줄이고 산출을 늘릴 수 있게 된다. 그러나 변화가 기대에 반영되는 즉시 실업률에는 영향을 미치지 못하여 인플레이션만 변화시킨다.
즉, 예상할 수 없는 정책은 효과가 오래갈 수 없다. 사람들이 실제로 물가가 오르고 있다는 사실을 피부로 느끼는 순간 기대물가를 곧 수정하여 실제 인플레이션율과 기대치가 같아지게 됨으로써 정부 정책효과는 다시 사라질 것이다.

③ 합리적 기대 하에서 예상된 긴축 통화 정책은 실업의 증가나 산출의 감소 없이 인플레이션을 낮출 수 있다는 의미도 갖고 있다.

□△○

3절 인플레이션 억제 정책

01 개요

① 어떤 경제가 완전고용을 달성하고 있으나 심한 인플레이션을 겪고 있는 경우 정책당국은 물가 안정정책(disinflation policy)을 통해 인플레이션을 진정시키려고 할 것이다.

② 물가 안정을 위해 정부가 시행할 수 있는 정책은 총수요의 증가율을 낮추는 것인데 이는 긴축적인 통화 정책을 통해 이루어질 수 있다.

③ 그런데 물가 상승률을 하락시키기 위해서는 경기 침체와 실업의 증가라는 비용을 치러야 하는데 정부의 입장에서는 물가 안정뿐만 아니라 완전고용도 중요한 정책 목표이며 경기와 고용을 희생하면서 물가 안정만을 추가하기는 어렵다.

02 인플레이션 억제 정책과 희생률

① 정책당국자가 정책도구를 사용하여 인플레이션율을 낮추는 행위를 인플레이션 억제 정책(disinflation policy)이라고 한다.

② 우하향하는 필립스곡선에 따르면 인플레이션 억제를 위해서는 실업률 증가를 감수해야 하는데 일반적으로 인플레이션 억제에 따르는 비용은 실업률 보다 총생산규모로 나타내는 것이 보다 편리하다.
왜냐하면 총생산규모 또는 실질 *GDP*는 화폐단위로 표시되기 때문에 인플레이션에 따른 비용을 보다 직접적인 화폐단위로 표현할 수 있기 때문이다. 이를 희생률이라고 한다.

③ 희생률(sacrifice ratio)이란 인플레이션율을 1% 포인트 낮추기 위해 감수해야할 실질 *GDP*의 감소율을 말한다.

$$\text{희생률 (sacrifice ratio)} = \frac{GDP\ \text{감소율}}{\text{인플레이션 하락률}}$$

④ *GDP* 감소로 나타낸 희생률을 계산하기 위해서는 오쿤의 법칙을 추가적으로 이용해야 한다.
즉, 인플레이션율이 1% 감소할 때 실업률이 2% 증가하고 오쿤의 법칙에 따라 실업률이 1% 증가할 때 *GDP*가 2% 감소한다면 결국 인플레이션율 1% 감소를 위해서는 *GDP*가 4% 줄어드는 희생을 감수해야 하는 것이다.
즉, 희생률은 4%이다.

03 인플레이션 억제 정책의 종류

1 점진주의 전략(gradualism strategy)

① 점진주의 전략은 정책당국이 통화증가율을 점진적으로 낮추어 총수요곡선을 점차 하방 이동시키는 방법이다.

② 이 방식이 성공하면 산출수준의 급격한 하락이 없이도 인플레이션율을 낮출 수 있다.

2 급랭주의 전략(coldturkey strategy)

① 급랭주의 전략은 통화증가율을 일시에 큰 폭으로 낮추어 총수요곡선을 하방으로 이동 시킨다.

② 이 방식은 인플레이션율을 빠르게 낮출 수 있지만 산출수준의 급격한 변동이라는 비용을 치러야 한다.

3 설명

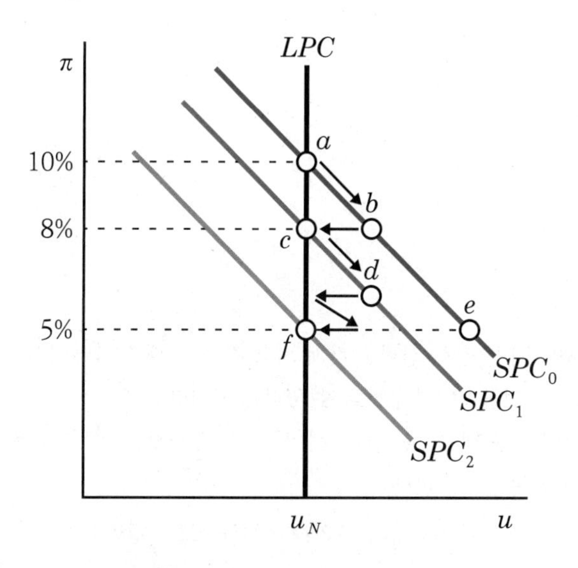

1. 점진주의 전략

① 현재 경제가 a점에서 10%의 인플레이션을 경험하고 있으며 정부는 물가 상승률을 5%로 낮추려고 한다고 하자.

② 점진적으로 긴축정책을 실시하여 통화량 증가율을 약간 낮추면 단기 필립스곡선인 SPC_0를 따라 b점으로 이동한다.

③ b점에서 실제 인플레이션율은 8%이므로 기대 인플레이션도 8%로 하락한다.

④ 기대 인플레이션율이 하락하면 단기 필립스곡선이 SPC_1으로 하방이동하고 새로운 균형은 c점에서 달성된다.

⑤ 이런 식으로 한번에 5%를 달성하는 것이 아니라 점진적으로 목표 인플레이션에 도달하는 것으로 동태적 이동경로를 보면 완만한 경기 침체와 실업률 상승을 경험하게 된다.

⑥ 점진주의 전략은 희생률이 작다는 장점은 있지만 높은 실업률이 오래 지속된다는 단점이 있다.

2. 급진주의 전략

① 정부가 단기간 내에 물가 상승률을 5%로 떨어뜨리기 위해 통화량 증가율을 급격하게 감소시킨다면 경제는 단기 필립스곡선 SPC_0를 따라 e점으로 이동하고 이에 따라 실업의 증가와 경기 침체라는 비용을 치르게 된다.

② 시간이 흐르면 기대물가 상승률이 5%로 하락함에 따라 단기 필립스곡선이 SPC_2로 하방이동하고 이에 따라 경제는 완전고용상태에서 5%의 인플레이션이 발생하는 f점으로 이동하게 된다.

② 급진주의 전략은 단시간에 목표를 달성할 수 있다는 장점은 있지만 희생률이 크다는 단점이 있다.

04 합리적 기대 하에서의 급진주의 전략의 우월성 주장

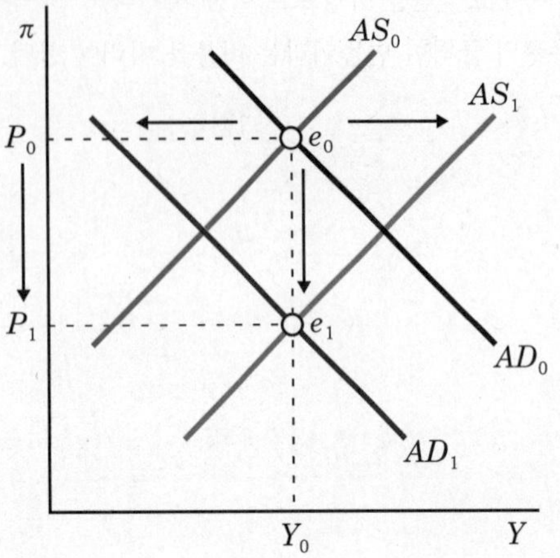

① 급진주의 방식은 경제주체가 인플레이션 억제 정책에 대한 강한 신뢰를 갖게 되고 결국, 기대 인플레이션율이 빠른 속도로 하락하여 산출수준에 커다란 변동 없이도 인플레이션을 낮출 수 있다는 것이다.

② 총수요곡선의 좌측 이동으로 기대 인플레이션이 하락하면 총공급곡선이 빠른 속도로 우측 이동하고 $(AS_0 \rightarrow AS_1)$ 경제 전체의 균형은 점 e_0에서 점 e_1으로 바로 이동한다.

③ 따라서 기대 인플레이션에 별 영향을 미치지 못하는 점진주의 보다 급진주의가 우월하다고 주장한다.

05 신뢰의 역할

1 의의

① 급진적인 물가 안정정책을 지지하는 사람들은 점진적인 물가 안정정책이 오랜 기간에 걸친 경기 침체를 가져오기 때문에 중도에 포기될 가능성이 높다고 본다.

② 또한 점진주의 정책이 급진적 물가 안정정책보다 정책의 신뢰성(credibility of policy)이 낮다는 점을 지적하면서 오히려 급진 전략이 점진주의 전략에 비해 물가 안정의 비용이 낮다고 주장한다.

③ 정부가 기대 인플레이션을 통제할 수 있는가의 문제는 정부 정책의 신뢰성(credibility)과 밀접하게 관련되어 있다.

④ 따라서 민간의 기대 인플레이션을 완벽하게 통제할 수만 있다면 실업률증가를 수반하지 않는 인플레이션 억제 정책이 쉽게 달성될 수 있다.

2 설명

① 정책당국이 물가 안정을 위해 긴축적인 통화 정책을 시행할 것을 미리 발표하고 노동자들을 포함한 민간경제주체들이 정부의 정책의도를 신뢰한다면 합리적으로 기대를 형성하는 경제주체들은 물가 상승률에 대한 기대를 낮게 잡을 것이다.

② 이때 단기 필립스곡선은 정책시행과 동시에 하방 이동하므로 물가 상승률 하락에 따른 실업률 상승폭이 작아진다.

③ 극단적으로 기대 인플레이션이 실제 인플레이션과 동일하다면 물가 안정은 실업 증가의 비용을 전혀 치르지 않고도 달성될 수 있다.

④ 이 경우 장기 필립스곡선을 따라 아래로 이동하게 되어 고통 없는 인플레이션 억제가 가능하게 된다.

3 모형

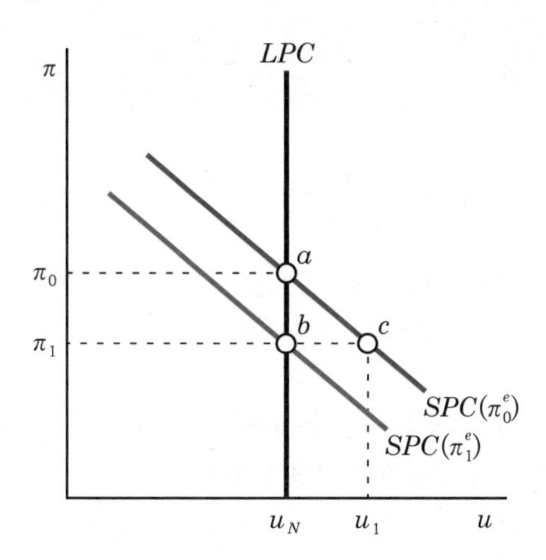

① 현재 인플레이션율은 π_0이고 단기 필립스곡선은 $SPC(\pi_0^e)$이다.

② 정부가 긴축정책을 통해 인플레이션율을 π_1으로 줄이겠다고 발표하고 민간이 전적으로 신뢰한다면 필립스곡선은 정책시행과 동시에 하방 이동한다.

③ 따라서 장기 필립스곡선을 따라 a점에서 b점으로 이동하게 되어 고통 없는 인플레이션 억제가 가능하게 된다. 즉, 실업률의 증가 없이 인플레이션을 제거할 수 있다.

④ 따라서 예상된 긴축통화 정책은 인플레이션을 낮추기 위해 희생된 산출량 감소가 없기 때문에 희생률은 0(zero)이 된다.

⑤ 정부가 인플레이션을 π_1으로 억제한다는 정책을 민간이 신뢰하지 않는다면 필립스곡선은 움직이지 않고 경제는 c점으로 이동한다.

⑥ 결국 정부의 긴축정책으로 실업률은 u_1으로 증가한다.

4 합리적 기대이론이 시사하는 안정화정책

① 사람들이 합리적으로 기대를 형성하면 정부의 예상된 총수요정책은 인플레이션만 변화시킨다.

② 정부가 인플레이션율과 동시에 민간의 기대 인플레이션율도 줄일 수 있다면 안정화정책에 의한 인플레이션 억제는 실업의 증가나 산출의 감소 없이 가능해진다.

③ 그러나 실업률 증가를 수반하지 않는 인플레이션 억제 정책이 쉽게 달성될 수 있는 것은 아니며 그것은 정부가 기대 인플레이션을 통제할 수 있는가의 문제, 즉 정부 정책의 신뢰성과 밀접하게 관련된다.

④ 고통 없는 인플레이션 억제가 가능하기 위해서는 두 가지 전제가 필요하다.
첫째 정부의 정책이 미리 경제주체들에게 알려져야 한다.
만약 정부가 비밀리에 정책을 집행한다면 경제주체들은 해당 정책을 미리 알 수 없고 인플레이션에 대한 기대도 변하지 않을 것이다.
둘째 정부에 대한 신뢰가 있어야 한다.
정부가 정책을 발표한 이후 다른 행동을 취할 경우 경제주체들은 정부를 더 이상 신뢰하지 않게 된다.
따라서 추후에는 정부가 어떠한 정책을 선언하더라도 이를 반영하여 기대를 변화시키지 않을 것이다.

□△○

4절 재량과 준칙

01 개요

① 경제주체들이 합리적 기대를 한다면 민간이 예측하지 못하는 중앙은행의 통화량 변화가 있을 경우 처음에는 효과가 있지만 이러한 변화가 지속되는 경우 이를 합리적으로 기대하게 되어 통화 정책이 실물 경제에 미치는 효과는 점점 작아지게 된다.

② 이러한 결과는 중앙은행이 통화 정책을 어떻게 운용하는 것이 최적인가 하는 문제를 제기한다. 금융 정책 또는 재정 정책을 운용하는 방법은 크게 준칙(rules)과 재량(discretion)의 두 가지가 있다.

02 준칙과 재량이란?

① 준칙은 일정한 규칙을 미리 정하여 발표하고 이에 따라 정책을 실시하는 것을 말한다.

② 재량은 미조정(Fine Tuning)이라고도 하며, 경제 상황의 변화에 따라 정책당국이 재량적으로 신축적인 정책을 실시하는 것을 말한다. 즉, 그때그때의 상황에 따라 정책당국자가 가장 적절하다고 판단되는 정책을 시행하는 것이다. 미조정의 양상은 주로 경기 반대적(countercylical)으로 나타난다.

③ 준칙을 채택하였다 하더라도 경제 상황이 변할 때 이에 대응할 수 없다는 것을 의미하는 것은 아니다.
즉, 준칙에 의한 정책과 재량에 의한 정책 간의 선택은 적극적 정책과 소극적 정책 간의 선택과는 다른 문제다.
경제 상황이 변함에 따라 어떠한 정책을 쓸 것인지 미리 정해 놓고 이를 따른다면 정책의 내용이 미리 정해져 있기는 하나 상황에 따라 계속 정책이 바뀔 수 있는 것이다.

④ 예를 들어 매기의 통화증가율을 k%로 일정하게 정하는 k% rule의 경우 경제 상황이 변하더라도 금융 정책이 변하지 않는 준칙이 된다.
반면 이자율이 인플레이션과 총생산 갭에 반응하도록 정해두고 이를 따른다면 이는 매기의 경제 상황에 따라 정책이 변화하는 준칙에 해당한다.

⑤ 재량보다는 준칙에 의한 경제정책이 더 나은 결과를 가져올 수 있는 이유로 정책에 대한 불신의 문제와 정책담당자에 대한 불신의 문제를 들 수 있다.

03 준칙주의 주장 근거

1 자연 실업률가설

정책당국이 재량적으로 통화 공급량을 변동시키면 그 효과는 단기적으로 그칠 뿐 아니라 물가의 변동이 잦아져 오히려 교란요인으로 작용하게 된다.

2 정책시차의 존재

정책당국이 자유재량정책으로 경제를 조절하려는 정책시차 때문에 경기변동의 진폭을 완화시키기보다는 오히려 확대시킬 수 있다.

3 경제의 불확실성

경제에는 언제나 불확실성이 존재하기 때문에 정책당국이 경제구조를 정확하게 파악한다는 것은 어려우며, 정책의 전달과정 역시 예측하기 어렵다.

4 정책담당자들에 대한 불신

① 일부 경제학자들은 정치가 또는 정책담당자들의 기회주의적 성향이나 무능함으로 인해 경제 전체를 위한 최선의 정책이 선택될 수 없는 경우 통화 정책이나 재정 정책과 같은 강력한 정책을 이들의 재량에 맡길 수 없다고 본다.

② 경제정책을 정책담당자들의 재량에 맡겨 놓을 경우 정치가들 자신 또는 영향력이 큰 일부 이익집단에게만 최선인 정책이 선택되는 대리인 문제가 발생할 수 있다.

③ 정책담당자들은 장기적인 고용안정보다는 단기적으로 선거에서의 승리를 위해 경제정책을 사용할 우려가 있다.

④ 집권당은 집권초기에는 물가 안정을 위해 경기를 다소 위축시켰다가 선거일이 다가옴에 따라 경기부양을 위한 정책의 강도를 높이려고 할 것이다. 이와 같이 선거에서의 승리를 위해 거시경제의 상황을 조정함으로 인해 발생하는 경기변동을 정치적 경기변동(political business cycle)이라고 한다.

04 최적정책의 동태적 비일관성(dynamic inconsistency of optimal policy)

1 의의

① 합리적 기대가설은 금융 정책의 무력성을 강조하지만 적어도 예상하지 못한 통화 공급의 증가는 효과가 있음을 인정한다.

② 오직 예상하지 못한 경우에만 효과가 있으므로 중앙은행이 통화 정책을 효과적으로 수행하기 위해서는 민간이 예상하지 못하도록 기습적으로 통화 공급을 조절할 필요가 있다.

③ 극단적으로 표현하면 중앙은행이 민간을 속여야만 통화 정책의 효과를 낼 수 있다는 것이다.

사례 최적정책의 동태적 비일관성의 다양한 사례

① 정부가 테러에 대해 단호히 대처하겠다는 방침을 선언하지만 막상 테러가 발생하고 수많은 인질이 생명이 위협받는 상황이 닥치면 테러리스트와 타협을 시도한다. 테러리스트들은 이를 잘 알기 때문에 겁내지 않고 범행을 저지르고, 그 결과 테러는 근절되기 어렵다.

② 부모가 자녀에게 앞으로 늦게 귀가하면 다시는 문 열어주지 않겠다고 엄포를 놓지만, 막상 늦게 들어오는 상황이 닥치면 자녀가 밖에서 곤경을 처할지도 모른다는 걱정 때문에 문을 열어주게 된다.

③ 정부가 처음에 연구개발을 장려하기 위해 특허에 의한 독점권을 폭넓게 인정하지만, 막상 제품이 개발되어 가격이 지나치게 올라간다고 판단되면 다시 경쟁을 촉진하기 위해 특허권을 취소하거나 가격을 규제하는 방안을 찾게 된다.

④ 재정적자와 정부 부채를 통제하기 위해 사회보장성 이전지출을 축소하겠다고 발표하지만, 소득분배 상황이 악화되거나 선거를 앞두게 되면 이러한 조치를 철회하고 싶어진다.

2 개념

① 정부가 최초 제약조건 하에서 입안한 최적정책이 시간이 지나면서 더 이상 최적정책이 아니게 되어 정부가 그 정책을 바꾸려는 유인을 '최적정책의 동태적 비일관성'이라고 한다.

② 특정시점의 제약조건 하에 도출된 최적정책(optimal policy)은 그 정책을 실제 시행하게 되는 시점에 가서는 더 이상 최적정책이 아니라는 것이다.

3 최적성과 일관성의 불일치

① 민간의 기대가 고정되는 순간 정책당국은 약속으로부터 벗어날 유인이 생기는데 이는 최적성과 일관성의 상충성을 의미한다.

② 최적성(optimality)이란 민간의 기대물가가 주어져 있을 때 t기의 사회후생을 극대화시키는 정책을 말한다.

③ 일관성(consistency)이란 민간의 기대물가가 주어져 있을 때 t기에 $t+1$기가 되면 시행할 것이라 공표한 후 실제 $t+1$기가 되었을 때 공표한대로 시행하는 것을 말한다.

4 설명

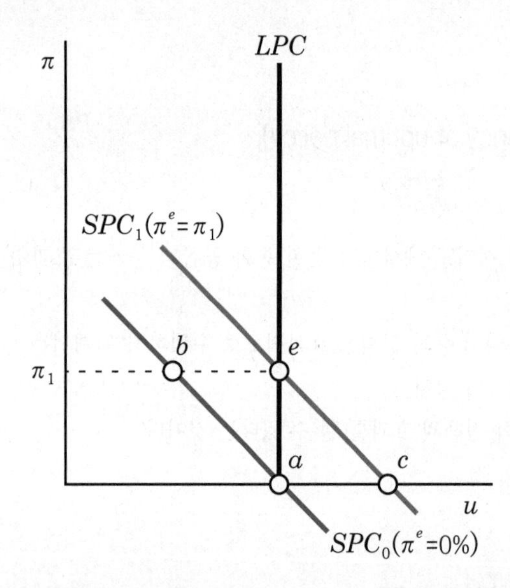

① 현재 이 경제가 점 a에 있고 정책당국이 그 동안 약속번복을 빈번히 하였다고 하자.

② 정부가 총수요확대 정책을 실시하면 단기 필립스곡선인 SPC_0를 따라 b점으로 이동할 수 있다.

③ b점으로 이동하면 이전보다 실업률이 감소하기 때문에 정부가 정책을 바꾸려고 하는 유인이 있음을 민간경제 주체들은 알고 있다.

④ 따라서 민간경제 주체들은 예상 인플레이션율을 π_1으로 변화시키며 단기 필립스곡선은 SPC_0에서 SPC_1으로 상방 이동한다.

⑤ 경제는 e점으로 이동하게 되는데 e점은 최초 균형 a점보다 열등한 균형이다. 왜냐하면 인플레이션율만 π_1으로 상승하고 실업률은 변함이 없기 때문이다. 결국 정부의 재량적 최적 계획변경은 일관된 정책보다 열등한 결과를 가져온다.

⑥ 약속번복이 있기도 전에 경제는 c점으로 가게 되는 최악의 사태가 발생할 수도 있다. 즉, 실제 인플레이션율(π) 상승 없이 기대 인플레이션율(π^e)만 상승하고 실업률(u)도 증가할 수 있다.

⑦ 정책당국이 당초의 약속을 번복하는 경우가 잦아지면 민간경제주체의 신뢰를 잃게 되어 정책당국의 평판이 악화되고 사회후생이 더욱 악화된다.

5 재량보다 준칙(Rules Rather Than Discretion)

① 정부 정책 결정에서 가능한 한 재량을 배제하고 정책과정을 준칙화하는 것이 매우 중요하다.

② 준칙정책은 민간이 예상하지 못한 정책을 원천적으로 억제할 수 있으므로 정부 정책의 신뢰성이 제고되어 인플레이션 억제 정책의 효과도 높아질 수 있다.

③ 위의 사례에서 $k\%$의 준칙을 유지하는 경우에는 a점에 머무는 반면, 단기 필립스곡선이 SPC_0인 상황제약 하에 재량정책을 시행할 경우 결국 e점에 가게 되어 오히려 a점보다 바람직하지 못한 결과를 유발하게 된다.

6 시사점

① 정부의 재량정책은 장기적으로 보면 일관성을 유지할 수 없으므로 공개적이고 일관성 있는 정책실시가 바람직하다.

② 재량적 시행으로 인한 단기적 편익이 신뢰감소로 인한 장기적 비용을 능가할 수 없다.

7 준칙주의 실현 방법

1. 의의

중앙은행이 신뢰를 회복하여 최적정책의 동태적 비일관성의 문제가 나타나지 않도록 하기 위한 장치들에는 몇 가지가 있다.

2. 중앙은행의 독립성 보장

① 실증연구에 의하면 중앙은행이 독립적일수록 인플레이션이 낮으며, 실업률 또한 평균적으로 낮아지는 경향이 있다.

② 이는 중앙은행이 독립적일수록 민간의 신뢰가 증가하여 물가 상승에 대한 기대가 억제되고 거시경제정책의 건전성이 제고된다는 것을 뜻한다.

3. 인사적 접근방식

① 필요하다면 실업률 증가를 감수하더라도 물가 안정에 치중할 수 있는 보수적인 인사를 중앙은행 총재로 임명하는 것이다. 즉, 물가 상승을 실업률보다 기피하는 인사를 중앙은행 총재로 임명한다.

② 이러한 성향의 총재는 경제여건의 변화나 외부의 압력에도 쉽게 흔들리지 않고 중앙은행으로서의 평판을 유지하기 위해 물가 안정을 최우선으로 하게 된다.

③ 정부가 재량정책으로 일관성을 파괴한다면 신뢰성상실로 장기적으로 사회후생이 더욱 악화된다.

4. 입법적 접근 방식

① 명시적으로 물가 안정목표제를 도입함으로써 중앙은행이 인플레이션 목표를 달성하도록 법제화하는 것이다.

② 물가 안정목표제는 뉴질랜드와 캐나다를 중심으로 도입되었으며, 우리나라에도 IMF 경제위기 이후 실시하고 있다.

5. 계약적 접근 방식

① 물가 안정의 목표를 중앙은행에 일임하지 않고 정부와의 계약으로 명시하는 방법이다.

② 중앙은행이 물가 안정 목표를 달성하지 못하면 중앙은행 총재를 해임하거나 중앙은행의 보수 구조를 인플레이션과 반대 방향으로 형성한다.

③ 이 방법은 인플레이션을 억제하는 데에는 효과적이지만, 중앙은행을 정부에 예속시킴으로써 도리어 중앙은행의 독립성을 위축시킨다는 비판을 받을 수 있다.

MEMO 단원의 핵심 내용을 정리해 보세요.

01 필립스곡선의 내용을 설명한 것 중 옳지 않은 것은?

① 전통적인 필립스곡선은 우하향의 형태를 갖는다.
② 인플레이션은 실업의 함수이다.
③ 완전고용과 물가 안정은 동시에 달성 가능하다.
④ 필립스곡선은 총공급곡선의 형태에 영향을 받는다.

풀이 날짜			
채점 결과			

02 필립스곡선에 대한 설명 중 옳지 않은 것은?

① 필립스곡선은 원래 경험적인 관계에서 도출된 것으로 이론적 기반이 견고하지 않다.
② 필립스곡선이 나타내 주는 관계가 그리 안정적이지 않다는 것이 많은 실증적 연구에 의해 밝혀졌다.
③ 일반 대중의 예상 물가 상승률이 높아지면 필립스곡선은 위로 이동한다.
④ 장기적으로 실업률과 인플레이션율 간에 상충관계가 성립하지 않는다.
⑤ 1970년대 스태그플레이션은 원래 필립스곡선이 제시한 물가 상승률과 실업률 간의 상충관계를 잘 입증했다.

풀이 날짜			
채점 결과			

03 필립스곡선이 수직선 모양을 가지고 있을 때 다음 중 옳은 것을 모두 고르면?

ⓐ 실업률과 인플레이션율 간의 상충관계는 존재하지 않는다.
ⓑ 통화 정책은 인플레이션율에만 영향을 미치고 실업률에는 영향을 줄 수 없다.
ⓒ 산출량은 항상 완전고용수준에서 이루어진다.
ⓓ 총공급곡선은 수직선의 모양을 가진다.

① ⓒ
② ⓑ, ⓓ
③ ⓒ, ⓓ
④ ⓐ, ⓒ, ⓓ
⑤ ⓐ, ⓑ, ⓒ, ⓓ

풀이 날짜			
채점 결과			

해설

정답

01

③

① 필립스(A. Phillips)와 립시(R. Lipsey)는 인플레이션율과 실업률 사이에 안정적인 역관계가 존재한다는 경험적 사실을 기초로 하여 필립스곡선의 개념을 구성하였다. 따라서 필립스곡선은 우하향의 형태를 갖는다.

② 필립스곡선의 함수식은 다음과 같다.

$\pi = -\alpha(u - u_N)$

($\alpha > 0$, π : 인플레이션율, u : 실제실업률, u_N : 자연실업률)

따라서 인플레이션(π)은 실업률(u)의 함수이다.

③ 필립스곡선이 우하향하면 완전고용과 물가 안정을 동시에 달성하기가 어렵다. 즉, 완전고용을 위하여 총수요곡선을 우측 이동시키면 물가가 상승하고 물가 안정을 위하여 총수요곡선을 좌측 이동시키면 국민소득이 감소하므로 실업률이 증가한다.

④ 필립스곡선이란 총수요곡선과 총공급곡선이 만나는 균형점을 관찰하여 식별(identification)한 것이라고 할 수 있다. 따라서 필립스곡선의 형태는 총공급곡선의 기울기에 큰 영향을 받는다.

02

⑤

① 필립스의 주장은 경험적인 사실에서 출발하였기 때문에 후일 다른 학자들에 의하여 필립스곡선에 대한 이론적인 기초가 되었다. 따라서 이론적인 기반이 약하다.

② 1970년대에 들어와서 수십 년 동안 성립하던 인플레이션과 실업의 역관계가 사라지게 되었다. 따라서 프리드먼과 펠프스는 필립스곡선이 절대로 안정적인 관계를 나타낼 수 없다고 주장하였다.

③ 기대부가 필립스곡선에 따르면 예상물가 상승률이 높아지면 필립스곡선은 상방 이동한다.

④ 장기적으로 필립스곡선은 수직선의 형태를 갖는다.

따라서 장기적으로 실업률과 인플레이션율 간에 상충관계가 성립하지 않는다.

⑤ 스태그플레이션은 물가 상승과 실업률의 증가를 동시에 발생시키므로 필립스곡선이 제시한 물가 상승률과 실업률의 역관계의 내용과 상충된다.

03

⑤

- 필립스곡선이란 총수요곡선과 총공급곡선이 만나는 균형점을 관찰하여 식별(identification)한 것이라고 할 수 있다. 따라서 필립스곡선의 형태는 총공급곡선의 기울기에 큰 영향을 받는다.
- 총공급곡선이 급경사일수록 필립스곡선도 가파른 기울기를 갖는다.

ⓐ, ⓓ 총공급곡선이 수직선이면 필립스곡선도 수직선의 형태를 갖는다.

따라서 실업률과 인플레이션 간의 역관계가 성립하지 않는다.

ⓑ 총공급곡선이 수직선이므로 확대 통화 정책으로 총수요곡선이 우측 이동하면 물가만 상승하고 실질 GDP, 실업률에는 영향을 주지 못한다.

ⓒ 총공급곡선은 완전고용 산출량에서 수직선의 형태이므로 필립스곡선도 자연실업률에서 수직선의 형태를 갖는다.

04 인플레이션율과 실업률이 동시에 증가하는 경우를 다음과 같은 형태의 필립스곡선을 이용하여 설명한다면?

풀이 날짜			
채점 결과			

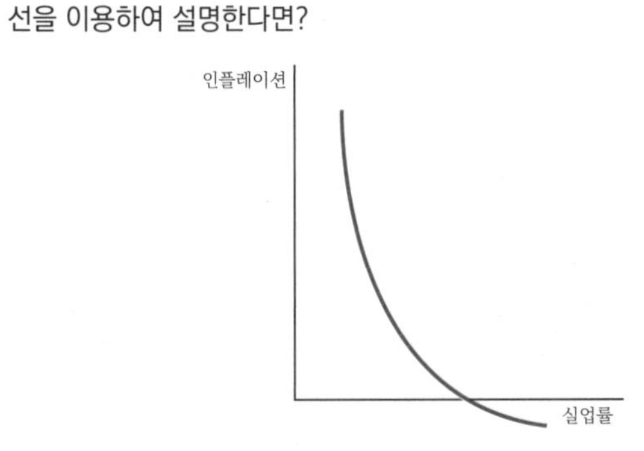

① 필립스곡선의 좌하방의 이동으로 설명된다.
② 동일한 필립스곡선 상에서의 이동으로 설명된다.
③ 필립스곡선의 우상방의 이동으로 설명된다.
④ 이론과 실제 간의 괴리를 나타내주는 전형적인 예 중의 하나이다.
⑤ 필립스곡선의 개념에 비추어 볼 때 근래 필립스곡선이 이론상의 근거를 잃게 하는 데 기여한 중요한 예이다.

05 다음 설명 중 가장 타당하지 않은 것은?

풀이 날짜			
채점 결과			

① 필립스곡선은 실업과 인플레이션의 역의 상관관계를 보여주나 그 관계가 불안정하다.
② 스태그플레이션은 필립스곡선의 존재를 확인해 준다.
③ 사람들이 합리적으로 기대를 형성할 경우 예상된 정책은 그 효과가 작다.
④ 필립스곡선에 대해 이론적 반론을 제기한 학자로는 프리드만과 펠프스 등이 있다.
⑤ 자연실업률가설에 따르면 장기 필립스곡선은 수직선 모양을 갖는다.

06 어떤 나라의 단기 필립스곡선이 $\pi = 4.3 - u + \pi^e$로 계측되었다. 만약 실제실업률은 2.8%, 실제 인플레이션율은 5%, 예상 인플레이션율은 3.5%라면 이 나라의 자연실업률은? (단, π : 인플레이션율, π^e : 예상 인플레이션율, u : 실업률)

풀이 날짜			
채점 결과			

① 2.2%
② 3.5%
③ 1.5%
④ 6.3%
⑤ 4.3%

04 • 스태그플레이션이 발생하면 인플레이션율과 실업률이 동시에 증가한다. ③
• 이러한 상황은 단기 필립스곡선의 우측 이동으로 우상향하는 필립스곡선을 도출할 수 있다.
• 기존의 케인즈학파는 필립스곡선이 안정적이라고 주장하였는데 단기 필립스곡선의 이동으로 케인즈학파의 주장은 비판받게 되었다.

05 ① 전통적인 필립스곡선은 물가 상승률과 실업률과 역관계를 나타내었다. 1970년대에 스태그플레이션이 발생하면서 수십 년 동안 성립하던 인플레이션과 실업의 역관계가 사라지게 되었다. ②
② 스태그플레이션은 물가 상승률과 실업률과 정(+)의 관계를 나타낸다.
따라서 우하향의 필립스곡선의 존재를 부정하는 계기가 되었다.
③ 합리적 기대를 하는 경우 예상한 정책은 효과가 없다. 이것을 '정책무력성정리'라고 한다.
④ 프리드먼과 펠프스는 필립스곡선이 절대로 안정적인 관계를 나타낼 수 없다고 주장하였다. 프리드먼과 펠프스는 기대 인플레이션의 역할을 강조하면서 1970년대 들어 필립스곡선이 상방 이동하는 현상, 즉 실업률과 인플레이션율이 함께 상승하는 현상을 기대 인플레이션의 변화로 해석하였다.
⑤ 자연실업률가설에서 단기 필립스곡선은 우하향하고 장기 필립스곡선은 수직이다.

06 • 자연실업률이란 실제인플레이션과 기대 인플레이션이 일치할 때의 실업률을 말한다. ⑤
• 필립스곡선의 함수식을 변형하면 다음과 같다.
$\rightarrow \pi = \pi^e - (u - 4.3)$
• 따라서 실제 인플레이션율(π)과 예상 인플레이션율(π^e)이 동일하면 $u = 4.3\%$이므로 자연실업률은 4.3%이다.

07 일단 실업이 고 수준으로 올라가고 나면 경기확장정책을 쓰더라도 다시 내려오지 않는 경향을 보이고 있는데 이러한 현상을 무엇이라 부르는가?

풀이 날짜			
채점 결과			

① 오쿤의 법칙(Okun's law)
② 사중손실(deadweight loss)
③ 이력현상(hysteresis effect)
④ 승수효과(multiplier effect)
⑤ 구축효과(crowding - out effect)

08 준칙에 의한 통화 정책이 필요한 이유로 볼 수 없는 것은?

풀이 날짜			
채점 결과			

① 길고 가변적인 통화 정책의 시차
② 최적정책의 시간비일관성 현상
③ 이익집단의 로비 가능성
④ 가격의 경직성
⑤ 정치적인 압력의 가능성

해설

정답

07 • 이력현상이란 경제에 총수요의 위축이라는 불황충격이 발생하고 이것이 상당기간 지속되어 실제실업률이 자연실업률보다 높은 수준에서 오랫동안 유지될 경우 그 경제의 장기 균형실업률인 자연실업률 자체가 증가하게 되는 현상을 말한다.
• 기억효과란 한 번 경제에 충격이 왔을 때 그 효과가 사라지지 않고 경제 시스템 내부에 각인되는 현상을 일반적으로 가리키는 말이다.

③

08 • 준칙은 일정한 규칙을 미리 정하여 발표하고 이에 따라 정책을 실시하는 것을 말한다.
• 재량보다는 준칙에 의한 경제정책이 더 나은 결과를 가져올 수 있는 이유로 정책에 대한 불신의 문제와 정책담당자에 대한 불신의 문제를 들 수 있다.
• 재량은 미조정(Fine Tuning)이라고도 하며, 경제 상황의 변화에 따라 정책당국이 재량적으로 신축적인 정책을 실시하는 것을 말한다.
• 가격변수가 경직적이면 시장균형에서 이탈 후 균형으로 돌아오기 어렵기 때문에 정부가 적극적으로 시장에 개입해야 한다. 따라서 가격경직성이론은 준칙보다 재량정책을 주장하는 근거이다.

④

01 필립스곡선에 관한 설명으로 옳지 않은 것은?

풀이 날짜			
채점 결과			

① 원래의 필립스곡선은 임금상승률과 실업률간의 관계를 나타낸다.
② 프리드만은 단기에는 화폐정책에 의해 실업률을 낮출 수 없다고 주장했다.
③ 예상물가 상승률이 증가하면 단기 필립스곡선은 우측으로 이동한다.
④ 통화론자에 의하면 단기 필립스곡선이 음(−)의 기울기를 갖는 이유는 경제변수에 대한 경제주체들의 예측이 완전하지 못하기 때문이다.
⑤ 통화론자에 의하면 장기 필립스곡선은 수직으로 나타난다.

02 실업과 인플레이션 및 이들의 관계를 나타내는 필립스곡선에 대한 다음 설명 중 가장 옳은 것은?

풀이 날짜			
채점 결과			

① 총공급 측면에서의 충격은 실업과 인플레이션 사이의 상충 관계를 가져온다.
② 미래 인플레이션에 대한 합리적 기대 하에서는 예상하지 못한 확장적 통화 정책도 단기적으로 실제 실업률을 자연 실업률보다 낮은 수준으로 하락시킬 수 없다.
③ 프리드만(M. Friedman)과 펠프스(E. Phelps)의 기대가 부가된 필립스곡선에서 인플레이션에 대한 예측은 적응적 기대 방식으로 이루어진다.
④ 총공급곡선이 우상향하는 경우 재정확대 정책은 필립스곡선을 좌측으로 이동시킨다.

03 다음 중 필립스곡선에 대한 설명으로 맞는 것을 고르면?

풀이 날짜			
채점 결과			

① 장기노동계약자의 비중이 높을수록 단기 필립스곡선이 가파른 기울기를 가진다.
② 자연실업률이 증가하면 필립스곡선은 하향 이동한다.
③ 예상물가 상승률이 증가하면 필립스곡선이 하향 이동한다.
④ 단기 필립스곡선이 장기 필립스곡선보다 더 가파른 기울기를 가진다.
⑤ 물가연동제를 실시하는 노동계약의 비중이 클수록 단기 필립스곡선은 더 가파른 기울기를 가진다.

04 기대 인플레이션과 자연실업률이 부가된 필립스(Phillips)곡선에 대한 설명으로 옳지 않은 것은?

풀이 날짜			
채점 결과			

① 실제 실업률이 자연실업률과 같은 경우, 실제 인플레이션은 기대 인플레이션과 같다.
② 실제 실업률이 자연실업률보다 높은 경우, 실제 인플레이션은 기대 인플레이션보다 낮다.
③ 실제 실업률이 자연실업률과 같은 경우, 기대 인플레이션율은 0과 같다.
④ 사람들이 인플레이션을 완전히 예상할 수 있는 경우, 실제 실업률은 자연실업률과 일치한다.

해설

정답

01 ① 1958년 영국의 경제학자 필립스(A. Phillips)는 1861년부터 1957년까지의 영국 자료를 이용하여 명목임금의 변화율과 실업률 간에 역의 관계가 성립한다는 것을 보여주었다. ②

②, ⑤ 프리드만은 단기에는 확대 금융 정책을 실시하면 실업률을 낮출 수 있으나 장기적으로 실업률을 낮출 수 없다고 주장했다. 왜냐하면 단기 필립스곡선은 우하향하나 장기 필립스곡선은 수직이기 때문이다.

③ 기대부가 필립스곡선에 따르면 예상물가 상승률이 높아지면 필립스곡선은 상방 이동한다.

④ 통화론자는 적응적 기대를 통하여 단기 필립스곡선이 우하향 한다고 주장한다.

단기에는 경제변수에 대한 경제주체들의 예측이 불완전하나 장기에는 예측이 완전하다고 본다.

02 ① 총공급충격으로 총공급곡선이 이동하면 실업과 인플레이션은 같은 방향으로 변한다. ③

② 예상치 못한 확대 통화 정책은 실제실업률을 자연실업률보다 낮은 수준으로 하락시킬 수 있다.

③ 기대부가 필립스곡선에서 자연실업률가설은 적응적 기대방식을 사용한다.

④ 우상향의 총공급곡선에서 총수요곡선이 우측으로 이동하면 우하향의 필립스곡선 선상에서 좌상방으로 이동한다.

03 ① 장기노동계약자의 비중이 높을수록 임금이 경직적이다. ⑤

가격변수가 경직적일수록 총공급곡선의 기울기는 완만해지고 동시에 필립스곡선의 기울기도 완만해진다.

② 자연실업률이 증가하면 우하향의 단기 필립스곡선과 장기 필립스곡선 모두 우측 또는 상향 이동한다.

③ 기대부가 필립스곡선에 따르면 예상물가 상승률이 높아지면 필립스곡선은 상방 이동한다.

④ 단기 필립스곡선은 우하향이고 장기 필립스곡선은 수직이다.

따라서 장기 필립스곡선이 단기 필립스곡선보다 더 가파른 기울기를 가진다.

⑤ 물가연동제 또는 인덱세이션(indexation)은 임금, 금리 등을 정할 때 일정한 방식에 따라 물가에 연동시키는 정책이다

물가연동제를 실시하면 임금 등의 가격변수가 신축적으로 변한다.

따라서 필립스곡선의 기울기는 수직에 가까워진다.

04 • 필립스곡선의 함수식은 다음과 같다. ③

$\pi_t = \pi_t^e - \alpha(u_t - u_n)$ (π_t : 실제인플레이션, π_t^e : 기대 인플레이션, u_t : 실제 실업률, u_n : 자연실업률)

① 실제 실업률이 자연실업률과 같다면($u_t = u_n$) 우측항이 0이 되므로 좌측항도 0이 되어야 한다.

따라서 실제 인플레이션과 기대 인플레이션이 같아야 한다($\pi_t = \pi_t^e$).

② 실제 실업률이 자연실업률보다 큰 경우($u_t > u_n$) 우측항이 음수가 되므로 좌측항도 음수가 되어야 한다

따라서 실제 인플레이션보다 기대 인플레이션이 커야 한다($\pi_t < \pi_t^e$).

③ 실제 실업률이 자연실업률과 같은 경우($u_t = u_n$), 기대 인플레이션율은 실제인플레이션과 같으나($\pi_t = \pi_t^e$) 0이라고 말할 수는 없다.

④ 사람들이 인플레이션을 완전히 예상한다면 실제인플레이션과 기대 인플레이션이 같기 때문에($\pi_t = \pi_t^e$) 실제 실업률과 자연실업률이 동일해야 한다($u_t = u_n$).

05 다음 중 자연실업률에 관한 설명으로 가장 적합한 것은?

풀이 날짜			
채점 결과			

① 인플레이션을 유발하지 않는 실업률
② 명목임금 상승률을 0으로 만드는 실업률
③ 인플레이션을 가속화하지 않는 실업률
④ 경기 변동 기간을 통산하여 계산되는 평균적인 실업률
⑤ 정부가 없는 자연 상태에서 관찰되는 실업률

06 자연실업률을 감소시키는 요인은?

풀이 날짜			
채점 결과			

① 긴축재정 정책
② 최저임금제의 실시
③ 실업수당의 삭감
④ 노동생산성의 하락
⑤ 기대물가 상승률의 상승

07 필립스곡선은 인플레이션곡선과 실업률간의 상충관계를 나타낸다. 이는 인플레이션을 줄이기 위해서는 실업의 증가를 감수해야 한다는 것을 나타낸다. 다음의 정책 중 인플레이션과 실업을 같이 줄일 수 있는 정책이 아닌 것은?

풀이 날짜			
채점 결과			

① 노동시장에서의 정보 교환을 활성화하는 고용박람회의 정례화
② 근로자 파견제도 또는 정리해고제와 같은 노동시장의 유연성 제고를 위한 정책
③ 중앙은행의 독립성 제고와 같은 제도적 변화를 통한 사람들의 기대 인플레이션 감소
④ 실업보험과 같은 근로자 복지제도의 확충
⑤ 기술발전을 통한 공급능력의 확대

08 단기 필립스곡선에 대한 설명으로 옳은 것은?

풀이 날짜			
채점 결과			

① 기대 인플레이션이 적응적 기대에 의해 이루어질 때, 실업률 증가라는 고통 없이 디스인플레이션(disinflation)이 가능하다.
② 단기 필립스곡선은 인플레이션과 실업률 사이의 양(+)의 관계를 나타낸다.
③ 기대 인플레이션이 높아지면 단기 필립스곡선은 위쪽으로 이동한다.
④ 실제 인플레이션이 기대 인플레이션보다 낮은 경우 단기적으로 실제 실업률은 자연실업률보다 낮다.

해설

정답

05 • 자연실업률이란 자발적 실업만 존재하는 실업률 또는 장기균형실업률이라고 한다. ③
• 정책당국자는 실업률을 자연실업률 수준인 이하로 낮출 수가 없으며 확대 정책이 계속될 경우 인플레이션율만 가속(accleration)되고 만다.
• 결국에는 민간 주체들의 기대 인플레이션이 상승함에 따라 실제 인플레이션율이 높아지고 상충관계가 사라지므로 장기 필립스곡선은 수직선 형태가 된다.
• 실제실업률이 자연실업률일 때는 인플레이션율이 일정한 수준을 유지할 수 있지만 실업률을 자연실업률 이하로 낮추려는 정책은 결국 인플레이션만 가속시킨다는 의미에서 토빈은 자연실업률을 'NAIRU'라고 불렀다.

06 • 장기적으로 실업률은 자연실업률 수준에 수렴하지만, 자연실업률자체가 항상 고정되어 있는 것은 아니기 때문에 자연실업률을 줄이기 위한 대책을 강구할 수 있다. ③
• 직업훈련과 인력재배치에 대한 지원, 노동시장의 유연성제고, 실업보험제도의 개편 등이 자연실업률을 줄일 수 있다.
• 실업수당이 삭감하면 자발적 실업이 감소하기 때문에 자연실업률도 감소한다.

07 • 인플레이션과 실업이 동시에 감소하면 단기 필립스곡선은 원점을 향해 이동한다. ④
• 단기 필립스곡선이 원점을 향해 이동하기 위해서는 단기 총공급곡선이 우측으로 이동해야 한다.
①, ② 노동시장의 효율성제고로 총공급곡선이 우측 이동한다.
③ 기대 인플레이션이 감소하면 총공급곡선이 우측 이동한다.
④ 실업보험제도를 도입하면 자연실업률을 증가시킨다.
⑤ 기술진보를 통하여 공급능력이 확대되면 총공급곡선이 우측으로 이동한다.

08 • 필립스곡선의 식은 $\pi = \pi^e - \alpha(u - u_N)$이다. ③
(π : 인플레이션율, π^e : 기대 인플레이션율, u : 실업률, u_N : 자연실업률)
① 합리적 기대 하에서 예상된 정책이 실시되면 인플레이션율과 기대 인플레이션율이 같아진다. 인플레이션율과 기대 인플레이션율이 같아지면 필립스곡선은 수직선의 형태를 갖는다.
수직선의 필립스곡선에서는 실업률의 변화 발생 없이 물가 하락을 가져올 수 있다.
디스인플레이션이란 인플레이션을 극복하기 위해 통화증발을 억제하고 재정 및 금융긴축을 하는 정책을 말한다.
② 단기 필립스곡선은 인플레이션과 실업률 사이의 음(−)의 관계를 나타낸다.
③ 기대 인플레이션(π^e)이 높아지면 단기 필립스곡선은 위쪽 또는 오른쪽으로 이동한다.
④ 실제 인플레이션이 기대 인플레이션보다 낮은 경우($\pi < \pi^e$) 단기적으로 실제 실업률은 자연실업률보다 높다($u > u_N$).

09 갑국의 필립스곡선은 $\pi = \pi^e + 4.0 - 0.8u$로 추정되었다. 이에 따른 설명으로 가장 옳지 않은 것은? (단, π는 실제 인플레이션율, π^e는 기대 인플레이션율, u는 실제 실업률이다.)

풀이 날짜			
채점 결과			

① 단기 필립스곡선은 우하향하며 기대 인플레이션율이 상승하면 위로 평행 이동한다.
② 잠재 GDP에 해당하는 실업률은 5%이다.
③ 실제실업률이 자연실업률 수준보다 높으면 실제 인플레이션율은 기대 인플레이션율보다 높다.
④ 5%의 인플레이션율이 기대되는 상황에서 실제 인플레이션율이 3%가 되기 위해서는 실제실업률은 7.5%가 되어야 한다.

10 다음 그림은 장단기 총공급곡선과 장단기 필립스곡선을 나타낸 것이다. 현제 경제가 'C'점과 '3'점에서 균형을 이루고 있다고 하자. 예상하지 못한 화폐 공급의 감소로 총수요곡선이 이동하였을 때, 새로운 단기 균형점으로 적절한 것은?

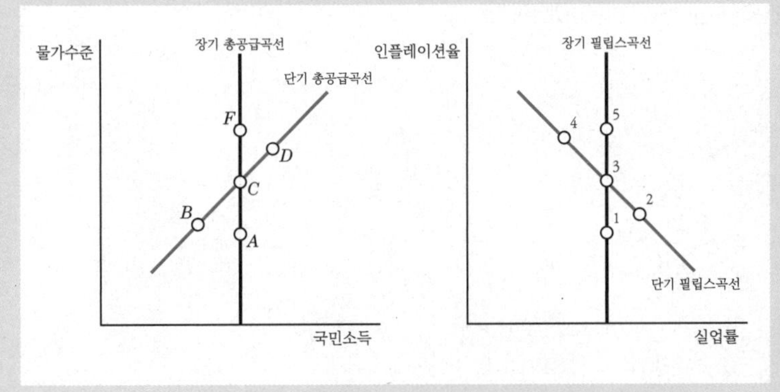

① B와 1
② B와 2
③ D와 2
④ D와 4

09 • 갑국의 필립스곡선을 정리하면 $\pi = \pi^e - 0.8(u - 5.0)$이 된다. ③

① 단기의 경우 실제 인플레이션율과 기대 인플레이션율이 다르기 때문에 우하향의 형태를 갖는다. 기대 인플레이션율이 상승하면 필립스곡선은 상방 이동하고 기대 인플레이션율이 하락하면 필립스곡선은 하방 이동한다.

② 자연실업률은 잠재 GDP에 해당하는 실업률로 실제 인플레이션율과 기대 인플레이션이 같을 때 달성된다. π와 π^e가 같으면 $u = 5\%$가 된다. 따라서 자연실업률은 5%이다.

③ 실제실업률이 자연실업률 수준보다 높으면($u > 5\%$) 실제 인플레이션율은 기대 인플레이션율보다 낮다 ($\pi < \pi^e$).

④ 기대 인플레이션율이 5%이고($\pi^e = 5\%$) 실제 인플레이션율이 3%라면($\pi = 3\%$)

$3\% - 5\% = -0.8(u - 5.0)$의 관계식이 성립된다.

좌측항이 $2\%p$ 감소하므로 우측항도 $2\%p$ 감소해야 한다. 우측항의 계수에 0.8이 있으므로

$0.8 \times x\%p = 2$

$\rightarrow x\%p = 2.5$

따라서 실제실업률은 7.5%가 되어야 한다.

10 • 예상하지 못한 화폐 공급의 감소로 총수요곡선이 좌측으로 이동하면 단기 총공급곡선에서 좌하방으로 이동한다(C → B). ②

• 필립스곡선에서는 단기 필립스곡선 선상에서 우하방으로 이동한다(3 → 2).

• 총수요곡선이 이동하면 단기 필립스곡선 선상에서 이동하게 된다.

11 단기에서 총공급곡선은 우상향하고 필립스곡선은 우하향하며 장기에서는 둘 다 수직이라고 할 때, 다음 설명 중 옳은 것을 모두 고르면?

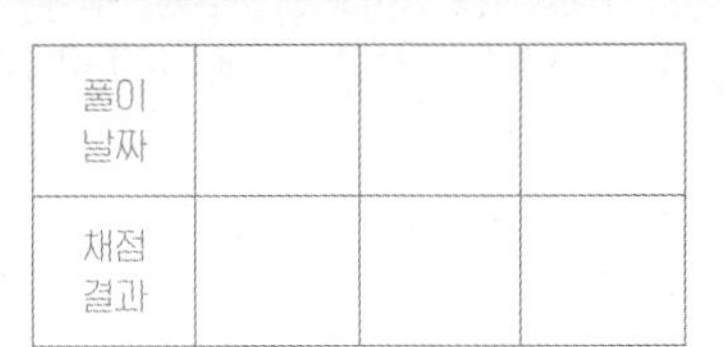

(가) 총공급곡선이 우상향하는 이유는 메뉴비용, 장기계약, 불완전 정보 등으로 설명할 수 있다.
(나) 필립스곡선이 수직에 가깝다면 인플레이션율을 1% 하락시키기 위한 국민소득 감소분으로 표현되는 희생비율이 크다.
(다) 우상향하는 총공급곡선과 우하향하는 필립스곡선은 모두 총수요관리정책을 통하여 국민소득 안정화정책이 가능함을 의미한다.
(라) 장기총공급곡선과 장기 필립스곡선 하에서는 화폐의 중립성이 성립한다.

① (가), (나)
② (다), (라)
③ (가), (나), (다)
④ (가), (나), (라)
⑤ (가), (다), (라)

12 아래 그림에서 어떤 경제가 점 B에 있다고 하자. 다음 설명 중 옳은 것은?

풀이 날짜			
채점 결과			

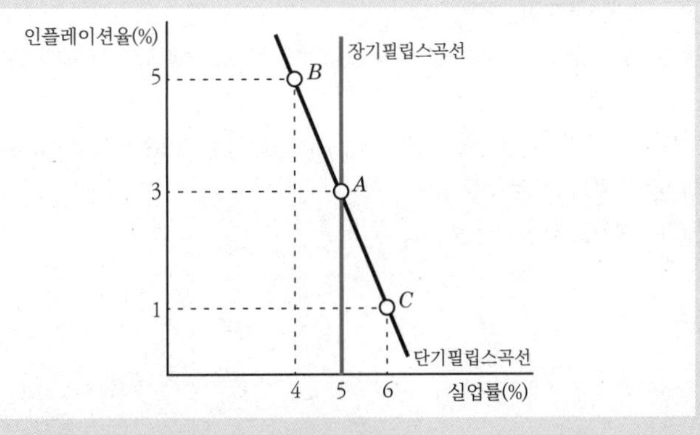

① 기대인플레이션율과 실제인플레이션율이 같다.
② 이 경제에서는 잠재 실질 GDP가 달성되고 있다.
③ 기대인플레이션율은 3%이다.
④ 자연실업률은 4%이다.
⑤ 기대인플레이션율의 하락은 B에서 A로의 이동을 가져온다.

해설

정답

11 • 필립스곡선이 수직에 가깝다면 총공급곡선도 거의 수직선의 형태를 갖는다. ⑤

• 인플레이션율을 1% 하락시키기 위해서 총수요곡선을 좌측으로 이동시켜도 국민소득은 거의 감소하지 않으므로 희생비율은 낮다.

12 • A점에서 장기 필립스곡선과 단기 필립스곡선이 교차하고 있으므로 인플레이션율과 예상인플레이션율이 같다. ③

• A점에서 실제인플레이션율이 3%이므로 기대인플레이션율도 3%이다.

• 실제인플레이션율과 기대인플레이션율이 같을 때 실제실업률과 자연실업률이 5%로 동일하며 이때의 *GDP*가 잠재 실질 *GDP* 또는 잠재 *GDP*라고 한다.

• B점에서는 실제인플레이션율이 5%이므로 기대인플레이션율 3%보다 높다. 실제인플레이션율이 기대인플레이션율보다 크므로 자연실업률이 실제실업률보다 더 큰 값을 갖는다.

• 기대인플레이션율이 하락하면 단기 필립스곡선이 하방 이동한다.

13 적극적인 경기 안정화 정책의 사용이 바람직한지에 대한 논쟁에서 정책의 동태적인 비일관성(또는 시간 비일관성)의 의미에 대한 서술로 가장 옳은 것은?

풀이 날짜			
채점 결과			

① 정책의 집행과 효과 발생 과정에 시차가 존재하기 때문에 정책 효과가 의도한 대로 나타나지 않을 수 있다.

② 정책 당국은 시장의 암묵적 신뢰를 깨고 단기적인 정책 목표를 추구할 인센티브를 가진다.

③ 정권마다 다른 정책의 방향을 가지므로 거시 경제 정책은 장기적으로 일관성을 가지기 어렵다.

④ 시장의 상황은 지속적으로 변화하므로 정책의 방향을 시의적절하게 선택하는 것이 바람직하다.

14 정부의 거시경제정책 중 재량적 정책과 준칙에 따른 정책에 대한 설명으로 옳은 것은?

풀이 날짜			
채점 결과			

① 준칙에 따른 정책은 소극적 경제정책의 범주에 속한다.

② 매기의 통화증가율을 k%로 일정하게 정하는 것은 통화 공급량이 매기 증가한다는 점에서 재량적 정책에 해당한다.

③ 동태적 비일관성(dynamic inconsistency)은 재량적 정책 때문이 아니라 준칙에 따른 정책 때문에 발생한다.

④ 케인즈 경제학자들의 미세조정 정책은 준칙에 따른 정책보다는 재량적 정책의 성격을 띤다.

13 • 동태적인 비일관성이란 시간이 지나면서 최적계획의 내용이 달라지는 경우를 의미한다. ②

• 동태적 비일관성은 정책 입안자들이 자유재량의 권한을 갖고 있기 때문에 발생한다.
• 따라서 자유재량이 항상 더 나은 결과를 가져오지 않을 수 있다는 것을 보여준다.
• 단기적으로 정책당국자들이 최선을 다하는 비일관적인 재량정책은 장기적으로는 엄격한 준칙을 정하여 발표하고 이를 일관성 있게 시행하는 것보다 못한 결과를 가져올 수 있는 것이다.

14 ① 준칙정책이란 경제 상황에 관계없이 일정한 준칙을 일관성 있게 밀고 나가는 정책을 말한다. ④

소극적 정책이란 민간경제의 자율적인 조정기능에 의해 안정이 이루어질 수 있도록 개입을 자제하는 것을 말한다.
준칙정책은 적극적인 정책이 될 수도 있다.

② $k\%$ 규칙이란 매기의 통화증가율을 $k\%$로 일정하게 유지하는 경우로 준칙정책에 해당된다.

③ 동태적 비일관성이란 재량정책이 단기에는 최적일지라도 장기적으로 최적이 아닌 경우를 말한다.
따라서 동태적 비일관성은 재량적 정책 때문에 발생한다.

④ 재량정책은 경기변동을 완화하기 위해 경제 상황에 맞게 정책당국이 재량껏 사용하는 안정화정책을 말한다.
미세조정정책은 총수요관리정책을 정교하게 사용하는 경우로 재량적 정책의 성격을 갖고 있다.

MEMO 그래프를 그려보세요.

PART 05 실업과 인플레이션

01 객관식 점검 문제

PART 출제경향

- 다양한 물가지수를 비교하는 문제와 인플레이션의 종류 및 발생유형에 대한 기초적인 개념을 숙지해야 한다.
- 인플레이션의 사회적 비용은 자주 출제되는 내용이므로 실수하지 않도록 하자.
- 실업률 및 경제활동참가율 등의 계산문제는 기본이므로 계산공식을 암기해야 한다.
- 최근에는 실업률 관련 내용의 난이도가 올라가는 추세이므로 다양한 유형의 문제를 풀어보자.
- 기대부가 필립스곡선의 함수식을 통해 자연실업률, 함수식 내의 숫자의 의미 및 계산문제도 자주 출제된다.

02 논술 및 약술 점검 문제

PART 출제경향

- 국내 인플레이션 발생의 원인 및 해결책 등을 물어보는 논술문제는 금융정책과 연계시켜 정리해야 한다.
- 양적완화정책, 테이퍼링, 양적긴축 등은 세계적인 이슈이므로 개념정리와 더불어 시사점을 개성있게 서술해야 한다.
- 또한 기대부가 필립스곡선과 자연실업률가설의 주제도 중요하므로 정책적 시사점과 더불어 모형 및 함수식을 암기하자.

문제 01

주택금융공사

다음과 같은 필립스곡선의 관계식이 성립하는 경제가 있다.

$$u = u^* - \alpha(\pi - \pi^e)$$

중앙은행은 손실함수 $L(u, \pi) = u + \lambda\pi^2\ (\lambda > 0)$에 기초하여 최적 통화정책을 결정하며, 이렇게 결정된 통화정책이 인플레이션을 완벽하게 통제할 수 있다고 할 때 다음 물음에 답하시오.

(단, u는 실제 실업률, u^*는 자연실업률, π는 인플레이션율, π^e는 기대인플레이션율, α는 0보다 크다)

1. 통화정책이 준칙(rule) 하에서 시행될 경우, 이 경제의 최적 인플레이션율과 실업률은?
2. 통화정책이 재량(discretion) 하에서 시행될 경우, 이 경제의 최적 인플레이션율과 실업률은?
3. 1과 2의 결과에 기초하여 준칙과 재량 중 어느 경우가 더 우월한 정책인가를 평가하고, 준칙 하의 통화정책에서 동태적 비일관성(time inconsistency)이 나타나는 이유를 설명하시오.
4. λ의 경제학적 의미를 설명하고 이에 기초하여 통화정책의 동태적 비일관성을 완화하는 방안을 제시하시오.

해설

1 준칙(rule) 하에서 중앙은행은 $\pi = \pi^e$를 제약조건으로 손실함수의 최소화를 추구한다.

$L(u, \pi) = u^* - \alpha(\pi - \pi^e) + \lambda\pi^2,\ \pi = \pi^e$

$\rightarrow L(u, \pi) = u^* + \lambda\pi^2$

$\dfrac{dL}{d\pi} = 2\lambda\pi = 0$

$\rightarrow \pi^* = 0$

따라서 중앙은행에 의해 선택되는 인플레이션율은 $\pi^* = 0$이고 실업률은 $u = u^*$이다.

2 재량(discretion) 하에서 중앙은행은 $\pi^e = \overline{\pi}$(상수)를 제약조건으로 하여 손실함수의 최소화를 추구한다.

$L(u, \pi) = u^* - \alpha(\pi - \pi^e) + \lambda\pi^2,\ \pi^e = \overline{\pi}$

$L(u, \pi) = u^* - \alpha(\pi - \overline{\pi}) + \lambda\pi^2$

$\dfrac{dL}{d\pi} = -\alpha + 2\lambda\pi = 0$

$\rightarrow \pi^* = \dfrac{\alpha}{2\lambda}$

중앙은행에 의해 선택되는 인플레이션율은 $\pi^* = \dfrac{\alpha}{2\lambda}$이다.

손실함수의 크기는 π^e가 작을수록 작아지므로, $\pi^e = 0$으로 만들기 위해 $\pi = 0$을 실현하겠다고 공표한 후 실제로는 $\pi = \dfrac{\alpha}{2\lambda}$가 되도록 통화정책을 시행한다. 따라서, 실업률이 $u = u^* - \dfrac{\alpha^2}{2\lambda}$에서 단기균형이 형성된다.

만약 중앙은행의 손실함수가 민간에게도 알려져 있다면 중앙은행이 재량 하에서 위와 같은 기만행위를 할 것이라는 점을 민간이 이미 짐작하므로 중앙은행의 공표에도 불구하고 $\pi^e = 0$이 되지 않을 것이다.

그러나 손실함수를 민간이 모르고 있는 경우에는 중앙은행의 공표에 의해 $\pi^e = 0$이 되어 단기균형이 실현된 후 민간은 자신의 기대가 틀렸다는 것을 인식한 후 $\pi^e = \dfrac{\alpha}{2\lambda}$로 수정함에 따라 경제의 균형은 $\left(u^*, \dfrac{\alpha}{2\lambda}\right)$에서 실현될 것이다.

3

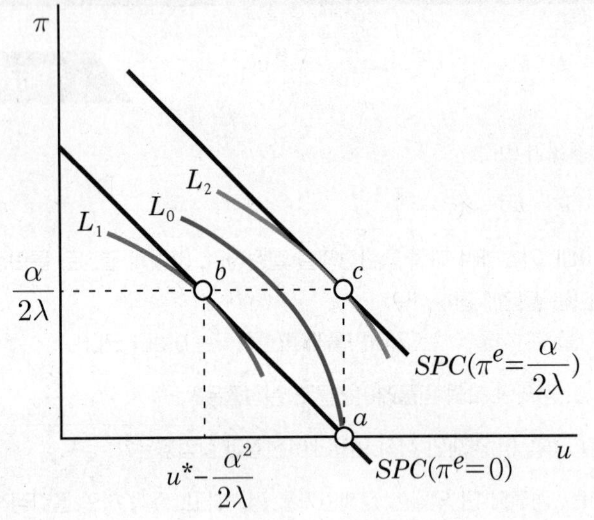

재량 하에서 통화정책이 시행될 경우, 단기균형에서는 준칙에 비해 오히려 손실이 작다.($L_1 < L_0$)

그러나 민간의 기대가 $\pi^e = 0$에서 $\pi^e = \dfrac{\alpha}{2\lambda}$로 수정되는 장기균형의 경우에는 오히려 준칙에 비해 손실이 커진다.($L_0 < L_2$)

즉, 장기균형의 관점에서 볼 때 재량균형 하에서는 준칙균형에 비해 실업률은 동일하면서 인플레이션율만 높은 열등한 균형을 형성하게 된다.

따라서 재량에 비해 준칙이 더 우월한 정책이다.

현재시점에서 수립된 최적의 미래정책이 그 미래가 도래했을 때 더 이상 최적의 정책이 아니게 된다면 정책당국은 당초 계획과는 다른 정책으로 변경하려는 유인이 발생하며 이러한 문제를 동태적 비일관성(time inconsistency)의 문제라고 한다.

동태적 비일관성이 발생하는 이유는 당초의 계획대로 정책을 시행할 때(즉, 준칙을 준수할 때) 달성되는 사회후생(여기서는 손실의 크기)에 비해 그 정책을 수정(준칙을 따르지 않을)할 때 더 높은 사회후생(여기서는 더 낮은 손실)을 달성할 수 있다는 데에 있다.

이는 위의 그림에서 $L_1 < L_0$을 통해서도 확인할 수 있다.

4 정책당국을 준칙에 의해 구속하는 것이 어려울 때 다음과 같은 방법을 통해 동태적 비일관성의 문제를 완화할 수 있다.

① 인플레이션 기피성향이 강한 인물을 중앙은행장으로 임명한다.

② 중앙은행의 보수를 π와 반비례하도록 설계한다.

문제 01

프리드만 펠프스의 자연실업률 가설에 대해 간략하게 설명하시오. 그리고 이를 총수요-총공급 모형을 통해 설명하시오.

해설

1 자연실업률 가설

① 장기에는 경제주체들이 물가를 정확히 예상하므로($\pi = \pi^e$) 장기필립스곡선은 자연 실업률수준에서 수직선이 된다.

② 화폐공급이 변화하더라도 장기적으로 실업률에 영향을 주지 못하므로 화폐가 실물부분에 아무런 영향을 주지 못한다는 화폐의 장기적 중립성(neutrality of money)을 주장한다.

③ 실업률을 낮추기 위한 재량적인 안정화 정책은 장기적으로 물가상승만을 가져온다.

2 총수요 - 총공급곡선 모형

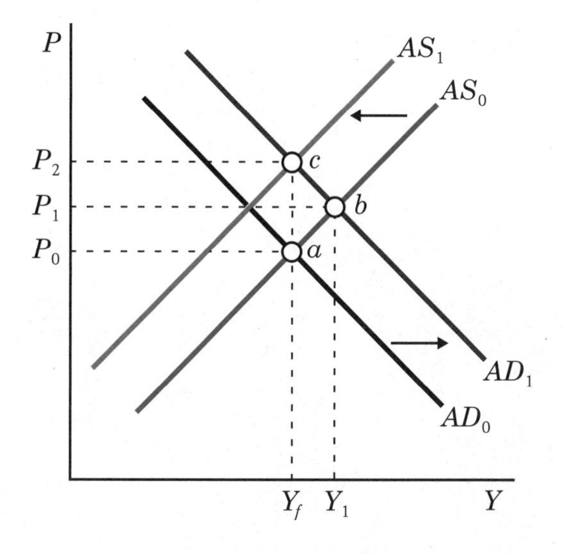

① 확대통화정책은 총수요곡선을 우측으로 이동시키며($AD_0 \rightarrow AD_1$) 물가와 국민소득 모두 증가시킨다.

② 장기적으로 경제주체들은 물가상승을 예측하므로 총공급곡선은 좌측으로 이동하며($AS_0 \rightarrow AS_1$) 물가만 P_2까지 상승하며 국민소득 증가에는 영향을 주지 않는다. 즉, 국민소득은 자연산출량 수준(Y_f)으로 돌아오므로 자연실업률에는 영향을 주지 않는다.

문제 02

기대를 반영한 필립스곡선이 아래와 같다.

$$\pi = \pi^e - 0.4(u - 4)$$

(π : 실제인플레이션, π^e : 기대인플레이션, u : 실제실업률)

1. 잠재GDP에 해당하는 실업률은 몇 %인가?

2. 기대인플레이션이 전기의 실제인플레이션과 동일하다고 할 때 실제인플레이션이 전기에 비해 2%p 감소하기 위해서는 실제실업률은 몇 %가 되어야 하는가?

해설

- 기대를 반영한 필립스곡선식에서 실제인플레이션과 기대인플레이션이 일치할 때의 실업률이 자연실업률이므로 자연실업률은 4%이다.
- 실제실업률이 1%p 높아지면 실제인플레이션율은 0.4%p 낮아지므로 실제인플레이션이 전기에 비해 2%p 감소하기 위해서는 실제실업률이 5%p 상승해야 한다. 따라서 실제실업률은 9%가 되어야 한다.

MEMO 단원의 핵심 내용을 정리해 보세요.

PART 06

PART GUIDE

- 거시경제학은 크게 고전학파와 케인즈학파로 이원화되어 있다.
- 경제 안정화 정책을 둘러싸고 대립되어 온 고전학파 계열과 케인즈 계열의 핵심적인 주장을 비교 및 분석한다.
- 각 학파별 안정화 정책에 대한 관점과 안정화 정책이 필요하다면 어떻게 시행되어야 하는가에 대해 서로 비교하며 정리해 본다.

학파별 비교

CHAPTER 14 학파별 경제이론

CHAPTER 14

학파별 경제이론

단원 학습 목표

- 거시경제학은 크게 고전학파와 케인즈학파로 이원화되어 있다.
- 경제안정화정책을 둘러싸고 대립되어 온 고전학파 계열과 케인즈 계열의 핵심적인 주장을 비교 및 분석한다.
- 각 학파별 안정화정책에 대한 관점과 안정화정책이 필요하다면 어떻게 시행되어야 하는가에 대해 서로 비교하며 정리해 본다.

□△○

1절 개요

01 새 고전학파의 등장 배경

1 신고전파 종합(neoclassical synthesis)

① 케인즈의 '일반이론'은 거시경제학을 근본적으로 변화시키는 계기가 되었는데 고전학파를 정면으로 비판한 케인즈의 주장은 이전의 고전학파와 케인즈의 이론의 통합을 시도하는 계기가 되었다.

② 우선 1930년대와 1940년대 초까지 힉스(J. Hicks)와 한센(A. Hansen)이 개발한 $IS-LM$모형은 케인즈의 아이디어를 수식을 사용하여 표현한 것이다.

③ 사무엘슨(P. Samuelson)은 1948년의 '경제학' 초판에서 케인즈 경제학을 도입했으며 1955년 판에서는 신고전파 종합을 명시적으로 언급하게 된다.

④ 케인즈의 소득결정이론과 함께 종전의 고전학파 경제학에서 가치 있는 부분을 받아들이는 작업을 통해 고전학파와 케인즈 경제학이 종합되어가는 추세를 신고전파 종합이라 부르게 되었다.

⑤ 1950년대에 출현한 소비, 투자, 화폐 수요, 경제성장에 관한 이론들은 신고전파 종합의 대표적인 성과이다.

⑥ 모딜리아니(F. Modigliani)의 생애주기설과 프리드먼(M. Friedman)의 항상소득가설, 보몰(W. Baumol)과 토빈(J. Tobin)의 화폐 수요이론, 조르겐슨(D. Jorgensen)의 투자이론 등은 케인즈의 주장에 고전학파의 미시적 기초가 가미되어 있다.

⑦ 신고전파 성장모형으로 불리게 된 솔로우(R. Solow)모형은 경제의 장기적 성장과정을 이해하는 기초를 제공함으로써 장기보다 단기를 강조한 케인즈의 이론을 보완하였다.

2 통화주의

① 1960년대 후반으로 접어들면서 케인즈적 정책 처방은 완전고용과 경제성장에는 기여하였으나 인플레이션의 문제를 해결하지 못한다는 평가를 받기 시작하였다.

② 케인즈에 따르면 투자를 포함한 총수요는 이자율에 민감하지 않으므로 불황을 극복하기 위해 이자율을 인하하는 통화 정책의 효과는 제한적일 수밖에 없다. 따라서 정부지출의 증대와 같이 총수요에 직접 영향을 주는 정책이 더 효과적이다.

③ 사상적 뿌리를 고전학파에 두고 있는 통화론자들은 정부지출의 증가가 이자율을 상승시키고 민간의 투자를 위축시키는 구축효과 때문에 재정 정책은 전혀 효과를 거둘 수 없다고 주장한다.

④ 프리드먼은 통화량의 변화가 경기변동현상을 잘 설명하고 있다고 주장하였다.
프리드먼에 따르면 1930년대 대공황 역시 통화 정책의 오류에서 비롯되었다고 주장한다. 은행시스템의 혼란상황에서 통화 공급을 줄인 것이 경기를 극도의 불황으로 몰아 간 원인이 되었다는 것이다. 프리드먼을 비롯한 멜쩌(A. Meltzer), 브루너(K. Brunner) 등은 거시경제에서 통화의 중요성을 강조함으로써 통화주의라는 명칭을 얻게 되었다.

⑤ 단, 통화주의는 통화 정책이 단기적으로는 효과가 있을지 몰라도 장기적으로는 효과가 없음을 강조한다.
통화의 중요성을 강조하지만 장기적으로는 통화가 자연소득 수준을 변화시키지는 못한다고 믿는 통화론자들은 정부가 시장에 재량적으로 개입하기보다는 정해 놓은 준칙에 따라 행동할 것을 권고한다. 특히 통화 공급 증가율을 실물경제가 성장하는 속도에 맞게 일정한 수준으로 정해 놓을 것을 권고한다.

⑥ 통화론자의 이러한 견해는 고전학파와 매우 유사하며, 자연소득 수준이 증가하는 추세에 맞춰 통화량을 안정적으로 공급해야 한다는 결론을 도출하게 된다.

3 새 고전학파

① 통화주의자들과 케인즈주의자들과의 논쟁이 활발히 진행되고 있던 1970년대 초에 대부분의 국가들은 스태그플레이션을 경험하게 된다.

② 이때 통화주의의 자유주의 철학과 작은 정부론을 수용하면서, 분석적으로는 고전학파의 틀을 한층 더 발전시킨 경제학자들이 등장하였다.

③ 이들을 새 고전학파라고 부르는데, 대표적인 학자들로는 루카스(R. Lucas), 사전트(T. Sargent), 배로(R. Barro) 그리고 프레스콧(E. Prescott) 등을 들 수 있다.

④ 통화론자들은 불확실성에 직면한 사람들이 적응적(adaptive) 기대를 할 것으로 가정했으나 새 고전학파 경제학자들은 개별 경제주체들의 기대형성 방식으로 합리적 기대가설을 채택한다. 즉, 경제주체들이 자신에게 주어진 모든 정보를 효율적으로 이용하여 경제여건의 변화에 대응하므로 물가의 예상 등에 있어 체계적이고 지속적인 실수를 범하지 않는다는 것이다.

⑤ 합리적 기대가설은 1960년대 말부터 루카스, 사전트 등의 연구가 설득력을 얻게 되면서 현대 거시경제학에 큰 영향을 미치게 되었다.

⑥ 경제에 있어 기대의 중요성은 1976년에 발표된 루카스 비판(Lucas critique)으로 이어진다. 루카스는 사람들의 기대형성이 정책변화의 영향을 받는다는 점을 강조한다. 즉, 정책이 바뀌면 사람들의 기대도 달라진다는 것이다.

02 새 케인즈학파의 등장 배경

① 고전학파와 같은 철학을 바탕으로 하되 새로운 방법론으로 재무장한 새 고전학파는 케인즈 경제학의 방법론적 오류를 지적함으로써 1970년대 이후 영향력 있는 이론체계로 등장하였다.

② 그러나 새 고전학파는 가격의 신축성을 전제로 하기 때문에 경제가 완전고용소득 수준을 달성하거나 그렇지 않은 경우라고 완전고용 균형으로 신속하게 회복된다고 본다.

③ 그러나 거시경제에 별다른 외부충격이 가해지지 않고 있음에도 완전고용소득 수준과 자연실업률을 달성하지 못하는 경우가 있는데 새 케인즈학파는 불완전한 시장구조와 임금 및 가격의 경직성을 통해 새로운 접근을 시도하고자 하였다.

④ 신고전파 종합에 의한 거시경제학에서도 가격변수가 왜 경직적이어야 하는가에 대한 만족스러운 설명을 제시하지 못했다. 이러한 난점을 극복하기 위해 1980년대 이후 피셔(S. Fischer), 맨큐(G. Mankiw), 로머(D. Romer), 블랜차드(O. Blanchard), 애컬로프(G. Akerlof), 스티글리츠(J. Stiglitz) 등에 의해 새로운 연구가 시도되었다.

⑤ 이들은 새 고전학파가 주장하는 대로 미시적 기초에 근거하여 거시경제이론을 구축하는 방법론을 수용하였다. 특히 이러한 방법론을 기반으로 임금과 가격의 경직성을 도출함으로써, 가격변수의 경직성에 대한 합리적 근거를 제시하고자 했다. 새 케인즈학파는 이자율도 때로 경직적인 모습을 보인다는 점을 지적한다.

⑥ 이처럼 새 케인즈학파는 가격의 경직성을 강조하면서 시장 청산이 신속하고 완벽하게 이루어지지 못함을 지적한다. 결국 시장기능은 완벽할 수 없으므로 많은 부분에 있어 정부의 시장개입이 정당화된다.

03 고전학파, 통화주의, 새 고전학파의 비교

① 고전학파모형이 가격의 신축성을 전제로 한 시장경제모형의 이상적인 형태라고 한다면, 새 고전학파는 고전학파모형에 불확실성을 도입하면서도, 다시 경제주체의 합리적 기대를 가정함으로써 고전학파적 사고를 현대적으로 해석하고 부활시켰다.

② 통화주의가 적응적 기대를 가정하여 정책의 단기적 효과를 인정한 반면, 합리적 기대주의는 예상된 정책은 비록 단기라 할지라도 효과가 없음을 강조한다.

04 새 고전학파와 새 케인즈학파의 비교

① 새 케인즈학파와 구별되는 새 고전학파 고유의 철학은 합리적 기대와 신축적 가격에 의한 즉각적인 시장 청산(market-clearing)의 가정에 있다.

② 두 학파의 중요한 차이점을 다음과 같이 비교할 수 있다.

새 고전학파	새 케인즈학파
① 합리적 기대학파 - 새 고전학파	① 합리적 기대가설을 수용한 케인즈학파 - 새 케인즈학파
② 가격변수의 신축성	② 가격변수의 경직성
③ 시장 청산	③ 시장 비청산
④ 완전경쟁시장	④ 불완전경쟁시장
⑤ 정책무력성정리	⑤ 단기적으로 유효한 정책

2절 새 고전학파

01 기본 가정

1 시장 청산(market clearing)

① 모든 시장이 항상 즉각 청산된다는 가정 하에서 실업과 인플레이션 등의 경기변동을 분석한다.

② 각 개인의 최적화 행위로부터 유도되는 수요와 공급은 시장의 신축적인 가격 조정에 의하여 신속히 조정되어 즉각적인 시장 청산이 이루어진다고 보았다.

2 합리적 기대

① 불완전정보(imperfect information)하에서 합리적 기대가설에 기반을 둔 이론체계를 구축하였다.

② 이전의 통화론자들은 적응적 기대를 형성한다고 보았으나 새 고전학파는 보다 현실에 부합되는 합리적 기대를 수용한다.

③ 합리적 기대는 기대를 형성하는 과정에서 이용 가능한 모든 정보를 합리적 방법을 통해 사용하는 것이다.

3 가격변수의 신축성

① 가격변수의 신축성이란 모든 시장에 있어 수요가 공급보다 많으면 가격이 오르고, 공급이 수요보다 많으면 가격이 떨어져 원상태로 회복되는 상황을 말한다.

② 가격변수가 신축적이면 즉각적인 시장 청산이 달성된다.

4 미시경제적 연구 방법 사용

① 거시경제학의 미시경제학적 기초하의 연구방법을 사용하여 균형분석을 시도한다.

② 즉, 소비자들의 선호, 기업의 생산기술, 정보 등을 구체적으로 정의하고 경제주체의 최적화 행태를 통해 실업 및 인플레이션 등 거시경제현상을 설명한다.

02 루카스 공급곡선

① 개별기업은 상대가격 변동과 일반 물가수준 변동을 정확히 구별하기 쉽지 않다.
즉, 자사 제품 가격이 상승했을 때 이것이 상대가격 변화인지 아니면 일반 물가수준 변화인지를 구분하기 힘들며 이러한 불완전정보의 상황에서 각 기업들은 주어진 정보를 최대한 활용하여 일반 물가수준을 합리적으로 예상하고 이에 따라 산출량을 결정하려 할 것이다.

② 이처럼 기업의 물가에 대한 예상을 반영한 공급곡선은 다음과 같이 표현된다.

$$Y = Y_f + \alpha(P - P^e)$$

[Y : 실제 GDP, Y_f : 잠재 GDP, P : 실제물가, P^e : 예상물가]

③ 이 식을 루카스 공급곡선이라고 한다.

④ 합리적 기대를 가정한 상황에서 물가수준에 대한 정보의 불완전성 때문에 산출수준이 변화할 수 있다는 것을 보였다는 점에서 루카스 공급곡선을 새 고전학파의 총공급곡선이라고도 한다.

03 정책 무력성 정리(policy ineffectiveness proposition)

1 개념

① 개인들이 합리적 기대를 이용하면 평균적으로 물가를 정확히 예상하므로 예상된 안정화 정책은 단기적으로 산출량을 증가시키는데 무력하다는 것을 말한다.

② 정책무력성 명제가 성립하는 상황이면 고통 없는 인플레이션 억제(painless disinflation)가 가능하다.

2 조건

① 가격변수는 신축적이다.

② 개별경제주체들의 기대는 합리적이다.

③ 정부는 공표 후 공표한대로 정책을 시행한다.

④ 민간주체들은 정부 정책의 신뢰성(credibility)을 갖는다.

3 예상된 정책의 경우

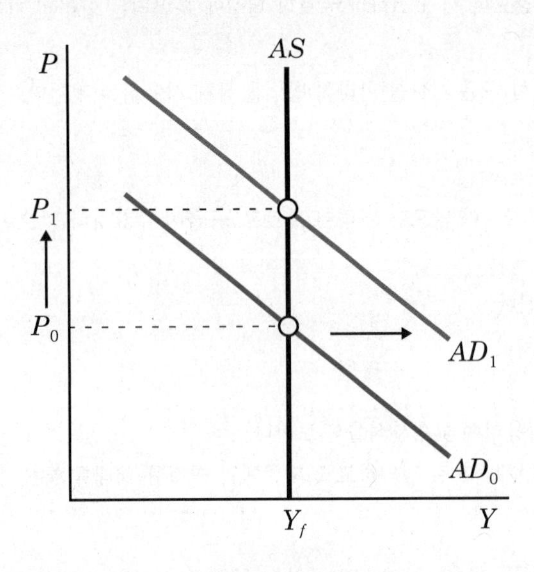

① 정부의 확대 금융 정책이 예상된 정책이라면 경제주체들은 물가 상승을 예상할 수 있다

② 실제물가(P)와 예상물가(P^e)가 동일하다면 루카스 공급곡선은 $Y = Y_f$가 된다.

③ 총공급곡선은 단기적으로도 자연산출량 Y_f에서 수직선의 형태를 갖는다.

④ 따라서 예상된 확대 금융 정책은 단기적으로도 산출량 증가에 무력하다. 즉, 총수요곡선이 AD_0에서 AD_1으로 우측 이동해도 물가만 P_0에서 P_1으로 상승할 뿐 실질 GDP는 변하지 않는다.

⑤ 예상된 통화 공급의 증가는 단기적으로도 아무런 효과를 가져오지 못한다. 이는 합리적 기대론자들이 주장하는'정책의 무력성'이다.

⑥ 그러나 예상하지 못한 통화 공급의 증가는 단기적으로 효과를 거둘 수 있다.

4 예상되지 못한 정책의 경우

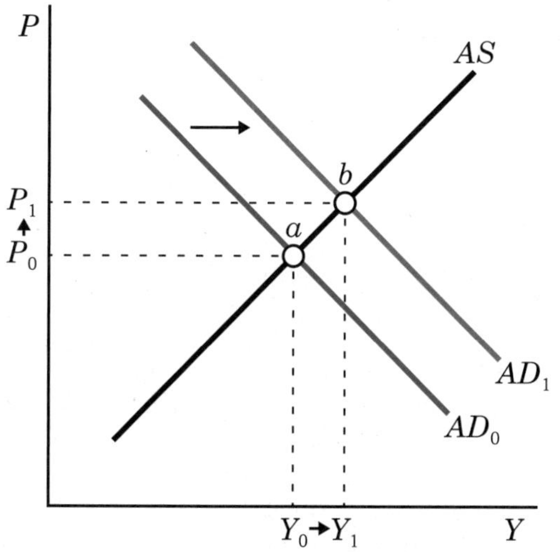

① 정부가 예상치 못한 확대 금융 정책을 실시하면 경제주체들이 경제정책 변화에 따른 물가 상승분을 자신의 물가 예상에 미처 반영하지 못한다.

② 실제물가가 예상물가보다 커지므로($P > P^e$) 루카스 공급곡선에 따르면 우상향하는 총공급곡선을 도출할 수 있다.

③ 예상하지 못한 정책은 균형국민소득을 Y_1으로 증가시키므로 단기적으로 산출량 증가가 발생한다.

④ α값이 클수록 총공급곡선의 기울기가 완만해지므로 총수요관리정책의 효과가 커진다.
왜냐하면 α값은 개별기업의 가격변화에 대한 반응정도를 나타내는 것으로 경제주체들의 착각의 정도를 반영하는 것이기 때문이다.

④ 예상하지 못한 정책은 단기적으로 효과가 있으나 정부에 대한 민간의 신뢰도를 감소시키고 경제의 불확실성이 높아지므로 경제에 바람직하지 못한 결과를 초래할 수 있다.

개념정리 **루카스 공급곡선의 기울기**

• 루카스 공급곡선을 P로 정리하면 다음과 같다.

$$P = \frac{1}{\alpha}Y + P^e - \frac{1}{\alpha}Y_f$$

• 따라서 루카스 공급곡선의 기울기는 $\frac{1}{\alpha}$이므로 α값이 커질수록 공급곡선의 기울기는 작아진다.

5 장기적 효과

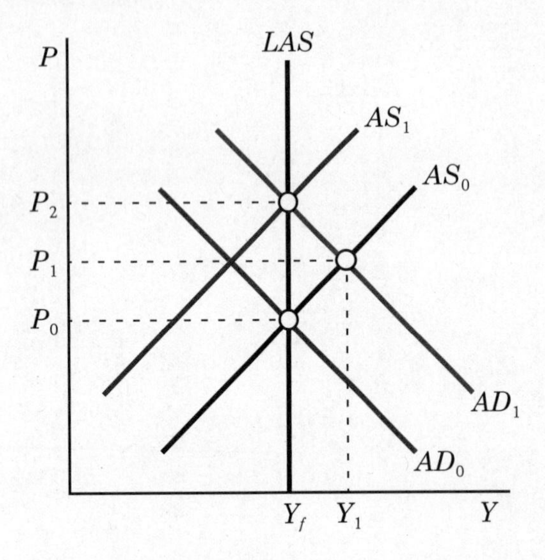

① 예상치 못한 총수요관리 정책이 효과를 갖더라도 그것은 오래 지속될 수 없다.

② 체계적인 오류를 반복하지 않는 합리적 기대에서는 예상오류의 조정은 신속하게 이루어지기 때문에 즉시 총공급곡선은 AS_0에서 AS_1으로 상방 이동한다.

③ 또는 α값은 경제주체들의 착각의 정도를 반영하기 때문에 장기적으로 α값이 작아진다.
α값이 작아지면 AS곡선의 기울기가 커진다.

④ 따라서 새 고전학파에서 예상치 못한 총수요관리 정책의 효과는 지극히 단기적 현상일 뿐이다.

6 결론

새 고전학파의 세계에서는 재정 정책이든 금융 정책이든 예상된 정책은 단기에서조차 효과를 갖지 못하며 오직 예상하지 못했던 정책만이 단기적으로만 효과를 갖는다.

04 루카스 비판

① 기존의 거시경제모형은 기대의 역할을 명시적으로 고려하지 않은 채, 현재 또는 과거의 변수들로만 형태방정식을 구축하고 있었다.

② 루카스에 따르면 경제주체들은 정책에 반응하므로 정책이 바뀌면 사람들의 행동이 바뀌고 그에 따라 경제변수 간에 새로운 관계가 형성된다고 주장한다.
따라서 사람들이 과거의 행동양식을 그대로 유지할 것이라고 보고 정책의 효과를 분석하는 것은 오류라는 것이다.

③ 새로운 정책을 도입함에도 불구하고 사람들이 여전히 과거의 행동양식을 그대로 따를 것이라고 가정하고 정책의 효과를 분석하는 관행에 대한 비판을 루카스 비판(Lucas ctitique)이라고 한다.

④ 루카스에 의하면 총공급곡선의 기울기도 정책에 따라 그 모습이 변하게 된다. 실제로 루카스는 국가별 총공급곡선을 비교분석한 결과 경기부양정책을 빈번하게 사용하여 인플레이션율이 높은 국가일수록 총공급곡선이 수직에 가깝다는 것을 발견했다.
즉, 경기부양책을 자주 사용할수록 사람들은 인플레이션에 대한 기대를 정확히 형성하므로 정책이 무력해진다.

⑤ 루카스를 비롯한 새고전파 경제학자들은 거시경제모형의 행태함수를 임의적으로 가정할 것이 아니라 경제주체의 최적화행동 및 시장균형의 결과로 도출해야 함을 거듭 강조한다.
⑥ 집계변수를 다루는 거시경제이론이라 할지라도, 방법론적 측면에서는 미시경제학적 최적화이론에 기초한 행태방정식을 도출해야 한다는 것이다.

05 새 고전학파에 대한 평가

1 긍정적 평가

① 새 고전학파는 고전학파의 완전정보와 시장 청산의 논리를 합리적 기대 하에서 불완전정보와 시장 청산의 논리로 대체하여 종래 고전학파 및 통화주의에서 설명하지 못했던 실업 및 경기변동 등을 설명하고자 했다.
② 그러나 새 고전학파의 이론에 대한 비판도 적지 않은데 그 중 대표적인 비판은 다음과 같다.

2 부정적 평가

1. 합리적 기대에 대한 비판

① 오늘날과 같이 복잡하고 상호의존적이며 항상 변화하는 경제 내에서 경제주체들은 합리적인 기대를 하기가 쉽지 않다.
② 또한 정보의 양이 제한되고 그것을 파악하기도 힘들다.

2. 가격변수의 신축성에 대한 비판

① 모든 가격이 신축적이고 실업이 자발적이라는 것은 매우 비현실적이다.
② 이러한 가정은 모형 자체가 완벽해야 하며 현실에 적용시키기에는 무리가 따른다.

□△○

3절 새 케인즈학파

01 개요

① 새 케인즈학파는 가격변수의 경직성을 강조하면서 시장 청산이 신속하고 완벽하게 이루어지지 못함을 강조한다.
② 시장기능이 완벽할 수 없으므로 많은 부분에 있어서 정부의 시장개입이 정당화된다.
③ 새 케인즈학파는 새 고전학파가 주장하는 대로 미시경제적 기초에 근거하여 거시경제이론을 구축하였다.
④ 임금, 가격, 이자율 등의 가격변수의 경직성에 대한 합리적 근거를 제시하고자 했다.

02 가정

1 불완전정보

완전한 정보라는 가정은 비현실적이며 불완전한 정보의 세계를 상정하는 것이 현실적이라고 보았다.

2 합리적 기대

불완전정보의 세계에 사는 개별경제주체들은 합리적 기대를 이용하여 장래를 예측하며 이를 바탕으로 경제행위를 한다.

3 가격변수의 경직성

불완전한 시장에서 개인의 최적화행위의 결과로서 가격과 임금의 경직성을 도출한다.

4 시장 비청산

가격변수가 경직적이기 때문에 시장 청산이 이루어지지 않는다.

03 가격변수의 경직성

1 의의

① 가격경직성의 미시적 기초를 제시하기 위해 독점적 경쟁기업의 최적선택의 결과로서 가격경직성을 설명하는 대표적 이론으로 맨큐(G. Mankiw)의 메뉴비용(menu cost)이 있다.
② 애컬로프(G. Akerlof)와 스티글리츠(J. Stiglitz) 등에 의해 발전된 정보의 비대칭성이론은 거시경제학에 큰 영향을 미쳤는데 새 케인즈학파는 이자율도 경직적일 수 있다는 점을 지적한다.
만약 재화가격과 임금 이외에 이자율 또한 경직적이라면 경기 침체의 치유능력은 더욱 약해진다.

2 메뉴비용

1. 메뉴비용이란?

① 맨큐는 가격을 조정하는 데 드는 비용, 즉 메뉴비용이 존재한다고 본다.

② 메뉴비용이란 가격을 조정하는데 드는 모든 비용을 포괄하는 개념으로 기업이 가격을 변화시킬 때 드는 마찰적 비용을 은유적으로 표현한 말이다.

③ 예를 들어 기업이 재화 가격을 바꾸려 할 때 메뉴판을 새로 만들어야 하고 소비자에게 가격변동을 알려야 하며 판매담당자에게는 새로운 가격목록도 보내야 한다.

④ 이처럼 메뉴비용은 가격 변화와 관련된 유형 · 무형의 모든 비용을 포괄하는 개념이다.

⑤ 맨큐는 이처럼 사소해 보이는 메뉴비용의 존재가 재화 가격의 경직성을 유발하고 결국 경기변동을 발생시킬 수 있다고 주장했다.

2. 설명

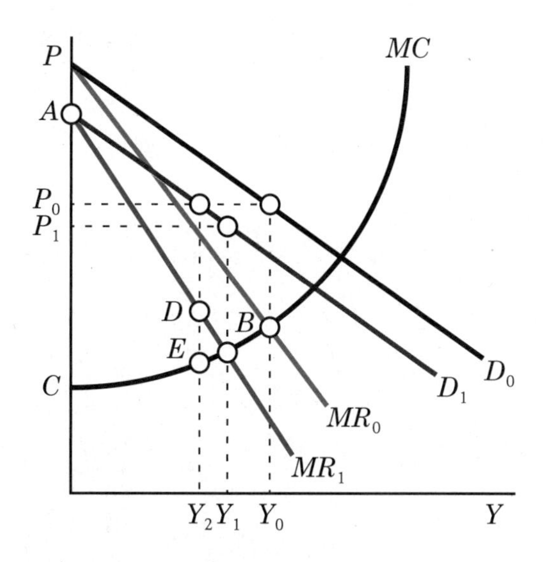

① 어떤 독점적 경쟁기업의 제품에 대한 시장수요가 D_0, 한계비용이 MC라면 이윤극대화 가격과 산출량은 각각 P_0, Y_0가 된다.

② 총수요감소 충격이 발생하여 제품수요가 D_0에서 D_1으로 감소하였다면 이윤극대화 가격과 산출량은 각각 P_1, Y_1이 되고 이윤은 $\triangle ABC$가 된다.

③ 그러나 가격을 변화시키는데 메뉴비용 C_M이 발생한다면 전체이윤은 메뉴비용만큼 감소하여 $(\triangle ABC - C_M)$이 된다.

④ 독점적 경쟁기업이 총수요충격 발생 전의 가격 P_0를 유지한다면 Y_2로 산출량이 줄기 때문에 이윤은 $ADEC$가 된다.

⑤ 따라서 독점적 경쟁기업은 $(\triangle ABC - C_M)$와 $ADEC$를 비교하여 전자가 후자보다 크다면 가격을 조정하고 후자가 전자보다 크다면 가격을 변화시키지 않는다.

⑥ 따라서 독점적 경쟁기업이 가격을 변화시키지 않는다면 총수요가 변동함에도 가격은 P_0로 경직적이고 산출량의 변동폭$(Y_0 - Y_2)$은 가격을 조정할 때 보다 훨씬 커진다.

3 이자율 경직성과 신용할당

1. 금융시장에서의 정보비대칭

① 정보의 비대칭성으로부터 파생되는 역선택과 도덕적 해이의 문제는 금융시장에서 이자율의 경직성을 야기할 수 있다.

② 금융기관이 대출금리를 인상하면 위험이 높은 기업 위주로 자금을 차입하게 되어 금융기관의 수익성이 낮아질 수 있다. 따라서 은행은 대출이자율이 높아지면 주로 부도 위험이 높은 기업들을 대출 고객으로 맞이하게 되는 역선택의 문제에 직면한다.

③ 또한 높은 이자율로 대출받은 기업은 대출을 받은 다음에 안전한 투자계획에서 위험과 수익이 높은 투자계획으로 변경하고자 하는 도덕적 해이가 발생한다.

④ 따라서 금융기관은 역선택과 도덕적 해이를 막기 위해 대출이자율을 높이지 않는 것이 더 낫다고 생각한다.

2. 해결책 – 신용할당

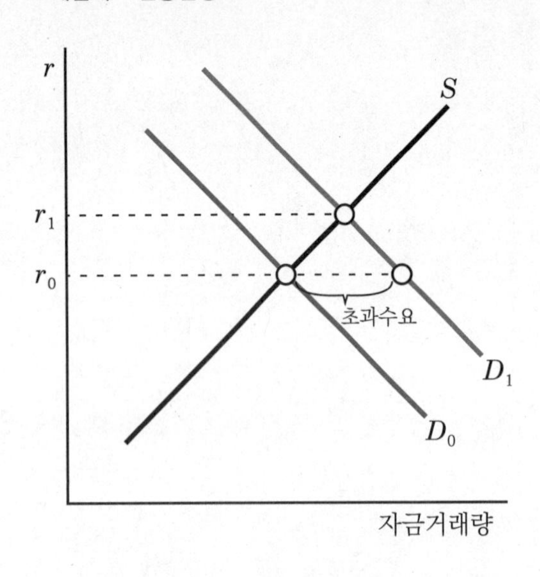

① 자금시장에서 자금의 수요 증가로 이자율이 상승하면 예상수익은 증가한다.

② 이자율 r_0에서 예상수익이 최대가 된다면 이자율 r_1에서는 예상수익이 감소하게 된다.

③ 따라서 대부자 입장에서 이자율을 r_0에서 유지하고자 하며 자금의 초과수요를 신용할당으로 대응하게 되어 신용도가 높은 기업에게 자금이 우선적으로 배분된다.

④ 즉, 자금시장에서 자금에 대한 초과수요가 존재함에도 금융기관이 대출금리를 인상하지 않고 신용등급에 따라 자금을 할당하여 금융시장의 역선택이나 도덕적 해이를 해결할 수 있다.

⑤ 금융시장에서 초과수요가 발생하더라도 이자율을 r_0수준에서 더 이상 올리지 않는다.
따라서 신용할당 이론은 금융시장의 이자율 경직성이 금융기관의 이윤 극대화에 부합한다는 새 케인즈학파의 주장을 설명한 이론이다.

04 거시경제정책의 효과

1 경제정책에 대한 새 케인즈학파의 입장

① 정부가 예상된 정책을 실시하고, 경제주체들이 합리적 기대를 이용하여 물가 변수를 정확히 예상하더라도 가격변수가 경직적이므로 단기적으로는 정책 효과가 발생한다.

② 따라서 단기적으로 경기가 침체 상태에 있다면 적극적인 안정화 정책이 필요하다고 본다.

2 예상치 못한 정책

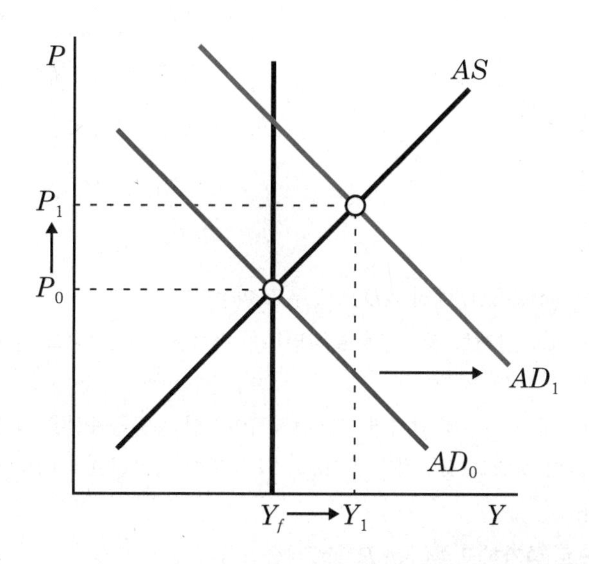

① 정부가 예상치 못한 총수요확대 정책을 실시하면 총수요곡선은 AD_0에서 AD_1으로 우측 이동한다.

② 노동자들은 물가 상승을 예상하지 못하므로 임금 인상을 요구하지 않으며 기업의 비용에도 영향을 주지 못한다. 따라서 AS곡선은 이동하지 않는다.

③ 따라서 예상치 못한 정책을 실시하면 산출량은 Y_1으로 증가하고 물가는 P_0에서 P_1으로 상승한다.

3 예상된 정책

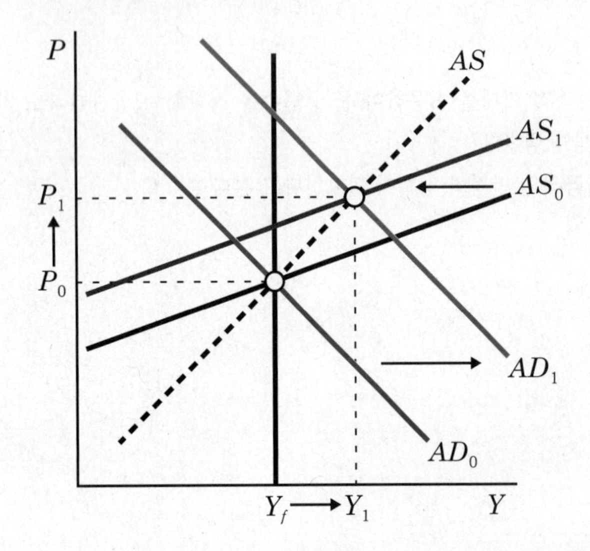

① 정부가 예상된 총수요확대 정책을 실시하면 총수요곡선은 AD_0에서 AD_1으로 우측 이동한다.

② 중앙은행이 사전에 통화량을 증가시킬 것임을 공지하고 실제로 통화량을 늘리면 노동자들은 물가 상승을 기대한다.

③ 노동자들이 물가 상승을 기대하면 임금 인상을 요구하게 되는데 가격변수가 경직적이라면 총공급곡선은 좌측으로 충분히 이동하지 못한다. 즉, 예상된 총수요확대 정책의 경우에도 가격변수의 조정이 즉각적으로 이루어지지 못하므로 총공급곡선은 AS_1까지만 이동한다.

④ 예상된 총수요확대 정책의 경우에도 산출량은 Y_1으로 증가하고 물가는 P_1으로 상승한다.

⑤ 따라서 새 케인즈학파의 세계에서 조정과정을 거친 후의 총공급곡선은 점선의 AS로 표시할 수 있다.

05 새 케인즈학파에 대한 평가

① 새 고전학파의 경쟁적 시장구조와 신축적 가격이라는 가정의 비현실성을 비판하는 동시에 가격경직성이라는 현실적인 가정을 전제로 여러 가지 경제문제를 다루고 있다.

② 새 케인즈학파에 의하면 시장기능은 일반적으로 시장 그 자체에 존재하는 불완전성과 불확실성으로 인하여 완벽할 수 없으므로 정부의 정책을 통해서 보다 나은 상태로 이동시켜야 하며 이것이 실제로 가능하다고 본다.

4절 공급경제학파

01 등장 배경

① 1970년대 스태그플레이션(stagflation)이 발생하고 미국의 재정적자가 누적됨에 따라 미국은 전반적인 생산성 저하와 고물가가 발생하였다.

② 기존의 케인즈적 총수요 관리정책이 이러한 문제를 해결하는 데 별로 도움을 주지 못하는 상황에서 공급 측면이 강화되어야 하며, 조세제도의 개편과 정부 개입의 최소화를 주장하는 공급경제학이 등장하였다.
즉, 1970년대 후반부터 미국에서는 래퍼(A. Laffer), 펠드스타인(M. Feldstein) 등에 의해 공급경제학파라는 새로운 경제 사조가 주창되었다.

③ 케인즈학파나 통화주의가 거시경제의 수요 측면에서 개인적인 동기를 중요시하지 않는 반면 공급경제학파에서는 사람들이 어떤 동기와 기대를 가지고 투자와 노동을 하는가에 관심을 가진다.

④ 공급경제학파에 따르면 정부의 시장 개입은 공급자의 창의력을 위축시킨다고 본다.
즉, 케인즈학파에 의한 개입주의로 인해 지나치게 증가한 비효율적 정부지출을 감소시키고, 민간의 창의력을 살려야 한다고 주장한다.

02 감세 정책

1 효과

① 공급경제학은 정부의 조세정책과 총공급과의 상호 관계를 중요시하는 경제이론으로 경제 안정을 위한 조세의 경제적 기능보다 조세가 자원배분에 미치는 경제적 기능을 한층 더 강조하였다.

② 공급경제학파는 근로 및 자본에 대한 세율이 지나치게 높으면 근로의욕, 투자의욕을 해쳐 생산과 소득이 줄어든다고 본다. 즉, 높은 세율의 소득재분배정책은 근로의욕을 저해한다고 본다.

③ 노동에 대한 조세부담이 커지면 근로자가 받는 임금이 감소하므로 근로자는 노동 공급을 줄이게 된다. 기업은 임금 인상에 대한 부담으로 고용을 줄이려고 한다.

④ 자본에 대한 조세부담이 커지면 마찬가지 이유로 투자의욕이 저해된다.

⑤ 따라서 조세부담이 큰 경제에 세율을 낮추면 동기유발을 통해 생산 및 경제성장을 촉진할 수 있다.

2 케인즈학파와의 비교

① 공급경제학이 조세 변수를 중심으로 한 재정 정책을 중요시하고 있다는 점에서 케인즈학파와 일맥상통한 듯 보인다.

② 그러나 케인즈학파는 조세의 변화가 직접 총수요에 영향을 미친다고 보는 반면 공급경제학은 조세의 변화가 우선 총공급에 영향을 미침으로써 총수요를 변화시킬 수 있다고 분석한다는 점에서 차이가 있다.

03 래퍼곡선(Laffer curve) - 조세감면의 근거

1 모형

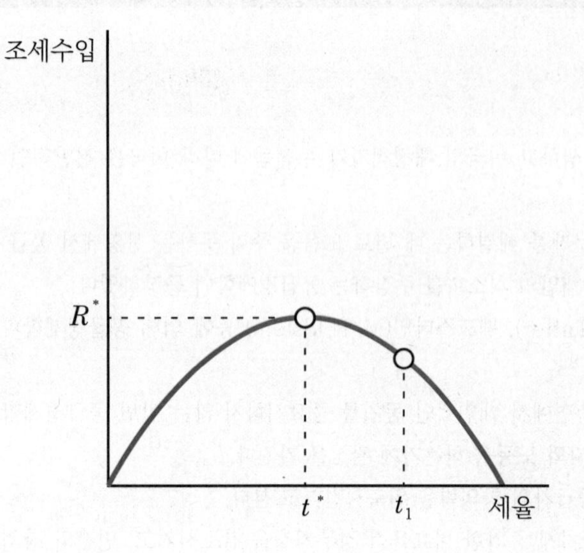

① 래퍼곡선(Laffer curve)이란 세율과 정부의 조세수입 간의 관계를 나타내는 곡선이다.

② 세율이 0으로부터 점차 올라가면 일정 수준 내에서는 조세수입이 증가하지만 세율이 t^*이상으로 오르면 오히려 노동자들의 근로의욕을 해쳐서 소득이 줄어든다.

③ 소득이 줄어들면 소득의 함수인 조세수입이 감소하므로 래퍼곡선(Laffer curve)은 역 U자 형태를 갖는다.

④ 그림에서 세율이 t^*이상이 되는 경우 조세수입을 늘리기 위해서는 세율을 오히려 줄여야 한다. 따라서 세율이 t^*이상인 영역을 금지 영역이라고 한다.

2 공급경제학파의 주장

① 공급경제학은 1980년대 초 미국의 세율이 t_1이기 때문에 세율을 낮춰 조세수입을 증대시킬 수 있다고 주장했다.

② 당시 미국 대통령 레이건은 이와 같은 공급경제학의 정책제안을 받아들여 대폭적인 소득세율 인하를 실시했지만 미국의 재정적자가 크게 증가했다.

③ 레이건의 감세정책으로 재정적자와 정부 부채 증가는 결과적으로 공급경제학파의 신뢰성을 떨어뜨린 계기가 되었다.

04 조세정책의 전달 과정

① 대체효과가 소득효과보다 크다는 전제하에서 소득세율을 인하하면 민간은 여가 소비를 줄이고 노동 공급을 증가시킨다.

② 법인세율의 인하는 기업의 투자를 증가시켜 자본량을 증가시키므로 노동의 한계생산성을 상승시킨다. 이는 노동의 수요곡선을 우측으로 이동시키며 노동의 고용량을 증가시킨다.

③ 이와 같은 경로로 총생산이 증대됨에 따라 총공급이 증가한다.

05 조세감면과 총수요곡선과 총공급곡선의 이동

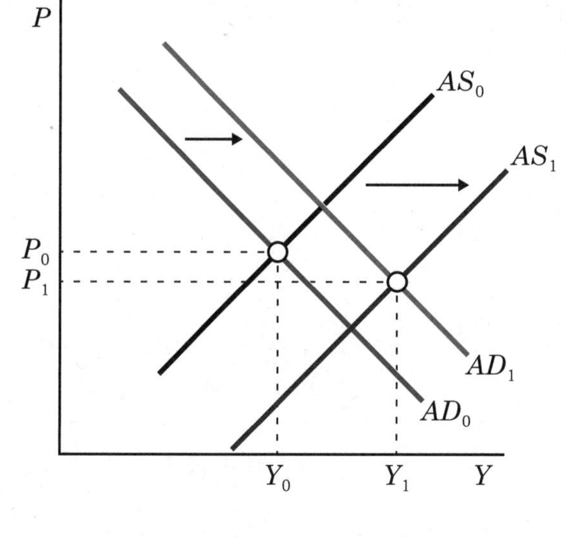

① 조세를 감면해주면 총수요곡선이 오른쪽으로 이동할 뿐만 아니라 총공급곡선도 오른쪽으로 이동하는 결과를 가져와 물가 안정과 경기활성화를 동시에 달성할 수 있다.

② 소득세를 감면해주면 노동자들의 근로의욕이 높아지고 더욱 많은 저축을 할 수 있다.

③ 법인세를 감면하면 기업은 이전보다 더욱 많은 투자를 하게 된다.

④ 이렇게 각종 조세감면이 이루어지면 노동의 공급이 늘고 자본축적이 더 빨라지게 되며 총공급곡선은 우측으로 크게 이동한다.

⑤ 총수요곡선이 AD_0에서 AD_1으로 우측 이동하는 한편 경제의 생산능력이 커져 총공급곡선도 AS_0에서 AS_1으로 우측 이동한다.

⑥ 총공급곡선의 이동폭이 총수요곡선의 이동폭보다 크기 때문에 산출량은 Y_0에서 Y_1으로 증가하고 물가는 P_0에서 P_1으로 하락한다.

06 공급경제학의 한계

① 경험적으로 검증되지 않은 이론이므로 현실 적용이 쉽지 않다.

② 래퍼곡선의 존재 여부에 관한 이론적 · 실증적 근거가 부족하다.

③ 조세감면을 통한 공급 확대는 상당한 기간이 경과한 후에 그 효과가 나타나는 것이 일반적인 반면 그 기간 동안 정부 지출이 비슷한 수준으로 유지될 경우 오히려 재정적자가 증가할 수 있다.

④ 정부의 조세수입이 극대화되는 최적조세율(t^*)을 찾기가 쉽지 않다. 따라서 조세의 감소가 생산, 저축, 투자를 증가시킨다기보다는 오히려 소비수요를 자극하여 인플레이션을 유발할 수도 있다.
1980년대 초반 미국에서는 이들의 이론에 따라 조세감면과 긴축적 통화 정책을 실시한 결과, 이자율 상승으로 환율이 평가 절상되어 쌍둥이적자(재정적자+경상수지적자)라는 새로운 문제를 야기했다.

⑤ 조세의 기능과 관련하여 소득재분배 기능을 중요시하고 있지 않다.
즉, 공급경제학은 분배보다는 효율성, 형평성보다는 경제적 자유를 중시하며 작은 정부(small government)를 지향한다.

MEMO 단원의 핵심 내용을 정리해 보세요.

01 총수요 확장정책이 장기뿐 아니라 단기에서도 물가만 상승시킬 뿐 실업률 감소에는 기여하지 못한다는 정책 무력성 명제와 가장 관계 깊은 이론은?

① 합리적 기대이론
② 화폐수량설
③ 내생적성장이론
④ 항상소득이론

풀이 날짜			
채점 결과			

02 새 고전학파(New Classical School) 경제학자들이 주장하는 정책무력성정리에 관한 설명 중 타당하지 않은 것은?

① 노동자들은 합리적 기대를 통해 단기에도 물가를 평균적으로 정확하게 예상한다.
② 총수요관리를 통한 안정화정책은 효과를 거둘 수 없다.
③ 총공급곡선이 장기에는 수직선이다.
④ 정부가 아무도 예상치 못한 정책을 실시할 경우에만 단기적으로 안정화정책이 효과를 거둘 수 있다.
⑤ 정부의 확대 재정 정책은 장기적으로 물가에도 영향을 주지 않는다.

풀이 날짜			
채점 결과			

03 루카스(Lucas)를 중심으로 한 새 고전학파의 주장과 거리가 먼 것은?

① 모든 시장이 자율적인 가격의 조정기능에 의하여 항상 균형을 이룬다.
② 단기의 필립스곡선은 우상향할 수 있으나 장기에는 수직이다.
③ 사람들은 주어진 정보에 근거하여 합리적으로 기대를 형성한다.
④ 비자발적 실업은 존재하지 않는다.
⑤ 정부의 통화관리정책은 단기에도 효과가 없다.

풀이 날짜			
채점 결과			

04 통화주의자와 새 고전학파의 의견이 일치하는 점은?

① 금융 정책이 재정 정책보다 효과가 크다.
② 투기적 화폐 수요는 이자율에 대하여 탄력적이다.
③ 총수요관리정책은 유효한 정책이다.
④ 거시경제정책에 관한 한 정부의 비 개입주의를 주장한다.
⑤ 단기적으로는 금융 및 재정 정책이 유효하다.

풀이 날짜			
채점 결과			

해설

정답

01 • 합리적 기대란 이용 가능한 모든 정보를 최적으로 이용하여 형성된 기대를 말한다. ①

$\rightarrow p_{t+1}^{e} = E[p_{t+1}]$

• E_t는 t기의 조건부 기댓값을 구하는 수학적 기호이다.

• 다음 기의 물가 p_{t+1}을 기대할 때 지금(t기) 이용 가능한 모든 정보를 모두 이용하여 기댓값을 계산한다는 의미이다.

02 ① 합리적 기대는 기대를 형성하는 과정에서 이용 가능한 모든 정보를 합리적 방법을 통해 사용하는 것이다. 단기에도 물가를 평균적으로 정확하게 예측할 수 있다. ⑤

② 개인들이 합리적 기대를 이용하면 평균적으로 물가를 정확히 예상하므로 예상된 안정화 정책은 단기적으로 산출량을 증가시키는데 무력하다.

③ 총공급곡선은 장기에 수직선이며 단기에도 합리적으로 기대를 한다면 수직선의 형태를 가질 수 있다.

④ 정부가 예상치 못한 확대 금융 정책을 실시하면 경제주체들이 경제정책 변화에 따른 물가 상승분을 자신의 물가 예상에 미처 반영하지 못한다. 따라서 총공급곡선은 우상향의 형태를 갖는다. 예상하지 못한 정책은 단기적으로 산출량 증가가 발생한다.

⑤ 총공급곡선은 장기에 수직선이다. 따라서 정부의 확대 재정 정책으로 총수요곡선이 우측 이동하면 장기적으로 물가만 상승시키고 국민소득에는 영향을 주지 않는다.

03 ① 각 개인의 최적화 행위로부터 유도되는 수요와 공급은 시장의 신축적인 가격조정에 의하여 신속히 조정되어 즉각적인 시장 청산이 이루어진다. ②

② 새 고전학파에 따르면 예상한 정책의 경우 단기 필립스곡선은 수직일 수 있다.
예상치 못한 정책을 실시하면 단기 필립스곡선은 우하향의 형태를 갖는다.

③ 개인들은 주어진 정보를 바탕으로 합리적으로 기대를 형성하며 물가 등 각종 경제 변수를 정확히 예상한다.

④ 가격변수의 신축성 때문에 모든 시장은 균형으로 돌아온다.
따라서 노동시장에서도 균형이므로 비자발적 실업은 존재하지 않는다.

⑤ 예상한 통화관리정책은 단기에도 효과가 없다.

04 ① 재정 정책보다 금융 정책이 상대적으로 효과적이다. ④

② 케인즈학파는 투기적 화폐 수요의 이자율 탄력성이 크다고 주장한다.

③ 케인즈학파는 총수요관리정책이 효과적이라고 주장하나 새 고전학파는 정책무력성정리를 통해 단기적으로도 효과가 없다고 주장한다. 통화주의학파는 확대 재정 정책은 구축효과 때문에 효과가 작다고 주장한다.

④ 통화주의와 새 고전학파 모두 고전학파 계열로 정부의 비 개입주의를 주장한다.

⑤ 새 고전학파는 정책무력성 정리를 통해 단기에도 금융 및 재정 정책의 효과가 없다고 주장한다. 통화주의는 구축효과를 통해 재정 정책의 효과에 대해 비관적이다. 또한 자연실업률 가설을 통해 금융 정책은 장기적으로 물가만 상승시킨다고 주장한다.

05 다음 중 새 케인즈학파(new Keynesian school)와 관계가 없는 것은?

풀이 날짜			
채점 결과			

① 불완전경쟁
② 정책무력성명제
③ 메뉴비용
④ 개별경제주체들의 최적화행동
⑤ 효율성임금가설

06 다음 중 공급중시 경제학에서 적용되고 있는 정책수단이 아닌 것은?

풀이 날짜			
채점 결과			

① 어느 수준 이상에 있는 세율의 인하
② 각종 사회보장지출의 감소
③ 자본재의 감가상각연한의 축소
④ 준칙에 입각한 통화 정책
⑤ 재정지출의 확대

07 래퍼곡선에 대한 설명으로 옳지 않은 것은?

풀이 날짜			
채점 결과			

① 공급 중시 경제학을 뒷받침하고 있다.
② 고소득자에게 상대적으로 더 많이 감세하면 세수가 증가한다.
③ 동일한 세수를 거둘 수 있는 세율은 언제나 2개가 있다.
④ 누진소득세를 반대한다.
⑤ 정부의 비 개입주의를 의미한다.

05 • 새 케인즈학파는 가격변수의 경직성을 강조하면서 시장 청산이 신속하고 완벽하게 이루어지지 못함을 강조한다. ②

• 시장 기능이 완벽할 수 없으므로 많은 부분에 있어서 정부의 시장개입이 정당화된다.
• 새 케인즈학파는 새 고전학파가 주장하는 대로 미시경제적 기초에 근거하여 거시경제이론을 구축하였고 임금, 가격, 이자율 등의 가격변수의 경직성에 대한 합리적 근거를 제시하고자 했다.
• 메뉴비용을 통해 재화가격의 경직성을, 효율성임금을 통해 실질임금의 경직성을 설명하였다.
• 정책무력성 명제는 새 고전학파의 이론이다.

06 • 공급경제학은 정부의 조세정책과 총공급과의 상호 관계를 중요시하는 경제이론으로 경제 안정을 위한 조세의 경제적 기능보다 조세가 자원배분에 미치는 경제적 기능을 한층 더 강조하였다. ⑤

• 따라서 조세부담이 큰 경제에 세율을 낮추면 동기유발을 통해 생산 및 경제성장을 촉진할 수 있다.
• 공급 중시 경제학은 작은 정부를 지향하므로 사회보장지출의 감소, 정부지출 축소 등을 주장한다.
• 공급경제학은 고전학파 계열에 속하므로 재량보다는 준칙에 입각한 정책 시행을 지지한다.

③ 자본재의 감가상각연한을 축소하면 기업의 비용이 증가한다. 예를 들어 100만 원에 해당하는 자본재를 구입하면 해당 자본재에 대해 감가상각비용을 계산해야 한다.

5년간 자본재를 사용한다면 매년 $\frac{100}{5}=20$만 원의 감가상각비용이 발생하고 2년간 사용한다면 매년 $\frac{100}{2}=50$만 원의 감가상각비용이 발생한다.

따라서 자본재의 감가상각연한을 축소하면 기업의 비용이 증가하고 이윤은 감소한다.
기업의 이윤 감소로 법인세 부담이 감소하면 투자가 증가할 수 있다.

07 • 래퍼곡선(Laffer curve)이란 세율과 정부의 조세수입 간의 관계를 나타내는 곡선이다. ③

① 공급 중시 경제학파는 래퍼곡선을 통해 감세정책을 주장한다.
② 세금감면을 하면 고소득자가 저소득자보다 유리하며 고소득자의 경제활동 증가로 국민소득이 증가할 수 있다. 따라서 감세정책으로 조세수입이 증가할 수 있다.
③ 동일한 조세수입을 거둘 수 있는 세율(t)은 2개일 수도 있고 1개일 수도 있다.

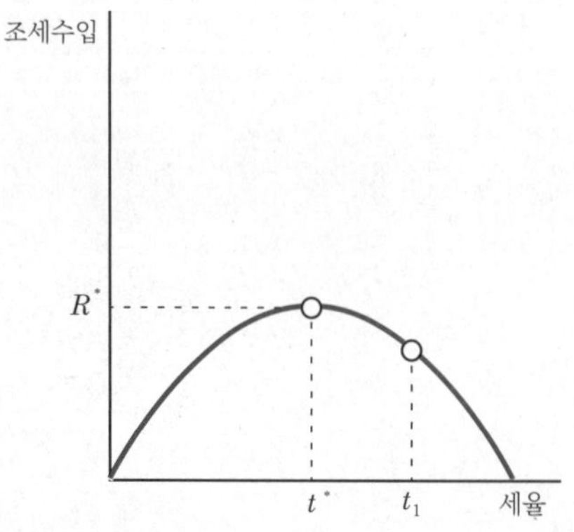

래퍼곡선의 극대점에서는 동일한 세수(R^*)를 거둘 수 있는 세율(t^*)은 하나가 된다.

④ 누진소득세를 실시하면 노동자의 근로의욕을 떨어뜨려 노동 공급이 감소하고 경제성장에 나쁜 영향을 줄 수 있다.
⑤ 공급경제학은 고전학파 계열에 속하므로 정부의 비개입을 지지한다.

01 고전학파와 케인즈학파에 관한 다음 설명 중 옳은 것만을 모두 고르면?

풀이 날짜			
채점 결과			

가. 케인즈학파는 동일한 규모라면 정부 지출 확대가 조세 감면 보다 총수요 증대 효과가 크다고 보았다.
나. 고전학파는 정부의 확장적 재정정책이 민간투자를 감소시킬 수 있다고 보았다.
다. 고전학파는 재량적인 총수요 관리 정책이 경기 안정화에 효과적이라고 보았다.
라. 케인즈학파는 수요 측 요인보다는 공 급측 요인에 의해 경기 변동이 발생한다고 보았다.

① 가, 나
② 가, 다
③ 다, 라
④ 가, 나, 라
⑤ 나, 다, 라

02 케인즈학파와 통화주의자에 대한 설명 중 옳은 것은?

풀이 날짜			
채점 결과			

가. 케인즈학파는 경제가 내재적으로 불안정하므로 정부가 장기적으로는 경기변동을 완화하는 안정화정책을 실시하고, 단기적으로는 총공급 능력을 확충해야 한다고 주장하였다.
나. 통화주의자들은 장기적으로 화폐가 중립적일 때 인플레이션과 실업률 간에 역의 관계가 성립한다고 주장하였다.
다. 케인즈학파는 낮은 총수요가 낮은 소득과 높은 실업의 원인이라고 주장하였다.
라. 통화주의자들은 중앙은행이 통화를 공급할 때에 사전에 명시되고 공표된 준칙을 따라야 한다고 주장하였다.

① 가, 나
② 가, 다
③ 나, 다
④ 나, 라
⑤ 다, 라

03 다음 중 새 고전학파(new classical school)의 주장에 대한 설명 중 가장 옳지 않은 것은?

풀이 날짜			
채점 결과			

① 경제주체들이 합리적 기대에 입각하여 행동한다고 가정한다.
② 예상된 총수요관리정책은 단기에도 국민소득에 영향을 미치지 않는다.
③ 예상치 못한 총수요관리정책도 단기에 국민소득에 영향을 미치지 않는다.
④ 예상된 총수요관리정책은 단기에 물가에 영향을 미친다.
⑤ 예상치 못한 총수요관리정책도 단기에 물가에 영향을 미친다.

해설

정답

01 가. 케인즈학파의 경우 정부지출승수가 조세승수보다 크므로 정부지출확대가 조세감면보다 총수요 증대효과가 크다고 본다. ①

나. 고전학파에 따르면 정부의 확대 재정정책이 이자율 상승을 가져와 민간투자를 감소시킬 수 있다고 본다.

다. 케인즈학파는 재량적인 총수요 관리 정책이 경기 안정화에 효과적이라고 본다.

라. 케인즈 학파는 수요측 요인에 의해 경기변동이 발생한다고 본다.

02 가. 케인즈학파는 경제가 내재적으로 불안정하므로 정부가 단기적으로는 경기변동을 완화하는 안정화정책을 실시하고, 장기적으로는 총공급 능력을 확충해야 한다고 주장하였다. ⑤

나. 통화주의자들은 장기적으로 화폐가 중립적이므로 필립스곡선은 수직선의 형태를 갖고 인플레이션과 실업률 간에는 아무런 상관관계가 없다고 주장한다.

03 ③

- 루카스 공급함수로 대변되는 새 고전학파에서는 완전한 정보 하에서는 모든 정책이 무력하다.
- 오직 예상치 못한 정책만이 정책효과를 유발할 수 있다.
- 따라서 예상치 못한 총수요관리정책은 단기에 국민소득과 물가 모두 영향을 미친다.
- 예상한 총수요관리정책은 단기라도 국민소득에 영향을 주지 못한다. 대신 물가에는 영향을 미친다.

04 합리적 기대가설을 채택한 루카스(Lucas)의 이론에 따를 때, 총수요의 변동이 산출에 가장 큰 영향을 미치는 나라는?

풀이 날짜			
채점 결과			

① 물가의 변동이 컸던 나라
② 물가의 변동이 작았던 나라
③ 실질이자율의 변동이 컸던 나라
④ 실질이자율의 변동이 작았던 나라
⑤ 실업률의 변동이 컸던 나라

05 루카스(Lucas)의 모형에서 생산자는 자신의 상품 가격의 변화만을 정확하게 알고 전체 물가에 대해서는 입수가능한 모든 정보를 통해 기대를 형성한다. 이때 올바른 설명은?

풀이 날짜			
채점 결과			

① 자신의 상품 가격이 상승하면 전체 물가와 상관없이 생산량을 증가시킨다.
② 통화 공급량이 증가하면 인플레이션율이 상승하여 비용이 증가하므로 생산량을 감소시킨다.
③ 예측하지 못한 통화량의 증가가 자신의 생산품의 가격을 상승시키면 생산량을 증가시킨다.
④ 통화량의 변동이 클수록 총공급곡선의 기울기가 완만하다.
⑤ 총공급곡선의 기울기는 장기에는 수직, 단기에는 수평에 가깝다.

06 새 고전학파와 새 케인즈학파의 정책효과에 대한 설명으로 가장 옳은 것은?

풀이 날짜			
채점 결과			

① 새 고전학파에 따르면 예상치 못한 정부지출의 증가는 장기적으로 국민소득을 증가시킨다.
② 새 고전학파에 따르면 예상된 통화 공급의 증가는 단기적으로만 국민소득을 증가시킨다.
③ 새 케인즈학파에 따르면 예상치 못한 통화 공급의 증가는 장기적으로 국민소득을 증가시킨다.
④ 새 케인즈학파에 따르면 예상된 정부지출의 증가는 단기적으로 국민소득을 증가시킨다.

04 • 루카스에 의하면 총공급곡선의 기울기도 정책에 따라 그 모습이 변하게 된다. ②

• 실제로 루카스는 국가별 총공급곡선을 비교분석한 결과 경기부양정책을 빈번하게 사용하여 인플레이션율이 높은 국가일수록 총공급곡선이 수직에 가깝다는 것을 발견했다.

• 즉, 경기부양책을 자주 사용할수록 사람들은 인플레이션에 대한 기대를 정확히 형성하므로 정책이 무력해진다.

• 총수요의 변동이 산출에 가장 큰 영향을 주기 위해서는 총공급곡선의 기울기가 완만해져야 한다.

• 평소에 물가의 변동이 작았던 나라는 물가의 변동을 각 기업의 개별 생산량의 재화가격 변동으로 인식하기 때문에 총공급곡선의 기울기가 완만해진다.

05 • 합리적 기대를 가정할 때 예상한 통화량의 변화는 물가만 상승시키고 국민소득에는 영향을 주지 못한다. ③

• 예상치 못한 통화량의 변화는 해당 기업이 생산한 제품의 가격만을 상승시킨다고 착각하기 때문에 생산량을 증가시키며 총공급곡선은 우상향의 형태를 갖는다.

06 ①, ② 새 고전학파에 따르면 예상치 못한 정부지출의 증가는 단기적으로 국민소득을 증가시킨다. 장기적으로는 예측 오차가 0이 되기 때문에 국민소득을 증가시키지 못한다. 예상된 통화 공급의 증가는 단기적으로 물가만 상승시킬 뿐 국민소득을 증가시키지 못한다. ④

③ 새 케인즈학파에 따르면 예상치 못한 통화량의 증가는 단기적으로 국민소득을 증가시키나 장기적으로 국민소득을 증가시키지 못한다.

④ 새 케인즈학파에 따르면 예상된 정부지출의 증가라도 가격변수의 경직성으로 인해 단기적으로 국민소득을 증가시킨다.

07 공급경제학에 대한 케인즈학파의 비판과 거리가 먼 것은?

풀이 날짜			
채점 결과			

① 조세의 감세는 재정적자를 증가시킨다.
② 조세의 감소는 저축도 증대시키지만, 소비를 보다 증대시킨다.
③ 조세의 감소는 무역수지를 악화시킨다.
④ 조세의 감소가 저축을 어느 정도 증대시키지만, 저축의 결정요인은 이자율이다.
⑤ 조세의 감소가 노동의 공급을 증대시킨다는 보장은 없다.

07 ① 공급경제학파는 조세감면이 국민소득을 증가시켜 조세수입을 이전보다 증가시킨다고 주장한다. 즉, 재정적자가 감소한다고 주장한다. 그러나 케인즈학파는 조세감면으로 재정적자가 감소하지 않고 오히려 증가한다고 비판한다. ④

② 공급경제학파는 조세의 감소는 저축증가로 연결되어 총공급에 큰 영향을 준다고 주장한다. 케인즈학파에 따르면 조세 감소는 민간의 가처분소득을 증가시킨다. 일반적으로 소비성향이 저축성향보다 크기 때문에 조세 감소는 저축증가보다 소비 증가로 연결된다고 주장한다.

③ 조세 감소로 재정적자가 증가하면 외국에서 자본을 차입해야 할 수도 있다. 외국자본의 도입은 환율을 하락시키기 때문에 무역수지를 악화시킬 수 있다.

④ 고전학파 계열은 저축의 결정요인이 이자율이라고 주장한다. 케인즈학파는 가처분소득이 저축의 결정요인이라고 본다.

⑤ 고전학파는 조세 감소가 노동자의 근로의욕을 높이기 때문에 노동 공급을 증대시킨다고 주장한다. 그러나 케인즈학파는 조세 감소로 쉽게 노동 공급이 증가할 수 없다고 주장한다.

MEMO 그래프를 그려보세요.

01 객관식 점검 문제

PART 출제경향

- 고전학파, 케인즈 및 케인즈학파, 통화주의 학파, 새고전학파 및 새케인즈학파, 공급 중시 경제학파 등의 특징을 물어보는 객관식 문제가 출제된다.
- 학파별로 정리해야 하며 각 학파별 중요 특징 및 개념 등을 정리해야 한다.

02 논술 및 약술 점검 문제

PART 출제경향

- 공급 중시 학파의 래퍼곡선의 개념, 정책무력성정리와 최적정책의 동태적 비일관성과의 관계를 정리하자.
- 또한 새케인즈 학파에서 가격변수의 경직성 모형 등을 암기해야 한다.
- 실질임금의 경직성 모형은 효율성임금이론, 내부자-외부자이론, 암묵적계약이론 등이 있고 명목임금의 경직성 모형은 중첩임금 계약모형, 장기임금 계약이론 등이 있다.
- 재화가격 경직성모형은 메뉴비용이론, 중첩가격 설정모형, 조정실패모형 등이 있으며 이자율 경직성모형으로는 신용할당모형이 있다.

문제 01

한국거래소
예금보험공사

새고전학파와 새케인즈 학파의 예상한 통화정책과 예상치 못한 통화정책의 효과에 대하여 분석하시오.

해설

1 새고전학파의 경우

1. 예상된 정책의 경우

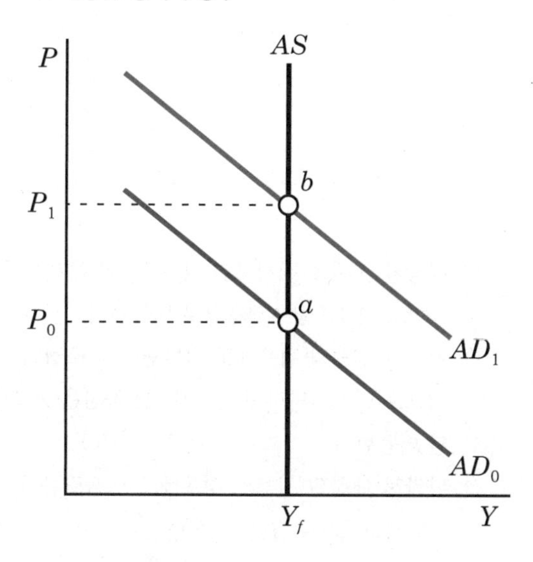

① 예상된 정책이라면 정책에 따른 물가변동이 이미 예상된 것이므로 $P=P^e$이고, 루카스 공급곡선에서 $Y=Y^f$가 된다.

② 총 공급곡선은 Y_f에서 수직인 형태이며 단기적으로도 자연 산출량(Y_f)수준에서 수직선이다.

③ 따라서 예상된 정책은 단기적으로도 산출량 증가에 무력하다.

2. 예상되지 못한 정책의 경우

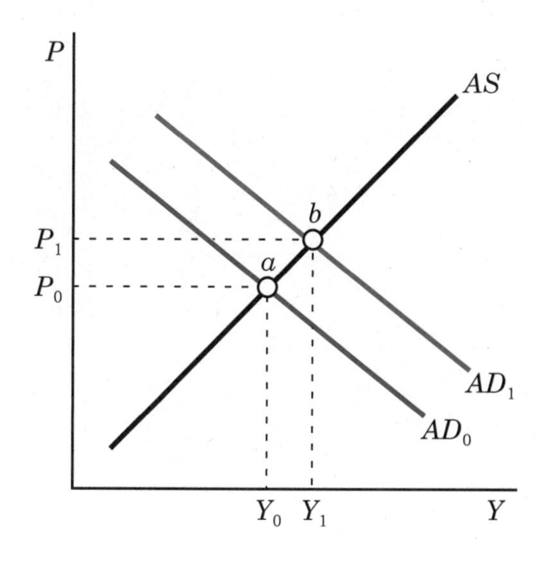

① 경제주체들이 경제정책변화에 따른 물가 상승분을 자신의 물가예상에 미처 반영하지 못하므로 $P>P^e$가 성립하고 이로 인해 우상향하는 총 공급곡선을 가지게 된다.

② 예상되지 못한 정책은 균형국민소득을 Y_1으로 증가시키므로 단기적으로 산출량 증가가 가능하다.

③ 예상되지 못한 정책은 단기적으로도 효과가 있으나 정부에 대한 민간의 신뢰도를 감소시키고 경제의 불확실성이 높아지므로 경제에 바람직하지 못한 결과를 초래할 수 있다.

2 새케인즈 학파의 경우

1. 예상되지 못한 정책의 경우

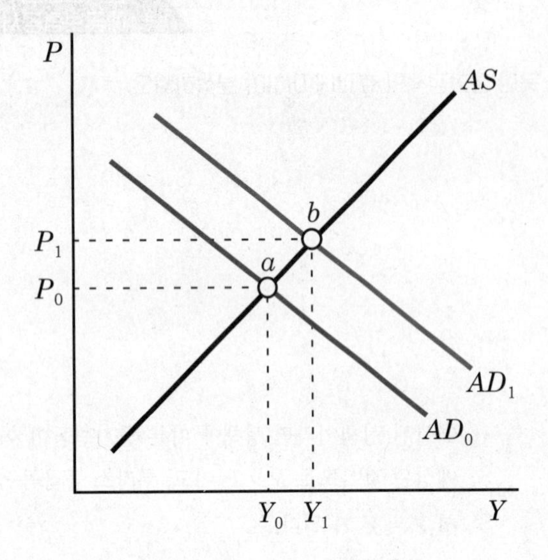

① 예상되지 못한 확대정책을 실시하면 AD곡선은 우측으로 이동하나 AS곡선은 변하지 않는다.

② 따라서 산출량은 Y_1으로 증가하고 물가는 P_1으로 상승한다.

2. 예상된 정책의 경우

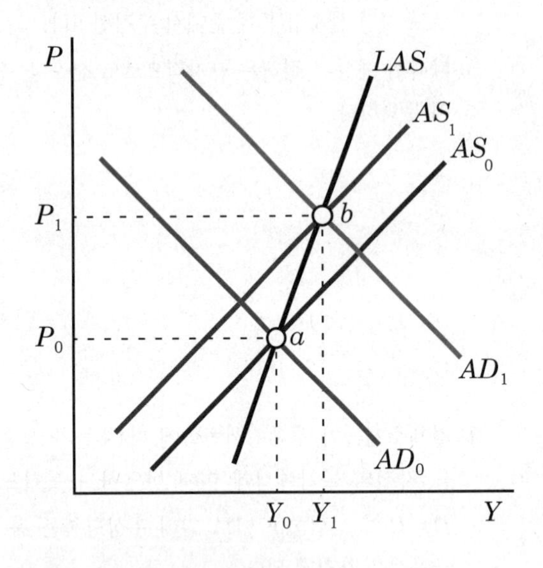

① 예상된 정책을 실시하면 AD곡선이 우측으로 이동하고 AS곡선이 좌측으로 이동한다.

② 예상된 정책의 경우에도 가격변수의 조정이 즉각적으로 이루어지지 못하므로 AS곡선은 AS_1까지만 이동한다.

③ 따라서 예상된 정책의 경우에도 산출량은 Y_1으로 증가하고 물가는 P_1으로 상승한다.

④ 따라서 새 케인즈 학파의 세계에서 조정과정을 거친 후의 총 공급곡선은 LAS로 표시할 수 있다.

문제 01

부정적 수요 충격 시 어떠한 경우에 가격변화 대신 수량변화로 대응하는지 그림을 그려 설명하시오.

해설

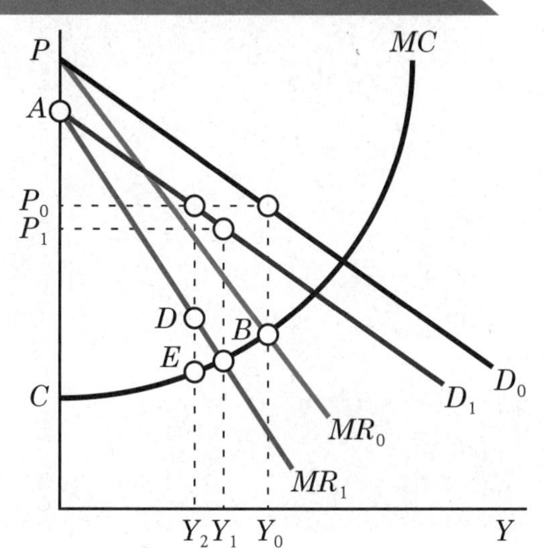

① 메뉴비용이란 기업이 가격을 변화시킬 때 수반되는 전반적 비용을 의미한다.

② 어떤 독점적 경쟁기업의 제품에 대한 시장수요가 D_0, 한계비용이 MC라면 이윤극대화 가격과 산출량은 각각 P_0, Y_0가 된다.

③ 총수요감소 충격이 발생하여 제품수요가 D_1으로 감소하였다면 이윤극대화 가격과 산출량은 각각 P_1, Y_1이 되고 이윤은 $\triangle ABC$가 된다.

④ 그러나 가격을 변화시키는데 메뉴비용 C_M이 발생한다면 전체이윤은 메뉴비용만큼 감소하여 $(\triangle ABC - C_M)$이 된다.

⑤ 독점적 경쟁기업이 총수요충격 발생 전의 가격 P_0를 유지한다면 Y_2로 산출량이 줄기 때문에 이윤은 $ADEC$가 된다.

⑥ 따라서 독점적 경쟁기업은 $(\triangle ABC - C_M)$과 $ADEC$를 비교하여 전자가 후자보다 크다면 가격을 조정하고 후자가 전자보다 크다면 가격을 변화시키지 않는다.

문제 02

화폐의 중립성에 대해 서술하시오.

해설

화폐의 중립성이란 통화 공급의 변화가 실질변수에는 영향을 미치지 않고 명목 변수에만 영향을 주는 경우를 말한다.

PART 07

PART GUIDE

- 시장경제는 경기변동을 경험하게 되는데 경기변동을 일으키는 주요 원인을 놓고 크게 총공급 측이라고 보는 견해와 총수요 측이라고 보는 견해가 있다.
- 경기변동 현상을 정리해 보고 경기변동의 특징 및 원인 등을 살펴본다.
- 또한 경제가 장기적으로 성장 및 발전하는 요인과 패턴을 공부해 본다.
- 각국이 성장과정에서 공통적으로 보이는 특징과 성장의 요인을 설명하는 경제성장의 이론을 고찰한다.
- 이어 개발도상국의 다양한 경제발전전략과 자본축적 방식에 대해 살펴본다.

경기변동 및 경제성장이론

CHAPTER 15

경기변동론

단원 학습 목표

- 시장경제는 역사적으로 호황과 불황이 번갈아 나타나는 경기변동을 경험해 왔다.
- 이러한 경기변동을 연구하는 경기변동이론은 19세기 후반부터 시작되었으며 1930년대 대공황을 배경으로 케인즈의 '일반이론'이 출간되면서 1970년대 초까지는 케인즈의 총수요이론이 경기변동이론의 주류를 이루었다.
- 그러나 1970년대 중반 이후 석유파동 등 공급 측 요인에 의해 발생한 스태그플레이션을 계기로 케인즈학파의 경기변동이론과 정책처방에 대한 회의론이 대두되었다.
- 현대의 거시경제학은 새 고전학파의 등장으로 더욱 발전하게 되었다.
- 기존의 케인즈 경제학은 미시적 기초와 실물경기변동이론으로 무장한 새 고전학파의 거센 도전을 받게 된다.
- 경제는 완전고용 산출량 근처에서 움직이는지 아니면 이탈이 자연스러운 것인지 논쟁이 지속되고 있다.

□△○

1절 개요

01 개념

① 경기변동(business cycle or business fluctuation)이란 총체적인 경제활동수준을 나타내는 실질 *GDP*, 소비, 투자, 고용 등 집계변수들이 추세선을 중심으로 주기적으로 상승과 하강을 반복하는 현상을 말한다.

② 즉, 단기 및 중기적으로 실질 *GDP*가 장기추세선을 중심으로 상승과 하락을 반복하는 패턴으로 경제활동이 때로는 활발하고 때로는 둔화되는 현상을 말한다.

③ 정책당국자들이 해결해야 할 주요 과제로 여겨온 실업과 인플레이션의 문제도 주로 경기변동 과정에서 나타나는 현상이다.

02 경기변동의 특징

1 공행성(comovement)

공행성이란 경기순환의 확장과 수축국면에서 다양한 거시경제변수들이 산출량 변화와 일정한 관계를 갖고 함께 변화하는 것을 말한다.

2 지속성(persistence)

확장국면 혹은 수축국면이 한번 시작되면 상당 기간 동안 지속적으로 나타나는 것을 말한다.

3 반복적 비주기적

확장국면과 수축국면이 반복적으로 나타나며 경기변동의 주기와 진폭이 경기변동마다 다르기 때문에 비주기적이다.

4 비대칭적

① 일반적으로 경기회복이 서서히 일어나기 때문에 확장국면은 수축국면보다 기간이 길다.

② 따라서 확장국면과 수축국면의 강도와 기간이 서로 달라 비대칭적이다.

03 경기변동(business cycle)의 국면 및 주기

1 경기변동의 국면

경기는 사이클(cycle)을 그리며 끊임없이 확장과 수축을 반복한다.

경기의 순환과정

확장국면		수축국면	
회복	호황	후퇴	불황

← 순환주기(cycle) →

① 경기변동은 일반적으로 호황-후퇴-불황-회복의 4국면으로 구분되며, 이때 경기회복기와 호황기를 확장기, 경기후퇴기와 불황기를 수축기라고 한다. 확장기가 수축기보다 더 긴 것이 일반적이다.

② 경기가 가장 나쁜 상태를 계곡(trough), 가장 좋은 상태를 정상(peak)이라고 한다.

③ 계곡에서 정상까지를 확장국면(expansion), 정상에서 계곡까지를 수축국면(contraction)이라고 한다.

④ 경기변동의 주기(cycle)란 정점에서 다음 정점까지의 거리를 말한다. 즉, 계곡에서 다음 계곡까지를 주기라고 한다.

⑤ 그리고 정점(peak)에서 저점(trough)까지의 수직거리를 진폭이라고 한다. 즉, 정상과 계곡의 격차를 진폭(amplitude)이라고 한다.

⑥ 주기와 진폭을 통해서 경기변동의 정도를 파악할 수 있다.

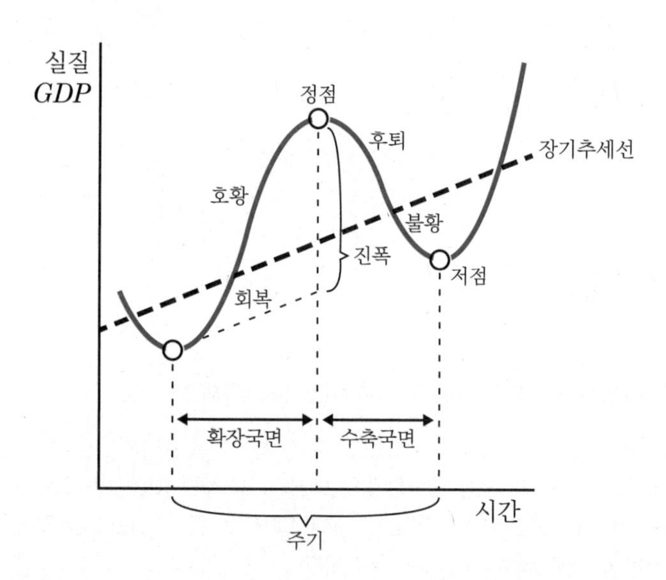

2 경기변동의 각 국면의 특징

1. 회복

① 경제활동이 점차 다시 활기를 띠게 되는 국면이다.

② 회복기에는 생산, 고용, 판매, 임금, 금리, 제조업 가동률, 주가, 물가 등의 경제변수가 서서히 상승하는 반면에 실업률과 어음부도율과 같은 변수들은 서서히 하락한다.

2. 호황(호경기)

경제활동이 가장 활발하여 생산, 고용, 판매, 임금, 금리, 제조업 가동률, 주가, 물가 등의 경제변수가 최고조에 달하고, 실업률과 어음부도율과 같은 변수들은 최저로 하락한다.

3. 후퇴

경제활동이 점차 둔화되면서 생산, 고용, 판매, 임금, 금리, 제조업 가동률, 주가, 물가 등의 경제변수가 서서히 하락하고, 실업률과 어음부도율과 같은 변수들은 점차 상승한다.

4. 불황

① 모든 경제활동이 쇠퇴하며 침체되는 국면이다.

② 생산, 고용, 판매, 임금, 금리, 제조업 가동률, 주가, 물가 등의 경제변수가 저점에 이르고, 실업률과 어음부도율과 같은 변수들은 고점에 달한다.

개념정리 경기회복의 모습과 유형

1. 더블딥

2분기 이상의 연속 마이너스 성장이 끝나고 일시적으로 회복 징후를 보이던 경기가 2분기 이상의 연속 마이너스 성장으로 추락하는 것을 뜻한다(통상 경기 침체는 2분기 연속 마이너스 성장을 기록할 때를 말한다). 이 용어의 유래는 1980년대 초 오일쇼크로 거슬러 올라간다. 가까스로 침체에서 벗어나 살아나는 듯하던 미국 경제가 연방준비제도이사회의 금리 인상으로 다시 경기 침체의 늪에 빠졌을 때 '더블딥'이라는 말이 나왔다.

2. 브로큰 윙

L자형과 W자형의 중간 형태로 글로벌 경제가 새의 부러진 날개와 같이 단기에 회복되더라도 장기침체에 빠질 가능성이 높다는 것을 의미

3. 트리플 딥

세차례의 경기 침체를 거친 후에야 진정한 경기회복기에 들어선다는 뜻

4. 트리플 U자형

상당 기간의 침체가 세 차례 나타남

5. 트리플 V자형

비교적 단기간의 세 차례 경기 침체와 경기회복이 반복

6. O자형

정부의 경기부양책이 약효를 발휘할 때는 잠시 회복되는 듯하다가 그 효과가 사라지면 다시 침체되는 현상

7. 대수축(The great contraction)

대공황을 연상케 하는 대수축이란 말은 원래 케네스 로고프 하버드대 교수가 썼던 표현으로 1929년 10월 뉴욕 증시 폭락을 '제1대 수축'이라고 보고 최근의 세계 경제를 '제2대 수축'으로 진단했다. 대수축이 일반적인 경기후퇴와 다른 것은 생산, 고용 분야뿐만 아니라 부채와 신용에서도 전반적인 경기위축이 야기된다는 점이다.

8. 소프트 패치와 라지패치

병충해 등으로 잔디가 손상된 골프장 페어웨이를 나타내는 라지패치의 상대어에서 비롯됐다. 2002년 앨런 그린스펀 미 FRB의장이 미 의회에 출석해 당시 경제 상황을 설명하면서 처음 등장했다. 골프공이 라지패치에 빠지면 골프 플레이에 상당한 위기로 작용하는데, 당시 그 정도로 심각한 위기는 아니라는 뜻으로 소프트 패치라는 말을 썼다. 경기가 다소 불안하지만 일시적인 현상일 뿐이며 단기간 내 회복세에 접어들 것이라는 의미로 이 말이 쓰였다.

9. 나이키 커브(Nike Curve)

단기간에 급속히 깊게 침체됐던 경기가 완만하게 상승하는 형태를 말하는 용어

10. 경기연착륙과 경기경착륙

경기경착륙이란 승객이 불안감을 느낄 정도로 비행기가 활주로에 거칠게 착륙하는 것이 경착륙이고, 이와 반대로 연착륙은 예상 하강경로를 염두에 두면서 미리 고도와 속도를 적절히 낮추어 비행기가 활주로에 부드럽고 안전하게 내려앉는 것을 말한다. 이러한 의미에서 경기의 하강속도가 매우 급격한 것을 경착륙이라 하고, 연착륙은 경기가 서서히 하강하는 것을 말한다. 즉, 경기경착륙은 경기가 갑자기 불황으로 치달아 매우 큰 충격으로 하강하는 경우를 말하고 경기연착륙은 경기가 갑자기 불황으로 내려가지 않도록 서서히 충격 없이 하강한다는 뜻이다.

11. 골디락스

경제가 고성장임에도 불구하고 물가 상승 압력이 없는 상태를 의미한다. 영국의 전래동화〈골디락스와 곰세마리 Goldilocks And The Three Bears〉에 등장하는 소녀의 이름에서 유래한 용어로 경제가 건실하게 성장하고 있는 이상적인 상황을 의미한다.

04 경기변동의 종류와 모습

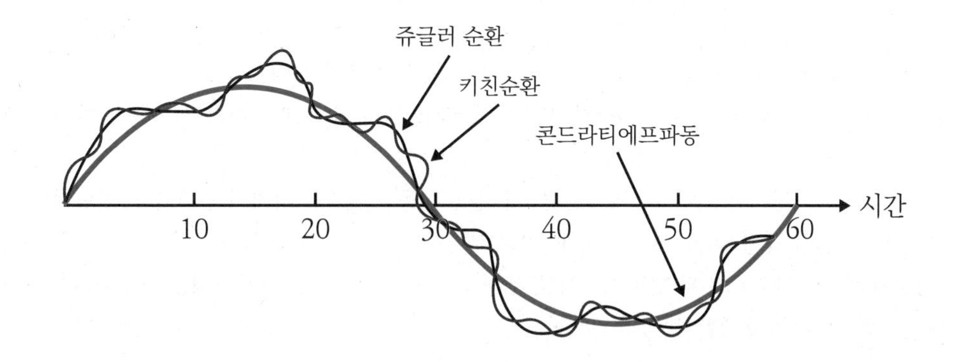

① 슘페터(Joseph Schumpeter)는 경기변동 또는 경기순환의 종류를 다음의 세 가지로 구분했다.

② 단기의 키친 순환(Kitchin cycle)은 축적된 재고의 변동에 따라 약 40개월의 주기로 일어난다.

③ 중기의 쥬글러 순환(Juglar cycle)은 평균 10년의 주기로 기계 발명과 같은 개별적 기술혁신 등에 의해 영향을 받아 발생한다.

④ 장기의 콘드라티에프 파동(Kondratieff wave)은 약 50년의 기간을 통해 관찰되는 순환으로서 철도, 전기 등과 같은 대발명에 기인한다.

⑤ 또한 슘페터는 세 개의 키친 순환이 하나의 쥬글러 순환을 형성하고, 다시 여섯 개의 쥬글러 순환이 하나의 콘드라티에프 파동을 형성한다고 보았다.

⑥ 위의 그림은 슘페터가 제시한 키친 순환, 쥬글러 순환과 콘드라티에프 파동을 60년의 기간을 통해 나타낸 것으로서, 세 개의 파동이 어떻게 종합되는가를 보여준다.

유형	주기	원인 및 특징
키친 파동	약 3년	• 통화 공급, 금리, 물가, 재고 변동 등에 따라 발생
쥬글러 파동	약 10년	• 설비투자의 내용 년 수와 관련되어 있음 • 새로운 기계의 발명 등에 따른 설비투자의 변동에 의해 발생
쿠츠네츠 파동	약 20년	• 인구증가율의 변화와 그에 따른 경제성장률 변화 등에 의해 발생 • 또는 주택이나 임대빌딩 등의 건설에 기인한다고 보아 건축순환이라고도 함
콘드라티에프 파동	약 50년	• 기술혁신, 전쟁, 신자원의 개발 등에 의해 발생

05 경기변동의 정형화된 사실

1 의의

① 경기변동이 발생하면 총생산 뿐 아니라 각종 거시경제변수들이 함께 움직인다.

② 실질 *GDP*의 움직임이 경기변동의 중심적 역할을 한다고 볼 수 있는데 다른 거시경제변수들이 실질 *GDP*와 정확히 같은 모습으로 변하지는 않는다.

③ 그럼에도 대부분의 경제변수들은 전체적인 경제활동의 변동과 연관을 가지며 변화한다. 이렇게 연관을 가지면서 변화하는 현상을 공행성(comovement)이라고 부른다.

④ 경기변동에 관한 절대적으로 타당한 이론적 근거가 있는 것은 아니지만 시장경제를 지배하는 일반법칙에 기반을 둔 경기변동이론을 모색할 수 있다.

2 경기변동과 거시경제변수

① 경제변수들이 경기변동의 기본지표인 산출량 변동과 양(+)의 상관관계를 갖는 것을 경기 순행적(pro cyclical), 음(−)의 상관관계를 갖는 것을 경기 역행적(counter cyclical)이라 하며, 경제변수가 산출량변화와 아무런 상관관계를 갖지 않는 것을 경기 중립적(acyclical)이라 한다.

② 전체적인 경기변동에 앞서 먼저 변화하는 변수 또는 실질 *GDP*보다 먼저 변하는 변수를 선행변수(leading variable), 함께 변화하는 변수는 동행변수(coincident variable), 경기변동 후에 변화하는 변수를 후행변수(lagging variable)라 한다.

3 경기변동의 정형화된 사실

1. 고용은 경기 순행적이며 경기 동행적이다.

① 경기변동 상에서 총고용량은 총생산과 매우 유사하게 변화한다. 같은 방향으로 변화할 뿐 아니라 변화의 크기도 비슷하다.

② 따라서 노동시장에서의 고용량의 변화를 이해하는 것은 경기변동을 이해하는 데 핵심적인 역할을 한다.

2. 실질임금은 약하게 경기 순행적이며 경기 동행적이다.

① 생산성의 변화가 노동고용량의 변화를 초래하기 위해서는 실질임금의 변화를 유도한다고 생각하는 것이 자연스럽다. 하지만 경기변동 상에서 실질임금의 변동량은 매우 작다.

② 따라서 이렇게 작은 변동량을 보이는 실질임금이 어떻게 경기변동 상에서 핵심적인 역할을 하는 노동고용량의 변동을 가져오는지가 균형실물경기변동이론이 설명하기 가장 어려운 현상 중의 하나이다.

3. 물가수준은 경기 역행적이며 경기 동행적이다.

물가는 총생산과 반대방향으로 변화하는 반면 인플레이션율은 대체로 총생산과 같은 방향으로 변화한다.

4. 통화량은 경기 순행적이며 경기 선행적이다.

① 통화량의 지표인 $M1$은 총생산과 같은 방향으로 움직인다(경기순행).

② 하지만 $M1$의 변화는 총생산의 변화에 선행하는 경향이 있다. 즉 $M1$이 먼저 변하고 그 후 총생산이 변화하는 관계를 가진다.

5. 노동의 평균생산성은 경기 순행적이며 생산성의 경기 변동량은 총생산의 경기 변동량보다 작다.

① 생산성이 대체로 경기 순행적이라는 사실은 생산성의 변화가 경기변동에 영향을 줄 수 있음을 의미한다.

② 하지만 생산성의 경기 변동량이 총생산의 경기 변동량보다 작으므로 총생산이 경기 변동 상에서 변하는 것을 전적으로 생산성의 변화만으로 설명할 수는 없다.

③ 만약 생산성의 변화가 노동고용량을 변화시킨다면 생산성과 노동량 두 요인의 변화가 총생산의 변화를 함께 설명할 수 있다.

6. 총자본의 경기 변동량은 매우 작으며 대체로 비경기적(acyclical)이다

총자본의 변화는 경기변동보다는 경제성장과 보다 밀접한 관련이 있으므로 경기 변동 상의 총생산 변화와의 관련성이 대체로 낮다.

06 경기판단지표

1 경기지수란?

① 경기지수란 경기 흐름을 파악하기 위해 경기에 민감한 일부 경제지표를 선정하여 이를 지수로 나타낸 것이다.

② 경제가 경기변동의 어느 국면에 처해 있는지를 진달할 수 있게 하는 지표로는 경기종합지수, 기업경기실사지수, 소비자동향지수 등이 있다.

2 경기종합지수(composite index)

1. 개념

① 경기종합지수는 경기와 밀접한 관계를 갖는 각종 경제지표들을 선정하고 이들의 전월대비 변동률을 가중평균하여 하나의 지수형태로 나타낸다.

② 경기종합지수는 경기의 흐름을 파악하게 한 지표로서 선행 · 동행 · 후행지수로 구분하여 통계청에서 매월 작성 · 발표하고 있다.

③ 경기종합지수를 통해 경기변동의 방향, 국면 및 변동속도까지 동시에 분석 가능하다.
경기종합지수는 전월에 대한 증감률이 양수인 경우에는 경기상승을, 음수인 경우에는 경기하강을 나타내는데 그 증감률의 크기에 의해 경기변동의 진폭까지도 짐작할 수 있다.

2. 경기선행지수 – 미래

① 선행종합지수는 약 3개월 후의 경기 동향을 나타내는 지표로서 장래의 경제활동 수준에 큰 영향을 미치는 지표나 앞으로 일어날 경제현상을 예시하는 지표들로 구성된다.

② 경기종합지수를 구성하는 지수들 중에서도 경기선행지수로 구분된 지수들이 가장 중요하다. 왜냐하면 이 변수들은 향후 경기변동에 대한 매우 유용한 정보를 제공해주기 때문에 기업이 가계의 경제활동에 도움을 줄 뿐 아니라 정부가 올바른 정책을 수립하는 기초가 된다.

3. 경기동행지수 – 현재

현재의 경기상태를 나타내는 지표로 구성되어 있다. 동행종합지수는 현재의 경기상태를 나타내는 지표로서 국민경제 전체의 경기변동과 같은 방향으로 움직이거나 국민경제의 변동 그 자체를 나타내는 지표들로 구성된다.

4. 후행종합지수 – 과거

후행종합지수는 경기의 변동을 사후(약 3개월)에 확인하는 지표로서 회사채유통수익률, 소비재수입액 등 국민경제 전체의 경기변동이 일정기간 진행된 후에 변동하기 시작하는 지표들로 구성된다.

선행종합지수	동행종합지수	후행종합지수
구인구직비율	비농림어업 취업자 수	회사채유통 수익률
재고순환지표	광공업생산지수	상용근로자 수
기계류내수출하지수	건설기성액	도시가계소비지출
국제원자재가격지수	서비스업생산지수	소비재 수입액
건설수주액	소매판매액지수	생산자제품 재고지수
소비자기대지수	수입액	
종합주가지수	내수 출하지수	
수출입물가비율		
장단기 금리 차		

3 기업경기실사지수(Business Surveying Index : *B.S.I*)

① 기업 활동의 실적과 계획, 경기 동향 등에 대한 기업가의 의견을 직접 조사하여 이를 기초로 경기 동향을 파악하고 예측하고자 하는 지수를 말한다.

② 기업가들을 대상으로 경기 동향 판단, 예측을 조사하여 지수화한 것으로 한국은행을 비롯해, 산업은행, 무역협회, 전국경제인연합회 등에서 분기 또는 월마다 조사한다.

③ 다른 경기 관련 지표와는 달리 기업가의 주관적이고 심리적인 요소까지 조사가 가능하여 정부 정책의 파급효과를 분석하는 데 활용되기도 한다.

$$B.S.I = \frac{\text{상승 업체 수} - \text{하락 업체 수}}{\text{전체 기업 수}} \times 100 + 100$$

④ *B.S.I*는 0과 200사이의 값을 갖게 되며 기준치는 100이다.

⑤ 100 이상이면 경기 확장국면, 100 이하이면 수축국면으로 판단한다.

⑥ 기업의 실적과 기업가의 예상을 조사해서 경기예측의 수단으로 하는 이유는 경기의 상승과정이나 하강과정에 대해서 기업가의 의도나 심리작용이 강력하게 작용하기 때문이다.

4 소비자동향지수(Consumer Surveying Index : *C.S.I*)

① 한국은행이 장래의 소비 지출 계획이나 경기 전망에 대한 소비자들의 설문 조사 결과를 지수로 환산해 나타낸 지표를 말한다.

② 소비자동향지수가 100을 초과하면 향후 전망이 좋아진다고 응답한 가구가 나빠진 가구보다 많다는 것을 의미하고, 100 미만인 경우는 그 반대를 의미한다.

2장 경기변동이론의 구분

01 경기변동론의 역사

① 자본주의 경제의 경기변동에 대한 경우는 이미 케인즈의 『일반이론』이 출간되기 전후 수많은 학자들에 의하여 진전되어 왔다.

② 예를 들어 케인즈학파의 경기변동론으로서, 투자의 변동에서 경기변동의 원인을 찾고 있는 승수-가속도이론, 화폐와 신용의 역할을 강조하는 화폐적 경기론, 기술혁신 내지 새로운 발명을 중요시하는 기술혁신론, 소비재 산업과 자본재 산업의 투자불균형에서 경기변동의 원인을 찾는 과잉투자론 등이 있다.

③ 전통적인 경기변동론은 어떤 특정 변수 중심으로 경기변동 현상을 규명하였는데 경기변동의 본질적인 내용을 파헤치지 못했다고 비판을 받았다. 왜냐하면 경기변동이란 다양한 거시경제 변수들이 상호의존적으로 공행성과 반복성 그리고 지속성을 갖고 움직이는 데서 야기되는 경제 전반적인 진동 현상이기 때문이다.

④ 또한 전통적인 경기변동론은 경기변동 자체를 경제의 불균형 상태에서 규명하고자 하였다는 점에서 최적 경제 행위에 바탕을 둔 균형경제의 시각에서 경기변동을 진단하는 데 미흡했다는 비판을 받기도 하였다.

⑤ 이러한 비판 때문에 등장한 경기변동이론이 균형경기변동론이다.
균형경기변동론은 미시경제학적인 기반 위에서 경기변동의 원인과 전파 과정을 설명할 수 있고, 기존의 어떤 경기변동론보다도 실제의 경기변동 현상을 효과적으로 진단할 수 있다는 평가를 받고 있다.

02 경기변동이론이 중점적으로 다루는 내용

1 의의

① 경기변동이론은 기본적으로 내적 정합성과 외적 정합성을 지녀야 한다. 특히 현실의 경기변동 현상에서 나타나는 경제변수들의 공행성과 한 번의 충격이 경제변수에 상당한 기간 동안 효과를 남기는 지속성을 설명해야 한다.

② 또한 경기변동을 촉발시키는 주된 원인이 무엇인지를 설명해야 한다.

③ 경기변동이 발생하였을 때 정책적 개입이 필요한지, 필요하다면 어떤 식의 정책이 필요한지를 설명해야 한다. 특히 경기 불황이 발생했을 때 어떤 식의 정책적 대응이 이루어져야 하는지를 설명해야 한다.

2 경기변동의 원인

① 경기변동을 유발하는 외부적 충격 또는 원인이 무엇인지에 관해서 여러 가지 견해가 존재한다.

② 경기변동의 원인으로 민간기업의 투자지출 변화에 의한 수요 측면의 충격을 들 수 있다. 민간기업의 장래에 대한 기대의 변화 등으로 인해 투자지출이 변함으로써 경기변동이 유발될 수 있다는 것이다.

③ 경기변동의 원인으로 통화량 변화와 같은 화폐적 충격(monetary shock)을 강조하는 견해도 있다. 이 견해에 따르면 통화당국이 통화량을 자의적으로 조작하기 때문에 경기순환이 발생한다고 본다.

④ 불완전정보 상황에서 경제주체들의 기대를 경기변동의 원인으로 보는 견해가 있다.

일반 물가수준의 변화를 개별 제품의 수요 변화로 잘못 인식하여 제품과 생산요소의 공급과 수요를 변화시키게 되면 결국 경기변동이 유발된다.

⑤ 기술이나 생산성 변화와 같은 공급 측 요인을 경기변동의 원인으로 보는 견해가 있다.

경제가 변동을 겪는 것은 기술의 변화나 생산성의 변화 등과 같은 공급 측면에서 실물적 충격이 발생하기 때문이라고 본다.

3 경기순환의 지속성과 변동성

경기 상승과 하락을 상당 기간 지속시키고, 또한 지속된 경기 상승과 하락을 반대 방향으로 전환시키는 요인이 무엇인가에 관한 것으로 경기변동의 지속성(persistence)과 변동성(volatility)의 문제이다.

□△○

3절 케인즈학파의 경기변동이론

01 개요

① 케인즈학파의 경기변동론은 경기변동의 주된 요인을 총수요에 두고, 수요의 변동이 승수효과와 가속도 과정을 거치면서 경제 전반적인 변동 현상을 확산시킨다고 본다.

② 주된 내용은 사무엘슨의 승수와 가속도원리의 상호작용에 의한 경기변동론, 힉스의 경기변동론으로 압축된다.

02 사무엘슨(Samuelson)의 승수 - 가속도 이론

① 최초의 외부충격으로 투자변화가 소득변동을 가져오는 승수이론과 소득변동이 다시 투자변동을 유발시키는 가속도원리를 결합하여 경기순환을 설명하는 모형이다.

투자변화 → 소득변동(승수효과) → 유발투자변동(가속도원리)

② 사무엘슨(Samuelson) 모형은 가속도 계수가 1인 진동형의 경우에만 주기적으로 산출량이 증감하는 경기변동 현상의 설명이 가능하다.

③ 따라서 사무엘슨(Samuelson) 모형만으로는 자본주의 경제가 경험해온 주기적이고 반복적인 경기순환을 설명하는데 한계가 있다.

03 힉스(JHicks)의 순환제약이론

① 힉스(Hicks)는 상하한의 범위 내에서 승수와 가속도 원리가 작용하여 경기변동이 일어나는 모형을 정립하였다.

② 상한은 경제의 생산능력이 그 이상 초과할 수 없는 완전고용천정(full employment ceiling)을 말하고 하한은 가속도원리의 작동이 중지되는 불황균형(slump equilibrium)을 말한다.

04 결론

① 케인즈학파의 경기변동이론에 따르면 경기변동이란 기본적으로 수요 측 요인에 의해 발생하며 불균형의 지속이므로, 후생의 증가를 위해서는 재량적인 총수요관리정책(counter cyclical policy)을 시행해야 한다고 주장했다.

② 1970년대까지는 케인즈학파의 거시경제학이 주류를 이루었다. 경기변동의 기본적인 원인을 총수요충격에서 찾는 케인즈학파의 정책처방은 실제로 1960년대까지는 경기변동을 줄이는 데 상당히 기여했던 것으로 평가된다.

③ 1970년대 발생한 스태그플레이션 현상에 대하여 케인즈학파의 경기변동론은 납득할 만한 예측이나 설명을 주지 못했다.

4절 새 고전학파의 화폐 균형경기변동이론

01 개요

1 루카스의 등장

① 루카스는 케인즈학파의 접근에서처럼 소비 · 투자의 방정식을 임의적으로 추정하지 않고, 경제주체의 최적화 과정에서 도출되어야 한다는 점을 주장하였다.

② 합리적 경제주체들은 다양한 경제적 충격에 대해 자신의 후생에 미칠 영향을 적절히 파악하고, 이에 효과적으로 대처할 것이기 때문에 이를 고려하지 않은 정부 정책은 기대한 효과를 거두지 못할 것으로 보았다.

③ 이러한 루카스의 비판은 새 고전학파 거시경제학자들에 의해 수용 · 발전되어 균형경기변동론(equilibrium business cycle theory)으로 발전되었다.

2 새 고전학파의 경기변동에 대한 견해

① 균형경기변동론은 케인즈학파가 경기변동을 불균형현상으로 이해한 것과 달리 경기변동 자체를 균형현상으로 간주한다.

② 균형경기변동이란 개별경제주체들이 합리적 기대 하에 동태적 최적화를 한다는 가정 하에 경제가 외부의 충격에 대해 청산해가는 연속적과정이라고 한다. 즉, 균형의 연속적 변화를 경기변동이라 보는 것이다.

③ 균형경기변동론은 사람들이 미래를 합리적으로 예측한다는 점을 전제로 하고 미시경제적인 측면에서 소비자와 기업가의 최적행위를 시장균형접근법에 의하여 분석함으로써 경기의 순환변동을 설명하고 있다.

④ 이러한 견해에 따르면 경기변동은 경제주체의 최적화 과정에서 발생하는 것이므로 후생손실이 초래되지 않으며 정책의 개입도 필요 없게 된다.

3 충격의 종류

① 균형경기변동론은 경기변동의 발생 원인이 화폐적인 요인에 있는지, 실물적인 요인에 있는지에 따라 화폐적 균형경기변동론(monetary equilibrium business cycle theory)과 실물적 균형경기변동론(real equilibrium business cycle theory)으로 구분된다.

② 화폐적 균형경기변동이론은 경제주체가 통화량의 증가를 실물충격과 구별하지 못하기 때문에 경기변동이 생긴다고 주장한다.

③ 실물 균형경기변동이론은 시장균형을 계속 유지하면서 생산성 변화에 대응한 노동고용량의 변화가 경기변동을 초래한다고 본다.

초창기 실물 경기변동이론은 기술수준의 변화와 같은 생산성 충격만을 강조하였지만 그 후 선호(taste)의 변화와 같은 다른 실물 충격도 경기변동의 중요한 요인으로 포함시켰다.

02 화폐적 균형경기변동이론

1 의의

① 루카스(Lucas)는 통화량의 역할을 중요시하는 프리드만 등 통화주의의 견해를 발전시켜서 화폐적 균형경기변동 이론을 제시하였다.

② 불완전한 정보 하에서 합리적으로 기대를 하는 경제주체들이 예상치 못한 통화량 변화로 인해 상대 가격 변화와 일반 물가수준의 변화를 구분하지 못하는 오류를 범함으로써 경기변동이 발생할 수 있다는 것이다.

2 루카스의 섬 모형(island model)

1. 섬 모형의 개념

① 루카스는 불완전 정보 하의 삶을 마치 사람들이 섬에 살면서 경제행위를 한다는데 비유 하였다.

② 즉, 경제에는 특정한 재화가 거래되는 섬들이 많이 있는데 서로 떨어져 다른 섬의 상황을 잘 알 수 없다는 것이다.

2. 루카스 공급곡선

$$Y = Y_f + \alpha(P - P^e)$$

[Y : 실제 GDP, Y_f : 잠재 GDP, P : 실제물가, P^e : 예상물가]

① Y_f는 미래 물가에 대한 예측이 정확할 때의 자연산출량이다.

② 실제물가와 예상물가가 동일하면($P = P^e$) 공급곡선은 수직선의 형태를 갖는다.

③ 실제물가와 예상물가가 상이하면($P \neq P^e$) 공급곡선은 우상향의 형태를 갖는다.

3. 총체적 충격과 개별적 충격

① 이 모형에서는 경제 내에 두 종류의 충격이 존재한다고 가정한다.

② 총체적 충격(aggregate shock)이란 통화량 증가와 같이 모든 제품의 가격을 똑같이 상승시켜 일반 물가수준에만 영향을 미치는 충격으로, 개별기업은 산출량을 늘릴 필요가 없다.

③ 개별적 충격(idiosyncratic shock)이란 소비자의 선호변화와 특정부문의 기술 발전처럼 특정개별기업 생산물의 상대가격 수준에만 영향을 미치는 충격으로 개별기업은 이윤극대화를 위해 산출량을 증가시킨다.

3 화폐충격과 경기변동

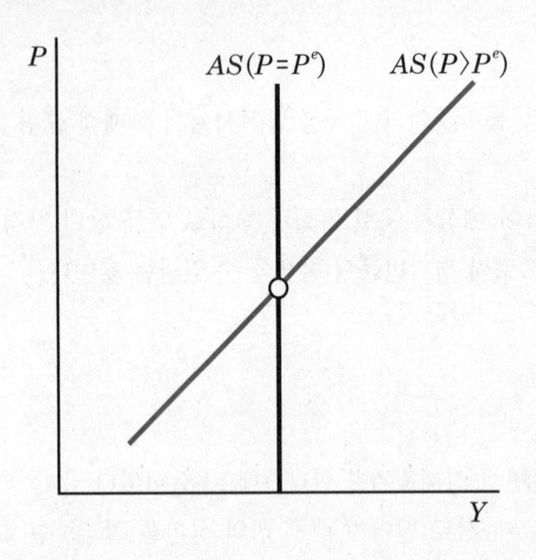

① 예상하지 못한 통화량 증가가 발생하면 실제 물가수준만 상승하고 예상 물가는 변화하지 않는다.

② 실제물가가 예상물가보다 커지면 루카스 공급곡선에서 $P-P^e>0$의 식이 성립한다.

③ 개별 생산자들이 일반 물가수준의 상승을 재화의 상대가격변화로 혼동하면 경제 전체적으로 $\alpha(P-P^e)$만큼의 확장효과를 갖게 되어 산출량(Y)이 완전고용산출량(Y_f)을 초과하게 된다.

④ 그러나 개별생산자들이 물가변화를 정확하게 인식하게 되면 물가예상을 조정하므로 산출량이 완전고용산출량(Y^f)수준으로 복귀한다.

4 통화량의 변화빈도와 정책의 효과

① 정부 개입은 그 빈도수가 작을수록 큰 효과를 가질 수 있으며, 정부 정책이 자주 사용되면 그러한 사실이 개별 경제주체의 기대에 반영되어 결국 그 효과가 떨어진다.

② 실증적으로 물가수준이 불안정하게 변동해온 국가에 있어서는 총공급이 총수요의 변동에 크게 반응하지 않았다. 이는 총공급곡선이 매우 가파르게 나타난다는 것을 의미한다.

5 특징과 한계

1. 특징

① 통화량 변동이 경기변동을 유발하기 위해서는 경제주체들의 일반 물가수준에 대한 예상에 오류가 있어야 하므로 예상된 통화량 변동은 산출량에 영향을 미치지 못하고, 오직 물가수준만 변화시킨다.

② 루카스(Lucas) 모형에서의 경기변동이란 균형 *GDP* 자체가 잠재 *GDP* 수준으로부터 이탈과 회복을 반복하는 현상으로 이해되므로, 모든 경기변동의 과정이 개별경제주체들의 최적화 행동의 결과이다. 따라서 이에 따른 후생비용(welfare cost)이 크지 않다고 본다.

③ 케인즈학파의 가격경직성에 대한 가정 없이도 경기변동을 설명할 수 있다.

2. 한계

① 합리적 기대를 하는 경제주체들이 물가를 잘못 예측하더라도 다음 기에 즉시 조정하기 때문에 경기변동의 지속성을 설명하지 못한다.

② 즉, 합리적 기대이론에 따르면 경제주체들의 물가착오가 오래 지속되지 않을 것이며 판단의 오차도 크지 않을 것이기 때문에 경기변동의 지속성 또는 연속성을 설명하는 데 한계가 있다.

5절 실물적 균형경기변동이론(Real Business Cycle theory)

01 개요

① 통화량 변화와 같은 불규칙적인 충격에 따라 경제주체들이 상대가격에 대해 착오를 일으킬 수 있다는 사실만으로 대규모의 경기변동을 모두 설명할 수 있는지, 또한 지속적으로 발생하는 경기변동을 어떻게 설명할 것인지에 대한 비판으로부터 실물부문의 충격이 경기변동을 가져온다는 실물 균형경기변동이론이 등장하게 되었다.

② 1980년대에 프레스콧(E. Prescott), 키들랜드(F. Kydland) 등 새 고전학파 경제학자들은 기술혁신 · 경영혁신 · 노사분규 · 기후 등과 같은 생산물의 총공급곡선에 영향을 미치는 요인들이 경기변동의 주요 원인이라는 이론을 전개하였다.

③ 실물경기변동이론은 물가와 임금이 신축성을 갖고 있어 비자발적 실업은 존재하지 않는다는 인식을 갖고 있다. 즉, 비자발적 실업이 존재하지 않는 상황에서도 경기변동을 설명할 수 있다.

④ 실물적 경기변동이론은 화폐균형 경기변동(MBC)이론과 달리 경기순환의 지속성을 외적 충격이 아닌 내생적 변화과정으로 설명한다. 따라서 일회적 충격에 균형수준자체가 내생적으로 변화할 수 있는 것이다.

⑤ 이렇게 외부에서 주어진 충격이 내생적으로 계속 지속될 수 있도록 하는 메커니즘(mechanism)이 무엇인지 규명하는 것을 파급방식이라고 하는데, 실물 균형경기변동이론에서는 노동의 기간 간 대체가설과 건설 기간의 개념을 통해 설명한다.

02 노동의 기간 간 대체가설(hypothesis of inter temporal substitution of labor)

1 개념

① 합리적 행동을 하는 경제주체들의 동태적 최적화 행동의 결과로서 경제에 실물적 충격이 발생하면 이는 기간 간 노동의 대체를 가져와서 고용과 산출이 변동한다는 것이다.

② 이렇게 노동의 공급이 기간 간 상대 실질임금에 의존한다고 전제한 것을 노동의 기간 간 대체 가설이라 한다.

2 모형 설정

① 현재의 실질임금(w_1)과 미래의 실질임금(w_2)의 상대적 크기가 현재와 미래의 노동시간의 배분에 영향을 미친다.

② 현재의 실질이자율(r)이 상승하면 현재의 저축으로 생애 전체의 효용을 극대화할 수 있을 것이다.

③ 따라서 실물 균형경기변동이론은 노동의 공급이 기간 간 상대임금의 함수라고 본다.

$$L^S = L^S\left(\frac{w_1}{\frac{w_2}{1+r}}\right) = L^S\left\{\frac{(1+r)w_1}{w_2}\right\}$$

(L^S : 노동 공급, w_1 : 현재 실질임금, w_2 : 미래 실질임금, r : 실질이자율)

3 현재의 실질임금(w_1)이 상승하는 경우

미래 실질임금(w_2)이 일정할 때 현재 실질임금(w_1)이 상승하면 노동 공급곡선 선상에서 우측으로 이동한다.

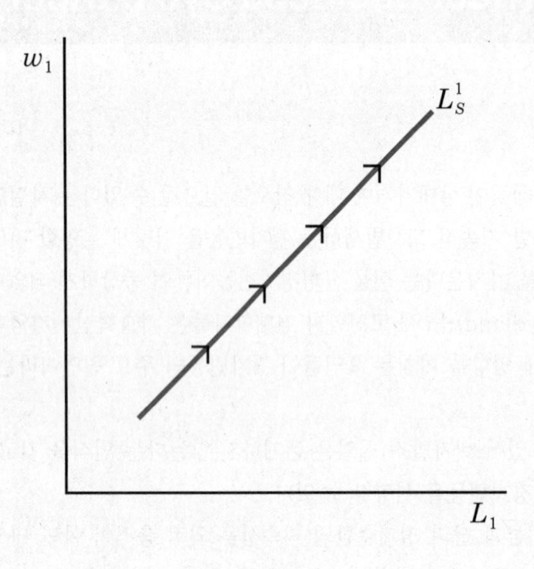

4 실질이자율(r), 미래 실질임금(w_2), 부($wealth$)가 변하는 경우

① 실질이자율(r)이 상승하면 현재 실질임금이 미래 실질임금에 비해 상대적으로 상승하기 때문에 노동 공급곡선이 우측 이동한다.

즉, 실질이자율이 상승하면 현재의 상대임금이 상승하므로 현재의 노동 공급이 증가하는 노동의 기간간 대체가 발생한다.

② 미래 실질임금(w_2)이 하락하면 현재 실질임금이 미래 실질임금에 비해 상대적으로 상승하기 때문에 노동 공급곡선이 우측 이동한다.

③ 부($wealth$) 또는 미래에 예상되는 가처분 소득이 증가하면 여가소비가 증가하므로 노동 공급이 감소한다. 반대인 경우 노동 공급곡선이 우측 이동한다.

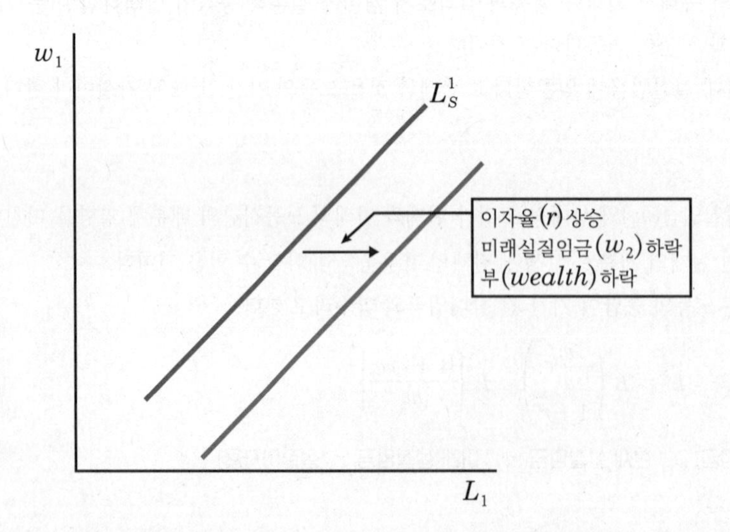

④ 실질이자율(r)이나 미래실질임금(w_2)이 변하면 노동 공급곡선(L^S)자체가 이동하고, 현재실질임금(w_1)이 변하면 노동공급곡선 상에서 이동한다.

5 일시적 기술 충격의 경우

① 일시적인 생산성 충격이 발생하면 노동의 한계생산이 증가하므로 기업의 노동수요가 증가하지만$(L_D^0 \rightarrow L_D^1)$ 효과는 일시적이다.

② 기업의 노동수요 증가는 현재의 실질임금(w_1) 상승에는 영향을 주지만 미래 실질임금(w_2)에는 영향을 미치지 않아 '노동 공급의 기간 간 대체현상'이 크게 일어난다.

③ 현재에 실질임금이 상승하면 평생소득이 증가하고 이에 따른 소득효과로 인해 여가소비를 늘리고 노동공급곡선을 L_S^0에서 L_S^1으로 좌측 이동시킨다.

④ 노동고용량 증가, 실질임금의 상승이 발생하나 임시소득의 증가는 대부분 저축 증대로 연결된다.

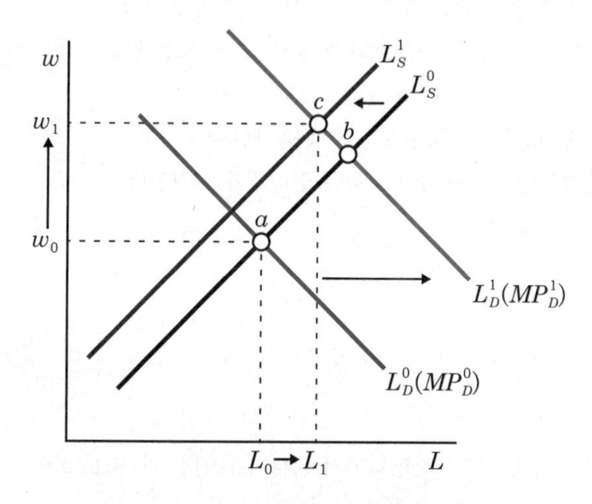

6 영구적 또는 항구적인 기술 충격의 경우

① 영구적 충격이 발생하면 기술 충격의 효과가 오래 지속되어 현재와 미래의 노동생산성이 함께 증가하고 기업의 노동수요 증가는 현재와 미래까지 지속된다. 즉, 영구적인 생산성 향상은 미래에도 생산성 상승의 효과를 향유할 수 있으므로 미래 실질임금과 현재 실질임금 모두 상승한다.

② 기술 충격에 의한 소득증가는 부(*wealth*)와 미래임금의 증가를 가져와 노동 공급곡선이 좌측으로 이동한다. 즉, 미래소득을 증가시킬 것이라는 예상은 소득효과(*income effect*)를 발생시켜 이전보다 여가소비를 늘리고 노동 공급곡선을 좌측으로 이동시킨다.

③ 노동수요곡선의 우측 이동과 노동 공급곡선의 좌측 이동은 고용에 미치는 효과를 불확실하게 만든다.

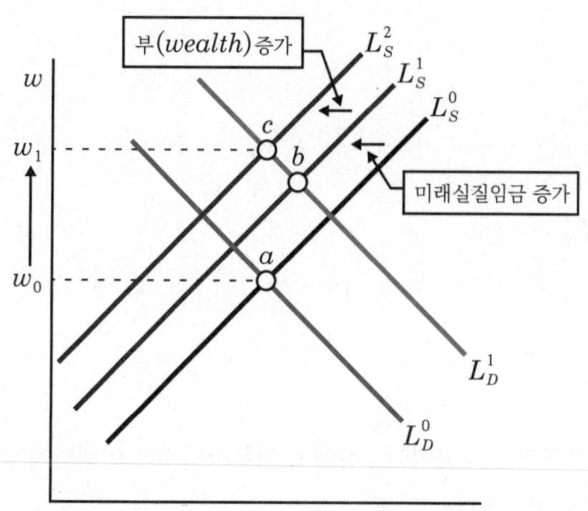

7 재정 정책의 유효성

① 고전학파는 재정 정책의 충격이 발생하더라도 산출량에 영향을 주지 못하고, 생산물의 구성에만 영향을 미친다고 주장하였다.

② 그러나 실물 균형경기변동이론은 정부지출의 충격이 고용과 산출에 영향을 미치는 것으로 분석하고 있다.

③ 왜냐하면 실물 균형경기변동이론에서는 전통적인 고전학파와 달리 이자율 변화를 통한 기간 간 대체효과를 인정하기 때문이다.

8 결론

① 단기적인 경기변동과정에서는 일시적인 생산성 충격이 많으므로 고용이 보다 크게 변동한다.

② 그러나 장기에는 생산성 변동의 효과가 항구적인 것만 남고 소득효과가 발생하므로 노동 공급곡선이 좌측으로 이동한다.

③ 따라서 일시적인 충격은 고용이 대폭 증가하지만 영구적인 경우에는 소폭 증가한다.
즉, 영구적 충격의 경우 실질임금만 생산성 증가분만큼 상승하고 고용은 안정되게 유지된다.

03 건설 기간(time to build)

1 의의

① 실물 균형경기변동이론은 경기순환의 지속성을 기업들의 투자행위에서 나타나는 건설 기간(time to build)이라는 개념을 통해 설명한다.

② 기술 충격으로 인한 자본의 축적이 과연 어떤 과정을 거쳐 실현됨으로써 새로운 장기균형에 도달하는지 설명한다.

2 설명

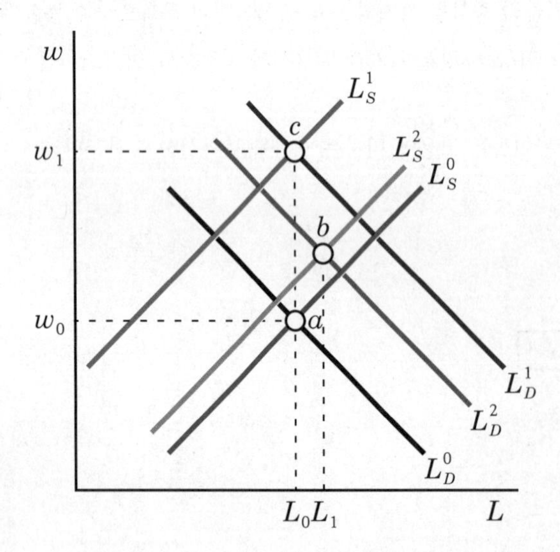

① 항구적인 기술 충격으로 충분한 자본축적이 이루어진다면 균형이 c점에서 이루어지지만 이행단계에서는 자본축적이 충분하지 않기 때문에 수요곡선이 L_D^2까지 이동한다.

② 자본축적이 계속 진행되면 노동수요곡선은 자본축적이 완료된 L_D^1에서 멈추게 된다.

③ 이 과정에서 임금이 지속적으로 상승하며 소득효과로 여가에 대한 수요가 증가하므로 노동 공급곡선은 좌측으로 이동하게 된다.

④ 노동 공급곡선의 이동은 새로운 정태적 균형 c점에 도달할 때까지 계속되며 L_D^2와 L_S^2가 만나는 b점은 조정과정에서 생길 수 있는 균형의 예다.

3 결론

① 항구적 충격에 따른 자본축적에는 시간이 소요되기 때문에 단기적인 고용의 증가를 가져오는 '건설 기간(time to build)' 현상이 일어난다.

② '건설 기간(time to build)' 때문에 L_0이상의 고용이 유지되며 노동고용량 L_0에서의 산출량인 Y_0이상의 산출이 유지될 수 있으므로 경기변동의 지속성을 설명할 수 있다.

③ 장기적으로는 자본이 축적됨에 따라 자본이 노동을 대체하게 되어 새로운 정태적 균형 c점에서는 고용수준이 다시 기술 충격 이전의 상태로 되돌아간다.

04 기타 논점

1 화폐의 중립성 문제

① 실물 균형경기변동이론을 주장하는 학자들은 통화량의 변화는 실질변수에는 영향을 미치지 않아서 단기에도 화폐의 중립성을 갖는다고 본다.
즉, 실물 균형경기변동이론에서는 통화량의 변화가 경기변동을 일으키는 원인이 아니다.

② 그러나 케인즈 경제학자들은 금융 정책이 실물경제에 영향을 미칠 뿐만 아니라 통화량은 경기 순행적이며 또한 경기 선행적이라고 비판한다.
왜냐하면 현실 경제의 통계자료를 살펴보면 호황기에는 통화량 증가율이 높아지는 한편 불황기에는 통화량 증가율이 낮아지는 경향이 있으며 이는 경기변동과 통화량이 양(+)의 상관관계를 갖고 있기 때문이다.

③ 이에 대해 실물 균형경기변동이론은 국민소득이 커지면 화폐에 대한 수요가 늘어나고 이에 대응해 중앙은행이 화폐 공급량을 늘리기 때문에 통화량 증가율이 높아진다고 주장한다.

④ 국민소득과 통화량이 영향을 주고받는 경로에 관해 케인즈 이론과 반대 방향으로 생각하고 있으며 이를 '역의 인과성'이라고 한다.
즉, 통화의 경제여건에 대한 내생적 반응을 강조하여 화폐와 산출이 역의 인과관계를 가지고 있다고 한다.

⑤ 기술 충격에 따른 소득의 변화로 인해 화폐 수요가 변화하면 금융기관이 화폐 수요를 충족시키기 위해 화폐 공급을 조정한다는 것으로 화폐량이 경기 선행적인 것은 중앙은행이 경기를 예측하고 통화량을 미리 적절히 조절하게 된다는 것이다.

2 실업

① 경제여건의 변화에 따라 항상 최적의 상태를 유지하므로 경제에 가해지는 충격으로 발생하는 경기변동은 불균형 현상이 아니라 모두 균형의 이동과정이다.

② 따라서 불황에서 비자발적인 실업이 존재하는 것이 아니라 단지 노동자들이 일시적으로 노동시간을 줄이거나 자진해서 노동시장을 탈퇴하는 사람이 많은 것이다. 즉, 모든 실업은 자발적이다.

3 노동 공급곡선 - 실질임금의 약순행성, 고용의 강순행성

① 일시적 기술 충격을 살펴보면 실질임금(w)의 상승폭은 크나 노동고용의 증가폭(L)은 적다.

② 실질임금과 고용의 경기 순행성을 보여주고 있으나, 고용이 강하게 순행적이라는 것을 보이지 못한다.
또는 실물 균형경기변동이론에서는 가격의 신축성을 전제로 하고 있기 때문에 경기변동기에 고용과 같은 수량 변수가 크게 변하는 현상을 충분히 설명하지 못한다고 볼 수 있다.

③ 고용의 강순행성을 보여주기 위해서는 노동 공급곡선(L_S)의 기울기가 완만해야 하는데, 실증분석 결과 노동 공급곡선(L_S)의 기울기는 대체로 가파르게 나타난다.

④ 새 케인즈학파(New Keynesian)는 가파른 노동 공급곡선(L^S) 하에서도 실질임금 경직성으로 인해 실질임금의 약순행과 고용의 강순행을 설명할 수 있다고 주장한다.

⑤ 실물 균형경기변동을 주장하는 학자들은 개별 노동 공급곡선은 가파르나, 총 노동 공급곡선은 완만하다는 반론을 펴고 있다.
즉, 신규 노동 구입까지 고려하면 노동 공급곡선(L^S)이 완만해질 수 있다는 것이다.

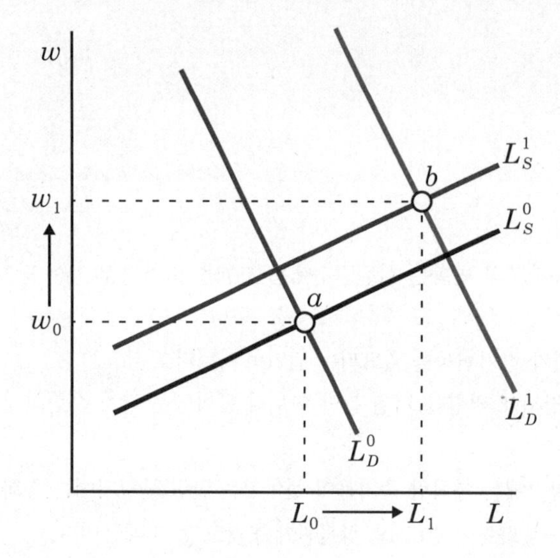

심화학습	실질임금의 경기역행성과 경기순행성

- 케인즈학파의 경기변동론과 화폐적 균형경기변동이론에서는 실질임금이 경기 역행적이다. 두 이론 모두 경기변동의 원인은 총수요충격이다.
- 총수요곡선이 우측으로 이동하면 물가가 상승하고 국민소득은 증가한다. 물가가 상승하면 실질임금은 하락하기 때문에 국민소득과 실질임금은 경기 역행적이다.
- 따라서 실질임금이 경기 순행적이라는 사실은 경기변동이 공급 측면의 원인에서 유래할 수 있음을 시사한다.

05 총공급곡선과 총수요곡선의 도출

1 총공급곡선

① 실질이자율이 상승하면 노동 공급곡선이 우측 이동하므로 노동고용량이 L_0에서 L_1으로 증가한다.

② 노동고용이 증가하면 생산도 증가하므로 우상향의 총공급곡선을 도출할 수 있다.

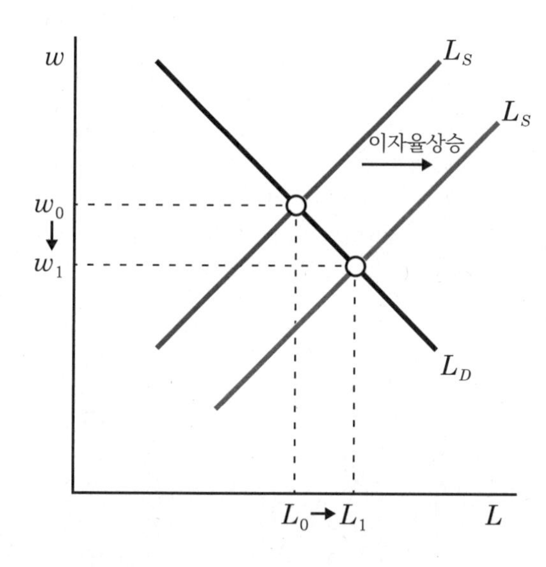

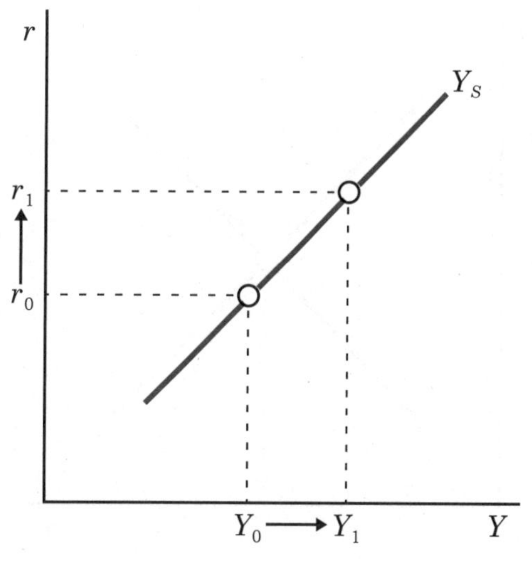

2 총수요곡선

① 소비와 투자 모두 이자율의 감소함수이므로 총수요곡선의 함수식은 다음과 같다.

$$\rightarrow Y_D = C(r) + I(r) + G + NX$$

② 이자율이 상승하면 소비와 투자가 감소하므로 총수요는 감소한다.

③ 따라서 우하향의 총수요곡선을 도출할 수 있다.

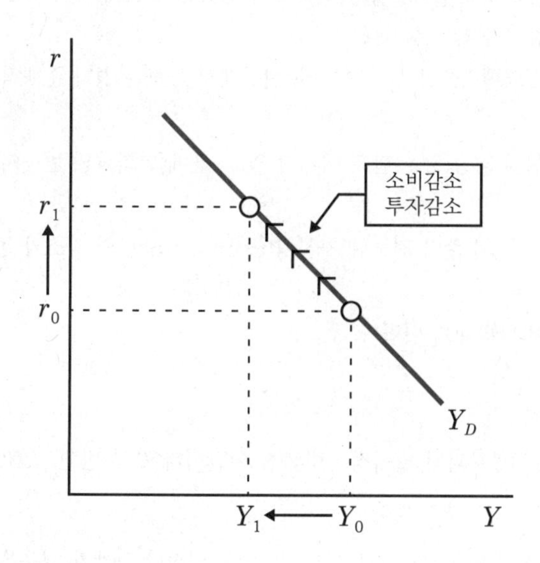

3 실물 균형경기변동이론에서의 총수요와 총공급

① 실물 균형경기변동이론은 총수요와 총공급을 실질이자율(r)에 대해 표현한다.

② 총수요의 구성요소인 소비와 투자가 이자율의 감소함수이므로 총수요곡선은 우하향 한다.

③ 노동 공급이 이자율의 증가함수이므로 총공급곡선은 우상향 한다.

④ 총수요와 총공급은 이자율 조정에 의해 균형을 이루게 된다.

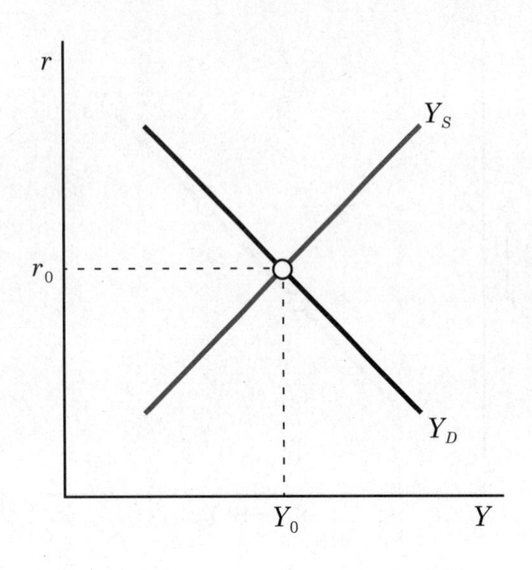

06 실물 경기변동이론에 대한 평가

1 실물 균형경기변동(RBC)이론에 대한 비판

① 실물 균형경기변동(RBC)이론에서는 기간 간 상대임금이 실질임금과 이자율의 영향을 받는데, 노동자들의 취업여부가 이자율에 민감하게 반응한다는 경험적 증거를 찾기 힘들다.

② 실물 균형경기변동이론에서는 물가가 대체로 경기 역행적으로 나타나는데, 현실에서 물가는 경기 순행적인 것이 일반적이다.

③ 실물충격이 통화량을 결정한다는 역의 인과성은 현실 검증 상 논란의 여지가 있고, 실제 통화량의 변동이 경기변동을 발생시키기도 한다.

④ 현실적으로 경기 침체가 나타나기도 하는데 과연 기술수준의 퇴보나 자본량(capital stock)의 감소가 존재하는지 의문이다.

⑤ 생산성 향상이나 기술수준의 향상을 통계적 수치로 나타내기 어렵다.

2 기존의 경기변동론과의 관계

① 전통적인 경기변동이론은 경기변동을 장기추세(Y^*)로부터의 일시적 · 반복적 이탈이라고 본 반면, RBC이론에서는 경기변동을 경제의 장기성장추세의 변화$\left(Y_0^*, Y_1^*\right)$라고 본다.

② 따라서 실물 균형경기변동이론의 등장을 계기로 경기변동론과 경제성장론은 상호 밀접한 관계가 있음을 주장한다. 즉, 기술 충격이 항구적이면 단기적 경기변동은 약한 가운데 장기적인 성장추세가 유발된다.

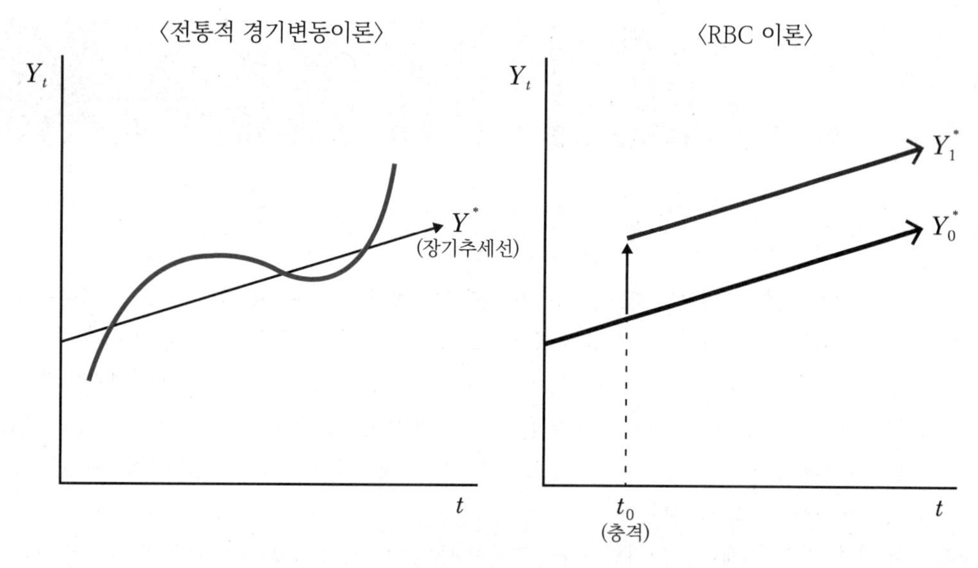

3 *RBC*이론의 기여와 한계

① 시장이 항상 청산된다고 가정하기 때문에 장기분석에 적합한 모형을 가지고 단기의 경기변동을 설명한다.

② 시장의 불균형과 가격의 경직성에 의지하지 않고는 경기변동을 설명할 수 없는 것으로 생각한 기존의 케인즈 학파모형에 비해 참신하고 매력적인 접근방법이다.

③ 시장의 불완전성을 거론하지 않고도 완전경쟁시장에서 일어나는 충격의 동태적인 효과를 경기변동현상을 설명함으로 경기변동을 설명하는 논리적인 출발점을 구성하였다.

④ 한계점으로는 시장의 불균형과 불완전성에 대해 관심을 기울이지 않았다.

□△○

6절 새 케인즈학파의 경기변동이론

01 개요

① 경기변동에 관한 새 케인즈학파의 핵심은 가격변수가 경직적이어서 총수요 변동은 물가의 신축적인 움직임으로 조절되지 못하기 때문에 생산, 고용 및 경제활동을 지속적으로 진동시키게 된다는 것이다.

② 예를 들어 수요가 변동했음에도 불구하고 메뉴비용 때문에 가격을 조정하지 않을 때 판매자 개인한테는 별 손실이 없을 수 있지만 경제 전체적으로는 가격경직성으로 인해 생산과 고용 측면에 대규모 변동을 가져오게 된다.

③ 또한 경쟁시장보다 불완전시장에서 수요변동으로 인하여 상대가격이 소폭으로 경직되게 움직인다고 하더라도 수량에는 큰 변동을 가져오게 된다.

④ 따라서 새 케인즈학파 경제학은 경기변동을 설명하는 데 있어 불완전경쟁, 불완전정보, 가격의 경직성 등 시장의 불완전성을 가장 중요한 요소로 취급하고 있다.

02 새 케인즈학파의 견해

① 실물 균형경기변동이론은 경기변동을 자연실업률 자체가 변화하면서 발생하는 경제현상으로 파악하려는 경향이 강한 반면, 새 케인즈학파는 경기변동을 균형국민소득으로부터의 이탈 현상으로 파악한다.

② 새 케인즈학파는 개별 시장에서 관찰되는 가격 · 임금의 경직성이 이론적 가정이 아닌 경제주체들의 최적화 행동의 결과로 나타나는 합리적인 것임을 증명하였다.

③ 또한 총수요충격이 가격조정이 아닌 생산수준의 변화를 유발할 수 있음을 밝혔다.

03 가격변수의 경직성의 역할

① 가격경직성이 미시적 근거를 가지고 있음이 입증되면, 우상향하는 총 공급곡선이 도출되어 총 수요충격에 의해 경기변동이 유발될 수 있고, 유발된 경기변동이 장기간 지속될 수 있음이 설명된다.

② 경직성이 개인의 최적화 행동의 결과로 나타나더라도 이것이 반드시 사회적으로도 최적의 결과는 아닐 수 있음을 보여줌으로써 정부의 시장개입에 대한 정당성을 뒷받침하였다.

04 재화가격경직성모형

1 중첩가격설정모형(staggered pricing model)

① 현실적으로 가격은 동시에 결정되거나 조정되지 않는다. 즉, 가격을 결정하는 기간이 중첩될 때가 많다. 가격이 중첩되어 결정되는 현상을 설명하는 이론을 중첩가격설정모형이라고 한다.

② 시장에 존재하는 여러 기업들의 가격조정 의사결정시점이 각각 다르다면 총수요충격에 대해 재화 가격은 경직적인 반응을 보이고 그 효과는 지속적으로 나타날 수 있다.

③ 이 모형은 중첩임금 계약모형과 동일한 구조를 가지고 있다.

2 조정실패모형(coordination failure model)

1. 의의

① 고전학파는 완전고용상태만을 균형으로 간주하지만 케인즈는 불완전고용상태도 장기간 지속될 수 있다는 의미에서 '균형 상태'임을 주장했다.

② 케인즈의 이러한 통찰을 발전시킨 이론이 새 케인즈학파의 복수균형이다.

③ 가격경직성에 따라 발생하는 경기변동이 새 케인즈학파에 의하면 개별경제주체의 최적화행동의 결과이다. 그러나 사회 전체적으로는 최적화가 아님을 복수균형(multiple equilibrium)과 조정실패(coordination failure)의 개념을 통해 설명함으로써 정부 개입에 대한 정당성을 뒷받침한다.

2. 조정 실패란?

① 통화량 감소에 의한 총수요 위축으로 경기 침체가 발생하는 경우에 물가가 신속하게 하락해주면 다시 수요가 늘어나면서 경기 침체가 수월하게 극복될 수 있다.

즉, 모든 기업이 수요 감소에 대하여 가격을 인하하는 것으로 대응한다면 물가가 신속히 하락하여 경기가 바로 회복된다는 것이다.

② 그런데 만약 다른 모든 기업들은 가격을 인하하는데 어느 한 기업만 가격을 그대로 유지한다고 해보자. 가격을 유지한 기업은 상대적으로 이익을 얻게 되나 모든 기업이 이런 식으로 생각하여 행동한다면 물가는 하락하지 않고 경기 침체의 폭이 커질 수 있다.

즉, 통화량 감소라는 부정적 총수요충격이 발생하였을 때 소액의 메뉴비용 때문에 대다수의 기업이 가격을 조정하지 않는다면 물가는 하락하지 않으며 총수요는 쉽게 회복하지 않는다. 이 때문에 경기 침체는 생각보다 오래 지속될 수 있다.

③ 바람직한 균형과 바람직하지 않은 균형이 존재할 때 의사결정자간에 서로 협조가 이루어 지지 않아 바람직하지 않은 균형에 머무르게 되는 현상을 조정 실패라고 한다.

3. 설명

		기업 B	
		가격 인하	가격 유지
기업 A	가격 인하	(100, 100)	(20, 80)
	가격 유지	(80, 20)	(50, 50)

① 가격을 조정해가는 과정은 기업 간에 서로 조정할 가격을 동적으로 예측하며 신중하게 반응해가는 개입행위에 속한다고 볼 수 있으므로 위와 같은 보수행렬을 설정할 수 있다.

② 두 기업 모두 가격을 인하하면 실질통화량이 증가하여 경기 침체에서 벗어나고 100억 원씩의 이윤을 얻는다. 두 기업이 모두 가격을 높게 유지하면 경기 침체가 지속되어 50억 원씩의 이윤만 얻는다.

③ 기업 A와 기업 B가 가격유지 정책을 취하다가 기업 A가 가격 인하 정책으로 전략을 변경하면 '총수요 외부효과'로 기업 B는 보수가 증가한다.

개념정리	총수요 외부성(aggregate demand externality)

• 불리한 총수요충격에 대해 기업이 가격을 낮추면 경제 전체적으로 실질화폐 공급$\left(\frac{M}{P}\right)$이 증가하여 다른 기업의 수요가 늘어 이윤이 증가하게 되는 외부효과를 말한다.
• 한 기업이 가격을 인하하면 효과가 작긴 하지만 물가가 하락하고 실질잔고는 증가한다. 실질잔고의 증가는 총수요를 증가시키므로 다른 기업의 제품에 대한 수요가 증가할 수 있다.
• 한 기업의 가격조정이 다른 기업의 수요에도 영향을 미친다는 의미로 총수요 외부성이라고 한다.
• 한 기업이 아니라 다수의 기업이 가격을 조정한다면 총수요 외부성은 더 커질 것이다.

④ 보수행렬의 내쉬균형은 (가격 인하, 가격 인하)와 (가격 유지, 가격 유지) 2개가 존재한다.
즉, 기업 B가 가격을 인하할 것으로 예상되면 기업 A도 가격을 인하할 것이고, 기업 B가 가격을 유지할 것으로 예상되면 기업 A도 가격을 유지할 것이다.

⑤ 이와 같이 복수균형이 존재하지만 (가격 인하, 가격 인하)의 균형이 (가격 유지, 가격 유지)의 균형에 비해 파레토 우월하다.
조정실패모형에서는 '가격 유지' 균형에서 벗어나 '가격 인하' 균형에 도달하는 것이 사회적으로 바람직하지만 바람직한 결과가 도출되기는 어렵다고 예측한다.

⑥ 왜냐하면 각 기업의 입장에서 메뉴비용 등 전략변경에 따른 비용은 인식하기 쉬운 반면, 총수요 외부효과는 인식하기 어렵기 때문이다.

개념정리	전략적 보완성

• 전략적 보완성이란 어떤 경제행위에 대한 개별 경제주체의 선택이 다른 경제주체들의 선택에 의존하는 현상을 말한다.
• 전략적 보완성을 고려하면 일반적으로 기업들 간 생산 및 판매에 관한 조정이 없는 경우 어느 한 기업의 판매량이 변화하면 다른 기업의 생산량에 영향을 줌으로써 복수 균형이 나타날 수 있다.
• 즉, 어느 한 기업의 판매량이 감소하면 다른 기업의 생산량도 감소하고 판매량이 증가하면 다른 기업의 생산량도 증가한다는 것이다.
• 블리자드 사의 오버워치(Overwatch)라는 1인칭 슈팅게임의 판매량 증가가 컴퓨터 생산량 증가로 연결되는 경우를 예로 들 수 있다.

⑦ 모든 재화의 가격이 동일한 비율로 감소할 때 기대되는 실질통화량의 증가와 그로 인하여 기대되는 생산의 증가는 모든 경제주체의 복지를 개선시킬 것이다.

⑧ 그러나 특정 기업으로서는 기존의 가격이 이미 이윤극대화 조건을 충족하고 있기 때문에 다른 기업의 생산물 가격에 변화가 없는 한 가격을 내릴 아무런 이유가 없다.
따라서 가격의 경직성은 개별기업으로서는 최적의 선택이지만 경제 전체로는 비효율성을 초래한다.

⑨ 모든 기업이 가격을 인하하여 대응하는 것이 사회적으로 바람직하지만 경제주체들로 하여금 모두 그렇게 하도록 강제할 수 없다. 이와 같이 조정이 실패하는 경우에는 가격의 경직성이 강화되어 경기 침체의 폭이 깊어지고 기간은 길어진다.

4. 정부 정책의 시사점

① 실물 균형경기변동이론에서 생산과 고용의 감소는 총요소생산성의 감소에 대한 경제주체의 최적반응이다.

② 조정실패모형에서는 경기 침체 균형이 실현될 때 경기호황 균형도 원칙적으로 실현가능하다.
따라서 조정실패모형에서 경제주체들이 낙관적으로 만드는 정부 정책들이 효과적일 수 있다.
가격기구의 불완전성과 조정실패 때문에 경제가 심한 불황에 처해있다면 정부의 총수요 확대 정책은 '총수요 외부성'의 계기를 마련하여 경제를 불황에서 탈출시킬 수 있게 만든다.

3 노동퇴장(labor hoarding)

① 노동퇴장(labor hoarding)이란 기업이 불경기에 꼭 필요로 하는 노동량을 초과하는 여분의 노동을 계속 고용하는 현상을 말한다.

② 현실 세계에서는 노동의 평균생산은 경기 순응적이다.
즉, 호황기에는 노동의 평균생산이 증가하고 불황기에는 노동의 평균생산이 감소한다.

③ 그러나 새 케인즈학파의 경기변동이론은 노동의 평균생산성(AP_L)이 경기 역행적이라는 것을 시사한다.
왜냐하면 경기 침체 시 총수요 감소로 노동고용량이 감소하면 노동의 한계생산이 증가하면서 노동의 평균생산도 증가하기 때문이다.

④ 새 케인즈학파는 노동의 평균생산성이 경기 순응적인 행태를 보이는 것을 설명하기 위해 노동퇴장을 모형에 수용하였다.

⑤ 노동퇴장이 존재하면 불경기에 오히려 노동고용이 증가하면서 노동의 평균생산이 감소한다.

⑥ 새 케인즈학파가 주목하는 노동퇴장은 실물 균형경기변동이론을 반박하는데 사용되기도 한다.
실물 균형경기변동에서는 총요소생산성 증가율과 경제성장률 간의 강한 양(+)의 상관관계가 경기변동이 기술진보에 좌우된다는 증거라고 주장한다.
그러나 음(−)의 기술 충격, 기술후퇴의 실체에 대해 의문을 제기하는 새 케인즈학파는 경기 침체기에 생산성이 낮아지는 것이 기술후퇴가 아닌 노동퇴장 때문이라고 주장한다.
경기 침체에도 불구하고 해고되지 않은 노동퇴장인력이 평균적인 생산성을 저하시키는 역할을 하기 때문이다.

05 의의와 한계

① 새 케인즈학파는 단기적인 경제현상에서 발생하는 가격경직성에 대한 미시경제학적인 입증을 이론적으로 제공하였다.

② 새 케인즈학파 모형은 장기적으로 경제가 균형점을 향하여 수렴해 간다는 점을 소홀히 하고 있다.

③ 새 케인즈학파는 정부의 최적개입과 개입 방식에 관하여 만족스러운 대안을 제시하지 못하고 있다.

06 불균형 경기변동이론과 균형 경기변동이론의 평가

① 전통적 불균형 경기변동이론에서는 경기변동을 지속적인 불균형 상태로 보아 정책 개입을 정당화 시켰다. 그러나 이 이론은 수요 측면만을 강조했다는 것과 미시적 분석을 결여했다는 점에서 내적 일관성이 떨어진다.

② 반면 균형 경기변동이론은 경기변동을 시장 청산의 연속적 과정으로 보아 후생손실은 거의 없다고 본다. 그러나 현실에서 보이는 국민소득의 감소나 실업의 지속적인 존재가 과연 경제주체들의 선택인지에 의문이 생긴다.

③ 또한 정책 당국의 개입으로 경기가 호전되는 것을 보면 결코 정책이 무력하지만은 않은 것으로 보인다. 결국 균형이론은 내적 일관성이 우수하나 외적 적합성이 부족하다.

④ 경기변동현상을 분석하고 예측함에 있어서는 양자를 상호보완적으로 택하여 모델로써 이용해야 할 것이다.

01 다음 중 경기동행지수의 구성요인과 관련이 먼 것은?

① 광공업 생산지수
② 비농림어업 취업자 수
③ 수입액
④ 건설기성액
⑤ 종합주가지수

풀이 날짜			
채점 결과			

02 경기종합지수는 선행 · 동행 및 후행종합지수 등 세 가지로 구성되어 있다. 이 중 선행지수가 아닌 것은?

① 구인구직비율
② 건설 수주액
③ 소비자기대지수
④ 소비재 수입액
⑤ 장단기 금리차

풀이 날짜			
채점 결과			

03 경기선행지수가 하락했을 경우 예측할 수 있는 현상이 아닌 것은?

① 실업률 상승
② 실질산출량 감소
③ 수입 증가
④ 조세수입 감소
⑤ 민간 소비 감소

풀이 날짜			
채점 결과			

04 1990년대 후반 지속된 미국 경제의 호황은 정보기술 발전에 따른 생산성 증대의 결과라는 주장이 있다. 이 주장을 뒷받침하는 이론으로 옳은 것은?

① 케인지언(Keynesian) 이론
② 통화주의(Monetarism) 이론
③ 합리적 기대가설(Rational Expectations Hypothesis) 이론
④ 실물경기변동(Real Business Cycle) 이론

풀이 날짜			
채점 결과			

해설

정답

01 • 현재의 경기상태를 나타내는 지표로 구성되어 있다.
• 동행종합지수는 현재의 경기상태를 나타내는 지표로서 국민경제 전체의 경기변동과 같은 방향으로 움직이거나 국민경제의 변동 그 자체를 나타내는 지표들로 구성된다.
• 종합주가지수는 경기선행지수에 들어간다.

⑤

02 • 선행종합지수는 약 3개월 후의 경기 동향을 나타내는 지표로서 장래의 경제활동수준에 큰 영향을 미치는 지표나 앞으로 일어날 경제현상을 예시하는 지표들로 구성된다.
• 소비재수입액은 후행종합지수에 포함된다.

④

03 • 선행종합지수는 약 3개월 후의 경기 동향을 나타내는 지표로서 장래의 경제활동수준에 큰 영향을 미치는 지표나 앞으로 일어날 경제현상을 예시하는 지표들로 구성된다.
• 경기종합지수를 구성하는 지수들 중에서도 경기선행지수로 구분된 지수들이 가장 중요하다. 왜냐하면 이 변수들은 향후 경기변동에 대한 매우 유용한 정보를 제공해주기 때문에 기업이 가계의 경제활동에 도움을 줄 뿐 아니라 정부가 올바른 정책을 수립하는 기초가 된다.
• 경기선행지수가 하락하면 앞으로의 경기가 하락할 것으로 예측할 수 있다.
• 따라서 수입은 감소할 것이다.

③

04 • 실물경기변동이론이란 원자재 가격의 상승과 같은 총공급에 대한 음(−)의 충격 외에 새로운 기술의 발전과 같은 기술진보를 총공급에 대한 양(+)의 충격으로 해석함으로써 총공급에 대한 충격을 경기변동의 주된 원인으로 간주한다.

④

05 실물경기변동이론(Real Business Cycle theory)에 대한 설명으로 가장 옳지 않은 것은?

풀이 날짜			
채점 결과			

① 임금은 신축적이나 상품 가격은 경직적이라고 가정한다.
② 개별 경제주체들의 동태적 최적화 행태를 가정한다.
③ 경기변동은 시장 청산의 결과이다.
④ 공급 측면에서의 생산성 충격이 경기변동의 주요한 원인이다.

06 다음 중 균형경기변동이론에 관한 설명으로 옳지 않은 것은?

풀이 날짜			
채점 결과			

① 실물적 경기변동이론은 노동 공급이 실질임금에 대하여 탄력적임을 강조하고 있다.
② 실물적 경기변동이론은 경기변동의 주요 요인으로 기술변화, 생산성, 선호의 변화를 들고 있다.
③ 실물적 경기변동이론은 총수요관리정책에 의한 경기변동도 잘 설명하고 있다.
④ 화폐적 경기변동이론은 예상되지 않은 통화의 공급이 경기변동의 주요 요인임을 설명하고 있다.
⑤ 실물적 경기변동이론에서는 화폐의 역할에 대하여 소홀히 다루고 있다는 문제점이 제기되고 있다.

07 실물적 균형경기변동이론에서 지적하고 있는 경기변동을 유발하는 충격이 아닌 것은?

풀이 날짜			
채점 결과			

① 예상된 통화량의 변화
② 기후변화
③ 새로운 경영기법의 도입
④ 노동과 자본의 질적 변화
⑤ 생산성 충격

08 경기변동에 대한 설명으로 옳지 않은 것은?

풀이 날짜			
채점 결과			

① 케인즈학파는 수요 감소가 경기후퇴의 원인이며, 경기회복을 위해서 확장적 재정·금융 정책이 필요하다고 강조하였다.
② 새 케인즈학파는 가격경직성이 수요충격에 따른 산출량의 변동을 증폭시킬 수 있음을 강조하였다.
③ 새 고전학파는 단기적 경기변동을 경제주체들의 화폐적 충격과 실물부문의 기술충격에 대한 최적행위와 시장 청산의 결과로 설명하였다.
④ 통화주의학파는 경기변동에 대해서 준칙(rule)에 의한 통화 정책보다는 재량(discretion)에 의한 통화 정책을 강조하였다.

해설

정답

05 • 실물경기변동이론이란 경기변동을 초래하는 기초적인 충격이 실물충격인 기술 충격이다.
• 실물경기변동이론은 임금, 상품 가격 등 가격변수가 신축적이라고 가정하여 항상 균형이 달성된다고 주장한다.

①

06 ① 현재의 실질임금(w_1)과 미래의 실질임금(w_2)의 상대적 크기가 현재와 미래의 노동시간의 배분에 영향을 미친다. 따라서 노동 공급은 실질임금에 대하여 탄력적으로 반응한다.
② 1980년대에 프레스콧(E. Prescott), 키들랜드(F. Kydland) 등 새 고전학파 경제학자들은 기술혁신 · 경영혁신 · 노사분규 · 기후 등과 같은 생산물의 총공급곡선에 영향을 미치는 요인들이 경기변동의 주요 원인이라는 이론을 전개하였다.
③ 총수요관리정책에 의한 경기변동은 케인즈학파의 불균형경기변동에서 설명한다.
④ 불완전한 정보 하에서 합리적으로 기대를 하는 경제주체들이 예상치 못한 통화량 변화로 인해 상대 가격변화와 일반 물가수준의 변화를 구분하지 못하는 오류를 범함으로써 경기변동이 발생한다.
⑤ 실물 경기변동이론은 화폐의 중립성을 강조하므로 화폐의 역할을 무시한다고 비판을 받는다.

③

07 • 1980년대에 프레스콧(E. Prescott), 키들랜드(F. Kydland) 등 새 고전학파 경제학자들은 기술혁신 · 경영혁신 · 노사분규 · 기후 등과 같은 생산물의 총공급곡선에 영향을 미치는 요인들이 경기변동의 주요 원인이라는 이론을 전개하였다.
• 실물적 균형경기변동이론은 경기변동의 유발원인으로 공급충격을 주장하므로 예상된 통화량의 변화는 경기변동의 원인이 아니다.

①

08 • 새 고전학파의 균형 경기변동이론은 개별 경제주체의 최적화와 시장균형의 결과로 경기변동을 설명한다. 경기변동의 원인을 화폐적 충격에서 찾는 화폐경기변동이론과 실물충격에서 찾는 실물경기변동이론으로 나뉜다.
• 새 케인즈학파는 총수요 외부성과 메뉴비용으로 인한 가격 경직성은 적극적인 경기안정정책이 필요하며 총생산에 미치는 효과를 가질 수 있는 근거라고 본다.
• 통화주의학파는 경기변동에 대해서 준칙(rule)에 의한 통화 정책을 강조하였다. 이를 k% rule이라고 한다.

④

01 경기순환에 관한 다음의 설명 중 가장 옳지 않은 것은?

풀이 날짜			
채점 결과			

① 종합경기지표는 작성법에 따라 여러 형태로 분류할 수 있으나, 현재 우리나라에서 사용되고 있는 대표적인 것은 경기종합지수이다.
② 선행지표 중의 하나인 국제원자재 가격지수가 전분기에 비하여 증가하고 있다는 것은 앞으로 경기가 상승될 것을 시사한다.
③ 기업경기실사지수가 100을 넘으면 기업의 설비투자가 증가할 가능성이 높다.
④ 루카스 명제(Lucas critique)에 의하면, 관측된 자료를 활용하여 추정된 정교한 계량모형은 경기변동에 대한 예측력을 증가시켜 미래의 경제정책판단에 유용한 자료로 활용할 수 있다.
⑤ 경기변동 순환주기는 일반적으로 확장기가 수축기에 비하여 긴 것으로 나타나고 있다.

02 다음 중 경기변동 및 집계변수들 사이의 관계에 대한 용어 중 옳은 것은?

풀이 날짜			
채점 결과			

① 잠재총생산과 실제총생산의 차이로부터 정의되는 총생산 갭과 경기적실업 사이의 역의 관계는 피셔방정식으로 서술된다.
② 인플레이션율이 높은 시기에는 예상 인플레이션율이 높아져 명목이자율도 높아지고, 인플레이션율이 낮은 시기에는 예상 인플레이션율이 낮아져 명목이자율이 낮아진다는 관계를 나타낸 것은 필립스곡선이다.
③ 통화량의 변동이 실물변수들에는 영향을 주지 못하고 명목 변수만을 비례적으로 변화시킬 때 화폐의 중립성이 성립한다고 말한다.
④ 동일한 화폐금액이 어느 나라에 가든지 동일한 크기의 구매력을 가지도록 환율이 결정된다는 이론을 자동안정화 장치라고 부른다.

03 (   )안에 들어갈 단어는?

풀이 날짜			
채점 결과			

실물경기변동이론(real business cycle theory)에 따르면 경기변동은 주로 (ⓐ)의 변화에 기인하며, 케인지언(Keynesian)이론에 의하면 단기적인 경기 변동은 주로 (ⓑ)의 변화에 기인한다.

	ⓐ	ⓑ
①	총수요	완전고용생산량
②	완전고용생산량	총수요
③	총수요	총공급
④	총공급	총공급
⑤	완전고용생산량	총공급

해설

정답

01 ① 경기종합지수는 경기와 밀접한 관계를 갖는 각종 경제지표들을 선정하고 이들의 전월대비 변동률을 가중평균하여 하나의 지수형태로 나타낸다.

② 선행종합지수는 약 3개월 후의 경기 동향을 나타내는 지표로서 장래의 경제활동수준에 큰 영향을 미치는 지표나 앞으로 일어날 경제현상을 예시하는 지표들로 구성된다. 선행지수가 상승하면 앞으로 경제가 좋아질 것이라고 예측할 수 있다.

③ 기업 활동의 실적과 계획, 경기 동향 등에 대한 기업가의 의견을 직접 조사하여 이를 기초로 경기 동향을 파악하고 예측하고자 하는 지수를 말한다. 다른 경기관련지표와는 달리 기업가의 주관적이고 심리적인 요소까지 조사가 가능하여 정부 정책의 파급효과를 분석하는데 활용되기도 한다.
100이상이면 경기 확장국면, 100이하이면 수축국면으로 판단한다.

④ 거시적 행태방정식을 사전에 설정하고, 이에 따라 거시경제효과를 분석하는 것은 잘못이라는 주장을 '루카스 비판(Lucas critique)'이라고 한다.

⑤ 일반적으로 경기회복이 서서히 일어나기 때문에 확장국면은 수축국면보다 기간이 길다. 따라서 확장국면과 수축국면의 강도와 기간이 서로 달라 비대칭적이다.

④

02 ① *GDP* 갭과 실업률과의 관계를 나타낸 것을 '오쿤의 법칙'이라 한다.

② 피셔효과란 예상 인플레이션율과 명목이자율과의 1 : 1관계를 나타낸다.

④ 구매력평가설이란 각국의 물가에 따른 구매력에 의해 환율이 결정된다는 이론이다.

③

03 • 실물경기변동이론은 경기변동은 잠재 *GDP*에 의해 발생한다. 따라서 경기변동과 경제성장을 동시에 설명할 수 있다.

• 케인즈학파의 경기변동이론은 경기변동의 주된 요인은 총수요충격이다.

②

04 다음 중 실물경기순환이론에 대한 설명으로 가장 옳은 것은?

① 통화량은 국민소득의 변화에 내생적으로 반응하기도 한다.
② 대부분의 경기 침체는 통화량의 감소에 기인한다.
③ 모든 경우 실업은 비자발적이다.
④ 실질임금은 경기 역행적이다.

풀이 날짜			
채점 결과			

05 실질경기변동론(Real Business Cycle Model)에 의하면 경기변동의 주요 원인은?

① 기업의 시장지배력의 변화에 따른 노동수요의 변화
② 기업의 생산함수의 변화에 따른 노동수요의 변화
③ 노동자의 선호 변화에 따른 노동 공급의 변화
④ 조세 체계, 실질이자율 등의 변화에 따른 노동 공급의 변화
⑤ 노동생산성의 변화에 따른 노동 공급의 변화

풀이 날짜			
채점 결과			

06 경기변동이론에 관한 설명으로 옳은 것은?

① 실물경기변동이론(real business cycle theory)은 통화량 변동 정책이 장기적으로 실질 국민소득에 영향을 준다고 주장한다.
② 실물경기변동이론은 단기에는 임금이 경직적이라고 전제한다.
③ 가격의 비동조성(staggered pricing)이론은 새 고전학파(New Classical) 경기변동 이론에 포함된다.
④ 새 케인즈학파(New Keynesian) 경기변동이론은 기술 충격과 같은 공급충격이 경기변동의 근본 원인이라고 주장한다.
⑤ 실물경기변동이론에 따르면 불경기에도 가계는 기간별 소비선택의 최적조건에 따라 소비를 결정한다.

풀이 날짜			
채점 결과			

04 ① 실물 균형경기변동이론은 국민소득이 커지면 화폐에 대한 수요가 늘어나고 이에 대응해 중앙은행이 화폐 공급량을 늘리기 때문에 통화량 증가율이 높아진다고 주장한다. 국민소득과 통화량이 영향을 주고받는 경로에 관해 케인즈 이론과 반대 방향으로 생각하고 있으며 이를 '역의 인과성'이라고 한다. 즉, 통화의 경제여건에 대한 내생적 반응을 강조하여 화폐와 산출이 역의 인과관계를 가지고 있다고 한다. ①

② 경기변동의 주요 원인은 기술혁신 · 경영혁신 · 노사분규 · 기후 등과 같은 생산물의 총공급곡선에 영향을 미치는 요인들이다.

③ 경제여건의 변화에 따라 항상 최적의 상태를 유지하므로 경제에 가해지는 충격으로 발생하는 경기변동은 불균형 현상이 아니라 모두 균형의 이동 과정이다. 따라서 불황에서 비자발적인 실업이 존재하는 것이 아니라 단지 노동자들이 일시적으로 노동시간을 줄이거나 자진해서 노동시장을 탈퇴하는 사람이 많은 것이다. 즉 실업은 자발적이다.

④ 실물경기 변동이론의 주 원인은 공급충격이다. 총공급이 우측으로 이동하면 물가가 하락하고 실질 GDP는 증가한다. 물가가 하락하면 실질임금은 상승한다. 따라서 실질 GDP와 실질임금은 같은 방향으로 변하므로 실질임금은 경기 순행적이다.

05 ②

- 실질경기변동론은 경기변동의 주 원인으로 생산성 충격을 든다.
- 생산성이 향상되면 노동의 한계생산의 증가로 노동수요가 증가한다.
- 노동수요가 증가하면 노동고용량이 증가하고 생산 증가 효과가 발생한다.

06 ① 실물 경기변동의 주요 원인은 기술혁신 · 경영혁신 · 노사분규 · 기후 등과 같은 생산물의 총공급곡선에 영향을 미치는 요인들이다. ⑤

따라서 통화량 변동정책은 실질 국민소득에 영향을 주지 못한다.

② 실물경기변동이론은 물가와 임금이 신축성을 갖고 있어 비자발적 실업은 존재하지 않는다는 인식을 갖고 있다.

③ 가격의 비동조성 또는 비신축성이론은 새 케인즈학파의 경기변동이론에 포함된다.

④ 새 케인즈학파는 개별 시장에서 관찰되는 가격 · 임금의 경직성이 이론적 가정이 아닌 경제주체들의 최적화 행동의 결과로 나타나는 합리적인 것임을 증명하였다.

또한 총수요충격이 가격조정이 아닌 생산수준의 변화를 유발할 수 있음을 밝혔다.

MEMO 그래프를 그려보세요.

CHAPTER 16

경제성장론과 경제발전론

단원 학습 목표

- 경제성장이란 한 경제의 생산능력이 지속적으로 확대되는 것을 말한다.
- 이 장에서 소득수준의 지속적 증가와 국가간 소득수준의 차이를 살펴보고 이러한 차이를 가져온 경제성장의 원인을 알아본다.
- 그리고 장기적 경제성장의 정형화된 사실을 설명하기 위해 대표적 경제성장모형인 솔로우 모형과 최근의 내생적 성장 이론을 살펴본다.

1절 개요

01 경제성장이란?

① 자본주의 경제의 순환적 성장이란 자본주의 경제가 순환적 변동을 겪으면서도 장기적으로는 지속적인 성장을 하는 것을 말하는 데, 일반적으로 경제성장을 1인당 소득(per capital income)의 지속적인 증가로 정의한다.

② 즉, 경제성장이란 시간이 흐름에 따라 경제 전체의 소득규모가 점차 커지는 현상을 의미한다.

③ 경제성장은 1인당 실질 *GDP*의 지속적 향상을 의미하므로 한 나라의 경제력과 국민들의 생활수준은 그 나라의 경제성장 정도에 의해 결정된다.

④ 경제성장은 인구증가를 통한 노동력의 꾸준한 증가에 의해 달성되기도 하고 투자에 의한 물적 자본 축적과 교육에 의한 인적 자본 축적, 그리고 기술진보 등에 의해 이루어지기도 한다.

⑤ 경제성장이 이루어지면 장기적으로 완전고용 국민소득수준이 커지므로$\left(Y_f^0 \rightarrow Y_f^1\right)$ 총공급곡선이 우측으로 이동한다. 또한 생산요소투입량의 증가와 기술진보로 생산가능곡선(*PPC*)이 바깥쪽으로 이동한다.

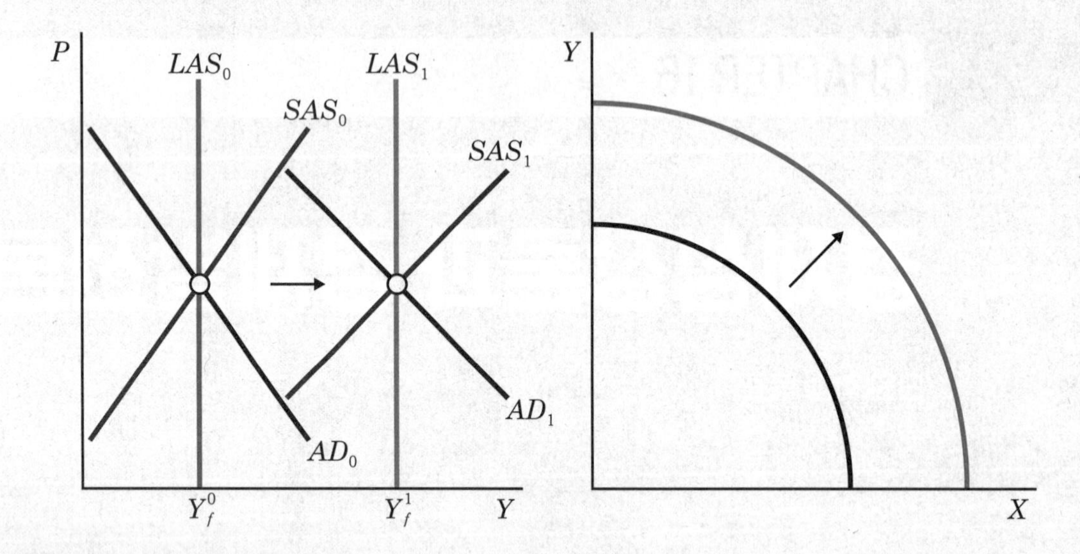

02 경제성장의 요인

1 의의

경제성장은 한 경제의 생산능력이 지속적으로 확대되는 것이므로 경제성장을 결정하는 요인은 총생산의 증가를 결정하는 요인이라고 볼 수 있다.

2 생산요소의 투입량과 요소부존도

① 노동이나 자본의 투입을 증가시키면 총생산이 증가한다.

② 노동풍부국의 경우 자본 1단위에 대해 적어도 1단위 이상의 노동이 결합되기 때문에 자본의 한계생산이 노동의 한계생산보다 높다.

③ 따라서 경제성장의 요인으로 노동보다 자본이 더 중요하다.

④ 그러므로 두 생산요소 가운데 어떤 생산요소가 경제성장에 더욱 크게 기여하는가는 그 경제의 요소부존도에 따라 달라진다.

3 기술진보

① 현대의 경제성장은 과거와 달리 폭발적으로 증가한 기술진보 속에서 이루어지고 있다.

② 기술진보는 자본축적과 밀접한 관계에 있다.

기술진보는 새로운 자본설비에 체화되어 있는 것이 일반적이며 풍부한 자본은 빠른 기술진보의 밑바탕이 된다.

심화학습 | 경제성장과 저축과의 관계

- 경제성장이란 경제의 총체적 생산능력의 증대이다.
- 이는 투자의 증가를 통해 이루어지는데, 투자증가를 위해서는 그 재원으로써의 저축의 증가가 요구된다.
- 즉, 저축의 증가가 투자의 증가로 곧 연결되지 못하는 단기에서는 저축의 역설이 발생하나 장기적으로는 저축의 증가가 경제성장의 근본 원동력이 된다.

03 총체적 생산함수

① 경제성장의 요인을 분석하기 위해 다음과 같은 국가경제의 총체적 생산함수를 가정하자.

$$Y = A \times f(L, K)$$

A는 기술수준을 나타내며 자본(K)과 노동(L)의 생산성에 공통적으로 영향을 미치는 총요소생산성(total factor productivity ; TFP)이라고도 불린다.

② 이 생산함수에 의하면 총생산(Y)의 지속적 증가를 의미하는 경제성장은 기술진보(A의 상승) 또는 자본(K)이나 노동(L)의 양적증가를 통해 이루어진다.

③ 한 나라의 경제성장을 기술진보, 자본 증가, 노동 증가가 기여하는 세부분의 합으로 보고 경제성장에 대한 총요소생산성 · 자본 · 노동의 상대적 기여도를 파악하는 것을 성장회계(growth accounting)라 한다.

④ 단기에 투자가 증가하면 총수요증가를 통해 소득이 증가하게 된다. 이것을 '투자의 소득창출효과'라고 한다.

⑤ 장기에 투자는 총체적 생산함수 $Y = A \times f(L, K)$에서 자본(K)과 총요소생산성(A)에 영향을 준다.

따라서 투자가 증가하면 자본설비가 확장되거나 기술수준이 향상되어 경제의 생산능력도 증가하는 것을 '투자의 생산능력 증대효과'라 부른다.

04 경제성장의 측정

① 일반적으로 경제성장률은 경제 전체의 실질 GDP 증가율로 측정된다.

$$\text{경제성장률} = \frac{\text{금년도 총생산량}(Y_t) - \text{작년도 총생산량}(Y_{t-1})}{\text{작년도 총생산량}(Y_{t-1})} \times 100$$

② 경제 전체의 실질 GDP가 증가하였더라도 인구가 급격히 증가하였다면 1인당 소득은 오히려 감소할 가능성이 있다.

③ 따라서 생활수준의 향상정도를 측정하기 위해서는 인구증가율까지 감안한 1인당 경제성장률을 이용하여야 한다.

→ 1인당 경제성장률 = 경제성장률 - 인구증가율

05 성장 유형

1 공급 제약형 성장과 수요 제약형 성장

① 공급 제약형 성장(supply-constrained growth)이라 함은 경제에 충분한 저축능력이 없어 경제의 공급능력은 매우 완만히 증가하고, 장기적으로 경제성장이 결국 정체가 되는 것을 말한다.

② 수요 제약형 성장(demand-constrained growth)이란 총수요가 총공급에 미치지 못하는 경우 저축 증가가 총 수요 감소를 유발하므로 경제성장이 더욱 어려워지는 것을 말한다.

2 외연적 성장과 내연적 성장

① 외연적(extensive) 성장이란 생산요소 공급의 증가에 따른 경제성장으로 양적성장이라고 한다.

② 내연적(intensive) 성장이란 생산성의 증가에 따른 경제성장으로 질적성장이라고 한다.

③ 대부분의 국가에서 초기의 경제성장은 외연적 성장이었으나 생산요소 투입량의 증가에는 한계가 있으므로 지속적인 성장을 위해서 생산요소의 질적 개선을 통한 내연적 성장을 추구하고 있다.

06 경제성장의 정형화된 사실(stylized facts of growth)

1 개요

영국의 경제학자 칼도(N. Kaldor)는 선진 자본주의 경제의 성장과정에서 장기적인 규칙성을 발견하여 경제성장의 정형화된 사실 또는 성장의 경험적 규칙성이라 불렀다.

2 경제성장의 정형화된 사실

1. 1인당 실질소득은 일정비율로 증가한다.

시간이 지남에 따라 1인당 실질소득이 증가하는데 증가율이 국가마다 대체로 일정하다.

2. 1인당 자본량이 증가한다.

1인당 자본량 $\left(\frac{K}{L}\right)$이 증가하는 것을 자본의 심화라 한다.

3. 경제 전체의 자본 - 생산량 비율이 대체로 일정하다.

① 생산량을 실질 GDP로 놓으면 자본 - 생산량 비율$\left[\frac{\text{자본}(K)}{\text{실질 } GDP(Y)}\right]$은 자본계수이다.

② 따라서 자본계수가 일정하다는 것을 의미한다.

4. 노동과 자본의 상대적 분배율이 일정하다.

상대적 분배율이 일정하다는 것은 노동소득분배율과 자본소득 분배율이 대체로 일정하다는 것이다.

2절 솔로우의 신고전파 경제성장이론

01 개요

① 솔로우(R. solow)모형 이전의 주류 성장이론은 해로드 - 도마 모형(Harrod-Domar growth model)이었다.

② 이 모형은 완전고용에서의 균형성장이 가능하기는 하지만 달성되기 어렵고 균형에서 한번 이탈하면 회복되기 어렵다고 하여 자본주의 경제의 성장경로가 기본적으로 불안정하다는 결론을 내리고 있다.

③ 그러나 현실의 자본주의 경제는 장기적으로 봤을 때 비교적 안정적으로 성장하고 있다. 그것은 경제를 안정적 성장경로로 이끄는 어떤 내재적인 힘이 자본주의 경제에 작용한다는 것을 의미한다.

③ 솔로우 모형은 그러한 내재적인 힘을 자본과 노동 등 생산요소 간의 기술적 대체가능성과 생산요소 가격의 신축적인 조정에서 찾았다.

즉, 해로드 - 도마모형에서 자본주의 경제의 불안정한 성장경로는 자본과 노동간 대체가 불가능하다는 가정에서 비롯된 것인데 솔로우는 이러한 전제가 장기적으로 성장하는 경제에는 타당하지 않다고 본 것이다.

④ 신고전파 경제성장이론은 생산요소 간 대체가능성과 수확체감법칙 그리고 생산요소가격이 신축적으로 조정될 수 있다는 가정을 도입함으로써 경제가 안정적으로 성장하는 사실을 설명하고 있다.

02 기본 가정

① 인구증가율은 n으로 일정하다. 따라서 인구는 다음과 같은 과정을 따라 증가한다.

$$N_{t+1} = N_t(1+n)$$

② 가계부문이 총소득(Y)의 일정 비율 s만큼을 저축하고 나머지 $(1-s)$비율만큼만 소비한다고 가정하면 저축과 소비는 다음과 같다.

→ 솔로우 모형은 케인즈의 가정을 받아들여 소비성향(c)과 저축성향(s)이 존재

$$S = sY$$

$$C = (1-s)Y$$

③ 생산함수는 규모수익불변(constant returns to scale)과 수확체감의 성질을 갖고 있는 콥 - 더글라스 생산함수를 사용한다. 다음과 같은 생산함수를 가정하자.

$$\rightarrow Y = f(K, L)$$

규모수익불변의 특성을 이용하면 다음과 같은 1인당 생산함수로 변환할 수 있다.

즉, 생산함수의 양변을 각각 노동인구(L)로 나누면 1인당 생산함수를 도출할 수 있다.

$$\rightarrow \frac{Y}{L} = f\left(\frac{K}{L}, 1\right)$$

$$\rightarrow y = f(k)$$

$\left[y = \frac{Y}{L}\right.$: 1인당 생산량, $k = \frac{K}{L}$: 1인당 자본량$\left.\right]$

1인당 생산함수(y)는 1인당 자본량(k)에 대해 수확체감의 법칙이 성립하기 때문에 1인당 자본량(k) 증가에 따라 그 기울기, 즉 자본의 한계생산이 감소하는 형태를 갖는다.

개념정리 규모수익불변

- 규모수익불변의 성질을 갖는 생산함수의 경우 $\lambda Y = f(\lambda L, \lambda K)$의 성질을 갖는데 $\lambda = \frac{1}{L}$을 대입할 수 있다.

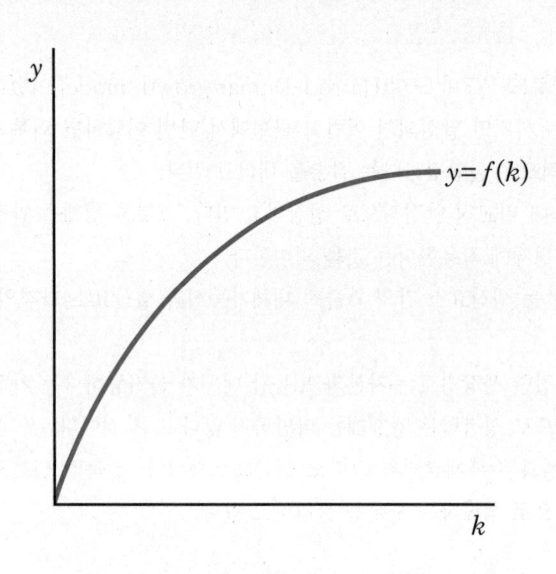

④ 경제가 성장하는 과정에서 항상 균형을 유지한다. 따라서 저축과 투자는 항상 일치한다. 즉, 자본시장에서 공급 측면에 해당하는 총저축과 수요 측면의 총투자가 일치한다. 고전학파의 가정을 받아들여 투자와 저축이 일치하여 총공급과 총수요가 항상 균형을 이룬다.

$$I = S$$
$$\rightarrow I = sY$$

03 장기균형 : 균제상태

1 1인당 생산함수

① 생산을 1인당으로 전환한 것처럼 소비(c)와 투자(i)도 1인당으로 표시된다. 정부부문이 없다면 1인당 생산물에 대한 수요는 $y = c + i$로 표현된다.

② 1인당 생산, 1인당 소비, 1인당 저축(=투자)간의 관계를 그림으로 그리면 다음과 같다. 저축률이 s이면 1인당 투자(=저축)의 크기는 $sf(k)$이고 1인당 생산 y과 1인당 저축 $sf(k)$의 차이가 1인당 소비 c이다.

③ 시간의 경과에 따라 생산 또는 소득이 얼마나 증가할 수 있는지가 핵심인데 생산요소인 자본과 노동이 시간에 따라 얼마나 증가할 수 있는지를 살펴보아야 한다.

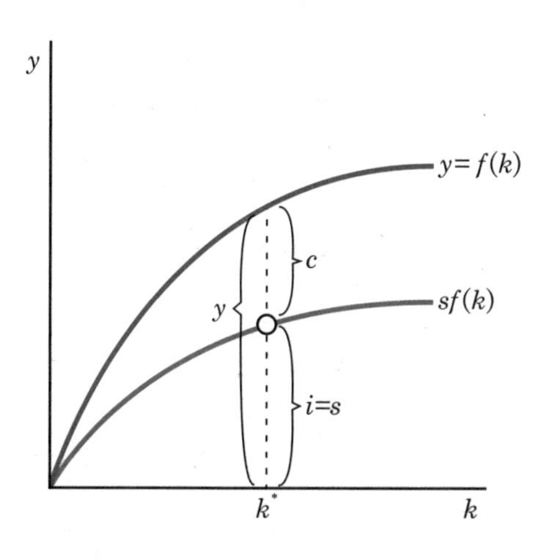

2 자본증가율

① 자본의 증가, 즉 자본축적에 대해 살펴보자

② 기업들의 총투자를 I라 하고 총자본량은 다음의 과정을 따라 축적된다.

$$K_{t+1} = (1-d)K_t + I_t$$
$$\rightarrow I_t = K_{t+1} - K_t + dK_t$$
$$\rightarrow I_t = \Delta K + dK_t$$
$$\rightarrow \Delta K = I_t - dK_t$$

여기서 d는 자본단위당 감가상각률을 나타내며 $0 < d < 1$의 범위를 갖는다.

③ 자본의 축적(ΔK)은 투자(I_t)와 감가상각(dK_t)에 의해 결정된다.

ΔK는 자본의 순증가분을 나타내는데, 이는 총투자 I에서 감가상각분 dK을 차감한 값이다.

④ 감가상각을 고려하지 않는다면($d=0$) $\Delta K = I$이므로 다음의 관계식이 도출된다.

$$\Delta K = I = S = sY = syL = sf(k)L$$
$$\left[y = \frac{Y}{L} \rightarrow Y = yL,\ y = f(k)\right]$$

⑤ 자본증가율을 구하기 위해 양변을 $K = kL(k = \frac{K}{L}$이기 때문)로 나누면 자본증가율은 다음의 식으로 표시된다.

$$\rightarrow \frac{\Delta K}{K} = \frac{sf(k)}{k}$$

3 1인당 자본량(k)의 증가율

① 1인당 자본량의 증가율$\left(\frac{\Delta k}{k}\right)$은 자본증가율에서 인구증가율을 차감하여 구할 수 있다.

② 인구증가율은 n으로 주어져 있다.

$$\rightarrow \frac{\Delta L}{L} = n$$

③ 따라서 1인당 자본량의 증가율은 다음과 같다.

$$\rightarrow \frac{\Delta k}{k} = \frac{\Delta K}{K} - \frac{\Delta L}{L} = \frac{sf(k)}{k} - n$$

④ 양변에 k를 곱해주면 1인당 자본량의 순증가분(Δk)에 대하여 다음과 같이 표현할 수 있다.

$$\rightarrow \Delta k = sf(k) - nk$$

이 식은 1인당 자본의 축적을 나타내는 식이다.

⑤ $sf(K)$는 1인당 실제 저축액이자, 1인당 실제 투자액이다.

⑥ nk는 1인당 필요투자액을 나타낸다. 인구증가율 n이 차감되는 형태로 들어가는 것은 인구증가에 따라 1인당 자본이 줄어드는 자본희석(capital dilution)현상이 일어나기 때문이다. 즉, $-nk$는 인구 증가율(n)로 인해 감소하게 되는 1인당 자본량 또는 자연적으로 감소하는 1인당 자본이다.

→ 인구증가율은 n이고 모형의 가로축은 1인당 자본량 k이므로 nk선을 그림으로 그리면 원점을 통과하면서 기울기 n의 값을 갖는 직선 형태로 나타낼 수 있다.

⑦ 따라서 1인당 실제 투자액 $sf(k)$이 1인당 자본량의 감소를 초과하는 부분 $[sf(k)-nk]$이 1인당 자본량의 증가분이 되는 것이다.

4 균형 조건

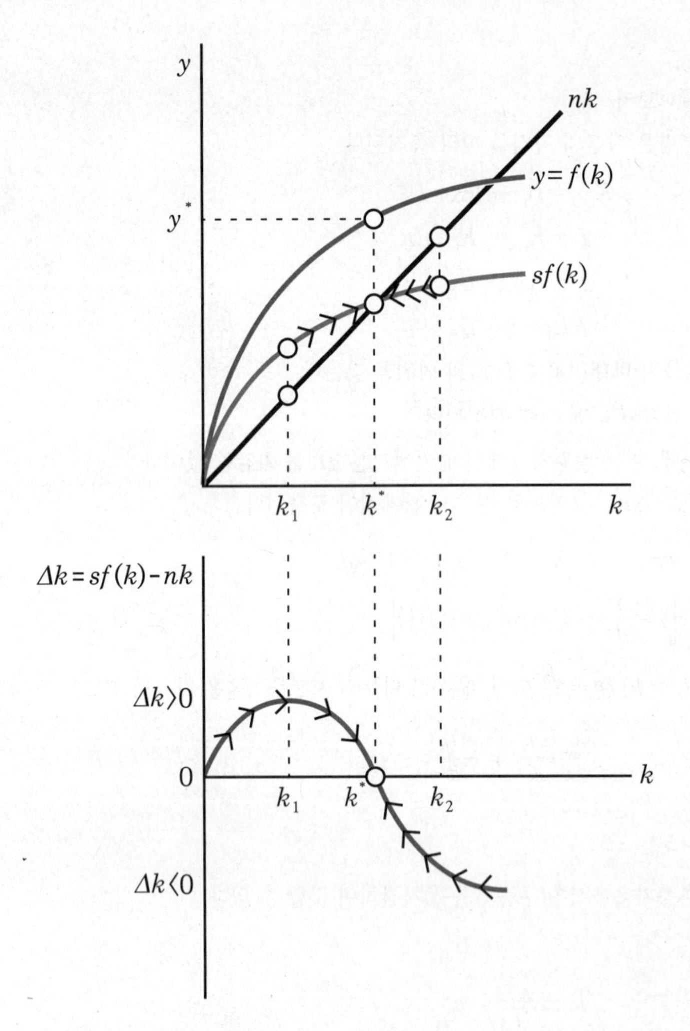

1. $sf(k) > nk$일 때

① k_1에서는 1인당 실제 투자액(=실제저축액)이 1인당 필요투자액보다 크다. 즉, 1인당 저축이 1인당 자본의 자연적 감소분을 초과한다.

② $\Delta k = sf(k) - nk$에서 1인당 자본량(k)은 증가한다. 왜냐하면 $\Delta k > 0$이기 때문이다.

③ 1인당 자본량이 증가하면 1인당 소득도 증가한다.

2. $sf(k) < nk$일 때

① k_2에서는 1인당 실제 투자액(=실제저축액)이 1인당 필요투자액보다 작다. 즉, 1인당 자본의 자연적 감소분이 1인당 저축을 초과한다.

② $\Delta k = sf(k) - nk$에서 1인당 자본량(k)은 감소한다. 왜냐하면 $\Delta k < 0$이기 때문이다.

③ 1인당 자본량이 감소하면 1인당 소득도 감소한다.

3. $sf(k) = nk$일 때

① 결국 k^*에서는 1인당 실제 투자액과 1인당 필요투자액이 일치하기 때문에 1인당 자본량(k)이 일정하고 ($\Delta k = 0$) 1인당 산출량(y)도 일정하다($\Delta y = 0$).

② 즉, 1인당 자본량(k)이 $0 < k < k^*$인 구간에서만 1인당 산출량(y)은 증가하고, k^*가 되면 1인당 자본과 1인당 산출량(y)은 더 이상 증가하지 않는다.

5 균제상태 또는 균형성장경로

① 1인당 산출량이 증가하지 않으면($\Delta y = 0$) 1인당 산출량의 증가율, 즉 1인당 경제성장률은 0이다$\left(\frac{\Delta y}{y} = 0\right)$.

② 1인당 경제성장률은 경제성장률에서 인구증가율을 차감해서 구하므로$\left(\frac{\Delta y}{y} = \frac{\Delta Y}{Y} - \frac{\Delta L}{L}\right)$

1인당 경제성장률이 0이면$\left(\frac{\Delta y}{y} = 0\right)$ 경제성장률$\left(\frac{\Delta Y}{Y}\right)$은 노동의 증가율과 같게 된다

$$\rightarrow \frac{\Delta Y}{Y} = \frac{\Delta L}{L} = n$$

③ 또한 1인당 자본량이 증가하지 않으면($\Delta k = 0$) 1인당 자본량의 증가율은 0이다$\left(\frac{\Delta k}{k} = 0\right)$.

1인당 자본량의 증가율은 자본증가율에서 인구증가율을 차감하므로$\left(\frac{\Delta k}{k} = \frac{\Delta K}{K} - \frac{\Delta L}{L}\right)$

자본증가율은 노동의 증가율과 같게 된다.

$$\rightarrow \frac{\Delta K}{K} = \frac{\Delta L}{L} = n$$

④ 따라서 경제 전체의 자본과 소득은 인구증가율만큼 증가하게 된다.

$$\rightarrow \frac{\Delta Y}{Y} = \frac{\Delta K}{K} = \frac{\Delta L}{L} = n$$

즉, 1인당 소득이 정체한다고 해서($\Delta y = 0$) 경제 전체의 성장이 멈추는 것은 아니다.

⑤ 따라서 $sf(k) - nk = 0$이 되는 상태에서는 1인당 경제성장률$\left(\frac{\Delta y}{y}\right)$은 멈추고, 소득($Y$), 자본($K$), 노동($L$)의 변화율은 모두 인구증가율($n$)으로 일정하다. 이를 균제상태라고 한다.

즉, 자본과 소득이 일정한 비율로 증가하는 경우를 균제상태(steady state) 또는 균형성장경로(balanced growth rate)를 따른다고 한다.

6 결론

① 균제상태에서는 1인당 생산량은 일정하나 매년 인구가 n의 비율로 증가하므로 경제성장률$\left(\frac{\Delta Y}{Y}\right)$은 인구증가율($n$)과 일치한다$\left(\frac{\Delta Y}{Y} = n\right)$.

② 1인당 생산량이 변하지 않으므로($\Delta y = 0$) 1인당 경제성장률$\left(\frac{\Delta y}{y}\right)$은 0이다.

한계수확체감의 법칙으로 인해 1인당 자본량이 증가함에 따라 1인당 산출량의 증가속도가 감소하다가 결국 0이 된다.

③ 균제상태로부터 이탈하면 스스로 회복하려는 힘이 경제 내에 존재하므로 균제상태는 안정적(stable)이다.

④ $\frac{\Delta Y}{Y} = \frac{\Delta K}{K} = \frac{\Delta L}{L} = n$이므로 솔로우 모형의 균형성장경로에서 완전고용 균형성장이 이루어진다.

즉, 경제성장률과 자본증가율과 노동증가율이 모두 동일하므로 노동과 자본의 완전고용이 달성되면서 균형성장한다.

심화학습 감가상각이 존재할 때의 균제상태

① 감가상각률이 d로 주어져 있다면 자본증가율은 감가상각분만큼 감소하므로 자본증가율은 다음과 같다.

$$\frac{\Delta K}{K} - d = \frac{sf(k)}{k} - d$$

② 따라서 균제상태에서는 다음과 같은 식이 성립된다.

$$\frac{sf(k)}{k} - d = n$$

$$\rightarrow \frac{sf(k)}{k} = n + d$$

$$\rightarrow sf(k) = (n+d)k$$

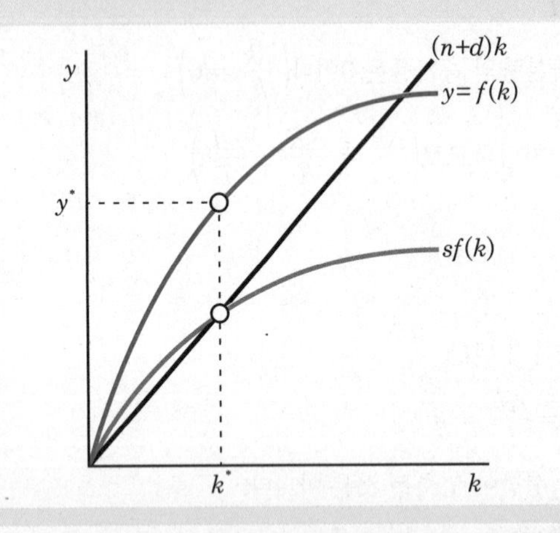

심화학습 균제상태에 도달하기 전의 경제성장률

① 균제상태에 도달하기 전이라면 $sf(k) > nk$가 된다. 즉, 자본증가율$\left(\frac{\Delta K}{K}\right)$이 노동증가율$\left(\frac{\Delta L}{L}\right)$보다 크기 때문에 1인당 자본증가율$\left(\frac{\Delta k}{k}\right)$의 값은 0보다 크다.

② Δk가 0보다 크므로($\Delta k > 0$) Δy도 0보다 커진다(왜냐하면, $y = f(k)$이므로).

③ Δy가 0보다 크면 1인당 경제성장률이 0보다 큰 값을 가지며$\left(\frac{\Delta y}{y} > 0\right)$ 경제성장률이 인구증가율보다 크다는 것을 알 수 있다$\left(\frac{\Delta Y}{Y} > \frac{\Delta L}{L}\right)$.

④ 따라서 1인당 자본량(k)이 균제상태에 미달하면 경제성장률이 인구증가율보다 높고 1인당 자본량이 균제성태를 초과하면 경제성장률이 인구증가율보다 낮다.

04 균형성장의 변화

1 의의

① 솔로우 모형의 완전고용균형성장은 경제 내 메커니즘(mechanism)에 의해 자동적으로 달성된다고 설명하지만, 자본축적에 의한 경제성장의 가능성은 부인하고 있다.

② 1인당 자본량이 증가하더라도 결국 1인당 자본량은 균제상태의 자본량 k^*로 복귀하여 변하지 않을 것이므로 1인당 산출량도 y^*수준에서 변하지 않는다.

③ 따라서 자본축적에 의한 경제성장은 새로운 균형에 이르는 과정(transitional path)에서 나타나는 일시적인 현상이라고 할 수 있다.

④ 균제상태에 도달하면 1인당 소득은 일정하게 된다는 것을 살펴보았다.

⑤ 그러면 1인당 국민소득이 증가하도록 하는 원인은 무엇인지 지금부터 살펴보고자 한다.

⑥ 균제상태의 1인당 자본량을 변화시키는 요인은 저축률 s, 인구증가율 n 등이 있다.

2 저축률 상승

1. 1인당 산출량의 변화

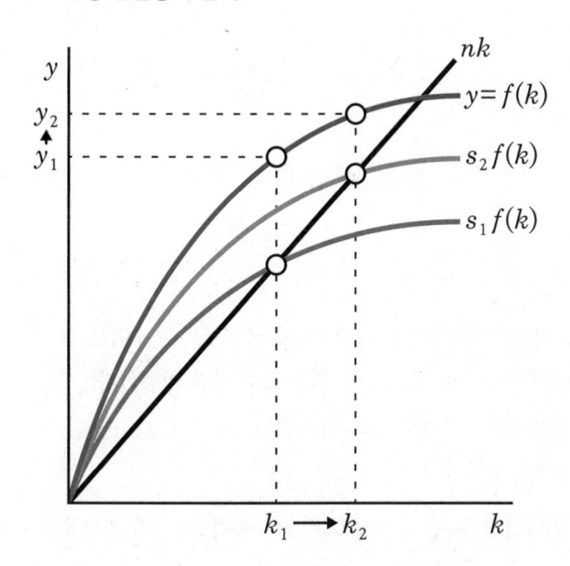

① 저축률이 s_1인 경우 균제상태에 도달하면 1인당 자본량은 k_1이고 1인당 국민소득은 y_1이다.

② 저축률이 s_1에서 s_2로 증가하면 1인당 저축곡선이 $s_1f(k)$에서 $s_2f(k)$로 상방 이동한다.

③ 초기 자본량 k_1에서 $sf(k) > nk$이므로 1인당 자본량(k)과 1인당 산출량(y)은 증가한다.

④ 1인당 산출량 증가율은 새로운 균제상태 k_2에 도달할 때까지만 양(+)의 값을 가진다.

즉, 일시적으로 1인당 경제성장률이 양(+)의 값을 가지고 경제성장률은 인구증가율을 상회한다.

⑤ 균형에 이르면 1인당 경제성장률은 다시 0이 된다.

2. 경제성장률의 변화

① 인구증가율 n이 변하지 않았기 때문에 경제의 장기성장률은 이전과 동일하다.
즉, 장기적으로 경제성장률은 원래수준 n으로 복귀한다.

② 저축률의 증가는 조정 과정에서 일시적으로 경제성장률을 높인다.
즉, 저축률이 낮은 상태에 있다가 증가하면 자본축적으로 경제가 빠르게 성장한다. 고도성장은 새로운 균제상태에 도달하기 이전까지만 가능하다.

③ 저축률의 변화는 1인당 산출량의 수준만 변화시키는 수준 효과(level effect)만 있고, 성장 효과(growth effect)는 없다.
즉, 아무리 저축률이 높다고 해도 높은 소득의 수준을 유지할 수 있을 뿐 1인당 소득으로 측정한 1인당 경제성장률은 멈추게 된다.

④ 그러나 균제상태에서도 경제 전체적으로 인구증가율만큼 성장할 수 있다.

3 인구증가율 상승

1. 1인당 산출량의 변화

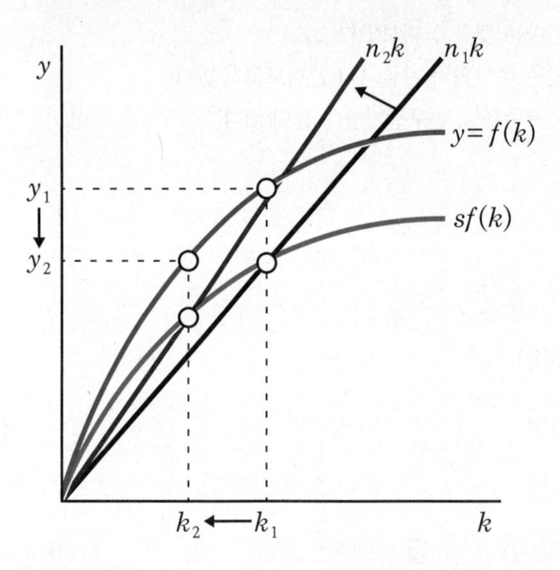

① 인구증가율이 n_1인 경우 균제상태에 도달하면 1인당 자본량은 k_1이고 1인당 국민소득은 y_1이다.

② 인구증가율이 n_1에서 n_2로 상승하면 nk선이 n_1k에서 n_2k로 시계 반대 방향으로 회전 이동한다.

③ 인구증가율이 증가하면 균제상태에서의 1인당 자본량은 k_1에서 k_2로 감소한다.

④ 1인당 자본량이 감소하므로 1인당 산출량도 y_1에서 y_2로 감소한다.

⑤ 일시적으로 1인당 산출량은 y_2로 감소하지만 경제성장률$\left(\frac{\Delta Y}{Y}\right)$은 새로운 인구증가율($n_2$)의 성장률로 증가하게 된다.

2. 경제성장률의 변화

① 인구증가율이 높아지면 생산물 중에서 소비에 사용되는 부분이 더 많아지기 때문에 자본축적이 감소한다.
자본축적이 감소하므로 1인당 자본량과 1인당 산출량이 감소하게 되는 것이다.

② 인구증가율 상승에 따라 장기적으로 경제성장률은 높아진다.

3. 인구증가율의 양면성

① 솔로우 모형에서 인구증가율의 역할은 양면성을 띤다. 인구증가율의 긍정적 효과는 균제상태에 도달할지라도 지속적인 성장을 가능하게 한다는 점이다. 예를 들어 인구증가율이 0%였던 국가가 인구증가율이 2%로 상승하면 매년 2%씩 성장할 수 있다.

② 부정적인 효과는 인구증가율이 증가하는 경우에 1인당 자본량과 1인당 소득수준이 낮아진다는 것이다. 가난한 국가일수록 대체로 인구증가율이 높다는 사실은 솔로우 모형의 예측과 부합하는 측면이 있다.

05 기술진보와 솔로우 모형

1 의의

① 기술진보를 명시적으로 고려하지 않았던 솔로우의 기본모형에서 경제성장의 원동력은 자본축적이었다.

② 그러나 경제가 균제상태에 도달하면 1인당 자본은 더 이상 증가하지 않고 경제는 인구증가율(n)만큼만 성장한다.

③ 솔로우 모형에서 자본축적 · 인구증가 · 정부 정책에 의한 경제성장에 대하여 회의적인 것은 기본적으로 수확체감의 법칙 때문이다.

④ 새로운 균형에 이르기까지만 일시적으로 경제성장을 가져오기 때문에 지속적인 경제성장은 장기적으로 수확체감이 존재하지 않을 때에 가능하다.

⑤ 기술진보가 수확체감의 법칙을 극복할 수 있다면 경제성장은 지속적으로 가능하다.

2 일시적 기술진보의 효과

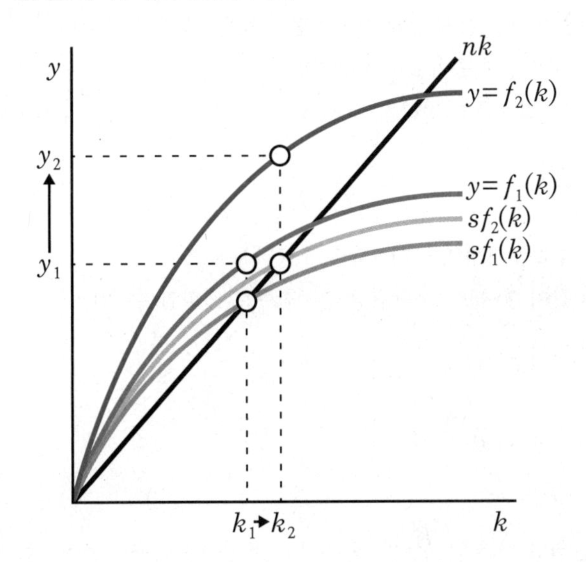

① 기술진보란 같은 양의 생산요소를 투입하였을 때 이전보다 더 많은 산출물을 생산한다는 뜻이다.
즉, 한 경제가 보유하는 생산함수가 개선되는 것을 의미하며 이는 생산함수가 위로 이동하는 것으로 나타난다.

② 최초의 생산함수가 $y = f_1(k)$였다면 기술진보에 의해 새로운 생산함수는 $y = f_2(k)$로 개선된다.
같은 양의 k로 더 많은 산출물을 생산해내므로 생산함수가 위로 이동하는 것이다.

③ 1인당 생산함수 $y = f(k)$가 $f_1(k)$에서 $f_2(k)$로 상방 이동하면 1인당 저축곡선도 $sf_1(k)$에서 $sf_2(k)$로 상방 이동한다.

④ 1인당 생산함수곡선과 1인당 저축곡선 모두 상방 이동하면 새로운 균제상태에 도달하면서 1인당 자본량은 k_1에서 k_2로 증가하고 k_2에서 멈추게 된다.

⑤ 1인당 자본량이 증가하면 1인당 산출량도 y_1에서 y_2로 증가한다.

⑥ 일시적 기술진보가 발생하면 경제성장률이 인구증가율(n)을 넘어서지만 성장률이 점차 감소하면서 다시 새로운 균제상태에 도달하면 경제성장률은 인구증가율로 돌아온다.

⑦ 기술진보 발생으로 1인당 산출량 증가율이 0을 넘어서지만 증가율이 점차 감소하면서 다시 새로운 균제상태에 도달하면 1인당 소득이 다시 정체함을 보여준다. 즉, 일시적 기술진보가 발생하면 새로운 균제상태에 도달하기 전까지만 1인당 소득이 증가한다.

⑧ 기술진보가 일회적으로 이루어진다면 기술진보에 의한 성장 가능성은 회의적이다. 그러나 기술진보는 진보의 한계가 없기 때문에 기술진보가 지속적으로 이루어질 수 있다.

3 지속적 기술진보의 도입

1. 의의

① 기술진보를 가정하지 않은 솔로우 모형의 균제상태에서 생산은 단지 인구증가율만큼만 증가하고 1인당 소득은 정체된다.

② 그러나 역사적으로 대부분의 국가들에서 1인당 소득은 증가하여 왔고 솔로우는 노동의 효율성을 지속적으로 증가시키는 기술진보를 가정함으로써 이 문제를 해결했다.

2. 기술진보를 고려한 생산함수

① 솔로우는 기술진보를 고려할 때 $Y = Af(L, K)$대신 생산함수를 다음과 같이 가정하였다.

$$Y = f(K, AL)$$

② 위 식에서의 A는 총요소생산성이 아니라 노동의 효율성(efficiency of labor)을 나타낸다.
AL은 노동량 또는 노동자의 수 L과 노동의 효율성 A를 함께 고려하여 측정된 효율노동을 의미한다.

③ 노동의 효율성 A에 대한 가장 단순한 가정은 A가 일정한 증가율 g로 증가한다는 것이다.

④ 이와 같이 노동의 효율성이 증가하는 형태로 기술진보를 가정하는 것을 노동증가형(labor augmenting) 기술진보라고 한다.

3. 균제상태

① 전과 같은 방식을 적용하여 기술진보를 가정한 솔로우 모형의 균제상태를 도출해보자.

② 규모수익불변을 가정하면 총생산함수를 다음과 같이 효율노동 1단위당 생산함수로 전환할 수 있다.
즉, 생산함수의 양변을 $\frac{1}{AL}$로 나눠주면 다음과 같다.

$$\frac{Y}{AL} = f\left(\frac{K}{AL}, 1\right)$$

$$\rightarrow y = f(k)$$

③ 효율노동 1단위당 산출물$\left(\frac{Y}{AL}\right)$이 효율노동 1단위당 자본량$\left(\frac{K}{AL}\right)$의 함수이고 소문자로 바꾸어 효율노동 1단위당 생산함수로 나타낼 수 있다.

④ 감가상각이 d로 존재할 때 자본의 증가율은 다음과 같다.

$$\rightarrow \frac{\Delta K}{K} - d = \frac{I}{K} - d$$

$$= \frac{sY}{K} - d = \frac{sALy}{ALk} - d$$

$$= \frac{sy}{k} - d = \frac{sf(k)}{k} - d$$

⑤ 효율노동 1인당 자본 $k = \frac{K}{AL}$이므로 1인당 자본량의 증가율은 다음과 같다.

$$\rightarrow \frac{\Delta k}{k} = \frac{\Delta K}{K} - \frac{\Delta A}{A} - \frac{\Delta L}{L}$$

⑥ 노동의 효율성 A에 대한 가장 단순한 가정은 A가 일정한 증가율 g로 증가한다는 것이다.

따라서 기술진보율 $\frac{\Delta A}{A} = g$, 인구증가율 $\frac{\Delta L}{L} = n$으로 정의하면

$$\rightarrow \frac{\Delta k}{k} = \frac{\Delta K}{K} - \frac{\Delta A}{A} - \frac{\Delta L}{L}$$

$$= \frac{sf(k)}{k} - d - g - n$$

⑦ 양변에 k를 곱해주면 효율노동 1인당 자본의 증가분에 대하여 다음과 같이 나타낼 수 있다.

$$\rightarrow \Delta k = sf(k) - (n + d + g)k$$

4. 그림

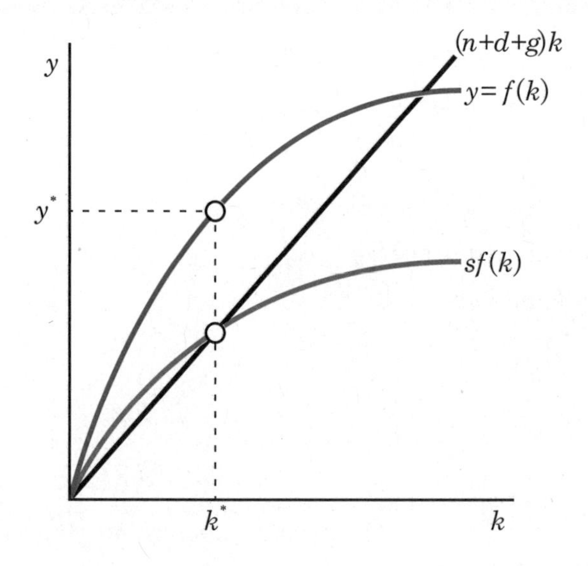

① k는 효율노동 1단위당 자본량이며 $sf(k)$는 효율노동 1단위당 투자이다.

② 기술진보 g가 존재할 때 균제상태는 $sf(k) = (n + d + g)k$에서 달성된다.

즉, 경제가 균제상태에 있기 위해서는 투자 $sf(k)$가 인구증가와 감가상각으로 인한 k의 감소분과 기술진보에 의한 k의 감소분을 상쇄시켜야 한다.

③ 균제상태에서 노동의 효율성 단위로 표시한 국민소득은 일정하나 일인당 국민소득은 기술진보율 g와 같은 비율로 증가하며$\left(\frac{\Delta y}{y} = g\right)$, 국민소득은 $n + g$의 비율로 증가한다$\left(\frac{\Delta Y}{Y} = n + g\right)$.

즉, 균제상태에서 1인당 자본량 변화율은 $\frac{\Delta K}{K} - \frac{\Delta L}{L} - \frac{\Delta A}{A} = 0$이므로 $\frac{\Delta k}{k} = \frac{\Delta y}{y} = g$가 되고 경제성장률은 $\frac{\Delta Y}{Y} = n + g$로 나타낼 수 있다.

5. 기술진보의 역할

① 기술진보를 고려하면 1인당 소득이 지속적으로 증가하는 현상을 설명할 수 있다. 기술진보를 가정하지 않은 경우에는 단지 균제상태에 도달하기 전까지만 1인당 소득이 증가할 수 있었다.

② 그러나 모형에 기술진보를 도입하면 균제상태에 도달한 이후에도 1인당 소득이 지속적으로 증가한다.

③ 생활수준을 지속적으로 향상시키기 위해서는 저축에 의한 자본축적만으로는 한계가 있으며 오직 기술진보만이 그것을 가능하게 한다.

④ 즉, 솔로우 모형에서 기술진보율이 균제상태에서의 일인당 국민소득의 증가율을 결정한다는 사실은 매우 중요한 의미를 가진다. 기술 발전이 지속적으로 생활수준을 향상시킬 수 있는 유일한 대안임을 의미하기 때문이다.

개념정리 기술진보가 존재하는 경우

① 기술진보가 존재하면 노동생산성이 증가하므로 인구가 증가한 것과 동일한 효과가 발생한다고 볼 수 있다.

② 기술진보율이 g로 주어져 있다면 균제상태에서 다음과 같은 식이 성립된다.

$$\frac{s(k)}{k} = n + g$$

$$\rightarrow sf(k) = (n+g)k$$

③ 따라서 기술진보(g)와 감가상각(d)이 모두 존재한다면 균제상태에서는 다음과 같은 식이 성립된다.

$$sf(k) = (n+d+g)k$$

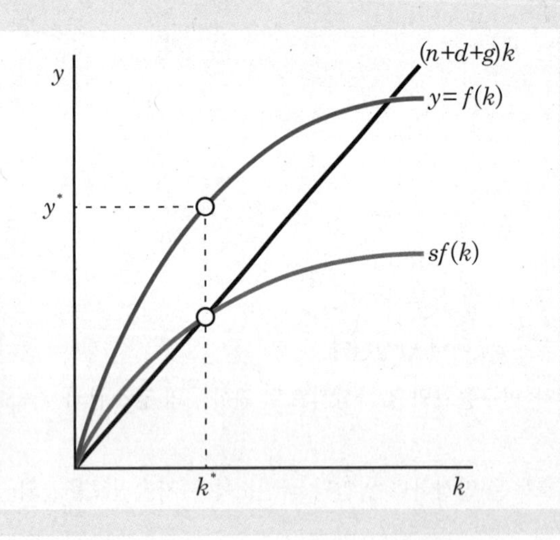

06 경제성장의 수렴성 논쟁

1 의의

① 솔로우 모형은 자본축적정도가 상이한 두 나라도 결국 균제상태에 이르면 동일한 1인당 산출량을 갖게 될 것이라는 결론을 내리고 있는데, 이러한 특징을 수렴성(convergence)이라고 한다.

② 그런데 현실경제가 과연 실제로 수렴성을 갖는지에 대해 의문이 제기되고 있다.

2 절대적 수렴가설(absolute convergence hypothesis)

1. 개념

초기조건이 동일하면 장기에 있어서 모든 국가의 1인당 소득이 일정 수준으로 수렴하는 현상을 말한다.

2. 발생 원인

① 수확체감의 법칙 때문에 후진국은 자본의 한계생산성이 높고 선진국은 자본의 한계생산성이 낮다.

② 따라서 후진국에서 자본을 축적할 유인이 커지고 후진국의 자본축적속도가 선진국의 자본축적 속도보다 빠르게 된다.

3. 설명

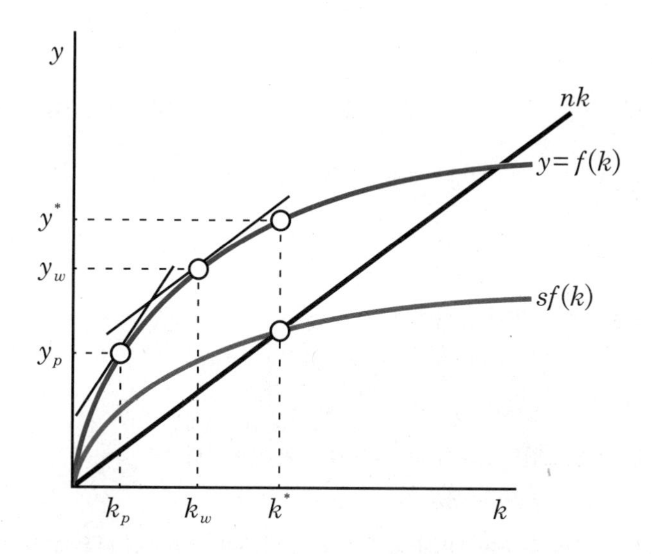

① 후진국의 1인당 자본량이 k_P, 선진국의 1인당 자본량이 k_w라면 선진국이나 후진국 모두 $sf(k) > nk$이다. 따라서 1인당 자본량이 점점 증가하여 k^* 에 도달하고 1인당 소득은 y^*로 동일해 진다.

② 정상상태로 이행하는 과정에서는 후진국의 자본의 한계생산성이 선진국의 자본의 한계생산성보다 더 높기 때문에 자본축적속도 $\left(\Delta k_P = sf(k_P) - nk_P\right)$는 후진국이 선진국보다 더 빠르다.

③ 따라서 후진국이 빠른 속도로 성장하여 선진국의 경제성장을 따라잡게 된다.

④ 이와 같이 선진국과 후진국의 소득이 동일한 수준으로 수렴하는 현상이 발생한다면 빈부국의 격차는 사라지게 된다.

3 평가

① 실제 지난 과거 각국의 경제성장률을 보면 각국의 경제성장률이 동일하지 않을 뿐 아니라 후진국의 경제성장률이 선진국보다 높아서 선진국의 소득수준으로 수렴한 사례를 발견하기란 쉽지 않다.

② 아시아의 신흥 공업국가를 제외한 선진국과 후진국 간의 소득격차는 오히려 커지고 있는 형국이다.

③ 경제학자들은 이유를 경제의 구조적인 차이에 기인한 것으로 생각하여 조건부 수렴가설을 도입하였다. 절대적 수렴가설은 각국의 생산함수뿐만 아니라 저축률, 인구증가율 등이 동일하다는 가정 하에서 각국의 소득수준이 수렴할 것으로 예측하였다.
그러나 실제 각국의 기술발전 속도, 저축률, 인구증가율 등은 상이하다. 따라서 각국은 서로 상이한 균제상태를 가지며 서로 다른 소득수준으로 수렴할 수 있다는 것이다. 이를 조건부 수렴가설이라고 한다.

07 자본축적의 황금률(the golden rule of capital accumulation)

1 의의

① 솔로우 모형이 제시한 균제상태는 공급 측면을 중심으로 자본과 노동이 모두 고용된 상태에서 우리가 누릴 수 있는 경제성장으로 해석될 수 있다.

② 하지만 수요 측면을 동시에 고려하여 과연 이것이 사람들의 효용을 극대화시킬 수 있는 경제성장을 충족시킬 수 있는지에 대해서는 해답을 주지 못하고 있다.

③ 이런 점에서 지금까지 분석한 신고전파의 경제성장모델을 기반으로 효용을 극대화하는 균제상태를 분석하는 것이 황금률 개념이다.

2 개념

① 자본축적의 황금률이란 1인당 소비가 극대화되는 1인당 자본량(k)이 경제성장의 균제상태(steady state)가 되는 경우를 말한다.

② 즉, 소비가 극대화되는 균제상태를 말한다.

3 도출

① 1인당 소득 $y=f(k)$에서 1인당 저축 $sf(k)$을 빼면 1인당 소비이다.
1인당 소비(c)를 다음과 같이 나타낼 수 있다.

$$\rightarrow c=f(k)-sf(k)$$

② 균제상태에서 $sf(k)=nk$이므로 균제상태에서의 1인당 소비(c)는 다음과 같이 표현된다.

$$\rightarrow c=f(k)-nk$$

③ 1인당 소비가 극대화 되는 1인당 자본량을 구하기 위하여 1인당 자본량(k)에 대하여 미분하면 다음과 같다.

$$\rightarrow \frac{dc}{dk}=f'(k)-n=0$$

$$\rightarrow f'(k)=n$$

$$\rightarrow MP_k=n$$

n은 인구증가율을, $f'(k)$는 1인당 자본량의 한계생산(MP_k)을 나타낸다.

④ 감가상각 d가 존재할 때 황금률은 다음과 같다.

$$\rightarrow MP_k=n+d$$

4 그림

① 저축률이 s인 경우 k^*수준에서 균제성장이 달성되는 동시에 1인당 소비(c)도 극대화되므로 자본축적의 황금률이 달성된다.

② 따라서 황금률(golden rule)에서는 $f'(k)=n$이 성립되고, 1인당 소비가 극대화된다.

③ 황금률에서는 1인당 소비와 노동소득이 일치하고 1인당 저축과 자본소득이 일치한다.

④ 저축률이 황금률 수준보다 낮으면 자본축적 수준은 황금률 수준(k^*)보다 작고 저축률이 황금률 수준보다 높으면 자본축적 수준은 k^*보다 커져서 소비의 극대화를 이룰 수 없다.

⑤ 균제상태의 k가 1인당 소비를 극대화 시키는 k보다 큰 경우 즉, 자본의 과다축적이 발생하는 경우 동태적 비효율성(dynamic inefficiency)이 존재한다고 한다.

⑥ 자본축적의 황금률이 시사하는 바는 저축률이 높고 자본축적이 많이 된다고 무조건 좋은 것은 아니라는 점이다. 저축률이 너무 높으면 자본축적의 증가로 생산량은 많지만 저축하고 남은 소비가 적어지는 문제가 있다.

⑦ 한 국가 경제의 후생수준을 1인당 소득이 아닌 1인당 소비로 본다면 자본축적의 황금률은 매우 중요한 의미를 지닌다.

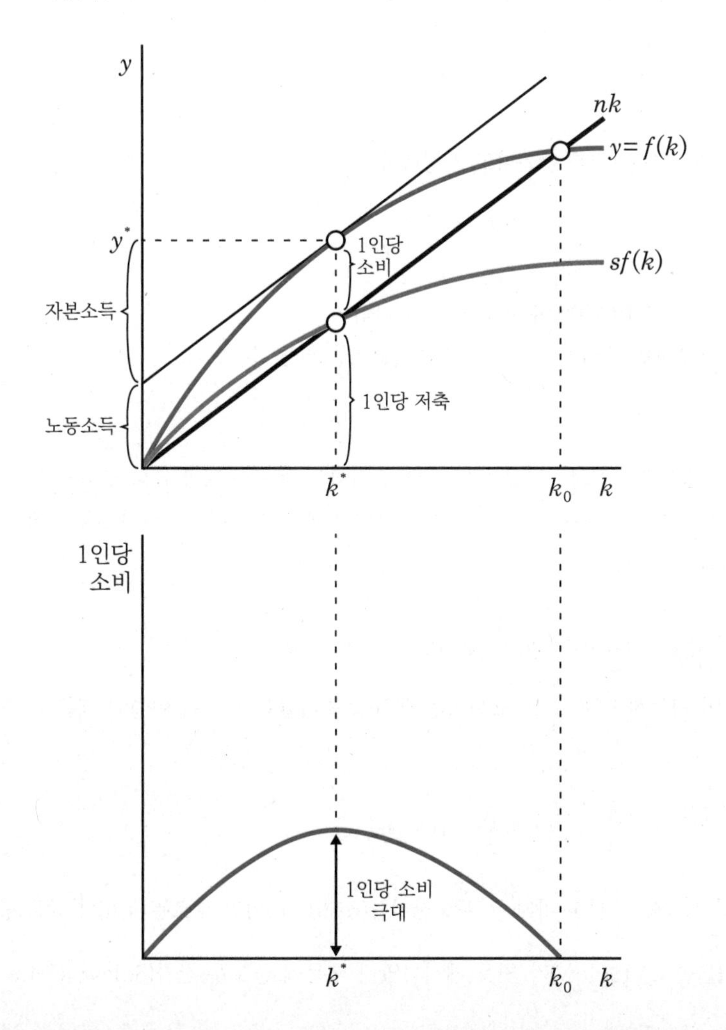

개념정리 황금률

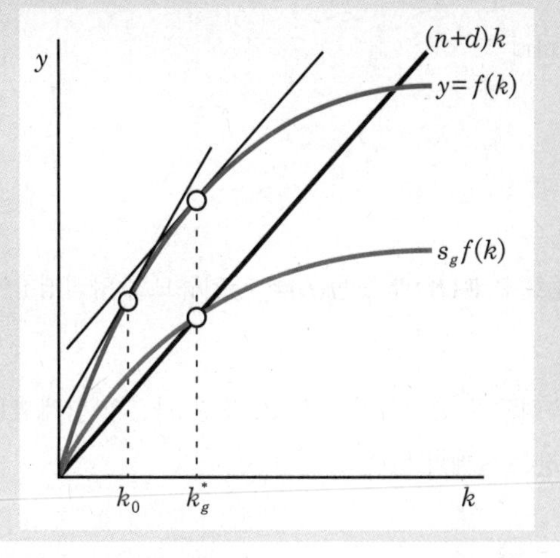

① 소비(c)와 투자(i)도 1인당으로 표시하면 정부부문이 없을 때 1인당 생산물에 대한 수요 또는 소득은 $y = c + i$가 된다.

② 1인당 소비는 $c = y - i$이므로 균제상태에서의 1인당 소비는 $c = f(k) - (n+d)k$가 된다.
$[y = f(k), i = sf(k)]$

③ 1인당 자본량 k_0에서는 $f(k)$의 접선의 기울기가 $(n+d)$보다 커서 1인당 소비가 증가한다.

④ 저축률이 황금률 저축수준인 s_g보다 낮으면 자본축적은 황금률 수준 k_g^*보다 작고 저축률이 s_g보다 높으면 자본축적 수준은 k_g^*보다 커져서 소비의 극대화를 이룰 수 없다.

08 성장회계(Growth Accounting)

1 개념

성장회계(growth accounting)란 경제성장에 있어 어떤 요소가 얼마나 기여하였는지 요인별로 분석해보는 것을 의미한다.

2 설명

① 경제 전체의 총 생산함수가 다음과 같은 형태를 갖는다고 가정하자.

$$\rightarrow Y_t = A_t F(K_t, L_t)$$

$$\rightarrow Y_t = A_t K_t^{\alpha} L_t^{1-\alpha}$$

(A_t : 기술수준 K_t : 자본 L_t : 노동)

② 위의 생산함수를 시간 t에 관해 미분하면 주어진 생산함수를 증가율로 나타낼 수 있다.

$$\rightarrow \frac{\dot{Y}_t}{Y_t} = \frac{\dot{A}_t}{A_t} + \alpha\frac{\dot{K}_t}{K_t} + (1-\alpha)\frac{\dot{L}_t}{L_t}$$

③ 이 식에 따르면 한 나라의 경제성장은 기술진보 · 자본증가 · 노동증가라는 세 부분의 합으로 구성된다.

④ 또한 α와 $(1-\alpha)$는 각각 자본소득분배율과 노동소득분배율을 나타내는 계수로서 자본증가와 노동증가가 경제성장에 기여하는 비율을 의미한다.

3 솔로우 잔차(Solow residual)와 총요소생산성(Total Factor Productivity : *TFP*)

① $\frac{\dot{Y}_t}{Y_t}, \frac{\dot{K}_t}{K_t}, \frac{\dot{L}_t}{L_t}$는 구체적으로 측정이 가능하지만 $\frac{\dot{A}_t}{A_t}$로 표현되는 생산성 증가율은 측정이 어렵기 때문에 식을 다음과 같이 변형한다.

$$\rightarrow \frac{\dot{A}_t}{A_t} = \frac{\dot{Y}_t}{Y_t} - \alpha\frac{\dot{K}_t}{K_t} - (1-\alpha)\frac{\dot{L}_t}{L_t}$$

② 경제성장률$\left(\frac{\dot{Y}_t}{Y_t}\right)$에서 총요소투입 성장률을 뺀 나머지 부분을 잔여항(residual)이라 부르는데 이와 같은 방법으로 생산성 증가율을 구하는 것을 솔로우(Solow)가 처음 제시하였기 때문에 솔로우 잔차(Solow Residual)라고 한다.

③ 생산성 증가율로 표현되는 $\frac{\dot{A}_t}{A_t}$에는 요소투입 이외에 경제성장에 기여하는 부분이 모두 포함되어 있기 때문에 총요소생산성(Total Factor Productivity : *TFP*)이라고도 한다.

4 경제성장의 두 가지 성격

1. 외연적 성장(extensive growth)

① 외연적 성장은 $\alpha\frac{\dot{K}_t}{K_t} + (1-\alpha)\frac{\dot{L}_t}{L_t}$에 해당되는 부분으로 주로 자본($K$)과 노동($L$)의 투입규모의 양적팽창에 의해 경제가 성장하는 경우를 말한다.

② 노동(L)과 자본(K)은 물리적 양에 한계가 있으므로 지속적으로 증가하기 어렵고, 또한 자본의 한계생산(MP_K)과 노동의 한계생산(MP_L)은 체감하므로, 외연적 성장은 한계가 있다.

2. 내연적 성장(intensive growth)

① 기술수준 A의 증가 $\frac{\dot{A}_t}{A_t}$, 즉 총 요소 생산성(TFP)의 증가에 의한 질적 성장이다.

② 기술수준의 향상에는 한계가 존재하지 않고, 인간의 창의적인 활동의 결과로 경제성장이 일어나므로 지속적인 성장이 이루어질 수 있다는 강점이 있다.

09 솔로우 모형의 한계

1 기술진보의 외생성

① 1인당 소득의 지속적 성장이 외생적으로 주어진 기술진보에만 의존하고 있다.

② 따라서 1인당 소득이 지속적으로 증가하기 위해서는 기술수준이 외생적 또는 지속적으로 진보하여야 한다.

③ 기술진보가 어떤 원인에 의해서 이루어지는지에 대해서 해답을 제시하지 못한다.

④ 기술 수준 또는 총요소생산성 A가 외생적으로 결정되기 때문에 정책의 개입여지가 없다.

2 저축률의 역할

① 솔로우 모형에서는 저축률의 증대가 장기적인 정상상태의 경제성장률에 어떠한 기여도 할 수 없다.

② 정부의 감세정책으로 저축률을 상승시킨다 하더라도 수준효과만 있지 산출효과는 없다.

③ 그러나 실제 국가 간 저축률의 차이가 성장률에 상당한 차이를 가져오고 있다.

3 수렴가설

① 경제의 초기 상태와 관계없이 모든 국가의 1인당 소득이 같아진다는 수렴가설은 현실과 맞지 않는다.

② 개방화된 세계경제 하에서 기술의 상호 교류와 전파가 빠를 것으로 예상할 수 있기 때문에 솔로우 모형에서 생산함수의 특성상 후진국에서 자본의 한계생산물이 선진국보다 크므로 선진국에서 후진국으로 자본 이동이 크게 일어날 것으로 예상하였다.

③ 그 결과 선진국과 후진국 간의 1인당 자본량과 소득수준이 수렴할 것으로 예상하였으나, 실제는 자본 이동이 충분히 일어나지 않아서 수렴현상이 제대로 발생하고 있지 않다는 점 등을 들 수 있다.

4 1인당 GDP의 지속적 증가

① 솔로우 모형에서는 균제상태에서 1인당 소득이 더 이상 증가하지 않는다.

② 그러나 현실에서는 1인당 소득이 지속적으로 증가하고 있다.

5 정책의 역할

솔로우 모형에서는 정책의 역할이 인정되지 못하나 현실적으로는 $NIES$(newly industrializing economies : 신흥 공업 경제 지역)등과 같은 개발도상국에서는 정부 정책의 성장촉진효과가 큰 것으로 인정된다.

3절 내생적 성장모형

01 개요

① 1956년 솔로우(R. M. Solow)가 해로드(R. Harrod)의 모형을 대체하는 성장모형을 제시하였으나 1인당 *GDP*의 지속적인 성장을 오직 지속적 기술진보라는 외생적 요인으로 설명하는 한계가 있었다.

② 내생적 성장이론은 이러한 솔로우 모형의 한계를 해소하기 위해 기술진보가 내생적으로 이루어진다는 것을 보이고 이를 통해 지속적인 경제성장이 어떻게 이루어지는지를 보이고자 한다.

③ 내생적 성장이론은 1980년대 중반부터 로머(P. Romer), 루카스(R. Lucas)등의 학자들에 의해 본격적으로 연구가 시작되었다.

④ 내생적 성장이론이란 개별경제주체들이 최적화를 한다는 가정 위에 경제가 지속적으로 성장하게 되는 요인을 경제모델 내에서 찾고자 하는 성장이론이다.

02 내생적 성장모형의 특징

① 내생적 성장모형은 경제성장의 요인을 소비자와 기업의 최적상태(효용 극대, 이윤 극대)에서 찾아내고, 이들 요인들이 경제 외적으로부터 주어지는 것이 아니라 경제 내부에서 결정된다는 것을 보여주고 있다.

② 예를 들면, 경제성장의 요인이 기술혁신이나 저축률, 심지어는 인구증가율까지도 외부에서 주어진 고정된 변수가 아니라, 경제 내적인 요소들에 의하여 결정되는 내생변수라는 점이다.

③ 내생적 성장모형은 각국의 성장률과 소득의 차이를 그 경제가 안고 있는 다양한 경제 내적인 요인에 의해서 규명함으로써 솔로우 성장모형이 제시하지 못했던 보다 다양한 내생적 성장요인들을 발견해냈다.

④ 이런 관점에서 내생적 성장론은

i 경제행위자의 최적행위를 전제로 하는 미시경제학적인 기반 위에서,

ii 과연 사회후생을 극대화시키는 경제성장률이 어떠한 내생적인 요인들에 의하여 결정되는지를 규명하는 성장론이다.

⑤ 지금까지의 연구결과에 따르면 경제성장을 결정하는 경제 내적인 요인으로는 자본의 한계생산성, 지식 축적, 정부의 규모, 인적 자본에 대한 투자 등이 있다.

⑥ 솔로우 성장모형에서 외생 시 되어 왔던 기술진보 역시 최근 많은 학자들이 경제가 발전하면서 경제 내적인 요인에 의하여 신기술이 창출될 수 있다는 측면에서 내생적인 성격을 갖는다고 생각하고 있다.

왜냐하면, 기술진보는 현존하는 자본재의 유형을 바꿔서 새로운 기술진보를 유발시킬 뿐만 아니라, 교육 · 훈련에 대한 인적투자(human investment)를 증가시킴으로써 새로운 기술진보가 창출될 수 있기 때문이다.

03 내생적 성장모형의 기본방향

1 한계수확체감의 법칙 + 기술진보의 내생성

① 솔로우 모형과 같이 한계수확체감의 법칙을 인정하면서 기술진보가 내생적 · 지속적으로 유도되는 모형을 구성하는 것이다.

② 이 방법에 따르면 1인당 생산함수가 원점에 대해 오목한 형태를 가지면서 해당 생산함수가 모형 내 변수들의 상호작용에 의해 지속적으로 상방 이동하게 된다.

③ 대표적인 모형으로는 로머(P. Romer)의 R&D모형이 있다.

2 자본축적 + 한계수확체감의 법칙이 성립되지 않음

① 솔로우 모형과 같이 경제성장의 원동력으로 자본축적을 인정하되 장기적으로 한계수확체감이 발생하지 않도록 모형을 구성하는 것이다.

② 수확체감이 발생하지 않도록 하는 대표적인 방법은 자본의 개념에 전통적인 실물 자본 외에도 인적 자본이나 지식자본 등을 포함하여 인적 자본과 실물 자본의 동시축적으로 장기균형에서 자본의 한계생산이 체감하지 않도록 하는 것이다.

③ 축적된 실물 자본이 긍정적 외부성을 가져 한계생산성 체감을 극복하는 것으로 가정하는 방법도 있다.

④ 대표 모형으로는 AK모형이 있다. AK모형에서는 자본을 물적 자본뿐 아니라 인적 자본까지 고려할 때 이 두 자본의 동시 축적의 결과 장기적으로 자본의 한계생산이 체감하지 않는다.

04 AK모형

1 의의

기존의 내생적 성장모형들이 수확체증을 도입하여 지속적 성장을 설명하는데 비하여 AK모형에서는 수확불변으로도 지속적 성장을 설명하고 있다.

2 내용

① 생산함수를 $Y = AK$라고 가정한다.
K는 물적 자본과 인적 자본을 모두 포괄하는 복합자본(composite capital)이다.

② 인적 자본이란 기계설비 등의 실물 자본과 구별되는 개념으로 교육이나 기능훈련 등으로 습득되어 인간에 체화된 자본을 말한다. 이러한 인적 자본은 배제가능성 뿐만 아니라 경합성을 가지고 있다.

③ 자본의 한계생산성 MP_K는 A가 되므로 수확불변을 나타내고 있다.
즉, 물적 자본과 인적 자본이 동시에 축적되는 경우 각각에 대하여 한계수확이 체감해도 균제상태에서 1인당 생산함수의 한계수확이 불변하는 특성을 가짐으로써 지속적 성장이 가능해진다.

④ 1인당 생산함수(y)는 다음과 같이 나타낼 수 있다.

$$\rightarrow Y = AK$$

$$\rightarrow \frac{Y}{L} = A\frac{K}{L}$$

$$\rightarrow y = Ak$$

⑤ 이를 솔로우 모형의 기본 방정식에 대입하면 다음과 같은 식을 얻을 수 있다.

$$\rightarrow \Delta k = sy - nk$$

$$\rightarrow \Delta k = sAk - nk$$

$$\rightarrow \frac{\Delta k}{k} = sA - n$$

3 그림

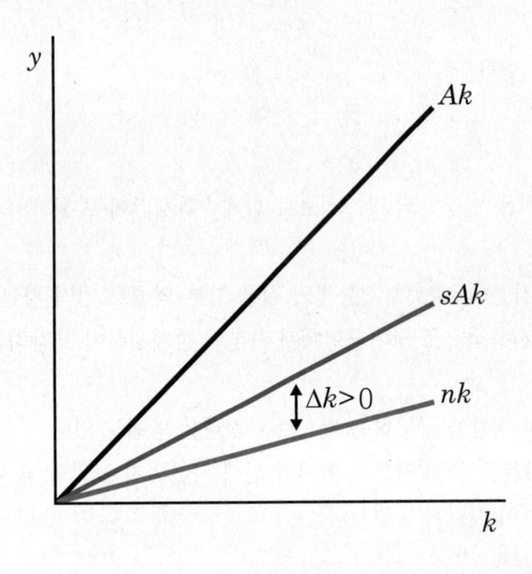

① 균제상태에서 1인당 생산함수가 선형함수 형태를 갖기 때문에 AK모형이라고 한다.

② 경제의 생산성을 나타내는 지수인 A의 크기가 충분히 커서 $sA > n$이면 1인당 자본량 증가율$\left(\frac{\Delta k}{k}\right)$은 $sA - n$ 만큼씩 지속적으로 증가한다.

즉, 1인당 자본량은 $sAk - nk \rightarrow (sA - n)k$ 만큼씩 지속적으로 증가하므로 그 결과 1인당 소득도 지속적으로 증가한다.

③ 또한 기술수준인 A의 변화도 지속적인 성장률 차이를 발생시킨다.

4 특징

① AK모형은 지속적인 경제성장을 설명하고 있다.

② 경제의 장기성장률은 인구증가율과는 관계없이 저축율과 기술수준이라는 두 요소에 의해서만 결정된다.

③ 저축률(s), 기술수준(A)이 상승하면 경제성장률, 1인당 소득 및 1인당 자본의 증가율이 지속적으로 더 높은 수준을 유지할 수 있다.

→ 기술수준(A)의 변화가 1인당 자본량 증가율$\left(\frac{\Delta k}{k}\right)$에 미치는 영향이 지속적이며 경제는 내생적으로 기술수준(A)을 증가시킬 유인을 갖게 된다.

④ 부강한 국가의 성장률이 가난한 국가의 성장률보다 높게 나타나며 수렴현상이 발생하지 않는다. 이는 솔로우 모형과 반대의 결과이다.

5 Solow 모형과의 비교

① 솔로우 모형에서는 저축률이 균제상태의 소득수준에는 영향을 미칠 수 있지만 균제상태의 성장률에는 아무런 영향을 미칠 수 없었다.

② 그러나 AK모형에서는 저축률이 성장률 수준을 결정하는 중요한 요소로 작용한다.

③ 따라서 저축률을 증가시키는 정부 정책은 지속적인 경제성장을 가져올 수 있다.

05 루카스(R. Lucas)의 인적 자본모형

1 의의

① 루카스(Lucas)는 인적 자본의 축적이 지니는 외부효과로 인해 경제가 성장한다고 보았다.

② 즉, 노동인구의 크기가 중요한 것이 아니라 근로자가 보유하고 있는 지식 · 기술이 경제성장의 원동력이 된다.

2 인적 자본(human capital)의 개념과 특징

① 인적 자본이란 기계설비 등의 실물 자본과 구별되는 개념으로 교육이나 기능훈련 등으로 습득되어 인간에 체화되는 자본을 말한다.

② 인적 자본은 배제가능성과 경합성을 가지고 있다.

3 내용

① 생산함수를 $Y = A(H)f(L, K)$라고 본다. (H : 인적 자본, L : 노동, K : 자본)

② 즉, 경제 전체의 인적 자본(H)의 수준(전문 지식수준)이 높아질수록 생산기술(A)도 향상된다는 것이다.

③ 따라서 인적 자본의 외부효과로 인적 자본축적이 이루어지면 실물 자본의 생산성이 지속적으로 상승하여 수확체감이 극복되고 지속적인 경제성장도 가능해진다.

4 시사점

① 인적 자본모형은 연구개발(R&D) 모형이 설명하지 못했던 각국 간에 존재하는 지속적인 성장률 격차를 설명하기에 유용하다.
즉, 선진국에서 축적된 인적 · 물적 자본은 경합성과 배제가능성이 있기 때문에 후진국으로 유출이 억제되고, 결국 부국과 빈국간의 지속적인 성장률 격차가 발생할 수 있다.

② 인적 자본축적을 위한 정부의 교육투자에 따라 국가 간 성장률 격차가 발생할 수 있다.
즉, 정부 정책이 경제성장에서 중요한 역할을 한다.

06 로머(P. Romer)의 R&D(Research and Development) 모형

1 의의

① 지식과 기술이란 한번 획득하면 제도적 장치들에 의해 보호될 수 있다는 성격을 강조한다.

② 연구개발의 투자는 양(+)의 외부효과 또는 파급효과를 일으켜 경제가 내생적으로 성장할 수 있음을 설명한다.

2 지식(Knowledge)과 기술의 특성

① 지식은 비경합성(nonrivalry)과 배제가능성(excludability)을 갖고 있기 때문에 지식축적이 빠르게 진행된다. 지식은 그것이 어떤 종류이든 간에 공유될 수 있다는 점에서 비경합적이고 지식의 내용과 재산권에 관련된 법 · 제도적 장치 때문에 배제가능성이 있다.

② 지식이 축적되고, 연구개발이 촉진되면 기술혁신이 발생하고 이는 외부효과를 발생시켜 타 부문의 기술수준도 상승시킨다.

③ 결국 경제는 연구개발(R&D)의 상호 연쇄작용으로 인해 수확체감을 극복하고, 재화생산 부문의 생산함수가 지속적으로 상방 이동하여 지속적인 경제성장이 이루어지게 된다.

3 결론

① 연구개발(R&D) 모형은 사람들의 머릿속에 체화된 지식보다는 객관적으로 존재하는 기술(technology)에 보다 주목하고 있다.

② 처음에는 각종 특허제도, 지적재산권 보호 등으로 신기술이 파급되지 못하다가 차차 경제 전체에 파급되어 비배제성을 지니게 되며 생산에 있어서 정(+)의 외부효과를 발생시키게 된다.

③ 연구개발에 대한 정부의 지원은 경제성장의 한 요인이 된다.

4절 경제발전론

01 경제성장과 경제발전

① 선진국의 경제성장에서는 생산요소 부존량의 증가와 기술진보에 따른 생산능력의 제고에만 관심을 집중해도 된다.

② 그러나 후진국의 경제성장에서는 생산능력의 제고뿐만 아니라 전통적인 사회구조의 개혁, 공업화, 인적자원의 개발 등 질적 향상에도 주력해야 한다.

③ 후진국의 구조적인 측면의 향상을 강조하는 뜻으로 경제성장과 구별하여 경제발전이라는 말이 쓰여 왔다.

④ 경제발전(economic development)은 1인당 국민소득의 증가뿐 아니라 경제 전반의 효율성과 합리성의 증대까지 뜻하는 포괄적인 개념이다.

즉, 경제성장이 실질 *GDP*와 1인당 소득 등 양적증가를 뜻하는데 비해 경제발전은 경제의 양적증가와 질적향상을 포괄하는 넓은 개념이다.

⑤ 최근에는 경제성장과 경제발전을 굳이 구분하지 않고 섞어 쓰고 있다.

또한 종전에 흔히 쓰던 후진국이나 저개발국이라는 용어 대신 개발도상국 또는 개도국이라는 용어를 많이 쓴다.

	경제발전론	경제성장론
대상국가	후진국	선진국
범위	경제적 요인 + 비경제적 요인	경제적 요인

02 경제발전의 장애 요인

1 투자 재원의 부족

① 경제성장이 가능하기 위해서는 자본축적을 위한 지속적인 투자가 이루어져야 한다. 특히 경제발전의 근간이 되는 도로, 발전소 등의 사회간접자본을 구축하려면 대규모의 투자 재원을 필요로 한다.

② 이를 위해서 충분한 저축이 이루어져야 하지만 국민들 입장에서 저축할 여유가 없으며 지지부진한 자본축적으로 인해 소득수준이 상승하지 못하고 이는 또다시 저축과 투자의 부진으로 이어져 빈곤의 악순환을 초래하게 된다.

③ 국내 저축이 충분하지 못한 경우 외국으로부터 자금을 끌어와야 하지만 개도국의 정치 불안 등 다양한 요인으로 외자유치도 쉽지 않다.

④ 또한 개도국 스스로 외국자본의 의존성으로 인한 자주성 상실 우려로 외국자본을 적극적으로 끌어오지 않는 경우도 있다.

2 높은 인구증가율과 인적 자본의 부족

① 개도국은 선진국에 비해 인구증가율이 매우 높다.

② 인구증가율이 높으면 총 인구 중 경제활동에 참여하지 않는 미성년 인구의 비중이 높아질 수밖에 없으며 이로 인해 소비 증가, 저축감소가 발생하게 된다.

③ 높은 인구증가율은 자본축적 속도를 떨어뜨리는 원인이 되고 이에 따라 경제성장이 제대로 이루어지기 힘들어진다.

④ 개도국에서는 극심한 가난으로 대부분의 사람들이 고등교육을 받지 못하고 있으며 고급인력은 외국으로 빠져나가는 현상까지 발생해 인적 자본 부족의 문제는 더욱 심각해진다.

3 시장실패

① 시장경제 체제의 미성숙으로 인한 시장실패가 경제발전에 걸림돌이 되기도 한다.

② 자본시장의 미발달은 자금의 효율적 배분에 방해가 되며 노동시장의 미발달로 많은 노동력이 농업부문에 취업해 있는 것을 볼 수 있다.

③ 또한 개도국에서 흔히 볼 수 있는 인종, 종교를 둘러싼 갈등이 노동시장을 더욱 비효율적으로 만들기도 한다.

4 정치적 불안

① 정치적 혼란으로 사유재산권까지 위협받는 상황에서 이윤추구에 기초한 자본주의 경제발전을 기대하기 어렵다.

② 이런 나라들에서 자주 발생하는 쿠데타나 내전은 그나마의 발전 기반을 모두 파괴해 버리고 마는 결과를 가져오기도 한다.

03 경제발전단계설

① 미국의 경제사학자 로스토우(W. Rostow)는 모든 나라들이 단속적 과정을 보이며 다섯 단계를 밟아 발전한다고 주장하였다.
다섯 단계란 전통사회단계 - 도약준비단계 - 도약단계 - 성숙단계 - 대중적 고도소비단계이다.
이 중에서 본격적인 경제발전이 이루어지는 단계는 비행기가 이륙(take - off)하는 데서 따온 도약단계이다.

② 독일 경제학자 호프만(W. Hoffman)은 전통사회에서 산업사회로 탈바꿈하는 과정에서 공업구조가 세 단계를 밟는다고 주장하였다.
1단계는 소비재 산업의 비중이 압도적인 단계로 발전의 초기단계이다.
2단계는 생산재 산업의 비중이 커지는 단계이다.
3단계는 생산재 산업의 비중이 소비재 산업과 대등하거나 소비재 산업을 압도하는 단계이다.

③ 미국 경제학자 클라크(C. Clark)는 산업을 1차 산업(농수산업), 2차 산업(광공업), 3차 산업(서비스업)으로 구분하였다. 경제가 발전할수록 산업구조가 1차 산업에서 2차 산업으로, 2차 산업에서 3차 산업으로 중심이 이동한다고 주장하였다.

④ 이와 같은 분석은 각국의 특수한 발전경험을 도외시하고 도식적으로 분류한다는 한계점을 가진다.

04 개발도상국의 경제발전전략

1 산업정책

① 정부가 외부경제를 낳거나 연관효과가 높은 산업을 지원하는 정책을 산업정책이라고 한다.
즉, 산업정책이란 정부가 특정산업을 지정해 이를 우선적으로 지원하는 정책을 말한다.

② 1970년대 말 우리나라에서 중화학공업을 중점적으로 육성하는 정책을 썼는데 이것이 산업정책의 대표적인 사례다.

③ 산업정책이 바람직한 발전전략이 될 수 있는지에 대해서는 경제학자들 사이에 상당한 견해 차이를 보이고 있다.

④ 산업정책은 균형성장론과 불균형성장론으로 나눌 수 있다.

2 균형성장론

① 균형성장의 이론을 주장한 사람은 미국 경제학자 넉시(R. Nurkse)이다.

② 넉시(R. Nurkse)에 따르면 오늘날 후진국들은 가난하기 때문에 계속적으로 가난하게 살 수밖에 없는 빈곤의 악순환(Vicious circle of poverty)을 경험하고 있다.

③ 빈곤의 악순환을 탈출하기 위해서는 후진국의 모든 산업부문이 동시에 균형적으로 개발되어야 한다고 주장한다.

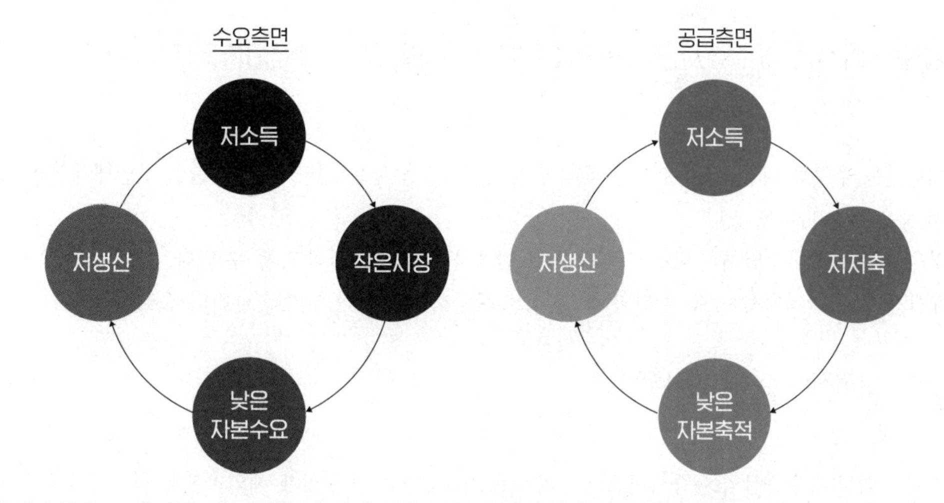

④ 이 악순환은 그림에서 보는 바와 같이 수요와 공급의 양면에서 작용하고 있다.

⑤ 수요 면에서는 소득이 낮으니까 시장이 작고 시장이 작으니까 자본 수요가 낮으며 다시 소득이 낮은 악순환이 일어난다.

저소득 → 작은 시장 → 낮은 자본 수요 → 저생산

⑥ 공급 면에서는 소득이 낮으니까 저축이 낮고 저축이 낮으니까 자금 공급이 부족하여 자본 축적이 낮고 그 결과 저생산 - 저소득 - 저저축의 악순환이 일어난다.

저소득 → 저저축 → 낮은 자본 축적 → 저생산

⑦ 넉시는 후진국 개발에 있어서 가장 큰 문제점은 작은 시장이며 이러한 악순환을 해결하기 위해 시장 확대가 가장 필요하다고 주장한다.

⑧ 넉시에 의하면 후진국의 경우 무역을 통한 수출시장 확대보다 국내시장에 의존할 수밖에 없기 때문에 국내시장을 개발하고 확대해야 한다고 주장하였다.

⑨ 경제의 모든 부분이 골고루 성장하여 상호수요 또는 보완적 수요를 일으킴으로써 판로부족 때문에 산업별로 과부족이 생기는 비효율을 제거하고 시장수요능력과 공급능력의 균형을 유지하는 것이다.

3 불균형발전론

① 미국 경제학자 허쉬만(A. Hirschman)은 균형성장론을 비판하면서 불균형성장론을 주장하였다.

② 허쉬반의 불균형성장론을 이해하기 위해서는 산업연관효과에 대하여 알아야 한다.

③ 산업연관효과는 전방연관효과와 후방연관효과로 나누어진다.

전방연관효과는 A 산업에 대한 투자가 A 산업 제품을 사가는 B 산업의 성장과 투자를 유발하는 효과를 말한다. 후방연관효과는 A 산업에 대한 투자가 A 산업에 투입물을 공급하는 C 산업의 성장과 투자를 유발하는 효과를 말한다.

④ 예를 들어 제철공장 건설로 자동차 산업의 성장이 유발되는 효과는 전방연관효과이고 제철공장 건설이 철광업의 성장을 유발하는 효과는 후방연관효과이다.

⑤ 허쉬만에 의하면 균형성장론은 후진국이 자본 및 기술면에서 취약하여 모든 산업을 동시에 성장시키기가 어렵고 산업마다 연관효과가 상이한 점을 간과하고 있다고 비판한다.

⑥ 후진국은 전후방 연관효과가 큰 산업을 선도부문으로 선정하여 집중적으로 육성해야 한다고 주장한다.

⑦ 허쉬만은 후진국의 개발에는 전방연관효과보다 후방연관효과가 더 중요하다고 주장한다.

05 대외지향적 발전전략(수출지향정책)과 대내지향적 발전전략(수입대체정책)

1 의의

① 경제발전을 추구해 나갈 때 수출산업 육성에 더 큰 비중을 두는 나라가 있는 반면 수입대체산업의 육성에 더 큰 비중을 두는 나라도 있다.

② 이것은 수출주도와 수입대체 발전전략 중 어느 한쪽을 선택한 결과라고 볼 수 있다.

③ 경제발전 초기 단계에서 이 두 발전 전략 중 어느 쪽을 선택하는냐에 따라 발전의 경로가 달라진다.

2 대외지향형 발전전략(수출지향정책)

1. 개념

① 내수산업보다 수출산업을 중시하고 투자재원으로 국민저축 못지않게 해외자본을 적극 활용하는 발전전략을 말한다.

② 수출지향정책은 수출산업을 우선적으로 육성하고 이로부터의 파급효과를 통해 내수산업도 함께 발전할 수 있게 만든다는 구성에 기초하고 있다.

2. 사례

제2차 세계대전 후 아시아의 네 마리 용이라 불리는 한국, 대만, 홍콩, 싱가포르는 대외지향형 발전전략을 채택하였다.

3. 장점

① 국내 기업이 해외시장에서 다른 나라 기업과 경쟁해야 하므로 기술 개발과 비용 절감에 노력하게 된다.

② 새로운 수출제품을 생산하는 과정에서 학습효과를 얻게 되고 외국과의 교류를 통해 새로운 기술을 습득한다.

③ 세계시장을 대상으로 제품을 생산하므로 규모의 경제가 실현된다.

④ 수출지원정책은 수입제한정책보다 투명하고 폐지가 쉽다.

⑤ 수출을 통해 외환이 공급되므로 경제발전에 필요한 원자재나 자본재의 수입이 가능하다.

3 대내지향형 발전전략(수입대체정책)

1. 개념

① 수출산업보다 수입대체산업을 중시하고 국민저축을 투자재원으로 삼아 대외의존도를 낮추려는 발전전략을 말한다.

② 수입대체전략은 경제의 자립도를 높이기 위해 수입을 대체할 산업을 집중적으로 육성하는 데 주안점을 둔다.

2. 사례

남미의 많은 나라들과 북한, 쿠바 등은 대내지향형 발전전략을 채택하였다.

3. 장점

① 국내생산자들이 기존의 국내 시장을 이용할 수 있어서 기술이 단순하고 수요량이 확실한 최종소비재의 생산을 시작하기 쉽다.

② 수출지향정책에서는 수출보조금 지원을 위한 예산이 필요하지만, 수입대체정책에서는 재원 조달이 필요 없어서 정책의 실시가 용이하다.

③ 개도국이 무역장벽을 높이면 외국기업들은 이를 회피하기 위한 공장을 설립하므로 외국인의 직접투자가 늘어난다.

06 개발도상국의 자본축적 방법

1 의의

① 후진국의 낮은 자본축적은 경제발전을 하는데 있어서 애로사항이 된다.

② 후진국의 저생산의 기본원인은 낮은 자본축적이기 때문에 자본축적이 경제발전의 관건이다.

③ 넉시에 의하면 후진국이 자본을 축적하는 방법은 기본적으로 자발적인 저축증대, 농촌 잠재실업인구의 생산인구화, 해외자본도입의 세 가지가 있다.

④ 자발적인 국내저축 증대에 의한 자본축적은 경제성장모형에서 이미 다루었다. 여기서는 잠재실업과 외자도입에 의한 자본축적을 다루기로 한다.

2 잠재실업의 생산인구화를 통한 자본축적

1. 잠재실업이란?

노동의 한계생산물이 0이거나 0에 가까운 농촌인구로서 사실상 실업상태에 있지만 표면적으로는 실업자로 노출되지 않는 상태를 말한다.

2. 잠재실업에 의한 자본 축적 경로

① 잠재실업에 의하여 자본이 축적되는 경로는 두 가지가 있다.

② 농촌에서 잠재실업자를 빼냄으로써 농가의 1인당 평균소득이 상승하여 농촌의 저축이 증가하는 것이다.

③ 이농하는 잠재실업자가 공업부문에 고용됨으로써 공업부문의 저축을 증대시키는 것이다.

개념정리 | 루이스 모형

- 미국 경제학자 루이스(A. Lewis)는 농업부문에 잠재실업자들이 많기 때문에 공업부문의 실질임금이 오르지 않더라도 공업부문에 신규노동인구는 유입된다고 주장하였다. 루이스는 이를 무한노동 공급이라고 표현하였다.
- 루이스에 의하면 방대한 잠재실업으로 인한 무한노동 공급으로 실질임금이 낮게 유지됨으로써 노동소득보다 자본소득이 더 빨리 증가하여 자본축적이 촉진된다.

3 외국자본 도입에 의한 자본축적

1. 외국자본이란?

다른 나라 사람이 소유하는 자본을 말한다. 해외자본도입의 유형에는 외국인 투자, 기술도입 및 차입이 있다.

2. 외국인 투자

① 외국인 투자는 직접투자와 간접투자(증권투자)로 구분된다.

② 직접투자는 외국인이 주식의 인수와 함께 회사의 경영에 직접 참여하는 형태이다.

③ 간접투자는 외국인이 직접적으로 경영에 참가하지 않고 배당이나 이자수입을 목적으로 주식이나 채권을 사고 예금을 하는 형태이다.

3. 기술도입

① 기술은 생산에 관련된 제품기술과 공정기술 그리고 경영에 관련된 제반 지식을 포함한다.

② 기술도입에는 일정한 대가(royalty)가 지급되므로 해외에서 도입된 기술은 광의로 해외자본의 한 형태라고 볼 수 있다.

4. 차입

① 차입에는 차관, 금융기관 차입 및 기타 민간차입이 있다.

② 차관은 상대국의 정부나 금융기관에서 자금을 조달하는 형태이다.

③ 외자도입 중 가장 큰 비중을 차지하는 것이 금융기관의 해외차입이다.

개념정리 | 외채와 해외자본 도입과의 관계

① 외채는 원금상환과 이자지급의 의무가 따르는 채무성해외자본도입의 잔액을 말한다.

② 해외자본도입이 유량임에 반하여 외채는 저량이다.

③ 외채는 외국에 대하여 지고 있는 채무를 말하므로 외국인직접투자와 이에 따른 외국인 주식취득 및 기술도입은 외채규모 추계에서 제외된다.

5. 해외자본 도입의 긍정적 효과

(1) 소득 · 고용효과

① 해외자본 도입은 투자를 증대시켜 소득과 고용을 늘려준다.

② 외국에서 들여 온 자본재의 생산성이 높을수록 소득· 고용효과는 커진다.

(2) 개발효과

① 해외자본은 개도국의 경제개발을 촉진시킬 수 있는 개발효과를 가진다.

② 해외자본 도입, 특히 자본재 형태로 들여오는 차관이나 외국인 직접투자에는 기술이 따라 들어온다. 도입되는 기술은 생산기술, 관리능력과 정보 등을 포괄한다.

③ 새로운 생산기술과 그에 따른 노동의 질의 향상은 경제개발을 착수하는 개도국에게 '성장의 엔진'으로 작용할 수 있다.

④ 해외자본이 사회간접자본에 투자되면 외부경제를 일으키면서 사회개발이 촉진되는 효과를 가진다.

(3) 국제수지 효과

① 해외자본이 도입되면 당장 그 나라의 국제수지는 개선된다.

② 도입된 해외자본이 투자되어 생산에 활용됨으로써 수입대체효과와 수출효과가 두드러지게 나타나면 경상수지도 개선될 수 있다.

6. 해외자본 도입의 부정적 효과

(1) 경제의 대외 의존 효과

① 해외자본 도입은 해외자본 수출국에 대한 도입국의 의존도를 크게 한다.

② 차관의 경우에는 차관상환을 확실하게 하기 위하여, 직접투자의 경우에는 투자의 수익성과 안전성을 확보하기 위하여, 자본수출국이 도입국의 경제에 직접·간접으로 개입하는 경우가 많다.

③ 차관을 제공하는 주체나 직접투자기업이 다국적 기업인 경우에는 국제적인 네트워크와 막강한 경제력을 활용하여 도입국의 경제는 물론 정치에까지 부당한 영향력을 행사하는 경우도 있다.

(2) 원리금 상환부담 효과

① 해외자본은 결국 원리금을 상환해야 한다.

② 외채잔액이 크고 차입금리와 환율이 높을수록, 그리고 상환만기가 짧을수록 원리금 상환부담은 커진다.

③ 상환부담이 너무 크면 국가 부도가 날 수도 있다.

(3) 국민저축 위축효과

해외자본은 때로 국민저축을 대체함으로써 국민저축을 적어도 단기에는 감소시키는 경향이 있다.

MEMO 단원의 핵심 내용을 정리해 보세요.

01 다음 중 솔로우의 성장모형에 대한 설명으로 옳지 않은 것은?

풀이 날짜			
채점 결과			

① 생산에 있어서 노동과 자본간 자유로운 대체성을 가진다.
② 인구증가율은 내생적으로 결정된다.
③ 다른 조건이 동일하다면 1인당 소득수준이 낮은 국가일수록 성장률이 빠르다.
④ 생산함수는 1차동차이다.

02 자본의 심화(capital deepening)란?

풀이 날짜			
채점 결과			

① 자본 - 산출량 비율의 증가
② 자본 - 산출량 비율의 감소
③ 1인당 자본장비율의 증가
④ 1인당 자본장비율의 감소
⑤ 자본과 산출량의 증가

03 다음 중에서 신고전학파의 성장모형에서 장기적으로 1인당 국민소득의 성장률을 높일 수 있는 요인은?

풀이 날짜			
채점 결과			

① 저축률의 상승
② 이자율의 하락
③ 인구증가율의 상승
④ 기술진보율의 상승
⑤ 1인당 자본장비율의 상승

04 다음은 신고전학파 경제성장모형(솔로우 모형)에 관한 설명이다. 옳지 않은 것은?

풀이 날짜			
채점 결과			

① 경제성장의 동인이 되는 기술진보의 원인을 모형 내에서 설명하지 못하고 있다.
② 지속적인 경제성장이 일어나는 요인으로는 지속적인 기술진보뿐이다.
③ 경제성장에 있어서 정부가 어떤 역할을 할 수 있는지에 대해서 제대로 설명을 하지 못하고 있다.
④ 각국의 경제성장이 모두 솔로우 모형을 따라 이루어진다면 초기에는 각국에서 소득 수준이 서로 다르더라도 장기적으로는 각국의 1인당 소득이 같은 수준으로 수렴하게 된다.
⑤ 균제상태에서 볼 때 1인당 경제성장률은 항상 인구증가율과 일치한다.

해설

정답

01 • 솔로우의 성장모형의 기본가정은 다음과 같다. ②

①, ④ 생산함수는 규모수익불변(constant returns to scale)과 수확체감의 성질을 갖고 있는 콥 - 더글라스 생산함수를 사용한다. 콥 - 더글라스 생산함수의 대체탄력성은 1이므로 노동과 자본간 자유로운 대체성을 가진다. 또한 규모수익불변이 성립하므로 1차동차이다.

② 인구증가율은 n으로 일정하다. 따라서 인구증가율은 외생적으로 주어져 있다.

③ 1인당 소득수준이 낮은 국가일수록 자본의 한계생산이 크므로 선진국에 비해 성장률이 빠르다. 따라서 선진국과 후진국의 소득수준이 같아진다. 이를 수렴가설이라고 한다.

02 • 1인당 자본량$\left(\frac{K}{L}\right)$이 증가하는 것을 자본의 심화라 한다. ③

• 자본의 심화란 $\frac{K}{L}$의 증가를 말하므로 1인당 자본장비율 또는 요소집약도의 증가를 말한다.

03 • 솔로우 모형에서 자본축적 · 인구 증가 · 정부 정책에 의한 경제성장에 대하여 회의적인 것은 기본적으로 수확체감의 법칙 때문이다. 새로운 균형에 이르기까지만 일시적으로 경제성장을 가져오기 때문에 지속적인 경제성장은 장기적으로 수확체감이 존재하지 않을 때에 가능하다. ④

• 기술진보가 수확체감의 법칙을 극복할 수 있다면 경제성장은 지속적으로 가능하다.

04 ① 기술진보가 어떤 원인에 의해서 이루어지는지에 대해서 해답을 제시하지 못한다. ⑤

② 1인당 소득의 지속적 성장이 외생적으로 주어진 기술진보에만 의존하고 있다. 따라서 1인당 소득이 지속적으로 증가하기 위해서는 기술수준이 외생적 또는 지속적으로 진보하여야 한다.

③ 기술수준 또는 총요소생산성 A가 외생적으로 결정되기 때문에 정책의 개입여지가 없다.

④ 솔로우 모형은 자본축적정도가 상이한 두 나라도 결국 균제상태에 이르면 동일한 1인당 산출량을 갖게 될 것이라는 결론을 내리고 있는데, 이러한 특징을 수렴성(convergence)이라고 한다.

⑤ 균제상태에서 경제성장률은 인구증가율과 일치하고 1인당 경제성장률은 0이 된다.

05 솔로우 모형을 따르는 경제를 상정하자. 다음 중 옳지 않은 것은?

① 이 모형은 1인당 국민소득이 증가하는 의미에서의 경제성장이 장기간 지속되는 현상은 설명하지 못한다.
② 이 모형은 자본의 한계 생산물체감, 생산함수의 규모에 대한 수확불변 등을 주요 전제로 하고 있다.
③ 솔로우 모형에서 인구 증가율이 1%로 높아지고 감가상각률이 1% 낮아지면 장기균형 1인당 소득수준에는 영향을 미치지 않는다.
④ 이 모형에게 인구증가율이 높은 나라일수록 가난하다는 현실을 설명하는데 적합하다.

풀이 날짜			
채점 결과			

06 내생적 성장이론에 대한 다음 설명 중 옳지 않은 것은?

① 경제성장을 촉진하기 위해서는 정부의 자유방임적 태도가 바람직하다고 본다.
② 경제주체의 최적화행동을 전제로 하는 미시경제적 기초를 다진다.
③ 기술진보 등의 요인을 내생변수로 도입한다.
④ 인적 자본축적에 따른 외부효과를 중시한다.

풀이 날짜			
채점 결과			

07 다음 중 내생적 성장이론의 특징이 아닌 것은?

① 규모에 대한 수익체증의 생산함수
② 성장요인의 내생화
③ 수렴가설의 성립
④ 자본축적의 외부효과
⑤ 정부의 적극적 정책옹호

풀이 날짜			
채점 결과			

08 경제발전론과 경제성장론의 차이점에 관한 설명 중 틀린 것은?

① 발전론은 총체적인 변수나 행태를 주로 다루며 성장론은 경제부문 사이의 관계나 구조적인 변화에 큰 비중을 둔다.
② 발전론은 일반균형분석방법을, 성장론은 부분균형분석방법을 사용
③ 발전론은 취급범위가 성장론보다 넓다.
④ 발전론은 경제적·사회적·문화적 요인을 고려한다.
⑤ 성장론은 주로 선진국 중심의 이론이다.

풀이 날짜			
채점 결과			

05 ① 솔로우 모형에서는 균제상태에서 1인당 소득이 더 이상 증가하지 않는다. ④

② 솔로우 모형은 규모수익불변, 수확체감의 법칙을 가정하고 있다.

③ 균제조건은 $sf(k) = (n + d)k$이다. 인구증가율 n이 1% 높아지고 감가상각률 d가 1% 낮아지면 균제조건의 변화가 없으므로 1인당 소득수준에 영향을 주지 못한다.

④ 인구증가율이 높으면 1인당 국민소득은 작아지지만 균제상태에서 경제성장률은 증가한다. 즉, 개도국에서 인구증가율이 높아지면 경제성장률이 증가하는 긍정적인 효과가 있다.

06 ① 내생적 성장이론은 경제성장을 촉진하기 위해서는 정부의 적극적인 개입이 바람직하다고 본다. 대표적으로 AK모형에서는 저축률이 성장률 수준을 결정하는 중요한 요소로 작용한다. 따라서 저축률을 증가시키는 정부 정책은 지속적인 경제성장을 가져올 수 있다. ①

② 내생적 성장론은 경제행위자의 최적행위를 전제로 하는 미시경제학적인 기반 위에서, 과연 사회후생을 극대화시키는 경제성장률이 어떠한 내생적인 요인들에 의하여 결정되는지를 규명하는 성장론이다.

③ 솔로우 성장모형에서 외생 시 되어 왔던 기술진보 역시 최근 많은 학자들이 경제가 발전하면서 경제 내적인 요인에 의하여 신기술이 창출될 수 있다는 측면에서 내생적인 성격을 갖는다고 생각하고 있다.

④ 루카스(Lucas)는 인적 자본의 축적이 지니는 외부효과로 인해 경제가 성장한다고 보았다. 즉, 노동인구의 크기가 중요한 것이 아니라 근로자가 보유하고 있는 지식 · 기술이 경제성장의 원동력이 된다.

07 ① 내생적 성장모형은 경제성장의 원동력으로 자본축적을 인정하나 장기적으로 한계수확체감이 발생하지 않는다. 수확체감이 발생하지 않도록 하는 대표적인 방법은 자본의 개념에 전통적인 실물 자본 외에도 인적 자본이나 지식자본 등을 포함하여 인적 자본과 실물 자본의 동시축적으로 장기균형에서 자본의 한계생산이 체감하지 않도록 하는 것이다. 축적된 실물 자본이 긍정적 외부성을 가져 한계생산성 체감을 극복하는 것으로 가정하는 방법도 있다. ③

② 내생적 성장모형에 따르면 기술진보는 경제 내적인 요인에 의하여 내생적인 성격을 갖고 있다.

③ 솔로우 모형은 수렴가설을 주장하지만 내생적 성장이론은 수렴가설이 성립하지 않음을 보여준다. 부강한 국가의 성장률이 가난한 국가의 성장률보다 높게 나타나며 수렴현상이 발생하지 않는다.

④ 루카스(Lucas)는 인적 자본의 축적이 지니는 외부효과로 인해 경제가 성장한다고 보았다.

⑤ AK모형에서는 저축률을 증가시키는 정부 정책은 지속적인 경제성장을 가져올 수 있다.

08 • 경제발전론은 경제 부문 사이의 관계 또는 질적 변화에 비중을 두나 경제성장론은 총체적인 변수 등 양적 변화에 비중을 둔다. ①

09 경제발전이 경제성장과 구별되는 점은?

① 성장을 달성하기는 어렵지만 발전을 이룩하기는 비교적 쉽다.
② 성장이 사회적 및 경제적 구조의 개선을 지칭하는데 비해 발전은 단순히 GNP의 증가를 지칭한다.
③ 성장이 양적인 개념인데 비해서 발전은 질적인 개념이다.
④ 성장은 그 측정이 비교적 어렵지만 발전은 그 측정이 어렵지 않다.

풀이 날짜			
채점 결과			

10 다음 중 로스토우의 성장 단계가 아닌 것은?

① 대량소비 단계
② 도약 단계
③ 성숙 단계
④ 정보화 단계
⑤ 도약을 위한 준비 단계

풀이 날짜			
채점 결과			

해설

09 • 경제발전은 경제적 요인과 경제외적 요인을 모두 분석하기 때문에 질적인 개념이다. ③
• 즉, 경제발전은 경제 외적인 요소까지 포함하며 질적인 문제도 포함한다. 일반적으로 경제발전이 경제성장보다 포괄적인 내용을 다룬다.

10 • 미국의 경제사학자 로스토우(W. Rostow)는 모든 나라들이 단속적 과정을 보이며 다섯 단계를 밟아 발전한다고 주장하였다. ④
• 다섯 단계란 전통사회 단계 - 도약준비 단계 - 도약 단계 - 성숙 단계 - 대중적 고도소비 단계이다.

01 다음 중 신고전파 성장이론의 내용과 가장 관련이 먼 것은?

풀이 날짜			
채점 결과			

① 자본과 노동 간에 연속적인 대체관계를 갖고 있다.
② 1인당 자본량과 1인당 소득은 언제나 같은 방향으로 변화한다.
③ 저축률이 상승하면 1인당 소득은 단기적으로 증가한다.
④ 장기적으로 균형상태에서 1인당 소득은 인구증가율의 비율로 성장한다.
⑤ 인구증가율이 상승하면 1인당 소득은 감소하나 경제성장률은 오히려 높아진다.

02 인구는 매년 2%로 계속 증가하고, 국민들의 연평균저축률은 30%를 유지하며, 기술(노동생산성)은 연평균 4%로 진보하는 경제는 솔로우(Solow)의 경제성장이론에 따르면, 장기적으로 국민총생산이 몇 %나 성장하는 상태로 이행하겠는가?

풀이 날짜			
채점 결과			

① 2%
② 4%
③ 6%
④ 7.5%
⑤ 15%

03 어떤 경제에서 솔로우 모형(Solow growth model)의 1인당 생산함수가 $y=\sqrt{k}$이고, 인구증가와 기술진보가 없다고 한다. 저축률과 감가상각률이 각각 0.3, 0.1일 때 균제상태에서의 1인당 생산량은?
(단, y는 1인당 생산량, k는 1인당 자본량이다)

풀이 날짜			
채점 결과			

① 2
② 3
③ 9
④ 16

해설

정답

01 ① 생산함수는 규모수익불변(constant returns to scale)과 수확체감의 성질을 갖고 있는 콥 - 더글라스 생산 함수를 사용한다. ④

콥 - 더글라스 생산함수의 대체탄력성은 1이므로 노동과 자본간 자유로운 대체성을 가진다.

또한 규모수익불변이 성립하므로 1차동차이다.

② 신고전파 성장이론에서는 생산함수 $y = f(k)$를 가정하므로, 1인당 자본량 k이 증가하면 1인당 소득 y은 증가하고 1인당 자본량 k이 감소하면 1인당 소득 y은 감소한다.

따라서 1인당 자본량과 1인당 소득은 언제나 같은 방향으로 변화한다.

③ 저축률이 증가하면 $sf(k) > nk$이므로 1인당 자본량(k)과 1인당 산출량(y)이 증가한다.

1인당 산출량 증가율은 새로운 균제상태에 도달할 때까지만 양(+)의 값을 가진다.

④ 장기적으로 균형상태 또는 균제상태에서 1인당 소득의 변화율은 0이고 소득의 변화율은 인구증가율의 비율로 성장한다.

⑤ 인구증가율이 높아지면 생산물 중에서 소비에 사용되는 부분이 더 많아지기 때문에 자본축적이 감소한다.

자본축적이 감소하므로 1인당 자본량과 1인당 산출량이 감소한다.

그러나 인구증가율 상승에 따라 장기적으로 경제성장률은 높아진다.

02 ③

- 인구증가율 n은 2%이고 기술진보율 g은 4%이다.
- 기술진보가 존재할 때 균제조건은 다음과 같다.

$$\frac{s(k)}{k} = n+g$$

$$\rightarrow sf(k) = (n+g)k$$

- 1인당 자본량 변화율은 $\frac{\Delta K}{K} - \frac{\Delta L}{L} - \frac{\Delta A}{A} = 0$이므로 $\frac{\Delta k}{k} = \frac{\Delta y}{y} = g$가 되고 경제성장률은 $\frac{\Delta Y}{Y} = n+g$로 나타낼 수 있다.

즉, 균제상태에서 경제성장률은 인구증가율과 기술진보율의 합이므로 6%이다.

03 ②

- 1인당 자본량의 변화가 0일 때 균제상태가 달성된다.

$\rightarrow \Delta k = sy - \delta k = 0$ (k : 1인당 자본량, s : 저축률, y : 1인당 생산함수, δ : 감가상각률)

- 따라서

$$0.3\sqrt{k} - 0.1k = 0$$

$$\rightarrow 0.3k^{\frac{1}{2}} = 0.1k$$

$$\rightarrow 3k^{\frac{1}{2}} = k$$

$$\rightarrow 9k = k^2$$

$$\rightarrow k = 9$$

- 1인당 자본량이 9이므로 균제상태에서의 1인당 생산량은 $y = \sqrt{9} = 3$이다.

04 솔로우(Solow)의 경제성장모형 하에서 A국의 생산함수는 $Y=10\sqrt{LK}$, 저축률은 30%, 자본 감가상각률은 연 5%, 인구 증가율은 연 1%, 2015년 초 A국의 1인당 자본량은 100일 경우 2015년 한 해 동안 A국의 1인당 자본의 증가량은? (단, L은 노동, K는 자본을 나타낸다) (2015년 국가직 7급)

풀이 날짜			
채점 결과			

① 24
② 25
③ 26
④ 27

05 솔로우(Solow)의 노동증식적 기술진보(labor - augmenting technological progress)를 고려한 경제성장모형에서 균제상태(steady state)의 1인당 실질 국민소득 수준을 변화시키는 외생적 요인이 아닌 것은?

풀이 날짜			
채점 결과			

① 감가상각률
② 저축률
③ 인구증가율
④ 기술진보율
⑤ 노동단위당 자본량

06 기술진보가 없는 솔로우 성장모형의 황금률(Golden Rule)에 대한 설명으로 옳은 것은?

풀이 날짜			
채점 결과			

① 황금률 하에서 정상상태(steady state)의 1인당 투자는 극대화 된다.
② 정상상태(steady state)의 1인당 자본량이 황금률 수준보다 많은 경우 소비 극대화를 위해 저축률을 높이는 것이 바람직하다.
③ 솔로우 성장모형에서는 저축률이 내생적으로 주어져 있기 때문에 황금률의 자본축적이 항상 달성된다.
④ 황금률 하에서 자본의 한계생산물은 인구증가율과 감가상각률의 합과 같다.

04 ①

- A국의 1인당 생산함수는

$$\frac{Y}{L}=\frac{10L^{\frac{1}{2}}K^{\frac{1}{2}}}{L}=10L^{-\frac{1}{2}}K^{\frac{1}{2}}=10\left(\frac{K}{L}\right)^{\frac{1}{2}}$$

$\rightarrow y=10k^{\frac{1}{2}}$

$\left(y=\frac{Y}{L},\ k=\frac{K}{L}\right)$

- 1인당 자본량의 변화는 자본증가율에서 인구증가율을 차감하여 구할 수 있다.

$\rightarrow \Delta k=sf(k)-(n+d)k$ (s : 저축률, n : 인구증가율, d : 자본 감가상각률)

$\Delta k=0.3\times10\times100^{\frac{1}{2}}-(0.01+0.05)\times100$

$\rightarrow \Delta k=3\times10-6=24$

- 따라서 2015년 한 해 동안 A국의 1인당 자본의 증가량은 24이다.

05 ⑤

- 솔로우는 기술진보를 고려할 때 $Y=Af(L,K)$대신 생산함수를 다음과 같이 가정하였다.

$\rightarrow Y=f(K,AL)$

- 이와 같은 경우를 노동증식적 기술진보를 고려한 경제성장이라고 한다.
- 균제상태는 $\Delta k=sf(k)-(n+d+g)k=0$일 때 성립된다.
- 따라서 감가상각률 d, 저축률 s, 인구증가율 n, 기술진보율 g가 변하면 균제상태가 변하기 때문에 1인당 실질국민소득의 변화가 발생한다.
- 그러나 노동단위당 자본량인 k가 변하면 균형상태에서 이탈하기 때문에 원래의 균제상태로 돌아온다.

06 ④

① 자본축적의 황금률이란 균제상태에서 1인당 소비가 극대화되는 상태를 말한다.

② 균제상태의 일인당 자본량이 황금률 수준의 자본량보다 많게 되면 경제는 과잉 저축 상태이다.
따라서 경제내의 저축률을 낮추는 것이 바람직하다.

③ 솔로우 모형에서는 저축률이 외생적으로 주어져 있기 때문에 황금률의 자본축적이 반드시 달성된다는 보장이 없다.

④ 황금률에서는 자본의 한계생산물은 인구증가율과 감가상각률의 합과 같다.
자본의 한계생산물 = 인구증가율 + 감가상각률
→ 자본의 한계생산물 - 감가상각률 = 인구증가율
→ 실질이자율 = 인구증가율

07 경제정책을 통하여 어느 나라는 근로소득을 모두 소비하는 한편, 자본소득은 모두 저축한다고 한다. 이 나라의 생산요소시장은 완전 경쟁적이어서 모든 생산요소들은 각각 한계생산량 만큼 보수를 받는다. 이 경우 다음 중 옳은 것은?

① 이 나라는 경제성장을 할 수 없다.
② 정상상태에서 이 나라의 자본량과 황금률수준의 자본량을 비교할 수 없다.
③ 정상상태에서 이 나라의 자본량은 황금률수준보다 작아진다.
④ 정상상태에서 이 나라의 자본량은 황금률수준보다 커진다.
⑤ 정상상태에서 이 나라의 자본량은 황금률수준과 동일해진다.

풀이 날짜			
채점 결과			

08 인구가 일정하고 기술진보가 없는 솔로우 모형을 고려하자.
1인당 생산(y)과 1인당 자본(k)으로 표시된 생산함수는 다음과 같다.

$$y = \sqrt{k}$$

감가상각률이 0.25일 때 황금률의 균제상태의 1인당 자본량은?

① 4
② 5
③ 6
④ 7
⑤ 8

풀이 날짜			
채점 결과			

09 어느 경제의 총생산함수는 $Y = AL^{\frac{1}{3}}K^{\frac{2}{3}}$이다. 실질 GDP 증가율이 5%, 노동증가율이 3%, 자본증가율이 3%라면 솔로우 잔차(Solow residual)는? (단, Y는 실질 GDP, A는 기술수준, L은 노동, K는 자본이다)

① 2%
② 5%
③ 6%
④ 12%

풀이 날짜			
채점 결과			

10 솔로우 모형과 내생적 성장이론에 대한 설명으로 옳지 않은 것은?

① 솔로우 모형에서는 기술진보율이 균제상태에서의 1인당 소득의 증가율을 결정한다.
② 내생적 성장이론에서는 수확체감을 극복하면서 1인당 소득의 지속적인 증가가 가능하다.
③ 솔로우 모형에서는 경제성장의 요인인 기술진보율과 인구증가율이 외생적으로 결정된다.
④ 내생적 성장이론에서는 국가 간 소득 격차가 시간이 흐름에 따라 감소한다.

풀이 날짜			
채점 결과			

07 • 자본축적의 황금률이란 1인당 소비가 극대화되는 1인당 자본량(k)이 경제성장의 균제상태(steady state)가 되는 경우를 말한다. ⑤

• 황금률에서는 1인당 소비와 노동소득이 일치하고 1인당 저축과 자본소득이 일치한다.

• 따라서 총생산이 근로소득과 자본소득으로 분배되면 황금률이 된다.

08 • 인구가 일정하면 인구증가율은 0%이다. 인구가 일정하고 기술진보가 없을 때 황금률 조건은 다음과 같다. ①

$\rightarrow MP_k = d$

$\rightarrow \frac{1}{2}k^{-\frac{1}{2}} = 0.25$

$\rightarrow k^{-\frac{1}{2}} = \frac{1}{2}$

$\rightarrow k^{-1} = \frac{1}{4}$

$\rightarrow k = 4$

• 따라서 황금률의 균제상태의 1인당 자본량(k)은 4이다.

09 • 기술진보로 인한 성장의 변화는 경제성장률 중에서 요소투입량 증가에 의한 기여분을 제외하고 남은 잔여분을 의미하는데 이 잔여분을 흔히 솔로우 잔차항(solow residual)이라 한다. ①

• 솔로우 잔차항은 기술진보로 인한 성장의 변화이므로 다음과 같이 구할 수 있다.

$\dot{A} = \dot{Y} - \frac{1}{3}\dot{L} - \frac{2}{3}\dot{K}$

$\rightarrow \dot{A} = 5\% - \frac{1}{3} \times 3\% - \frac{2}{3} \times 3\%$

$\rightarrow 5\% - 1\% - 2\% = 2\%$

10 ① 균제상태에서 기술진보율이 존재한다면 경제성장률은 인구증가율과 기술진보율의 합과 일치한다. 따라서 1인당 소득증가율은 기술진보율과 동일한 값을 갖는다. ④

② 내생적 성장이론에서는 수확불변 또는 수확체증을 가정하면서 1인당 소득의 지속적 증가를 설명한다.

③ 솔로우 모형은 외생적 성장모형으로 경제성장 요인인 기술진보율과 인구증가율의 값이 주어져 있다.

④ 내생적 성장이론에서는 국가 간 소득 격차가 계속적으로 유지되고 있어 수렴가설이 성립되지 않는다.

11 내생적 성장이론에 대한 다음 설명 중 가장 옳지 않은 것은?

풀이 날짜			
채점 결과			

① R&D 모형에서 기술진보는 지식의 축적을 의미하며, 지식은 비경합성과 비배제성을 갖는다고 본다.
② R&D 모형과 솔로우(Solow) 모형은 한계수확체감의 법칙과 경제성장의 원동력으로서의 기술진보를 인정한다는 점에서는 동일하다.
③ 솔로우(Solow) 모형과 달리 AK 모형에서의 저축률 변화는 균제상태에서 수준효과뿐만 아니라 성장효과도 갖게 된다.
④ AK 모형에서 인적 자본은 경합성과 배제가능성을 모두 가지고 있다.

12 총생산함수의 식이 $y = Ak$라고 하자. 단, A는 기술을, 그리고 y, k는 각각 1인당 산출량과 자본량을 나타낸다. 이러한 생산함수와 관련된 설명 중 가장 옳은 것은?

풀이 날짜			
채점 결과			

① 자본의 한계생산물이 체감한다.
② 신고전파 경제성장모형의 소득수렴가설을 설명하는데 적절하다.
③ 자본에 대한 한계생산물이 체증한다.
④ 노동에 대한 한계생산물이 일정하다.
⑤ 지속적인 경제성장을 설명하는데 적합하다.

13 내생적 성장이론에 따르면 정부 정책의 중점이 가장 크게 두어져야 할 분야는?

풀이 날짜			
채점 결과			

① 균형재정의 추구
② 통화량의 신축적 조절
③ 징세행정의 강화
④ 산업정책의 강화
⑤ 교육산업의 효율화를 위한 지원

11 ① 기술진보는 동일 자본과 노동을 투입하더라도 종전보다 더 많은 생산을 가능하게 하는 지식의 축적을 의미한다. 여기서 지식은 비경합성과 배제가능성을 갖는다. ①

② R&D 모형에서는 생산함수가 한계생산체감의 성질을 갖더라도 R&D 부문에 투입된 노동과 자본에 의해 내생적으로 결정되는 기술진보의 속도 $a(L_A, K_A)$가 일정 수준을 유지하면 기술수준이 지속적으로 상승하여 지속적인 경제성장을 유지할 수 있다.

→ 기술진보율 = $a(L_A, K_A)$

한계생산체감과 경제성장의 원동력으로 기술진보를 인정하는 것은 솔로우 모형과 동일하다.

다만 R&D 모형에서는 기술진보를 연구 및 개발부문에서 내생적으로 결정되는 변수로 보고 있다.

③ AK모형은 자본의 축적만으로 경제가 지속적으로 성장가능한 모형이다.

자본증가율은 $\frac{\Delta K}{K} - d = sA - d$ (K : 자본량, s : 저축률, A : 총요소 생산성, d : 감가상각률)이다.

$sA - d > 0$이면 자본축적의 증가율이 감소하지 않는다.

따라서 저축률(s)의 변화는 성장효과를 가져온다.

④ 인적 자본은 R&D 모형에서 살펴본 지식과 달리 배제가능성과 경합성을 갖고 있다.

12 • AK모형은 생산함수를 $Y = AK$라고 가정한다. AK모형에서 1인당 생산함수는 $y = Ak$이다. ⑤

• K는 물적 자본과 인적 자본을 모두 포괄하는 복합 자본(composite capital)이다.

①, ③ 자본의 한계생산은 MP_k는 A로 일정하다.

② 부강한 국가의 성장률이 가난한 국가의 성장률보다 높게 나타나며 수렴현상이 발생하지 않는다.

④ 지속적인 경제성장을 설명할 수 있다. 저축률(s), 기술수준(A)이 상승하면 경제성장률, 1인당 소득 및 1인당 자본의 증가율이 지속적으로 더 높은 수준을 유지할 수 있다.

13 • 정부가 교육산업에 지원을 하면 외부효과를 통하여 더 큰 경제성장을 가져올 수 있다. ⑤

• 즉, 인적 자본의 축적이 지니는 외부효과로 인해 경제가 성장한다.

14 개발도상국의 경제발전전략에서 수출주도(export-led)발전전략에 대한 설명으로 옳은 것은 모두 고른 것은? (2011년 지방직 7급)

풀이 날짜			
채점 결과			

가. 해외시장의 개발에 역점을 둔다.
나. 내수시장의 발전에 주안점을 둔다.
다. 경제자립도를 한층 더 떨어뜨리는 부작용을 초래할 수 있다.
라. 단기적인 수출성과에 치중함으로써 장기적인 성장 가능성을 경시할 가능성이 있다.

① 가
② 가, 다
③ 가, 다, 라
④ 나, 다, 라
⑤ 가, 나, 다, 라

15 외자도입의 효과를 잘못 설명한 것은?

풀이 날짜			
채점 결과			

① 국제수지에서 자본수지를 개선시킨다.
② 외국자본을 도입하여 자본의 규모가 상대적으로 커지면 자본생산성이 향상된다.
③ 투자를 증대시켜 소득과 고용 증대를 유발한다.
④ 단기적으로 국내저축을 위축시키는 효과가 있다.
⑤ 자본도입과 함께 외국의 선진 생산기술 및 경영기법의 이전이 이루어진다.

14 • 수출주도 발전전략 또는 대외지향형 발전전략이란 내수산업보다 수출산업을 중시하고 투자재원으로 국민저축 못지 않게 외국자본을 적극 활용하는 발전전략을 말한다. ③

• 수입대체 발전전략 또는 대내지향형 발전전략이란 수출산업보다 수입대체산업을 중시하고 국민저축을 투자재원으로 삼아 경제의 대외의존도를 낮추려는 발전전략을 말한다.

• 내수시장의 발전에 주안점을 두는 경제발전전략은 대내지향형 발전전략이다.

15 ① 외국자본이 국내로 유입되면 자본수지의 개선효과가 있다. ②

② 외국자본이 국내로 유입되면 자본의 규모가 커지므로 자본의 한계 생산이 감소한다.

③ 해외자본 도입은 투자를 증대시켜 소득과 고용을 늘려준다.

④ 외국자본이 국내로 유입되면 자본의 증가로 이자율이 하락한다.
이자율이 하락하면 단기적으로 국내저축을 위축시킬 수 있다.

⑤ 해외자본 도입, 특히 자본재 형태로 들여오는 차관이나 외국인 직접투자에는 기술이 따라 들어온다.
도입되는 기술은 생산기술, 관리능력과 정보 등을 포괄한다.

MEMO 그래프를 그려보세요.

PART 07 경기변동 및 경제성장이론

01 객관식 점검 문제

PART 출제경향

- 경기변동이론의 경우 새고전학파의 실물균형경기변동이론과 새케인즈학파의 불균형경기변동이론이 중요하다.
- 두 경기변동이론의 특징을 비교해야 하고 실물균형경기변동이론에서는 노동의 기간간 대체, 건설기간 등의 개념을 정확히 이해해야 한다.
- 불균형경기변동이론에서는 조정실패모형과 복수균형 등의 개념을 정리해야 한다.
- 경제성장론에서는 솔로우모형이 가장 중요하고 계산문제도 많이 출제된다. 솔로우모형은 심도있게 정리하자.
- 최근 내생적 성장이론도 심도있게 물어보는 객관식 문제도 출제되는 추세이다.

02 논술 및 약술 점검 문제

PART 출제경향

- 저출산 고령화에 대한 한국의 관심이 높다. 해당 주제를 분석하는 도구로 솔로우 모형, 내생적 성장모형 등을 사용하기도 한다.
- 또한 경제발전의 유형으로 수입대체형 전략과 수출주도형 전략도 비교해서 장점 및 단점을 정리해야 한다.
- 외국자본의 도입에 따른 유형과 효과도 암기해야 한다.

문제 01

예탁결제원

내생적 성장이론의 개념을 설명하고 AK모형에서 저축률 증가 시 효과를 서술하시오.

해설

1 의의

내생적 성장이론이란 개별경제주체들이 최적화를 한다는 가정 위에 경제가 지속적으로 성장하게 되는 요인을 경제모델 내에서 찾고자 하는 성장이론이다.

2 등장 배경

① 1956년 솔로우(R. M. Solow)가 해로드(R. Harrod)의 모형을 대체하는 성장모형을 제시하였으나 1인당 GDP의 지속적인 성장을 오직 지속적 기술진보라는 외생적 요인으로 설명하는 한계가 있었다.

② 내생적 성장이론은 솔로우 모형의 한계를 극복하기 위하여 1980년대 중반부터 로머(P. Romer), 루카스(R. Lucas)등의 학자들에 의해 본격적으로 연구가 시작되었다.

3 AK모형

① 내생적 성장이론의 대표적 모형인 AK모형은 자본을 복합자본(composite capital)으로 파악하여 자본의 한계생산 체감을 극복한다.

② 따라서 균제상태가 존재하지 않으며 지속적 자본축적을 통한 지속적 경제성장이 가능함을 설명한다.

③ 특히 이 모형에서 저축률의 상승($s_0 \rightarrow s_1$)은 1인당 소득의 증가율 자체를 높이는 성장효과(growth effect)를 발생시킨다는 점에서 솔로우 모형과 다르다.

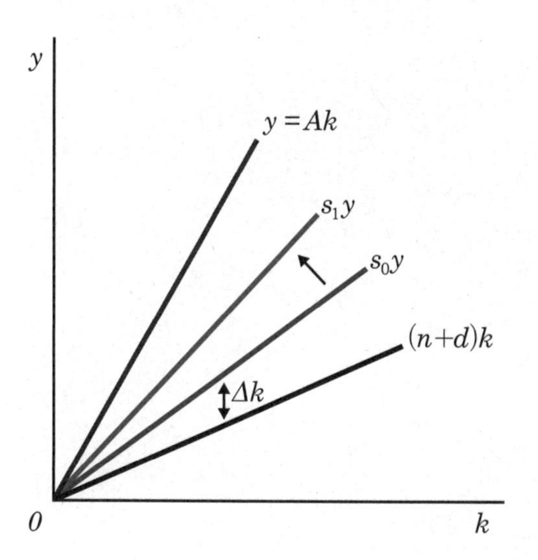

PART 07 경기변동 및 경제성장이론

문제 02

수출입은행

저출산 고령화가 한국경제에 미치는 영향을 솔로우 모형으로 설명하시오.

해설

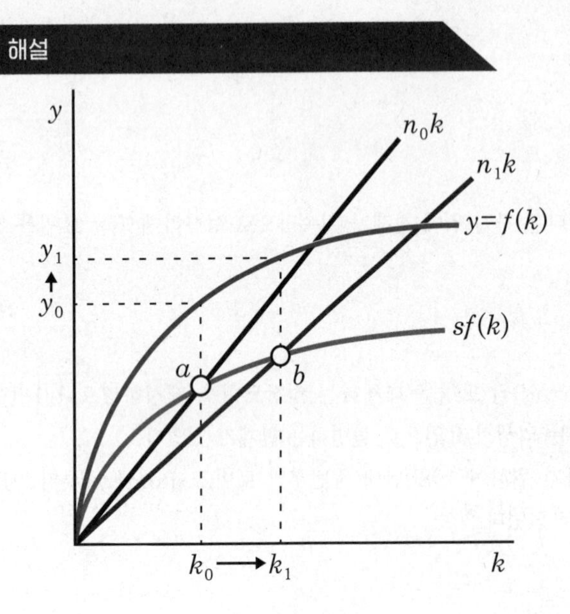

① 저출산 고령화로 인구증가율($n_0 \rightarrow n_1$)이 감소하면 균제상태가 a점에서 b점으로 변하면서 1인당 자본량(k)과 1인당 소득(y) 모두 증가한다.

② k_0에서는 $sf(k)$가 nk보다 크기 때문에 $\triangle k$와 $\triangle y$가 0보다 크고 경제성장률이 인구증가율보다 순간적으로 커지게 된다.

③ 새로운 균제상태 b점에서는 경제성장률이 인구증가율만큼 증가하나 1인당 경제성장률은 변하지 않는다.

문제 01

솔로우 경제성장모형에서 생산함수가 다음과 같이 바뀌었을 때 총자본스톡 증가율과 1인당 자본증가율을 구하시오. (단, Y는 생산량, A는 생산성 수준, K는 자본을 나타낸다.)

$$Y = AK$$

해설

① 자본증가율은 $\frac{\Delta K}{K} = \frac{I}{K} = \frac{S}{K} = \frac{sY}{K} = \frac{sAK}{K} = sA$이므로 총자본스톡 증가율은 $sA - \delta$이다.

(δ : 감가상각률)

② 1인당 자본증가율은 총자본스톡증가율에서 인구증가율을 차감하여 구한다.

따라서 1인당 자본증가율은 $\frac{\Delta k}{k} = (sA - \delta) - n$이므로 총자본스톡 증가율이 인구증가율보다 크면 1인당 소득은 영구히 증가한다.

문제 02

한 나라의 생산함수가 $Y = A\sqrt{KL}$이다. 여기서 Y는 총생산, A는 기술, K는 자본, L은 노동이다. 근로자 1인당 소득증가율은 3%이고 근로자 1인당 자본증가율은 2%이다. 이때 성장회계에 따르면 기술증가율은 얼마인가?

해설

① 총생산함수를 1인당 생산함수로 바꾸면 $\frac{Y}{L} = AK^{\frac{1}{2}}L^{-\frac{1}{2}} \rightarrow y = Ak^{\frac{1}{2}}$이므로 변화율로 바꾸면 다음과 같다.

$$\frac{\Delta y}{y} = \frac{\Delta A}{A} + \frac{1}{2}\frac{\Delta k}{k}$$

② 1인당 소득증가율은 $\frac{\Delta y}{y} = 3\%$이고 근로자 1인당 자본증가율은 $\frac{\Delta k}{k} = 2\%$이므로

$\frac{\Delta A}{A} = \frac{\Delta y}{y} - \frac{1}{2}\frac{\Delta k}{k} = 3\% - \frac{1}{2} \times 2\% = 3\% - 1\% = 2\%$로 도출된다.